記憶は、結句「言葉」によってしか記録しえない。情報をのこすほかに術がない。現場の「声」をのこす試みは、早くからウェブメディアを中心におこなわれており、ウェブならではの速報性や機動性がいかんなく発揮された。専門雑誌の特集も組まれた。それらと補完しあうことで、本書に記された言葉はより立体的になるにちがいない。

本書ではふれられなかった海外におけるコロナ禍と演劇の状況については、国際演劇協会日本センター編・発行『国際演劇年鑑２０２１』（二〇二一年）や、当館演劇映像学連携研究拠点（令和三年度）特別テーマ研究２の成果である『「COVID-19影響下の舞台芸術と文化政策――欧米圏の場合」報告冊子』（二〇二一年）などを参照されたい。

また、本書の編集ならびに本展の展示作業の最中、二〇二一年四月二十五日に三度目の緊急事態宣言が発出され、演劇界では多くの公演が中止・延期を迫られた。当初五月十七日オープン予定だった本展も延期となった。本書にお寄せいただいた文章やインタビューなどには時差があり、三度目の宣言発出とその後の延長（および再延長）、自治体からの休業要請等で揺れ動く渦中の時間を、リアルタイムには反映しきれなかった。それでも、本書に刻みこまれた言葉のひとつひとつが、ご登場いただいた方々がその言葉を発された、それぞれの「いま・ここ」の記録となっている。

演劇の灯は消えない――希望だけを安易に訴えられない切迫した現実を前に立ち尽くしてしまう瞬間もある。それでも、コロナ禍の苦境に立ちながら、劇場は扉を開け、舞台は幕を上げてきた。数多の制約をこえようとする新たな試みもうまれている。

希望と絶望のあいだを行きつ戻りつし、演劇そのものの存在や私たちの世界が脅かされている今だからこそ、後の時間を照らすための光の一片として、本書ならびに本展をご覧いただければ幸いである。

本書ならびに本展は、困難の真っ只中におられる多くの方々のご協力によって成り立っている。末筆ながら、本書の制作、本展の開催にあたってお力添えを賜ったすべての方々に、心より御礼中し上げる。

早稲田大学坪内博士記念演劇博物館

目次

IV パンデミックと演劇 [図録編] ……………… 147

V コロナ禍の演劇 ……………………… 193

VI 資料 ……………………… 261

本書は下記の展覧会に関連して出版された。

早稲田大学坪内博士記念演劇博物館 2021年度春季企画展
Lost in Pandemic ——失われた演劇と新たな表現の地平

会期｜2021年6月3日(木)〜8月6日(金)
会場｜早稲田大学坪内博士記念演劇博物館 企画展示室Ⅰ・Ⅱ
主催｜早稲田大学坪内博士記念演劇博物館・演劇映像学連携研究拠点

[凡例]
○本書は、「Lost in Pandemic——失われた演劇と新たな表現の地平」展の一部展示作品・参考作品、インタビュー等および寄稿、資料によって構成されている。
○図録篇の解説および作品解説は、後藤隆基(早稲田大学坪内博士記念演劇博物館助教／一七二〜一八五頁)、原田真澄(同上／一四八〜一六七頁)が執筆した。

LOST IN PANDEMIC

ロスト・イン・パンデミック

失われた演劇と新たな表現の地平

Theatre Adrift, Expression's New Horizons

序にかえて

本書は、早稲田大学坪内博士記念演劇博物館の二〇二一年度春季企画展「Lost in Pandemic――失われた演劇と新たな表現の地平」（以下、本展と略記）の図録を兼ねた書籍として発行されるものである。

二〇二〇年初頭から今日にいたるまで、新型コロナウイルス感染症（COVID-19）の感染拡大によって、世界中が甚大な被害を蒙った。文字どおり未曾有の事態に見舞われ、社会や私たちの生活は一変し、いまだ先の見通しがつかない状況は続いている。

当館では昨年来、コロナ禍の影響で中止や延期を余儀なくされた舞台に関する調査と資料収集をおこない、オンライン展示「失われた公演――コロナ禍と演劇の記録／記憶」を公開した。二〇二〇年の早い時期から、いくつかの博物館でコロナ禍下の生活資料や地域資料を収集し、同時代の記録が試みられていた。当館ではそれを演劇という視座からおこなうことを企図したのだった。他にも、演劇映像学連携研究拠点での関連研究プロジェクト、舞台公演映像の情報検索特設サイト「Japan Digital Theatre Archives（JDTA）」の開設などの取り組みを展開している。本展は、それらの蓄積を基盤としながら、演劇専門総合博物館を謳う当館が「今」できることは何かを問いつづけるなかで企画された。

本来であれば、このような展覧会は、開催されずに済むほうが望ましい。しかし、残念ながら、そんな日常は失われてしまった――否、今なお失われつづけている。また、コロナ禍と舞台芸術についてふり返り、検証するといった営為は、ほんとうに事態が収束し、完全なかたちでなくとも、世界が落ち着きを取り戻した時点で、はじめて可能になるのだろう。けれども、いつか来るべきその日のために、この一年余の時間を、今、記録にとどめておきたいと思う。ひとつひとつの記憶までもが失われぬうちに。それが、次の時間につながることを祈りながら。

本書は、いわゆる「展覧会図録」とは、いささか趣を異にしている。

本展を企画する際、モノ資料だけでは、時々刻々と変わっていく状況と厖大な情報、私たちを取り巻く「現実」そのものに到底敵わないのではないか、という思いがあった。たとえば、公演の中止や延期、あるいは再開や上演に踏みきるといった決断のひとつひとつをみても、状況や経緯はすべて異なるように。

コロナ禍の社会と演劇

近藤誠一

長引く新型コロナウイルスの蔓延が世界を戸惑わせている。人々を慣れ親しんだ日常から切り離し、容赦なく文化芸術活動にダメージを与え、それに携わる人々の生活を脅かしている。とりわけ観る側はもちろん、上演する側も密を避けねばならない舞台芸術の置かれた状況は厳しい。

しかし歴史を大局的に見てみよう。人類の歴史は、感染症との戦いと共存の歴史であった。そしてそこには、その時々の様々な苦悩と克服の記録がある。それは政治や経済に止まらない。

十四世紀のヨーロッパの人口の三人にひとりを死に至らしめたペスト（黒死病）は、封建体制に大きな構造変化をもたらした。同時に文学史上ひとつの革命を生んだ。ボッカチオの『デカメロン』だ。フィレンツェの裕福な男女十名が、感染を逃れるために郊外の別荘に避難した。そこで十日間にわたり、毎日一人ひとりが提供した作り話を散文形式でまとめたもので（原題は『十日物語』）、これは後のヨーロッパの小説の範となった。

またそれまでの芸術は、壁画や大伽藍などの不動産に表現され、人びとはその場に行って鑑賞するものとされていた。しかし密を避けるために人が集まれなくなったとき、家に飾り、また避難するに当たって持ち出せる絵画や彫刻への需要が高まり、アーティストがこれに応じた。芸術表現の範囲が大きく広がった。

後に演劇の世界でも同様のことが起こった。演劇の歴史は二五〇〇年前の古代ギリシャ悲劇に遡り、それが長く演劇の基盤であった。しかし十六世紀に至り、ひとりの偉大な劇作家が現れた。シェイクスピアである。それはロンドンを中心にペストが猛威を振るった時代であった。劇場は一年半近くにわたって閉鎖された。しかしシェイクスピアの戯曲にはペストという言葉も台詞も登場しない。彼はペストが身分や職業、年齢、性別に関係なく感染するのを見て、ギリシャ悲劇が想定するように、人間の運命はすべて神によって定められており、どんなに足掻いてもそれを変えることはできないという大前提に疑問をもった。個人はみな独自の個性をもち、自由であり、運命は自分でつくるものという近代的人間像を登場人物にした。

このようにアーティストの飽くなき真善美への想いと情熱は、危機を克服する力となり、しばしば芸術の新たな地平線を見出したのだ。

それならいまのコロナ禍は文化芸術に何らかの変革を引き起こすのだろうか。まだ誰にも分からない。突然の危機を超越する力を生み出すには、常識や固定観念から脱皮し、「しがらみ」から自由になって思い切ったことをする勇気が要る。誰にでもできるものではない。しかし文化芸術は政治や経済と違って、自由な発想、破天荒と思われることでもやってみることが許される世界だ。

舞台芸術は今後オンライン中心になるのだろうか。劇場は音楽や演劇を上演し、観るひとが集まって狭い空間を共有し、演奏者や役者との間の直接の交流を楽しむ重要な「場」である。現実の舞台は不可欠の場ではないのか。

しかも劇場は、単なる容器ではない。建物自体の建築様式やその歴史、その地の文化における位置づけなど極めてローカルな文化とつながっている。同じ『オセロ』でも、東京とニューヨーク、ストラトフォードの劇場では趣が全く違う。

しかし芸術の表現を壁画という一種の「場」から手で運べる絵画に移したように、演劇も実は「場」に拘らず、ネット空間でもそのエッセンスを発揮できるのかも知れない。テクノロジーはその可能性を高めてくれるのかも知れない。東京のクラシック演奏会場のひとつであるサントリーホールは、この度「デジタルサントリーホール」を開始した。ネット上で、あたかもサントリーホールに行ってクラシックを聴いているような雰囲気を味わえるという。

歌舞伎俳優の松本幸四郎さんは、オンライン専用の歌舞伎「図夢《ずうむ》歌舞伎」を創作した。歌舞伎が四百年生き延びたのは、時代々々に課せられた制約に積極的に挑み、社会の需要を探り続けてきたからだという信念に基づいている。従って単に劇場で上演されるものの映像化ではなく、舞台では見られないような角度からの演技を見せるなどの工夫をしている。

これらの挑戦がいかなる結果をもたらすかは分からない。舞台の匂いや役者の息づかいを肌で感じない限り本当の演劇は楽しめない（演じられない）ということで一時的な試みに終わるのかも知れない。しかし大切なことは、トライすることである。冒頭で述べた文化芸術の変革の歴史は、限られた成功例にすぎず、その陰にはその何倍もの失敗と失望があったはずだ。その失敗の過程で学んだものが積み重なって、ある日ひとつの偉大な成功を生んだのだろう。

百年後の歴史家から、二〇二〇年代に舞台芸術が大きな変革を遂げたのは、当時のコロナ禍に対してアーティストが果敢に立ち向かって遂げた変革に起因すると言ってもらえるようベストを尽くして欲しい。

（元文化庁長官、公益社団法人日本舞踊協会会長　二〇二一年四月十九日）

人間には芸術が必要なのだ

緒方規矩子

舞台芸術は娯楽とばかりは云へない。私は魂の栄養のひとつと思ってゐる。時に心が餓えるのだ。一人で旅行をしてゐた時の事、ものすごく飢えを感じイラ〳〵し出した時、宿の食堂で数人の女性の団体が誰ともなく唱ひ出したのが大きな合唱となり、私の全く知らない祈りの歌であったが、私の胸は大きく開き始め、喜びで豊かに満たされて行った。「人間には芸術が必要なのだ」と強く思った。

アウシュビッツの中であの捕はれの人々が演劇をやってゐたと云ふではないか。何時空襲になるか分からぬ暗闇の防空壕の中で一人躍ってゐた、兵隊にされた舞踏家。

表現したい心は体も押さへる事が出来ない。

私が舞台芸術と云はれる全ての分野に興味を持ち魅せられて行ったのは、絵を画く様になった終戦の直後であった。デザインする事を知った。何でもやって見たかった。何でも知りたかった。その頃の大人は親切だった。仲間として育てようとして下さった。種々の仕事場を巡り歩いて、舞台衣裳のデザインと云ふ分野にぶつかった。

これから先は闇雲に手さぐりの独学が始った。シェイクスピアを演じようにもモリエールを上演しようにも史料がない。歴史的絵画や映画からコピーするしかなかった。たとえば『椿姫』と云ふオペラが有る。その舞台は実在のモデルが有る。一八五〇年代のパリの夜の社交界。それも高級娼婦らの開く粋と虚栄の場、新興ブルジョワジー階級の見栄と、旧貴族達のプライドの中を泳ぐ娼婦達の衣裳の華やかさの張り合いを見せねばならない場面から幕が上る。

当時のファッションはクリノリンスタイルと云ふスカートの直径が二メートル以上有り、四十メートルもの布地が一着に必要であったと云ふドレスを、役の人達を始めコーラス全員の女性に着せねばならぬ。その上にチュールレース、造花やリボン、宝石で飾り立てる。客が「ワァー」と声を出す様な音楽になってゐる。これだけ乗せてふくらましたスカートは下着に大変な重量がかゝる。その作り方が分からなかった頃は何枚も重ねたペチコートを紐で体にしばり着けていた。上半身と下半身はウエストのみで繋がったワンピース仕立なので、重さが全部肩にかゝり、胸は押され、肩はずれて行く。これでは美しいデコルテは見せられない。しかし初期のオペラではこの様な姿でプリマは舞台に立ってゐた。

何と苦しかった事だらう。

　私達作る側は考へた。先づコルセットを着つけウエストを決める。ペチコートは私と仕立屋さん達で色々試した。始め三段の籐の輪を綿テープで連ぎ薄い布をかぶせて見た。籐の輪は演者の動きが難しい。布地が薄すぎると表面に輪が響いて美しくない。クリノリンと云ふ材料を見た事のない私達は苦労した。今は何とか形作れる様になった。鋼鉄のテープ状の種々の硬さの巾の物を衣裳屋さんが浅草の工場から見つけ出し、切断も接着方も考へ出した。実に嬉しそうであった。ワンピースに見えるドレスも、クラシックな重い物はセパレーツにウエストで切り変える（腰でさゝへる）。これは衣裳屋さんでは今や常識となった。バレーのチュ〳〵も基本は同じだ。大勢の人々の知慧と好奇心が一つの目的を持つ時、色々生まれてくる。

　私達舞台衣裳にかゝわる人々は、西洋服飾史の一〇〇〇年を戦後五、六十年の間で或る程度熟《こな》してしまった。しかし恐しいのは伝統も、必要性も無い物は簡単に忘れさられるであらう事。現在は、人々が集まっても危険。劇場は半分の客席。祭りも駄目。酒席も。大声も駄目。となれば、私達の一生をかけてやって来た仕事は何であったのか、又々これらの事は、何時かは復帰するであらうその時、私達昔人間がなしとげてきた物はどれ程役に立つのか？　又々戦争直後の様に何も無い所から始めるのか？　又は全く新しいメディアに人々の心が動いてしまってゐるのか。多分そうだらうか？


（舞台衣裳デザイナー　二〇二一年四月十九日）

反面教師コロナ

矢野誠一

生まれて初めてひとりで観に行った芝居は、有楽座のエノケン劇団・ロッパ一座合同公演『彌次喜多道中膝栗毛日本橋より岡崎まで』で、私立の中学に入った一九四七年四月のことだ。新型コロナウイルス蔓延による緊急事態宣言は、私の観劇生活が七十三年に及んでいたことに気づかせてくれた。感慨のないわけがない。

二〇一四年に幻戯書房から出したエッセイ集のタイトル『劇場経由酒場行き』が、言ってみれば私の日常そのものだった。その日常が、緊急事態宣言によって、ものの見事に遮断されてしまった。二〇二〇年のメモによると、三月二十五日、東京国際フォーラムCでミュージカル『サンセット大通り』を観てから、七月七日、紀伊國屋サザンシアターのこまつ座公演『人間合格』まで、劇場に足踏み入れることがなかった。芝居を観ることなく、一〇二日間を過ごした、いや過ごさせられたのは、七十三年の観劇生活に初めて訪れた、容易ならざる事態、というより事件だった。自粛を促された馴れない一人暮しのステイホームでのなによりの戸惑いは、気がつけば通常化されていたIT社会への対応だった。いまだに携帯電話を持たず、ファクシミリ兼用の固定電話に頼り、六年前に他界した妻が時どきいじくっていたパソコンには手をふれたこともない。それでも新聞とラジオ、テレビだけで、世界とこの国の大方の様子は知ることができるし、日本国憲法第二十五条で保障されている「健康で文化的な最低限度の生活を営む」のに、痛痒を感じたことはなかった。

演劇という藝術は、自分の身体を劇場の椅子にはこぶことでのみ鑑賞可能と思ってきた身には、オンラインシステムによる舞台に、ふれることができないばかりか、具体的にどんな世界が展開しているものやら見当もつかない。ネット配信による演劇公演と、テレビの舞台中継や、記録のため映像化された舞台との本質的な相違が、あるのかないのか。あるとすればどこにあるのか。実際に接していない者には、曖昧模糊とするばかりだ。仮にも演劇評論家なる肩書を与えられている者が、こうしたコンピューターメディアによる作品にふれることができないという理由から、その資質を問われるのか。コロナのもたらした新しい問題のように思われる。

この二月九日に発表された第二十八回読売演劇大賞。九人の選考委員による最終選考会は、オンラインで行なわれた。私だけが読売新聞東京本社まで出かけて、この選考会に参加している。参加してまったく違和感はなかったが、

IT弱者たる者、いろんな面でいろんな人たちに迷惑をかけることの多くなるのはやむを得ないだろう。

ただ、コロナが終息するまでにかかるであろう長い時間を思うと、コロナが終息した以後も、コンピューターメディアによる舞台活動が演劇の一ジャンルとして確立し、劇場で演じられる本来の舞台と両立する状況になるのだろうか。これまでどおり自分の身体を劇場の椅子にはこんで鑑賞する芝居は、純文学よろしく純演劇などと呼ばれるのかしら。

私はいま、小沢昭一がしばしば口にしていた、「日本の文化を、一〇〇年かけて一〇〇年前に戻したい」という悲願に、共感の思いを強くしている。

二〇二〇年七月の『人間合格』で復活した私の劇場通いだが、ほぼコロナ以前の状況に戻っている。今年のメモを見ても月平均十六本の舞台にふれているから平年のペースだ。

マスク着用の上、入場前の検温、手指の消毒、客席数の減少など、万全の感染対策による制約はあっても劇場の魅力に変りはない。休憩時間のロビーで、マスク越しの会話を交わしていると注意されるなどもあるが、やはり劇場の持つ固有の雰囲気にひたる悦びは格別である。コロナ禍における劇場の客席に見る一番の変化は、ほんとうにその芝居を観たい人だけで占められていることだろう。そんな劇場に足踏み入れるたびに、学生時代乏しい小遣やりくって、時には家の金を持ち出し、新劇巡礼に明け暮れたのを思い出し、年甲斐もなく甘酸っぱい気分に襲われるのだ。

こうした熱気あふれた客席に応える舞台は、これまた芝居の出来る悦びに酔うがごとき小宇宙を現出させてくれている。真底芝居を楽しみたいとする客席と、舞台の空気が見事に一体化することで生じる格別の劇的効果は、コロナ以前にはあまりなかった。

劇場側の徹底した感染対策のもとでの観劇が当り前になって、幾多の制約を乗りこえて上演に漕ぎつけた舞台にふれるという、新しい観劇体験に馴れてくると、こと演劇に限ってのはなしだが、ある意味でコロナが反面教師の役割を果していると言えなくもないか。

（藝能評論家　二〇二一年四月二十二日）

コロナとわたし

大笹吉雄

最初に新型コロナウイルスの報に接し、その対策を講じたのは、二〇二〇年二月の下旬、韓国のソウルでだった。日韓の演劇交流という仕事に関係してから二十年になろうとしている。そのために七つの演劇団体によって日韓演劇交流センターが組織されたのが二〇〇〇年で、その五年後からわたしは会長の職をおおせつかっている。ソウルに滞在していたのはこの組織と関係があって、この時に日本の現代戯曲のドラマ・リーディングが、韓国のスタッフ・キャストによって行われていたのだ。会期は三日間だったが、その初日から、わたしたちは劇場の入り口でマスクを渡され、手指のアルコール消毒を求められた。日本にいる時からコロナの話は聞いていたが、こういうことは未経験だった。しかし、それ以外はいつも通りで、おおいに呑みかつ食べ、近況を大声で語り合った。そして交流事業を終えて帰路についた空港で、ソウルの近郊でコロナの集団感染が発生したと聞かされた。帰国して間もなく、横浜港に停泊していたクルーズ船の、あのおぞましいコロナ騒ぎが起きたのである。それから次第に日常生活が変わりはじめ、演劇公演の中止や延期が現実になった。劇場へ行った最後は去年の三月二十日のＰＡＲＣＯ劇場の『ピサロ』（ピーター・シェーファー作）。これを観劇して劇評を新聞社に送った後は、東京中の劇場が扉を閉めた。

四月から六月まで、劇場通いがまったくなかった。むろんはじめての体験だったが、こうなると、演劇とは何なのかということを考えざるを得なかった。同時に、このために仕事を離れなければならなくなったり、廃業したりする人が出てくるのではないかと思ったり、劇団が、劇場がどうなるのだろうとも心配になった。事実、命を落とした俳優や芸人も出てきたし、演劇があたかも必要なしと言わんばかりの声も聞こえた。しかし、ある意味では、演劇に関わるすべての人が足元を見つめる貴重な機会になったのではないか。

再度劇場へ足を運んだのは七月十一日のシアタートラムの『殺意　ストリップショウ』（三好十郎作）。奇しくもこれが新聞社に劇評を送る再開になったが、客席は前後左右が空席だった。しかし、この時、わたしはつくづく居るべき場所にいると感じた。この感覚は今もどこかに残っていて、これからも消えることがないだろうと思っている。

（演劇評論家　二〇二一年四月十三日）

コロナ禍とシェイクスピア

松岡和子

シェイクスピアが生きた時代、人々は常にペストの脅威にさらされていた。シェイクスピアが生まれたのは一五六四年四月二十三日とされているが、その数か月後にペストが彼の生地ストラットフォード・アポン・エイヴォンを襲い、市民の五分の一が命を落としたという（この数字は、本稿を書くにあたって参照したスティーヴン・グリーンブラットのエッセイ、二〇二〇年、『ニューヨーカー』五月七日号の「シェイクスピアは疫病について何を書いたか」による）。

生まれたばかりのウィルを含むシェイクスピア一家はこのペスト禍を免れたが、その後劇作家になってからの彼も、大きなペスト感染の波を三度以上浴びている。

たとえば一五九二〜九三年、一六〇三〜〇四年、一六〇八〜〇九年。

これを見ると大体二年で感染は収束したようだ。患者の厳格な隔離と季節の変化が収束の理由だと言われている。

シェイクスピアはこの「厳格な隔離」がどのようなものだったかを『ロミオとジュリエット』の中で描いている。ロミオとジュリエットは、ロレンス神父の司式のもと、秘密裏に結婚するが、その直後、ロミオはジュリエットの従兄ティボルトを殺してしまい、ヴェローナからマントヴァへ追放される。窮状にある二人を救うためにロレンスは一計を案じ、四十二時間仮死状態になる薬をジュリエットに渡し、目覚めの時にロミオが迎えにくるよう取り計らう。ロレンスは事の次第を記した手紙をジョン修道士に託し、ロミオに届けさせようとするが、果たせない。――その訳をジョン修道士はこう語る――

> 実は、同門の修道士を探し／道連れになってもらおうといたしまして。／ちょうど街の病人を見舞っているところを／尋ね当てたのですが、町の検疫官に／我々二人が伝染病患者の出た家にいたとの疑いをかけられ／戸には封印をされ、一歩も外に出られなくなりました。／そんな訳で足止めを食ってマントヴァへは行かずじまい。
> そのうえ（手紙を）こちらへお返ししようにも／みな感染を怖がって使いの者も見つかりませんで。

つまり、患者とその「濃厚接触者」の家は外から封印され、「一歩も外に出られない」という隔離対策がとられたのだ。

『ロミオとジュリエット』の執筆・上演は一五九四〜九六年とされている。つまり、九二〜九三年のペスト流行で閉鎖されていた劇場が再開した時期に当たる。ペスト患者が出た家のドアには、外から板が打ち付けられ、封印される。おそらくロンドンでも見られたであろう光景を、シェイクスピアがここに取り込んだことは想像に難くない。観客全員が共有する直近の記憶として。

だが、この筋立て自体はシェイクスピアのオリジナルではない。「ネタ本」であるアーサー・ブルックの『ロミウスとジュリエットの悲劇の物語』でも、ジュリエットはロレンス神父から薬をもらい、ロレンスはジョン修道士にロミウス宛の手紙を託す。こちらのジョン修道士も道連れを見つけようと同門の修道院を訪ねる。ところがここでは「一日か二日前に一人の修道士がペストで死んだ」ため、その修道院に居る者たちは、一歩も門外に出られなくなる。そこで手紙はロミウスの手には届かずじまい。

ブルック作のネタにはさらにイタリアのマッテオ・バンデッロが書いた「ネタ」があり、前者は一五六二年に、後者は一五五四年に世に出ている。ということは十六世紀のペスト流行はイングランドだけではなくイタリアでも（そして恐らくヨーロッパ全土でも）起こったということだろう。

いま「劇場閉鎖」と言ったが、そう、疫病対策として採用されたのは「濃厚接触者隔離」だけでなく「密」の回避も。ペスト流行中、当局は集会や宴会、アーチェリー大会など大勢の人間が集まることを禁じたが、二〇〇〇から三〇〇〇の観客収容力を有する公衆劇場での芝居は最大の標的だった。

ロンドンの劇場閉鎖中、役者たちは地方巡業に出た。シェイクスピアは「おうち時間」を有効利用し、『ヴィーナスとアドーニス』や『ルークリース（＝ルクレッィア）陵辱』などの長編詩を書いた。

ペスト禍にある彼らが当局から命じられる劇場閉鎖は、コロナ禍にある我々が緊急事態宣言によって余儀なくされる公演中止に等しい。

二〇二〇年二月十四日、彩の国さいたま芸術劇場大ホールにおいて、彩の国シェイクスピア・シリーズ第三十五弾『ヘンリー八世』が開幕した。千穐楽は三月一日、そのあと北九州と大阪で上演し、三月二十二日が大楽——のはずだった。だが、二月二十六日に安倍前首相による「自粛要請」が出され、それを受けて県からも要請が出され、二十八日昼公演からの四ステージが「新型コロナウイルス感染拡大のため中止」となった。

コロナ禍は広がる一方であり、同年六月八日から二十八日に予定されていた同シリーズ第三十六弾『ジョン王』は一回目の緊急事態宣言を受けて、全公演が中止になった。

二〇二〇年六月十日に出版された『ジョン王』の「訳者あとがき」に、私は「追記」として、吉田鋼太郎さんの言葉を掲載させてもらった。

五月七日付の公演中止の「お知らせ」に合わせ、彩の国シェイクスピア・シリーズ芸術監督である吉田鋼太郎さんは、次のような一文を寄せた。

「このひと月、僕達キャスト、スタッフ、プロデューサー全ての『ジョン王』メンバーはパドックでゲートがオープンする瞬間を待つ競走馬のようでした。でも今回ゲートは開きませんでした。

そして幾ステージかをやはり中止せざるを得なかった前公演『ヘンリー八世』の雪辱を大いに果たす意気込みだったのですが、それも叶いませんでした。残念です。

残念ではありますが気を取り直して又前を向いて準備をします。必ず近い将来、極近い将来『ジョン王』も『ヘンリー八世』も上演しようと思っています。

又、彩の国さいたま芸術劇場で皆様にお目にかかれる事、楽しみにしております。それまでどうぞ皆様も、呉々もお元気でお過ごしください。」

（翻訳家　二〇二一年五月十日）

I

失われた公演と舞台の再開

展示趣旨

後藤隆基

二〇二〇年の演劇界は、新型コロナウイルス感染症の感染拡大によって厖大な数の公演が中止や延期を余儀なくされた。最初の緊急事態宣言解除後、劇場の扉は開きはじめたが、誰もが薄氷を踏むような思いで苦境に立ち向かっていた。

二〇二一年に入って、すでに二度の緊急事態宣言が発出。今なお世界はパンデミックの渦中にあり、一年前の既視感を味わうような混迷の時代を、私たちは生きている。

本展は、コロナ禍の影響下にある〈いま・ここ〉を、演劇という視座から記録し、未来に伝えることを企図したものである。コロナ禍によって演劇の時間が止まろうとしたとき、多くの人びとが、それぞれの場所で「自分に何ができるのか」を考えた。未知の疫禍の下で、いかに演劇をつなぎとめ、のこすことができるのか、を――。本展で紹介するのは、事態がとくに混乱をきわめていた、二〇二〇年のいわば〝序盤戦〟における模索と試行錯誤の記録である。

この一年余、何が失われ、何が得られたのか。コロナ流行下の社会を象徴する「新しい生活様式」の実践例は、演劇にとっても無関係ではなく、日常生活と舞台芸術が地続きであることを浮かびあがらせた。種々の制約を超克すべく、新たな表現の可能性も萌している。本展ではそうしたいくつかのトピックを掲げながら、コロナ禍と演劇の時間をふり返る。

失われた公演

「二〇二〇年二月二十六日」は、日本の文化史上に記憶されるべき日付だろう。この日、安倍晋三首相（当時）は、新型コロナウイルス感染症の感染拡大防止措置のために、大規模イベントの開催自粛要請の方針を発表した。当初は二週間の期限付きだったが、三月以降も要請は継続。数多くの公演が、中止あるいは延期という苦渋の決断を迫られた。その後、四月七日に最初の緊急事態宣言が発出され、数か月にわたって、文化産業はほとんど機能を停止したのである。

二〇二〇年以降、コロナ禍によって中止や延期を余儀なくされた公演は一七〇〇タイトルをゆうにこえる。当館では、それら〈失われた公演〉の、放っておけば消えてしまう上演資料群を収集するため、劇場や劇団に提供を呼びかけてきた。ここに展示されたチラシやポスターは、諸団体から提供された資料のごく一部であり、厖大な〈失われた公演〉の氷山の一角にすぎないが、その公演が存在するはずだったことの証明なのである。

演劇は、実際に上演されなければ、そのとき、その作品が〈表現〉されたことにはならない。コロナ禍による公演の中止・延期は、その存在自体を奪う事態であった。実際に起こった出来事は記録され、歴史化されていく。しかし、起こらなかったことは（起こる可能性を孕んでいても）歴史記述からは抹消され、埋没してしまう。

つくり手だけでなく、大勢の観客も含めた人びとの思いや、そこにかけられた時間を、なかったことにしない。上演史に生じた空白を空白のままにせず、上演されなかったという事態や、一人ひとりの内にある記憶を、公の記録としてアーカイブすること。それが当館の使命――と旗幟を掲げてきたものの、数多ある〈失われた公演〉のチラシやポスターを目にするたびに胸を衝かれる。

オンライン

テレワーク、オンライン会議、遠隔授業――。耳なじみのなかった言葉が、突如私たちの暮らしに闖入してきた。移動、接触、交流、越境といった行為を禁じられ、制限された私たちは、種々のツールや情報の波に押し流されながら、日々、パソコンやスマートフォンの画面を見つめている。

誰かに会えない。大勢で集まれない。私たちは「三密」（密閉、密集、密接）の回避を生きるための条件に課された。稽古から本番まで「三密」そのものである演劇は、存在の根底を脅かす制約のなかで、生きのびる方途を模索しつづけている。

「配信元年」といわれる二〇二〇年。無観客上演を強いられるなかで、インターネットによる動画配信やオンライン上で発信される表現が活発化した。本多劇場はいち早く、一人芝居による無観客生配信『DISTANCE』（六月一～七日）で劇場再開の狼煙をあげた。ビデオ会議システムを用いた「ZOOM演劇」も盛んであった。

本番の公演だけではない。打ち合わせや稽古もリモートで行なわれる機会が増えた。とくに、渡航制限で海外スタッフの来日が困難な場合、現地で撮影された振付等の映像を用いたり、演出家がリモートで演出したりするケースも多いと仄聞する。演劇のつくり方じたいが変化を迫られたのである。

演劇は、演者と観客が、同じ空間／時間を共有することで成り立ってきた。動画配信やオンライン演劇は、空間を共有できない。リアルタイム配信は同時性を担保するが、アーカイブ配信は時間も共有できない。一方で、時間や空間をこえる、遠隔地へのコンテンツ供給方法としては有用であり、劇場文化にふれる新しい窓が開かれたという面もあった。

生《ライブ》であることが前提の演劇にとって、映像による舞台作品は「演劇」か、否か。そんな議論が起こった。緊急避難的な代替措置にすぎないのか、新たな表現の萌芽なのか。つくり手と観客が邂逅する場の創出を第一に考える点で、あらゆる試みは共通していた。評価や検証には時間を要するが、出会ったことのない世界が立ち現れる可能性にも期待したい。

社会的距離

人が集まる場所で他者との間隔を確保する「社会的距離」の規制が敷かれ、接触が禁忌となった世界。施設や商店等の床や椅子には一定距離を示すシールや貼り紙、入口と出口を分ける一方通行の表示が目につく。アクリル板やビニールで彼我の境を仕切られる。私たちは律儀にそれにしたがい、立ち止まったり、動いたりしている。ときに乗車率一〇〇%近くなる通勤電車では、社会的距離の確保など不可能という矛盾を抱えながら。

劇場も、入場時の検温や手指の消毒をはじめ、ロビーでの密集回避、会話や発語の注意など徹底した感染対策を続けている。収容人数の五〇%という制限が要請された際は、前後左右の座席を空ける「千鳥配置」や、舞台から距離をとるために最前列から数列を空席とする客席が通例化した。椅子が固定されていない小劇場では、椅子と椅子の間隔を空ける工夫をとった。

そんな劇場に慣れてしまうと、制限解除後の一〇〇%の客席が、窮屈に感じられる向きも少なくなかったのではないか。

むろん問題は客席だけではない。舞台裏や舞台上でも出演者やスタッフの距離を保つことが求められた。最初の緊急事態宣言解除後に再開したＰＡＲＣＯ劇場では、三谷幸喜作・演出の『大地』（二〇二〇年七月一日〜八月八日）を「Social Distancing Version」と銘打ち、出演者同士の距離を保つべく、舞台装置の設計プランを急遽変更して上演を実現した。多くの舞台で、出演者やスタッフの人数を減らす方法が講じられ、一人芝居、ミュージカルのコンサート形式での上演も行なわれた。無観客収録の動画配信も重要な一手であった。

完全なる社会的距離の規制解除なくして、かつての劇場空間は戻らない。しかし、舞台上の、舞台と客席の、客席間の、透明な壁をこえるための模索は絶えず試みられている。だからこそ、苦難と制約をのりこえた劇場は、静謐な一体感を帯びるのかもしれない。

マスク

コロナ時代の、もっとも象徴的かつ身近なアイテムは、マスクだろう。二〇二〇年二月頃から、日に日に鼻と口元を覆う人が増え、薬局やコンビニエンスストアなどの店頭からマスクが消えた。ようやく入荷しても、その販売価格は、驚くべき高騰を示した。深刻さを増すマスク不足のなかで、多彩な素材やデザインの手づくりマスクが街にあらわれた。ＯＳＫ日本歌劇団の劇団員や劇団四季の衣裳部スタッフも手製品をつくり、やがて多くの劇団や劇場が、オリジナルグッズとしてマスクやマスクケースを生産、販売するようになっていく。

四月、政府の一大政策として、布マスク――俗称「アベノマスク」が各家庭に二枚ずつ配布されたが、製品の欠陥や地域差による遅配もあり、完了したのは騒動が落ち着きをみせた六月頃。総額約二六〇億円という莫大な費用も話題になった。

一年余り、私たちは外出時には必ずマスクの着用が求められ、梅雨時の湿気にも、夏の猛暑にも負けず、マスクとともに生活を送っている。もはや身体の一部のように。

劇場でも外界と同様、スタッフや観客のマスク、フェイスシールドの着用が義務づけられた。最初の緊急事態宣言解除後に策定された全国公立文化施設協会のガイドラインに、出演者やスタッフも「表現上困難な場合を除き原則としてマスク着用」との文言があり、上演中も出演者がマスクをつけねばならないのか、と混乱を来す局面もあった。

とはいえ、近い距離で言葉を発する出演者の感染対策が不要なわけではない。舞台上のマスクという存在を逆手にとったのが、最初の緊急事態宣言によって延期されていた、新国立劇場の再開公演『願いがかなうぐつぐつカクテル』（二〇二〇年七月九〜二十六日。ミヒャエル・エンデ原作・上演台本、高橋文子翻訳、小山ゆうな演出）だろう。マスクを意匠化する舞台衣裳が考案され、実用とデザインを兼備したユニークな衣裳が舞台を彩った。伝統演劇の世界では、歌舞伎や文楽、能楽等の演奏者が、鼻から首元まで覆うマスクをつけて居並ぶ姿が異様な光景に映った。歌舞伎や能楽等では、今もそれは続いており、徹底した感染対策の一端をみることができる。

新しい日常下の試み

「新しい生活様式」という非日常が常態化するなかで、古来くり返されてきた「演劇とは何か」という根源的な問いが、改めて突きつけられた。

オンライン演劇もさりながら、ＡＲやＶＲを駆使した作品、人間の身体とメディアの関係を問いなおすような作品がつくられた。それらは、劇場があり、舞台があり、客席があり、俳優が観客の眼前でパフォーマンスを行うという、一般的な「演劇」のイメージや概念を覆すような劇的体験を受け手にもたらす試みも多かった。

「コロナ禍見舞い」のハガキを郵送するという、ゲッコーパレードの題名のない作品は、アナログな手法ながら、寺山修司の書簡演劇をも想起させる。かもめマシーンは、サミュエル・ベケットの戯曲『わたしじゃないし』を原テキストに、声と聴覚を焦点化する「電話演劇」――『もしもし、わたしじゃないし』を上演。円盤に乗る派の『ウォーターフォールを追いかけて』は、オンライン上の観客参加型演劇といっていい。

実際の上演以外の周辺情報を緻密に構築して「演劇公演の捏造」をめざす紙カンパニーprojectは〈存在はしないが、あったかもしれない演劇〉というメタフィクション性と、コロナ禍で公演が失われていく現実に対するパロディ性を帯びた取り組みで、当館のオンライン展示「失われた公演」と背中合わせにもなる表象を現出した。

実験性に富んだ試みの多くは、今日の状況下で初めてうまれたものばかりではないだろう。前衛と称された先人による表現や思索が、コロナ禍の世界に再発見され、今日的変奏をほどこされた、ともいえよう。そうした不思議な、奇妙な表現にふれるとき、私たちの感覚は大きく揺さぶられる。

くわえて、かつて日本で起こった疫病や感染症と演劇のかかわりを示す館蔵資料等も発掘・紹介する。私たちは過去から何を学びうるのか。翻ってみればそれは、私たちが未来に何をのこせるのか、という課題にほかならない。

演劇が世界を映す鏡であるならば、コロナ禍に侵された私たちの生活や社会と演劇はどのようにつながっているのか。本展は、日常化した非日常を漂流しながら、再生への時間を待ち続けるための里程標である。

失われた公演

二〇二〇年二月以降、コロナ禍の影響で厖大な数の公演が中止あるいは延期を余儀なくされた。

早稲田大学演劇博物館では、上演史に生じてしまった空白そのものを記録に残すため、中止・延期公演の調査と資料収集をおこなっている。

最初の緊急事態宣言から半年の十月七日、オンライン展示「失われた公演——コロナ禍と演劇の記録／記憶」を公開開始。

ここでは、オンライン展示に掲載されている（二〇二一年五月三十一日時点）チラシ等の一部の画像を再掲する。

これらは氷山の一角に過ぎない。それでも、ひとつひとつの「失われた公演」が、たしかに存在するはずだった証として。

マクベス

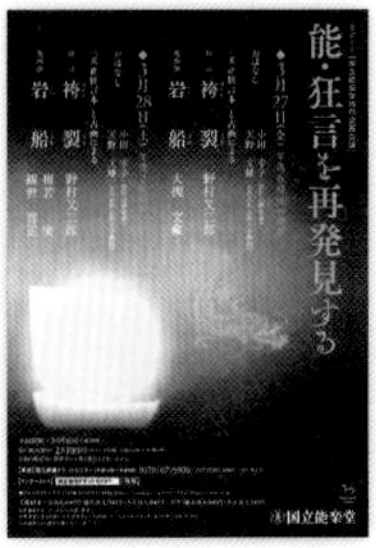
能・狂言を再発見する
国立能楽堂

にっぽん文楽

劇団山の手事情社 創立35周年記念公演
『桜姫東文章』

上方演芸特選会
国立文楽劇場

SCRAP

柳田格之進

どんどこ ももんちゃん
2020年3月21日(土)

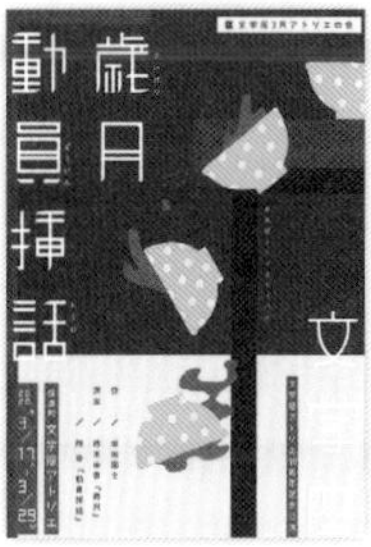
歳月
動員挿話

LINDBERGH'S FLIGHT
A trans-architectural journey
13-14.03.2020

上席
中席
国立演芸場4月番組

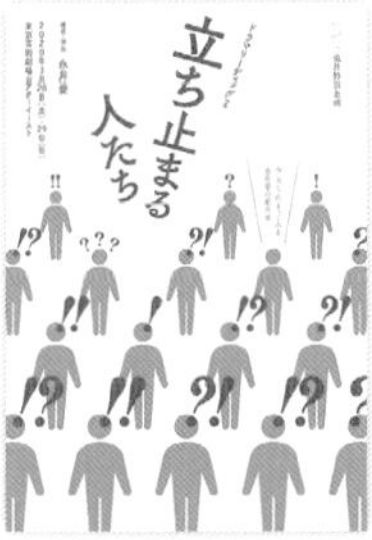
立ち止まる人たち

SKAK
AVCI
2020.3.25

コジ・ファン・トゥッテ
Così fan tutte
新国立劇場

Venezuela
バットシェバ舞踊団

LOVE
SEX
DEATH
MONEY
LIFE
DUMB TYPE
2020

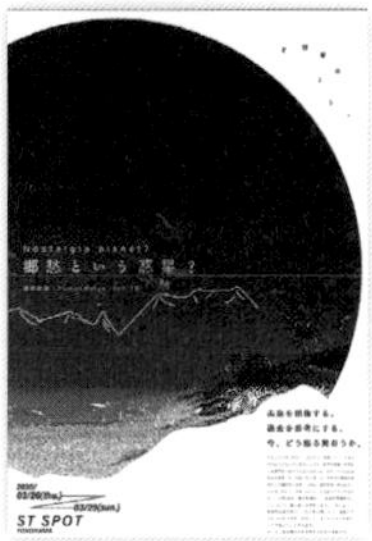
ST SPOT

アモーレとプシケ
紀尾井ホール

はじめての矢来能楽堂
夜能

義経千本桜
4月文楽公演
BUNRAKU
国立文楽劇場

親の顔が見たい

ショウタ 一緒にサッカーやろうよ
3月26日
3月27日

島唄の響き
3月14日(土)

4月文楽公演
義経千本桜
国立文楽劇場

平安の熱が滾りだす
新猿楽記
cirque de kyoto

新国立劇場

国立名人会
3月21日(土)午後1時開演
国立演芸場

わにがまちにやってきた
りんごかもしれない

ドン・キホーテ
2020年4月25日

毛皮のマリー
作 寺山修司
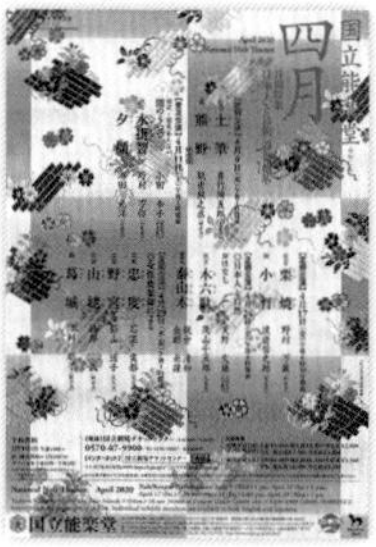
四月
国立能楽堂

2020.04.

ジュリオ・チェーザレ
Giulio Cesare
新国立劇場

盲人書簡
2020
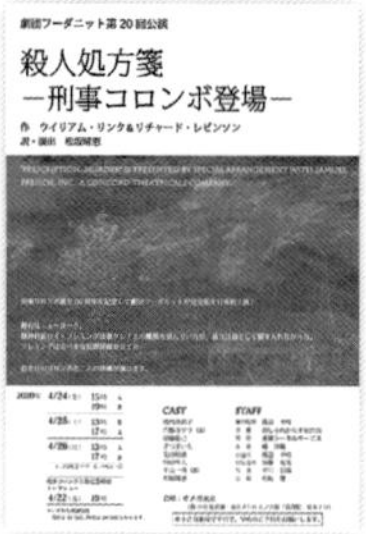
殺人処方箋
―刑事コロンボ登場―

明日をになう
新進の舞踊・邦楽鑑賞会

小学校は宇宙ステーション

二代目はクリスチャン

国立名人会
4月26日(日)午後1時開演
国立演芸場
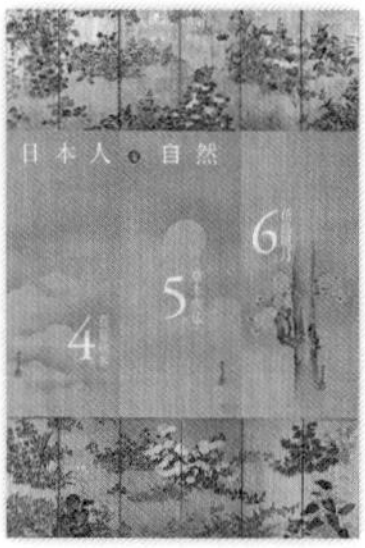
日本人と自然

ママとマゴ

あゆみ

オドラデク

観世九皐会別会

チト
「チト」全国ツアー開催

ホフマン物語
Les Contes d'Hoffmann
新国立劇場

琉球舞踊鑑賞会
4月11日

彼の男十字路に身を置かんとす

コーラないんですけど

賢母三遷の巻
4月25日

イキザマ3

11ぴきのねことへんなねこ

ATAMI SATSUJIN JIKEN
熱海殺人事件
2020.4.28 TUE ～ 5.10 SUN

花形演芸会
4月25日(土)

ラッパ屋 第46回公演
コメンテーターズ
2020
4月22日(水)～4月29日(水・祝)
紀伊國屋ホール

SWAT!
「ある超能力者の記録」
4.16―26

REACTION PROCESS
反応工程
新国立劇場

銀のロバ
5月16日（土）17日（日）
東京芸術劇場 プレイハウス
ともだちや
2020年5月6日（水）おおぶ文化交流の杜 allobu
キッドナップ・ツアー
2020年5月2日（土）15:00
千秋楽公演
WORLD THEATRE FESTIVAL SHIZUOKA
2020.4.25-5.6
舞踊・邦楽鑑賞会
上方演芸特選会
国立文楽劇場
義経千本桜
国立劇場
新国立劇場バレエ団
ドン・キホーテ
Don Quixote
新国立劇場
こやぎと狼
ヤン助とヤン助とヤン助と
プーク人形劇場
古典音楽の美
5月16日（土）
義経千本桜
アンティゴネ
ANTIGONE
女性能楽師による
国立能楽堂
OPERA
サロメ
Salome
新国立劇場
メビウス
俊寛
たが屋の金太
かがみ まど とびら
藤田貴大
時代横町
国立能楽堂
五月
大きな鉞の下で
2020.
5.1（金）→5（火・祝）
東京芸術劇場
TACT
FESTIVAL2020
水曜日、ゆらゆるりん
2020年5月22日～31日
紀伊國屋ホール
余暇生活
GIRLS AND BOYS
Dennis Kelly
新国立劇場
サンシャイン・ボーイズ
The Sunshine Boys by Neil Simon
玉すだれ博覧会
2020
～寿ぐ～
浅草公会堂 大ホール

SAI
夢追う子
2020年6月12日(金)・14日(日)
国立劇場小劇場

青年劇場
きみはいくさに征ったけれど

花形演芸会スペシャル
6月2日
国立演芸場

王と花魁
5月27日(水)〜31日(日)
なかのZERO 大ホール

今を生きる
国立劇場

男性舞踊家の会
6月13日(土)
14時開演 大劇場

日本音楽の流れ
笛 尺八
Fue & Shakuhachi
6月6日土 午後2時開演
国立劇場

平家物語
文覚と六代
国立能楽堂
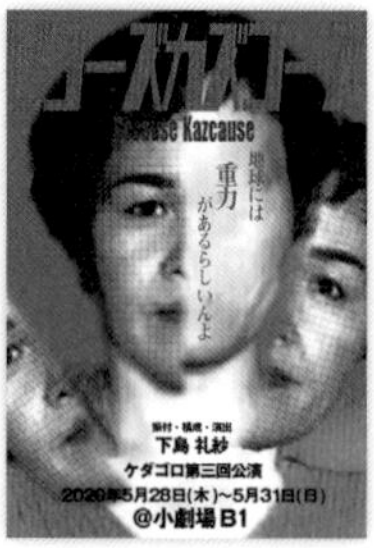
重力があるらしいんよ
下島 礼紗
ケダゴロ第三回公演
2020年5月28日(木)〜5月31日(日)
@小劇場B1

琉狂言
よみがえる古典の笑い
5.23
TEL.098-871-3350

大人のための文楽入門
国立文楽劇場

2020年6月6日(土)

六月
国立能楽堂

立川流落語会
国立演芸場

国立名人会
5月23日(土)午後1時開演
国立演芸場

Sumidagawa
角田川

King John
ジョン王
2020年6月8日(月)〜28日(日)

美しいきものの伝説

CONDORS
Golden Slumbers

東をどり
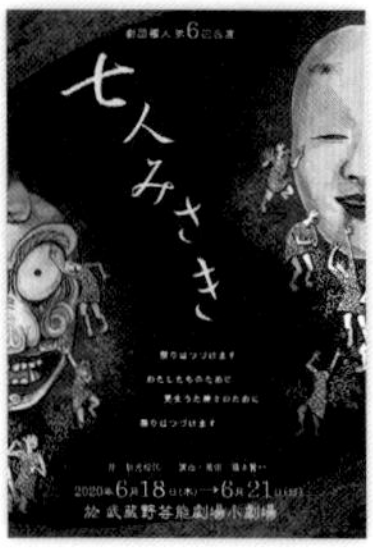
七人みさき
2020年6月18日(木)→6月21日(日)
於 武蔵野芸能劇場小劇場

文学座公演
昭和虞美人草
6月9日→17日

夏の大阪が舞台の名作にふれよう!
国立文楽劇場
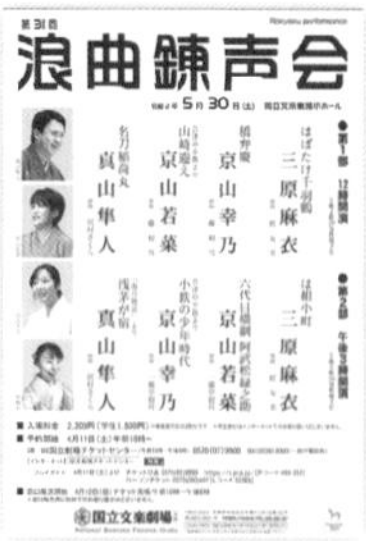
浪曲錬声会
5月30日(土)
国立文楽劇場

花形演芸会
5月24日(日)
0570-07-9900
国立演芸場

るりときつね雨
2020年6月19日(金)・21日(日)
UP-DRAFT
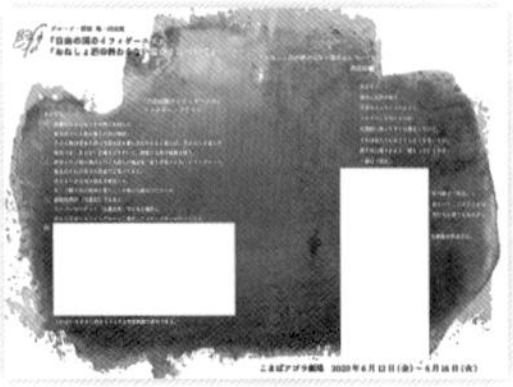

不思議の国のアリス
ALICE'S ADVENTURES IN WONDERLAND

三人吉三

ぱ・ど・か・そ・る

公演情報の詳細と関係者のコメント等は、早稲田大学演劇博物館のオンライン展示「失われた公演」に記載されている（下のＱＲコードよりアクセス可）。

また、巻末の「コロナ禍による中止・延期公演リスト抄」、「失われた公演リスト」には、掲載したチラシの公演予定日、予定会場などを記載した。

舞台の再開

PARCO劇場オープニング・シリーズ『大地』（2020）

作・演出：三谷幸喜　舞台美術プランナー：堀尾幸男

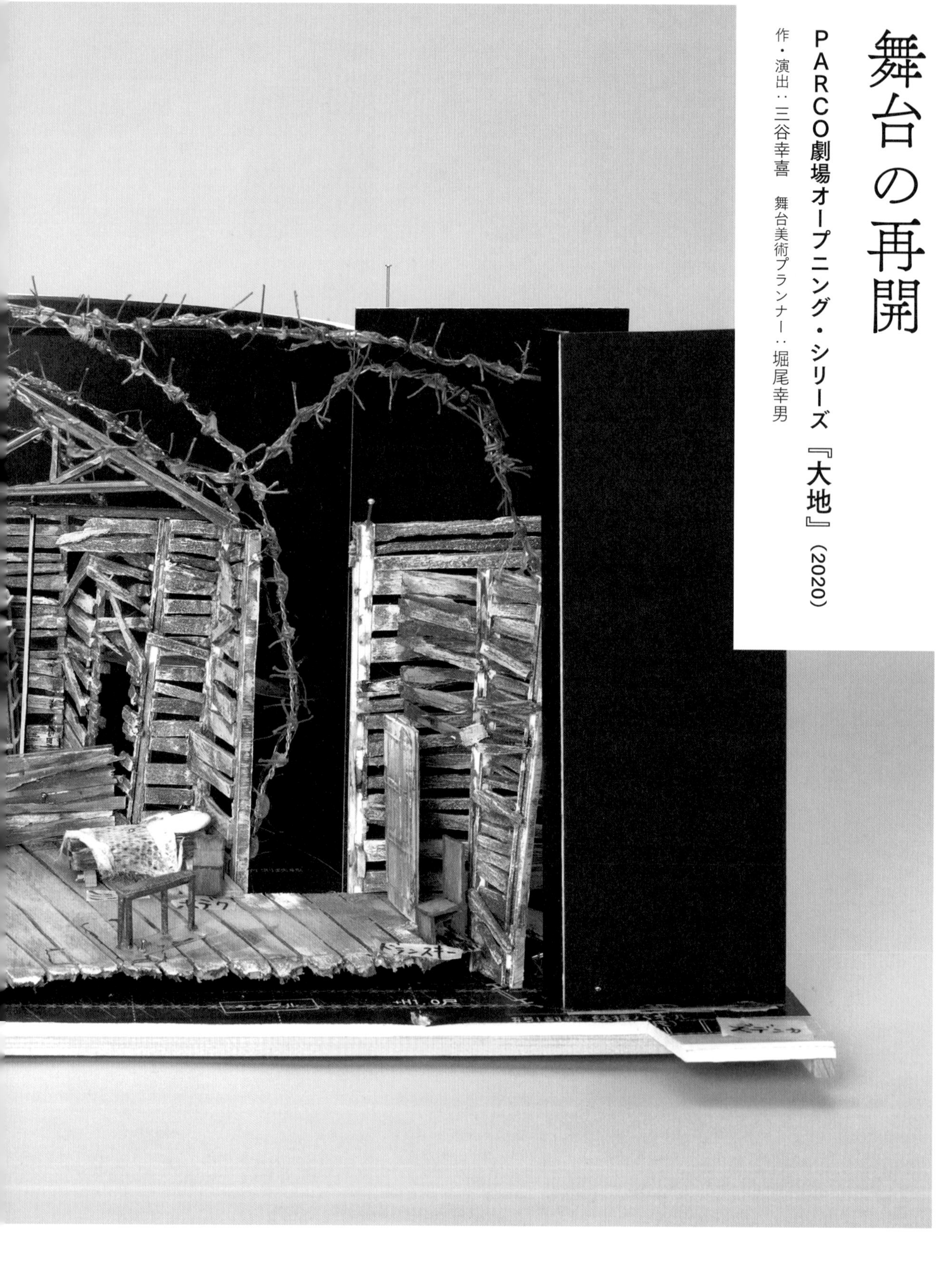

PARCO 劇場オープニング・シリーズ『大地』オリジナル舞台装置模型（提供：堀尾幸男）

PARCO劇場オープニング・シリーズ『大地（Social Distancing Version）』舞台装置模型（提供：堀尾幸男）

オリジナル模型スケッチ
プランA（原案）
（提供：堀尾幸男）

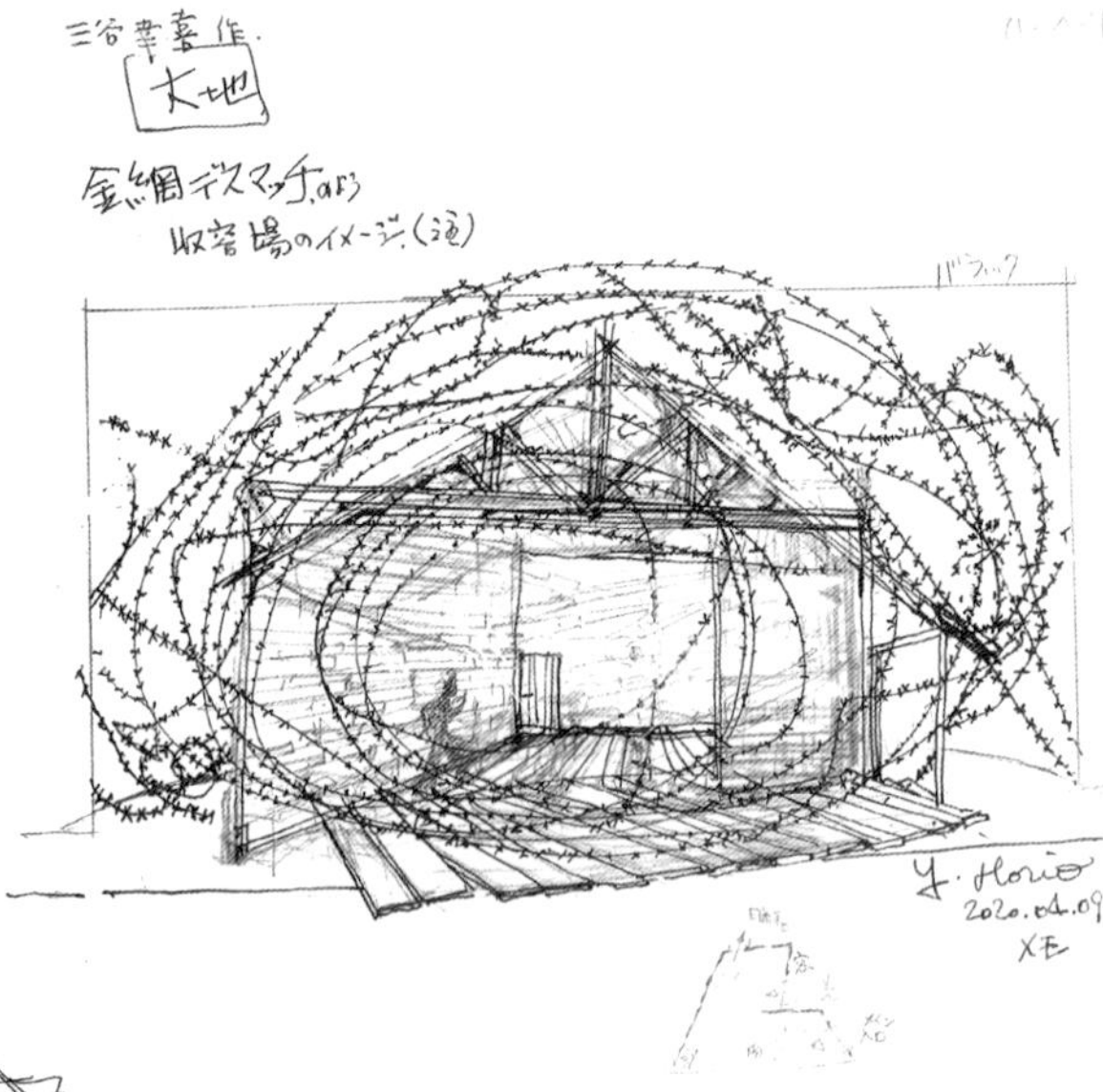

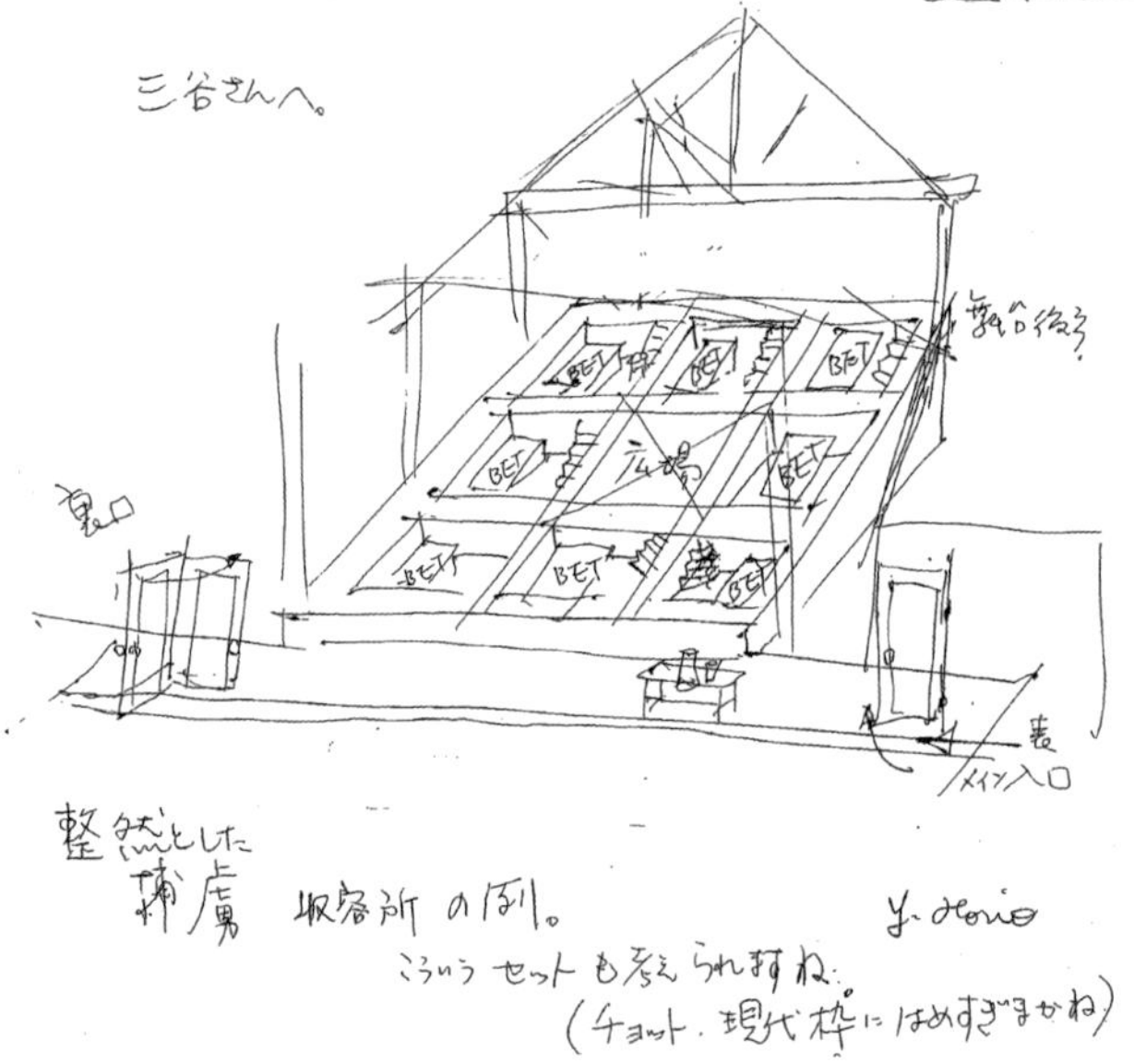

オリジナル模型スケッチ
プランB（Social Distancing Version）
（提供：堀尾幸男）

コロナ対策で休演が続き四か月経った頃。舞台と客席との間を通常一メートル空けることが消防上の理由で定着したルールだったが、二メートル以上あけるという実験結果が出された。

最長四メートルの飛沫がミュージカルスターの張り上げる歌声とともに飛んでいることがわかり、ビニールで遮蔽《しゃへい》囲みも可《あり》の舞台。客席はひとつ飛ばしなどの対策が始まった。このような舞台と役者の関係は、特に客席の配慮は舞台美術家の私にもすぐに注意が及んだが、まさか。

稽古場から役者同士も距離を保ったまま、演技させようかと、プロデューサーから冗談のような話が出て、演出の三谷幸喜氏が簡単に「あゝ、いいですよ。出演者達は個室で演技させましょう」と言った。

公演『大地』の捕虜収容所の表現がプランAで決まっていたにも関わらず、私も冗談半分で「役者にこの個室のような桝席を与えますよ」と、本番三週間前にも関わらずプランBを提案し、ラフ画を描いた。すると調子にのって「これで行きましょう」という。私は自信のプランAを捨てて、遊び心のプランBに大慌てでシフトした。こうして演出はコロナ時代を先取りし、腰が引けていた演劇興業の初陣を切った。そして、全てのコロナ対策と勇気をもって、パルコ主催公演は、大好評のうちに四十五回公演を休むことなく上演されていった。

しかし、興行的には半分の客席数で赤字公演だったことは言うまでもない。そして、私のA・Bふたつのプランは、ひとつ分のプラン料であったことも付け加えておきたい。

PARCO劇場オープニング・シリーズ『大地』美術プランナー　堀尾 幸男

PARCO劇場オープニング・シリーズ『大地（Social Distancing Version）』舞台
（撮影：阿部章仁　提供：パルコ）

新国立劇場 2019/2020 シーズン演劇公演

『願いがかなうぐつぐつカクテル』（2020）

原作・上演台本：ミヒャエル・エンデ　翻訳：高橋文子

演出：小山ゆうな　舞台衣裳デザイナー：大島広子

新国立劇場『願いがかなうぐつぐつカクテル』衣裳デザイン画（提供：大島広子）

新国立劇場『願いがかなうぐつぐつカクテル』衣裳デザイン画（提供：大島広子）

新国立劇場『願いがかなうぐつぐつカクテル』舞台衣裳（提供：大島広子）
写真：行貝チヱ　衣裳：大島広子　ヘアメイク：高村マドカ　撮影モデル：榎本トオル、鎌倉太郎、辻田暁、水野栄治

新国立劇場 2019/2020 シーズン演劇公演『願いがかなうぐつぐつカクテル』2020 年 7 月
（撮影：引地信彦　提供：公益財団法人 新国立劇場運営財団）
上段右から北村有起哉、あめくみちこ、下段右から北村有起哉、松尾 諭、森下能幸

右から北村有起哉、林田航平

上演に際し、感染リスクを下げるための工夫の一つとして、出演者がマスクを着けることとなり、デザインを担当した。最初、マスクという言葉から想像できるものは、四角い布辺にゴムがついたものだった。俳優の口元をこのような異物で塞いでしまうのは、まるでキャラクターの口元をえぐり取ってしまうような痛々しさを感じ、違和感を覚えた。では物理的に飛沫を抑え、かつ異物として感じない形はなんだろう？

マウリツィオ（猫）とヤコブ（カラス）の動物コンビは、当初動物のパーツをかたどったデザインは極力入れず、衣裳のシルエットや素材の表情で動物を表現したいと考えていたのだが、猫の鼻まわりのぷくっとした形とカラスのくちばしをモチーフに、口元を覆うフェイスパーツを追加した。計らずともヤコブのくちばしは、十七世紀のヨーロッパでペスト流行時に医者が感染予防のためつけていたマスクに似ている。

地獄からの使者マーデは、突然現れ、突然消えるというおぼろげな存在として描かれている。今回は、顔がすっぽり隠れる大きなジャケットを着て、顔のない男として登場し、ひょっこり目元だけがジャケットから飛び出すようにした。

メインキャストのイルヴィッツアー博士とティラニアは、表情がなるべく隠れないよう、可視性の高い素材を候補にし、最終的に耳掛け式のフェイスシールドを採用。当時、まだメディアでは活用されておらず、食堂の配膳係りの人がつけているのを見たことがあるな、というくらいだった。顎のカーブのプラスチックは、透明のものはなかったので、衣裳に合わせた装飾をして整えた。

出来上がった造形物は、リハーサルで俳優たちが身に付け、キャラクターの動きや見せ方の工夫が重ねられた。こうした創造的な時間を重ねて、今回の特別なマスクが、キャラクターの生きた身体の一部として舞台に登場する事ができた。

『願いがかなうぐつぐつカクテル』舞台衣裳デザイナー　大島 広子

『悪霊』（無人（島）プロダクション、2020）
© 紙カンパニー project

『悪霊』チラシ © 紙カンパニー project

『三人姉妹（仮）』チラシ © 紙カンパニー project

『三人姉妹（仮）』（キラリふじみ、2020）© 紙カンパニー project

『フォーチュン星人』
（早稲田大学構内、1964）
© 紙カンパニー project

展評
青山兒郎

TPAM2021 紙カンパニーproject「仮チラシ展」 あり得たが、結果としてなかったものたち

仮チラシとは、とりあえず上演の予定が決まった際に、タイトルと時期や場所以外は何もかもがあやふやな状態で、一番最初に刷られる告知のチラシである。その後、キャストやスタッフ、様々な具体的なことが決定したのち、本チラシが作成される。仮チラシは本チラシの下書きのようで、大きく異なる。そのことを、紙カンパニーの「仮チラシ展」で私たちはあらためて認識した。

実際、私自身が観にいった「都会と犬ども（犬編）」の本チラシが手元に残っている。タイトルこそ同じだが、受け取る印象がまるで違う。仮チラシとは、実際に何が生じるかわからないが、その心意気だけを二次元に書き留めた、迸り始めたばかりのその淡い激情の記録だった。仮チラシを作った本人たちも何が出てくるのかわからない。走り出したその先にあるものを捉えようとし、暗闇をまさぐるその手つきそのものが展示されていた。本チラシと見比べれば、その何かを掴みとれなかったこと、あるいは捨て去ったことがよくわかる。いやむしろ、比べるべき本チラシがない方が（そして、展示会場には比較すべき本チラシは置いていない）、仮チラシは独自の存在感を纏いはじめる。

紙カンパニーの「仮チラシ展」が描き出すものは、あり得たが、結果としてなかったものだった。勢いよく各地の劇場に折り込まれていった仮チラシ、全てが終わった後にその仮チラシの残光が映し出すのは、あり得なかった何かなのか、あるいはその残光それ自体が私たちの心奥に爪を立てるのか。安手の紙に印刷された練られたとは言い難いそれぞれのグラフィックは、まるでもう取り戻せない私たちの青年時代そのものとして、横浜ＹＷＣＡの空間を鈍く照らしていた。その空間には、顔を失った見事な顔はめパネルが、形作られなかったイメージの象徴のように立っていた。

会場：横浜YWCA内 ギャラリー・レーシー／撮影：

《仮チラシ展》新聞評（ギャラリー・レーシー、2021）
© 紙カンパニー project

「やってもいない公演と、やりはしたが観られないままもう終わってしまった公演は、アーカイヴだけを見比べたら同じことになってしまうのか、そうでもないのか」——かつてあった（かもしれない）事物を展示することで、「いま・ここ」を過ぎ去った後の演劇の実在性を問い直す試み。

紙カンパニー project は、行為芸術の一回性を擬似的に追体験するため、実際には上演されていない演劇作品の痕跡物を製作している。各分野を専門とするメンバーが、チラシ、舞台写真、記録映像など演劇にまつわる何かを様々に創作し、WebサイトやSNS等を駆使しながら演劇公演の周辺情報をコンテンツとして提供する。誰も観ていない作品のぼんやりとした輪郭だけを浮かび上がらせることで、「起きてはいたが見逃した出来事」と「そもそも起きていない出来事」の境界に触れることを目指す。

ここで紹介しているのは、コロナ禍に見舞われた「二〇二〇年」に「上演」した『悪霊』と『三人姉妹（仮）』の記録写真とチラシ、「二〇二一年」に開催した《仮チラシ展》についての新聞評、および「一九六四年」に野外パフォーマンスとして早稲田大学構内で「行なった」『フォーチュン星人たち』の記録写真である。その他、これまで数多くの「作品」が紙カンパニー project によって「上演」されている。

紙カンパニー project 文芸部

ゲッコーパレード「無題」（2020）

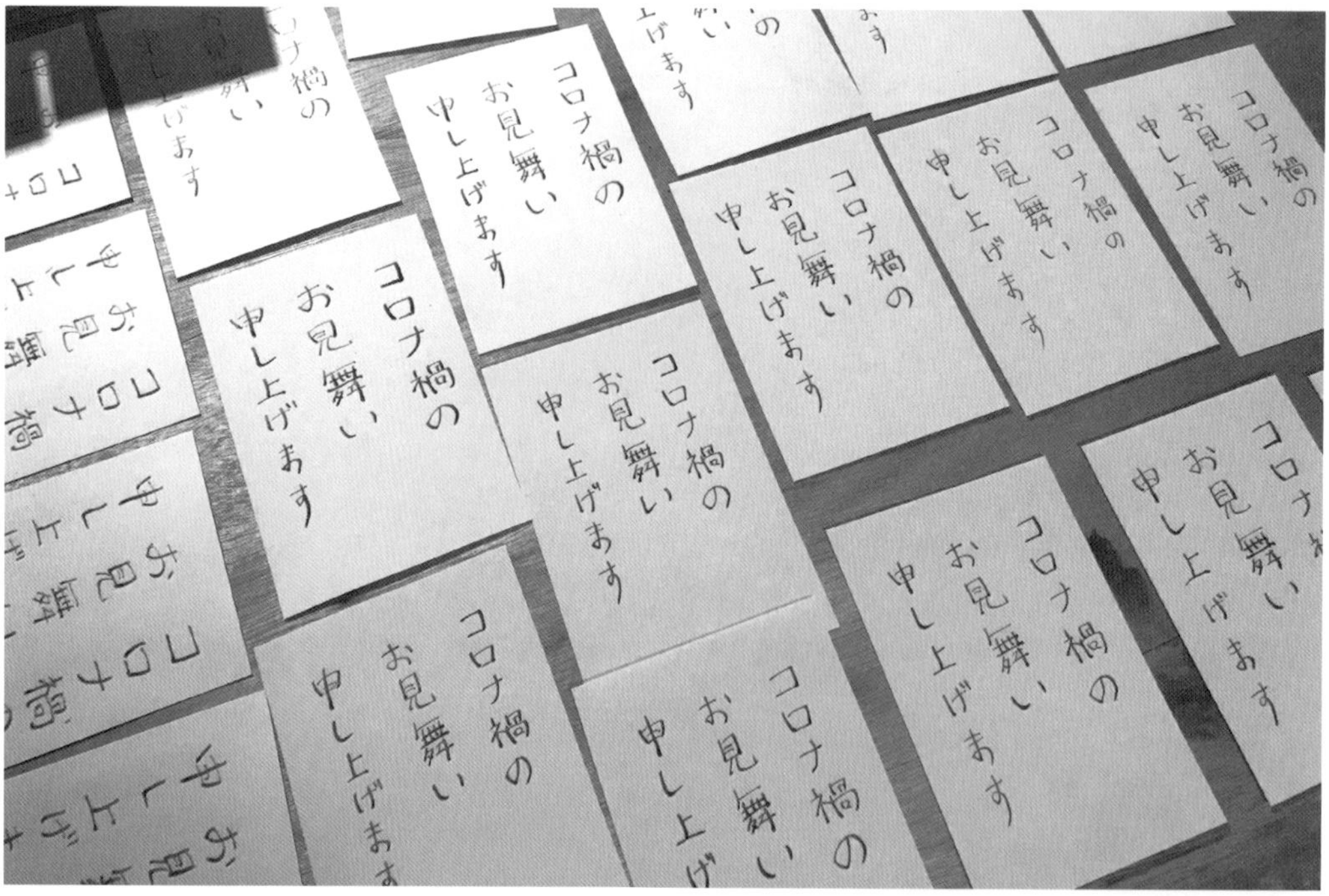

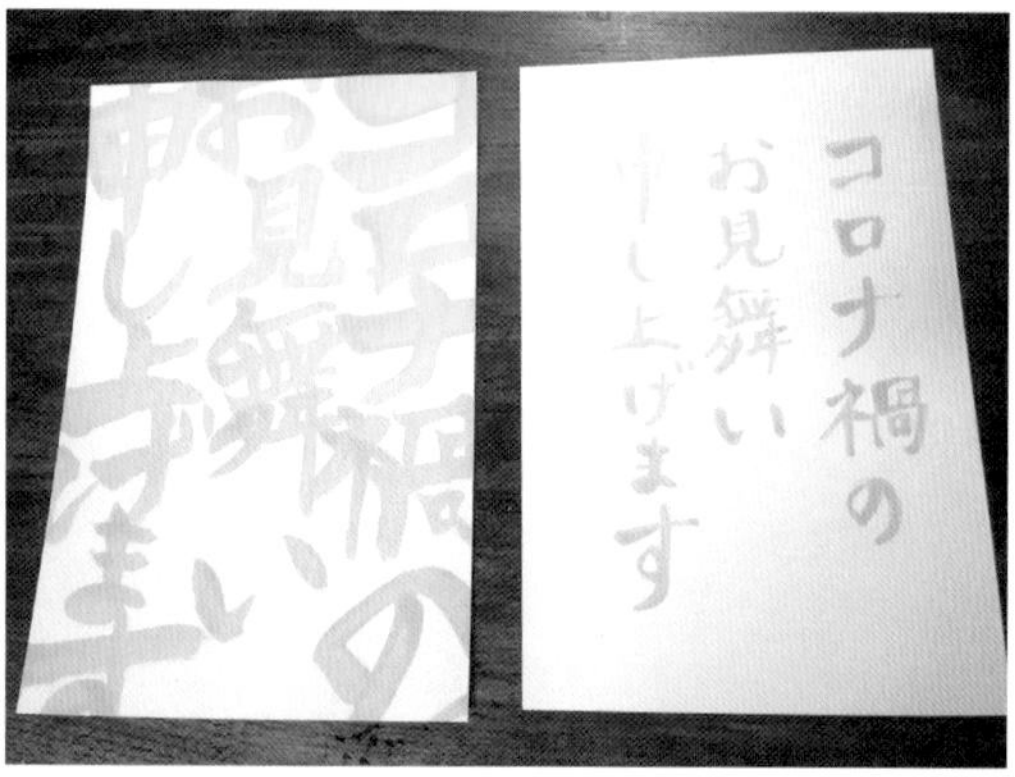

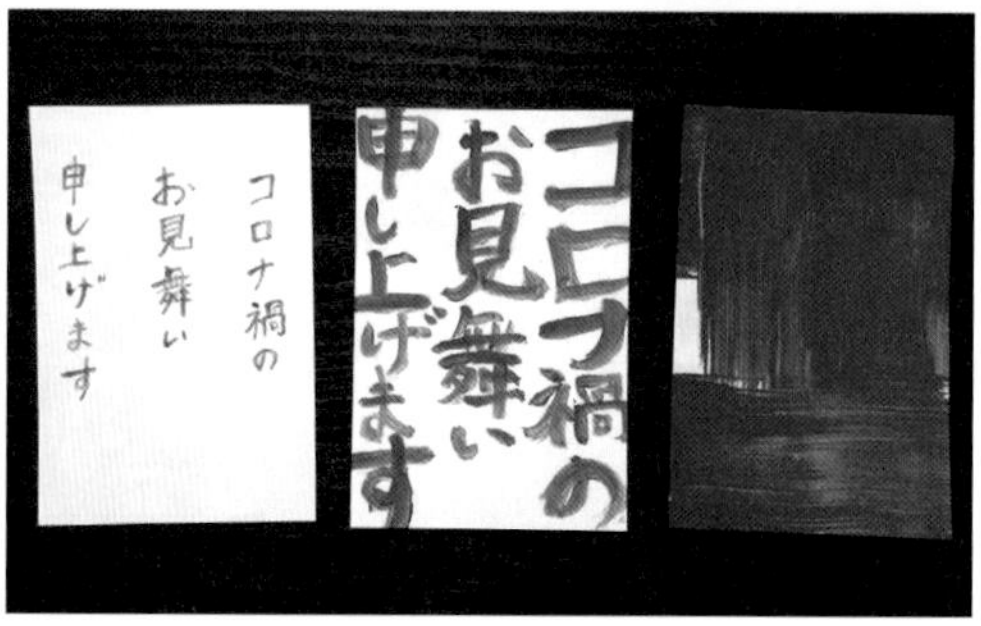

ゲッコーパレード「無題」（2020）
郵便ハガキ、ペンキ（提供：ゲッコーパレード）

ゲッコーパレードにより二〇二〇年五月末から六月にかけて発表された「集まらない演劇」の第一弾。新型コロナウイルスが蔓延したことで演劇の上演が困難になる中、演劇の本質や芸術の役割についてとらえ直すことで生じた作品。演劇において観客と創り手が出会うという体験を、手書きのハガキの向こう側に感じられる誰かを想像することに重ね、同質の体験を届けることを目的とした。

観客には事前に内容の告知はされず、「コロナ禍のお見舞い申し上げます」とのみ書かれた一枚目のハガキが郵便で届けられ、数日後には同じ文言が荒々しく書かれた二枚目、さらに数日後にはほとんど一色に塗りつぶされた三枚目のハガキが届けられる。なお一人の観客に届けられる三枚のハガキは同じ筆跡、同じ色のペンキのもの。寺山修司「書簡演劇」を参考に、観客に他者の存在を意識させ、約一週間という上演時間が生じる設計とした。加えて、日常に変化をもたらすのが芸術の役割との考えから「既に日常化したコロナ禍」の中で生じるハレの効果も意図した。

ゲッコーパレード

II

二〇二〇年の演劇

経済的損失・支援策・興行市場

細川展裕（株式会社ヴィレッヂ会長）
福井健策（弁護士）
瀬戸山美咲（ミナモザ・劇作家・演出家）

コロナ禍の中、演劇界はどう動いたのか。そこから浮かび上がった課題と、見えてきた未来は——。劇団☆新感線をプロデュースするヴィレッヂ会長の細川展裕さん、「緊急事態舞台芸術ネットワーク」世話人の弁護士の福井健策さん、日本劇作家協会副会長で劇作家・演出家の瀬戸山美咲さんが話し合った。

（司会・構成：山口宏子）

「二・二六」の衝撃の中で

——昨年二月二十六日、当時の安倍首相が大規模イベントの中止・延期を要請した時、劇団☆新感線はTBS赤坂ACTシアターで『偽義経《にせよしつね》冥界歌《めいかいにうたう》』の公演中でした。

細川　「令和の二・二六事件」の報は上演中に飛び込んできました。続けて、Perfumeがその日の東京ドーム公演を中止したというニュースが。我々はどうしたらいいのか、要請に従わなきゃいけないのかどうかも、まるでわからない。とにかくみんなの考えを聞こうと、劇場や興行会社に片っ端から電話をかけました。TBSは「主催者の判断に任せる」という。共同主催の東京グローブ座と話し合い、二十八日から当面閉めることにしました（二十七日は休演日）。一三〇〇人を集めている興行はやはり目立ちますから。

中止要請の延長を経て、三月十九日に再開しました。もちろん感染リスクは気にしましたが、一番の心配は「街宣車、来ないよね?」でした。ライブを開催した椎名林檎さんへのバッシングなど、同調圧力がすごかったですから。東京は三月二十四日の千穐楽まで公演しましたが、四月四～二十八日の福岡・博多座は、ゲネプロをやる直前に緊急事態宣言が出ることがわかり、全て中止にしました。

——大所帯ですから、お金の心配も大きかったのでは。

細川　心配なんていうレベルじゃないですよ。チケット六万枚払い戻して、六億円の売り上げが消え、払戻手数料だけで六〇〇〇万円のマイナス。そんなに内部留保があるわけじゃないし、流通や鉄道の親会社もない興行だけの会社ですから、自己破産も真剣に考えました。鴻上尚史に相談の電話をしたら、鴻上が「知り合いのプロデューサーが……」とツイートして、約六万件の「いいね」をいただきました。

——福井さんはどう動かれましたか。

福井　顧問先、クライアントに主催団体が非常に多いので、最初のご相談は、公演中止に伴う払い戻しやキャスト・スタッフへの支払いに関すること。主催者の法的責任と、それで人々が納得するかの二つを考えてアドバイスしながら、多くの悲痛な声を聞きました。このままじゃ駄目だと、海外の状況を調べ、日本でも公的に支える施策が必要だとコラムに書いて発信していたら、三月十七日に、議員会館で開かれたライブイベントを支援する国会議員の緊急集会に呼ばれました。行ってみたら、音楽系は、日本音楽事業者協会、コンサートプロモーターズ協会、日本音楽制作者連盟の三団体が業界を代表して出席している。一方、演劇系は、2・5次元ミュージカル協会代表理事の松田誠さんと私だけ。たまたま議員が知り合いだった二人に声を掛けたそうで、「誰を呼んだらいいか分からなかった。演劇を代表する団体はどこですか」と問われ、答えられませんでした。日本劇団協議会、日本劇作家協会、日本演出者協会などは活発に活動していても演劇界全体を代表する組織ではない。何か横のつながりが必要だと痛感していたところに野田秀樹さんから連絡がありました。

　東京芸術劇場に出向くと野田さんから「この状況はあまりにまずい。何かしなくては思うが、どうしたらいいかわからない」と言われました。こちらもわからないのですが、同席した副館長の高萩宏さん、彩の国さいたま芸術劇場事業部長の渡辺弘さんを交えて話し合い、①被害の情報を集める、②主催団体が横につながりネットワーク化する、③集めた声を政府に届けて交渉する、という三つの方向を決めました。これが四月七日です。それから、いろいろな主催者に声をかけ、会議を重ね、四月二十七日にキックオフ会合を開きました。それが「緊急事態舞台芸術ネットワーク」の始まりです。名称は野田さんが付けました。

――団体での活動を避けてきた野田さんが中心になったのは意外でした。

細川　公共劇場の芸術監督になって、進んで公の役に立とう、みたいなメンタルになったんじゃないですか。

福井　そう思います。「何でもやる」の言葉通り、国会議員に会ったり、交渉したりといった苦手なことも嫌がらずにやってくれました。心身ともに大変な負担だったと思いますが、野田さんが直接行くと、やっぱり向こうの対応が違うんです。そんな「野田マジック」と多様な団体が顔を揃えた「ネットワーク」の規模を最大限に使って、政府と向き合いました。

――五月十四日開設のホームページにあらゆる演劇団体が並んでいることに驚きました。

福井　日本で初めてのことでしょう。戦時中に大政翼賛会がありましたが、当時、リベラル系の一部は地下に潜るか、牢屋にいましたから。

細川　コロナがそれだけ共通のすごい敵だったということですね。

瀬戸山　二月二十六日、私は彩の国さいたま芸術劇場の稽古場で、県内のホールで上演する市民参加の演劇の稽古中でした。公共劇場や大劇場が閉まることと、出演者と観客に高齢者が多いことなどからその公演の中止が決まり、稽古だけ続け、三月七日に映像撮影をしました。それから、自分の劇団であるミナモザの八月末の公演を中止しました。劇団の体力では、きちんと感染症対策をしながら公演を打つ自信が持てませんでした。具体的なマイナスは稽古場のキャンセル代くらいでした。お願いしていたスタッフに申し訳なくて、何とか支払いをしなくてはと思っていたところに、利賀村の「SCOTサマー・シーズン」に誘っていただき、別の作品ですが公演を実施することができました。このほか、演出家として関わっていた東京グローブ座の六月公演が中止になりました。

　目の前の公演準備がなくなっていく中、劇団温泉ドラゴンのシライケイタさんを中心に、劇団チョコレートケーキの日澤雄介さんたち十人ほどで公的支援を求める舞台芸術関係者の署名約一八〇〇筆を集め、三月末に内閣府と文化庁に持って行ったのですが、手応えはありませんでした。

　四月になって、劇作家協会、演出者協会、劇団協議会などが中心になり、三十二団体による「演劇緊急支援プロジェクト」が発足し、二万五六八四筆の署名を集めました。五月初めには、ミニシアターの存続を図る「SAVE the CINEMA」、ライブハウスを支援する「SaveOurSpace」と合流して、共同キャンペーン

「#WeNeedCulture」を始め、五月二十二日にそれぞれの署名を添えた要望書を文化庁、経産省、厚労省に提出しました。

この時期、若い劇団が困窮していくのを見ていて、特に文化庁には、若い人への支援を求めました。三月頃、劇場が劇団に公演中止を要請し、それでも劇場費は請求するといったことが起きていた。若手はそのお金を払ったら生きてゆけず、芝居をやめざるを得ないのです。ある俳優からは、アルバイト先の飲食店も閉まったため、月収が二万円になった、という話も聞きました。

福井　私も、三月の議員集会で皆さんが大きな損失の話をする中、身近に聞いた小劇場の話も伝えました。二十代四人の劇団で劇場費など一〇〇万円の損失を抱えた。アルバイトで返すのに半年はかかる。もう芝居を辞めたくなる。こういう危機が見えないところで、静かに、無数に起きていました。

瀬戸山　本当に、静かに。こちらから聞き出さない限りつらさを話さず、そっと去っていってしまうのです。

動き始めた「ネットワーク」、助成金の課題

――混乱の中、手探りで様々なことが動き始めました。

瀬戸山　音楽、演劇、映画合同の「#WeNeedCulture」を立ち上げてからは、直接、国会議員や省庁の人と話す機会が増えました。公費で損失の補填はしないという大前提は変わりませんが、助成金の細かい制度設計などには意見を言えば反映される実感はありました。

――公的な支援は六月に成立した第二次補正予算でかなり動いてきましたね。

福井　そうですね。「ネットワーク」はいろいろなプロジェクトチームが週数回の会議を重ねながら、活動してきました。まず情報の把握と意見の集約化、次に政府との交渉です。交渉内容は主に三つで、支援制度、開催制限、入国制限。支援制度の大きい柱は、中規模以上の公演の生命線とも言える「J-LODlive」で相手は経産省です。「Go To」の方は我々が何も言う前に発表されましたが、使い勝手が悪く改善を要望しました。劇場の収容人数などに関わる開催制限は文化庁、経産省の両方と交渉し、官邸にも働きかけた。入国制限は取り組んでいる最中です。海外からトップアーティストと専門スタッフが来日できないと、一〇〇万人単位の公演を中止せざるを得なくなるので、条件緩和を話し合っています。

三つ目がガイドライン作りです。緊急事態宣言が明ける時、各業界で自主的なガイドラインを作ることになり、その作成団体として「ネットワーク」が指名されました。自主的といっても、実際には政府が作ったガイドラインを各業界がちょっとだけ手直しして発表するケースも多く、図書館と飲食店が同じ基準といったことになりがちでしたが、「ネットワーク」は「我々は距離ではなく、行為を徹底的にコントロールする」と独自に作りました。

四つ目は現場サポート。「助っ人センター」を作り、活動継続のための支援や補助金申請などの相談にのり、オンライン勉強会も重ねました。最後に、社会に向けての情報発信。これはやり方を間違えると「炎上」するので、かなり気を遣いました。

――話が前向きになってきました。

福井　劇場の安全性を発信しながら動きだしたところに、七月、シアターモリエール（東京・新宿）で集団感染が起きて、あの時が逆風も「どん底」でした。実際はガイドラインを守っていない観客参加のゲームイベントだったのに、「劇場クラスター」「演劇クラスター」と報道されて。「ネットワーク」のメンバーは悔し泣きしていました。

細川　あれは、演劇にカウントするような内容のものではなかったですよね。

福井　あのケース以外は客席から一人の感染者も出していません。出演

者やスタッフはどんなに注意しても、他の活動と同程度の割合で感染者が出ますが、主催者は最大限の対応をしている。社会に理解を得ることができ、その後、風向きは悪くなってはいません。

――「不要不急」という言葉も演劇人を傷つけました。

細川　世間の大多数の人は演劇に興味がないってことがよくわかりましたね。演劇がなくなろうと別に関心ない、という人がほとんど。これがプロ野球なら大変な騒ぎになるでしょう。だから、音楽もスポーツも含む「ライブ」の存続が危ういんだということが伝わって、やっと世間が理解してくれるようになった気がします。

福井　忸怩たる思いを持ちつつも、役所を説得する作戦として、「演劇」ではなく「ライブイベント」という言葉を使う工夫をしたこともあります。

瀬戸山　「#WeNeedCulture」でつながってみて、映画や音楽の訴求力の強さを感じました。でも、ライブハウスやミニシアターはこれまで公的助成の対象になっていなかったので、そこは慣れている演劇人が一緒に政府と交渉するなど、それぞれのパワーを集めました。

――公的助成の現状はどうですか。

細川　うちは持続化給付金など一般的なものをいただき、もちろんJ-LODliveの申請はしています。ただ、十月興行の分は半年たった今も受け取っていません。概算払いの連絡もまだ届かない。劇場では客席を半分に減らしていて、収入は半分しか見込めない。J-LODliveは制作費の半分まで助成されますが、除外される項目もあるし、制作費には我々の給料や事務所の家賃は入りませんから、事業を続けるにはもともと足りないわけです。それなのに、支払いが全部終わり、証明を付けて申請し、半年たっても音沙汰がない。銀行などからの借り入れでつないでいますが、さすがに限界です。

瀬戸山　文化庁の継続支援事業は申請が通るまでに、非常に時間がかかりました。すごく煩雑な手続きで、申請するまでにへとへとになり、何度も書類の追加請求に応じ、その後、回答がないまま待たされ、事業が終了する今年三月の一週間で約六〇〇〇件が不交付になりました。申請の多さに文化庁は対応できていなかったようです。

福井　文化庁の現場の人たちは一生懸命だったけれど、マンパワーが逼迫している中、大量の申請を受け付けて、審査して、交付するという仕組みに無理があった。くそ真面目に制度を作り、問題点もちょっとずつしか改善されないのですから、遅れに遅れるのは必然です。

そもそも、ストレートに損失補償をすればよかったんだと思います。税金での補償はおかしいと財務省が反対したようですが、その代わりに起きたことは、補助金の乱立です。役所はいろんな補助金制度を設計し、審査しなきゃいけなくなった。損失を抱えて困っている主催者は、補助金を受けるために何か新たな事業をやらなきゃいけなくなり、何十ページもある要項を読み込んで申請書を書き、時には「西暦ではなくて令和で書くように」といった細かい訂正を求められ、書類を出し直す。J-LODliveなら三次にわたる審査を経て交付に至るのですから、時間も人手も膨大にかかります。その過程で、役所の人も申請する側も疲弊していく。最初に損失の一部を補償する制度を作っていたら、どれほど効率が良かったかと思います。

細川　払い戻しチケットの枚数ははっきりしていますから、その六割でも「真水」で補償してもらえれば、どんなに良かったか。

福井　過去三年分の平均から収入減を算出し、その何割とかね。

細川　平常の六割あれば、何とか事業は継続できます。様々な補助金の総額を考えれば、それくらいできたはずですよね。

福井　最終的にはその方が経費は低くすみ、政府も楽だったと思います。

新しい事業に対して補助金を出すと言われると、あまり言いたくはないですが、やらなくていい企画や拙速なプランも出てきたはずです。

瀬戸山　文化庁の募集要項に沿った企画を無理やり考えたり、求められている「積極的な取り組み」って何だろうと悩んだりしました。

細川　飲食店への協力金なんて、実質は補償でしょう。あれと同じようにできなかったものですかねえ。

配信の可能性と限界

——配信が一気に広がりました。新感線は「ゲキ×シネ」をAmazonプライムで配信し始めましたが、手応えはいかがですか。

細川　支えになるほどの収益ではないですね。でも、もしコロナがなかったら、NetflixやAmazonプライムなんて考えなかった。

——十月のヴィレッヂプロデュース『浦島さん』『カチカチ山』の公演は全回ライブ配信しました。

細川　収支は、きわどいところで行って来い、です。

福井　J-LODlive補助金を加えて、行って来い？

細川　はい。

福井　J-LODliveがなかったら、五〇%の赤字ということですね。

細川　それなら何もやらない方がいいんじゃないかという考えもありますよね。うちは、四月の時点で、役者・スタッフ合わせて一一〇人の秋公演の中止を決めました。コロナは発症の二日前が感染力のピークだというニュースを見て、稽古場で誰かが「調子が悪い」と言い出した時には、もう手遅れですから、この規模の興行は無理だと。ただ、役者二、三人、スタッフ合わせて一チーム十人くらいならどうにかいけるのではないかと、『浦島さん』『カチカチ山』の交互上演をやりました。

——配信で新しい観客が増えたといったプラス面はありませんか。

細川　普段、演劇を見ない人は配信も見ないでしょう。演劇は劇場で時間と空間を共有するもので、配信が代わりになるわけじゃない。新しい形としてあっていいけれど、やはり本業は興行。チケットを売って、お客さんに見てもらって、それをみんなで分配するという健全な形を早く取り戻さないと。

瀬戸山　唯一よかったこととしては、配信は、劇場に行きたくても行けない人のためのアクセシビリティーとして有効だということはわかりました。これまで劇場のない地域の人たちに演劇を届ける意識が低かったということに気づき、この先、配信を活用して、観客を増やすことにつなげられるかなと思っています。

「演劇緊急支援プロジェクト」には学校公演を中心に活動している団体が多く参加しているのですが、ほとんど仕事がなくなっています。子供たちが演劇に触れる機会が失われ、未来の観客が減ってゆくことに恐れを感じます。

細川　この状態が来年まで続いたら、中学、高校の三年間、演劇も音楽のライブも見たことない子が大勢生まれる。その子たちが大学生になって、田舎から東京に来ても、演劇見るぞ、コンサート行くぞ、というモチベーションを持つだろうかと考えると、怖い。才能ある者が演劇を目指すことを考えもしない、ということにもなる。失われてゆくものの中には、いろんなものが含まれていると思います。

福井　配信はライブの代替になり得ないというのは、もうコンセンサスだと思います。代替物になるはずはないし、なることを目指す必要もない。けれど、プラスアルファとしては、今後、広がっていく可能性はある。一つには、時間と空間を超えることができる。生で見るのがベストに間違いないんだけど、見られなかった人のためのものがある、というのには意味があります。

瀬戸山　そうですね。私もこの一年、海外の作品を見たり、海外の劇作家のワークショップに参加したり、配信によって普段ではできない体験ができました。

福井　配信はリスクヘッジにもなります。我々の社会は今後も、感染症や災害に対して過敏であり続けるでしょう。十年前ならインフルエンザの俳優が舞台に立ったら、「役者魂」が讃えられたかもしれない。でも今そんなことをしたら責められます。昔は大雪でも上演決行は当たり前でしたが、今は観客の行き帰りの安全を考慮しなくてはならない。こういう時代は、いざという時には配信に切り替えたり、配信とのハイブリッドにしたりすることを可能にしながらチケットを売る必要が出てきます。

細川　そういうことに気付かせてくれたきっかけではありますね。ちなみに、今年三月二十日の地震の時、うちはライブビューイングをやっていたんですが、震度五強だった仙台の映画館では上映が止まりました。ライブというのは常にリスクがあると改めて感じました。

――配信による海外市場への可能性はどうでしょうか。

福井　配信だけでペイするほどの収入になるかどうかは分かりませんが、プロモーションツールになり、他のビジネスにつながることは十分あり得ると思います。ちゃんと字幕を付けて発信することで、海外での上演機会が広がったり、演劇祭から声が掛かったりということはでてくると思います。

細川　ここ七、八年、海外の映画祭で「ゲキ×シネ」の上映をさせてもらい、それなりの反応はあります。それほどお金が動くわけではないけれど、宣伝の意味合いはある。日本で海外作品を仕入れて上演しているように、海外に台本と演出を買ってもらい、レプリカ上演をしてもらえるようになれば、一番いいのだけれど。

――それにはまず、オリジナルを見てもらう必要がある。配信がうまく機能するといいですが。

福井　多少、損をしても出していくことは確かに大事。近年、韓国映画がハリウッドで大きな影響力を持っているのは、韓国の映画関係者がアメリカでずっと活動し、様々な方法で売り込んでいるから。発信はやっておいたほうがいいし、何より、その方が楽しいと思います。

デジタルアーカイブという成果

――コロナ禍の中で、舞台芸術のデジタルアーカイブが大きく前進しました。EPAD（緊急舞台芸術アーカイブ＋デジタルシアター化支援事業）で、舞台映像などがまとまって社会の共有財になったのは画期的です。

福井　舞台映像一三〇〇本、戯曲五五三本、舞台美術の資料一五〇〇点、スタッフ技術継承のためのeラーニング講座数十本を集めることができました。映像は早稲田大学演劇博物館、戯曲は劇作家協会の特設サイト、美術とeラーニングはEPADのポータルと、三つの受け皿で残ってゆきます。パンデミック後の舞台芸術の復興のための場にしたいと考えています。

――第二次補正予算での助成事業ですか。

福井　そうです。文化庁の「収益力強化」のための助成金で、事業提案をする元請け団体にまとまったお金を預けて実施する仕組みでした。収益力強化の例示に「配信」があり、きっと新しい公演を企画して素晴らしい技術でデジタル配信するイメージなのだろうと思ったのですが、それでは仮に感染が拡大してもとの公演が中止になったら配信もできなくなる。助成金のために新しい企画を考えるには限界があるとも感じていました。

別の形で何かできないかと、「ネットワーク」内で話し合い、各団体が持つ過去の映像や資料で収益を得ることを考えました。これなら、各団体は映像や資料を提供するだけで、面倒な申請をせずに、権利に対して対価を受け取ることができる。きちんと権利処理をしておけば、それを利用してこの先も収益をあげることが可能になる。何より、名作、傑作の宝の山を残す意味は大きい。エンパクの岡室美奈子館長にも多大なご協力をいただき、提案書を出したところ、採択されました。

——舞台映像は外から検索でき、動画の一部も見られる。エンパク館内では全編見ることができます。これまで困難だった過去の舞台に触れることが可能になりました。

福井　今回集めた作品は様々な権利処理を済ませてあり、主催団体は今後も有料配信などで収益を上げることができます。将来に向かって配信の権利という資産を残せました。

瀬戸山　劇作家協会が長年実現しようと考えながら、なかなか実現しなかった戯曲のアーカイブ構築が、ＥＰＡＤによって一気に進みました。平時だったら、あと何十年かかったか。

福井　戯曲に上演申請フォームも付いているのも素晴らしいと思います。問題はこれらのアーカイブが単年度事業ということです。毎年この調子で増やしてゆく予算は、今のところない。でも、向こう五年間、歯を食いしばって拡充とメンテナンスを続ければ、時代が追い付いて、アーカイブを持続的なものにする予算なり、力なりが新たに加わると思います。ですから、共同で事業をしている寺田倉庫株式会社と、とにかく続けようと合意しています。もちろん文化庁に支援を要請し続けますし、広く知恵と力を借りる必要も出てくると思います。

細川　実績をちゃんと見てもらって、応援したい人はこちらへ、という寄付の仕組みがあってもいいですね。

福井　外からは見えにくいですが、権利処理の仕組みを作れたことも財産です。例えば、これまで、劇中で使用している音楽の権利などが配信の壁になるケースが多かったのですが、今回、音楽業界の団体も協力してくれて、処理のシステムやフォームができました。これを使えば、この先、少ないエネルギーでアーカイブを増やしていけます。

将来的には、作品をアーカイブに納めることを助成金を受ける条件にすることを提案したいと思います。公金を使う以上、結果は社会に還元されるべきですが、現状は「成果物」として、誰も読まないような報告書を提出している。それよりも、提出書類は収支報告書くらいにして、あとは作品をアーカイブに納め、成果に人々がアクセスできるようにする方がずっといい。商業配信をする主催者は、アーカイブで一般公開する範囲を限定するような条件を付ければいいわけですから、収益を生む妨げにもなりません。

瀬戸山　それは素晴らしいと思います。

未来は明るい、と、信じて

——最後に一言ずつ、今後についてのお考えを聞かせて下さい。

瀬戸山　文化庁の支援は現状、新しいものを作ることにばかり向いていますが、アーティストが学んで力を蓄えるための支援があってもいいと思います。今は一人一人が離職しないで、生き抜くことが大事。ある程度経済力のある人しか救われない仕組みでは、将来の芽が枯れてしまいます。もっと若い人、実験的なことを目指す人たちにも目を向けてほしい。厳しくなるのはこれからだと思いますが、この一年で結びついた様々な人たちと情報を共有し、つながりを深め、連携して頑張っていきたいと思っています。

細川　とりあえず目の前の公演を一つ一つ無事に終わらせながら、未来は明るいと信じて生きていくしかないですね。私はプロデューサーですから「場」を作るのが仕事。たとえ思い描いていた形を変更せざるを得なくなっても、とにかく「場」を作り続けます。作家は書く、役者は演じる、それぞれの立場で仕事を全うすることがコロナと闘うことになるんだろうなと思っています。

福井　演劇には二五〇〇年の歴史がある。長い間続いているものは強靭です。戦争も疫病も演劇を途切れさせはしなかった。だから今回も雄々しく立ち上がるはずです。必要なのは、その時に向けて、大事な継承が途切れてしまわないように「止血」と「輸血」を行うこと。そして、将来に向けて、プラスアルファでどういうバージョンアップが図れるか、どんな面白いものを付け加えられるか、客層をどう広げ、劇場の安全性や利便性をさらに高めるにはどうすればいいか、を考えること。今はその時期かなと思います。この先も、皆さんをサポートして、生まれてくる作品という宝物を楽しみながら、世界と後世に伝えるお手伝いができたらうれしいと思っています。

二〇二一年三月二十二日
於：早稲田大学

細川展裕（ほそかわ・のぶひろ）
一九五八年、愛媛県新居浜市出身。関西大学社会学部卒。レコード会社の営業マンをしているとき、幼馴染の劇団「第三舞台」主宰・鴻上尚史に誘われ、八五年から同劇団のプロデューサー。二〇〇〇年、「劇団☆新感線」の運営会社ヴィレッヂ社長。これまでの集客数は約二五〇万人。郷里・愛媛でバー「エピタフ」も開業。一八年十一月に初の著作『演劇プロデューサーという仕事――「第三舞台」「劇団☆新感線」はなぜヒットしたか』を出版。

瀬戸山美咲（せとやま・みさき）
一九七七年、東京都出身。劇作家・演出家・ミナモザ主宰。一六年『彼らの敵』で第二十三回読売演劇大賞優秀作品賞の受賞をはじめ、読売演劇大賞優秀演出家賞、芸術選奨文部科学大臣新人賞など数々の賞を受賞。近作に『オレステスとピュラデス』（作）、『THE NETHER』（上演台本・演出）、『あの出来事』（演出）、改訂版『埒もなく汚れなく』（作・演出）など。二〇二一年、現代能楽集X『幸福論』（長田育恵と共作・演出）で第二十八回読売演劇大賞選考委員特別賞受賞。

福井健策（ふくい・けんさく）
一九六五年、神奈川県出身。弁護士（日本・ニューヨーク州）。日本大学芸術学部・神戸大学大学院客員教授。一九九一年、東京大学法学部卒。米国コロンビア大学法学修士。現在、骨董通り法律事務所代表パートナー。主な著作に、『改訂版　著作権とは何か』『誰が『知』を独占するのか』（集英社新書）、『「ネットの自由」VS著作権』（光文社新書）、『18歳の著作権入門』（ちくまプリマー新書）、『ロボット・AIと法』（有斐閣）など。国会図書館審議会会長代理、デジタルアーカイブ学会理事などを務める。

山口宏子（やまぐち・ひろこ）
※プロフィールは二一六頁参照。

インタビュー

歌舞伎は、不死鳥のように

安孫子 正

（株式会社歌舞伎座 代表取締役社長／前松竹株式会社 代表取締役副社長 演劇本部長）

劇場のなかで、おそらく最も厳格な感染対策をとっているのが、歌舞伎座であろう。二〇二〇年八月の再開後、初の四部制を敷き、舞台裏も舞台上も客席も各部総入れ替えで「三密」回避に努めた。客席の人数制限が一〇〇%に解除された折も五〇%を維持し、今なお徹底した対策のもとに興行を続けている。本拠地である歌舞伎座、会社としての原点である歌舞伎というジャンルを軸に大劇場演劇を牽引する、松竹株式会社代表取締役副社長演劇本部長（取材時）の安孫子正さんにお話を伺った。

（聞き手：児玉竜一）

――昨年から、本当に未曾有の事態が続いていますが、新型コロナウイルス感染症に関して、いつ頃から注目されていたのでしょうか。

安孫子　コロナの話題が広がってきて心配しだしたころ、ちょうど二月二十六日――安倍首相（当時）から自粛要請が出る日に、いわゆる商業演劇の大劇場が加盟している日本演劇興行協会の理事会があったんです。政府の動きに関して情報を察知している方もいらして、協会としては、どこの劇場も同じスタンスで事に当たろうと、対応を協議していました。それで二十六日の会見を受けて、各劇場が「三月は予定どおり初日を開けることできないな」と。でも当時は、一週間後とか十日後には開けられるんじゃないかと、みんなが思っていたんですね。

――こんなに長くなるとは、その時点では想定できなかった。

安孫子　いつから再開しようかという話し合いをしていました。何日間か休んでも、開けるときは足並みをそろえようと、日本演劇興行協会で調整していたんです。そんな中で、歌舞伎座は三月二日から十日の公演を中止に、それが十九日までに延びて、結局三月十八日の時点で「三月大歌舞伎」の全日程を中止する判断をしました。

――次から次へと先延ばしにされることのつらさ。俳優さんたちは舞台に向けて、そのつど気持ちをつくらなければなりませんし、刻々と変わる状況下で対応を迫られる関係者の方々のご心労も想像を絶するものだったと思います。

安孫子　お客さまには大変なご迷惑をおかけしてしまいました。最初に切符を買っていただいて、それがキャンセルになって払い戻し、また買っていただいて払い戻し……。それでも買い続けてくださったお客さまが大勢いらっしゃったので、本当に感謝の気持ちしかありません。そのときは、まだ四月や五月には公演できるんじゃないかという思いがあったので、とにかくお客さまに三月の歌舞伎座がどんな舞台だったのかを観ていただくために、舞台収録映像を無料配信しようということにしました。

――歌舞伎のオンラインでの配信は、画期的な出来事でした。

安孫子　歌舞伎に関しては、配信が手付かずの状況だったんです。ご存じのように、映画の場合は、著作権や制作権が制作会社にある。ですが、演劇の場合は、俳優の肖像権の問題があるので、日本俳優協会と話し合いながら、ビデオ化やDVD化を進めてきました。ただ、配信に関しては、お互いに慎重になっていて、働きかけはしても停滞していたんです。でも今回は、そんなことをいっていられないだろうと。不幸中の幸いと申しますか、コロナ禍のために、高く厚かった壁が崩れました。

――三月に公演が予定されていた、歌舞伎座の「三月大歌舞伎」、南座のスーパー歌舞伎Ⅱ『新版 オグリ』、明治座の「三月花形歌舞伎」の出演者による座談会の収録映像を、四月六日からYouTubeの松竹チャンネルで無料配信されました。

安孫子　公に、一般のお客さまに無料配信するということで、大勢の協力によって第一歩が踏み出せた。こういうときに配信という手段は必要だし、切符をお求めいただきながら払い戻しを重ねさせてしまったお客さまに対して、何かできないかという気持ちでした。それが、好評をもって迎えられたんです。

――歌舞伎に関していえば、二〇二〇年の大きなトピックとして、十三代目市川団十郎白猿の襲名が予定されていました。

安孫子　もともと歌舞伎座は、四月は休館予定で、新橋演舞場の「四月大歌舞伎」は、すでに中日あたりまで中止を決めていましたが、四月七日に緊急事態宣言が出て、全日程中止にせざるを得なくなった。当然、五月から七月の襲名興行をどうするかという問題に直面しました。（市川）海老蔵さんとも相談しながら、とりあえず五月だけ中止か、でもせっかくの襲名興行だし……などと対策を練っていたんです。先がまったく見えない状況で、あの頃がいちばん、みんなピリピリしていましたね。ですから、早く結論を出そうと、宣言が出る前日だったと思いますが、会社として延期を決断し、その日のうちに大幹部の方々のところを回って、演舞場の四月公演だけでなく、五月から七月の団十郎襲名も延期せざるを得ないと、皆さんにご了解を得たんです。電話でできる話ではありませんから、アポもとらず、その日のうちに。七日に政府から何か出るだろうということもあったので。長く舞台がなくなってしまうと、本当にお客さんがまた帰ってきてくれるのか心配だけど、みんなでがんばらなくてはいけないね、といったことも話しました。

――それだけ中止や延期が続くと、経営的な打撃も大きくなったのでは。

安孫子　松竹は二月が期末なので、もしこの状況が一年続くと、どれくらい損失が出るのか試算したんです。演劇本部だけで、一〇〇億円の赤字になる。グループ会社でも三十億円の赤字になる。それを覚悟しながらも、やはり松竹として大切にしなければいけないのは、どんな状況におかれても歌舞伎をきちんと守ること。松竹は歌舞伎からはじまった会社で、私たちが今歌舞伎を維持できなくなってしまうと――何らかの形で歌舞伎は残るかもしれないけれども――いわゆる「伝統」を継承して、現在の芸能として存在している歌舞伎がなくなってしまう。

――歌舞伎はもちろん、松竹として膨大な舞台が失われてしまった。五月二十五日に緊急事態宣言が解除され、歌舞伎座は「八月花形歌舞伎」で再び扉を開けます。

安孫子　私たちが予定を組んで準備をしていて、動きはじめたけれども公演できなかったステージ数は全体で一二八八ステージに上ります。緊急事態宣言の解除後に再開のめどを考えたとき、歌舞伎座は、他の劇場と違ってスケジュールがコントロールされているので、歌舞伎に出演予定だった人を中心に組んでいこうと。八月が若手公演だったので、そこから再開したらどうかということで、狂言が決まったのが六月末。今でも、ひと月前にならないと決まらないんです。

――そこから実際に再開場されるまでは、どのような流れだったのでしょうか。

安孫子　国立国際医療研究センターの大曲（貴夫）先生をご紹介いただいて、劇場の舞台から楽屋からすべてを見ていただいた上で、ご指導いただきました。とにかく三密を絶対避けなければいけないということで、まずは換気。同じところに長時聞いてはいけない。それから劇場の中でもなるべく動き回らないで済むようにすることを考えたときに、今まで考えたことがなかった「四部制」という形が出てきたんです。歌舞伎のお客さまはご年配の方も多いでしょう。基本的に一部あたり一時間程度の狂言にして、観終わったら順次お帰りいただく。もちろんマスクをしていただく。大向うもかけてはいけない。なるべく客席では会話をしないでいただく……。そして、お客さまがお帰りになったあと、すぐに全部消毒する。ですから、消毒の関係で一時間半以上、劇場には入れなくなるわけです。それでも収容率五〇％で四回公演だから、従来の二部制だと一〇〇％だけど料金が安いので収支はとれません。赤字は赤字ですが、興行を打つことによって、その月に「十」と想定していた赤字が「五」になる。そういうことを積み重ねて、徐々に改善されてきました。

——緊急事態宣言が出た後の『読売新聞』（五月二十一日付夕刊）に、安孫子さんの談話が載っていました。そこで「四部制も可能だと思う」ということはチラッとおっしゃっている。あの時点から、内々に検討をはじめていたのでしょうか。

安孫子　準備していたと思います。たとえば、ふだんはのべ三十人でできるものが、四部制だと四十人くらい必要になる。密を避けるためにも凝った大道具にはしない、一杯道具ですよと、大道具さんにお願いしたり。出演者を少なくして、楽屋の挨拶も一切なし。スタッフも含め、各部に関わる人が別の部の人と絶対に顔を合わせないようにする。そういう体制を組んだんです。歌舞伎座に関しては、とにかく安全対策を徹底するために、最初のころはイヤホンガイドもなし。金銭のやりとりを避けるために筋書もつくらずリーフレットみたいなものを置いて、お客さまにご自分で取っていただく。売店も食堂も開けない。表方は完全に四部制にはできませんでしたが、極力重ならないように工夫しました。サービス会社にとっては大変な痛手ですが、歌舞伎座で何かおきることだけは絶対に避けたかった。

——歌舞伎座の対策は、多くの劇場のなかでも一番厳しいと思います。

安孫子　「そこまで厳しくする必要はないんじゃないか」と言われたこともありますが、歌舞伎座で陽性者が出ると、非常にインパクトが大きい。もちろん、他の劇場だからいいということではありませんが……。

——東京を代表する劇場としての使命というか、プライドですね。

安孫子　ですから、八月の初日は、お客さまが戻ってきてくれるか不安もありましたが、手応えもあったので本当に嬉しかった。ただ、八月は暑かったので、毎日のように体調変化を訴える人が出たんです。舞台関係者に微熱の症状が確認されたときは、すぐに興行を中止にしました。この決断がよかったと思います。そこまで徹底してやるのかと。当時は濃厚接触者がどういうものかもわからない状態でした。PCR検査を受けたところ陰性と判定が出たので、

2020年8月歌舞伎座「八月花形歌舞伎」の公演チラシ
（提供：松竹株式会社）

翌日から再開しました。八月は眠れない夜が続きましたね。

――四部制にすることで、入れ替えなど劇場側の負担も大きいのではありませんか。

安孫子　四回のお客さまをお迎えして、お送りする。その間に劇場内の消毒もしなければいけない。ですが、結果として、それが今日までずっときているんです。

――歌舞伎座は十二月まで四部制で、二〇二一年一月からは三部制になりましたね。

「八月花形歌舞伎」第一部『連獅子』舞台写真（© 松竹株式会社）

安孫子　当初は、芝居を開けられるだけでありがたかったけれど、もうちょっと充実したプログラムにしたくて、三部制に移行しました。歌舞伎座は毎日開いていなければいけない劇場だと思っているんです。長い間、二十五日間五十回興行が定番で、あとの数日を稽古期間とする。他の劇場とはちょっと違うんですね。

――二〇二〇年末から感染者が急増し、年明けに二度目の緊急事態宣言が出ました。

安孫子　二度目のときは、全体的な「自粛」ではなく、夜八時以降はいけないという時短要請でしたので、一月興行は第三部の開演時間を繰り上げて、二月興行は第一部を十時半に開演しました。政府や都から要請があったとき、歌舞伎座はともかく安心安全を第一にというスタンスなんです。劇場を開けることでお客さまが来てくだされば、先ほど申しましたように「十」の赤字が「三」くらいまで減ってくる。二月に二〇二〇年度の決算をしたら、演劇本部は一年前に一〇〇億円の赤字を想定していましたが、マイナス六十五億円まで縮めることができた。興行をやることで少しでも収入が入ってくるのが積み重ねになった。とはいえ、それだけの赤字を抱えてしまったのは事実です。

――昨年からの事態をふまえて、これからの展望をお聞かせいただけますか。

安孫子　去年は「冬」を経験していなかったので、まずは社会全体で一年間を乗りきってきて、自分たちもその中で興行してきたノウハウができた。第四波がどんな感じで来るかは別として、最悪でも五〇%でどうにか対応すれば、これからも大丈夫だというところで、収支を少しでも改善する方法を考えていく。徐々に団体のお客さまもお越しいただけるようになれば、いずれ七〇%まで収容率を上げて、次は一〇〇%をめざす。そのときに花道から二メートルはダメとか、舞台前一列はダメとか、それらがどう解除されるか。そうでないと完全に一〇〇%にはならない。完全に一〇〇%で大丈夫になる時代が来るのかどうかわかりませんが、万全の体制を取りつつ、粛々とやっていくしかないと思うんです。それでも本当に歌舞伎を愛してくださるコアなお客さまは戻ってきてくださっている。感謝しても感謝しきれません。

**――今年二月に『奥州安達原』の袖萩を勤められた（中村）七之助さんもそうですが、初役のものもいくつ

か増えてきましたし、大幹部の顔合わせも増えました。

安孫子　そうなんです。こういう状況なので「あまり人が出ないように」とか、いろいろと制約が出てしまうのですが、つくり続けていくことが大事です。十三代目団十郎襲名はもちろん、企画していたものが、全部延期になっています。まだ様子を見なければいけませんが、段階に応じて打ち出したい企画がたくさんあります。今年一年を辛抱すれば、来年はいい動きになっていくのではないかという希望はもって臨んでいきたいですね。

――大幹部の方々にとっては、いよいよ芸の総仕上げともいっていい、大切な時期に舞台がないのはつらいですね。

安孫子　皆さん、この間の長い休みが相当堪えてらっしゃるんです。歌舞伎界の世代交代の問題を考えても、いま、（中村）勘三郎さん、（坂東）三津五郎さんがいたら違っただろうな、と思ってしまう。それは、コロナがあってもなくても同じでしょうけれど。ひとつ世代を通り越してしまったような感じですから。

――そんな中で（中村）福助さんの復帰は、非常に喜ばしいことでした。

安孫子　ええ。そういう意味で、これからは（松本）幸四郎さんたちの世代が、いろいろな局面で中心になって、その下の世代が続いてもらいたい。レパートリーシステムにも憧れますが、歌舞伎の興行はスターシステムで成り立っていますから、そういうスターを、歌舞伎を引っ張っていく人をどう育てていくか。たとえば、若手の俳優は、名作に出て一生懸命やっていれば、どんどん力がついてくるんです。名作の力を借りて、若い人が汗をかくことで、お客さまの共感を得る。他の演劇もそうですが、歌舞伎はより観客と共に、俳優さんを育てていくという意識が本当に感じられる。

――芸の力で作品を輝かせることもあれば、作品の力で芸を引っ張るところもある。昨年八月に再開場してから、演目が重なったのは一回だけと聞きました。人数も含めて非常に制約の多い中でも、非常にバリエーションがある。歌舞伎は多彩な作品を選べる底力があると、改めて気づかされました。

安孫子　ただ、出演者数が限られるので、出番のない中堅の俳優さんも多いんです。経済的な保障だけをしていればいいのではなく、舞台に出ることが保障されるようにしていかなければならない。まだ問題は山積みですが、歌舞伎に関わる人たちが一丸となってこの危機を乗り越えていく。いざというときに、俳優さんにしてもスタッフにしても、人がいなかったら困るので。演劇界全体が同じ思いでしょうけれど、不死鳥のように歌舞伎がよみがえる日が来ると信じて、一歩一歩進んでいくしかないと思っています。

構成：後藤隆基
二〇二一年三月十六日
於：東劇ビル

安孫子正（あびこ・ただし）
一九四三年三月二十三日生まれ。日本大学大学院芸術学修士課程修了。一九七五年五月松竹（株）入社、九八年二月松竹（株）第一演劇部演劇製作室長、九九年五月松竹（株）取締役演劇製作部門担当、二〇〇三年五月松竹（株）常務取締役、〇四年十一月松竹（株）専務取締役、〇六年五月松竹（株）演劇本部長 演劇興行部門担当 歌舞伎座総支配人、一四年五月松竹（株）取締役副社長、一九年五月松竹（株）代表取締役副社長、二一年五月（株）歌舞伎座代表取締役社長（現任）。

インタビュー

奇跡の一か月を創る

池田篤郎（東宝株式会社 常務執行役員 演劇担当）

帝国劇場、シアタークリエ、日生劇場、東京宝塚劇場が形成する日比谷の劇場街。ミュージカルを中心に、日比谷の劇場文化を活気づけてきた東宝株式会社。新作や旧作の再演も含めて話題作揃いだった二〇二〇年のミュージカル界は、コロナ禍によってその多くが失われた。そうした状況下でも、コンサート形式での上演や配信などの取り組みを展開。海外ミュージカル上演の困難と工夫、オリジナルミュージカル制作への課題など、東宝の現状と展望について、池田篤郎さんにお話を伺った。

（聞き手：児玉竜一）

劇場でのマスク

——池田さんはいつ頃から事態を把握されていらっしゃいましたか。

池田　深刻さを痛感したのは二月二十六日ですが、その前に横浜のクルーズ船のことがありましたけれども、世の中も、当時はまだそれ程ではなかった気がします。ただ、二月中旬くらいに、ホテルの従業員の方々がマスクを着けはじめたという話を聞いたんです。サービス業は、基本的にはマスクを着ける側ではないので、そのホームページに「従業員がマスクを着けています」という断り書きを出していた。我々も同じ業種ですから「劇場でもマスクを着けるべきじゃないのか」と話題になりました。それが、我々の仕事に直接影響した初めの頃ですね。

——二月二十六日に、安倍首相から大規模イベントの自粛要請がありました。

池田　ちょうどその日、たまたま日本演劇興行協会の理事会が重なっていて、要請が出たからには対応しなければいけないだろうと、安孫子正会長とお話ししながら進めていました。

——東宝では、まず三月十日までの公演を中止され、もう一度十五日まで期間を延ばされた。宝塚大劇場が三月九日に、東京宝塚劇場は十日に再開しましたが、やはり十二日から休演しています。

池田　我々も松竹さんも宝塚も大劇場を抱えているので、情報は共有していましたが、各々特性がありますから、歌舞伎は歌舞伎、ミュージカルはミュージカル、宝塚は宝塚、といった具合に方向性が分かれていったように思います。我々も判断するバッファがありませんでしたし、中止するにしても、告知期間が必要で、インターネット社会でも最低二日は要るだろうと。止めては延ばし、止めては延ばし、の連続でしたね。

——二月二十七日の時点で、帝国劇場の『Endless SHOCK』の中断を決めて、その後段階的ではありましたが、最終的には三月二十一日以降、千穐楽までの全公演を中止するというご判断がありました。

池田　演出も担当される堂本光一さんとお話しして、俳優同士が近い距離で殺陣が続く場面もあるので、この演出のままの上演は厳しいのではないかと考えたわけです。光一さんは、ジャニーさんが遺された作品に決して傷はつけられない、と。もちろんそのとおりですから、残念ですが、中止を決めました。

——一方で、日生劇場とシアタークリエは、三月二十日に再開されました。

WAITRESS
ミュージカル
ウェイトレス
悩める現代女性にお贈りする、キュートでポップなコメディ・ミュージカル日本初演!
世界一美味しいパイを焼く彼女には、ちょっぴり複雑な悩みがあった――。
脚本:ジェシー・ネルソン
音楽・歌詞:サラ・バレリス
高畑充希 宮野真守 宮澤エマ LiLiCo/浦嶋りんこ 渡辺大輔 おばたのお兄さん 勝矢 佐藤正宏
2021年3月9日(火)―3月30日(火)
オリジナルブロードウェイ演出:ダイアン・パウルス
日生劇場
NISSAY THEATRE
『ウェイトレス』公演チラシ（提供：東宝演劇）

池田　日生劇場とシアタークリエは、稽古しながらもオープンできないまま止まっていたんです。初日が一回延び、もう一回延び、そのまま公演できずに終わることは、スタッフもキャストも受け入れられなかった。お客様にも一度もお目にかけていないので、お見せすべきだろうということで、二十日に開けました。緊急事態宣言発出前の判断は非常に難しかった。日生劇場とシアタークリエを開けたときも世間に賛否はありましたが、お客様からは総じて「やってほしい」という意見が多かったことに救われましたね。

――二十日にシアタークリエに行って当日券を求めたのですが、全席売り切れでした。本当に皆さん、待ちかねてという感じでしたね。

池田　シアタークリエの初日は満席、お客様の拍手の圧が本当にすごかったですね。

――しかし、四月七日に緊急事態宣言が出て、一斉に公演がなくなってしまった。東宝だからこそのご苦労などはおありでしたか。

池田　各社で公演形態が違いますから、それぞれに大変なご苦労があったと思います。我々は一か月単位のプロデュース公演がメインですが、やっぱり「一座」ですからね。一作品ごとにキャストやスタッフを集めて、装置や衣裳などを揃えて、ひとつのプロダクションを組み立てていく。それをいろいろな劇場に、いくつも置いたわけです。複数の拠点を持ったために、それらが全部なくなったとき、すべてのコストが水泡に帰しました。二月二十六日から十月までの間で、十九タイトル、ステージ数でいえば、主催公演四九五回、旅公演三一三回が消えてしまい、主催公演の収入だけでも既に三十億円を失い、初期投資も損失として出てしまいました。

――たとえば『ミス・サイゴン』で高畑充希さんがキム役のオーディションを通りましたが、数年後に延期するとして、同じキャストでできるのかという問題もありますよね。

池田　いずれもう一度、とは思っています。なくなってしまった公演をそのままにはできない。演劇の世界は、キャストもスタッフも二〜三年くらい先を視野に入れて創っているので、完成していたパズルをばらして、また先々に組み上げることができるかどうか。我々の仕事は、制作・興行に費やす「時間」と、劇場という「空間」、そこにコンテンツとしての「作品」があって、ライセンスの問題もある。タイミングを合わせながら、キャストやスタッフを集めてこの三位一体の「奇跡の一か月」を創っているんです。集まってくれる人たちは常に生で動いているので、すべての要素を同じように揃えることは極めて難しい。それは今回、皆さんが苦しまれたことではないでしょうか。

「配信元年」の試み

――帝国劇場が、五月二十五日に緊急事態宣言が解除されたあと、最初にお客様を入れたのは、七月の

『ジャージー・ボーイズ イン コンサート』でしたね。

池田　『ジャージー・ボーイズ』は、ツアーを含めた全公演を中止にせざるを得なかったのですが、東京都からの休業要請緩和のステップが発表されて、時期的には七月にできるのではないかという見通しが立った。不幸中の幸いと申しますか、二〇一八年に権利元も説得して既にコンサート版を創っていたんです。先々の計画を練るうえで『ジャージー・ボーイズ』の灯を消してしまうと、次につながらない。そんな中で、プロデューサーから「コンサート版ならできるんじゃないか」と意見が出た。たしかに、それなら舞台上の距離はとれる。それで公演の実施を決めました。五月には緊急事態舞台芸術ネットワークが発足していましたから、我々独自のものとすり合わせながら、現場のガイドラインを考えていきました。

——『ジャージー・ボーイズ イン コンサート』はライブ配信もされましたが、それより早く、三月二十二日に『Endless SHOCK』のインスタライブ配信がありました。今までまったく映像の出なかった『Endless SHOCK』が配信に踏みきったことは、大きなインパクトがありました。

池田　おっしゃるとおりですね。あれは全部、光一さんの企画です。帝国劇場での公演は三月末まで押さえていましたから、ご自身も無念の中断だった。そこで、光一さんが「配信したい」と。光一さんが自ら動かれて実現にこぎつけた。光一さんがスマートフォンを持って撮影した映像ですから、私も見たことのないものでしたね。それを通して、我々は俳優さんたちがコロナの中で考えているリアルな声を受けとめることができましたし、お客様もパフォーマンスを見ることができました。

——コロナ禍の渦中で、堂本光一さんは非常にリーダーシップを発揮されていたんですね。

池田　実に見事なまとめ方なんです。いろいろなことを開拓して、みんなの意見をちゃんと吸い上げながら、収斂させていく。『Endless SHOCK』のスピンオフ版である『Endless SHOCK-Eternal-』も、九月の大阪公演のために光一さんが短期間で創り上げました。本編はできないけれど、舞台上のディスタンスをとって、コロナ仕様の演出を創れないかと取り組んだものです。ジャニーさんがめざしたことの「先」が、こうやって見えていくのかなと思いました。無観客で収録した映画版も公開され、街は「SHOCK」で満たされました。

——二〇二〇年は「配信元年」ともいわれますが、配信に関してはどうお考えですか。

池田　演劇の入口として、配信がそのハードルを下げた部分もあると思いますので、意義は大きかったのではないでしょうか。ただ配信を通年で当たり前の事業にしてしまうと、生の舞台などに影響が出かねませんが、ひとつの手段として、今年はいろいろなバリエーションが構築された。コロナ禍によって経済的に失ったものは非常に大きい

『ウェイトレス』舞台写真（提供：東宝演劇）

一方、演劇全体の体力、コアな部分は強化された気がします。

——この先も、配信的なものはラインナップに組み込んでいくのですか。

池田　もちろん入れていきます。シアタークリエで始めた新作ミュージカルを発信する「TOHO MUSICAL LAB.」というシリーズでの、育成やショーケース的な小部屋みたいな存在の仕方もあるでしょうし、ボリューム感の大きい作品で切符が買えない方々に届けることも含めて用途があるし、頼りにしていくと思います。

——配信となると、海外とのライセンスの問題も出てきますね。

池田　そうですね。去年に関しては割と状況を理解してくださっていた傾向も、当社だけでなくて他社さんでもあったようです。ただ、いずれ元に戻るでしょうから、厳しいことは変わらないでしょうね。

海外とのつながりとオリジナル作品

——二〇二〇年から二一年のミュージカルは、多くの話題作が予定されていました。

池田　新作でいうと『プロデューサーズ』と『ウェイトレス』ですね。『プロデューサーズ』は、スーザン・ストローマンの振付補が来日するはずでしたが、渡航できなくなった。でも当時のブロードウェイではみんな仕事がない状態だったので、彼がダンサーたちを集めて、振りの型を全部映像に記録して送ってくれたんです。ダンサーたちは、普通にギャラを払うと大変な人たちが揃っていて、その映像だけでも価値があるものでした。『ウェイトレス』は音楽家と振付家が十二月直前に入ってくれたのですが、演出補が来られなくなってしまった。公演ができるのか、危機的な状態でしたが、その演出補とはイギリスとリモートでつないで、稽古場の通しでは七つくらいのモニターに人の顔が映っているような状況で演出をしてもらいました。

——来日が叶わなければリモートで演出するということは、この先も続いていくのでしょうか。

池田　演出補と音響、照明、振付は来られるなら来るでしょうね。現場を体感しないとできませんから。でも、現場でリアルに演出してもらうことには敵いませんが、最後はリモートでもなんとかなるということはわかりました。幾度も再演を重ねている公演ならばリモート参加を働きかける可能性はあると思います。初めての場合は、信頼関係が確立されていないので難しいかもしれませんが、幸い我々はブロードウェイなどの作品は多く抱えていますので、ゼロから始まるわけではない。その信用は先達が培ってきた歴史のおかげですから、ありがたいですね。

——ブロードウェイやウエストエンドもずっと閉まっている中で、海外とはどのようなやりとりがおありだったのでしょうか。

池田　公演を中止した『エリザベート』でいえば、ミヒャエル・クンツェとシルヴェスター・リーヴァイも、私から「大変残念なお知らせなんだけれども」とレターを出したら、「残念な気持ちは共有する」と。この状況下で強行することは得策ではないし、再びオープンできるときにみんなで会いましょう、と返事をもらいました。『ミス・サイゴン』が中止になったときも、サー・キャメロンから「賢明な判断だと思う。支持します」というレターをもらいましたね。

——コロナ禍で「できない」というだけではなく、上演を「しない」という判断もあったわけですね。

池田　そうです。世界中では公演ができないことが当たり前ですし、上演すれば必ずリスクは伴うので、そのリスクを負ってやることについてはリスペクトしてくださる。危機的状況の中で、世界で旗を揚げている場所があることに、彼らも心強く思ってくれているというか、そういう気持ちは届いています。

——この先に準備されている海外の

新作はおありですか。

池田　コロナ前に我々が観ていたものので、先々お目にかけたい作品はいくつかあります。新しい情報も入ってきますが、実際に観てみないとわからないので、クローズしている間は判断できないですね。今回の事態は「オリジナル」に対する、我々のふんぎりがついた期間かもしれません。これまでは、ブロードウェイやウエストエンドが我々をリードし、その後ろに付いていっていた部分があった。でも、それだけではダメなんだ、と。オリジナル作品にはこれまでも注力してきましたし、自分たちで能力を高めなければいけないとは考えていましたが、その思いがより強くなりました。昔はそうだったのですから、そこに戻っていくための好機と考えるべきかもしれませんね。

――（二代目松本）白鸚さんも、オリジナルのミュージカルを数多く手がけていらっしゃいますからね。

池田　一九六〇〜七〇年代に、菊田（一夫）先生とご一緒に創られていた方ですから。今は若い役者さんが大勢いるので、彼らとこれから新しいものを創っていきたいですね。ミュージカル界の裾野をもっと広げていく必要もありますから、違うジャンルの方にもお声がけして育成していかなければいけない。これからの課題だと思います。

――最後に、今後の展望も含めて、ひと言いただけますでしょうか。

池田　この事態がどこまで続くか見えませんが、この一年、なんとか乗り越えてきました。多くの方々が協力してくれて、我慢してくれているおかげです。我々は地面を耕して、走ってもらえる場所を創っているだけで、その上を走ってくれる人がいなかったら誰も観に来てくれません。俳優は舞台上でマスクを外さざるを得ない、そういう人たちはフロントランナーですからね。また、劇場に足を運んでくださり、マスクの着用や消毒、私語を控えていただくなど細かいルールも守ってくださるお客様にも支えられている。本当に感謝しかありません。そういう人たちを守りきることが我々の使命なので、それを全うしていかなければいけないと思っています。

構成：後藤隆基

二〇二一年三月三十一日
於：帝国劇場

池田篤郎（いけだ・あつお）
一九六〇年生まれ。八二年慶應義塾大学法学部法律学科卒業。在学中に友人の紹介で観劇した宝塚歌劇をきっかけに、東宝ミュージカルを始めとする演劇作品を鑑賞するようになり、その製作を志して東宝株式会社に入社。森繁久彌主演の『屋根の上のヴァイオリン弾き』他の舞台監督研修後、営業係として旧東京宝塚劇場で大地真央、麻実れいなどのトップスターの退団公演を経験。その後制作室長、企画室長、演劇部長を経て、二〇一三年取締役演劇担当、二〇年より現任。

原動力は「怒り」だった

堀 義貴（株式会社ホリプロ 代表取締役社長）

演劇制作にも力を入れるホリプロの堀義貴社長が、コロナ禍によるライブエンタテインメントの危機と、その渦中で感じたこと、今後の展望などについて語る。

（聞き手・構成：山口宏子）

ロンドン、日本、ニューヨーク、世界規模での衝撃

――ホリプロの経営指標を見ると、二〇二〇年三月期の営業収入と営業利益が、前年同期に比べて十数％減少しています。これは、二〇年二月下旬から三月末まで一か月間余のコロナの影響ですか。

堀　そうですね。二〇二一年三月期は、営業収入で四割ほど、営業利益は五割以上減る見通しです。うちはライブ以外に、テレビなどの仕事もあるので、まだこのくらいですんだ、とも言えますが。

――ホリプロの演劇公演ではまず、彩の国シェイクスピア・シリーズ『ヘンリー八世』が二月二十八日から、十九回公演中四公演を残して中止になりました（北九州、大阪公演は全日程中止）。三月十四～二十九日の予定だったミュージカル『サンセット大通り』は初日を二十日に延ばし、二十七日までで打ち切られました。

堀　実は、まだ「イベント自粛」の話が出る前に、「これから大変なことになるかもしれない」と会社の朝礼で話していたんです。二〇二〇年の二月中旬、『ハリー・ポッターと呪いの子』の調印のためにロンドンへ行っていたものですから。

――二〇二二年夏から、TBS赤坂ACTシアターで、ホリプロが初めて無期限ロングランする舞台ですね。

堀　そう、その発表セレモニーが二月十三日にロンドンでありました。向こうでは、中国での感染が報じられ、ニュースで日本の「ダイヤモンド・プリンセス号」が話題になり、劇場街に近いチャイナタウンには人っ子一人いませんでした。危機感を持って帰国しました。

　この頃は、ホリプロが出資しているミュージカルが、二本同時にブロードウェイに上がる大事な時期でもありました。ダイアナ元英皇太子妃の半生を描いた『Diana』が昨年三月二日にプレビュー、『Sing street』が三月二十六日に始まり、四月十九日にオープニングナイトを迎える予定でした。開幕に出席するはずだったのですが、アメリカではインフルエンザで大勢亡くなっているという報道があり、渡米をとりやめたところに、二月二十六日の安倍総理（当時）の会見でイベント中止要請がありました。そしてニューヨークはロックダウン。でも、あの当時、日本では、たぶんニューヨークでも、夏には流行が収まるという楽観がありましたよね。霞が関や永田町では「夏から反転攻勢だ」と、もう「GoToキャンペーン」の話が出ていたくらいですから。

直撃されたライブ市場、理解されない主催者の苦境

――四月以降、演劇も音楽も公演は全てストップしました。

堀　三月初め、コロナのことがまだよく分からなかった時期に、大阪の

ライブハウスで小規模なクラスターが発生しました。あれ以来、ライブハウスは悪者にされているのですが、もしあの時、あの会場が営業に影響するからと名前の公表を拒んでいたら、経路が分からない感染が全国に広がっていたはず。名乗り出ることでそれを防いだのだから、褒められてしかるべきですよ。それなのに、小池都知事の「密です」という言葉と、人がぎゅうぎゅうにいるという現実とは異なるイメージが広がって、ライブハウスは攻撃の的になってしまった。そこから、エビデンスもないのに、ライブ全体が危険視され、無観客でやれと言われたり、収容人数を極端に制限されたり、という事態になっていきます。

　飲食業も大変ですが、二〇二〇年の売り上げの落ち込みは二～五割で、時短営業には協力金が出ています。一方、ライブエンタメの売り上げは八割減で、補償は一切ない。政府の支援策は、新しい公演をやる場合への補助金だけです。「J-LODlive」は制作費の半額が補助されますが、中止した公演の回数に応じて申請できる「クーポン制」なので、うちはもう使い果たしました。

　そこへ二度目の緊急事態宣言。もう公演を閉めるのも地獄、やるのも地獄です。フリーランスや下請け業者を心配する声があがっていますが、そういう人たちに、赤字をかぶりながらギャラを払い続けている我々のような事業者の困難は顧みられていません。ある政治家に「フリーは大変だけれど、ホリプロなんかは大丈夫でしょう」と言われました。その程度の認識なんです。

『ビリー・エリオット』公演チラシ
（提供：株式会社ホリプロ）

——J-LODliveは、主催者の多くが頼りにしているようですが。

堀　それはそうです。でも、経産省の担当者から最初に話を聞いた時は怒りましたよ。「八七〇億円も予算を取ったので、舞台の動画を撮って、YouTubeで世界に発信してください」と言う。海外ミュージカルの音楽をネットでがんがん流せるわけがない。「この仕組みでは劇団四季と東宝とホリプロは死ぬしかない!」と言ったら、驚いていました。現実を全然分かっていないのです。こちらからいろいろ言って、少しずつ改善し、ようやく使えるものになりました。

　役所や政治家との交渉では、同じことを何度も言って、「しつこい」と思われながら、「そんなに言うなら仕方ない」となって、少しだけ前に進む。本当にしんどかったです。

　補助金の支給がものすごく遅いのにも困っています。経産省と文化庁がばらばらに似たような制度をたくさん作り、現場は混乱し、役所はさばききれなかった。そのうえ、形式的な些細な不備でいちいち書類を突き返すなど、運用にも問題が多いと思います。

まとまっていた音楽界、演劇界は……

——堀さんは日本音楽事業者協会（音事協）の会長ですが、音楽業界は早い時期からまとまって声を上げてこられましたね。

堀　音楽三団体（音事協・日本音楽制作者連盟・コンサートプロモーターズ協会）で去年の三月十七日に「新型コロナウイルスからライブ・エンタテインメントを守る超党派議員の会」に要望書を提出しています。日本音楽出版社協会も加えた四団体で、三月末には内閣府のクールジャパンの委員会にも話をした。

　演劇界でもいろいろ声は上がっていたけれど、組織がばらばらで、要望している内容も現実的とは思えなかったので、一緒に運動することは考えませんでした。

　最初の緊急事態宣言が出た直後

に、野田秀樹さんと福井健策さんの訪問を受け、まとまることが大事だと考え、「緊急事態舞台芸術ネットワーク」に賛同しました。演劇でこうした組織ができたのは画期的なことだと思います。

野田さんは三月一日に「演劇の死」という言葉で劇場の閉鎖に反対する意見を表明し、ネットでバッシングを受けました。正直言って僕も、これから役所や政治家と交渉しようという時期の発言としては逆効果だと思いました。でもそのことで、ネットの動きが政治家や役人にどう作用するか、どういう言い方が激しい反発を招くかがよく分かり、ネットワークと音楽団体は連携しながら、慎重のうえにも慎重を期して動くことができました。業種を超えたこの連携も、今までの芸能界にはなかったことです。

——堀さん自身はメディアからの取材を原則断らず、ライブの危機を語り続けました。特に『しんぶん赤旗』への登場は注目されました。

堀　個人の信条とは関係なく、あらゆる取材を受けました。『赤旗』の記事にもそう書いてあったのに、ネットでは「反日」「パヨク」と叩かれた。僕は安倍首相の「桜を見る会」に行った男ですよ、どこが「パヨク」なんだと腹が立ちましたね。

音事協会長の責任は果たさなきゃと一生懸命やっているのに、業界の中でも「補助金がホリプロに重点的に配分されるんじゃないか」なんて言う人もいて、後ろから小石が飛んでくる。「よろしくね」と傍観されているように感じる時もあり、何度も心折れました。

メディアは「ホリプロの社長がこう言っている」ということが目を引くから取材を申し込んでくるわけです。でも、僕よりもっと有名な演劇人はたくさんいるのに、効果的な発信をしただろうか。「困っている」「救済が必要」と言う人はいたけれど、「そんなにつらいなら演劇やめればいい」という批判を招き、違うメッセージになってしまっていたと感じます。地主に搾取されている小作人みたいな言い方で訴えるだけじゃ、社会は動かせない。もっと現実を見て、具体的な効果を生む振る舞いが必要です。芸術至上主義の人から見れば僕なんか「悪徳資本家」なのでしょうが、それで結構です。祈っていたって、救いはきませんから。

——堀さんの一連の発信には説得力と迫力があったと思います。

堀　政治家たちには「文化に対しての意見をきちんと表明してください」と何度も話しました。でも、ダメでしたね。ドイツのメルケル首相だって、ニューヨークのクオモ知事だって、みんな文化の重要性を公式の場で語っているのに、安倍首相はじめ、日本の政治家はきちんと語ってくれなかった。役所のホームページやSNSにお義理のような談話は多少あったけれど。しかも文化庁HPに出た宮田（亮平）長官（当時）のメッセージは、何言っているんだ、この人って文章で。

——切実さも具体性もない、あきれるほど内容のないものでした。

堀　政治家は、文化芸術は票にならない、芸術家はどうせみんなばらばらで力がない、と軽く見ているのでしょう。決してそうじゃないということを主張していかなきゃいけないと思いますが。

『ビリー・エリオット』が見せた希望

——ホリプロは九月十一日、ミュージカル『ビリー・エリオット〜リトル・ダンサー〜』で公演を再開しました。カンパニーは大所帯、主人公を含め出演者には子供が多く、メインスタッフは外国人で来日できなかった。再演とはいえ、そうした極めてハードルの高い公演が無事開催されたことは、演劇界と観客を大いに励ましたと思います。

堀　『ビリー』はもともと僕自身の強い思い入れでスタートした作品なので、社員が「社長案件だから」と無理をしてはいけないと思い、早い段階で中止を指示していました。でも現場は、一年以上レッスンを重ねてきた子供たちの気持ちを考え、なんとか舞台に立たせたいという。海外の演出チームはリモートでの稽古に同意してくれた。それならやろうと走り始めました。客席は半分しか入れられないため、大赤字を覚悟して。

幕を開けた時の、無言の客席からわき上がった拍手の熱さ！　今まで僕が聞いたどの拍手よりも大きかった。それが毎日、続きました。やっぱり間違っていなかった、お客さんは待っている、俺たちは不要不急じゃない、と確信した。「希望が持てた」と言ってくれた同業者もいました。

ですから僕自身は、とことん身を律しています。「劇場は安心だ」と言っているのに感染するわけにはいかないから、会食は一切しない。稽古場にも楽屋にも一度も顔を出さず、劇場でも会話を控えるよう努めています。

——十月にミュージカル『生きる』をライブ配信しました。配信は今後、収益の柱の一つになるでしょうか。

堀　多少の収入にはなりますが、大きな期待はできません。「2・5次元ミュージカル」は可能性があると思うけど。

——なぜ「2・5次元」だけは？

堀　原作の漫画やアニメなどのファンが何百万、何千万人といて、劇場には行かないけれど配信ならば見てみようという新規の観客層が非常に厚いからです。一方、演劇はもともとの観客が多くないし、配信を見る人は劇場に行く人とほとんど重なっている。だから、すごい人気アイドルが出演してチケットが買えない作品でもない限り、配信の観客は大きくは伸びないでしょう。お客様が実際に配信チケットを買う行動を起こすのが配信開始直前なのも主催者には見通しが読み辛い。売れゆきを判断しにくいため、カメラの台数など予算の組み方が非常に難しいのです。

それでも今後、配信をやれる状態にしておくことは必須だと思います。ブロードウェイでも、コロナ禍を機に一気に進んでいます。大ヒット作『Hamilton』の配信が話題になったし、『Diana』は、閉じている劇場の舞台を使って作品をブラッシュアップし、撮影して、Netflixで十月から世界配信されます。劇場再開は十二月の予定なので、配信が宣伝になるという思惑もある。こうしたミュージカルの映像化はどんどん増えるでしょう。

——その流れに乗り遅れないためには？

堀　作品にかかわる全ての権利、グランドライツを持つ。そうでなきゃダメだってことです。これからは契約の段階から配信まで考えることが必要になります。

『生きる』の作曲家はアメリカ人ですが、音楽は日本のＪＡＳＲＡＣ登録だったので国内配信ができました。でも、原作の権利はアメリカに渡っていて、映画のリメイクが決まっているので、舞台の海外発信はできません。自分たちで作ったものを、権利の都合で動かせないのは本当に残念です。でも日本では、リスクヘッジを先に考えて、保有する権利を限定的にする例がほとんどです。だから原作の権利が海外に譲渡されると、すでに出来上がっている作品まで縛られてしまうわけです。

究極の目標は、原作を含めて全ての権利を保有している舞台を作り、海外へ売ることです。僕は蜷川幸雄さんの公演で世界各地を周りましたが、照明とか、音響とか、そういう技術的なことは、日本はたぶん世界一だと思う。アメリカと同じぐらいの制作費をかければ、ものすごい舞台が作れるはずです。原作になる物語も圧倒的に多彩。それなのに、そのポテンシャルが使い切れていない。国内での分け前ばかり考え、外に手を伸ばしてこなかったからです。

その点、韓国はすごい。いま、韓国ドラマは一話に平均制作費一億円くらいかけていますが、日本ではコロナの影響もあり、この先は一話二五〇〇万円くらいに減りそうです。これでは勝てるはずがない。韓国の大手ＣＪグループの傘下で様々な作品が作られ、Netflixでヒットしたドラマ『愛の不時着』もすぐにミュージカル化される。日本はどんどん水をあけられ、僕が生きているうちに追いつくのはもう無理でしょう。

『ビリー・エリオット』舞台写真（提供：株式会社ホリプロ）

——ホリプロでは新しい挑戦として、国内外から音楽と脚本を公募する「ミュージカル・クリエイター・プロジェクト」を始めました。

堀　これがすぐ答えにはなりませんが、こういう場にミュージカル作りを目指す人が集まってくるといいなと考えています。お付き合いのあるクリエーターにも参加してもらい、二作品をウェブ公開しました。この事業は文化庁の助成を受けました。普段は縁がないのですが、「文化芸術収益力強化事業」として採択された。これからの文化庁は、自立できない演劇活動を助けるだけではなく、「稼げる文化」にもっと目を向けるべきだと思っています。

この一年、「怒り」に支えられた

——この一年で、「いずれやらねば」という課題が、「今やらなければ」に変わったように思います。

堀　漫然と今まで通りでは生き残れない。やるべきことが明確になったのは確かですね。配信だって、背に腹は代えられないから、やるしかない。そこから見えてくるものはいろいろある。切羽詰まって、僕も社員も新たに何ができるか、ずっと考えています。会社の経営者としては、所属タレントを守らなければならないし、社員に給料を払わなきゃいけない。その重さを感じながら、この一年やってきました。

原動力は「怒り」だったと思います。遠巻きに見ていた演劇人の無神経な発言にも、役所にも政治家にも、後ろから小石をぶつけられたことにも、ネットの中傷にも、ずっと腹を立ててきた。「もうやめてやる」と思い、でも「しょうがない」とまた頑張る。その繰り返し。でも、この怒りがなかったら、きっと精神が落ち込んで、おかしくなっていたでしょう。

偶然ですが、公演再開後に上演した作品は、人々を励ます『ビリー』、生と死を見つめた『生きる』、アメリカ南部のユダヤ人差別がテーマの『パレード』、抑圧された日系アメリカ人を描いた『アリージャンス〜忠誠〜』と、コロナ禍の中を生きる我々の心や、パンデミックの中で生まれる差別などの現実と響き合うものばかりでした。うちは、みんなが喜ぶ娯楽作品をてらいなく上演しますが、お客さんに「考えてください」と迫る作品もやらなきゃいけないとも思っています。アメリカの差別の話を日本人が我がことのように考えるわけだから、逆だってあり得るはず。海外を視野に入れて作品に取り組むには、この姿勢は大事だと改めて感じています。

ひどい一年でしたが、この体験は無駄ではなかったと思いたい。そう思わなきゃ、やってられませんからね。

二〇二一年四月六日
於：株式会社ホリプロ

堀義貴（ほり・よしたか）
一九六六年生まれ、東京都出身。一九八九年成蹊大学法学部政治学科卒業後、株式会社ニッポン放送入社。編成部企画担当として数々のラジオドラマ・CM・イベントをプロデュース。一九九三年株式会社ホリプロ入社。テレビ番組・映画・音楽の制作、宣伝、マネージメント等様々な部門を担当し、二〇〇二年代表取締役社長就任。二〇一七年より総務省情報通信審議会委員も務める。

「2・5次元ミュージカル」の強みを生かす

松田 誠（一般社団法人 日本2・5次元ミュージカル協会代表理事）

漫画、アニメ、ゲームを原作にした舞台「2・5次元ミュージカル」（以下、「2・5次元」）の成長は目覚ましい。「ぴあ総研」の資料によれば、この十年ほどで作品数、観客数ともに急伸。二〇一二年に六十六億円だった市場規模は、一九年には二一一億円にのぼり、ステージ分野全体の一割強を占めている。独自の舞台表現を生み出してきたこのジャンルはコロナ禍とどう向き合っているのか。日本2・5次元ミュージカル協会の松田誠代表理事に聞いた。

（聞き手・構成：山口宏子）

――この一年は松田さんにとって、どんな時間でしたか。

松田　正直、しんどい一年でした。でも苦しいばかりでなく、舞台のあり方や存在意義について考える、いい時間にもなりました。結論は、エンターテインメントは人間にとってなくてはならないもの。だから、しっかりといろいろな策を練ってやっていこう、やっていかないといけないということ。それを再確認しました。

僕が関わった作品で最初に公演中止になったのは二〇二〇年三月六日開幕予定だった『FINAL FANTASY BRAVE EXVIUS』でした。劇場で一回だけ無観客で上演し、配信をしました。せっかく稽古して、みんなで作り上げたものだから、一回だけでも配信でき、お客様に見てもらえて本当によかったです。役者たちも「やらせてくれてありがとうございます」と言ってくれました。でも、拍手が一つもないカーテンコールで、誰もいない客席に頭を下げる役者たちを見て、胸が痛かったし、やっぱりお客様がいなければ駄目だと思いました。

公演の可否は、原作側と冷静に協議

――「2・5次元」の舞台の多くは製作委員会の主催ですが、昨年二月二十六日以降、公演を中止するかどうか、どうやって決めていったのでしょうか。

松田　これは「2・5次元」の本質の部分なのですが、原作のイメージへの影響を考慮する必要があるので、興行をやる・やらないという基本的なことから、延期や時間変更なども含め、全てについて原作側と密に連絡を取り合いました。まず原作側の意見を聞き、その上で製作委員会で議論し、合意していきます。「思い」よりは「ビジネス」を考えなくてはならないジャンルなので、そこは冷静に決めていきました。

判断の基準は当然ですが、お客様や役者が安全かどうかです。最初の頃は、コロナがどんなウイルスか全く分からなかったので、非常に慎重になり、根拠なく自粛していた時期もありました。でもだんだんリスクが具体的に分かってきたので、最初の緊急事態宣言が解除された後は、ガイドラインを順守できるのであればやる、もしカンパニー内で感染者が出たら中止、というように判断基準がはっきりしていきました。

――公演中止による損失は現時点でどれくらいですか。

松田　協会員が関係している約六十

作品が中止になりました。それぞれの作品が、長いものだと二十〜三十回は上演するので、公演回数としては相当な数に上ります。公演がなくなれば収入はゼロで、支出だけが発生する。劇場を借りたり、衣裳を作ったりという準備費用、役者のスケジュールを押さえているわけですから、たとえ公演できなくてもギャラも発生します。チケットを売り出していれば、販売手数料と払い戻し手数料の両方が発生する。主催者の金銭的なダメージは非常に大きいです。でも僕は、それよりもお客様のダメージの方がずっと深刻だと思っているんです。

――お客様のダメージ？

松田　どんなに注意していても、カンパニーの一人がPCR検査で陽性とわかり、「明日からの公演は中止」というケースは時々あります。そういう時にお客様が感じるダメージはとても大きいんです。この時期ですから、ある程度心の準備はしていても、チケットを買って、楽しみにしていたものが、目の前でなくなる落胆は、ボディブローのように効いてくる。主催者側の損失よりも、実はそっちの方が断然大きいんじゃないかと思いますね。

――舞台と客席の一体感も「2・5次元」の魅力だと思いますが、収容制限で空席が多い場合、パフォーマンスに影響がありますか。

松田　満員のお客様の前でやっていた役者たちですから、空席を見て、何か感じることはあるでしょう。でも、それより舞台に立てる喜びの方が大きいと思います。僕も久しぶりに劇場で上演した時には涙が出ましたから。

だから今は、いいお芝居をやるのは当然ですが、初日を開けて千穐楽まで走り切ることが第一だと思っています。僕もプロデューサーとして参加するカンパニーには「みんなの一番のミッションは、けがや風邪なども含めて体調を崩さず、きちんとスタートを切り、全員でゴールのテープを切ることだ」と言っています。

――「2・5次元」は会場の物販コーナーも熱いですが、今はロビーで「密」を作ってはいけないですから、実施が難しいですね。

松田　グッズは基本、劇場で観劇の高揚感の中で買うものですよね。でも、「2・5次元」のお客様は、公演が中止になっても、「公演を支えるためにも、見られなくても応援する」という思いもあって通販で買ってくれるんです。一般の演劇公演と違って、グッズの種類も多いですし、公演側にはかなりの収益になっています。ここは、「2・5次元」の強みのひとつです。

劇場でもお客様は本当に協力的で、会場内でしゃべらないといったルールをものすごくよく守ってくれています。ネットにはよく「私たちがコロナにかかったら、劇場に行ったからだと思われ、カンパニーに迷惑が掛かる。だから、普段から絶対に感染しないよう頑張ろう」と書き込まれています。本当にありがたいです。

――遠方から泊まりがけの観客も多いと思いますが。

松田　統計をとったわけではないですが、いつもなら、東京の劇場で人気のある作品の場合、お客様の三分の一以上は関東圏の外にお住まいではないかと思います。そういう方たちは今、東京へ来にくいですよね。だから、どのカンパニーも集客に苦戦していると思います。

先行していた配信、劇場と「両輪」に

――コロナ禍の中で、急速に演劇の配信が広がりましたが、「2・5次元」は以前から配信にも積極的でした。

松田　「2・5次元」のお客様は配信で見ることに、全然抵抗がありません。普段からネットを活用していて、楽しみ方をよく知っている人が多い。若い世代のお客様も多いですから。劇場を再開してから、東京に来られない人のために毎回、配信をした公演もありましたが、ここでも応援の気持ちから、同じ作品を何度も見てくれる人がたくさんいました。そういうお客様との絆に、すごく助けてもらっています。

――他の演劇ジャンルに比べて、配信ビジネスでは、大きく先行している気がします。

松田 お芝居は生で、劇場で届けるのが基本。これは絶対です。でもこれからは、従来よりも、収入の中で配信が占める比率が増えていくのではと予測しています。コロナの脅威が今ほどでなくなったとしても、いろいろなことが元に戻るには時間がかかる。その間に、劇場に行きづらい人は配信で見るのが普通になると思います。劇場に取って代わることはないでしょうが、「両輪」に近くなるのではないでしょうか。

国際性や権利処理、「強み」を確認した

――配信は海外市場も見込めますね。

松田 これまでも、海外へ配信した作品はありましたし、これからも広がってゆくでしょう。

我々はもともと、日本の演劇界では珍しく、海外公演をたくさんやっていました。原作のファンが世界中にいますから。すでにコロナが落ち着いている中国からは「今年は公演に来られますか」というオファーがありましたし、今年三月のワシントンの全米桜祭りのオープニングセレモニーに「2・5次元」の三作品の特別映像と出演する役者のコメント映像がオンラインで全米に配信され、多くの方に喜ばれました。おかげさまでコロナ禍においても海外の需要は冷めていません。

これまで海外への配信には、あまり積極的ではない空気もあったのですが、中国だけでも国内の十倍と市場の桁が違うし、配信はある意味、ご覧になるお客様の数に「天井」がないので、いくらでも多くの人に見てもらえる。これからどんどん広がっていくでしょう。ただ舞台を完成形とするなら、映像は、いわば「お試し」。配信の先に、カンパニーが現地へ行って生の舞台を見てもらう形になってゆけばいいと思います。

そのうえで、僕らが最終的に目指すのは、日本のコンテンツの現地のキャストによる上演です。ディズニー・ミュージカルの『ライオンキング』が世界中で、その国の言語で上演されているような形です。すでに『DEATH NOTE』や『花より男子』のミュージカルは韓国版が現地の役者、スタッフによって上演されています。このやり方をもっとこれから広げていきたい――というところでコロナ禍になってしまったのですが。

――成長する「2・5次元」にとって、コロナは「急ブレーキ」になっていないですか。

松田 いや、「乗り越えられるぞ」という感じです。むしろ「2・5次元」の強みがよく分かりました。我々は公演以外にも、配信やグッズ、Blu-rayやDVDなど収益を上げる方法をいろいろ持っています。コロナ禍で、オペラやバレエ、ブロードウェイですら積極的に配信を始めました。これまで考えられなかったジャンルが急に配信に参入しているわけですが、この分野なら、世界市場で考えたら、『美少女戦士セーラームーン』や『NARUTO-ナルト-』の方が勝ってるんじゃないか？ と思えるのです。もちろんまだトンネルの中ですし、この先、コロナ禍によってお客様の足が鈍くなることは考えられるし、それによって一つ一つの興行は苦しくなることもあるでしょう。でも、少し引いた目で見れば、チャンスは広がっている、生き残れる力はある、と強く感じています。

――公演映像を配信する場合、様々な権利処理が必要で、多くの演劇作品がそこで苦労しています。その点、「2・5次元」は権利の塊のような原作が中心にあるので、契約が非常にきっちりされていて、余計なエネルギーを使わずにすんでいるのではないでしょうか。

松田 その通りです。原作側との契約には製作委員会の共同契約書が必要で、そこに予算や、役者・スタッフとの契約が紐付いています。だから配信や、EPADで映像をアーカイブするのはとても楽でした。テクニカルのスタッフとの契約など、もっと厳密にした方がいい部分も見つかったので、完全とはいえませんが、日本の中では細かく契約をして

いる方だと思います。
　コロナ禍においては、作品の権利とは何ぞやということもあぶり出された気がしています。例えば配信映像に映っている舞台セットのデザイナーにはお金は行かないの？　衣裳デザイナーにも権利があるんじゃない？　といったことです。僕らは契約の段階で権利を買っているので問題ないのですが、契約を交わしていなかったら、その都度交渉が必要です。こういうことがはっきりしたのは、日本の演劇界にとってよかったのではと思います。

演劇界の団結、知名度役立てて

——これまで、「2・5次元」と既存の演劇界の間には距離があったように思います。それが、「緊急事態舞台芸術ネットワーク」の活動を通じて、一気にとけ合った印象です。

松田　それは僕もすごく感じます。「2・5次元」に限らず、これまで日本の演劇界って、横のつながりがなかったじゃないですか。仲が悪いわけではないけれど、接する機会もないという状態で。それが、野田秀樹さんが声を上げて「ネットワーク」ができ、初めて東京芸術劇場のロビーに三十社ぐらいが集まった。劇団も、商業演劇も、グランドミュージカルも、「2・5次元」も、ばらばらなジャンルが一同に会したのを見て、とてもいいなって思いました。
　これは協会の代表としてではなく、僕の個人的な意見ですが、日本の演劇界って、細かなジャンル分けへのこだわりが強く、他のジャンルや変化に対して保守的だと思うんです。それは仕方のないことで、僕自身も小劇場時代はそうでした。でも、新しい方向へ変化してゆかないと、演劇自体がすごく特殊な趣味の少数の人たちだけのものになってしまう危険がある。
　僕の学生時代、情報誌『ぴあ』は巻頭に映画があって、その次に演劇が載っていました。それがスポーツや音楽に抜かれ、二〇一一年に『ぴあ』が休刊になった頃は、アートと一緒に一番後ろになっていた。これは、本当にまずい、演劇を一部の人たちだけのものでないようにするにはどうしたらいいのかと考えていた時に、「2・5次元」と出会い、これは新しい人が劇場に来る動機になると思いました。だから自分は今、劇場に来てもらう初めの一歩を一生懸命作っているという感覚なんです。

——「2・5次元」というネーミングで、新しいジャンルを打ち出したのはとても有効だったと思いますが、一方で、演劇とはちょっと異質だというイメージも生まれました。

松田　早い時期から理解してくれたクリエイターも多いのですが、「イケメンを集めたイベントでしょ」という冷ややかな視線もありました。当初は作品の内容や俳優の技量が十分でない舞台があったのも事実だと思います。でも、多くのお客様が応援してくれ、作品のクオリティーが上がり、海外の演出家やプロデューサーが評価してくれるようになり、「これは日本独自の演劇の一ジャンルだ」と、胸を張って言えるようになりました。それでもまだ、「2・5次元って？」と思っている人もいるわけですが、理解は広がっていると思います。主義主張やメッセージを世に問うことこそが演劇だ、という考え方があってもいいですが、シンプルにお客様に楽しんでもらう演劇があってもいい。今はそういう意識が、だいぶ開放的になった感じがします。
「2・5次元」の舞台も変わってきていて、かつては、ビジュアルをひたすら原作に似せる作り方が多く、原作側もそれを求めていました。で

『Pretty Guardian Sailor Moon" The Super Live』公演ビジュアル（©武内直子・PNP／"Pretty Guardian Sailor Moon" The Super Live製作委員会）

も今は、原作の根幹さえ尊重すれば、自由な表現ができるケースも多くなっています。お客様も「原作そっくり」を喜ぶだけでなく、「舞台ではこう表現するのか」という驚きや発見を楽しんでくれています。その意味では、「普通のお芝居」に近くなったともいえます。

――昨年七月に東京・新宿の小劇場で出演者・観客のクラスターが発生しました。ゲーム関係のイベントだったため、「2・5次元」という言葉が飛び交いました。

松田　あの催しは「2・5次元」ではないです。誤解です。でも、若い男性が大勢出演する舞台やイベント＝「2・5次元」と思われてしまう、そういう残像があることがよくわかりました。僕らはそれを打破しようとしてきたし、実際、そういうイメージはなくなってきているのですが、残念ながら一部のメディアで誤った書き方をされてしまいました。でも、あれで「2・5次元」のブランドが傷ついたとは考えていません。

『Pretty Guardian Sailor Moon" The Super Live』舞台写真
（©武内直子・PNP／"Pretty Guardian Sailor Moon" The Super Live製作委員会）

――松田さんは、演劇界では最も早い時期から議員ヒアリングに出席するなど、行政や政治に対して活発に発言されてきました。

松田　議員の多くの方は、演劇をあまりよく知らないですよね。でも僕らがやっている『NARUTO-ナルト-』『美少女戦士セーラームーン』『刀剣乱舞-ONLINE-』などの舞台は、原作のタイトルを議員の方々も知っている。だから話を聞いてもらいやすいんです。海外にファンが多いため、多数の政府主導の国際的なイベントにも公演として参加するなど、いろいろ協力をしてきたというつながりもあります。さらに僕自身がこれまで、いろいろなところで「2・5次元」について説明をしてきているので、意見を聞く場に呼ばれる機会が多いのです。そういう時には、つねに日本の演劇のために言えることは言おうと心がけてきました。

――「ネットワーク」に「2・5次元」が加わり、演劇界の幅が広がったように感じます。

松田　僕は自分たちが日本の演劇のど真ん中にいるとは思っていないです。でも、海外での公演数や訪日客の観客の多さなど、他ジャンルとは違う実績をあげてきました。これは、国に対して意見を言う時に、一つの説得力になります。だから、ちょっと嫌な言い方ですが、こういった時だからこそ、「2・5次元」が使える時は、遠慮なく使ってくださいという気持ちでいます。そのことが「ネットワーク」の中で理解され、いろいろな人たちと一緒にやってこられたことは、よかったなと思っています。

二〇二一年四月二十一日
オンラインにて実施

松田誠（まつだ・まこと）
一九九四年に、現在代表取締役会長を務める舞台制作会社、株式会社ネルケプランニングを設立。演劇プロデューサーとして、年間数十タイトルにも及ぶ数多くの舞台作品のプロデュースや制作を行う。また演劇以外にも多方面で新しいエンターテイメントを仕掛ける日本のステージコンテンツビジネスのトップランナーの一人であり、2・5次元ミュージカルの先駆者。

「芝居で食べていく」ために

吉田智誉樹（四季株式会社 代表取締役社長）

日本最大の演劇集団である劇団四季（俳優・スタッフ約一四〇〇人）が受けたコロナによる被害は甚大だった。二月末から約四か月半、一一〇三回の公演の中止を余儀なくされ、九十九万人の観客、売り上げ八十五億円が消えた。劇団創立以来の困難をどう乗り越えるのか。社長の吉田智誉樹さんに聞く。

（聞き手・構成：山口宏子）

組織の存続を第一に考えた

――大変な一年でしたね。

吉田　苦しいのは我々だけでも、演劇界だけでもないので、口にするのはおこがましいですが、それでもあえて言わせていただくと、本当につらかったし、それは今もなお続いています。

我々は、映画や映像、不動産などの副業がない演劇専科の劇団です。演劇はお客様に劇場に集まっていただくことで収益を生むわけですが、その「集まる」が問題になってしまい、初期の頃はどうしていいか分からなかった。と同時に、「演劇とは何か」を、これほど考えた日々もありませんでした。

――その思索の一つの答えが、二〇二〇年十月二十三日に行われた新装・JR東日本四季劇場［秋］（東京都港区）の開場式での「演劇はしぶとい芸術」というスピーチだったのでは。

吉田　一九九八年の旧・四季劇場の開場記念式典で、前代表の浅利慶太は「日本文化の最大の課題は、流入した西欧文化とどう向き合うかを考えることである」というスピーチをしました。私は、浅利が提起してきたこの問題は、まだ解決していないと感じています。我々の世代でも、新しい劇場でこれを引き継いでいきたい。開場の挨拶では、最初にそれを述べようと思っていました。続いて何を――と考えていた時、コロナ禍の後の世界について、「日経ビジネス」でチームラボ代表の猪子寿之さんが、「代替の利かないものは、必ず元に戻る」と語っておられるのを読み、煩悶から解放され腑に落ちる思いがしたのです。演劇は、コロナ以前の形でしか演劇足りえない。それは数千年前から続いていて、代替方法は存在していない。ならば必ずよみがえるはず。同じく演劇で食べている方たちへのエールも込めて、この話題を選びました。

――カリスマ的なリーダーの浅利さんから、吉田さんが社長を引き継ぎ、劇団の体制が柔軟になったように見えます。危機と向き合うには、それがよかったのではないですか。

吉田　私がそういう器ではないことはもちろんですが、会社のガバナンスやコンプライアンスに厳しい視線が注がれるいまの社会では、一人のリーダーシップに頼った組織は生き残るのが難しいでしょう。もちろん、浅利が今も四季の経営を担っていたら、時代に合わせた組織改革をしたとは思います。社長になって間もない頃、先輩の小澤泉元社長から「二次芸術家である演出家は、厳密な意味で作品を世に残すことはできない。となると、浅利さんの最大の遺産は劇団四季と言う組織そのものだ。彼のためにも守っていってほしい」と言われました。私も全くその通りだと思っています。ですから今回の危機では、組織の存続を最優先に考えて行動しています。

——浅利さんの主張した「演劇だけで食べる」から「演劇で食べる」へ、「だけ」を外しましたね。

吉田　もちろん、劇団活動の中心は「生の演劇」です。けれどもコロナ禍を経験し、生き残るためには、他にも一定の収益を生む仕組みを考えることが必要だと痛感しました。配信などに取り組んでいるのはそのためです。

——劇団員とその家族の生活を支える責任も重いです。

吉田　コロナ禍に直面し、更に責任は重くなりました。組織の存続という観点では、これまで、毎年の黒字を内部留保してきたことは幸運でした。また四季は、長年、子どもたちのための無料招待公演「こころの劇場」という社会貢献活動を全国で行ってきました。この事業のサポーターに、全国の金融機関の方々がいて、お付き合いを通じて一定の信頼を寄せてくださっていたため、早期に大型の借り入れができました。こうして確保したキャッシュと内部留保で、仮に、昨年程度の赤字が続いても、二年ぐらいは組織が倒れないですむ見通しが立っています。

——六月に始めたクラウドファンディング（CF）は、日本で一番大きな劇団が……という衝撃がありました。

吉田　もちろん資金は必要でしたが、社会に訴えたいという気持ちも強くありました。「演劇は不要不急」「支援する必要はない」と言われ、多くの演劇人が傷ついた。ですから、ある程度の反発は覚悟のうえで、大手と思われている四季でもこれほど困っていることを広く知っていただきたかったのです。その目的は達せられたかなと思っています。

——わずか四日で当初目標の一億円に達しました。ただ、リターンとして観劇に使えるギフトコードがつくコースが多く、どのくらい劇団の助けになるのか少々心配になりました。

吉田　最終的に二億円を超えるご協力をいただき、半分ほどが手元に残りました。この比率は、当初の計画通りです。

多くの方のご協力には、言葉が見つからないほど感謝しています。「生き残ってくれ」と励ましていただき、四季を家族のように思ってくださっている方がこれほどたくさんおられることに感動しました。CFは社会からの借金だと受け止めています。きちんとした活動でお返しをし、社会貢献も続けてゆかねばと、改めて決意しました。

演劇界の苦境、政府に伝えるには

——この三十年ほど、四季は各種の演劇団体に加入していませんでした。今回は「緊急事態舞台芸術ネットワーク」に参加し、吉田さんは代表世話人の一人でもあります。

吉田　ネットワークは、野田秀樹さんと弁護士の福井健策先生が猛烈に頑張ってつくってくれたものです。コロナ禍が招いた危機は、未曾有のスケールで過去に例を見ません。演劇界全体が協調しなければ決して乗り越えられない。ですから、一も二もなく参加しました。野田さんとはこれまで直接交流はありませんでしたが、やりとりを通じて、我々とやり方は違いますが、「芝居で食べていく」という共通の誇りを持っている方だとわかり、非常に勇気づけられました。

——ネットワークでは、どんな役割を担われていますか。

吉田　劇団四季のスタッフが、事務局の業務に参加しています。また私自身の仕事は、主に政府との折衝です。浅利は自民党の政治家の方々と懇意だったので、私も菅（義偉）総理と十年ほど前にお会いする機会がありました。そして、自民党が下野していた頃、菅さんが選挙区の横浜市内で辻立ちをされているのを通勤途中よくお見かけし、時々言葉を交わしていました。もっとも、官房長官になられてからは、お目に掛かっていませんでしたが。

コロナ禍で痛めつけられた演劇界

の実情を、政権中枢に知っていただくにはどうしたらいいかをネットワークで話し合っていた時、私には菅総理と過去にこのようなご縁があるので、手紙を差し上げてみましょう、ということになりました。すると総理から直接、「一刻も早く状態を知りたい」とお返事をいただき、自粛を続ける舞台芸術界がいかに深刻な状況か、どんな施策が必要かを官邸で直接お伝えすることができました。政権トップに理解していただけたことで、J-LODlive の拡充などがぐっと前に進みました。

海外アーティストやクリエイティブスタッフの、入国規制緩和などの折衝もしています。日本では、海外の演出家やスタッフの招聘が叶わないと上演に支障が出る作品が数多くあります。これもとても重要な問題です。

――ネットワークに関わっている人たちからは、「演劇界全体のために、自分が出来ることを全力でやる」という意志を感じます。ジャンルや立場を超えて演劇界が大同団結した初めてのケースですね。

吉田　それほどコロナの問題が大きいということでしょう。国や自治体が支援を考えるにも、演劇界にはたくさんの団体があって、どこと話せばいいのか分からない状態だったと聞きます。交渉の窓口やご支援の受け皿としても機能していると思います。

――四季が受けた公的支援は。

吉田　経済産業省の J-LODlive と文化庁の継続支援事業が主なものです。

――感染予防の経費も大変ではないかと思いますが。

吉田　一番重いのがPCR検査です。出演中、出演予定の俳優が原則月一回受けていて、当初は一回一人一万円ほど。全体で月間四〇〇万円程の出費でした。いまは検査機関も増えましたので、もう少し安くなっています。昨年七月の『マンマ・ミーア！』では、開幕してすぐに陽性者が出ました。陽性者はまだ稽古中のメンバーで、出演者とは接触を避けていたので本当は公演しても問題なかったのですが、お客様が心配されるだろうと二公演を中止にし、出演中のメンバーも含めて再びPCR検査を行い、全員の陰性を確認して再開しました。

オリジナル作品に活路、配信には可能性

――昨年十月に一般向け作品では十六年ぶりの新作『ロボット・イン・ザ・ガーデン』が開幕するなど、近年オリジナルミュージカルの制作に力を入れてきたのは幸いでしたね。

吉田　コロナ禍で、特にオリジナル作品の重要性を痛感しました。海外ミュージカルは動員力がありますが、制約は大きく、配信はできないし、グッズをつくるにも全て権利者の承認が必要です。その点、オリジナル作品は自由に方針が決められる。我々の想いを直截的に作品に込める事が出来ますから、開発に携わるメンバーも生き生きしています。

きみと、人生再起動。
劇団四季 ミュージカル
ロボット イン・ザ・ガーデン
Based on the novel by Deborah Install
Based on
A ROBOT IN THE GARDEN by Deborah Install
Copyright © 2016 by Deborah Install
Japanese language theatrical license granted by
Deborah Install
c/o Andrew Nurnberg Associates, London through Tuttle-Mori Agency, Inc., Tokyo

『ロボット・イン・ザ・ガーデン』公演チラシ
（提供：四季株式会社）

話は少しそれますが、コロナ禍の中で、自然発生的に新しいビジネスのアイデアも生まれてきました。最初に実現したのがオリジナルマスクの販売です。昨春、マスク不足が深刻だった頃、劇団の衣裳部が、メンバーのためにマスクをつくって配ってくれたのですが、これを商品化したのです。今でも、四季オリジナルマスクを着けて劇場に来てくださるお客様がいらっしゃいます。これを契機に、主に若手経営スタッフによる「次世代新規事業PT」を立ち上げました。彼らが手掛けた最初の商品が、「劇団四季の100点カレー」です。これは、劇団の稽古場の食堂で俳優たちが食べているカレーをレトルトにしたもので、人気商品になりました。この食堂では値段を点数で表示し、一点につき、ベテランの俳優や会社の幹部は研究生の約二倍の代金を払っています。いわば先輩が後輩に自動的におごる仕組みになっているのです。この説明を商品パッケージにも書き込み、ウェブサイトで紹介して販売したところ、すぐに完売してしまいました。中身は家庭で作るような素朴なカレーで特別なものではありません。私は日本一美味しいと思っていますが（笑）。

『ロボット・イン・ザ・ガーデン』舞台写真（撮影：阿部章仁）

――お客さんは「ストーリー」と「共感」を買っているのでしょうね。

吉田　そうだと思います。

――公演の有料配信は今後、経営の一つの柱になる可能性がありますか。

吉田　実公演と同規模の売上は見込めませんが、新たな収入源にはなっています。社内に配信担当チームもつくり、今後も積極的に取り組んでいくつもりです。先ほどの『ロボット・イン・ザ・ガーデン』では二公演、二〇二一年一月にJR東日本四季劇場［春］で開幕した『劇団四季The Bridge ～歌の架け橋～』は計七公演をライブ配信し、想像以上の売上がありました。視聴した方のアンケートからは、外出を控えなければならない方、お勤め先から人の集まる場所に行くのを禁じられている方が大勢おられることもわかりました。地方にお住まいの方からは、「新作をいち早く観られた」という喜びの声も届きました。これまで四季の舞台を観たことのない方の視聴も多かった。配信チケットは通常よりも安くご購入いただけるので、それならば観てみようという新しい観客との出会いの場にもなったようです。

『The Bridge』は見逃し配信はなく、ライブ中継だけだったのですが、それによって、同じ時を共有している感覚が生まれました。劇場の空気感は出せませんが、演劇の一回性は担保できたと思っています。

定期的な新作で観客とのつながりを

――海外作品は不可抗力で公演が止まっても、権利者にお金を払わなければいけないのですか。

吉田　ロイヤリティの最低保証額を支払う義務があります。とはいえ、売り上げ連動部分が大きい割合を占めているので、海外の権利者も、公演が中止になったり、売り上げが低迷すると苦しい。ライセンサーたちとは定期的にリモート会議をしていますが、ニューヨークやロンドンの劇場が殆ど閉まっている中、なんとか公演を続けているアジアに寄せられている期待の大きさを感じます。昨年十月、『オペラ座の怪人』を開けた時は、アンドリュー・ロイド＝ウェバーさんから、「開幕してくれて嬉しい」という、これまでにない熱量の高いメールが届きました。

――ロングランが四季の興行の強みですが、劇場へ行くのをためらう人が多い中、観客との関係をどのように維持してゆきますか。

吉田　コロナの影響の長期化は覚悟していますが、ある程度落ち着けば、必ずお客様は戻ってきてくれると信じています。そのためには、定期的に新作を上演していくことが必要でしょう。しばらく劇場から遠ざかっていた方が「新作だったら行ってみようか」と足を運び、「私には演劇があった」と思い出してもらえるような舞台をつくることが大切です。

　当面は六月二十四日開幕の『アナと雪の女王』に全力を注ぎます。ボリューム感、クオリティー、インパクト、いずれも十分な超大作です。ここから反転攻勢に出たいと思っています。さらに来年以降は、新作の大型オリジナルミュージカルを計画しています。

――万一の場合の払い戻しを考えると、チケットの売り方は難しいのではないでしょうか。

吉田　払い戻しには膨大な手間がかかります。でも、ロングランのためには、できるだけ早くチケットを買っていただきたい。販売方法は、その都度、その時の社会の状況に合わせていくしかないです。

　データを見ると、日々の感染者数とチケットの販売枚数は反比例しています。感染者が増えれば、一般方の売り上げは減りますし、団体のお客様もキャンセルになってしまうことが多い。特に東京の『ライオンキング』には修学旅行で来てくださる学校が多いのですが、旅行自体が中止になってしまっています。一方で、感染者が減った昨年秋や今年三月には、コロナ以前の八割から九割の購買数に戻っていました。押したり引いたりの時間が続きそうです。

――この先をどう展望しておられますか。

吉田　感染者数が落ち着いている間は、サッカーでいうと「攻めの時間帯」でしょうか。ここではしっかりとPRや販売活動に注力する。しかし、必ず「守りの時間帯」もきますから、その時はコストを抑えて被害を最小化する。諸外国の様子を見ていると、ワクチン接種が進むことで、安定的に感染者数を抑制することができているようです。ということは、これからは「攻めの時間帯」が増えてくるはず。今回の経験で、間違いなくいろいろな学びがありました。これを活かして、いつの日か必ず、コロナ以前の劇団四季を取り戻したいと考えています。

二〇二一年三月二十四日
於：四季株式会社 本社

吉田智誉樹（よしだ・ちよき）
一九六四年、神奈川県生まれ。慶應義塾大学文学部卒。一九八七年、四季株式会社に入社、主に広報営業関連セクションを担当。二〇〇四年に執行役員広宣部長、二〇〇八年に取締役広報宣伝担当に就任。二〇一四年六月から現職。

小劇場の現場から

本多愼一郎（本多劇場グループ総支配人）
那須佐代子（俳優、シアター風姿花伝支配人）

コロナ禍は二年目に突入してなお継続中で、影響の全体像は未だ把握できない。特に小劇場は、正式な契約なしで公演がつくられることが多く、どれだけの影響が出たか正確にカウントすることは難しい。そこで、小劇場の具体的なケースを知るために、シアター風姿花伝の支配人であり、プロデューサーであり、フリーランスの俳優でもある那須佐代子さんと、本多劇場グループ総支配人である本多愼一郎さんに、この一年半の経験や現時点のお考えを伺った。

（聞き手・構成：徳永京子）

現場の混乱とそれぞれの判断

――まず、最初に影響を実感されたのはいつ頃、どんな形だったでしょうか。

那須　昨年三月に入った頃、予約をキャンセルしたいという団体がいくつか出てきました。予定通りやりますという人達ももちろんいましたけど、意見が割れて半分けんかのようになっている団体も見ました。三月終盤になると、公演をしている人達もつらそうでしたね。その頃が一番混乱していたかもしれません。お客さんが来なくなり、世間の目も厳しくなって。だから、一回目の緊急事態宣言（四月七日）が出た時は、かえってホッとする空気があったくらいでした。これで悩まずに中止にできると。そこから、この先どうするという問題が出てきましたが、劇場側としては、やめてくれとはなかなか言えないんです。言えば、補償の話が出ますから。一方で、ここで大きな感染が起きたらどうしようとも考え、ひやひやし続けていました。

本多　うちも同じ時期に、多くの団体から「どうすればいい？」という問い合わせが来ました。那須さんがおっしゃっていたように、団体内で意見が割れた話も多々聞いています。問い合わせに対しては、正解がわからないというより正解がない状況で、僕としてはなるべく継続というほうを選んだので、ぎりぎりまでやってもらいました。でも三月末になると完全に「やっているところが悪い」という風潮になり、ほとんどの団体が千穐楽を切り上げました。うちでは、GW明けまでは落ち着かないだろうと判断し、まだやりたいと言ってくださる団体さんも説得して、緊急事態宣言と同時に六月一日までグループ八館を全館休館にしました。

――六月一日というのはどういう根拠からでしょうか。

本多　うちで勝手に決めました。誰に聞いてもわからないと思ったので。

――緊急事態宣言で演劇界内の空気も一変しましたが、その後しばらくは、多くの劇場、団体が様子を見るという形になりました。その中で本多劇場さんは、無観客配信という形で『DISTANCE』というシリーズの自主企画をスタートさせ、いち早く動き出されました。

本多　とにかくいろんな噂が飛び交って、年内（の演劇興業）は無理だろうという話も聞こえてきた。民間の劇場は、開けなければ使用料が入ってこないだけでなく運営維持費はかかり続け、すべてが自己負担になります。それが年内ずっと続けば劇場はなくなるしかないので、どうせなくなるなら、やれるだけのことをしてみようと自主企画を考えました。赤字になるのは目に見えていたんですが、せめて「やってもいい」という空気をつくりたいと思い、六月中に強引に自主的な公演計画を入れまくったんです。

——風姿花伝さんの再開の流れはどうでしたか。

那須　まず宣言の期間中は当然すべての公演がキャンセルになりました。劇場が再稼働しはじめたのは六月下旬ぐらいです。大阪のほうで、ある劇団が自分達のアトリエで客席数を減らして公演をした、という連絡が来たので、そういう形ならうちでもやれるだろうと。でも、東京で観客を入れて開ける劇場はまだ少なくて「本当にやるの?」という空気を感じましたし、かなり緊張感はありました。人がたまらないためにはどういう導線を引けばいいかなど、勉強しながら、立ち合いながら、本当にひとつひとつ決めていきました。予約状況が前年と同じくらいに戻ったのは、九月くらいですね。

でもその頃になると、今度は課題が具体的になってきたんです。空気感染を防止するために人と人の間を二メートル空けるという話がありましたよね。だとしたら客席の中の通路は通れないのか、せりふを言わないで通ればOKなのかとか。いちいち公文協（公益社団法人全国公立文化施設協会）に電話して質問しましたが、あちらも「駄目とは言えないけど、いいとも言えない」みたいなお答えなんです。なので基本的に自主判断で、なおかつ劇団さんにも納得してもらえる根拠を示しつつ、判断をしていかなければならない。「七月に公演していた劇団は二メートル空けていませんでしたよね?」と言われたりもしましたが、それを言い出したらきりがないですし。

——本来は政府なり自治体なりが指針を策定して、公演する団体がそれを遵守するように指導するのが劇場の役割だと思うのですが、今回のコロナ禍では、そうした包括的な流れが一切なく、大小さまざまな問題が現場に丸投げされてしまいました。

劇場を安心して来られる場所にする

——民間劇場はその荒波の直撃を受けながら、もともと持っていたインディペンデント精神と、前例のない危機的状況による協働精神で、踏ん張っていらっしゃる印象を持っています。

那須　結果的にそうせざるを得なかったんですね。うちはロングラン公演など、劇団さんとのつながりをつくるよう意識してはきましたが、今の状況は、思いがけずこうなっているという感じです。

本多　今まで劇場を運営していて、備品が壊されるなどのケースでない限り、まず口出しはしませんでした。今は、劇場が劇団の皆さんに、（感染対策に関して）ある程度のところは確実に守ってもらわなければいけない。団体の方からしてみると、やっぱりたくさんのお客さんを入れたいし、発表されているガイドラインもよく知らないまま公演計画を立てていることもあり、そこでお話しすることは増えました。

那須　うちは東日本大震災の時に契約書を作り直していて、その中に「感染症まん延によって、政府等による自粛要請などが出た場合は、基本料金の半額は納める」という項目があるんです。なので、緊急事態宣言で中止になった公演も、本来なら半額もらえるんですね。でもそれはちょっと気の毒なので、全団体に「希望があれば延期できます」とご案内して、時期はすぐにわからなくても、とにかく公演をするのであれば「規約の半額は次の公演に充ててもらっていいです」という形にしました。すべてスムーズに進んだわけではありませんが、ほとんどの皆さんは延期されました。

——本多劇場は、技術スタッフの方を集めて、劇場内の空気の対流と換気を実験するなど、科学的なエビデンスを出そうとされていました。

本多　あれは『DISTANCE』の企画中で、もし、すぐに観客を入れられるような状況になった時、どれだけのことをやっていれば「劇場は安心して来られる場所です」とアピールできるかを考えました。そのためにはどんどん手を打たなければと思い、慈恵医大の感染症対策の先生に劇場を見ていただいたり、除菌対応をされてる清掃業者さんの話を聞いたり。でも建物によっていろいろ対応は違うと思うので、小劇場協議会というネットワークをつくってガイドラインを作成し、情報を共有しました。とにかく「演劇をやっていて悪い」という風潮を、「やってもいいよ」に変えたかった。

那須　本多さんのところでそうやってエビデンスを示していただいたので、うちを含め、他の劇場は本当に助かりました。

――皆さんのそうした奮闘にも関わらず、年が明けてすぐ、東京は二回目の緊急事態宣言（一月七日）が発令されました。

那須　風姿花伝は、二度目の緊急事態宣言以降のほうがキャンセルはひどかったです。一、二月の予定は一気に真っ白になりました。皆さん、一回目で学習しているんですね。やっても大赤字になるだけとか感染対策が大変だとか知っているから、判断が早い。……それと、もしかしたら、劇団の体力がなくなってきているのかもしれません。再開に向けて頑張るという心理的な流れが弱まっている。本当に一回目とまるで違うんですよ。ちょうどその頃、法人だと補填される助成金（J-LODlive）が出てきて、そういったことも影響しているのかもしれません。

本多　小劇場の団体は、ほとんど個人の集まりだと思うんです。そこはもう補償対象にすらされない。それにその助成金も、公演が全回中止じゃないと受け取れないんですよね。緊急事態宣言によって劇場の使用時間が短縮されて、みんな十九時や十九時半開演の回を中止にして、その分、赤字が増えたわけです。あと、配信に切り替えたり。それなのに公演を丸ごと中止にした団体しか助成対象にならないのは、もう公演はするなと言われているとしか思えませんでした。

――J-LODliveの出どころが経済産業省で、経産省は経営団体の管轄をしているから法人格でないと対象にできない。主な小劇場が普段やりとりしているのは文化庁だけれども、文化庁が小劇場を含めた演劇界の状況――どんな職種があり、どういう仕組みで公演が成り立ち、多くは個人事業主といったこと――を把握していなかったので、現実に即した補助のシステムがつくれなかったなど、構造的な欠陥や矛盾が、コロナで一気に明らかになりましたね。その影響を、小劇場の関係者ほど受けています。那須さんがおっしゃっていた疲れのムードは、私も広がっているように思います。

逆風を乗り越えるために

――さて、最後に配信について質問させてください。本多劇場も風姿花伝も、早い段階で劇場から配信できる設備を揃えられました。それもまた頼もしい劇団へのサポートだと思いますし、ライブの息遣いを大事にしてきた劇場がそうするくらい大変な状況なのだと逆に実感もしたのですが、どういう考えからその投資をされたのでしょうか。

本多　うちはグループ全体で二公演を回せるぐらい機材は購入しましたが、配信って結局、撮影する方のセンスじゃないですか。そこは団体さんにかかっているので、劇場としては、使ってくれる団体さんがやりたいことをやりやすい状況をつくるだけで、その意味では他の設備投資と変わらないです。

那須　一回目の緊急事態宣言で劇場がクローズしている時、知り合いが劇場のことを心配してくれて「オンラインについて考えてみたら？」とアドバイスしてくれたんです。私は「やっぱり芝居は生がいい」と思っているほうなので、なかなか前向きにはなれなかったんですが、スタッフに相談したら「那須さんみたいな考えはわかるけど、そうじゃない人もいるし、実際、これからは必要なんじゃないか」って。だからここまで配信が広がるとは思っていなくて、入れて良かったと。でも本多さんがおっしゃったように、機材はあってもそれを使って撮影しようとなると、やっぱりコストの問題も出てきますよね。撮影隊を外注すると結構かかるじゃないですか。それをクリアできる劇団ばかりではないですし。少しでも安いプランができたらと考えてはいるんですけど、まだ勉強中という状況です。

本多劇場舞台

シアター風姿花伝舞台

本多　配信に関して言うと、最近、字幕公演を続けてやっていこうかなと思って。

那須　それは聴覚障害の方向けに？

本多　あと、海外の方向けに。この前、中国語と日本語の配信公演を試しにライブでやってみたらできたんですよね。配信をやって良かったのは「舞台を観に行きたいけど行けなかった、配信で観ることができてうれしい」という声を結構いただくんです。地方の方で「学生時代は東京に住んでいて気軽に劇場に行けたけど、何十年ぶりに演劇を観た」とか。そういう方に向けて続けて公演を打っていきたいし、言語も字幕で多言語に対応すれば観てくださる方も増えるでしょうから。

――逆風の中、積極的な姿勢で頼もしいです。

本多　だってやっぱり劇場は、劇団の方とお客さんがいてなんぼなので。より使いたい場所、行きたい場所になるにはどうしていけばいいか、使っていただくのも来ていただくのも難しい状況だからこそ、考えなければならないですよね。

那須　そうですね。うちは今まで仮設で劇場内にカフェをつくっていたんですけど、今度は通りに面した場所で、コーヒーをちょっと出せる場所がつくれたらいいなと思っています。一階がおもちゃ屋で二階が劇場なんですが、おもちゃ屋の一角を改造して。そうしたら劇場に来てくれた人も使えるし、通りがかった人にも立ち寄ってもらえる。気持ちが小さくなりがちな時期ですけど、こういうときこそポジティブな発信をしていきたいですね。

二〇二一年三月十一日
於：東京芸術劇場内アル・テアトロ

本多慎一郎（ほんだ・しんいちろう）
本多劇場グループ総支配人、株式会社本多企画代表取締役。一九七五年、東京都世田谷区生まれ。本多劇場創業者・本多一夫の長男。玉川学園高等部卒業後、劇団青年座研究所にて演技を学び、桐朋学園大学短期大学部（現桐朋学園芸術短期大学）を経て、一九九九年、本多劇場グループ「劇」小劇場に入社、「劇」小劇場、小劇場楽園の主任を務める。小劇場の設立管理に尽力し、現在では劇場設備や劇場運営管理に関するアドバイザーの一面ももつ。二〇一三年より本多劇場グループ総支配人。

那須佐代子（なす・さよこ）
一九八九年劇団青年座入団。二〇一三年退団。舞台・映像にて幅広く活躍。株式会社COME TRUE所属。『THAT FACE～その顔』『リチャード三世』で第四十七回紀伊國屋演劇賞個人賞、『リチャード二世』『ミセス・クライン』で第二十八回読売演劇大賞優秀女優賞を受賞。二〇〇三年オープンの小劇場「シアター風姿花伝」の支配人、一四年より風姿花伝プロデューサーも務める。

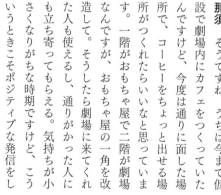

インタビュー

エンターテインメントの土台を支える

吉田祥二（『カンフェティ』編集長）

『Confetti《カンフェティ》』は、劇場などで無料配布される演劇情報誌。その発行元のロングランプランニングは、ウェブサイトの運営、チケット販売、チラシの印刷・折り込みなど、演劇に寄り添ったビジネスを展開してきた。さまざまなエンターテインメントを下支えしている吉田祥二さんに、この一年の動向を聞いた。

（聞き手・構成：後藤隆基）

一時はページ数が半分以下に

――『カンフェティ』の発行に影響が出はじめたのは、いつごろからですか。

吉田　去年の三月中旬〜下旬あたりから、公演数が徐々に減り始めました。『カンフェティ』は毎月第一月曜日に発行するので、五月号（四月発行号）には四月と五月の公演を掲載します。その号以降、公演情報がなかなか集まらなくなった。結果的に、その後の六・七月号は二か月合併、実質的に七月号は休刊となりました。創刊から十七年経ちますが、二〇一一年一月以降、五十六頁で発行を続けてきました。四〜六月は、例年であれば、いちばん掲載情報が集まる時期なのですが、その合併号は二十頁まで減ってしまった。去年はそれ以降、二十〜二十八頁で、最新号（二〇二一年五月）でようやく三十二頁、厚さが三分の二程度に戻ってきたということです。

――時々刻々と情報が変わっていく一年でしたが、どのようなご苦労がおありでしたか。

吉田　この一年は、掲載が決まっていた公演でも、実施できるかどうかがわからなくて、場合によっては掲載を取りやめる、ということが頻繁にありました。フリーペーパーだけではなく、チケット販売やチラシ印刷の事業もおこなっているので、そちらへの影響も大きかったです。

――『カンフェティ』の発行部数や配布先はどのように変化しましたか。

吉田　本誌のほかに『かわら本』という劇場の座席に置くダイジェスト版冊子もつくっていましたが、席にチラシなどを置くことができなくなったので、『かわら本』は休止せざるを得なくなりました。本誌に関しては、街中や劇場への設置と、定期購読者への発送は続けています。十万部の発行部数は変わっていませんが、今後、紙媒体だけでは成立しなくなるのではないかという危機感を持っています。

チラシから見えてくる変化

――『カンフェティ』が発信されている情報は非常に有用で、冊子に折り込まれた大量のチラシも大事な情報源です。

吉田　チラシの数も、だいぶ減りましたね。コロナ前に比べると、情報の入手の仕方も変わりましたし、演劇の形態も変わっていく。チラシの折り込みは、ネット検索とは違って「プッシュ型」、観劇前に自分の興味とは別のところで手にするわけです。「これは知らなかった」「これはおもしろそうだ」「このチラシかわいい」という出会いに価値がある。だから冊子じゃないと……という思いもあるのですが、冊子がなかなか配りづらい状況で、どのようにして違う出会いを創出できるのか。今まさに社内で考えているところです。

――チラシの部数を減らしてウェブで情報公開する団体も増えていますね。

吉田　まず公演が決まって、その告知とチケット販売のためにチラシはつくられます。今は、公演ができるかできないか分からない状況が続いているので、チケット発売開始のタイミングも従来より遅くなっています。普通は一か月半から二か月前に一般販売、大手主催者だともう少し前から販売する公演もありますが、いまは早くても一か月前に一般発売開始。遅い場合は公演の二週間前くらいから開始する公演もあります。

――公演が中止になった場合、払い戻し手数料は主催者負担になりますよね。

吉田　そうです。だから、なかなか情報公開にふみきれないという現場の事情もあります。チケット販売が遅くなることで、チラシをつくるタイミングも遅れる。チラシは紙ですから、制作にも配布にも日数がかかるので、公演が近づくとおのずと印刷枚数も少なくなってしまいます。ただインターネットで情報公開しても、各主催者のサイトやＳＮＳでの告知は、興味を持っている人にしかなかなか届かない。プッシュ型のチラシが強いのは、その部分です。

――『カンフェティ』のメールマガジンもプッシュ型といえますね。

吉田　『カンフェティ』の会員組織は去年一〇〇万人を超えました。さまざまなジャンルのファンがいますが、八割は演劇に興味をもっている。その方々に向けて、メルマガやホームページ、ＳＮＳ等で情報を発信しています。これは今後も継続・強化していきます。公演を実施しても、中止しても本当に苦難な状況が一年以上続いています。弊社は、公演をサポートすることが主業務ですので、公演がなければ存在理由がありません。公演情報を掲載します、チラシを配ります、チケットを売ります、といっても、公演があることが大前提ですから、公演を実施するためのサポートをこの一年、徹底しておこなってきました。

劇団へのサポート

――具体的には、どのようなサポートをされたのでしょうか。

吉田　『カンフェティ』でチケットを購入された方を対象に、フェイスシールドを無料配布しました。観劇するのが不安なお客様に安心して劇場に来てもらうためのサポートです。主催者向けには、去年の春から「ウイルス対策セットの無償貸出サービス」をスタートしました。非接触型の体温計やフェイスシールド、ゴム手袋など、公演をおこなうために必要なものを揃えて、無償貸出をおこないました。公演のための対策グッズを揃えるだけでお金も手間もかかります。せめてそういうことは心配しないで済むように、このセットを無償で提供することで少しでも主催者のサポートができればと。その他、稽古場用に透明マスクの無料配布など、安全に公演が成立するためにできることをひたすら考え、スピード感も大切にしながら一つ一つ実施していきました。

――ウェブサイトでは動画配信もなさっています。

吉田　当初はフィジカルな公演のサポートに注力していましたが、中小規模でも配信を始める主催者が徐々に増えてきたこともあり、二〇二〇年十月に配信のプラットフォームを立ち上げました。

――このサービスを利用しているのはどのような団体が多いですか。

吉田　弊社は演劇だけではなくて、伝統芸能やダンス、バレエなど、多様なジャンルの公演を取り扱っていますので、配信に関してもさまざまな主催者からお問い合わせがあります。大手の主催者は自社で様々な準備ができますが、小規模の劇団が自前ですべて手配するのはなかなか難しいため、配信機材の無償貸出や、配信業者のご紹介などもおこなっています。

〝見えない〟公演の中止

——現場を支えるさまざまなサポートの工夫は、コロナが蔓延する前から、数多くの劇団とのつながりがあったからこそできたことだと思います。この一年、演劇界をご覧になっていて、お気づきになったことはありますか。

吉田　悲しいことに、昨年以来、厖大な数の公演が中止や延期になりましたが、表に出る公演中止の情報は、一度その情報が公開されて、その後で中止に決まったものです。でも実際は、公演情報の解禁前に中止になっているケースもある。これは記録されない公演中止です。公演が企画されて、劇場を予約したけれども、準備段階で中止せざるを得なかった公演も数多くあります。

——演劇博物館では、中止・延期になった公演のチラシなどの資料を収集して、その一部をオンライン展示として公開しました。チラシがあるということは、情報公開後に中止されたもの、ということですね。

吉田　チラシまで作った段階で中止になった公演でも、状況はそれぞれに異なります。たとえば、劇場入りして、ゲネプロを終えたところで政府からの要請等があり、初日前に中止を決める、といったケース。この場合、早期に中止を決定した時よりも大きな損失が出てしまいます。劇場のキャンセル料だけではなく、スタッフもキャストの人件費や交通費もかかる。ゲネプロまで実施していて公演中止になったが、ゲネプロを収録したものをDVD化して販売することで、多少でも収益を得られた主催者もありますが、ゲネプロができていなかったらその収益すら得られない。中止のタイミングは、公演が近づけば近づくほど、主催者が抱える損失は増えていきます。

——コロナ禍のなかで実現した公演でも、観に行っていいものかどうか、といった観客側の葛藤もあるような気がします。本人は行きたいけれど、ご家族に反対されてキャンセルせざるを得なかった、という話も聞いたことがあります。

吉田　事情はほんとうに人それぞれですから。弊社では、チケット代の九割を保証するサービス「カンフェティのチケット補償」を、今年四月一日から開始しました。『カンフェティ』でチケットを買った方全員が対象になるサービスで、コロナ禍の心配があってなかなか劇場に行けないという方に、少しでも安心してチケットを買ってもらえればと考えました。

演劇界の未来のために

——大手もそうですが、とくに中小規模の劇団は、この一年の状況にかなり苦しまれているかと思います。だからこそ、吉田さんたちが行っておられるさまざまなサポートは、現場の方々にとって、ほんとうに支えになっているのではないでしょうか。

吉田　私は十九歳の時に早稲田大学で学生劇団を旗揚げし、その後十年間演劇活動をしていました。それを経て、二十九歳の時に、榑松（代表取締役）と二人で始めたのがこの会社で、今年で十七年目を迎えます。もともと小劇場出身だからということもありますが、小劇場が頑張らないと、五年後、十年後の業界自体が先細りになってしまうという危機感がある。私も劇団を十年続ける中で、いろいろな苦労をしました。だからこそ、難局しかない、希望を持ちづらい今の状況でも、主催者にとって今必要なものは何かをひたすら日々考えています。

——今は規模が大きく成長した劇団も、元々はどこも小さい劇団からスタートして、二十年かけて大きくなっていますから。

吉田　新しい団体が生まれて、育って、というサイクルが業界を形成しています。お客さんも一緒に時を刻んでいくことも、劇団がもっている良さのひとつですよね。演劇は忍耐強いというか、これまで良くも悪くも、世の中の影響を直接あまり受けずにやってきました。ただ、コロナ

シアター情報誌『カンフェティ』表紙
（提供：ロングランプランニング株式会社）

禍はこれまでとはまったく違う。何の術もなく、足止めされる経験も初めてだと思いますし、そう簡単に復活もできない。規模の大小を問わず、どの主催者もどうしていいのかわからない状況が長く続いています。演劇業界は「演劇でしか表現できない」ものを探求する人たちがつくってきたものだと思います。そういう人たちはエネルギッシュで、魅力的ですよね。そんな中、舞台が通常通りにはおこなえない状況になってしまったことは、本当につらい。今はまだ演劇で生計を立てていけない小劇場でも、夢と情熱を持って頑張っている彼ら、彼女らが、その表現活動さえもできないわけです。だから、私たちの会社の役割は、難局に立たされている団体をとにかく真正面からサポートすることしかない。常に団体のためになることを必死に考えています。

――この一年を経て、今後について、いまどのようなことをお考えですか。

吉田　演劇のお客様はもともと、コア層、ライト層、初心者（演劇を見たことがない）層に分かれますが、いま劇場に戻ってきているのは、主にコア層の方たちだと思います。私たちは創業以来、ライト層・初心者層に少しでも舞台に興味を持ってもらうために、あえて無料の情報誌を発行し、街中に配布してきましたが、このコロナ禍で、コア層とライト層が寸断された印象があります。いまは、コア層でさえ劇場に足を運びづらい状況なので、ライト層はなおさら劇場から足が遠のいてしまうのではないかという危機感を抱いています。そういうお客様に今後いかに劇場へ足を運んでいただくか、それがこれからの最大の課題です。

――十年、二十年先の演劇の文化を担うであろう小規模の劇団と観客をつなぐこと。そのために観客をどう育てるか、獲得していくか。演劇は観客がいないと成り立たないので、裾野を広げることは大切なことだと思います。

吉田　私たちの会社は劇団等の主催者の公演活動が前提で、それを色々な角度から支えるのが仕事です。舞台業界自体の存在価値というか、存在することで社会全体の役に立っているという形にしていきたい。起業したときから、ワクチン募金や障害者支援などのCSR（企業の社会的責任）活動にも積極的に取り組んできました。そういう部分で、色々な主催者からご賛同をいただいている部分も大きいです。「エンターテインメントをもっと身近に」という理念の下で、これからも演劇を下支えしていきたいと思っています。

二〇二一年三月三十日
於：ロングランプランニング本社

吉田祥二（よしだ・しょうじ）
カンフェティ編集長・ロングランプランニング株式会社取締役CMO。早稲田大学第一文学部卒。在学中に劇団を旗揚げし、以来約十年に渡って同劇団の主宰・脚本・演出を務める。その後、二〇〇四年に芸術団体のサポートを主業務とするロングランプランニング株式会社を設立。

対談

イキウメ式オンライン活用術

前川知大（イキウメ／カタルシツ主宰・作・演出）
中島隆裕（エッチビイ代表取締役・プロデューサー）

公演中止になった劇場を使ったワーク・イン・プログレス、そのウェブ公開と視聴者への情報共有、過去作品の一挙上演と映像アーカイブ化、作品の無料配信で得た予期せぬリターン……。主宰の前川知大（作・演出）とプロデューサー中島隆裕が牽引するイキウメは、オンラインを活用しながら、コロナ時代を真摯かつ聡明に生き抜いている。

（聞き手・構成：伊達なつめ）

――コロナ禍の一年余、イキウメは、『太陽』など映像化されている作品の無料配信、次期公演についてのワーク・イン・プログレスの過程や上演資料を積極的にウェブ上に公開し、視聴者からのフィードバックを得るインターネット上の活動『外の道W.I.P.』、二〇二一年二月の本公演『イキウメの金輪町《こんりんちょう》コレクション』のライブとアーカイブ配信など、さまざまな形のオンラインによる演劇活動にかかわってこられました。特に『外の道W.I.P.』は、作品の一場面の上演を複数の登場人物の視線で撮影してみせたり、上演台本の一部や関連資料を公開したりと、視聴者への積極的な情報公開姿勢が画期的でした。

前川　（二〇二〇年四月の緊急事態宣言期間は）五月上演予定の『外の道』が公演できそうにないという展開になり、できないと思うと、やっぱり書けないもので、完全に筆が止まってしまった時期があって大変でした。その後、僕らが東京芸術劇場で公演予定だった期間、劇場を使わせていただけることになったので、そこで続きを作ろうということになったんです。ちょうど一年後に、幸運にもまったく同じキャストとスタッフが集まれることがわかってからは、二一年の公演を目指して、ゆっくり創ろうということになりました。方法としては、途中まで創ってリーディングしたものを収録して流す、というのもありだとは思ったんですが、あの時期からよく論争になっていた「オンラインによる演劇はありなのか」ということをじっくり考えた結果、舞台の収録にしかならないようなものは、やめようということになって。

――オンラインによる演劇については、否定的な立場ですか。

前川　いや、完全に否定的ではないです。劇団でこの二月にやった『金輪町コレクション』は、過去の短編の連続上演を配信でも見てもらうことで、劇団のショーケース的なものになればいいと思ってやりました。

ただ去年のワーク・イン・プログレスの際は新作でしたから、それをオンラインで発表することの意味について、かなり慎重に考えました。僕らも作品をDVDにしていますけど、あれは演劇というより、編集が入る映像作品だと思っているんですね。僕らのように、物語ベースで作品をつくっていくタイプの演劇は、ちゃんと編集したら、それなりに、作品に没入できるような形にはなるわけです。でも、それではやはり、演劇とはちょっと違う感じがしてしまう。ワーク・イン・プログレスの時も、みんなでいろいろ話した結果、演劇は、最終的に劇場でお客さんが参加することで完成するものだと僕らは思うから、お客さんが関われる余地を残していかないと駄目だよね、という話になったんです。そこで、劇場ではお客さんの想像力によって成立しているものを、ネット上で行うにはどうしたらいいか。まず単純に、ふだんお客さんには見せない、素材を見てもらうのはどうかということをやりました。ワーク・イン・プログレスなので過程を見せるのは当然なんですが、その見せ方を工夫してみました。美術のアイデア、衣裳デザイン、デモ音源、戯曲そのもの、サブテキストなど、手許にある要素をぜんぶ公開して、無造作に並べる。途中までのお芝居そのものも、登場人物それぞれの視点の1カメで、編集はしないで置いておく。それらの素材をぜんぶ、何の説明も添えずにどんどん並べていって、あとはそれを見た人の頭の中でつくり上げてね、というメッセージにしたつもりでした。美術館に行って、大きい広場にいろいろな作品が置いてあるのをひとつひとつ見ていくと、いつのまにか頭の中に、何か総体的なものが出来上がる。そんなイメージで、『外の道W.I.P.』サイトをつくりました。「こうやって楽しんでね」ということすら言わない方がよいだろうと思ったので、入口で「よく分かんねえな」と思ってやめた人もいるでしょうし、動画だけを見てすませる人が、たぶんいちばん多かったでしょう。うまくいったかどうかはわかりませんが、観た方に能動的に参加してもらい、想像力で補完して出来上がるものがお芝居なんじゃないのかなと思って、こういう形にしてみたんです。実際に戯曲は完成していなくて、作者も結末を知らない状態だからこそ、できた部分もありましたけど。

中島　俳優の一視点で撮影したものを並べるのは、ラストまで作っていないからできることですよね。俳優がカメラを操作しながら芝居をするのも、お客様が入っていたら不可能ですし。前川さんが登場人物たちの一人称で、小説を連作していったのも反響がありました。その時にしかできないことをすることで、劇場での通常の公演と、また違ったアクセスを得られたら面白いなと思いました。

前川　演劇関係ではない人からも、かなりの反応がありましたね。「今、どういう形で表現を出していくか」ということに対しての劇団の姿勢に感動しました、と言われたり。

中島　コンタクトフォームからいただいた感想や意見の内容が濃いので驚きました。自宅時間が長くなった時期だったからだと思いますが。イキウメのことは知らなかったけど、ご自分の活動も同じように立ち行かなくなって足掻いているところでたどり着いた、という方もおられました。ベテランの映画脚本とプロデュースをやっている方からのご意見とか、とても勉強になりました。

——DVD化して販売している作品の無料配信も功を奏しましたね。

中島　前川さんが、観る人の興味によって豊かになるようなものをやりたいという考えでしたので、少しでも何か先につなげられるならと思って、通常の公演記録もあわせて公開しました。パンデミックを物語の背景にした『太陽』(二〇一六年)について、「これ無料配信しませんか」と相談したら、前川さんも実はそうしたかったと言ってくれたので。いろんなアーティストが無料配信の提供を始めていた時期だったこともあり、演劇を配信で観る人の数は限られているかもしれませんが、私たちもやるなら思い切りやってみようと。関わった俳優やその事務所の皆さん、スタッフの方たちの協力を得て、期間も限定せずに続けてみました。今までに関わってきた人が、いつでも連絡を取れるというのはありがたいことです。「やあ」と昨日駅で別れた感じで相談できたので。私たちみたいなのはそれだけが財産です。公開したあとは、観た方からいろんなリクエストをもらいまして、しばらくの間、それに応えていこうと思いました。今までの公演のサウンドトラックをサブスクリプションで聴けるようにするとか、『太陽』の次に、『獣の柱』(二〇一九年)を公開したのとか。

『獣の柱』は、目に見えないものの影響で人流抑制を余儀なくされる、というパニックSFです。無料配信していた『太陽』と『獣の柱』の英語字幕を作るのは元々やってみたかったことですが、お客様からダイレクトに「それがほしい」と言われて始めた、というのが正確なところです。音楽家のかみむら周平さんが、今まで蓄積していたイキウメでの自作楽曲をまとまった形にリマスタリングして出してみたい、と言ってくださいました。字幕はロンドンで活動している翻訳家の阿部のぞみさんが、帰省中だったのが戻れなくなっていたところで知り合い、現地のお仲間とオンラインで連携してやっていただくことができました。あとは、今までイキウメのほとんどの作品の舞台となっていた架空の街「金輪町」を、サイトでビジュアル化してみたところ、すごく反応があり、おかわりのリクエストをいただきました。絵心のある劇団員の盛隆二さんを中心にして、よく公演を観てくれている漫画家さん、イラストレーターさんたちに、自分が観てきた「金輪町」の記憶や風景のイメージをグラフィックで再現してもらいました。そこから、俳優、前川さん、ドラマターグの谷澤拓巳さんたちが、作品のディテールをつなげていく「金輪町ミーティング」というのを始めました。今まで十何年か関わってきた、物語の中の町の記憶を辿りながら地理的な東西を決めて、エピソードとランドマークを紐づけた地図を起こす。それを元にみんなでジオラマを作って立体化させて、もう一度作品に戻っていく、というような「イキウメ・スタディ」です。

外側にあまりにも手がかりがなくて、自分たちの足元を掘っていくようなことを始めたのかもしれません。それが二月公演の『イキウメの金輪町コレクション』になりました。

関わった人、皆さんに共通していたのは、コロナ禍で全部止まってしまっていたので、とにかく時間があったということです。そして延々とやっていられたのは、それが楽しかったからですね。

でも、それはお金になるものではありませんし、というか、ただ出ていくだけですので、何か新しいことを始めなければいけない。

——それに関わる経費と公演中止で生じた損害額の回収はどうされたのですか？

前川　寄付を募ったりクラウドファンディングをすすめてくださる方もいましたが、今までと違う言葉を使わずに、何か作品を真ん中に置いて始められることがないかを考えました。自分たちらしさの中からできることを見つけられればよかったんですが、残念なことにそういう能力がなく、わかりませんでした。「どうすんだよ」と自分に突っ込まれながら、ただお金を借りてキャストやスタッフに支払うべきものを払って、中止になった公演の精算作業をやるしかなかったです。私たち街場の小劇団は、大きな会社とは比べることもできないですが、それでも中止した四都市での公演は、私たちのサイズのなかで、今までで一番キャパを構えてしまっておりまして。尚且つまずいことに今までで一番売れてしまっていて。このあとまたプレイガイドに、販売と払い戻しにかかった手数料を払わなければならないのを考えて気持ちが悪くなりました。チケットは購入方法によって手数料も異なるので、一枚ずつ一円単位で違うものを精算してゆくわけですから、この膨大な中止で起きたプレイガイドの方たちのお仕事を想像しただけでも気が遠くなりました。そういうことで、連絡が来るのを首を洗って待っているしかありませんでした。忘れそうになっていた頃、票券を担当しているスタッフから連絡が来まして。「なんかおかしいんですよ」って言われて聞くと「金額がなんかへんなんですよ」って。払い戻しをせずにいてくれた方が、たくさんいらっしゃいました。

私たちからすると、何だこれはっていう感じの金額になっていまして、びっくりしてその日のうちに劇団のみんなに連絡をしました。みんな黙っちゃって。

前川　すごいなと思ったんです。あまりにもその数が多かったので、こんなに応援してくれる人がたくさんいることに驚きましたし、実際、お陰でものすごく助かりました。ツイッターで「ありがとう」を言いたくなったんですが、いや、これは言っちゃいけないよね、と思ってやめたんですけど。

中島　ダイレクトにお礼を言ったら野暮になってしまいますからね。その方たちは「がんばれよ」って黙って差し出してくださってるので。それはSNSとかにはほとんど現れてこない、こちらに直接連絡なんかしてこない、ほんとにサイレントな粋な人たちだと思います。嫌になったらいつの間にか消えちゃう、いちばん正直で、当てにしてはいけない、私たちにとっては怖い方たちだと思います。中には、払い戻しをし損ねただけのうっかりの方も確実にいるとは思いますけど。いただいたご厚意はほんとうにありがたく、黙っているわけにはいきませんので、すみませんがこの場をお借りして、お礼を申し上げたいと思います。

前川　ありがとうございました。

中島　……私は今までこういう企画で呼ばれても出てきたことはないのですが、(聞き手の)伊達さんから今回お声がけをいただきました時、実はこの件について、自分たちの発信するものではないところで感謝のサインが出せるかなと思いまして、すみません、だから今日来ました。そういう方たちは確実にキャッチしてくれるはずです。劇場ではそれがどの人なのかはわかりませんが、一瞬でも連帯できたのは冥利につきます。夢みたいなことで忘れないです。

これは先に無料で作品を公開していたこととも関係があるのでしょう。クラウドファンディングでいうリターンを、私たちは先に出していたのかもしれません。作品に対してそういう評価をしていただいたのであれば、ありがたいです。結局、渡りに船みたいなことしかやれていないのですが、結果的にはそのようなやり方が私たちらしい方法だったのかな、という気がしています。

英語字幕を付けた作品映像の無料配信も、誰に届くのかわからずやりましたが、一年経った今、国際交流基金を通じて『太陽』の戯曲が英・露・亜・西・中五か国語で、それぞれの国で出版、発売されることになりました。フランスの映画雑誌で二〇一〇年代の五本を選ぶという企画があり、ポン・ジュノ監督が、黒沢清監督の映画『散歩する侵略者』について書かれたことから、その原作者の作品動画にたどり着いて英語字幕の『太陽』を喧伝してくれていたり。韓国でも今年『太陽』と『散歩する侵略者』が二つの劇場で上演されることになりました。中国では先日『散歩する侵略者』の小説版が出版されました。戯曲もまもなくフランスで出版されます。この戯曲化も国際交流基金の事業です。

届けようと漠然と相手を想定することには意味がなくて、興味を持っている人の目に入れば、思いもつかない人とご縁を持って展開する可能性もある。市場は価値をもってくださるお客様の中にしかないのだとわかりました。

――今年二月の『イキウメの金輪町コレクション』は、有料のライブ／アーカイブ配信も行われました。

中島　公演直前でまた緊急事態宣言下でしたが、足が遠のいてしまった方にアクセスできるものがあってよかったです。「金輪町」を切り口にした過去作十一作品三五〇分を、連続上演し、それを配信でも届けました。この時期は自粛による中止公演も多かったですが、私たちは「とにかく元気です」っていうものになればと思いました。

前川　この時期やるには酔狂なものだったかもしれませんね。『金輪町コレクション』は、いちばん古い作品は十五年前くらいに書いたものでしたが、テキストをほぼ変えずにやりました。お客さんにとって、いわゆる「イキウメっぽいもの」だったと思うし、それを望まれ、楽しんでもらったわけですが、僕自身はそれ

イキウメ『外の道』チラシ（提供：エッチビイ）

だけでは楽しめないので、次に今年の『外の道』をやるにあたっては、「イキウメっぽいもの」はぜんぶ捨てるしかないと、今は思っています。

――いっせいに棚卸しして気が済んだところで、次のステップへと。

前川　それと、二〇二〇年の春に『外の道』を書いた時は、新型コロナの流行も始まったばかりで、状況は今よりも混乱していました。あれから一年経って、書こうとしているものもゴールも、完全に変わってしまったところがあります。最初からあったテーマは「わからないものと、わからないままどう付き合っていくか」ということで、そこがまさにコロナ禍が始まったばかりのころの心境と重なったわけですけど、一年経った今は、受け止め方が随分と変わってしまった。この一年ではっきり見えてきたのは、この社会の仕組みや政治が、限界に来ているんじゃないかという、ある種の絶望感で、そこは正面から受け止めないといけないなということでした。世の中もどうやって新しい社会を設計していくのかという方向になっているし、『外の道』というタイトルからして、それにはまっちゃうと思いますが、どうすれば別の道ではなく、道ではない場所に道を創っていくようなことができるかという、そういうことを考えていかないといけない。ただ自分の作風としては、問題を直接言論のようなかたちで示すよりは、比喩や物語で語りたいというのがあるので、今の日本のぬるい絶望感というか、衰退の痛みのようなものを、しっかりと刻印しなくてはいけないと感じています。

イキウメ『外の道』（2021年5月28日［初日］）舞台写真
（提供：エッチビイ）左から、浜田信也、池谷のぶえ、安井順平

中島　ワーク・イン・プログレスで公開した『外の道』の続きではなくて、また別の『外の道Ⅱ』になりましたよね。

前川　まったく違うものになってますね。

中島　創り方や公演の仕方も、ずいぶん変わりましたよね。

前川　稽古も明るい時間だけになりましたが、逆に、いままでなぜそうしてこなかったのかと思う。コロナによって当たり前だったことを見直すというか、総点検できたのはいいことだし、このままいい方向に、変化の速度が早くなってほしいです。

中島　これからもどんどん変わっていくんですね。

前川　僕はわりと楽観的です。それに劇団というのは、もともと誰に頼まれたわけでもなく、自分たちで勝手にやりたいことをやっているだけなので、かたちはいくらでも変わっていける。感染対策は万全にしますけど、今後も好きなことをやっていくことに、変わりはないと思います。

二〇二一年四月一日
於：早稲田大学

前川知大（まえかわ・ともひろ）
劇作家・演出家。二〇〇三年より『イキウメ』を拠点に、脚本と演出を手掛ける。『関数ドミノ』『太陽』『天の敵』『散歩する侵略者』『獣の柱』など、SFやオカルト、ホラー作品の創作と発表、公演活動を続け、国内の演劇賞を多数受賞。舞台を原作にした映画に『散歩する侵略者』（黒沢清監督、第七〇回カンヌ国際映画祭「ある視点」部門出品）などがある。

中島隆裕（なかじま・たかひろ）
演劇制作。二〇〇六年に設立したエッチビイ株式会社で、『イキウメ』の劇団運営を開始。劇団公演と合わせて、『遠野物語・奇ッ怪 其ノ参』『終わりのない』（世田谷パブリックシアター）、『ゲゲゲの先生へ』（東京芸術劇場）など前川作品の主催・共催を実施。

オンライン歌舞伎で脚光を浴びた竹本の演劇性

竹本葵太夫（歌舞伎音楽竹本太夫）

二〇二〇年三月から五か月にわたって本興行がなかった歌舞伎。その間、俳優たちはさまざまなアイデアを駆使して歌舞伎作品を創出し、動画配信で視聴者＝観客に届けた。話題を呼んだ図夢歌舞伎『忠臣蔵』と、中村吉右衛門の『須磨浦』に出演し、竹本（歌舞伎専門の義太夫語り）のポテンシャルを強く印象づけた竹本葵太夫師に、ソーシャル・ディスタンシングの現場で生まれた新たな歌舞伎について語ってもらった。

（聞き手・構成：伊達なつめ）

「図夢歌舞伎」と『須磨浦』の舞台裏

――コロナ禍で、演劇界でもさまざまなオンライン配信が行われるようになりましたが、歌舞伎界では、松本幸四郎さんと市川猿之助さんが中心になった「図夢《ずうむ》歌舞伎」と、中村吉右衛門さんによる能舞台を使ったひとり芝居『須磨浦』という、ユニークな映像作品が耳目を集めました。ともに竹本が非常に大きなウエイトを占めている作劇ぶりも印象的で、歌舞伎、あるいはさらに広く演劇という形態にとっての義太夫の存在について、改めて考えるきっかけを与えていただいた気さえしています。そこで、両配信作品で大活躍された葵太夫さんに、具体的な創作過程のお話を伺えればと思います。図夢歌舞伎『忠臣蔵』では、五段目からのご登場でしたね。

葵太夫　最初にお話をいただいたのは松竹演劇部からです。幸四郎さんが中心に進めておられる企画とのことでしたので、幸四郎さんが希望される方でどうぞ、ということを申し上げました。どちらかというと私は見守っている立場でいたのですが、猿之助さんに引き込まれる形で加わることになりました。大序から四段目までと七段目は幸四郎さんがいつも起用されている竹本東太夫さんが担当しまして、私は猿之助さんが登場される五、六段目と九段目をやらせていただきました。

芝居づくりのセンスとでも言いましょうか、猿之助さんは、竹本の重要性というものを非常に大きいものに思ってくださっていまして、竹本を画面に映すことで、義太夫という存在のインパクトを強めようとされました。また、図夢歌舞伎ではソーシャル・ディスタンスの約束事がありまして、一つの画面の中に、俳優さんが二人以上入ってはいけないんです。ですからAからBへ物を渡す時などは、二人が映り込まないように「渡している」という行為を竹本が語る姿を撮ることで、場面をつなぐ役割もありました。さらに、出演する俳優さんの数を減らさなければいけないという制限もありましたので、通常は竹本が語らない俳優さんのせりふを、いくつか受け持つことにもなりました。九段目「山科閑居」の小浪の役など台本に役名が書いてありません。この出演者のなかで誰がやるんだろうと思っていたら、「やってくれ」との仰せ。つまり、猿之助さんのアイデアで、私が使い倒されたわけですね（笑）。

――四段目までは、比較的おとなしい語りとそれに合った映り方でしたが、五段目からは大首絵のような太夫のアップの連続になり、竹本＝葵太夫のイメージが鮮烈に刻印されました。

葵太夫　四段目までの方が本来の形です。私のは、ちょっとオーバーアクション。通常の演奏よりも、くさくやったんですね。ふだん我々竹本には、俳優さんより悪目立ちするなという嗜み事があるんですが、今回は、たとえば九段目の小浪のせりふを語っているところを映すとなったら、単に読み上げているだけではすまず、演技をしなければいけないと思いました。これは本格的な義太夫節と同様ということで、竹本というよりも、義太夫節としての演奏力を求められた、ということかと思います。竹本本来の役割である、詞章の読み上げであるとか、情景や登場人物の心理描写など、いわゆる〝説明としての義太夫〟を語るのとは別に、俳優さんの領分である演技としての人物の表情を求められた、ということです。私は修業中、よく文楽の越路大夫師匠や源大夫師匠に憧れて、拝見に伺っていたんですが、師匠方の目や口元などの表情をずっと凝視して「ああ、こういう風に目をつかうのか」などと勉強しておりました。たとえば『酔奴』という踊りでは、主人公の奴さんが雪の中を歩いてきて、寒くて「へっくしょん」とくしゃみをするんですが、歌舞伎に特別出演なさった折の源大夫師匠を横から見ていますと、背筋がぶるぶるっと震えてから「へっくしょん」となるんですね。ただくしゃみをするのではなく、そこにはそうなるまでの積み重ねがあるわけなんです。そういうことを、たくさん学んだことが、今日、役立っていると思っています。今回、配信された動画を観ましたら、なんとか自分もそういうことはできていたようで、少し安心する部分がありました。

市川猿之助、中村吉右衛門との共演

——猿之助さんとは、どういう話し合いをされたのでしょう。かなり特別なリクエストがあったのでは。

葵太夫　特別といえば、すべてが特別ですわね、今回は。たとえば五段目では、竹本が「直ぐなる心、堅親《かたおや》仁《じ》」と語ると、揚幕から与市兵衛が出てくるんですが、猿之助さんが「葵さん、その時に（揚幕が開く）チャリンという音を入れるので、うそでもいいから揚幕の方向を見るようにしてくださいよ」とおっしゃるんです。実際には、稽古場で撮影していたので、花道も揚幕もないんですけどね。猿之助さんとは、こうしていつもお互いに意見交換をしながらやっております。九段目の導入部「人の心の奥深き」というところでは、笹の葉に積もった雪が重みで滑ってストンと落ちるさまを、チーンテーンッ……と三味線で表現するのだと昔から伝えられているので、カメラマンさんに、ここは三味線の弦を押さえる方の手指が大事なので、そこをアップで撮ってくださいと、私の方からお願いしたりもしました。

——その後の『須磨浦』は、図夢歌舞伎とはまったく趣の異なる作品ですが、竹本の役割の大きさという点では共通していましたね。

葵太夫　最初は、播磨屋さん（吉右衛門）が『平家物語』の熊谷直実と敦盛のくだりをひとり芝居になさると聞き、朗読ＤＶＤのような体裁のものに竹本を加えるのかなと思ったんです。そうしたら、能舞台を使って、播磨屋さんが熊谷役でお芝居をされるので、他の役を私に担当せよと……。ちょうど図夢歌舞伎で少し馴れた後でしたので、そこはよかったのですが、稽古の際に、私が義経役で「無官の大夫敦盛を討て」と言うと、熊谷が台本にない「ははあーっ」と平身低頭のリアクションをなさり、播磨屋さんにそんなことをされて、思わず「あ、すいません！」と飛んで後ずさるような気持ちになってしまったんです。こういうところで呑まれてはいけないんだと、またひとつ勉強になりました。

——役として、一対一で向き合う演出になっていましたよね。能舞台という、静謐で求心的な空間の特性に適合し非常に効果的でしたが、お稽古はどのようにされたのですか。

葵太夫　初めは、机に座って打ち合わせをしまして、次に実際に立っての稽古をし、舞台稽古、当日とで、稽古は三回です。稽古のたびに出演者がそれぞれのパートで宿題を持ち帰り、次の機会に答えを持ち合うよ

覆面マスク（提供：竹本葵太夫）

うな進め方でした。やはり播磨屋さんのことですから、伝統歌舞伎の技法を抽出して使うことに重きを置かれますので、これまでそれぞれが仕事としてやってきたことに少し変化を加えて応用する作業となり、それほど込み入ったことにはならずにすみました。

　たとえば、馬は二人の俳優さんが熊谷の前後に付いて歩くことで表していましたが、いつも稽古の時は、そのようにやるものなんです。扇子を敦盛の首や刀に見立てて芝居をするのも、持ち道具はだいたいお扇子と手ぬぐいで代用する伝統歌舞伎の稽古場の手法を使っていたわけです。

——多くの要素がそぎ落とされたせいもあるのでしょう、抽出されたエッセンスの濃厚さが際立ちました。吉右衛門さんの熊谷の迫力は、視聴した人たちの間で語り草になっています。

葵太夫　ふだんからじっと静かにしていらっしゃることが多いお方ですが、鏡の間（能のシテ方が面を付けて待機する部屋）で、紋付袴で出を待つ播磨屋の旦那の厳粛さ……。我々も正座して控えていましたが、シーンと静まりかえっていましてね、お能の雰囲気はこういうものなのかと思いました。播磨屋さんは能舞台に対してたいへん敬意を表しておられ、「霊性を感じる」とおっしゃっていました。それぞれの流儀の方々がお家ごとに伝えてきたものを発表する神聖な場なのだと。我々一同も右へならえで、気をつけて過ごしましたが、ひとたび舞台に出てしまうと、ともかく粗相の無いようひたむきにやるだけで、あっという間に終わってしまった感覚です。できることなら、もう二、三回やれば播磨屋さんのイキや身体の調子も飲み込めて、もっとよくできたのにと思うところですが、初発性を大事にされる方針で、始まると途中でストップをかけることも一切なく、一気呵成に通してしまいましたね。私にとっては、天下の大名優中村吉右衛門さんと一対一で芝居をするという、自分の人生の中のひとつの記念碑になった気がしています。

——ほかにもさまざまな狂言を取り上げて、歌舞伎の魅力を再認識するシリーズになるといいですね。

葵太夫　ただ、竹本の側でご期待に添えるだけの力がある者が何人いるかというと、ちょっと頼りないですね。この形で上演するには本格的な義太夫節の修業をした経験がないと、単に詞章を読み上げるだけでは、とても成り立ちません。演劇的な部分を表現して、お客さまのご満足が得られるところまでの語りができるかどうかは、人によりますので。私ができるとは言っていませんよ。言いませんけれども、竹本なら誰もができるというわけではないので、安易には行えない企画だと思います。

　ただ、竹本を評価していただけたのは、ありがたいことです。実は、今年四月の歌舞伎座では『小鍛冶』に出させていただきますが、この舞踊作品は、これまで歌舞伎で上演される際は、演奏は文楽座の特別出演と決まっていました。これは自分で勝手に言っているんですが、今回、竹本がやらせていただくのは画期的なことなんですよ。それだけ期待されているのだからと、若手にも言っています。別に今の文楽と比較してどうこう、ということではありませんが、竹本にもきちんとした義太夫の語りができるのだということを示すよい機会なので、たくさん稽古して、いいものにしなければと思っております。

二〇二一年三月二十六日
於：春陽堂書店

竹本葵太夫（たけもと・あおいだゆう）
一九六〇年生まれ。東京都大島町（伊豆大島）出身。七九年初舞台。一九八〇年第三期竹本研修修了。六代目中村歌右衛門・二代目市川猿翁・二代目中村吉右衛門らの舞台に多数出演。一九八七年芸術選奨新人賞受賞。二〇一九年重要無形文化財各個認定。伝統歌舞伎保存会・義太夫協会理事。

歌舞伎の伝統を残していく使命

四代目 中村梅玉（歌舞伎俳優）

コロナ禍の影響により、歌舞伎は二〇二〇年三月から七月までのあいだ興行が止まった。八月に歌舞伎座が再開し、歌舞伎も少しずつ、再び時を刻みはじめる。そんな中で、動画配信などの新しい試みがうまれ、各方面で話題になった。劇場では、感染対策のために、従来の慣習も大きく変化を余儀なくされた。当然ながら、歌舞伎俳優としての生活も。あらゆるものが変わっていくなかで「変わらないこと」がいかに大切であるか、伝承の流れを紡ぐ歌舞伎の本分について、中村梅玉丈にお話を伺った。

（聞き手：児玉竜一）

何とかもとの舞台に

――二〇二〇年二月の歌舞伎座にご出演で、千穐楽まで無事に打ち上げられました。そのあと三月から七月まで歌舞伎座興行が止まるという、過去にない事態になったわけですが、梅玉さんはいつごろから実感を持たれましたか。

梅玉　三月の時点ではまさかこんなに大変なことになるとは思いもしませんでした。その後、正式に団十郎襲名も延期になって、改めて大変な事態になったなと。八月か九月には元に戻るだろうと思って、じっと待っていたところ、八月から歌舞伎座が再開されましたが、ソーシャルディスタンスの問題もあり、四部制にして、出演者もなるべく少なくする形で興行が始まったんです。

――歌舞伎座再開後は、九月の『寿曾我対面』の工藤祐経が最初のご出演でしょうか。

梅玉　ええ。その後は国立劇場などに出てはいましたけれども、いつになったら元に戻るのかな、と。いまだにその気持ちは続いていますね。

――ひさしぶりに歌舞伎座に出られたとき、舞台からご覧になっても客席はまばらだったかと思いますが、ご経験のないことですよね。

梅玉　覚悟はしていましたが、正直申し上げて寂しいですよね。歌舞伎は、お客様と一体になって雰囲気をつくりあげていくもの。大向うさんもかけてもらえないような状態ですから。残念だけれども、舞台が再開されたことだけでも喜ばなければいけないのかなと思っていました。

――各部ごとに役者もスタッフも完全入れ替えと伺いましたが、第一部の方が勉強のために第二部の舞台を見るのもいけないですね。

梅玉　そうなんです。客席から拝見するのは構わないけれど、楽屋には絶対に入ってはいけないし、黒御簾から見ることもできません。稽古も別々。第一部が終わったら、その稽古場を消毒して、第二部組が入ってくる。我々は稽古の前にPCR検査を受けますし、毎日毎日、楽屋入りするときは検温をしています。初日通りの舞台稽古までは必ずマスクをしてほしいということで、声を出すのが大変でした。仕方のないこととはいえ、雰囲気が盛り上がらないのが何より残念ですね。あとは、役者同士のコミュニケーションが全然なくなっちゃう。お互い挨拶にも行けませんから。幕が開く前に集まってくだらない話をして、舞台で何ともいえないコミュニケーションがとれるのが歌舞伎のいいところだと思うんですが、それもできない。

――いまだに歌舞伎座は、いちばん

厳しい対策を維持していると思いますが、国立劇場に出られた際に、歌舞伎座と違う印象はおありでしたか。

梅玉　国立劇場はワンフロアに全部楽屋が入ってますから、通りがかりに暖簾の外から声をかけることはできます。実際、後輩たちも挨拶に来てくれますし、そういうことだけでも全然違うと思うんです。先輩に挨拶に行ったり、同僚に「今日もよろしく」とか言ったりするのが、役者としては、日常の一番大切な心構え。そのときに先輩が注意や助言をして、後輩はそれを受け取って勉強する。そういうことができないのが心配ですね。歌舞伎座も、今は仕方がないけれど、せめてそのあたりから、なんとか元の舞台に戻っていければいいなと思います。

――今の新しい歌舞伎座は、それぞれのお部屋が独立してるような感じですからね。

梅玉　歌舞伎座の楽屋は廊下が一方通行になってるんですよ。矢印が置いてあって。それくらい気をつけてるってことですよね、興行側は。

――歌舞伎座からは絶対に感染者を出さない、と。部が違うと他の方々には全然会えないわけですか。

梅玉　全然ですよ。四月は第一部の（市川）猿之助君と同じ楽屋に入ってるんですが、もちろん彼とも会えません。そういうのも寂しいですよね。

――他の各部のご様子はお聞きになられていますか。

梅玉　松嶋屋（片岡仁左衛門）とは電話で何度か話して「お互い元気でいようね」なんて言ってますね。彼はよく僕の楽屋へ来ていて、他愛ない話をしていたんです。そういったコミュニケーションが楽屋でできないと、一座の雰囲気が出ませんからね。九月の『寿曽我対面』のときにつくづく思ったのは、お互いやってることがばらばらだな、と。もちろん五郎、十郎とこちら側は敵対するんだけど、でも『寿曽我対面』って、一幕自体がそういうコミュニケーションで成り立ってるところがあるじゃないですか。僕にも責任があるんだけど、お互いが勝手にやってるような気がしたんですね。

――それぞれがそれぞれで劇場に来て、楽屋に入り、舞台でその日初めて会って、終わったらそのまま帰る、ということの弊害とでも言いましょうか。四月は『団子売』にご出演ですが、お相手の（片岡）孝太郎さんとは舞台の上だけで？

梅玉　ええ。彼は暖簾の外から毎朝挨拶に来てくれますけれどもね。こちらは「舞台で会うんだから来なくてもいいんだよ」と伝えてはいますけど、舞台が開く前に少しとりとめのない話はしています。そのくらいのことはしないとコンビ愛が出ませんから。

――夫婦になるんですからね。

梅玉　そうなんです。コロナに関係なく、我々は当然齢をとりますから、後輩の人たちには基本的な古典の芸を何とか守っていってもらいたい。それが一番の希望ですね。

――国立劇場の十月公演の『ひらかな盛衰記―源太勘当―』で源太をお勤めになって、（松本）幸四郎さんの平次でしたが、あれは非常にいいかたちでしたね。

梅玉　以前、彼が源太をやったときは僕がお教えしたんですね。だから今回も幸四郎君がいるなら、ぜひ平次で出てほしいと言ったら「もちろん喜んで」と。そういうことって歌舞伎には大切だと思うんですよね。

初役を勤める

――二〇二一年一月から歌舞伎座は三部制になりました。第二部の『仮名手本忠臣蔵』の七段目に梅玉さんは寺岡平右衛門でご出演でしたが、中盤から、体調を崩された播磨屋（中村吉右衛門）の代役で大星由良之助をお勤めになられました。

梅玉　まさか自分が代わることになると思いませんでしたが、これまで七段目はいろいろな役で出ていますし、大先輩方の舞台も毎日のように拝見していましたから、段取りだけは心得ていましたという感じです。

――七段目の由良之助は、立役の中では大変なお役です。今回のような代役は、第二部なら第二部の人が出ないといけないわけですよね。第三部の人が駆けつけてはいけない。

梅玉　それはダメですね。同じ部に出ている人か、休んでいる人。九月の時点では、歌舞伎座の興行は毎回アンダースタディを用意してたんですよ。お正月の頃はなくなってましたけれども。

――代役が出るようなったのは年明けからですね。私は代わられた初日（一月十七日）に拝見したのですが、何ら滞りなく、こういう由良之助もありなんだなと思いました。梅玉さんが由良之助、（中村）又五郎さんが平右衛門というのは、非常におさまりがよかったですね。

梅玉　又五郎さんは平右衛門を幾度もやっていますし、僕の由良之助も月の後半だけでしたから。最初からだったら、あんなにうまくはいかなかったでしょうね。でも、いい勉強をさせていただきました。

――衣裳は播磨屋のものをそのまま使われたんでしょうか。

梅玉　衣裳も鬘もそうです。その時点では間に合わなかったということもあるでしょうし、二、三日すれば帰ってくるだろうと思ってましたからね。

――役柄として由良之助は今まであまりなさっておられないですよね。

梅玉　いやあ、ありませんね。国立劇場の通しのときに、九段目と十段目はやらせていただきましたけどね。そのときは（二代目松本）白鸚の兄さんが加古川本蔵でした。

――由良之助は、とくに四段目と七段目は重さが違いますよね。

梅玉　全然違います。今回は突然変わったから、本当の役の難しさをまだ自覚してなかったので、よかったのかもしれない。歌舞伎の古典の役は何でもそうですが、やればやるほど難しさがわかる。夢中でやったから、まあまあうまくいったのかもしれません。これが本役として取り上げられると、相当プレッシャーだと思いますね。

――三月の歌舞伎座では『新薄雪物語』に葛城民部でご出演でした。あれも初役。配信で拝見しましたが、中止になったのは非常に惜しかったですね。

梅玉　『新薄雪物語』の通しは、歌舞伎の代表的な狂言のひとつですから、もう一度やりたいですよね。二代目の（中村）鴈治郎のおじさんが一度、奴妻平と民部と両方なさったことあるんですが、そのときの民部がとっても結構だったんで、それを思い出しながら、今回はやらせていただきました。

――昭和四十九（一九七四）年ですね。

梅玉　（初代）白鸚のおじさんの幸崎伊賀守と中村屋のおじさん（十七代目中村勘三郎）の園部兵衛。薄雪姫が神谷町（七代目中村芝翫）かな。父（六代目中村歌右衛門）は梅の方でね。すばらしい舞台でした。

――（七代目尾上）梅幸さんが園部左衛門でしょう。本当に大顔合わせでした。

梅玉　僕はもともと梅幸のおじさんが大崇拝ですので。そういう舞台を我々がつくっていかなければいけないんですけどね。だから『新薄雪物語』の通しは、ぜひ復活させてほしい。そういう伝説の名舞台が代々伝わっていくのが歌舞伎のすばらしいところですから、絶対にここで途切れさせてはいけない。いい舞台をつくって後世に残していくのが、我々の責任でもあると思うんです。

「変わらない」ということの大切さ

――毎月、昼一役、夜一役というかたちで二十五日間、舞台にお出になっていたのが、一役だけでぽつんぽつんといった感じに変わると、生活のリズムや体力維持の面でもずいぶん変化がおありなのではないかと。

梅玉　それはありますね。できれば一日中、出ていたいと思うくらい、我々はみんな舞台が好きですし、舞台に立つことが生きがいですから。でも歌舞伎は、戦争中も含めて、いろいろな苦難を乗り越えてきましたから、絶対に元どおりの日本の伝統文化が継承されていくと思います。

——舞台そのものの変化として、気になることはございますか。

梅玉　いまだに歌舞伎座は、大勢が出演する出し物は止めていますからね。九月の『寿曽我対面』のときも後ろの大名の数を減らしたり、気を遣ってやったんです。ただ、そのかたちが本当だと思われるのは心外なこと。問題は、コロナがある程度収束して元の興行ができるようになったときに、昔から伝わっているものをちゃんと舞台でお見せできるか。そこが、我々が今いちばん心配してるところですね。

——人数が少なくても成り立つじゃないかと言われては困ってしまう。たとえば、団十郎襲名で予定される『助六』ですとか、『仮名手本忠臣蔵』の四段目などは、客席から見えないところまで含めて、本来はぎっしり人が詰まっているでしょう。

梅玉　そういうところで舞台の厚みや深さが出るわけです。簡単に手早くやってしまうのは、絶対にいけないと思う。たとえば『妹背山婦女庭訓』の「山の段」なんて、一時間四十五分かかるけれど、お客様が途中でだれてしまうようなところも含めて、立派な歌舞伎の舞台になるわけで、それを安易に簡略化するのは、僕は間違いだと思いますね。

——コロナが収束に向かっても、社会はなかなか元に戻らないと思いますが、舞台の上は前のとおりに戻ってほしいですね。

梅玉　お客様には日常のいろいろなことを忘れて、歌舞伎という非日常の世界に入っていただく、つまり夢を見ていただく。そういうことが大切だと思うので、逆にいえば、こういう世の中だからといって、あまりメッセージ性の強いことをしないほうがいいとは思うんです。

——コロナになって、どう変わったのか、あるいはどんな新しいことが試みられたのかといった話題が多く出ますが、一方で、変わらずにいるためにはどうすればいいか、ということも大切ではないかと思います。

梅玉　「変わらない」ということ、それが大事だと思います。たぶん父をはじめ、亡くなった先輩たちも「大変な時代になったけども、しっかりやっておくれよ。歌舞伎だけはちゃんと守っていっておくれよ」と言っているに違いないと思っています。

——コロナ以前、大顔合わせの興行が必ずしも多くはなかった気もするんです。こういう時期を経てもう一度開いたときには、今度こそ大幹部の皆様が総出というような舞台を拝見したいですね。

梅玉　絶対にそうなってほしいですね。どんなことになろうと、歌舞伎という舞台芸術を、我々は残していかなければいけないという使命がある。我々役者は、歌舞伎に携わっていることに誇りを持つべきだと思うんです。いわば伝統文化の担い手であることに。それを若い人にも感じてほしい。古いものをそのまま継承するのがいいと言っているのではなくて、歌舞伎は生きた芸術であるべきですから、その担い手としての誇りを持ってほしいということです。もちろん、僕もまだまだ頑張っていきたいと思っています。

構成：後藤隆基
二〇二一年四月九日
於：春陽堂書店

四代目 中村梅玉（なかむら・ばいぎょく）
一九四六年、神奈川県生まれ。六代目中村歌右衛門の養子となる。六七年四・五月歌舞伎座『絵本太功記』の十次郎と『吉野川』の久我之助で八代目中村福助を襲名。九二年四月歌舞伎座『金閣寺』の此下東吉と『伊勢音頭』の貢で四代目中村梅玉を襲名。七二年重要無形文化財（総合認定）に認定され、伝統歌舞伎保存会会員に。二〇〇七年紫綬褒章。一三年日本芸術院会員など。

Bodies in Incubation 孵化／潜伏するからだ

相馬千秋（NPO法人芸術公社 代表理事／アートプロデューサー）

いま、世界中の「からだ」が、孵化／潜伏の時間を過ごしている。

二〇二〇年から二〇二一年にかけて、私たちは移動と接触と集会を制限された、特異な時間を生きている。移動すること、他者と触れあうこと、集まること。人間という生物にとって必要不可欠な営みが、厳しい制限・管理下に置かれて既に一年が経過する中、個々人の心身や感覚にもさまざまな変調が生じているはずだ。

もちろん私もその一人だ。テレワークが常態化した非常事態宣言下、デジタル・デバイスの画面が「いま・ここ」の主戦場になった時、私は自分の遠近感や時間感覚が著しく失調するのを感じた。時間が前に進んでいる感覚が失われ、自分の「からだ」がそこに存在するという現実感が希薄になっていく。パソコンを起動すれば、二次元的に現れる他者と正面から対面するのに、目を合わせることはできない。手を伸ばしても触れることはない。ともに呼吸をすることもない。情報交換はできても、情動の交換はできない。近くのものが遠くに、遠くのものが近くになって、遠近感が混乱してしまう。

Teleという接頭辞は「遠隔」を意味するが、これまで人類はテレスコープ（望遠鏡）、テレフォン、テレビジョンなど「テレ」の技術を発明することで、「ここ」と「よそ」、「わたし」と「あなた」の距離を縮めてきたと言える。だがコロナ禍では、あらゆる営みの「テレ化」が急激に加速した結果、現実を構成する距離感や時間感覚が乱調してしまったのだ。「テレ」の技術をもってしても会いたい人に会えない、行きたい場所に行けない隔離の中で、私はいつの間にか、いまこそ必要なのはテレポーテーション（瞬間移動）とテレパシーではないか、という妄想に取り憑かれた。

そんな隔離生活を経て私の中に着床したのが、Incubationという言葉だ。インキュベーションというと日本ではビジネス用語のニュアンスが強いが、原義では「孵化」と「潜伏」を同時に意味している。卵が孵化する状態とウイルスが増殖する状態が一つの言葉に併存しているとはなんとも示唆的ではないか。確かに私たちはいま、卵とウイルスを同時に抱えたまま、「待機の時間」を生きている。生命の誕生とその危機は一つの身体にパラレルに存在し、それゆえ、私たちの存在を揺さぶる。その両義的な生命のありようは、まさに芸術のそれとも重なる。創造と破壊、進化と淘汰といった相反するものの境界性がゆらぎ、組み換わり、同時に存在するリミナルな時間を私たちは生きているのだ。
この「待機の時間」の裂け目から、今回のシアターコモンズのキュレーション・コンセプトは練られている。

病の時代、治癒と再生

誰しも心身の不和や失調を抱えながら歩まざるを得ないコロナ時代。誰もが無自覚のまま感染当事者になり得る事態は、「健康であることが善」という近代的価値観にも強い揺さぶりをかけている。私たちは知らず知らずのうちに他者を感染させる加害者にもなり得るし、その逆もあり得る。こうした恐怖は人々を過度な管理や差別へと駆り立てる一方、体温や体調など個人の身体にまつわる情報がいとも無批判に権力の管理下に置かれていく。そもそも病や生死は生物の存在にとって根源的なものはずだが、いま、全世界を覆う恐怖は、逆説的に病や死を私たちから遠ざけ、接触できないガラスの向こうに追いやっている。

このように疫病蔓延が人間の身体にまつわる普遍的な問題を再び顕在化させる時、芸術はどのような応答が可能なのか。芸術には、医療とは異なる方法でトラウマや痛みを語り直すことで治癒する力があるとしたら、それはいま、どのような形で実装され得るのだろうか。

ツァイ・ミンリャンのVR映画では、主人公の男性は謎の病に冒されて養生にいそしんでいる。どんな治療も効果があがらない中で、森の中の廃墟に住みつく他の生命との触れあいが彼を治癒へと導いていく。中村佑子のAR体験型映画『サスペンデッド』は、病の親をもつ子供の視点から捉えた世界を体現する試みだ。中村自身が当事者として経験したという「生」の宙吊りの感覚を追体験することで、私たちは言葉にできない痛みや感覚をいかに癒やし合うことができるだろうか。百瀬文は今回初めて、治療とアート体験が一体化したセラピーパフォーマンスという新領域を切り拓く。観客は実際に鍼治療を受けながら、百瀬の手掛ける声の介入によって、自らの身体の中に起こる劇的変容と治癒を同時に体験することになる。接触することが忌避される時代に、敢えて触覚的なアプローチをとるこれらの作品を通じて、芸術と治癒、再生をめぐる思考を開いていきたい。

集まれない時代の集まり方：アート・テレポーテーション

コロナは「集まり」を禁じる。シアター（劇場／演劇）やコモンズ（共有地）はいまや、感染リスクの高い場として世界中で厳しい制限下に置かれている。であれば、この制限の中でも可能な新たな「集まり」の形を発明し、再設定することが急務であろう。そもそも演劇は、仮想と現実を重ね合わせることで成立する芸術であり、舞台は、常にどこか「よそ」を仮想的に出現させる装置でもある。テレポーテーションして会いに行きたい。テレパシーで情動を交換したい。もう会うことができない人、遠くの人、「いま・ここ」を共有できない人やものとの遭遇や対話を、演劇的な想像力は可能としてきたはずだ。

こうした考えのもと今回シアターコモンズでは、現実空間だけでなく仮想空間の中でも対話と集会が可能な方法の開拓を目指し、みっつの新作を製作し世界に先駆けて発表する。ポストヒューマン演劇の先駆的存在である演出家スザンネ・ケネディは、観客一人ひとりが仮想空間の中で体験する対話型VR作品を創作する。観客が仮想空間で出会うのは、人工知能AIだろうか、それとも自分自身(I AM)か。小泉明郎は前作『縛られたプロメテウス』に続いて、VR技術を活用したパフォーマンス『解放されたプロメテウス』を新たに制作する。観客が仮想空間で体験するのは、誰か他者の見た夢の風景だ。その夢が現実と重なり合った時、私たちはどんな解放と戦慄を体験することになるだろうか。前述した中村佑子の新作映像では、AR（拡張現実）技術を映画鑑賞の形態に応用することで、観客はその物語が起こったであろう現実の空間で二重化された世界を体験する。またツァイ・ミンリャンのVR映画では、観客が完全に映画の空間の中に没入し、自らもその世界に浮遊する存在となる。

今回のシアターコモンズでは、これらVR／AR技術を応用した四作品を「アートテレポーテーション・プラットフォーム事業」として特集することで、仮想空間と現実空間の両方で展開される表現の可能性を探求する。仮想と現実の結託と拮抗から生まれるこれらの作品を通じて、これまで身体的、経済的、政治的などさまざまな理由で公共空間に集まることができなかった人たち、ものたちにも開かれた、新たな「集まり」の形を模索したい。

二つの災厄の「あいだ」で耳を澄ます

震災から十年、パンデミックから一年。いま、私たちは二つの災厄の「あいだ」の時間を同時に生きている。一〇〇〇年に一度の天変地異、一〇〇年に一度の疫病流行と言われる、動物的に把握できない長さの時間。非常事態を日常として生きる有事の時間。十年間緊急事態宣言下にある被曝地域で止まったままの時間。オリンピックに向けた時計に強制同期させられた時間。隔離生活の中で単調に繰り返される個の時間。私たちは、勝手に暴走する複数の時間に混乱し、疲労し、失調している。今回のシアターコモンズは、この失調した時間や狂った遠近法をもう一度調整し、現在進行形の災厄の「あいだ」で揺れる自他の声に耳を澄ます場としても構想されている。

今回、高山明は九年前に上演したツアーパフォーマンス『光のない。エピローグ？』を大胆にリクリエーションして再演する。舞台は、東京電力本社をはじめ日本の高度経済成長とともに発展してきたビジネス街・新橋一帯だ。十年前に福島の女子高校生たちによって読み上げられたイェリネクの言葉たちは、コロナ禍で宙吊りの東京に、どのように響くのだろうか。バディ・ダルルは自らのルーツである中東・シリアを覆い続ける不条理な災厄に対し、架空国家を作るという遊戯的手つきによって揺さぶりをかけるワークショップを開催する。佐藤朋子は、オリンピックに向けた再開発で風景が激変する都心・港区エリアに対峙し、過剰なまでに上書きされ、消去される都市の記憶の襞に触れていく。一九五七年に岡本太郎が書いた都市論「オバケ東京」を起点に今後数年間かけて続けられるリサーチの成果は、レクチャーパフォーマンスという形で出力され、移ろいゆく都市の諸層を掬い上げていくことになるだろう。これらの作品を通じて、共同体が共有する大きな災厄や出来事のあいだに流れる複数の時間を行き来し、そこでかき消された声や記憶を再編成することで、狂った時間と距離感をチューニングできるのではないだろうか。

これら三つのキュレーションの核は、相互に干渉し合い、作品と観客、仮想と現実、歴史と未来、言葉と実践の「あいだ」を行き来しながら交わり、深められていくことになるだろう。これらは、先の見えない不安定な時代を生きる私たちの生存を賭けた問いでもある。確かにウイルスも放射能も不可視で制御不能な驚異だが、そもそもそうした制御不能なものの存在を人間中心主義と技術信仰によって見えなくしていたのは人間の奢りでもある。歴史を振り返れば、人類はどれだけの天変地異や疫病流行を経験してきたことだろう。自然の制御不能な力に触れ、それを畏怖してきたことだろう。そしてその度に、芸術や宗教は、個や共同体のトラウマを語り直すことで治癒し、日常と秩序を回復してきたはずだ。

いま、「待機の時間」の中で宙吊りにされた私たちの生と「からだ」をもって、コロナ後の世界を知覚していくこと。そこには、人間以外のもの、他の生命や存在、ウイルスさえも含んだ調和があるはずだ。そのための新たな環境とエコロジーを作り出すのが、これからのシアター（演劇／劇場）とそのコモンズ（共有地）の新たな役割ともなるだろう。その進化形を産み出すために、私たちはいま、潜伏し、孵化を待つ。

今回のシアターコモンズは、その「待機の時間」を生きる私たちが、それぞれ可能な形態で集まり、思考と情動を共有・交換し、癒やし合うための、しなやかな「触れあい」の場となることを期待している。ぜひそれぞれの身体を伴って、あるいは遠隔で、あらゆる場所からご参加いただけたら幸いである。

「シアターコモンズ'21 キュレーション・コンセプト」
https://theatercommons.tokyo/concept/ より転載

相馬千秋（そうま・ちあき）
アートプロデューサー／NPO法人芸術公社代表理事。国内外で舞台芸術、現代美術、社会関与型芸術を横断するプロデュースやキュレーションを多数行う。二〇一七年より「シアターコモンズ」実行委員長兼ディレクター。「あいちトリエンナーレ2019」「国際芸術祭あいち2022」キュレーター。豊岡演劇祭2021総合プロデューサー。二〇一五年フランス共和国芸術文化勲章シュヴァリエ受章。令和二年度（第七十一回）芸術選奨（芸術振興部門・新人賞）受賞。二〇二一年より東京藝術大学大学院美術研究科准教授。

III

現場からの声

○五十音順。末尾に原稿の届いた日付を記載した。

五つの公演とその音楽の行方

阿部海太郎

この一年間に起きた変化は、二〇二一年四月現在も進行形であるばかりか、将来は一層予見不可能のように思える。作曲を担当した公演について、時系列に従った記録と、またその時々に考えたことを、ひとまず反省を抜きにして書き留めておこうと思う。

二〇二〇年三月二十八日。『冬の時代』（作：木下順二、演出：大河内直子、umrato）が残り三公演を残して上演打ち切り。当時の情勢を考えればむしろ公演は多くできたほうだと思う。録音によって音楽は完成していたので個人的な影響は小さかった。しかし「革命歌」を激しく歌うシーンがあったので、キャスト、観客への飛沫感染に関して内心不安を覚えていた。最初の緊急事態宣言前のこの時期は公演中止か否かが主なテーマで、上演するための感染症対策という観点はまだ中心的に語られていなかったと思う。

無声映画に新たに作曲して演奏する公演『メトロポリス伴奏付き上映会』（四月十八～十九日、KAAT神奈川芸術劇場）の延期が決定。二〇二一年三月二十～二十一日に無事に上演される。

赤坂大歌舞伎『怪談　牡丹燈籠』（五月五～二十四日、松竹）が中止。前年に放送されたテレビ版の『牡丹灯籠』のスタッフによって、脚本・演出の源孝志さんを中心に稽古が始まる直前だった。杵屋栄十郎先生とともに、黒御簾音楽や長唄も新曲で刷新する予定だっただけに、個人的には強く悔やまれた。

『イヌビト』（八月五～十六日、作・演出：長塚圭史、新国立劇場）が無事に幕を開ける。脚本を書き直した長塚さんのもと、厳しい感染症対策を取りながら稽古は進んだ。演劇公演に対する世間的な「空気」も意識せざるを得ない時期だったと思う。そんな特殊な状況の公演に、自ら演奏しようと思い立った。外側から観察するのではなく、出演する演出家、振付家（近藤良平）とともに、舞台に身を置いて経験してみたいと思った。

『星の王子さま』（十一月十一～十五日、演出・振付：森山開次、KAAT神奈川芸術劇場）。PCR検査を重ねながら、長丁場の稽古を経て無事に開幕。公演最終盤で、演出部スタッフ一名の感染が確認された。翌日に全員再検査したところ陽性者は出なかった。検査が一〇〇％正確でなかったとしても、演出部スタッフの仕事の性質を考えれば、関係者に感染が広がっていなかったことは劇場の感染症対策は十分に機能していたことになると思う。

この一年、パフォーミングアーツの本質について考えざるを得なかった。三月一日の野田秀樹さんの発言を発端に、知人の演劇人たちの間で「演劇の死」という言葉が語られるようになったが、僕はこの言葉には違和感を覚えた。同月の十三日に、サッカー・プレミアリーグのリヴァプール監督、J・クロップが出した次の声明の方が、共感できた。「フットボールとはいつだって最も低い優先事項の中で最も重要なものだ。今日において、フットボールは本当に重要なものじゃない」。他方、六月に松本で串田和美さんがあがたの森公園で行った一人芝居の企画は表現者のリアクションとして僕の目には鮮やかに映った。

（作曲家）

（二〇二一年四月九日）

劇場の灯を消すな！

石川彰子

誰も観にこない空っぽの劇場にセットだけが建っている。

それがコロナ禍で、私が企画した番組の原点です。私の仕事はWOWOWで放送する演劇の中継業務です。三年先まで劇場のスケジュールが埋まっているのが演劇界の常識でした。二〇二〇年三月初旬、収録予定だった舞台を無観客収録することや、収録日を早めるなどの案が各所で出はじめていました。そんな中、三月末に宮藤官九郎さん作・演出の『もうがまんできない』が通し稽古をして劇場にセットを建てたけれど公演を中止するというお電話をいただきました。弊社で何かできることはないのか……。そのセットどうするんですか？　という話から総ては始まりました。

兎に角セットをとっておいて、時が来たらどこかに組み直して映像化する企画を社内で通しました。究極ダメだったら倉庫代はコストになるけれどそれでもよしとしようという腹づもりでした。結局夏に本多劇場にセットを建て直して宮藤さんの監督の下、十一ブロックに分けてドラマのように撮影しました。なのでこの作品は舞台上で通して演じられたことがない、観られたことがない演劇作品となりました。いつか公演されたら観にいきたいです。

先々の約束はしたものの、私自身どんどん仕事がなくなっていくという状況で、空っぽの劇場、劇場に出る予定だったキャストや制作スタッフも仕事をしていないはずだと想像すると、一演劇ファンとして「もったいない」と色んな方に話す中で「劇場の灯を消すな！」は立ち上がりました。緊急事態宣言が明けて、公演再開までのタイムラグに自分も含めて「仕事」を作るというシンプルな動機です。

「劇場の灯を消すな！」は「無理をしない」「密にならない」「劇場」という縛りで番組を演劇人と作るという企画です。共同プロデューサーとして、大人計画社長の長坂まき子さんを巻き込みました。

演劇は、「生」と「稽古」も特徴ですが、「密」になるので早いタイミングで諦め、劇場が開けばお役御免の企画なので、スピード感を大事に四月からリモート会議を重ね、緊急事態宣言が明けてから二週間後に収録想定で、内容を詰めていきました。まだマスクが買えなくて大騒ぎだった時期です。手探りでやっていく中で、はからずして舞台制作と映像制作の新しい形での協業が出来たと思います。

第一弾シアターコクーン、第二弾サンシャイン劇場 with 劇団☆新感線、第三弾本多劇場、第四弾ＰＡＲＣＯ劇場と四つの劇場を巡る四か月連続番組で、通し企画は、色んな形での劇場紹介、井上ひさし先生の『十二人の手紙』の一編を朗読。松尾スズキさん、いのうえひでのりさん、宮藤官九郎さん、三谷幸喜さんに各朗読の演出をしていただくという夢のような番組を制作することができました。劇場への想いともったいない精神でこの番組に参加していただいたすべての方に感謝します。ＷＯＷＯＷオンデマンドで今も視聴可能です。第一弾オープニングと第二弾の講談は YouTube で公開していますので観てください。もうこんな企画を考えなくていい日常が劇場に戻ることを祈っております。

（ＷＯＷＯＷコンテンツ制作局制作部プロデューサー）

（二〇二一年三月十五日）

一〇〇年後に繋いでいくもの

伊藤達哉

私が演劇プロデューサーとして最も大切にしている信念に「およそあらゆる物事には二面性がある」というものがある。あるひとつの事象には必ずプラスとマイナスの側面があると信じるのだ。ひとつの企画を進行していくと大小様々な問題を抱えるものだが、そのプラスの側面を見出すことで問題にポジティブに向きあうことができる。また、いろいろなことがうまく運び好調な時においては、逆にいま注意すべきマイナスの側面は何かと意識することで危機管理にも繋がる。塩野七生さんの名著『ローマ人の物語』から学んだこの至言に従うと、日本の演劇史上最大の危機に直面した我々は、最大の好機とする可能性もまた手にしているはずなのである。

舞台上のパフォーマーと客席の観客が同じ「空間と時間を共有する」ことが最大の強みである舞台芸術は、このコロナ禍において大変な苦境に陥った。それは昨年度の統計にも明確にあらわれており、飲食業、観光業、航空業、どの業界も厳しいといわれるなか、とりわけライブエンターテインメント業の売上減少幅は他の業界と比べても最大の落ち込みをみせた。年が明けても第三波、第四波と感染者数が増えるたびに行政からはイベントを名指しした自粛要請が繰り返されているのが現状だ。

　このような状況下、演劇界において「緊急事態舞台芸術ネットワーク」が結成された。大手の興行会社、公立の劇場、小劇団、スタッフ会社にいたるまで二二〇を超える様々な団体が、公演を再開するという旗印のもと、史上初めて大きく連帯したのだ。主な活動の目的としては二つある。ひとつは「業種別ガイドライン」を策定しネットワークをあげて感染症対策の徹底に努めること。もうひとつが各種の支援策について政府と交渉し、現場支援を徹底すること。経産省「J-LODlive 補助金」と文化庁「継続支援事業」は勉強会を重ね現場にわかりやすく届けることを心がけてきた。私はコロナ禍で生まれたこのネットワークの事務局長を務めるなかで、日本の舞台芸術をめぐる環境を未来に向けて大きく変えていくことができる、そんな可能性を感じている。

　そのひとつが文化庁の収益力強化事業に採択されたEPAD（緊急舞台芸術アーカイブ＋デジタルシアター化支援事業）で、緊急事態舞台芸術ネットワークと寺田倉庫とで実行委員会を組んで実施した。一三〇〇本弱の舞台映像作品、二五〇〇点の美術作品データ、五五〇本の戯曲データを収集し、舞台映像作品については早稲田大学演劇博物館にて検索可能とするデジタルアーカイブサイトを公開した。また収集した舞台映像作品の一部については有料配信を可能とする権利処理を施したうえで、主催者と配信プラットフォームを繋げるという事業であった。

　これまで、生の舞台を映像に収録するという行為自体は、必ずしも演劇関係者から歓迎されていたわけではなかった。しかし、コロナ禍で舞台芸術の最大の魅力を奪われたとき、舞台を収録し配信のための権利処理を行うことで広がる可能性を、ようやく希望として実感することができた。舞台映像をデジタル化すればその作品は「時間と空間を超越する」ことができる。配信によって東京で上演された舞台を日本各地、そして海外でも視聴することを可能にする。そして何よりデジタルアーカイブは過去の映像を現代に蘇らせ、さらにははるか未来へと繋ぐことができるようになる。それは舞台芸術の強みと弱みを補完しあう新しいあり方であり、テクノロジーの進歩がもたらした舞台芸術の大いなる可能性ではないだろうか。

　はたして私たちは五十年後、一〇〇年後を生きる人々に同じ信念もまた繋いでいくことができるだろうか。あらゆる物事には二面性があるのだ、と。

（ゴーチ・ブラザーズ）
（二〇二一年四月十九日）

コロナ禍で動いた大きな夢

伊藤雅子

演劇は作られたものではあるけれども、人の身近なことから社会の出来事まで様々な事を伝える大切な文化だと思います。まさに自分達の事を演劇という形式で残したり、振り返ったり、進む勇気をもらったり出来るものだと思います。ただこのコロナ禍では、世の中から必要のない物と捉えられている事を強く感じさせられると同時に、この世の中の動きに合わせて演劇というものが新たなコミュニケーションの方法を模索していくという課題を与えられたようにも感じます。

　社会との関係性だけでなく、我々演劇人の中でも止まる者と進む者に分かれたと思います。私も時々に応じて微妙な気持ちになりました。どうしても今だからやる意味があるという強い思いがある時と、政治的にストップと言われたら止まる程度の制作判断に焦燥の念に駆られたりと、最初の緊急事態宣言後のステイホーム中の感情の起伏は激しいものでした。元来、家にいる事自体は全く苦にならないタイプではありますが、台本はあってもゼロからデザインをするという職業の立場からすると考えさせられることが多々ありました。

　今では普通になりつつあるリモートという慣れない方法で、擬似対面の打ち合わせが進行していき、会わない形での打合せや稽古を見るなどを体験しました。しかし実際に模型や稽古を画面を通じて見ると伝わらない。完全には理解できない難しさを感じ、やはり演劇は、人と人がそばにいて触れ合い、関係性を作り作品が出来上がっていくものなのだという事を強く感じさせられました。

　その一方で、このコロナ禍で私には大きな思い、大きな夢が出来ました。

　これまでも約六年に渡り美術家協会の〝にっぽん舞台美術の歴史委員会〟として諸先輩方の生の声を残し、諸先輩方が残されて来た作品、書籍などを様々な形で収集して来ました。戦後の美術家たちが、それまでの事を残してくださったように、今の時代の舞台美術家として、身近にいる舞台美術家だからこそ気付ける事も含めてバトンを受け継ぎ舞台美術の歴史を残し、伝承する事に力を注ぎたいと思うようになりました。そんな中、文化庁の緊急舞台芸術アーカイブ+デジタルシアター化支援事業（EPAD）から委託を受け舞台美術家協会の一人として参加することの出来た舞台資料収集は、これまでの協会の思いを形にすることが出来たました。舞台美術家に興味を持つ人はもちろんのこと、それ以外にこれまで舞台を見た事がない人が興味を持って舞台に足を運んでみたくなるような事に更に尽力できればという思いがより強くなりました。

　演劇の脚本、作品から受ける熱い思いや感情を愛してやまないからこそ、記憶だけでなくきちんと記録するという責務を感じ、行動をし続けようと心に決めた大きな出来事でした。


（舞台美術家・一般社団法人日本舞台美術家協会理事）

（二〇二一年三月三十一日）

バカの骨頂

戌井昭人

　鉄割アルバトロスケットというパフォーマンス集団で脚本を書いたり、出演したりしているわたしですが、この集団が劇団と謳っていないのは、果たして、「これが演劇なのか？」と、いつも自分たちで思っているからなのです。メンバーは、漫画家、ミュージシャン、音楽評論家、車の整備士などで、プロフェッショナルな役者はほとんどいません。例えれば、寄り合いのおっさんが集まって、お祭り芝居をしているような感じです。このような集団ですが、一年に一回は必ず劇場を借りて公演をしてきました。しかし去年は中止にしました。もちろん新型コロナの影響です。今年も、どうやら本公演はできなそうです。

　鉄割アルバトロスケットの演目は、ネギで殴り合ったり、白目剥いて叫んだり、意味もなく大声で歌ったりするので、舞台上からは、食い物や唾が飛び散ります。とにかくバカバカしいこと極まりないことをやっています。ですから幕が開く前、舞台上には、「前方は物や唾が飛んできたりするので、それでも良い方はお座りください」などといった立て札を置いておきます。さらに飲食を自由にしているので、客席では、お客さんが、ビールを飲んだり、持ち込んだつまみを食べながら、声を出して笑ってくれたりします。

　このような舞台なので、いまにして思えば、新型コロナが注意喚起している、密の骨頂が繰り広げられていました。そこで今年は、アクリル板を立てたり、唾の飛ばぬような芝居をしたり、飲食を禁止にするなどといった対策を考え舞台を敢行しようとも思いましたが、やはり、対策などしなくも良い状態で、バカバカしいことをやりたいといった考えにいたりました。なぜなら我々がやっているのは演劇というより、寄り合いのおっさんの祭りだといった自負心があるからなのです。とにかくコロナが落ち着くのをじっと待つしかありません。そして終わったあかつきには、バカの骨頂をぶちまけたいと思っています。


（鉄割《てつわり》アルバトロスケット・俳優・劇作家・小説家）

（二〇二一年四月十日）

劇場に人が集まるということ

井上麻矢

　劇場に人が集まること、そこでしばし日常を忘れて演劇を観る、そこから何か勇気のようなものをもらって、もしくは深く深呼吸をして、劇場を後にするという事が、コロナ禍で出来なくなっていく様を見てとてつもない恐怖に慄きました。

　劇場はもっと自由なところであったのに、「なるべく人と話さない」とか「消毒をして」とか「マスク着用」とか制約の中での観劇では、観客が心をまっさらにして楽しめるものなのだろうかと落ち込み、そしてその後怒りが込み上げてきました。未知のウイルスに対してというよりも次から次に対応を迫られる状況に……です。

　その怒りを単なる怒りにするのではなく、ここから私たちが何を学んでいけばいいのか、そう思えるようになるまでには時間もかかりました。そしてまだその途上にいます。

　その中で演劇人は自らネットワークを立ち上げました。日頃から演劇は一人では作れないということを骨身にしみてわかっている演劇人たちが困難な時ほど知恵を出し合いまとまる事が出来たことは何よりの強みであり、それが発揮されたことは何より励まされることでした。

　コロナ禍の中、様々な試行錯誤を経て、生の舞台を守ろうという気持ちを基礎として、配信などの取り組みも多くなされました。しかし配信とライブは全く別のものです。この二つが一緒のものではなく、それぞれが特徴を生かしてこれからもある意味支え合っていくことはしばらく続きそうですが、あくまで私たちは生の舞台にこだわって今後も演劇制作に取り組んでいきたいと思います。

　演劇は観客とスタッフ含めた演者との大きな意味での共同体で作り上げる作品です。そういう意味でもあらゆるものから自由であることが望ましく、劇場空間がウイルスの感染対策のために自由さを失われたことにこれからも不安を隠しきれませんが、それでもいつかこの経験を通してさらに豊かな劇場空間が発展していくために、今は淡々と作品を作り続けている毎日が続いています。

　一度熱の下がった場所をもう一度熱くするためには、けしてあきらめず、状況に対して真摯であるべきだと常にそう考え、この時代にお芝居を作り意味をしっかり受け止めていきたいと考えます。

（劇団こまつ座代表）
（二〇二一年四月五日）

劇場は夢を見る

井上芳雄

　もう一年以上、自分たちがコロナ禍での演劇について考え、模索し続けていることに驚きを隠せません。

　僕自身は『桜の園』と『エリザベート』の公演が中止になり、二〇二〇年七月から再び舞台に立たせてもらっています。

　本番を迎えるまでの、マスクを着用しての稽古や度重なるPCR検査など、これまでとは違う要素や手間は格段に増えました。

　客席も、小さな劇場で五〇％の時もあれば、二〇〇〇席が満席の時もあり、舞台上から見える景色は様々。場合によっては、カメラだけの時もあります。

　とはいえ、一度幕が開いてしまえば、あとは物語を生きるのみで、そこには今までと変わらない演劇の喜びがあるのも事実。

　ただ、必死にこの状況に対応しながら、とにかく公演が無事に完走できることを祈りつつ、いつ何があっても動揺しない心構えを続けてきた結果、この一年の記憶がほぼないような錯覚にも陥ります。舞台は元々形に残らないものですが、それがさらに儚いものに感じられるというか。

　思い返せば二〇二〇年の四月、五月、完全に家で自粛していた頃は、初めての経験にもちろん戸惑いながらも、だからこそ、この事態が終わったあとの世界に、ある種の希望を持ちながらじっと耐えていた気がします。何かが大きく変わるんじゃないかと。

でも、今のところまだパンデミックは続いていて、はっきりした終わりも見えず、根拠のない希望を持つのも難しい。

それでも僕は、お客様の存在に感動し、物語に希望をもらいながら、演じることで力を得ているからこそ毎日舞台に立てています。

劇場は夢を見る　なつかしい揺りかご
その夢の真実を　考えるところ

井上ひさしさんのこの言葉を胸に、とにかく稽古をして舞台に立って、劇場でお客様と一緒に夢を見ながら考え続けたいです。

（俳優）
（二〇二一年四月一日）

危ぶまれた公演

岩崎加根子

A・アルブーゾフ作の『八月に乾杯！』俳優座初演は一九八一年、袋正（翻訳・演出）、村瀬幸子（出演）、松本克平（出演）。一九九一年までの十年間で九十五回を上演。

二〇〇二年から岩崎加根子、小笠原良知出演で十数年。二〇一五年再演、二〇一九年北海道、二〇二〇年七、八月は東北・関越地方を巡演。上演回数は一〇〇回を超えた。

コロナ禍での公演でも、「安心安全な舞台を作り上げるためにと感染予防が叫ばれ、一人ひとりの感染対策が、鑑賞会を守り、安心安全で最高の舞台を楽しむことに繋がります！」と準備され、喜ばしいことだった。

出演者二名、スタッフ十三名、ＰＣＲ検査を受け、皆陰性と分かり出発。各地で観客席の最前列は使用せず、前後左右ひとつ置きの指定席、マスク使用。出演者は上演の前後、各地の親戚も私的な知人はもとより鑑賞会の事務局員とも一切会えず、終演後、街へも出られず、外食もかなわず。ホテルの部屋でコンビニなどで調達した飲み物、弁当等でひっそり腹は満たすが、旅の楽しみはもぎ取られた。

カーテンコールの挨拶を是非と制作から請われ、いや！　苦手！　と拒否したものの、鳴り止まぬ拍手に押されついついつい……

「舞台とお客様は～♪　恋人同士～♪（劇中で歌うサーカスの歌）（拍手！　拍手！）今この危ない不穏な世の中ですが、共に演劇を愛する者同士集まって、支えてくださり、力を与えて頂いて嬉しく感謝致しております、ありがとうございました！（礼）」

鳴り止まぬ拍手！　拍手！　スタンディングオベーション!!　あんなに盛大なカーテンコール！（嬉しかった）「人間にとって演劇芸術は必要なんだ」と言い続けておられた、くしくも八月にお亡くなりになられた山崎正和氏（劇作家・評論家）を思い出しました（心よりご冥福をお祈り致します）。どこのブロックも三月後半から例会を休み、コロナの影響で不安を感じていましたが、「再開の例会がこの舞台で良かった！」「戦争で辛い経験を乗り越えた二人の物語がコロナで自粛が続く今の自分達と重なった」などの感想も寄せられ、皆さんに喜んで頂いたようです。何が幸せを呼ぶのかと複雑な思いを深く感じた『八月に乾杯！』十三か所二十二ステージ無事終了。

お客様と共に、人の生き方を考え、愛を求め、楽しみや安らぎを見つける「共同芸術」に絶えざる精進を惜しまぬこと。たとえ、人と人との関わり方が変わっても、その時その場を凌いで生きる「さま」を心に刻み、表現していく。こんな時だからこそ、世の中の大切なもの、かけがえのないものを求め、演劇への情熱を絶やしてはいけない！　と改めてつくづくと感じております。

（劇団俳優座・女優）
（二〇二一年三月三十一日）

コロナ禍で fringeがしてきたこと

荻野達也

小劇場演劇の制作者を支援するサイト「fringe」(http://fringe.jp/)は、二〇〇一年の開設以来二十周年を迎えたが、二〇二〇年は東日本大震災のあった二〇一一年に匹敵する激動の年となった。災害の場合、それまでの日常と変わらない生活を取り戻すことが復興につながるが、今回は「新しい日常」が求められ、劇場に人々が集まって時空を共にする行為自体が危険視された。娯楽は不要不急であるというレッテルを貼られ、科学的な検証もなく一方的に休業に追い込まれたことは、やむを得ない状況だったとは言え、なぜ補償とセットに出来なかったのかといまでも思う。

こうした厳しい環境で、関係者への情報発信を最優先に考え、サイトをコロナ対策仕様に変え、トップページとTwitterで給付金・補助金・助成金などの支援情報を網羅した。これまでの芸術団体への公演支援とは異なり、一人一人のフリーランス(個人事業主)へ向けた支援も多く、募集を見落としがちな制作者以外の層への共有に努めた。特に劇場でのリアルな公演再開に向けた支援策については、日本で最もきめ細かく伝えたと思う。

コロナ禍は、これから演劇の世界を目指そうとする人の夢を奪うことにもなりかねない。公演が打てないことで、制作者を志望する人が減ることを危惧した。正解はないにしても、多くの先輩の声を伝えたいと思い、「新型コロナウイルス感染症の影響に伴う京都市文化芸術活動緊急奨励金」を得て、「演劇に関わることをあきらめないで」(http://fringe.jp/akiramenaide/)という特設サイトを七月に設けた。多くの制作者が「それでも演劇という表現は続いていく」という趣旨を語っているのを見て、希望を持ち続けてもらえたらと思う。「演劇業界以外で働きながら小劇場演劇を支える生き方」と題したミーティングも、二月に東京でリアル開催、十月にリモート開催し、コロナ禍で制作者が歩む道を模索した。

本来なら二〇二〇年は、新たな創客を目指した「舞台芸術ギフト化計画」(http://fringe.jp/gift/)を進める予定だったが、公益財団法人セゾン文化財団の助成が決定した矢先にコロナ禍となり、創客どころか集客が、そして劇場の存続自体が危ぶまれる事態となった。打ち合わせを全面的にリモートに変更し、来るべき日に備えて準備を続けている。「新しい日常」という言葉が本当に続くのなら、日々の生活の中に、当たり前に劇場へ行くという選択肢がある暮らしを逆に提案したいと考えている。

(fringeプロデューサー)

(二〇二一年三月三十一日)

コロナ禍で産み落とされた『ＶＲ能攻殻機動隊』

奥 秀太郎

数年前から進めていたプロジェクト、ＶＲ能攻殻機動隊。以前より「３Ｄ能」という形で従来の日本の伝統芸能「能」と３Ｄ映像を組み合わせ——観客は能面型３Ｄメガネをかけて鑑賞していただく——３Ｄ映像ならではの仕掛けで物語や空気感を説明することで現代人にも分かりやすくした新世代の能を国内外で発表させていただいてきました。

この３Ｄ能のさらなる進化系、として日本が世界に誇るＳＦ漫画の金字塔『攻殻機動隊』の世界をＶＲと能で描くというこのプロジェクト、最先端映像技術の日本最強の頭脳達と観世会の超一流の能楽師が集結し、いざ！ という我々の前に立ちはだかったのが誰もが想像すらしなかったコロナと言う未曾有の魔物でした。

二〇二〇年三月末日のプレスプレビューから始まり、日々の情報に右往左往するもなんとか一部のプレスのみ入場と言う形でプレビュー公演を押し切ったものの四月、五月の海外の予定は全てキャンセル。七月の世田谷パブリックシアターでのワールドプレミアとなりました。あれも本当にキツかった。直前まで「できれば中止にしてほしい」という何とも言えない空気感の中、なぜだかこの公演については演者も初めから「能面」というマスクをしていたり、特殊なVRフィルムが絶妙に客席との間を断絶し、「密」になる要素など全くなく、中止にする理由が見当たらない。

そしてこのような時期だからこそ公演してほしいという声援もまた多く、そんな声を上げてくれた皆様に勇気をもらい、本当に幕が開くのかすらわからない、初めて体験する緊迫感の中、遂にその日を迎え……

客席を半数に制限したおかげでほとんどまともに見えたのかどうかわからない三階席の端の端まで埋まった、今回は能面型ではないマスク姿の客席からの熱狂的な反応！

いや〜、本当に生きていてよかった!!　舞台関係者として冥利に尽きる瞬間でした。

その光景を観たVR能の開発者の一人、稲見雅彦東大教授がぽろりと一言。

「コロナによって人類の電脳化が一気に進んだ……」

コロナという魔物は我々にとっては必ずしも敵ではなく……　あまりに色々と気付かされたことが多い……　今まで自分が何をやって来たのかが問われていると思います。意地？　いや気持ちの強さが求められていると思います。

本当に大切なものを少しだけ持って次のステージを切り開く。もはや本物しか生き残らない時代が来たのだと思います。

（映画監督・映像作家）

（二〇二一年三月三十一日）

前へ進む気持ちを　エネルギーに

堅田喜三代

「今日の公演で打ち切りです。」

二〇二〇年二月二十七日朝、突然のシャットアウト。二月新橋演舞場新派特別公演『八つ墓村』の舞台に私は出演していた。前日、イベント自粛要請が出て興行会社が厳しい判断を下した。次の月の舞台も中止。何故イベントばかりがと困惑していた頃、緊急事態宣言となり困惑が不安に変わる。街から楽しい時間が消え、世の中は人と会わずにリモート推奨。リモート？　リモートってどうやるの？　そこから舞台で生で芸を披露していた私たちは、強引にITの世界を学ばなくてはならなくなる。私もほぼ知識のなかった配信サイトに登録し、リモート演奏という形で撮った動画をアップするという新たな世界に挑戦することになった。経験のない自撮り動画。一人壁に囲まれスマホの画面に向かって、送られてきた音源に合わせて演奏し録画。虚しいやらやるせないやら。それでもそれぞれが撮った動画が合体されると、そこに小さな感動が生まれる。何もできなかった我々はその時一歩踏み出した。一つ出来上がると動画を作っていくのが楽しくなる。感染者数が少し収まった頃、少人数での演奏会が再開。今まで当たり前にやっていた事なのに、気を合わせて一緒に演奏するとジーンと気持ちが熱くなる。それを楽しんでご覧くださる方々。更に初めてのオンライン配信も経験。感染者が一人も出ないよう不安を抱えつつ、それでも作品を作ることで湧き出るアドレナリン。最初の緊急事態宣言が出て、舞台や演奏会が次々とキャンセルになった。世の中が動き出し公演できるようになっても、我々は本番までそれなりの準備が必要で、すぐに舞台にかけられない。キャンセル、延期、中止、それは今も続いている。個人主催で何かやるには小さな灯りを模索しながら切り拓くしかない。でもその力が文化を救うのではないだろうか。このコロナ禍で産まれた、何かやりたいというエネルギーは、やがて大きなパワーとなって人々の生きる力や潤いに変わると信じている。失われた公演をもう一度取り戻すべく、今、我々は個々のエネルギーを合わせてどんな小さな事でも前へ前へと進んで行きたいと思う。

（邦楽囃子方）

（二〇二一年三月二十六日）

心の中で生き続ける

加藤健一

二〇二〇年、加藤健一事務所は創立四十周年、そして僕の役者人生も五十周年を迎えましたが、あんなに大変な年になるとは夢にも思っておらず、別の意味で生涯忘れられない年となりました。

同年五月に、周年記念と銘打って、佐藤B作さんとの初共演作品となる『サンシャイン・ボーイズ』の公演を予定していました。しかし初日を目前にして上演を延期せざるを得なくなった事は、僕にとってショック以上の出来事でした。経済的にもさることながら、それ以上に、大きな夢が叩き壊されたような痛みと悲しみは、筆舌に尽くしがたい思いでした。

その後十一月には、同じく記念公演の第二弾として『プレッシャー～ノルマンディーの空～』を上演しました。最初からかなりの赤字を覚悟して幕を開けなければいけない公演でしたが、それより何より、幕を開けられるかどうかも定かでない状況でのスタートは「リベンジだ！」という意気込みと「もしかしたらまた……」という不安が入り交じり、体調を崩すほどの精神状態で稽古を続ける毎日でした。

この原稿を書いている現在、僕は毎日『ドレッサー』という芝居の舞台に立っています。第二次世界大戦下のイギリスの、とある劇団の物語です。いつ爆弾が落ちてくるかも分からない状況で「闘って生き抜こう」と、必死で幕を上げようとする舞台人たちの感動のドラマです。

偶然にも、新型コロナウイルスに苦しめられながら、それでも全身全霊で幕を上げようとする僕たちの姿と重なるところがあります。相変わらず出費に次ぐ出費で事務所の米びつは底をつき、今はもう風前の灯火といった状態です。でも、劇場に入れば目の前にはお客様の笑顔があるのだから、泣き言など言わず前を向き続けるしかありません。僕もプロの舞台役者の末席に名を連ねさせていただいている以上、どんな状況におかれても舞台表現を続けて行くつもりです。

『ドレッサー』の劇中に「役者というものは、他人の記憶の中にしか生きられない」という素敵な台詞があります。五十年という役者人生で、僕が演じた役が、観て下さった人々の心の中で生き続けているとしたら何と素晴らしい事でしょう。それこそ役者冥利に尽きるというものです。

五十一年目となった今、改めて思います。たとえ何があろうと、この道を歩き続けて来て本当に良かったと。

（加藤健一事務所・俳優）

（二〇二一年三月三十日）

コロナ禍の三島歌舞伎『地獄變』上演

加納幸和

三島由紀夫没後五十年（二〇二〇年）には、彼の歌舞伎愛に満ちた「三島歌舞伎」を、是非取り上げようと考えていた。上演劇場は、毎年恒例のようになっている東池袋「あうるすぽっと」。マニアックな題材が殆どの中、芥川龍之介原作ならご見物も近しかろうと、第一作目、二十八歳の折に書き下ろしたピチピチの『地獄變』を選ぶ。

二〇二〇年、五輪のインバウンドを期待し、公演時期も開会式直前、チラシ表裏に英語表記や英語の梗概を載せ、ネオかぶきの花組芝居、ここにあり！　と世界へ高らかに名乗ろうと目論んだが、年頭から、ややこしいウイルスが流行り出しているという情報。陽気が良くなればインフルエンザのように収束すると思いきや、まさに世界的な広がりを見せる嫌なムードに、気の休まらない日々。そして三月末、ついに五輪延期という決定を受け、公演をキャンセル。

没後五十年の冠、年度内を有効期限と解釈し、二〇二一年三月までの期間で代替劇場を探す。あうるすぽっと同等の客席数三〇〇名程度の劇場は見当たらず、半分以下の一三三名だが、中目黒「キンケロ・シアター」が楽屋などの仕様など、今回のスタッフ&キャストの規模にギリギリ収まる、プラス、年改まって一月七日初日のスケジュールが可能というので即断。コロナ明けに目出度く初春興行！　と皮算用したのだったが……。

二〇二〇年の夏から秋にかけて外部出演が二本あり、感染対策の実践を経験出来たので、花組芝居の現場でもこれに倣い、さらに感染制御の専門医に現場指導も仰いだ。マスクの着用と手指消毒が最重要で、演劇人の多くが好む飲み会は、稽古場内外ともに一切禁止！　一方、マスコミやネットで日々様々な新情報が飛び交い、劇場側の規制状況も変更が続々でスタッフは右往左往。挙句に劇場入りしてから、二度目の緊急事態宣言発令の噂を聞き慌てる。どんな規制が課せられるか、情報収集しつつ仕込むというてんやわんや！

中目黒はグルメな街なのに、脇目も振らず通勤！　お客様との接触が厳禁なので、本番を見てくれた演劇関係者との面会も不可。客席が五〇%収容で満員でも採算は取れず、なら何の為に公演をするのか？　と問われれば、こんな状況でも可能な限り演劇を続ける、言わば執念のようなものかも知れない。表現者全般そうだと思うが、今、この時期にしなければならない事というものがある。来し方の積み重ねの上に立ち、これからを見据え挑むべき何か。この有事だからこその、心と体の記憶を残したいのである。

（花組芝居座長）

（二〇二一年三月二十八日）

観客とつながる場

河合祥一郎

シェイクスピアの研究、翻訳を現場の実践に基づきながら行うために Kawai Project と称して自らプロデュース、演出を行っているが、二〇二〇年六月のシビウ国際演劇祭に私の新作『ウィルを待ちながら』が招聘を受けながら、演劇祭自体が中止となったのは大きな打撃だった。二〇二一年は八月にずらしてシビウ国際演劇祭の開催が決定されたが、これに参加することはむずかしく、今年の七月にこまばアゴラ劇場で予定されていた凱旋公演は普通の再演となり、シビウ国際演劇祭は二〇二二年に参加することになった。

二〇二〇年四月には早稲田大学大隈記念講堂小講堂にてシェイクスピア祭の出し物として『リア王』リーディング公演を予定していたが、これも中止となって急遽インターネットでの音声配信に切り替えることになった。そんななか東京都が「アートにエールを！」というプロジェクトを出したというニュースが飛び込み、『リア王』の出演者全員が是非これに参加したいと熱望したので、それまでズームだけで稽古をしていたのを切り替えて、高円寺のスタジオで観客を毎回十五名に限定した公演を打つことにした。この公演の動画は今も「アートにエールを！」のホームページから無料公開されている。『リア王』の出演者は三月から半年にわたってオンラインでの稽古を重ねてきたので、それに報いる報酬を「アートにエールを！」から出して頂けたのは本当にありがたかった。

大学の授業や学会がオンラインとなるなか、弱小の演劇団体は劇場を借りての公演を打つことはきわめて難しくなった。二〇二一年四月にもシェイクスピア祭での公演を依頼されたので、完全にオンライン稽古・オンライン収録による『ヘンリー四世』リーディング公演を現在稽古中である。ズーム演劇という新たなジャンルを開発するつもりで、さまざまな工夫を加えながら稽古を重ねている。この公演はシェイクスピア祭以後も一か月間無料配信をすることが決まったので、多くの人に楽しんでいただけるのではないかと期待している。演劇はリアルな「場」が重要であることは言うまでもないことではあるが、遠くにいる人でもいつでもアクセスできるオンライン演劇にもそれなりの価値があるのではないだろうか。演劇に携わる者はいつだっていろいろな状況に臨機応変に対応してきたものだ。観客とつながる「場」さえあれば、演劇は成立するのだと信じたい。

（Kawai Project・東京大学大学院総合文化研究科教授）

（二〇二一年三月二十三日）

二〇二〇年からこれまで

川村 毅

最初の緊急事態宣言発出によって五月公演の予定でいた『4』が上演不可能になり、延期とした。そこで名実ともに宙吊りにされたわけで、経営者・興行師としては嘆くに嘆けない大打撃なのだが、不謹慎ながら作家としては興奮の気分を抑えられなかった。

　この事態はまさに人類史において未曾有の出来事であり、あるいは産業革命以来の世界システムの転換を迫られる分岐点かも知れず、こうした瞬間に立ち会っている自分に高揚したのだった。無論、それは死と隣り合わせのもので、しかもまだ何も終息を見ていない状況の渦中にあり、今もなお大声で語るには憚れることであるのは承知の上だ。

　だから私は、今の気分と空気を言葉で残しておくのが物書きとしての使命と勝手に信じて、こつこつと四〇〇字詰めで二十枚以内の短編戯曲を書き続けた。それは明けて二〇二一年の二月に予定していた第一回短編戯曲祭に向けてのものでもあった。

　一方で、すでにほぼ戒厳令下の如き状況にある新宿を応援しなければと、何年にも亘って新宿は三丁目の小劇場・雑遊から発信している路上シリーズの新作を書き下ろし、上演及び配信しようと企てた。

　人間がウイルスとの戦争状況下において、些末な日常レベルで何を思い、感じ、どのように息をしていたかを大上段に振りかざすことなく書き残しておきたいという思いを込めての書き下ろしだった。

　こうして、さらに感染状況が悪化していた八月の新宿で『路上5　東京自粛』が少人数限定で上演され、その後配信された。公演の模様はEPAD事業として早稲田大学演劇博物館にアーカイヴされた。

　十一月には二月の短編戯曲祭のプレイヴェントとして書き下ろしの短編戯曲『2020年三月』、『2020年四月』、『2020年五月』、三作のリーディングを上演した。これらもまた、書いておかなければという意志に導かれてのものだった。

　ウイルスは経営最悪、創作高揚といった事態を私にもたらした。

　配信画像に関しては当初は劇場に足を運べなかった方々にとっては利点になるのではないかと大いにポジティブに活用しようと目論んでいたが、予想より利用者は伸びない。当たり前ながら人は劇場で観劇するのがベストとみなしている。それでも私はせっかく今回獲得した配信技術を使って続けようとは思う。

　この事態とウイルス終息後の演劇がどうなるかについて、演劇は妙に興奮することなく、落ち着いているべきだ。少なくとも私は粛々と事態を受け止めようと思う。人間と社会の描き方は変わらざるを得ないだろう。世界の変化は、それがバラ色か闇かに関係なく新たな文体を生むだろう。

（ティーファクトリー・劇作家・演出家）

（二〇二一年三月二十九日）

待つということ

観世銕之丞

能には子方《こかた》という子役の出番のある曲が結構あり、およそ五、六才から十二、三才までの声変りしていない子供が舞台に出ます。ご存知のように能は動きの少ない緊密な空気を湛えた舞台が多く、子役でも一時間やそれ以上じっとかしこまっていなければならず、かなりの忍耐が必要です。

それは子供にとってとてもつらいことで、もちろん師匠や親から稽古される時にかなり厳しく仕込まれる訳ですが、子供の中にはそれがいやで耐えられず、逃げてしまう子も出てきます。また能の家に生れた子は親から稽古を受けますので、日常生活からプレッシャーがかかります。私も子方の頃は長時間座るのが苦手でいやでした。ですから本番の舞台では座っている時の足の痛さを考えないように意識の現実逃避を謀り、内容とは無関係に「あと六十分、あと三十五分、あと百二十秒」とか適当に心の中で刻んで、逃げ出したいという思いを全く諦め、ひたすら時が過ぎて舞台が終了するのを待っていました。全く良い思い出ではありません。しかし、そのことについて若い頃は大して意味のあることとは考えていませんでしたが、今思えば、能の演技の要素の一つである「待つこと」という抽象的な存在感を獲得してゆく重大なプロセスではなかったかと思うようになりました。やはり伝統芸能は経験的にいろいろな要素を持っていたということかも知れません。

この所のコロナ禍で公開公演が中止されたり、役者同士が集ってする稽古に制限が生じたり、また公演後の打ち上げが出来ないとか、いろいろな不具合が生じました。その対応として自粛やリモート公演など、私自身としてはあまり気が進まないことばかりで、だんだん気分が鬱々としてしまい、生活が消極的になって一気に老け込んだ気分になっていました。しかしこの際、子方時代を思い出し、とにかく我慢して「待つこと」を心掛け、勉強をしながら時の流れの定点観測をして明日への舞台に役立ててゆけたら良いなと考えています。

（観世流シテ方能楽師・銕仙会代表理事）

（二〇二一年四月七日）

おのづから慰みゆくために

木ノ下裕一

二〇二〇年二月下旬にスーパーバイザーを務めていたロームシアター京都主催『シリーズ 舞台芸術としての伝統芸能 vol. 3人形浄瑠璃 文楽』が初日の前々日に中止になった。これを皮切りに初夏に予定していた自団体の公演（木ノ下歌舞伎『三人吉三』）をはじめ、自身が関わる公演、講座、イベントが軒並み消えていった。

同時に、ウイルスに怯え、ちょっとした外出にも神経をすり減らす〝非日常〟な生活がはじまり、劇場に足を運ぶことも容易ではなくなる。そうなって、はたと気がついた。「ある人にとっては、すでにこれが〝日常〟ではなかったか」。例えば免疫系の疾患を抱えている人にとっては街に出ることも、劇場に足を踏み入れることも、コロナ禍以前から大変な覚悟が必要だったはずだ。心身に障碍のある人、思うように身体が動かなくなった高齢者、病気を抱える人、介護や育児、地理的条件、経済苦……観劇の機会を得たくても得られない人は、コロナ禍以前からずっといたはずなのだ。

「演劇は不要不急か」「演劇関係者への経済的援助の是非」など、コロナ禍において演劇にまつわる議論がたびたび起こったが、そこで浮き彫りになった一般的な演劇への認識、少なからず存在した中傷や無理解な意見も、その責任の一端は私たち演劇人にもあるような気がする。〝演劇が在る〟ことの大切さを、関心のない人々にも届く言葉で語ってきただろうか。演劇が届きづらいところへ届ける努力を怠っていなかっただろうか。ごく限られた層だけを観客だと認識していなかったか……。少なくとも、私自身は反省する点は多い。これまで、見えていなかったもの、見えていたのに棚上げにしてきたものを、疫禍が顕在化させたと言える。

木ノ下歌舞伎のコロナ禍復帰第一作目は、二〇二〇年十、十一月のロームシアター京都レパートリーの創造『糸井版　摂州合邦辻』だったが、東京公演の主催者であったあうるすぽっとのお陰で、視聴覚障碍者への観劇サポート（音声ガイド、字幕タブレットなど）が実現した。あうるすぽっとはこれまで、子供から高齢者まで、障碍の有無にかかわらず広く劇場文化を開いていくことに取り組んでこられた先駆的な劇場だが、さすが観劇サポートに関する知恵と手法の蓄積は素晴らしく、健常者/障碍者間の分断がみるみるうちに溶けていった。これは、コロナ禍をキッカケにジレンマを抱えていた私にとっては、ひとつの啓示だったように思う。

ステイホーム中は専らラジオを聴いて過ごしたが、特にNHKラジオ第2「古典講読」の『更級日記』を毎週楽しみにしていた。平安女流日記文学の一つで、作者である菅原孝標女の十代から五十代までの回想録だが、とりわけ少女時代の疫禍のエピソードは心に沁みる。

物語への憧れの強い少女・孝標女だったが、疫病で乳母を亡くした時ばかりは、本を読む気力も湧かず、物語への興味を失った。しかし、そんな彼女を救ったのもやはり物語であり、消沈ぶりを案じた母親が『源氏物語』の端本を与えると、貪るように読み耽り、少女の心はしだいに「げにおのづから慰みゆく」――。

たとえ疫禍が収束したとしても、この世界はきっと元には戻らない。失った命は還ってこないし、顕在化した様々な分断も無視できない。演劇も少なからずそのカタチを変えていくことになるだろう。

ただ、私たちが作る演劇によって、誰かの心が「げにおのづから慰みゆく」ことへの希望だけは失わず、作る手は止めてはならないと思う。

（木ノ下歌舞伎）

（二〇二一年四月十日）

コロナ禍での舞台

三世 桐竹勘十郎

昨年二〇二〇年は、多くの人々が不安や戸惑い、深い悲しみ等に直面した年であったがそれは今も尚続いている。

私達「人形浄瑠璃文楽」のような演劇の世界も、この新型コロナウイルスの影響をまともに受けていて、未だに通常通りの上演は出来ていない。出演者やスタッフが舞台上で密になり、大勢の観客が座る演劇や演芸、コンサート等の感染防止対策は大変である。

文楽公演では、公演初日の十日程前に全員のPCR検査を実施、検温は公演を含む前後四十日間毎朝行い、体調や外出先も記録して各自が携帯する。国立文楽劇場や文楽協会も様々な感染防止対策に取り組んで頂いている。

昨年は三月地方公演の中止に始まり、四月、五月、六月、七月の全公演が中止となった。誰れもが初めて経験する長期の休みは、我々に大いに不安や戸惑いをあたえた事は言うまでもない……。私が心配したのは、生活の事や皆のモチベーションが下がる事、そして何より人形遣いとしての感覚が鈍る事であった。人形遣い、特に足を担当する若手の足遣いの身体の使い方は独特で、家で一人で鍛えられるものではない。長期に亘り舞台を離れていると様々な感覚のズレが生じるのである。

私は他の指導的立場の人達と相談して、若手の稽古会を行う事にした。公演中止で使っていない舞台や人形を借りての自主稽古は、七月中頃から八月の始めまで二週間程続ける事が出来、若手の人形遣い二十数名が参加した。勿論、稽古とは言え感染防止の対策は同じ、楽屋入り時の検温、手指消毒、履き物の取り扱い、密を避ける行動等々、公演本番を想定した手順を守りながらのこの自主稽古はその後の九月の公演再開の為にもとても良い時間となった。

長期に休むと時間が止まったように感じるが、出来る事はいくらでもある。舞台は休んでいても、芸の継承は待ってくれない。今日も明日も、コロナが収まらなくても、やる事をやり続けるのが芸を残す唯一の手立てである事に改めて気付かされたのは、他ならぬあの憎いコロナとは何とも皮肉なものである。二〇二一年三月、未だコロナ禍は収まる気配がない。しかし絶対に負けてはいけない……。三〇〇年以上前から続いているこの素晴らしい芸能を、変なウイルスの勝手にはさせないと私は強く思う。

（文楽人形遣い）
（二〇二一年三月三十一日）

小さな小さな演劇行為

串田和美

我々人類が制覇したつもりになっているこの地球は、限りなく自然災害や人為的災害に見舞われ続けてきた。けれども我々はその一つひとつを、根本的には何ひとつ解決しないまま曖昧にやり過ごし、まるでなかったことのように再び虚構の繁栄を追い求め続けている。

コロナパンデミックにおびえている間にも、破壊された原発からは放射能が漏れ続けているし、その土は海に捨てられ、海洋は汚染され続け、温暖化は進む。大地震はどこにでも起きる可能性があり、原発は再び破壊される。貧富の格差は進み、生きる希望を失い、自殺者が増え続ける。人間の欲望の持ち様、経済のカラクリを変えなければならないことはうすうす感じながら、そんなことをするくらいなら人類は滅亡したほうがマシだとでもいうのだろうか？

昨年、二〇二〇年春、僕は自分が芸術監督をしている「まつもと市民芸術館」のある松本にいた。芸術館は閉鎖されていた。それでも僕はどうやったら演劇ができるのだろうかと考え続けていた。もっとひどい状況の中でも演劇はやり続けられてきたのだし、これからだってまだまだ何が起こるかわからない。演劇は世の中が落ち着いて、繁栄している時にあるべきものだろうか？　いや、決してそうではない。そんなはずはない。演劇に限らずあらゆる芸術的表現活動は、人々が苦しみ社会が混乱しているときにこそ必要なのだ。それはロジカルな思考というよりは、それでは追いつかなくなり混乱に陥ったり、社会的絶望に見舞われている中で、感覚を揺さぶり新たな感性を目覚めさせる、大きな祈りのようなものなのだ。

僕は松本の旧制松本高校の跡地にある、「あがたの森公園」の池のほとりの小さな四阿を見つけ、そこで一人で芝居をする決心をした。誰にも迷惑をかけたくなかったので、公園の使用届から、ネットでのお知らせまで一人でやって、小さなテーブルと椅子、太鼓やわずかな小道具を運び、独り芝居『月夜のファウスト』を演じた。自分の幼少の頃の終戦後の思い出のエピソードから紙芝居屋の語る怪しい錬金術師の物語がいつの間にか中世のファウスト博士の書斎での呟きになり、悪魔メフィストフェレスとの出会い、約束の破滅の時刻となっていく……。

陽の沈む少し前の時間。時々池の魚の跳ねる水音。鳥のさえずり。遠くで遊ぶ子供たちの声。犬の鳴き声。四十人ほどの観客に囲まれて、一時間半ほど演じ続けると陽は沈み、背後に大きな月が昇り……。お代は投げ銭。帽子の中に百円玉や千円札。時には小さな封筒にびっくりする様なお札。僕は心から感謝の気持ちが湧き上がり、涙があふれそうになった。

あの時のあの小さな小さな演劇行為こそ、これからの我々のあり様のいとぐちがあるのではないかと、今思い続けている。

（俳優・演出家）
（二〇二一年四月五日）

舞台と観客を繋ぐ

熊井　玲

ステージナタリーで、「新型コロナウイルスの影響により公演中止」のニュースを初めて出したのは二〇二〇年二月十二日。「舞劇 Dance Drama『朱鷺』」の記事だった。それから現在に至るまで、いったいどれほどの「中止・延期」記事を書いただろうか。昨年春の緊急事態宣言中には本当に新規の公演情報がなくなり、記事本数も激減。そんな中で始めたのが、舞台人たちの声を集めたコラム企画「そのとき、何を思い、何をしましたか？」だった。

同コラムの第一回が公開されたのは四月二十一

日。当時、すでに多くの舞台人がコロナによって計画変更を余儀なくされ、かなりの打撃を受けていたが、現状に対する思いをまだ自身の言葉にしていない／できていないアーティストが多く、そんな彼らの〝今〟の声を、同じく公演中止によりショックを受けている観客にも届けたい、届けるべきだ、と思ったのだった。

結局、この企画は全四回の連載となり、七十組の舞台人の声を届けることができた。読者からの反響も大きかったので、その後はタイトルや形態を変えながら、舞台人と観客を繋ぐコラムを多数展開した。そのひとつが、劇場の再開を追った「舞台とわたしの新しい日常」シリーズだ。これは、二〇二〇年一月から〝現在〟までの間に、劇場がいつ、どういった思いからどのような判断をし、感染症対策と公演再開に取り組んできたかのアーカイブで、これまでに本多劇場や歌舞伎座、東京芸術劇場などさまざまな劇場の方にお話を伺った。

一方、日々の仕事では対面取材が減りオンライン取材が増えて、実は取材のハードルが少し下がった。ステージナタリーでは全国の舞台情報を追いかけているが、オンライン取材を実施する団体・劇場が増えたことで、物理的な距離を感じずに取材ができるようになり、また観劇という点でも、配信が増えたことで、これまでなかなか観る機会がなかった遠方の団体を観ることができるようになった。配信のクオリティもどんどん上がっているので、今やオンライン演劇は、劇場公演とは別の可能性を持った、新たなジャンルになりつつある。さらにその過程で、演劇の定義や既存のルールがどんどん更新されていく印象を持った。

今年一月末、ナタリー五ジャンルで初のオンラインフェス「マツリー」を実施した。新たなことに挑戦し続けるアーティストたちに背中を押されて、私たちも一歩踏み出してみたのだった。初めてのことでもちろん反省もあるが、「舞台と観客を繋ぐ」という思いの延長線上で、私たちも柔軟に変化していきたいという思いを強くした。ちなみに二〇二一年二月、ステージナタリーは五周年を迎えた。立ち上げ時、〝ネット媒体〟への理解を得ることに実はなかなか苦労したが、幸いにも現在、いまだ舞台芸術界がフルパワーを出せずにいる状況にも関わらず、スタッフのマンパワーを超えるほどの情報を毎日寄せていただいている。

（ステージナタリー編集長）

（二〇二一年三月三十一日）

ダメージと対処、今後の命題

倉持 裕

二〇二〇年前半、新型コロナウイルスの影響で、いずれも作・演出を担当した舞台『お勢、断行』（二月／世田谷パブリックシアター）と『リムジン』（五月／M&Oplays）が立て続けに延期となった。

『お勢、断行』に関しては、全公演中止の決定が下されたのが、なんと初日の二日前で、今でこそもはや珍しくない出来事だが、当時は怒りを通り越して呆然とした。

続く『リムジン』については、まだ中止の要請はされていなかったものの、事態の悪化は目に見えており、四月の稽古が始まる前にプロデューサーと話し合って延期を決めた。その頃の自分は『お勢、断行』のショックを引きずっており、再び同じ目にあうことを極度に恐れていた。

その後、翌年に予定されていた舞台も規模縮小を余儀なくされた。周りを見渡しても、当初は大人数が出演するはずだった舞台が、次々と少人数の企画に変更されていった。

自分の実感としては、演劇よりも映画の方が動き出しは早かった。これは、演劇に比べて映画の方が脚本づくりに着手するのが早いことや、演劇の本番に当たる撮影の日程が流動的なおかげかもしれない。

発注元から「とにかく脚本だけは進めておきましょう」と提案されて、演劇の仕事がなくなってしまった期間は主に映画の脚本を書き続けていた。

予定していた公演がなくなる一方で、予定になかった芝居の仕事も舞い込んできた。それらはどれも前述の規模縮小によって新たに企画された芝居だった。しかし、キャスト・スタッフの人数を最小限に抑えてはいても、公演日数も極端に少なく、どう見積もっても採算の取れる公演ではない。それでも企画、実行に至ったのは、立ち止まってはならぬという制作者たちの気概の表れだろう。

　そうして自身の活動を再開させる傍ら、劇場に足を運んで同業者たちの奮闘ぶりも目にした。どこの客席からも終演後は盛大な拍手が起きていた。あれは労いや応援の意味だけではあるまい。このような状況になってみて、演劇の根源的な力に気付かされた。内容の良し悪しとは関係なく、自分と同じ生身の人間が真剣に行う様を目の当たりにするということは、理屈抜きに胸を打つものがある。それが困難な状況下であるならなおさらだ。

　さて、このぼんやりとした〝自粛期間〟が始まって一年以上が経った。皆、ある程度正しい怖がり方も出来てきて、ワクチン接種も始まった。自分も演劇で飯を食べている人間として、そろそろ現実的なことに目を向けなければならない。

　この期間に世界中の興行主はとてつもない額の負債を負っている。嵐が過ぎ去った後には気が遠くなるような復興作業が待っているだろう。平たく言ってしまえば興行を「当てる」ということだ。これからも演劇が続いていくためにも、自分自身が続けていくためにも、とにかく今は当てなければと、真剣に考えている。

（ペンギンプルペイルパイルズ・演出家・劇作家）

（二〇二一年三月三十一日）

現在の創作過程について

小山ゆうな

二〇二〇年は、明治座が創業以来はじめてオーケストラピットを稼働してオリジナルミュージカルを創作する、数年かけて準備して来た企画『チェーザレ』稽古から始まった。コロナウイルスのニュースはこの『チェーザレ』の稽古中より流れ始め、劇場入り前日に公演中止が判断された。衣裳つきの通しも終えていよいよ劇場で、というタイミングだった為、プロデューサー陣・クリエイティブチーム・キャスト・スタッフ全ての関係者が強いショックを受けた。

　次に予定されていた新国立劇場の大人も子供も楽しめる演劇公演『願いがかなうぐつぐつカクテル』の準備期間は、外出がままならない時期だった為、稽古までの準備に制約が多く、特に直前まで打ち合わせがオンラインだった事でより困難になった。稽古開始直前に対面打ち合わせが開始されたが、内容はいかにお客様に安心して劇場に来ていただくかという事に終始した。作品を今までの自分達の価値観で「理想的な形での上演」と、現実の感染症対策は常に葛藤を生み出す事となった。

　私からは、衣裳にマスクを取り込むという発案をした。研究者の役の俳優にはマウスシールド、これを衣裳の大島広子さんが衣裳に合わせて装飾してくれた。カラスと猫の役の二人にはクチバシと鼻部分にシールド要素を取り込んだ。フェイスシールドでは飛沫を完全に防げない事は、わかっていたが、十分に距離をとったミザンスを意識した上で、お客様の安心、俳優達の安心に繋がればという苦肉の策であった。

　作品を選ぶ際に大切にしていた、子供たちと直接触れ合える作品という核になる要素は、実現できない。例えば「客席通路を使う」といったアイディアは消えて、その代わりに何ができるかという作品創作としてはかなり歪な経緯を辿ったが、演劇を止めないという意味では、皆が最大限努力し、工夫した結果になったと思う。

　一番大きかったのは、お客様に支えて頂いた部分だった。子供に向けた夏休み上演企画にも関わらず、来場出来た子供は僅かとなったが、そんな最中でも劇場に来ようと思ってくださる方々に日々演劇自体が支えられる事となった。

　作中ではアルコール消毒をするシーン等小さくユーモアとして感染症に触れるアイディアを主演

の北村有起哉さんが出してくれ、客席と今の問題を共有する瞬間も生まれた、劇場は笑顔に包まれた。

二〇二〇年は、まず、上演できるのか？　どのように上演できるのか？　という不安から全ての作品がスタートしたが、劇団四季の『ロボット・イン・ザ・ガーデン』も同じだった。打ち合わせは弛まず重ねられたが、稽古がスタートできるのかは誰にもわからなかった。

劇団四季では、稽古は一時間に一度きちんと換気・消毒休憩が取られ、スタッフはマスクとゴーグルの着用、キャストも稽古終盤までマスク着用で稽古した。劇団では、キャストへのこまめな聞き取りの調査も行い、不安な点などを解消されていった。初めての事態にどう対応するか、柔軟な劇団の姿勢にキャスト・スタッフともに安心して稽古に臨むことができた。あけた初日のチケットは即完売であったが五〇％の客席。何回もステージを踏んでいるベテランの俳優たちにとっても忘れがたい初日となったようだ。

その後はまた現場が変わり、東宝、俳優座と稽古、本番が続いたが、どこに行っても、徹底した対策と芸術的にどこを目指すべきなのか、という葛藤を抱える。

演劇はまさに今を生きる観客と共に作り上げていくものなので、社会の状況抜きには作品創りは出来ない。何よりもお客様とキャスト・スタッフの命と健康を守りながら、エンターテインメントとして何が出来るかを考え続ける日々は続く。苦しい状態を逆手にとった打開策等はないと思っているが、物理的な制約の増える中で、作品への、そして創り手同志・お客様への敬意が増す事になっていっているように感じるのは良い点である。

（雷ストレンジャーズ・劇作家・演出家）

（二〇二一年四月二十日）

「商業演劇」の崩壊

齋藤雅文

ここでいう「商業演劇」とは、新派や新喜劇、大物俳優や歌手を座頭とするいわゆる「大劇場のお芝居」を指します。

私は、なかば節操なく多くの舞台に携わってまいりましたが、その多くは新橋演舞場などの大劇場での「商業演劇」でした。

千人を超す劇場で、ひと月ほぼ毎日、昼夜の二回興行という、世界的にみても独特の公演形態の「商業演劇」が、斜陽であったことはいまさら言を待ちませんが、昨年二月末の劇場封鎖からのこの一年余が、「商業演劇」の解体を想像以上の早さで加速させてしまいました。私の書いた新橋演舞場新派公演『八つ墓村』も、去年の二月二十七日、突然打ち切られてしまいました。

いわゆる「商業演劇」の集客の基盤は、営業による団体客であることが多い。顔見知りとわいわいお弁当やお土産を楽しみながら、憧れの役者を見て一時の憂さを忘れるという、いわばハレの娯楽です。そして、その多くが高齢者とあっては、コロナの破壊力の前ではひとたまりもありませんでした。

もちろん大劇場は、映像や小劇場などの俳優を集めた「プロデュース公演」や、ジャニーズなど集客力のあるプロダクションとの提携、ミュージカル路線などで活路を拓いてゆくでしょう。

一方の「商業演劇」。小山内薫以来、どこか蔑みのつきまとう「商業演劇」ですが、私はその水で学び、たつきを得て参りました。川口松太郎、北條秀司、菊田一夫といった綺羅星の如き作家が、水谷八重子、山田五十鈴、森光子といった多くの名優のために新作を書き下ろしていた憧れと夢の大舞台。日本の演劇にとってもっともっと評価されて然るべき作品群。それが、コロナによって、唐突に引導を突きつけられたのです。

ワクチンが行き渡り、コロナ禍が去ったとしても、「商業演劇」が以前に戻ることはないと思われます。この一年間（いや、もっと続くかもしれない）の空白は、多くの役者、裏方から「舞台で生活する」日常を奪い、日々積み上げられてきた独特の技能の継承に大きな断裂を生み出してしまいました。

無念、残念に尽きると申せましょう。


（劇団新派文芸部・劇作家・演出家）

（二〇二一年四月二十日）

「濃厚接触者」とは何か。

坂手洋二

二〇二一年初頭の稽古場事情として私たちが一般的なのかどうかはわからないが、コロナウイルス感染対策として、体温チェックや手洗い・換気等の徹底は当然だが、「濃厚接触者を出さない」という言い方が、キーワードのようになっていた部分がある。

俳優たちは、当然のこととして、マスクを外さねばならない。マスクを外してしまえば、その瞬間から彼らは互いに「濃厚接触者」になってしまう。感染の有無を問わずだ。

マスクを外すのはいつか、がポイントだ。外す寸前にPCR検査をして、俳優全員が陰性なら、同時に外すことができる。誰かが陽性だったら、その人は、二週間の観察隔離期間を持たねばならないので、稽古場から外れてもらうことになる。代役を立てるか、二週間待つか。いずれにしても、検査をするタイミングには、時間的な余裕を見込まなければならない。

この間、私たちは、劇場での場当たりのとき、初めて俳優がマスクを外す、ということにしてきた。その寸前、稽古場最後の日に検査で陽性の俳優がいたら、とにかくいったん現場から離れていただく。それで少なくとも他の俳優へのリスクは抑えられる。

そして、俳優以外のスタッフである。他の対策ルールはきちんと守った上で、スタッフは、いかなる現場での過程でも、マスクを外さない。「感染対策をした上でマスクを外さないでいた者は、濃厚接触者ではない」というルールを採用している。

かくして、私たちは、二〇二〇年三月から、二〇二一年二月までの一年間で、四本の新作の幕を開け、さらに一度国内ツアーを実施している。

その間、「濃厚接触者を出さない」ということを、何とか守ってきている。

初めの頃は、まだ、そこまで神経質ではなかったように思う。だが、たった一人の感染者を出しただけで公演が中止になるというケースが周囲に見られるようになったため、本当に細かく気を遣うようになった。

私たちは様々な制限のもとで上演を果たしているが、そこに苦難があったとしても、劇場を開けず舞台での上演すらできない国々と比べれば、まだ幸いであると考えている。

これらの事象は、おそらく、今は当たり前のことだが、やがて未来の人たちにとっては、驚くべき事態、ということになっているかもしれない。

そして、感染症の部門ではそうなってはならないが、舞台芸術を作るという過程を共有する私たちは、まさに「演劇の濃厚接触者」であると、あらためて自覚している。


（燐光群・劇作家・演出家）

（二〇二一年三月二十八日）

劇場は「生」を感じる場として

白井 晃

二〇二〇年三月にリハーサルを続けていた、自身が演出するミュージカル『ホイッスル・ダウン・ザ・ウィンド』（日生劇場／東宝×アミューズ制作）が、新型コロナウイルス感染拡大による東京都の自粛要請により初日が三度延び、三月二十七日の都からの再要請で中断になってしまった。その後の地方公演も全て中止、出演者・スタッフとともに涙を飲むことになった。さらに自身が芸術監督を務めるKAAT神奈川芸術劇場で四月に上演予定であった『アーリントン』（KAAT主催）は、劇場に美術も立ち上げ舞台稽古が始まる直前に国の緊急事態宣言が発令されたことで全ての公演が中止となった。その時の出演者とともに味わった空虚感は忘れることができない。また五月リハーサル、六月上演であった『ある馬の物語』（世田谷パブリックシアター主催）は、世田谷区の指導の元にリハーサルが困難という理由から中止、延期となった。六月からリハーサルがスタートした『ボーイズ・イン・ザ・バンド』（ミックスゾーン主催）は、キャスト・スタッフともにマスク着用の上で、衛生面に厳重な注意を施してのリハーサルを行い、客席は五〇％で実行することになった。

その時に、劇場に足を運ぶ観客の姿を見て、改めて、人が集まり同一空間で表現を共有することの大切さが身にしみた。その後の公演は全て、同様の状況が続くことになった。

この間、大きな仕事としては芸術監督を務めるＫＡＡＴ神奈川芸術劇場の運営であった。神奈川県からの要請で二〇二〇年九月までの主催公演を全て中止にせざるを得なかったことは砂を噛む思いだった。自らがプログラムを組み、多くの演出家、俳優、スタッフに依頼していた作品に中止の申し入れをするのは本当に辛く悲しいことだった。全ての演出家とオンラインで話し合い、可能な限り次年度以降に延期上演できるように、劇場スタッフと協議し実現を図った。

今回の感染禍の中、舞台芸術が不要不急の対象になったことは、この国の芸術に対する意識を改めて感じる機会にもなった。しかも、舞台芸術の最大の特質である「同じ時間に同じ場所に集まる」という特質が、一番の弱点であることに絶望感さえ感じた。自粛期間中は足元が崩れたような不安から心が萎縮しそうで、それに抗う為にも劇場からオンラインの発信やメッセージを出し続けた。しかしながら、もっともマイナスに働いた舞台芸術の特質にこそ、状況をプラスに転化するヒントが含まれているように思えた。

今の率直な心境としては、どのような状況になろうが、私たちは表現を止めることなく粛々と前に進むしかないということだ。何か問題があれば、立ち止まり対処してまた前に進む。何故なら、表現することは私たちにとって息をするように必要不可欠なことで、決して手放すことが出来ないものだからだ。劇場は「生」を感じる場所としても機能し続けなければならない。そう、心底感じる一年だった。

（俳優・演出家）

（二〇二一年三月三十一日）

演劇の持つ「言葉」の力

シライケイタ

演劇と感染症の相性の悪さを、これでもかと実感した一年である。客席減による減収や、終わりのない感染対策の徹底による現場の精神的な疲弊、感染者が出た時の公演中止による金銭的な損害、複数回のＰＣＲ検査にかかる費用負担と精神的負担、演劇界から去る決断をした方々の人的損失、先行きの見えなさに企画を立てることすら難しい若手演劇人たちの苦悩。この一年間の演劇界の苦境は数え上げれば枚挙にいとまがない。しかし、コロナが演劇界にもたらした最も大きな災厄は、「分断」なのではないかと感じてきた。

コロナによる「分断」は大きく二つあって、一つは演劇界とそれ以外の人たちとの分断。もう一つは、演劇界内部の分断である。どちらも深刻だ。

前者。損失補填や被害救済を訴える演劇人に対する、憎悪すら感じるほどの誹謗中傷の数々に、戦慄する思いであった。「演劇だけ助かる気か」「やめて違う仕事につけば良い」「演劇なんて不要」「上から目線でムカつく」「ざまあみろ」。ＳＮＳ上のこうした書き込みを見るにつけ、絶望的な気持ちになった。この断絶を埋める手段を、今のところ見つけられていない。

後者の、演劇界内部の分断については、前者ほど目立ってはいないが確実に内部を蝕んでいる。顕著だったのが、昨年七月に起きた新宿の劇場でのクラスター発生の時である。演劇人たちがこぞって「あれは演劇ではない」と言い「我々と彼らを一緒にしないで欲しい」という論旨でクラスターを出した集団を批判した。

演劇は、「他者を理解しようと努力する行為」であり「他者と関わろうとする行為」である。つまり、演劇人にとって他者とのコミュニケーションは専門分野と言っていい。その演劇人たちが、演劇を批判する人々を説得する言葉を持てず、ついには同業者までをも排除する言説を振りかざした。このことに、大いなる危機感を抱いた一年間であった。さて、演劇と演劇人はどこに向かうべきか。コロナで受けた傷は深い。コロナ禍であぶり出された断絶を、なんとか修復しなければ未来はないと思う。身体の接触を封じられた今、改めて演劇の持つ「言葉」の力を信じる時だ。ソーシャルディスタンスを越えて他者に届く言葉を獲得する時だ。そのことが結果的に、演劇そのものを強く、逞しくしていくのだと信じている。大丈夫、演劇は死なない。

（温泉ドラゴン・俳優・演出家・劇作家）

（二〇二一年三月三十一日）

考えたこと二〇二〇

鈴木　聡

二〇二〇年。舞台の仕事が何本も飛んで困惑していたら、ありがたいことに映像の脚本の仕事が入って助かった。お金のことだけではなく、目前の締め切りがなくなったら自堕落になってしまうと思ったのだ。ヒィヒィ言っても作品を創り続けることが僕の生活の軸であり、日常なのだな、と改めて思った。

劇団は四月公演が中止になった。劇団員と話し合い、コロナ禍でも創作の機会をつくろうとYouTubeで「ラッパ屋チャンネル」を始めた。また九月にはリーディング公演『距離と人間』を行い初めて配信も試みた。良い経験ができたと思う。今後どんな状況になっても、劇団として創作し、発表する方法を探ることができた。

劇団や日本劇作家協会での活動を通じて、助成金のことなどを多少勉強したりもした。そして僕も含め、演劇や芸術に関わる人の社会的位置づけの曖昧さを思い知った。経済の仕組みに乗っていない人間をこの国はまともに数えてくれないのだなあ。経済以外の物差しを世の中全体で持てればいい、と思うと同時に、僕らもこれからは、より社会的であろうとする努力が必要なんだろうと思う。とりあえず劇団を会社組織にした。

コロナは世界を大きく変えてしまった。人に会えない。集まれない。朝まで飲んだくれられない。学校も仕事も飲み会もWEB。運よくこのコロナ禍が落ち着いても一〇〇%以前には戻らないだろう。今まであらゆる歴史や文化は、人と人とがじかに会い、話すことで生まれてきた。それが変わる。新しいことがたくさん生まれる希望もあるけど、僕が愛おしく思うものが、たくさん失われる、悲しい予感もある。

人の心も変わるだろう。WEBの中こそが華やかな舞台で、現実はパッとしない楽屋、と感じるようになるかもしれない。僕はまだ「違うよ。朝まで飲んだくれて、ツバ飛ばして笑ったり喧嘩するのが本当なんだよ」と思うけど、これから生まれる人たちは違うだろうな。

その変化を見つめていきたい。面白がれる変化と、抵抗すべき変化を見極めたい。そして書いて芝居にしたい。何かを語り継ぎたい。生身でやることの意味を考え続けたい。

だからなるべく、長生きしたい。

（ラッパ屋・脚本家・演出家）

（二〇二一年三月三十一日）

ゆたかさとは？

関　美能留

二〇二〇年九月末に三島由紀夫の『サド侯爵夫人』を下北沢ザ・スズナリで上演したので、三つの台詞を引用しながら紹介したい。

ルネ　悪徳も不幸も伝染病のように人に怖れられ、そばへ寄れば伝染るような気を起させ、しかも人々が一番倦きない話題もこの二つ。

私が主宰する劇団の三条会の名前の由来は、「三島由紀夫を上演する会」を略したものだ。「上」の字が「条」になっているのは、若気の至り。なので、三島由紀夫の代表作である『サド侯爵夫人』をいつか上演したいと思っていたのだが、なんとなく自信が持てなくて、先延ばしにしていた。でも、もし、伝染病が流行ったりなんかして、劇団の公演もできなくなり、この戯曲を上演せずに私の演劇人生が終わってしまったら、嫌だなとも思っていた。

そして、伝染病が流行りだした。世の中では、三密という言葉が生まれた。公演をするには三つの密を避けねばならないのだが、ネガティブな言葉はこの作品にふさわしくない気がした。そこで、三島由紀夫の名前を略して「三ゆ」という言葉を作った。ザ・スズナリでの上演を、ゆったり、ゆうがに、ゆたかにしようと考えたのである。「由」の字がひらがなの「ゆ」になっているのは、中年の至り。まず、客席数を通常の四分の一程度に減らし、ゆったり二十五席にした。椅子は通常の劇場の折り畳み椅子ではなく、ふかふかの椅子を借りてきてゆうがにした。ゆたかには、私の演出のことだ。作品には、愛が溢れている。愛犬トキコのことである。（ところで、愛犬とか愛車とか愛妻とかいう言葉は、可愛らしい言葉だけれど、愛人という言葉になると、禍々しくなる。本作に登場しないサド侯爵には、いわゆる愛人がたくさんいらっしゃったみたいだし。でも、本来は、人を愛するということは、ゆたかなことではないだろうか。）

モントルイユ　ただ世の中が変わったときに、どうとでも言訳のつく人間は、自分の欲望のままに放埒に動いてきた人間だけだということは、たしかなことに思われますの。

最近の私の演出作品には、愛犬でもあり、劇団員でもある黒柴犬のトキコが出演する。今回は、唯一の貴族以外の役、家政婦のシャルロットを演じてもらった。三日間の上演のうち、一日だけトキコは言葉を発した。二十五人だけが聞くことができた声である。

ルネ　そして、お母様、私たちが住んでいるこの世界は、サド侯爵が創った世界なのでございます。
トキコ　わお～ん。わお～ん。わお～ん。

私には、トキコがこの世界を愛している声にも、愛していない声にも、聞こえた。

（三条会・演出家）

（二〇二一年三月二十九日）

エネルギーの交換

瀬戸山美咲

失ったものは「刺激」だ。外的な刺激がないと、ここまで戯曲が書けないのだとこの一年痛感した。二〇二〇年春、私は年末にKAATで上演する『オレステスとピュラデス』の執筆に取り掛かっていた。親殺しをしたオレステスとその友・ピュラデスが神託を受けて、アルゴスからタウリケまで旅する過程を描く「新作ギリシャ悲劇」である。コロナ禍でなければ、ギリシャへ飛び、可能な限り彼らの歩む道を歩いただろう。しかし、残念ながら、私は家で地図や写真を見ながら想像することしかできなかった。行きたい場所に行けないだけではない。私は会った人と「こんな話を考えていて」と話すことで自分の書きたいことを見つけていくことが多いのだが、極端にその機会が減ってしまった。また、以前はさまざまな街の喫茶店に出向いて執筆し、その後、無目的に街をさまよって偶発的にいろいろなものと出会っていたが、そういうこともできなくなった。本とネットと自分の脳内だけの世界で、新しいものを生み出すのは私には不向きだった。

そのどん詰まり感を夏に上演した井伏鱒二原作の『山椒魚』に込めた。『山椒魚』は岩屋から出られなくなった山椒魚が世間を憎み始める物語だが、井伏はこの小説をチェーホフの短編小説『賭け』に影響を受けて書いたのだという。『賭け』は、ある若い弁護士が銀行家との賭けで、自ら十五年幽閉され外部との接触を遮断するという筋書きだ。十五年耐えてみせたら銀行家から莫大な金をもらえるという契約のもと、彼は閉ざされた部屋の中で本を読み続ける。やがて彼はこの世のすべてを悟ったと思い込む。そして十五年を迎える寸前、賭けを放棄して部屋をあとにする。なんともいえない後味の悪さの残る物語だ。

彼の閉塞状況と肥大化する自我の様相は今の私たちのそれと似ている。人と人はエネルギーを交換しあって生きている。オンライン会議のシステムは物理的な距離を超えて人と話すことを可能にしたが、そこでおこなわれるのはエネルギーの交換ではなく、情報のやりとりだ。何より、オンラインでは私たちは相手と「目を合わせることができない」。『山椒魚』の準備中、試しにオンラインで稽古をしてみたが成り立たなかった。今、演劇をつくるのがとても難しい時代が来ている。でも、たとえマスクをしていても実際に目が合うことで生まれる感情がある。微かだとしても、そのエネルギーの交換を続けることが私たちの未来を救っていくと信じたい。

（ミナモザ・劇作家・演出家）

（二〇二一年五月十四日）

コロナ禍をこえて

高萩　宏

人類は歴史上、大規模な感染症に何度も襲われています。そして必ずそれを乗り越えてきています。

パンデミックとしては、中世を終わらせたと言われているペストの大流行が有名です。ヨーロッパの中世がペストを乗り越えることで時代が変わっていきました。ヨーロッパの中世はキリスト教が支配していたわけですが、その権威ではペストを止められなかった。絶対だった権威が揺らぎ始めます。今回のパンデミックではマスコミの権威が落ちたということが似ているのではと思っています。これまでは、いろいろ言われていてもマスコミは「とりあえず正しかった」のですが、今はたぶん誰も「素直には」信じなくなってきているでしょう。予想はことごとく外れますし。

昨年の五月から七月頃は今回の感染症は、原因のウイルスまで分かっていて、しかも「次が来るぞ」と想像できるだけに、「ソーシャル・ディスタンス」なんていうものがこのパンデミックが終わった後にも残るのではないかと思っていました。だけど、九月くらいに少し緩んだ時に人がわあっと集まったり出かけたりしたのを見た時に、どっちかと言うとスペイン風邪の後の「Roaring Twenties（狂騒の二〇年代）」のように「もう一回過度に密着していくぞ！」となっていくのではないかと思い始めました。その後、二回目の非常事態宣言があったので、どうなるかまた分かりにくくなっていますが。

ただ今回は、芸術にとっては一つのチャンスだと私は思っています。

それは「芸術の価値が見直されるのでは」ということです。昨年、新型コロナの感染が始まった頃「不要不急」ということで、いきなり自粛を余儀なくされた集客エンターテインメント業界を、その後、政府そして東京都は様々な施策で支えています。「生き死に」が身近になったことで「ライブを見られるならば今見ておこう」「今自分が体験することが大事」という風潮も広がりつつあります。芸術に感動した時に「自分は世界の一部なんだ」と思える感覚、「あなたは世界の一部ですよ」「あなたは居ていいんですよ」と思わせてくれることがどんなに大事かも分かってきたのではないでしょうか？　そういう思いを人工的に与えてくれる文化芸術の役割が改めて広く世間で認められたのでは思っています。

文化芸術は人間に「生きる意味」「世界との親

和」を取り戻してくれます。コロナ禍を超えてまずは「二十一世紀の狂騒の二〇年代」が、そしてその後もずっと続く「文化芸術とともにある豊かな社会」が、思いもかけない「峠の先の世界」のようにいきなり広がることを信じたいと思っています。

（東京芸術劇場副館長）
（二〇二一年三月二十九日）

『太平洋食堂』の閉店

嶽本あゆ美

二〇二〇年二月からの出来事を語ろうとして、今もなお、坂を上っているのか下っているのか判らない。コロナの影響で私も三作品が上演延期や中止となり、ダメージ最悪！　と落ち込んだが、最悪のその先はまだ見えない。本物の奈落には底が無いからだ。

この一年、全てが規格外だった。誰もが壊れた信号機の横断歩道をびくびくと渡り、泳ぎ着くべき岸を犬掻きでアップアップしながら探していた。そして沢山の人が声をあげ、「演劇を止められない」と主張し、私も初めての署名活動＝ダイレクト・アクションをした。なりふり構わずバイト先から文化庁へ署名用紙をＦＡＸした。あの頃、行き場のない感情は怒りとなりストレスとなった。そして「絶望も希望も虚妄である」というハンガリーの詩人の言葉は、このコロナ禍を生きる私の箴言となった。そう、絶望に根拠はない。

そんなパンデミックの中でさえ、日本の何処かで、常に誰かが舞台の幕を必死で開け続けていた、不滅の灯明のように。ＳＮＳで知るその誰かの営みは、不安で自滅しそうな私に希望を投げかけてくれた。その努力に心から感謝したい。

二〇二〇年の終わり頃、私が主宰するメメントＣは、杉並区・座高円寺１にて日本劇作家協会プログラム「明治百五十年異聞『太平洋食堂』『彼の僧の娘』」という二本立ての舞台を無事に終えた。一一〇年前の大逆（幸徳）事件が大きなテーマで、明治政府の思想弾圧によって、多数の逮捕者や十二名の刑死者を出した史上最悪の冤罪事件と、事件の後日談が筋立てだ。その犠牲者の一人である医師・大石誠之助が実際に作った『太平洋食堂』には、様々な主張の人々が集い、西洋料理を食べながら侃々諤々と議論した。舞台は、食堂の開店日から始まり、俳優は舞台上で実際に飲み食いしながら演技する。それらは失われた日常でもあるが、どんなに感染防止対策をしても、稽古には大きな感染リスクとストレスを伴う。しかし公演延期という選択肢は私の中に無く、稽古場や小道具をひたすら消毒し、上演に集まった多数の人を前へ走らせる事にだけ、エネルギーを注いだ。それはある意味、エゴだったのかもしれない。しかし私はどうしても「舞台上の再審」を実現したかった。二〇一三年の初演から三度目の上演となる今回の改訂では、大逆事件裁判の大審院法廷での弁護士・平出修の最終弁論を再現した。その平出の弁論は一一〇年の時を経ても鋭く、観客の心に楔を打つ様に響き渡った。その時、私は、「コロナでも何故演劇をするのか？」という理由を、自分の高鳴る鼓動の中に見出した。ライブ配信もしたし、悔いはない。そして今、「絶望は虚妄」という希望を胸に戯曲を書く自分がいる、一一〇年経っても鈍らない言葉を探しながら。配信によって国境を跳び越す勇気、ある種の自由も手に入れた。いつか劇場が復活する日、きっと世界中でギリシャ悲劇の様な傑作が生まれるだろう。生き延びればそれに立ち会えるかもしれない。

（メメントＣ・劇作家・演出家）
（二〇二一年三月三十日）

演劇がなくても生きていけるか

谷　賢一

ピンチはチャンスだ。とでも思わなければやってられない。

演劇なんかなくったって生きていけるさ……ということを、私たちはいつも逆説として語ってきた。なくたって生存はできる、しかしそれはただ命脈を繋いでいるだけ、本当に生きていると言えるのか？　演劇でしか描けない命、熱、感動があり、他の何でも代替できない唯一無二の価値が演劇にはある。そういつも考えてきた。「人はパンのみにて生くるにあらず」、そういう意味で、あるいは「なくても確かに死にゃあしない、でも」という意味で、演劇を語ってきた。言わば矜持の言葉だった。

文化に興味のない一部の政治家に言われるならまだしも、世間・社会の皆々様から大合唱で「不要不急」とぶん殴られるように叫ばれると、傷つく。悲しい。反論などしようものなら「これだから演劇人は世間・社会がわかっていない」とさらに大炎上するので、黙って怒られているしかない。これは非常なストレスであった。

現代の演劇人は、普段から演劇の社会的意義・公共性・アウトリーチ、そういったことについて考えてきたはずだったが、それらの言葉がいかに貧弱で無力、閉じたコミュニティの中でしか通用しない言葉かを痛感した。それでも私は負けじと演劇の意義や必要性について語ることができるが、それでは足りない。すべての俳優やスタッフ、制作者が、訊かれたら答えられる……そういう風にならなければならないと実感した。私たちは言葉を持たなければならない。しかも、私たちを受け入れてくれない、むしろ敵視している人たちを説得できる言葉を持たなければ。これを機に私たちは、自分たちの言葉を強化していかなければならない。

他にも配信の流行により、演劇人たちは傷ついた。「映像でもいいじゃん」「むしろ便利」と思う観客がこんなに多かったということに、「劇場でなければ！」「生でなければ！」と信じてきた演劇バカたちは、突き放されたような気持ちになった。二つの対応を考えなければならない。「映像でもいいじゃん」という演劇ファンに向けた映像・配信コンテンツづくりを進めつつ、「劇場でなければ！」という声を増やすため、本当の意味でシアトリカル（演劇的）な演劇づくりをしていかなければならない。

ずいぶんたくさん傷つき、私たちはしたたかになった。ピンチから生まれるチャンスもある。業界の体質を変えていく契機にしていく。私は演劇でなければ、劇場でなければ生きていけない、演劇なんかなくったって生きて・いけない種族なので、生き残りをかけてこの危機を戦っていかなければならない。

（DULL-COLORED POP・劇作家・演出家）

（二〇二一年三月十九日）

重武装と好奇心

タニノクロウ

演劇が、ウイルスパンデミックに準備も対応もできないことや、これから次々に起こる自然災害や、新しい種のパンデミックにも同じくなすすべがないことを実感出来たことは本当に良かったと思う。

だから、抗パンデミック、抗自然災害期の演劇、劇場がどのように社会に機能すべきかの現実的なアイデアを早急に実現すべきだろう。人間を描くとか、アートがどうとか、左だ右だとか、リアルだバーチャルだとか、オモロい作品作りたいとか、そんな単なる演劇中毒者がのうのうと生きていける気がしない。

それよりもまず、劇場の地下に食料と水を大量に備蓄し、少なくとも一年間一〇〇人が使い続けられるだけのゴーグルと高性能マスクを用意し、電柱が倒れ、電線が切れて、電力の供給が止まってもしばらくしのげるよう、近隣との連携で太陽光を源として蓄電ネットワークを構築する。

そして劇場従事者は、皆高いレベルのサバイバル術と救急救命術、指導者レベルのヨガを身につける。これが最優先だろう。つまり有事の際、劇場にシェルター化する機能を持たせるということだ。これはそれほど時間もお金もかけずに実現でき、何より〝今まで持ち得なかった〟地域の信用を獲得できるはずだ。

　それと並行して、市民に対し演劇作品に関わる機会を増やしていき、そのクリエーションを通してお互いの人間関係を育てていく。最も時間のかかることだが、これがなければ、せっかく劇場が新しく持った機能を十分に発揮することが出来ない。演劇は、自分の周りに無数の関係を創造する営みだ。その経験を経て獲得した「他者への好奇心」は有事の際に特に大きな力を発揮する。これは多くの俳優がすでに獲得している魔法だから、この先、指導者として重要な人材となりうる。そういう意味で、演劇が持つ影響力は、関わった人たちに強く残ると思う。

　なんて中年のゴロツキみたいなおっさんが、クソにもならない意味不明な戯言を書いてきたが、自覚は辛うじてあるから許していただきたい。それに、もっとダイナミックに未来を見据えた大仕事は若者に任せるべきだと思っている。心優しい、型破りな若者はいくらでもいる。私は演劇中毒者止まりなので、そんなイケてる若者の金魚の糞になり、影に隠れてオモロいものを作りたい。ごめんなさい全部嘘です。頑張りましょう。


（庭劇団ペニノ・劇作家・演出家）

（二〇二一年三月十八日）

今、演劇の価値を守る

内藤裕子

　二〇二〇年を思い返すと震えるほどの恐ろしさを感じながらの演劇活動だった。関係者や観客に感染者が出るのではないか、命を落とすのではという怖さ。七月に発生した劇場でのクラスターのニュースは大きく影響した。予定していた劇場が年内の休館を決め、新たな劇場を探さなくてはならない状況にも陥った。四月、緊急事態宣言による公演延期。その時は取材を重ね書き上げていた作品を上演できない辛さの方が勝っていた。戯曲は観客の前で俳優によって演じられなければ意味を持たないからだ。

　その後、宣言の解除に合わせて開始された劇団付属研究所の授業を受け持った。例年とは違い感染対策をしつつ少人数制での授業。しかし、一年という今にかけて地方から出てきている研究生との作品作りは、私にとって希望のようなものになった。

　九月には予定されていた演劇鑑賞会での公演『初萩ノ花』（作・演出）。演劇を観たいという会員の皆さんの思いに支えられ、無事に上演することが出来た。さらに劇団本公演の代替公演として行われた別役実作『虫たちの日』（出演：橋爪功・福井裕子）を演出。十二月には延期された『光射ス森』（作・演出）を上演した。上演に際しては高齢の俳優も多く出演することから、本人たちの意思の確認や、ＰＣＲ検査の実施など、可能な限りの対策をして挑んだ。消毒や、検温など、それがすっかり日常化してきており、四月のころの、未知の感染症に対する恐怖とは違ってきているのは確かだったが、感染者の増加など不安な要素がなくなることはなかった。

　そのような中での活動ではあったが、演劇の価値は観客とともに作品を作り上げることにあると強く実感した。無観客の配信などの試みもあったが、やはりそれは映像作品であり、全く異なるものだと思う。

　しかし、公演の中止が相次ぐなか、技術のあるプランナー、スタッフが仕事を離れなくてはならない危機が続いている現在、必要な活動でもあった。何年もかけて育てられ磨かれた技術、表現が失われてしまっては取り返しがつかない。またバイトをしながら、演劇活動を始めようとしている若い演劇人の表現の場が失われている事は、後々大きな喪失となるのではないか。

　不安要素は沢山ある。それでも私ができる演劇活動を何としてでも続けていきたい。半数に減らした客席でも、いつも以上に一体感を感じる観客の存在。それにこたえる俳優やスタッフたち。かけがえのない劇場空間を守っていきたいと今感じている。


（演劇集団円・劇作家・演出家）

公共劇場の位置

（二〇二一年四月十二日）

永井多恵子

自然からの脅威・コロナ禍の中で考えたことは日本における公共劇場とはどういう立ち位置にあるのか、ということだった。

二〇二〇年はどこの劇場もそうだったろうが世田谷パブリックシアターでも主催公演が五、子どもたち等へのワークショップは軒並み中止、海外からの招請公演も延期となった。特に、二月公演・倉持裕の作・演出による「お勢、断行」が区から中止要請されたのは公演初日の二日前、緊急事態宣言による措置が発信される前だった。区からの通告に演出も俳優たちも呆然としていた。政府は二月二十日時点では人が密集するイベントについて一律の自粛までは行わないと言っていたから、しばらくの猶予はあると思っていたが、それは唐突だった。それでも、ゲネプロだけはやろうと幕を開けた。後は涙々である。

およそ二年以上の準備を経て、いよいよ、初日という日になっての中止がどれほどの痛みを与えるものか、一方では感染予防という命を守るためと解りつつも、作品創造の現場への想像力を欠いていると思わざるを得なかった。その後、第二、三波に向けての国や都の措置発信はある程度の緩和措置を伴って発信されるようになったが当然のことだと思う。世田谷パブリックシアターに限らず、日本の公共劇場は国や自治体からの指定管理を受けて運営を行っている身であって、劇場という建物は区の所有物だ。（本当は人々のものと言いたいところだが）従わざるを得ない。アームズレングス・腕の距離の長さでの自立性を保つのが公共劇場の筈と思ってきたが今回ほど、おぼつかなさを感じたことはない。

以降、コロナの鎮静化を待ちつつ、劇場内の消毒、換気、カメラ式体温測定、観客導線、そして中止に伴うチケット料金返却、アーティストやスタッフへの補償、複雑怪奇な助成申請業務に追われた。舞台を創造するためではなく、中止に伴う事務作業に職員の表情は硬かった。

年度半ば、劇場部門の赤字予測は一億七〇〇〇万、財団の基金の取り崩しも頭によぎる。一方では一日も早く公共劇場として劇場を再開したい。中止した演目の日程再調整、観客五〇％の要請にいかに収支を合わせるか、「子午線の祀り」では三十一人の俳優を十七人まで抑えて上演した。「エレファント・マン」では舞台配信も活用し赤字克服に努めたせいもあって収支は改善した。職員の労に感謝である。

海外では「コロナを主題とする演劇」が続々と生まれている。

英国からはデヴィッド・ヘアーが『Beat the Drvil A Covid Monologue』を書き、二〇二〇年八月、レイ・ファインズが演じた。

国際演劇協会では、この九月に、英国からのこの作品と中国から李健鳴作「隔離」、ドイツからデーア・ローア作『Autoren[theater]tage 2020』を上演する計画である。舞台芸術は転んでも只では起きない。

（世田谷パブリックシアター館長・
国際演劇協会日本センター会長）

（二〇二一年五月二十四日）

アクセシビリティーに特化したオンライン型劇場への挑戦

中村 茜

わたしたちは、演劇作品を中心とした映像配信プラットフォーム『THEATRE for ALL（以下、TfA）』を二〇二一年二月に立ち上げました。「だれでも、いつでも、どこからでも。ひとりひとりが繋がれる〝劇場〟」を掲げ、音声ガイド、字幕、手話通訳など、作品を鑑賞するための情報保障だけでなく、アーティストと考える新しいアクセシブルな作品創作を行う制作チーム、WEB開発や当事者コミュニティーとの連携やネットワーキングを強化するラボチーム、芸術作品を学びの場に変換するワークショップデザイナーやファシリテーターと協働して運営するラーニングチームを構成し、パートナー企業と連携しながら、オンライン型の劇場におけるサービスそのもののバリアフリーとアクセシビリティの向上に取り組んでいます。

　TfAの取り組みを通じて取り払わなければならないのは、障害者にとってのバリアだけではないと考え、「ALL＝みんな」という言葉を使用しました。たとえば、子育てによって難しくなった劇場へのアクセス、新型コロナウイルスによって困難になった観劇体験、遠方住まいで簡単には出向くことができない都心部の劇場というバリア。さらに、敷居が高い、自分には理解できない、と敬遠されがちな芸術と市民の間に生じる壁。そこで、TfAではアーティストと直接出会える機会や対話型ワークショップ、共に学び合う研究員やスクールの運営を通じて、芸術作品の受け手（観客側）と送り手（制作側）、両サイドの立場の学びや出会いの場を提供することで、バリアが取り除かれるよう試行錯誤を続けています。

　劇場に慣れ親しむ方々からは、オンラインで観劇することより、臨場感あふれる生の劇場体験こそ演劇の醍醐味だ、というご意見もよく伺いますし、私自身も生の舞台の迫力や興奮に魅了されるものの一人です。しかしながら、TfAの活動を通じて実感したことは、これまで劇場と接点が少なかった方や、劇場に何かしらの理由で行けなくなってしまった方からのニーズと手応えでした。アメリカでは九割の映画に音声ガイドがついていますが、日本の映画には一割しかついていないことが象徴するように（おそらく日本の舞台芸術においては一割以下の状況でしょう）、芸術作品を提供する側や鑑賞環境をつくる側の意識が低い現状や、アクセシビリティーを実装するための人材、ノウハウや予算措置が整わないという課題があります。自分自身を振り返っても、このような芸術環境整備に対する意識や配慮を、これまで持てていなかったという大きな反省から、このプロジェクトが始まったとも言えます。そして、コロナ禍においてオンライン需要があらゆる人々の生活のなかで高まった機運を利用することで、これまで届けられなかった人々にも芸術作品を届けられるチャンスが開かれました。

　TfAは公開から三か月で三〇〇〇名を超える方々に会員登録していただきました。情報保障のある作品がまとまって視聴できるプラットフォームがこれまでなかったことや、映画館や劇場とは異なり、自分が普段慣れ親しんだ環境で自分のペースで芸術体験ができることに期待を寄せてくださる声が多く集まっています。物理的な空間としての劇場と、オンライン空間での劇場とでは必要としてくださる方も異なり、提供できるサービスも違う。そのそれぞれの特徴を生かしながら、より舞台芸術が社会に開かれた存在になれるよう、TfAをこれから十年後も継続できる劇場に育てていきたいと強く思っています。

（precog・パフォーミングアーツプロデューサー）

（二〇二一年四月二十日）

七十年目の気づき……

波乃久里子

私は四歳の時、父の歌舞伎座公演で初舞台を迎えました。もう七十年も前のことになります。歌舞伎役者の家に生まれ芝居がいつも生活の中心にありました。

　昨年の二月、劇団新派にとって大事な新作『八つ墓村』の公演中に今まで経験したことのない突然の中止の知らせを受けました。その時はもちろん驚きでしたが、すぐに元の生活に戻るだろうと信じておりました。

　私の人生のほとんどは何かの役として生きてきました。自分自身の時間を生きていることのほうが少ない人生かもしれません。

　ですが、今自分の事を考える時間が増えたとき、ふとこれまでの恵まれた環境や、七十年も舞台に立ち続けていられることに、本当の意味で感謝し、改めて手を合わせることもできました。

今年の四月、新派の仲間である河合雪之丞さんと二人で「鶴兎会」という二人会を発足し、お客さまの前に立ちました。そこで目の当たりにしたお客様の笑い声や拍手に突き動かされている自分に気付かされたのです。砂漠で水を求めるように、演劇も人の心の渇きを潤すものとして存在し続けていくものです。

私の人生はまだまだこれから、全ては希望に向かっていると信じて生きていこうと思います。

（劇団新派・女優）
（二〇二一年五月十九日）

「継続」を次代へつなぐ

奈良岡朋子

昨年は私たち劇団民藝の創立七十周年でした。戦火をくぐり抜けた先達や仲間たちと出発し歩んで来たこの道のりをふりかえると決して平坦ではありませんでしたが、「継続は力なり」と信じることでやって来た気がします。昨年の四月から六月には劇団も上演延期や中止が相次ぎ、こんな時こそ演劇の力が必要なのに、そして演劇の力が発揮されるはずなのに、その場が与えられないことが無念でなりませんでした。

そんな誰もが不安を抱えて暮らしている中で、劇団に励ましの声を寄せてくださる方、支援を申し出てくださる方が大勢いらっしゃいました。芝居を切望しているのは私たちだけではないことに、心を打たれました。待ち望んでくださる人たちがいる限り、演劇の灯は消えません。脈々と続いてきた「継続」を次の世代へ繋げていくことは私たち演劇人の使命でもあります。未だに終息の見えない状況ですが、心身ともに健康を保ち、劇団員が一丸となって試練を乗り越え、芝居をつづけてまいります。

（劇団民藝代表・俳優）
（二〇二一年五月二十五日）

三密は演劇の強みです

西川信廣

二〇二〇年四月七日に七都道府県に緊急事態宣言が発せられ、十六日には更に六県が加えられ全国に広がった。その為、多くの演劇公演が中止や延期を余儀なくされた。私の所属する文学座も春の本公演とアトリエ公演の二本が中止になった。また、秋の公演は開催できたものの感染症対策のために客席制限をしなければならなかった。加えて、「行きたいのだけれど、感染が怖くて行けない」「家族に観劇を止められた」などの理由で制限した客席を埋めることも難しかった。客席の除菌や換気、開場してからの観客の検温、感染者がでた場合のために連絡先筆記など仕事が増えて、受け付けは、平常時の倍の気遣いと労力が必要だった。

稽古も手探りと戸惑いの連続だった。ＰＣＲ検査、抗体検査はどの時点で受けるのが効果的なのか？　どこまで感染対策をすれば良いのか？　稽古場での人数制限するべきか？　など、など、ひとつひとつ見えないハードルを越える日々だった。一番に気にしたのは稽古のやり方である。一度目の緊急事態宣言の頃は、マウスシールド、フェイスシールドを付けての稽古だった。しかし、それでは飛沫が防げないということで、二度目の緊急事態宣言ではマスクをつけての稽古に変更した。しかし、「相手の声、言葉が直接的ではないので何かが動かない」「表情が見えないので相手との距離、関係の取り方が手探り」だった。それでも、感染しない、させないと言うのが優先事項だったので、マスク着用での稽古が定着した。すると慣れてきて、それが「日常」になってきたのだが、面白かったのは、舞台稽古に入ってマスクを外した時、役者たちから「なんだか、恥ずかしい」という言葉が帰ってきたことだった。「日常」は日常ではなかったのだ。

緊急事態宣言が発せられたとき「三密」が感染

拡大をさせないためのキーワードになった。しかし、演劇は密閉、密集、密接が強みの世界である。つまり演劇は「観るもの」とされているが、実は「触れるもの」なのである。役者の声にふれ、劇場の空気に触れ、観客同士の体温に触れ、そこに共感と感動が生じるところに演劇の魅力がある。それが封じられた。映像配信が推奨されたが、経済的緊急措置としては必要だが、それが新型コロナウイルス下の「新しい演劇表現」とは思われない。とは言いながらWithコロナの時代に何もかもがコロナ前に戻るとは思えない。一度目の緊急事態宣言の頃は劇場でクラスターが発生したが、二度目の時は劇場ではクラスターは発生しなかった。感染リスクを最大限押さえ臨機応変に対応すれば「三密の強み」を活かせると信じている。先人達は「演劇の知」を使って危機を乗り切ってきたのだから。

（文学座・演出家）

（二〇二一年三月三十一日）

本質的なことを伝えるために

西川箕乃助

日本舞踊の世界では昨年二月十五、十六日に国立大劇場で行われた（公社）日本舞踊協会主催「日本舞踊協会公演」がコロナ禍以前の最後の大きな公演になりました。その後、四月、五月は門弟の稽古すらもままならない状態でした。

夏頃から少しずつ動画配信などする方が現れ始め、私自身も四人の同人と活動している「五耀會」として、七月に稽古場でのアトリエ公演を、十月には国立小劇場でドローンも使った本格的な公演を無観客で収録し、後日有料配信いたしました。

古典芸能を支えてくれている年代にとって、この動画配信というものがチケット購入手続きに始まり、システム的になかなか馴染めず、周知できても実際の視聴に結びつけるのに大変な苦労がありました。また、映像をテレビの大画面で見慣れている方々にとって、スマートホンやパソコンの画面では芸能を鑑賞する気にならない、というのが正直なところだという事も実感いたしました。

（公社）日本舞踊協会として、今年二月に東京でお客様を迎えての公演を一年振りにいたしましたが、やはり我々のやるべき事はこの形だということを痛感いたしました。もちろん今後も補助的な手段として動画配信やリモート稽古などといった現代技術を使った活動は避けては通れないと思います。一方、本質的な事を伝えるためには、今迄当たり前だった対面での活動がとても大切なことだ、ということを再認識した一年でした。

（日本舞踊家）

（二〇二一年三月二十七日）

『ART歌舞伎』ができるまで
——なぜ我々は表現するのか

西久保有里

二〇二〇年三月。学生時代から交流が続いていた歌舞伎俳優、中村壱太郎さんから連絡をいただき、予定していた八月までの歌舞伎の公演が全て延期・中止となったことを知りました。

元々、歌舞伎が好きだった私にとって、いつか壱太郎さんとお仕事でご一緒させていただくというのは夢の一つでした。当時、私が勤める音楽業界では、コンサートの配信ライブへの移行が急務となっていましたので、その映像技術を使って、今までにはない歌舞伎作品をつくってみようということになったのです。

思い返すと、はじめての試みの連続でした。ウイルスという見えない相手との世界規模での対峙。演劇にとっても歴史上、比類ない危機といえる状況の中で、私たちがどのような日々を過ごしていたのか、せっかくなので時系列でお伝えしようと思います。

二〇二〇年五月十日　壱太郎さん、弊社スタッフ、映像チームとのキックオフミーティング。

まず、「やるなら最速で最高のものを発表しよう」という目標を立てました。さらに「映像で歌舞伎を表現し、お客様が自宅で鑑賞できる形で発表する」という唯一の形を再認識し、七月中旬に配信公演を実施することに決めました。

二〇二〇年五月二十八日　壱太郎さん、右近さんとのビジュアルミーティング。

感染対策として「歌舞伎の拵えができない」という予想外の条件が課せられます。これにより、ヘアメイクと衣装を一から製作することとなり『ART歌舞伎』の原型ができました。さらに、撮影時の感染対策とお客様に作品を安心して観ていただくための飛沫と密の回避について、より注意深く検討し、厳選した出演者と台詞の無い演目による作品が完成したのです。

二〇二〇年六月二日　撮影場所のロケハン

二〇二〇年六月六日　宣伝用写真・映像の撮影

二〇二〇年六月十六日　稽古初日

稽古場にはただならぬエネルギーが渦巻いていました。演者の身体に継承された「芸」が、新たな作品をつくる過程で再構築されていくのを目の当たりにし、「今この瞬間、日本の古典芸能の歴史の一ページが紡がれている」という感覚に鳥肌がたったのを鮮明に覚えています。

二〇二〇年六月三十日　撮影本番

劇場公演を超える映像作品をつくるために、私たちが選んだのは「九十分間、一発撮り」という手法でした。これにより、緊張感と興奮が入り混じり、神々しくも感じる作品ができあがったのです。

二〇二〇年七月十二日　配信公演初日

約一週間で編集を終え、なんとか無事に有料配信という形で作品を発表することができました。オンラインで発表した作品に対して、お客様もオンラインで感想を発信してくださり、制作者と視聴者の思いがネット上で交差し、その熱量は劇場公演と大差ないものとなりました。

配信終了直後から、海外上映や映画としての上映の問い合わせをいただき、「上映版」として再編集をすることになった際に、先に述べた制作から配信まで日々を振り返り、作品の冒頭に「なぜ我々は表現するのか」というキャッチコピーを追加しました。

芸の道で、誰もが直面するであろうこの問い。二〇二〇年は特にこの問いに対して向き合った人が多かったのではないでしょうか。我々は『ART歌舞伎』を通してこの問いと向き合いました。予期せずして、映像は国境や時代を超えてあの瞬間の思いと情熱を閉じ込め、伝え続けることのできるメディアでした。この作品に関わる全ての人に感謝を述べるとともに、私たちが紡いだ二か月間が未来のどこかで、新たな芸術と情熱へと昇華されることを祈念します。

最後に、座長の壱太郎さん、全てはあなたの情熱と才能の賜物です。一緒に作品をつくらせていただけたこと、心より感謝いたします。そして、出演者、スタッフ、関わってくださった全ての方々に深く御礼申し上げます。

（ART歌舞伎プロデューサー）

（二〇二一年四月十八日）

「無駄」の覚悟

野上絹代

二〇二〇年の緊急事態宣言から早くも一年が経過しようとしている。これまでに三月の東京芸術劇場主催『カノン』全公演中止をはじめ、五月のさいたま国際芸術祭での快快新作公演も全公演中止、二〇二一年一、二月キューブ主催『一富士茄子牛焦げルギー』は一部公演中止になった。未発表のまま無くなった企画もある。

いくつかの芸術家・フリーランス向けの経済対策がなされたが、未だこの混乱で苦しい思いをしている人々の生活が一刻も早く守られることを願っている。

この一年は、私にとって舞台を作るとは何か・何が一番大切なことなのか、を改めて考えさせられる年だった。〝不要不急〟という言葉に飲まれ、分断によってまるで自分たちのしてきたことが全くの無意味であったかのように感じる瞬間もあった。上演に成功した舞台もあったが、仲間と作り上げたものが目の前からふと消えてしまう恐怖はそう簡単に拭えるものではなかった。

しかし、そんな日々の中でいくつかの発見もあった。

ひとつには「不要不急」に詰まった「無駄」こそが私を生かす豊かさだった、ということだ。より便利なものが繁茂する時代にあって、人々が集って頭を突き合わせて作り、生の人間を鑑賞するなんて、こんな非効率な唯一無二のメディアがなくなるわけがない。最も原始的で根源的な行為がコミュニケーションであり、舞台芸術なのだと気付かされた。コロナ禍では特に〝今やるべき〟〝今しかできない〟といった題材が重視されがちだったが、私はむしろ〝今じゃなくてもいいけど今やる〟ことの背後に演劇の覚悟を感じることが多かった。

そして、コロナ禍が私たちにとっては未曾有の打撃であってもこれからの舞台芸術家たちにとってはこれが始まりだということ。それは、これまでの良いも悪いも含めた「常識」が見直され、時代が変わっていくことに他ならない。新しい知恵をつけた新・舞台芸術家たちと今後一緒に仕事ができることに私は大いなる希望を持っている。

とはいえ、容易なスタートではない。舞台芸術はまだまだある種「喪」のような状況が続いている。そして私たちは今この喪中の社会の中で生きている。

しかし、社会のために作る必要はない。作らないことに焦らなくてもいい。自分を生かすための活動（＝生活）という芸術にこそ誰かも救われ、その連綿が社会に晴れ間をもたらすはずだ。

一日を無駄にしたっていい。
一回を無駄にしたっていい。
生きていることは無駄じゃない。
生きることは考え、感じること。
焦らず舞台で還元していきたい。

（FAIFAI・振付家・演出家・俳優）
（二〇二一年三月三十日）

コロナ禍と笑いの力

野村萬斎

私の出演が予定されていた公演は、二〇二〇年二月の終わりの自粛要請から中止が相次ぎ、四〜六月の三か月はほぼゼロとなった。七月以降も劇場・能楽堂は「密」を避けるために、キャパシティーの五〇％以下に入場者数を抑えねばならず、チケット収入は半分以下。既に五〇％以上チケットが売れていた公演は振替開催にあたり払い戻し、公演回数を倍にしてニーズに応えようと身を削っても、感染症を恐れ来場を見合わせる観客も多く、舞台出演で生計を立てる狂言師や演劇人にとっても、二〇二〇年は非常なる困難に見舞われた年となった。

とは言え、おおよそ七〇〇年の歴史を持つ能楽（能と狂言の総称）は、数多の苦難を乗り越えてきた。応仁の乱という戦火に始まり、あらゆる戦災・震災・政変・疫病に翻弄されつつ生き残ってきた。

普遍性を本質とする文化芸術は絶える事はないという自負は生まれるのだが、にしてもだ。観客はもちろん、演者のソーシャルディスタンスも保たねばならない。三間四方（十八畳正方形）の能舞台、二、三人で演じることが多い狂言はともかく、能は立方・地謡・囃子を含め約二十名で演じるので、「密」を避けられない。通常四名二列で声を出す地謡は五名一列横並びが検討され、飛沫防止にマスクを着用する流儀も現れた。ふと明治期の断髪令直後の演者への違和感を想像してもみる。ちょんまげの世界から、観客席は見慣れぬ短髪、舞台の上も同じく見慣れぬ短髪。却って互いに、時代に淘汰された現代人としての共通性や親近感を覚えたかもしれない。

私は世田谷パブリックシアターの芸術監督も務めるが、そもそも劇場とは何のために在るのか、演劇的行為とは何なのか、常々考えている。劇場が充分に機能出来ない時こそ、その本質が問われるのだ。いやそれは劇場に限らない。何を是とし何を否とするか、全ての物事がその本質を問われ、時に淘汰される厳しい時期を迎えている。

現在、私たちはどこに立っているのか。生活の基盤が揺らぎ、失われるかもしれない不安定な世界。皆足下を見るのに必死である。何とか立っていても、どこにいるのか分からない。しかし上を向かないと自身の座標軸が見えてこない。

狂言には「笑いの型」というものがある。可笑しいことが無くても、地に屈んで溜め込んだエネルギーを天に向かって放てば、即ち背筋を伸ばして仰向く型をすれば、オートマティックに気持ち良くなって笑えるのである。感情からではなく、身体から解放して笑うという行為に入り、心を後から添わせるのだ。YouTube「野村萬斎@狂言ござる乃座」や、NHKの番組「萬斎と笑う時間」で紹介しているので、皆様もトライしてみて頂きたい。忘れていた何かを取り戻したり、自分がどこに立っているのか、座標軸を再認識するきっかけになるかもしれない。腹から声を波動のように出す笑いは、有酸素運動にもなる。免疫力を高めるとの説もあるようだ。

（狂言師）

（二〇二一年四月二十一日）

コロナ禍での活動について

野村万作

昨年（二〇二〇年）の手帳を開き、私や倅（野村萬斎）を始めとする、私ども「万作の会」の狂言師が出演を予定していた公演が、一年間でどれだけ中止・延期になったか数えてみた。能会、狂言の会、ワークショップ等を合わせ、二月末から中止・延期の文字が見え始め、三月はかなりの数が中止・延期となり、私が出演した会は三公演のみ。四、五、六月の出演はゼロ。七月以降、対策をとりながら開催される公演も出てきたが、集客の見通しが立たず、採算の問題でやむを得ず中止となる会もあった。一年間の予定のうち、半分をゆうに超える催しがコロナ禍のために中止・延期となったのである。

中でも緊急事態宣言が出された四～五月の二か月は舞台の仕事がほぼ無くなった。飛沫感染の危険があるというので弟子への稽古も出来ず、五月は完全に休業状態となった。三歳で初舞台に立って以来、八十七年を越える歳月を狂言師として過ごしてきたが、これほど舞台が無くて時間を持て余したことは、特に狂言を職にしてからはなかった。

思い返せば、全てが焼けて舞台どころではなかった終戦直後でも、自分自身には「狂言をやっていくのだ」という大きな希望があった。しかし今、豊かで恵まれた暮らしの中で突然襲ってきたコロナに掻き回されて、狂言や演劇の世界でこれからやっていこうとしている若者が、希望を失っていくのではないかと不安に思う。

また、これまで長く舞台を観ていてくださった愛好者の方が、鑑賞から離れてしまうのではないかという危惧もある。良い舞台を作るためには、我々の舞台上での演技の質ももちろん、見所の観客の熱気も必要だからだ。我々がやっている狂言・能、また歌舞伎など他の伝統芸能でも、倅やもっと若い世代が中心になって、インターネット配信などで、コロナ禍でも観客に興味関心を寄せてもらえるよう、時代に即した努力をしているが、会場で観客と感情を共有し、一つの舞台に集約していく感覚が、演者として成果を上げていくにも大切だということを、無観客公演なども経験した今、改めて感じている。

（狂言師）

（二〇二一年四月二十一日）

二〇二〇年度のあうるすぽっと

蓮池奈緒子

この原稿を書いている現在（二〇二一年四月）、東京では「緊急事態宣言」こそ解除されたものの「第四波」が襲来していると報道されています。まさに今、聖火リレーが全国を回り、七月にはオリンピック・パラリンピックの開催が予定されています。そして、あうるすぽっと（豊島区立舞台芸術交流センター）では、相変わらず客席五〇％での公演が続いています。

二〇二〇年の春の記憶が蘇ります。あの頃は、一年後の世界がどのような状況にあるのか、想像することができずにいました。そしてよもや今のような状況になるとは……。が、一年前の緊張感とは異なり「慣れ」のようなものがあります。

あうるすぽっとは二〇二〇年度、主催事業として七本の舞台公演、六本の映像配信、そして二本のワークショップ等を実施し、六事業をやむなく中止・延期としました。調整を続けながら、つねに「文化の灯を消さない」ことを心に刻んで……。

春、五月の『テンペスト～はじめて海を泳ぐには～』は国際共同制作作品ということもあり二〇二一年六月に延期としましたが、夏の主催事業は、「おうちで見よう　あうるすぽっと２０２０夏」と題し、子どもに見せたい舞台vol. 14おどる絵本『じごくのそうべえ』、『絵本のじかんだよ！』、『おはなしの絵空箱』、みんなのシリーズ第五弾『能でよむ～漱石と八雲』、加えて例年のホワイエ展示を参加型企画『おばけのパレード～真夏のにぎやかな百鬼夜行～』とし、この五事業全てを無料配信しました。十月以降の秋シーズンの主催事業は、客席数こそ半減となりましたが、全て実施しました。基本的な方針は二点、「命を守る」、「文化の灯を消さない」でした。ただ、レクチャーやワークショップなど普及啓発系の事業でいくつか中止としたものもありました。

そして冬。感染者が急増し、「講談師 神田伯山新春連続読み『寛永宮本武蔵伝』完全通し公演令和三年」は初日前日に開催延期を決定しました。二〇二〇年度は、忍耐、工夫、そして決断の連続で、多くの迷いもありました。新たなものを生み出すことが出来ているのかどうか。検証するにはもう少し時間がかかりそうです。

パンデミックの中、様々な形態で事業が実施できたのは、アーティストやスタッフの舞台芸術の力を信じる強い想いの結集だと感じています。そして、何よりご来場頂いたお客様方の行動が力となりました。舞台芸術を愛する全ての皆様に深い敬意と感謝の意を表します。今後も芸術の持つ力を信じ活動して参ります。

（公益財団法人としま未来文化財団 企画制作部）

（二〇二一年四月四日）

今だから

林与一

試練は突然やってきた。

目に見えない、とてつもなく大きなものが自由を根こそぎ奪っていったのだ。

人に近づいてはいけない。触れてはいけない。大きな声を出してはいけない。

我々役者は、表現する手立てを断たれたのだ。舞台も映画もテレビも、全て止まってしまった。七十年動き続けてきたのに、ぽっかりと空いてしまった時間。途方に暮れる、何も出来ない時間。

待てよ。そうか、時間はあるのか。

生まれてから今日までのことを、ゆっくり考えてみよう。お世話になった方々のこと、先輩から教わったたくさんのこと。思い出してみよう。そうだ、時間が無くてできなかったワークショップもできるではないか。

よし。今のうちにやってやろう。

声を出す。体を動かす。本を読む。音を聴く。調べ物をする。

いつでも芝居ができるように。

天は、コロナという試練を我々に与えた。日本中の、世界中の方が今も大変な思いをされている。いつ終わるかもしれない戦い。大きな敵と戦っている。

そうだ。戦うのだ。

出来るのであれば、マイナスをプラスに変えるのだ。

今までも役者の先輩たちは、芝居を上演することが許されなかった時代を乗り越えてきたではないか。来る日のために、役者はひたすら準備をするのだ。

今のうちに体力を蓄え、パワー満タンで待とうではないか。

芸能は、決して無くならないのだから。


（俳優）

（二〇二一年四月二十三日）

静かに、実直に、生きる

五代目　坂東玉三郎

昨年からのパンデミックにより、世界各国のロックダウン、そして東京でも同じような状況になり、人々が仕事場などで会うことができなくなりました。演劇界では舞台公演の代わりに映像の配信なども数多く発信されました。その後、緊急事態宣言が解除され、歌舞伎座は昨年の八月からソーシャルディスタンスを組んでの再開になったのです。

私は昨年の九月、十月、十二月と歌舞伎座に出演させていただき、今年の一月は大阪松竹座で舞踊会を開催させていただきました。大阪の松竹座に於いては一月二日に初日を開けたのですが、さらに感染者が増え、七日頃には再び日本全国の緊急事態宣言が発令されました。そうした中でもお客様がご来場下さったのをきっかけに、劇場で皆様に舞台を観ていただくことの大切さを改めて実感したのです。また今年の二月、三月、四月と歌舞伎座に出演させていただきました。

去年の八月からは歌舞伎座の上演形態が「四部制」になり、俳優や舞台制作の全スタッフが各部ごとに総入れ替えという対策になりました。そして今年の一月からは「三部制」になりました。上演時間も短縮されてチケット代もそれに応じて変わっていきました。

コロナ禍での最悪の状況を乗り越えるための試行錯誤は、歌舞伎界だけではなく、実演を行う方々、特に作り手さんが新しい考え方をせざるを得ない時期がやってきたのです。今になって考えれば新しい考え方をもたらす良い機会であったともいえるのです。自分なりの考えとして、このような事態が起きたときには決して慌ててはならないことも理解しました。

将来の演劇をどのように進めていけるのか、また過去がどうであったか、あるいは現在がどうであったかということを静かに考えられる時期が来たのだと思います。今こうして原稿書いております中でも、この先が全くわからない状態でもあるのです。

震災や災害の中で演劇がどうなっていくべきかということを考え、その経験を忘れないようにしなければなりません。私の父の世代や、その前の世代は、戦争もあり、関東大震災もあり、スペイン風邪もあり、その経験を生かして、細々とでも活動を続けながら生きていくことを大事にしなくてはならないと伝えられておりました。

「細々とでも活動を続ける」……それを聞いたときに自分としては実感がありませんでしたが、こうした時期を経験した時に「粛々と実直に生きていく」ことが先につながると考えられるようになったのです。

「コロナ禍のパンデミックがあったから演劇が悪くなった」とか「演劇の上演形態自体が良くなった」という結論は簡単には出せないことだとも思います。人間はいつの時代においても災難を乗り越えて今日までやってきました。今大切なことは、静かに考え、静かに行動し、そして人間同士が顔と顔を合わせて話し合い、心を通わせて解決をしていくことが重要なのです。これからは少しずつ演劇が復活していくことでしょう。来年あたりにはそろそろ落ち着いてくるのではないかなと考えています。その時に改めて実のある実演を皆様にお届けできる状態になることを自分自身の課題として考えているのです。

（歌舞伎俳優）
（二〇二一年四月十二日）

コロナ禍で学び直したこと

福島明夫

昨年バタバタと公演中止が始まった三月からほぼ一年。この間、政府の出す緊急事態宣言やイベント制限、さらにイベント実施のガイドラインなどに振り回され、また絶えず迷いながら様々な措置をとりつつ、公演実施あるいは中止の決断をしてきました。青年劇場で言えばオンライン稽古を続けていた五月公演を中止する一方で、七月からの全国公演を準備し、実施に向かっていったあたりがもっとも判断に苦しんだ時期だったのだと思います。当時唯一受けられた抗体検査から学生時代の先輩を頼ってのPCR検査の実施等、劇団間の意見交換をしながら、とにかく感染者を舞台に上げないための措置に集中した旅公演のガイドライン作りも進めました。その一方で演劇関連の統括団体が集まっての演劇緊急支援プロジェクトを作り、ミニシアター、ライブハウスの方々と一緒に国会での省庁要請、記者会見、さらにネット番組作りまで、芸術文化を守れという運動を展開。芸団協を中心にした文化芸術推進フォーラムや新たに作られた緊急事態舞台芸術ネットワークと連携して、具体的な支援策や事業含めての提案を行なってもきました。

その思いを振り返れば、このままでは演劇上演のすそ野が根こそぎやられるという危機感であったと思います。公演を再開できる見通しが皆目つかない状態で、創造現場もですが、鑑賞会や劇場の運営がもたないという不安に駆られたのです。それが一つには国の予算獲得への運動であり、と同時に可能な限り演劇公演を再開させる方向に向かわせたと言えます。公演が行われなければ、鑑賞団体は消滅し、観客も劇場から離れていくという不安です。「不要不急」と言われ、ともすれば演劇公演の再開、劇場の再開も経済活動の一環として言われることに対して、演劇公演が持っている精神的、文化的な価値について示す必要があったとも言えます。

そして七月以降の舞台の再開での観客との出会い、客席との豊かな交流は、人間の表現活動への渇望、その欲求を教えてくれるものでした。また観客が舞台に与える刺激が俳優の演技創造に豊かな膨らみを与えていることも。四月の支援プロジェクト要請文に「私たちが欲しいものは希望である」と書きましたが、その希望とは未来への、人類の豊かな文化資産の継承発展ではないのかと思い知るに至ったということでしょうか。芸術文化が何の役に立つかという論議がされ続け過ぎたことで、私たちはとても大切なことを忘れていたのではないかと思ったのです。人類の進化は経済成長、経済の豊かさだけで計れるものではないのです。そして実演芸術の魅力、力は、デバイス越しの放送、配信や映像芸術にはない、対面が持つ力であり、より人間的なものなのです。

（青年劇場・日本劇団協議会事務理事）
（二〇二一年四月一日）

心を込めて勤める

藤川矢之輔

昨年二月、こどもさんたちに歌舞伎を観ていただこうと企画した創作歌舞伎『牛若丸』が二か所ほど公演中止になりました。出演者はほとんど若手の精鋭、すでに何年かにわたって上演し、こどもさんたちが食い入るように観てくれるので張り切って勤めておりましたが、新型コロナウイルス感染防止の観点からやむを得ないことでした。以来、いくつかの公演や、一般の方を対象としてご好評いただいている「朗読教室」なども中止や延期となり、俳優養成所の生徒が一年かけて積み上げてきた成果を発表する卒業公演も、予定していた会場が使えなくなるという事態、これには、シアターχ《カイ》さんが急遽会場を使わせてくださいましたので無事公演できましたが、「これはただ事ではない」という思いを強くしました。

劇団が総力を上げて取り組む五月東京国立劇場公演、歌舞伎を上演する力を育て、全国のお客様に前進座の魅力を発信し、経済的にも大変大きな比重を持つ、一年のうちで最も大切な公演です。毎年楽しみにしてくださるお客様も多い中、公演するのかどうかというお問い合わせが日増しに増え、各劇場の動向や政府・自治体の対応にも注視してきましたが、いよいよ緊急事態宣言が発令される、との状況。劇団として、お客様を責任もってお迎えすることがいかに難しいか、その頃はまだ、開催の条件が非常に厳しい時でした。宣言の発令と同時に中止を決断、お客様には状況を説明してご理解いただき、チケット代の払い戻しをお伝えすると、辞退される方がおられました。

公演中止にともなう経費と払い戻しで、実のところ劇団としては窮地に立たされておりましたのでありがたくご好意に甘え、その後「国立劇場公演中止にともなう緊急募金」を発信したところ、全国の、実に多くのお客様からご協力いただきました。九十周年を迎える劇団への熱いお心に対し、早く活動を再開して、この方々のご期待に応えなくては、と皆で誓い合いました。

しかし、密を避けるためには集まっての稽古はおろか、劇団の会議やお客様への訪問も自粛を余儀なくされ、長期にわたる自宅待機は、これから芝居を続けられるのだろうか、という不安に押し潰されそうでした。

八月からの巡演はできそうだ、との判断から稽古を始めました。マスク着用でのセリフや動き、これは苦しい。また稽古場の密を避けるためその場の出演者以外は別に待機、稽古を見て成長する若い人にはマイナスです。検温・消毒・手洗い、あらゆる対策を講じ、もちろん外食や飲み会などもってのほか、公演中も主催者さんやお客様、表方との接触禁止など取り決めて、毎日の舞台にすべてを集中するのは、かなりの努力が必要でした。

巡演中は、それでも何か食べなくては、と思ってすいていそうな店に入ろうとすると「県外の方お断り」の貼り紙。長旅での疲れから発熱した人が出ると、隔離して、診てくれる医療機関を探すのがまず困難、会館からは「公演中止」を言われ、やっと見つけた先生の診断でコロナと関係なし、のお墨付きをもらい無事公演、発熱した人はPCR検査を受けて陰性が確認されるまで二～三日本隊を離れて代役でしのぎました。

八月の公演開始前に全員抗体検査を受け、その後も定期的にＰＣＲ検査を受けて、関係者全員陰性を確認しましたが、検査と検査の間、同じように諸事万端気をつけていれば感染しないだろう、というのが心の支えでした。

伝統的な演技術を日々の訓練で習得し、本公演でお客様に観ていただくことで成長する私たちの劇団にとって、その機会が半年間得られないという状況は大変な後退を意味します。リモートを活用してなにがしかの活動をしてきましたが、やはり生の舞台で、たとえ半分の入場者数であっても、お客様に観ていただくことができた昨年八月からの巡演や東京・名古屋・京都での公演は、芝居ができる、観ていただけるという、これまでごく当たり前だったことがどれほど貴重なことだったか、戦前戦後にかけて大変な苦労をしながら九十年の歴史の礎を築いてきた先輩たちに思いを馳せ、一回一回の舞台を大切に、心を込めて勤める、そのことを再認識した一年だったと思います。

（前進座・歌舞伎俳優）

（二〇二一年三月三十一日）

やまと心

二代目 松本白鸚

大変なご時世となりました。

今この瞬間も病気と闘っておられる患者の皆

様、医療関係、ご家族の方々、さぞかしご苦労のこと、お見舞い申し上げます。

昨年三月、お客様が一人もいらっしゃらない歌舞伎座で、インターネット配信のために、私はいつものとおり一所懸命『石切梶原』と『沼津』の平作を勤めました。それが、その時の私ども歌舞伎俳優ができる努めのすべてだと思いました。

舞台に立てない日々は、俳優としての自分を見直す時間でもありました。毎日、家には籠っていましたが、精神的なモチベーションを保つため、常に勉強し、明日にでも舞台に立つことができるよう備えておくことに勤めていました。しかし、当初、思っていたよりもずっと長く閉塞した状況は続き、私自身もいつどこで感染するかわからない恐怖の中、やりきれない気持ちは抑えようもありませんでした。

このコロナ禍を機に、日本という国は、否応なしに変わっていくでしょう。それは想像もつかないような大きな変化になると思います。これまでのような当たり前のことを当たり前にできる自由な日々は、もう望むことができないかもしれない……。

去年の八月再開した歌舞伎座には連日お客様が来てくださっています。心から「芝居を観たい」と思ってくださる方が大勢いらっしゃる。俳優ばかりでなく、裏方の方々はじめ、応援してくださるお客様の支えで舞台が上演できています。それはとても尊いことですし、本当に有難い事だと思っています。

また、幸四郎をはじめ若い俳優たちは図夢歌舞伎という新しい試みを始めていますし、ネット配信用にライブの舞台を中継したりもしています。彼らは新しいメディアへと舞台の活動の場を広げ、歌舞伎のためにさまざまな努力を続けています。

束の間であっても、お客様の悲しみや苦しみを、喜びや希望に変えるのが俳優の使命であるならば、平時ではない今だからこそ、我々俳優は尚一層の精進が必要なのではないでしょうか。

日本人には古来から、如何なる場合にも柔らかな冷静さを持った〝やまと心〟が宿っていると考えられています。暖かい冷静さに満ちたこの〝やまと心〟（決して「大和魂」ではありません）を持ちつづけて、たとえ世の中が大きく変わろうと、我々日本人は前を向いて、生きていかなければならないと思うのです。

（歌舞伎俳優）

（二〇二一年三月二十二日）

演劇力

麿 赤兒

現生人類ホモサピエンスの誕生以来、人類は様々な苦難を克服して来た。その克服の重要な要素の一つが人類の持つ虚構能力、つまり広い意味での「演劇力」だ。

この度のコロナウイルス騒動もまたそれを主役とした人類劇の様相を呈している。地球上の全人類が否応無くそれぞれの役をそれぞれの能力によって命懸けで演じている。現実という虚構を生きているのだ。

コロナウイルスは言う、我々はいづれ退場する、そしてもう一つの「劇」の醸造、発酵を期待すると。

（大駱駝艦・舞踏家・俳優）

（二〇二一年三月十八日）

恐怖時代登場

二代目 水谷八重子

歌舞伎役者を父に、新派女優を母に持って生まれて来た私でございます。

どんなことがあろうとも、舞台が最優先、舞台が何より大切。舞台は兵隊さんが命を賭けて戦う戦場、無論、親の死に目にも会えないのが、当たり前の舞台俳優なのだと、刷り込まれて育って来た私でございます。

巷に恐ろしい病気が流行って来ても、罹らないように、用心しつつ、常に微熱に怯え、うがいに走り、と、伝染病をかいくぐりつつ、残すところ八回となった新派新作公演『八つ墓村』を無事に努めなければなりません。

フィナーレの舞台に出ようとしている、慌ただしい中、プロデューサー氏が、飛んで来て、私の腕を掴みました。

（何するのよ、出トチするじゃない）って睨んだのは覚えているんです。

「お客さまに、この回で千穐楽にしますから、ってそう、お知らせして下さい」

「？」

「兎も角、この芝居は、この回を持ちまして終わります。終了なんです！　明日からないんです！」

無理矢理に舞台に押し出されていた。

鳴り止まぬ拍手の中、有り難い筈の拍手の中、その拍手を押し留めたが、自信も何も力もなく、心も神経も、どこかに置き忘れたまま、ただただ、おずおずと切り出した。

「あの～、実は、その～この回が、千穐楽だそうで……」

自信もなんの力もなく、心も神経も、どどどっと大波に変わって、私の声を消して行く。

すすり泣く声も聞こえて来た。

余りの珍事に私の方は、泪も何も出なかった。

こんな事って、有って良いのだろうか？

あ、ヒョッとして、戦争中には、有ったのかも知れないなどと、まるで、トンチンカンなことを思う内、緞帳が降りてきた。

フィナーレの緞帳だ。だから、出演者はみんないた。肩寄せあって泣いてる子たちもいた。

生まれて初めての出来事に、私だって、ただただ呆然。

こうして二〇二〇年二月二十七日に恐怖のコロナ時代がはじまった。

（劇団新派・女優・歌手）

（二〇二一年五月四日）

孤立した魂に命の水を届ける

宮城　聰

二〇二〇年の三月。ＳＰＡＣでは毎年ＧＷに開催してきた「ふじのくに⇄せかい演劇祭」に招聘予定の海外カンパニーの公演が次々とキャンセルになり、それでも「楽しみにしてくださっている皆さんのために自分たちの作品だけはなんとしても上演しよう」と、考えうる限り最大限の感染対策をして稽古をしていました。ちょうど「不要不急」という言葉が流行語のようになり、「劇場が閉まっても誰も死なないんだから」と、演劇が不要不急の典型のように言われていた頃です。でも僕らは、ＳＰＡＣの劇場に足を運んでくれる方々の中に「演劇がないと心が枯れてしまう」という人たちが確実に居ることを知っていました。だからこそ演劇という命の水を切らさないために自分たちの芝居だけはどうにか上演しようとしていました。

しかしある日、僕らは正反対の結論を出さねばならなくなりました。「稽古場に集まること自体が、クラスターの発生リスクを増やす」と気づいたからです。どれほどの感染対策をしていても、出演者の誰かがウイルスをもらってくる可能性はゼロにはならない。そして稽古・本番では、俳優同士の濃厚接触は避けられない。ということは、稽古をすることで、劇場からクラスターが発生する可能性が生じる。もし公立劇場のＳＰＡＣでクラスターが発生したら、ただでさえ逆風を受けている演劇界が、どれほどのダメージを被るか？

そう考えた翌日から、僕らは劇場に集まるのをやめました。そして、なにより自分たちこそが「演劇がないと心が枯れる」種類の人間であると今更のように思い知ったのです。

であるならば、この世に「演劇がないと心が枯れる」人々が少数ながら確かに存在しているんだ、ということを、なんとか世間に知ってもらう方法はないものかと僕らは考え始めました。その過程で今更のように気づいたのが、新型コロナ禍の前から、今の僕らと同じように孤立している人たちが、僕らのすぐそばにいたんだ、ということでした。孤立した魂に命の水を届けるのが演劇なのだとすれば、「人々が劇場にやってくる」ことが出来ない今こそ、「劇場が孤立した人々のところに出かける」べきではないか。

そこで僕らは「でんわde名作劇場」とか「出張ラヂヲ局」「給食時間に俳優登場！」など「その人が今いる場所を劇場にする」活動を始めました。

いっぽう僕らは「舞台上では濃厚接触は避けられない」という思い込みを相対化することにも取り組みました。シェイクスピアの時代にもペストが流行っていたのだから、かつての演劇を振り返れば「ウィズコロナ様式」のヒントが有るのではないか？　と考えたのです。

そしてこの四月。一年延期した唐十郎作『おちょこの傘持つメリー・ポピンズ』の上演で、僕らは「唐さんの戯曲をラシーヌの戯曲だと思って演じる」ところに至りました。ラシーヌの芝居って、舞台上での濃厚接触がありませんよね！

（SPAC－静岡県舞台芸術センター芸術総監督・演出家）

（二〇二一年四月十四日）

公立劇場の片隅で

宮崎刀史紀

公演中止に伴う大量のチケット払い戻し作業、施設利用のキャンセルと利用料金の還付、各種設備の運用調整、業務委託先との委託費減額交渉、スタッフのコロナ感染、臨時休館、出勤者数の抑制、出演者やスタッフのPCR検査、海外招聘アーティストの隔離対応、公演日程や会場の変更、開催できた公演も観客数は伸び悩み……、劇場運営の立場としては、実にいろいろな「想定外」を経験し、右往左往した一年余。

ロームシアター京都は、京都市が設置した公立ホールである。自主事業にも積極的に取り組む一方、貸館利用も非常に多く、ポップス、演歌、演劇、ダンス、クラシック、ピアノやバレエ等の発表会、講演会、研修、学会などなど、様々なことに利用されている、いわゆる「多目的ホール」だ。この施設が使われないことで、文字どおり、世の中の数多の「目的」が、この地からいっとき、消えてしまっているのではないか、と感じたこともあったように思う。催物の主催者から「舞台上でこれをやってもよいか」「こういう客席の使い方はできるか」といった相談を受けることは以前からよくあったが、この状況下において、同じように質問を受け、以前なら問題なかった表現や使い方に自分の判断でダメを出さねばならない時、ふと「検閲」という言葉が、頭をよぎったりもした。そもそもこの「劇場」はどういったものであるのか、何ができるのか、何を目指すのか、世の中の「劇場」観はどういったものなのか、公立とは何なのか、そんなことが改めて「モヤモヤ」してきた気のする一年余でもあった。

閉めろと言われたから閉める、判断が面倒であれば制限は厳しくしておけば無難……、公立ということもあり、そういう感覚に身を委ねてしまうことはたやすいことかもしれないが、それに声高に抗わぬとも、そうではないあり方を思い、劇場で働く者として、その専門性と役割について改めて意識する日々であったかと思う。幸いなことに、まだこの劇場は失われず残っている。それが多くの人々の思いゆえなのか、「公共施設」だからなのか……、この一年で経験した目前の様々な実務はもちろん、そういったふと感じたたくさんのことについても、今後の劇場運営に生かしていかなければ、と思っている。

（ロームシアター京都 管理課長）

（二〇二一年五月二十三日）

重さと熱をともなう前進を

やなぎみわ

現代美術の世界は、この十数年ほどデジタルありきの暴走を続けてきた。世界中に「アート作品」を専門に受注するファクトリーが現れ、３Dデータを介した巨大な彫刻から映像制作まで請け負い、各地のパブリックアートや、ワールドツアーの展覧会に作品を送り込んでいる。ほとんどが大規模ギャラリーの資本を背景にしたグローバル化である。もちろんアート全体がではなく、地域に根ざした芸術祭、土地の歴史を再発見するプロジェクト、地域と作家の協働は数多に行われているので、二極化したと言っていい。とにかく一方の極は、物象化と流通の効率化を無限に推し進めているのである。

このような批評不在の加速の風潮に、身体を媒介する舞台作品は、同調しにくい表現である。その「遅さ」こそが、ある意味クリエイションの健全さをまもる砦でもある。「重量」や「熱量」をともない、現場に人々が集うことで出来上がる舞台作品は、人の重さを保ったまま数千年の時間を巻き戻して回春する。パフォーミングアーツが、他の様々な領域とボーダー無しにつながることが出来るのは、そのせいだろう。

疫病禍がもたらした「立ち止まり」は、資本主義が覆い尽くしたこの世界を剥き出しにして露呈させ、加速していた部分には正気を取り戻す多少の手助けになったかもしれない。しかし舞台作品にとっては、この数年は、異質なもの同士の偶然の邂逅の機会や、行きあたりばったりの化学反応は激減するのは必至で、それは大変残念だが、私たちが生き延びることが出来るなら、ここまでのアーカイブを見ながら自省し、未来を熟考し、身体の重要性を再認識する時間だと思う。

私個人の作劇のことを言えば、ここ二年近く、あるアジアの伝統大衆歌劇の野外劇の作演出にたずさわり、渡航を重ねて稽古をしていたが、昨年三月で中断し、公演予定日と公演場所の変更による演出プランのやり直しを行っている最中である。現場に行けない状況でも新しい協働の方法を探しつつ初演を目指している。

私は一九九〇年代から二十年近く現代美術の領域で制作し、二〇一〇年代から十年程はひたすら舞台を作り、二〇一四年からは特殊車両を使って野外巡礼劇を行っている。ここ三年ほど再び美術作品も作り始めた。

伝統歌劇も、当初の予定のままであれば、タイトなスケジュールで怒涛のように公演になだれこんだはずだが、一年半の延期期間は、言語、歌、音楽など文化の理解が深めるための貴重な時間となった。歌劇の劇本は、ここ数年調査していた絶滅寸前の野生蘭をテーマに書いた。今は、その蘭たちの写生と立体造形をしている。舞台装置を作るためでもあるが、絵や造形は、そういった実用目的とは、また違ったところにある。人間よりも長く命をつないできた植物と共に時間をかけて作品を作るのが、この綱渡りの日々の、唯一の救いとなっている。

（アーティスト）

（二〇二一年四月三十日）

謙虚に勤勉に猛れ

山本卓卓

演劇という芸術を因数分解していくと、最後に展開される概念は「人」と「物語」である。目の前に人と物語がある以上、演劇作家の脳内に休みはない。勤勉な作り手こそが、時代の困難を飄々と生き抜く作品を創作するだろう。私はそう信じている。

現状を過剰に憂いたり、いきり立ち媒体に呪詛を吐露するようなことを私はしたくない。冷静にこのパンデミックをみつめ、すべての経験を作品に帰結させる意識を持ちながら日々を過ごしたい。正直なところ、むしろ、このような時代にこそ、私の奥底にある生命の泉が滾る。そして幼少期たしかに持ち得ていた巨大な悪戯心が顔を覗かせる。彼はいまを楽しめと言っている。

オンラインを演劇の場と見立てる範宙遊泳の企みは、上記のような私の精神状態と信念によるプロセスから生まれた。クリエイターが新たなことに挑戦する時、信念という重みと同時にノリという軽さが必要になる。オンラインでの演劇活動をやろうと決めた多くの演劇人がそうであったろう「なんとなくやってみよう」の感情がスタートラインにあったとしてなんら私は蔑視しない。

だからこそ、若手演劇人のオンラインでの活動を揶揄し挑発するような演劇原理主義的な先人の発言には正直「インターネットが0と1で構成されていることも知らないもんね、ドンマイ」とやや呆れ気味に挑発し返したくなる気持ちもあった。先人たちはたしかに、明らかな、演劇の遺産であることに間違いはない。彼らが我々のつくる演劇に多大な影響をおよぼしていたことに無自覚でいるにはあまりに不遜だ。けれど、そんな彼らがいまや、〝先人〟と呼ばれてしまうほどにインターネットへの無知をさらせばさらすほど、彼らが私たち後世に作品で説いてきた「勤勉さと誠実さの大切」が嘘くさく思えてしまう。

そして同時に、先人からのカウンターをくらってオンラインでの活動をひっこめてしまうような、軟弱な若手も嘘くさい。パンデミックが収まれば手のひらを返したようにオンライン活動を放棄するといった態度も私の信念には合わない。そうはなるまい、と思っている。

しかしながら、たしかに、生で、目の前に観客がいて、人肌を充分に感じながら行う演劇は、たしかに、楽しい。日本におけるウイルス流行の第三波と第四波の狭間に運良く上演できた私が、できなかった側の無念を慮らないのはこれもまた不遜だ。私たち演劇創作者は「人」とその人の背景にある「物語」から学ばなければならない。そして徹底して不勉強に対し厳しくあらねばならない。

私は〝先人〟にも〝若手〟にもなるまい。これは自戒の文章である。

（演劇集団範宙遊泳・作家・演出家）

（二〇二一年四月三十日）

わたしとあなたが出合う場所

流山児 祥

予想もしないコロナ禍の中、流山児★事務所は二〇二〇年三月から二〇二一年四月まで一年間、様々な困難を乗り越えて上演、映像製作を続けた。新たな出会いを求めて、そんな中、以下の作品が生まれた。この時代でしか体験出来ない、私達の「出会いの歴史」の中から生まれた軌跡《クロニクル》である。

●二〇二〇年三月『由比正雪』＠東南アジア公演。作：唐十郎、演出：流山児祥、インドネシア到着と共にコロナ禍が襲う。予定したタイ二都市、スマトラ、ジャカルタ二都市公演中止。だが、十年来のインドネシアとの交流で生まれた現地の友人たちの演劇愛でジョグジャカルタ、トゥンビ、ソロの三都市でアングラ野外劇として初の唐十郎作品上演を成し遂げる。帰国すると非常事態宣言が発出された。

●四月〜六月、日本・台湾国際共同製作『道〜大路・七天〜』この五年間、共同製作を続けている嘉義ＯＵＲシアターとの新作。台湾側の入国ならず、急遽オンライン映像製作に変更。監督：汪兆謙、音楽：坂本弘道、人形劇：布袋戯も参加、ＺＯＯＭ稽古でコロナ禍の「東京と嘉義の現在」を描く短編七作品を創り上げる。YouTubeで一週間配信。十月、上野ストアハウス、台北、嘉義の映画館上映。

●七月、映像集団コラボニクスと映画『ジャパンデミック』撮影。佃典彦、わかぎゑふ、詩森ろば、ラサール石井、ケラリーノ・サンドロヴィッチ、しりあがり寿ら十三人の劇作家が「コロナを嗤う」新作を書き下ろす。十一月、先行上映。

●八月高取英メモリアル『寺山修司—過激なる疾走』＠スズナリ、作：高取英、演出：流山児祥半年ぶりの劇場上演。前売完売、客席半分、万全の感染予防稽古、ＰＣＲ検査が恒例となる。

●十一月中高年劇団＝シアターRAKU『シェイクスピア☆愛のアンソロジー』@Space早稲田　作：シェイクスピア　演出：流山児祥　無観客映像配信公演、

●十二月韓国現代戯曲上演『客たち』@新宿スターフィールド、作：コ・ノヨク、演出：シライケイタ、前売完売、客席半分、感染予防稽古、PCR検査。

●二〇二一年二月、三年間福島演劇人とのコラボ作品、作：真船豊『音楽劇☆鼬』演出：流山児祥@須賀川tette公演一週間前、須賀川は震度六強の福島沖地震に見舞われ劇場は被災。だが、多くの市民の協力で結婚式場（コロナで開店休業中）で、満員札止め上演となる。

　わたしとあなた（他者）が出合う場所が劇場なのである。3・11以降、私達は劇場を「魂の避難所＝アジール」と呼び活動を続けている。結婚式場は文字通りコロナと地震の避難所《アジール》であった。コロナ禍に生きていることを確かめあう場所こそ劇場なのだ。

●四月、一年ぶりに本拠地のSpace早稲田で岸田國士（作）『彗星の一夜』をノンバーバルで上演。客席二十五、これぞアングラの原点である！

　と、ここまで書いていてきたが、突如、三度目の緊急事態宣言発出で『彗星の一夜』は、ラスト六ステージを残し上演中止。急遽、映像配信とする。だが、私達の予想を超える多くの視聴者のみなさんに感謝。

　とにかく「前に進む」だけである。わたしたちは元気です。

（流山児★事務所・俳優・演出家・プロデューサー）

（二〇二一年四月十六日）

あこがれ

渡辺えり

天災も、疫病も、残酷で忌まわしいことと分かっているのに歴史的に繰り返される人の手による紛争も戦争も演劇を破壊することは出来なかった。

　日本でも空襲の最中「私は死ぬ覚悟で『女の一生』を観ていたのよ」と朝倉摂さんは私におっしゃった。新国立劇場で加藤豪主演の『夜明け前』を観ていたら休憩中に見ず知らずの年配の方に声をかけられた。「渡辺さん、聴いて下さい。僕は召集令状が届いた日、劇場で『夜明け前』を観ました。そしてもう二度と演劇は見られないだろうと思い、ひとつも見逃すまいと必死で観て大いに感動した。生きて帰ってきて、こうしてまた観られるなんて。言葉が出ません。渡辺さん分かって貰えませんか？　誰かに言いたくて仕方がないんです」

　その後、仕事でジョージアに行った時、チェチェンの難民が小さな劇場で着の身着のまま公演していて、後ろを振り返ると五歳くらいの男の子が照明器具を回している。後で聞いたら紛争で劇団の照明係だった両親を亡くし、その息子が代わりに操作しているのだという。衣装はジーンズとTシャツ。主要な俳優のほとんどが戦死したため上演できる演目は限られているのだという。役者もスタッフも戦車に乗って戦い、生き残った者だけで舞台を作っていると。稽古場では息子が戦死した母親の一人芝居を、本当に息子が戦死したばかり年配の女優が泣きながらリハーサルをしているところだった。

　日本円で五〇〇円だというチケット。「トマト一個の値段でやる」と決めての公演が大入り満員だった。

　二十年前くらいのこの経験で私の演劇に対する思いがさらに深まった。お互いがお互いを救うために生の演劇を上演するのだということである。お客様と作り手の境はほとんどない。共に同じ時代同じ時間を共有しているのだ。そしてその共有する濃厚な空気の振動はその場にいて、同じ苦しみと喜びをともに感じていることが大事なのだ。その特別なエクスタシー。共感できるという喜びと悲しみ。劇場は特別な場所なのである。

　コロナ禍、演じながら作りながら私はこの三つの出来事を思い出していた。朝倉摂の言葉。帰還兵の涙。劇団員のほぼ半数が戦死し上演できる演目を探して演じていた主演俳優。両親の跡を継いだ五歳の少年。死んだ息子を思いながら、役でも死んだ息子を思うセリフを稽古する女優。

自分は、私は何のために芝居をしているのか？

この一年ずっとずっと思い続けた。そしてコロナ禍で五本の芝居を上演し続けた。

劇場の灯を絶やさないために。コロナ禍で落ち込みがちな客様の精神を支えるために。こういう時こそ芸術娯楽は必要なのだとまさに決死の覚悟だった。

しかし、一番は自分が生きるためだったのではないか？　ギリシャ時代は病んだ心を治療するために演じられたという演劇。それはお客様にとっても作り手にとってもそうなのではないか？

演劇を初めて四十年以上たって初めて朝の九時から夜の十一時半までの稽古をしてみて、しかも消毒しながらの規制の多い苦しい稽古場なのに、有意義で楽しいと感じる自分がいたのだ。大赤字で、次の公演のめども立たない現状だというのに「演劇はやっぱり面白い」と感じざるを得なかった。この時代に手作りで、細かい厄介な作業ばかりなのに、こんなに面白い仕事は他にない。お客様も泣いて笑って喜んで下さる。苦しく辛い世の中だからこそ必要なのが演劇なのだ。

問題はお金。お金だけが問題なのだ。お金では解決できないような未曾有な感染病の中でだ。

自粛生活の中、観ることの多くなった映像作品とのコラボも様々に考えているが、優れた映像作品やライブ盤の作品に触れれば触れるほど生の演劇に更にあこがれてしまう今がある。東京に行こうと山形であこがれていた子供の頃と同じ感覚が甦ってくるのだ。

（オフィス３〇〇・女優・演出家・劇作家）

（二〇二一年三月三十一日）

夢のあとさき……

渡辺　弘

振り返れば、二〇二〇年春の数か月は夢なら覚めて欲しいと願って日々を過ごしていたような気がする。

勤務は主に在宅となり、たまに空いた電車で出勤すれば劇場は閑散としていてハコそのものでしかなかった。会議はリモートとなり中止・延期の報告とキャンセル料支払いの検討や消毒等の感染症対策、また「配信」という言葉がいきなり飛び交うが機材の準備もままならず、かつ著作権の壁に突き当たるなど後ろ向きの課題ばかり。「夢」を提供する場が動きを止めると寂しく重たい空気が全てを支配することを改めて実感した事態でもあった。

私個人としては、「緊急事態舞台芸術ネットワーク」の準備に参加したことで、徐々に現実に引き戻されていった。最初の全体会議（対面は一度だけ）に集まった方たちの現状報告から見えてきた事態の深刻さは今でも脳裏に刻まれている。よもや一年過ぎても「緊急事態」のままとは、まさに「悪夢」でしかない。週二回の夜のＺＯＯＭによる事務局会議は現在も行われている（つい最近週一回に）。

劇場に話しを戻すと、七月に入りまず音楽公演から劇場を再開させていった。千鳥の席配置、ガイドラインによる消毒等の感染症対策に追われたが、お客様の熱い拍手にホッとしたことを思い出す。秋には、文化庁の補正予算による「アートキャラバン事業」にさいたま市にある劇場・ホールが結集して取組み音楽中心の「フェスタ」を開催、中でもオーケストラによるファミリーコンサートは満員となり子供たちの喜ぶ姿に感動を覚えた。十二月には二週間の隔離を乗り越えフランスのダンス・カンパニーが全国三都市をツアー、まさに「奇跡」と呼ばれる公演ができた。しかし年明けには再び「緊急事態宣言」が発令され、高齢者劇団さいたまゴールド・シアターの公演が中止になるなどコロナ禍は終わりそうにない。

今回の事態で、同一空間で同一の空気の中で、表現者と鑑賞者が相互に作用することで感覚的な精神的な変革を得ようとするのが「芸術」であるという原点を、全てが止まったことで改めて確認できた時間だった。映像による配信はあってもよいが、マスクをしていようが声を出せない制限があろうがやはりＬＩＶＥがもたらす感動に勝るものはないというのが素直な現在の心境である。コロナ禍渦中に劇場はどんな「夢」を創れるのか試行錯誤の日々は続く……。

（彩の国さいたま芸術劇場 業務執行理事兼事業部長）

（二〇二一年四月八日）

オンラインの大きな可能性

国際交流基金海外向け動画配信プロジェクト

STAGE BEYOND BORDERS –Selection of Japanese Performances–

https://stagebb.jpf.go.jp

コミュニーケーションにおいて、同じ時、同じ場所を共有しているか否か、この差は思っていた以上に大きいことを、コロナ禍で改めて感じます。ビジネスの打ち合わせですら、対面とＺＯＯＭでは、会話の円滑さが異なります。まして、劇場での観劇とモニター越しの映像視聴を比較した場合、演劇という作られた物語に距離を感じてしまうか、あるいはその反対に、虚構の世界をありありと感じることができるのか、そこに大きな差が生じるのは当然かもしれません。

それと同時に、コロナ禍をきっかけにインターネットによる公演動画の配信を検討することになって初めて、オンラインには大きな可能性が秘められていることに気づきました。国際交流基金の舞台芸術分野での活動は、やはり海外の劇場での公演実施という方法が中心です。その際、世界各地のあまねく数多くの日本の舞台公演を派遣できれば良いのですが、現実的には実施できる海外ツアーの数は限られています。巡回先も首都など大都市が中心で、小さな地方都市での公演は、中々実現が困難です。また、公演内容の選択においては、どうしても受け入れられ易いものを優先する考え方が中心となりがちです。本来、芸術分野での国際交流においては、文化的背景が違うからこそ見えてくる考え方の違いや、その違いの上でなお人類に共通する普遍的価値を相互に発見することも重要な目的ですが、特に日本の舞台公演に馴染みの薄い地域への派遣の際には、まず第一歩として、わかりやすく誰にでも楽しめるという要素を重視せざるを得ない面があります。つまり、我々が生の舞台を届けることの出来る範囲には限界があり、特に実験的な演目になると、より一層、地域が限定されることとなります。今後コロナの問題が収束し、海外ツアーが再開できても、残念ながらこの制限は残ることになるでしょう。この点を顧みた場合、オンラインでの動画配信は、これまでアクセス出来なかった方々に、幅広い種類の日本の舞台に触れてもらうことをきっかけとして、重要な手段になりうると考えています。そこで、STAGE BEYOND BORDERS の配信にあたって、世界中のあらゆる方に、制約なく動画にアクセスして頂けるように以下の三つの方針を立てました。

1、多言語の字幕対応
2、長期間の配信期間
3、無料配信

言葉の制約、時間の制約、経済的制約、この三つの制約を取り除くことで、これまで接点の無かった人たちとの新たな出会いが生まれることを期待しています。

（国際交流基金 文化事業部 舞台芸術チーム長）

（二〇二一年三月三十日）

芸術文化を支援するアートマネジメント総合情報サイト

ネットＴＡＭ

現在、今も続く新型コロナウイルスによる世界規模のパンデミックにより社会は大きく変化しています。二〇二〇年春より芸術・文化分野も催しの延期や中止、文化施設の休館が相次ぎ厳しい状況にさらされ、雇用・労働環境など従来から存在する問題が浮き彫りになりました。一方で、危機を乗り越えるべく、業界を越えた新たなネットワーキングの誕生やオンラインによる挑戦的な取り組みなど、新しい動きが出てきています。ネットTAMではサイトを利用してくださる方をはじめ、困難に立たされたアートに携わる方を支援するため二〇二〇年五月より「芸術文化応援プロジェクト」を開始。新型コロナウイルスに関する助成金情報や取り組み記事を掲載し、サイト内での自由な交流をしていただけるようにしました。

アートマネジメント総合情報サイト「ネットTAM《タム》」(https://www.nettam.jp/)は、トヨタ自動車株式会社が公益社団法人企業メセナ協議会と連携して運営する、アートマネジメントに関する情報提供と、関係者のネットワーキングをめざす、総合情報サイトです。「TAM」は「トヨタ・アート・マネジメント」の略で、トヨタの社会貢献活動の芸術・文化活動における取り組みです。アートを通して地域社会を活性化する「地域のアートマネージャー」を各地で育成し、行政・文化機関・地域などで地元密着型のアートマネジメントが盛んになることを目的に、一九九六年から二〇〇四年までに全国三十二地域にて五十三回開催した「トヨタ・アートマネジメント講座」のアーカイブを中心に二〇〇四年に開設しました。以来、アートマネジメントで活躍する第一線の専門の方々にご執筆いただくコラムの掲載やお仕事、イベント情報の掲示板など、ジャンル問わず幅広くアートに関する情報を発信し続け、ご利用をいただいています。

具体的な取り組みとしては、①情報掲示板：全国各地のアート活動を自由に投稿でき、情報交流の場としてご利用いただけます。テーマに「新型コロナウイルス感染症」を追加設置し検索して閲覧を可能としました。②助成金情報：新型コロナウイルス感染症に対する助成金支援情報が投稿・閲覧・検索できるようにしました。③読み物記事：リレーコラムにおいて「新型コロナウイルス感染症に立ち向かうアートの現場レポート」をテーマに展開。さまざまなジャンルの現場における困難や試行錯誤、課題や対策などのレポートをご寄稿いただき記録しています。

また、新型コロナウイルス感染拡大の状況下での活動や表現、アートマネジメントについて考えるオンライントークを三シリーズ全五回開催しました。第一弾は「コロナ禍で社会をどう眼差すか？―芸術文化活動の今後に向けたヒント」としてオンラインリアルなどコロナ下での活動の可能性やアートの役割について現状を俯瞰しました。第二弾では非接触時代のアートについて現場の実情や事例を、三分野・計九名の登壇者から具体的に共有いただきました。総まとめの第三弾ではネットTAMならではの〝ジャンルを横断〟による「コロナ以降、非接触時代のアートマネジメント」をテーマに、これからの人財、資金調達、創造環境、協業、アートの必要性をどう伝えるかなどについて議論を深めました。

そして二〇二一年度は読者の皆さまのリクエストに応えつつ、新たな一歩をともに歩むリアルイベントのTAMスクール「タテ・ヨコに編まれる次代の〝アートマネジメント〟」を開催します。次代のアートマネジメントについて先陣で実践を試みる方々とともに学び考える場をつくります。このようにネットTAMはこれからもアートマネジメントを通して芸術文化を支援してまいります。

（二〇二一年四月八日）

IV

パンデミックと演劇

近世

医療事情が現在よりも各段に未成熟であった近世以前、病は人々にとって大いなる恐怖の対象であった。特に密集した都市生活を営んでいた者には、一端流行りだすと野火のように広がって多くの死者を招いた疫病は、現在よりもはるかに致命的な、まさに生死を左右する脅威となる。その疫病は、菌やウイルスが人体に入り込むことで感染する。人の目には見えない菌あるいはウイルスを、近世以前の人はどの様に把握して病を克服しようとしたのであろうか。その一例として疫病関係の資料と、疫病と演劇の関わりについて紹介する。

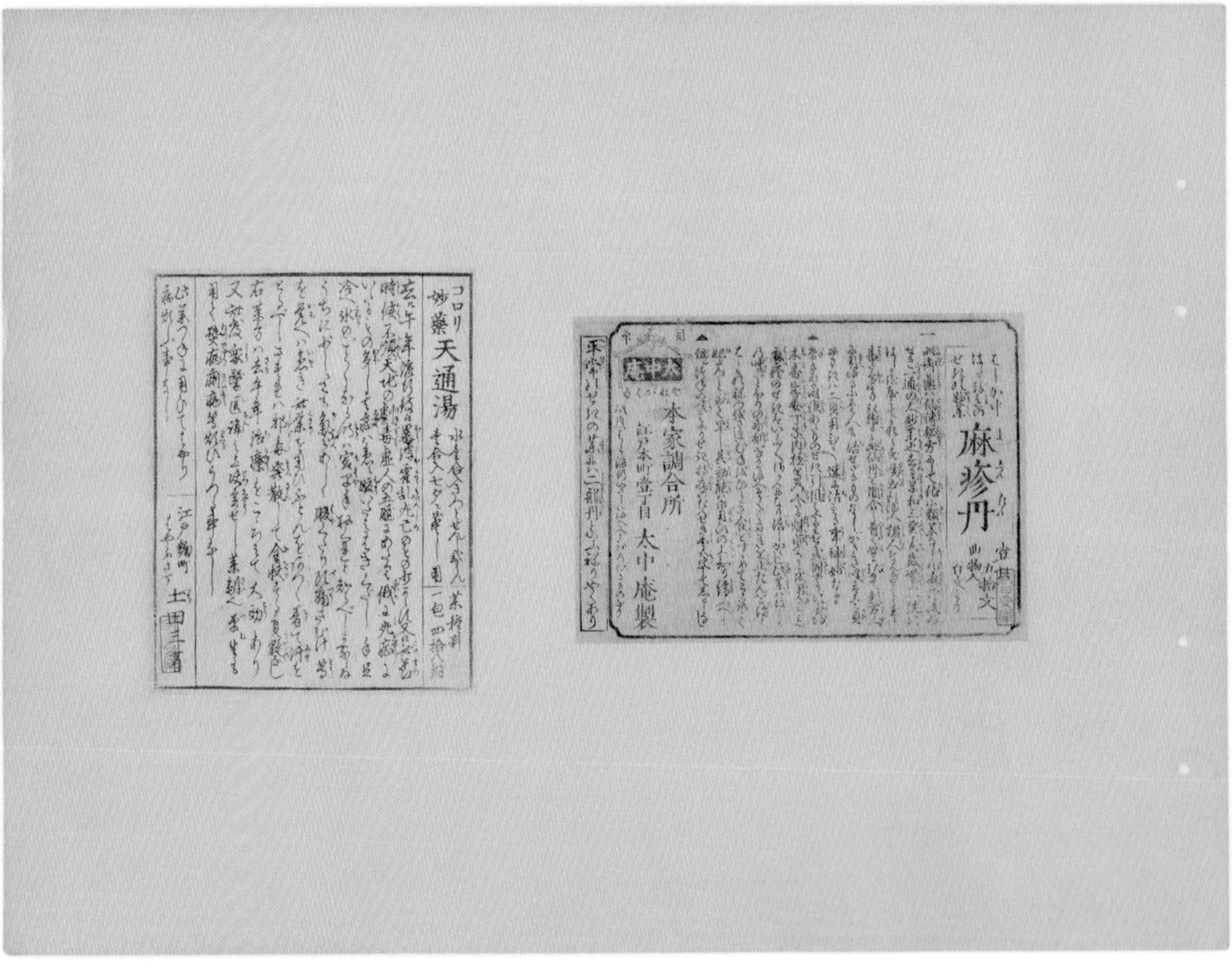

【安田文庫貼込帖】麻疹コロリ薬能書二種

イ110-01346

江戸時代の売薬効能書二種である。右側は、麻疹の薬「麻疹丹《ましんたん》」。麻疹は、ウイルスによる発疹性伝染病である。五、六歳までの幼児が多く発症する。江戸時代にも麻疹はたびたび大流行し、天然痘より死亡率が高かったので俗に「疱瘡(天然痘)は器量定め、麻疹は命定め」とも言われた。現代では麻疹を主にワクチンで予防するが、江戸時代にはこの資料のように発症中に服用する薬品が売られていた。左側は「コロリ／妙薬　天通湯」。「去ル午年流行致候…」などとの記載があるため、コロリ（コレラ）が大流行した安政五(一八五八)年(午年）の後につくられたものと思われる。コレラはもともとインドの風土病であったが、十九世紀以降の国際交流の活発化と共に世界中に広がった。日本には幕末の安政五年に長崎からもたらされて、全国的に流行した。発病後一、二日でころりと死亡するので、民衆は「コロリ（虎列刺・虎狼痢などと表記）」と呼んで恐れた。

安田文庫について

「安田文庫」は、安田財閥の二代目当主・安田善次郎氏（号：松廼舎、明治十二～昭和十一［一八七九～一九三六］）旧蔵資料である。現在放送中のNHK大河ドラマ『青天を衝け』主人公・渋沢栄一（天保十一～昭和六［一八四〇～一九三一］）と同時代に活躍した起業家・初代安田善次郎（天保九～大正十［一八三八～一九二一］）が、一代にして築き上げた金融中心の財閥が安田財閥で、現在のみずほフィナンシャルグループの前身にあたる。

蔵書家としても知られる二代目安田善次郎は、演劇博物館設立発起人の一人であり、設立当初から多数の貴重資料を当館に寄贈された。たとえば昭和四［一九二九］年には、役者評判記凡そ七〇〇冊、六合新三郎旧蔵長唄合本九十二冊、そして昭和十五［一九四〇］年には善次郎氏の子息・安田一氏（明治四十～平成三［一九〇七～一九九一］）より光悦謡本や室町末期写本の『風姿花伝』、さらには『けいせい仏の原』の絵入狂言本など、能楽・歌舞伎の第一級資料四四〇〇点余りをご寄贈いただいている。安田邸にあった二代目善次郎氏のコレクション「松廼舎文庫」と「安田文庫」は、ともに災禍で焼失したことが知られているが、当館に寄贈された「安田文庫」は戦中に疎開しており、幸運にも消失を免れた。

現在展示している「安田文庫貼込帖」（イ11-01346）は、昭和十六［一九四一］年に寄贈された。江戸時代の瓦版や古地図、風俗画など五〇〇〇点以上のスクラップである。台紙の大きさ毎に大・中・小に分けられている。さらに内容毎に大は三冊、中は十三冊、小は七十六冊に分類されており、各冊の一丁目には目録がある。展示中の貼込帖は、小・七十一冊目「薬品」、小・七十二冊目「疫病」の一部で、各資料名は、目録題を採用している。

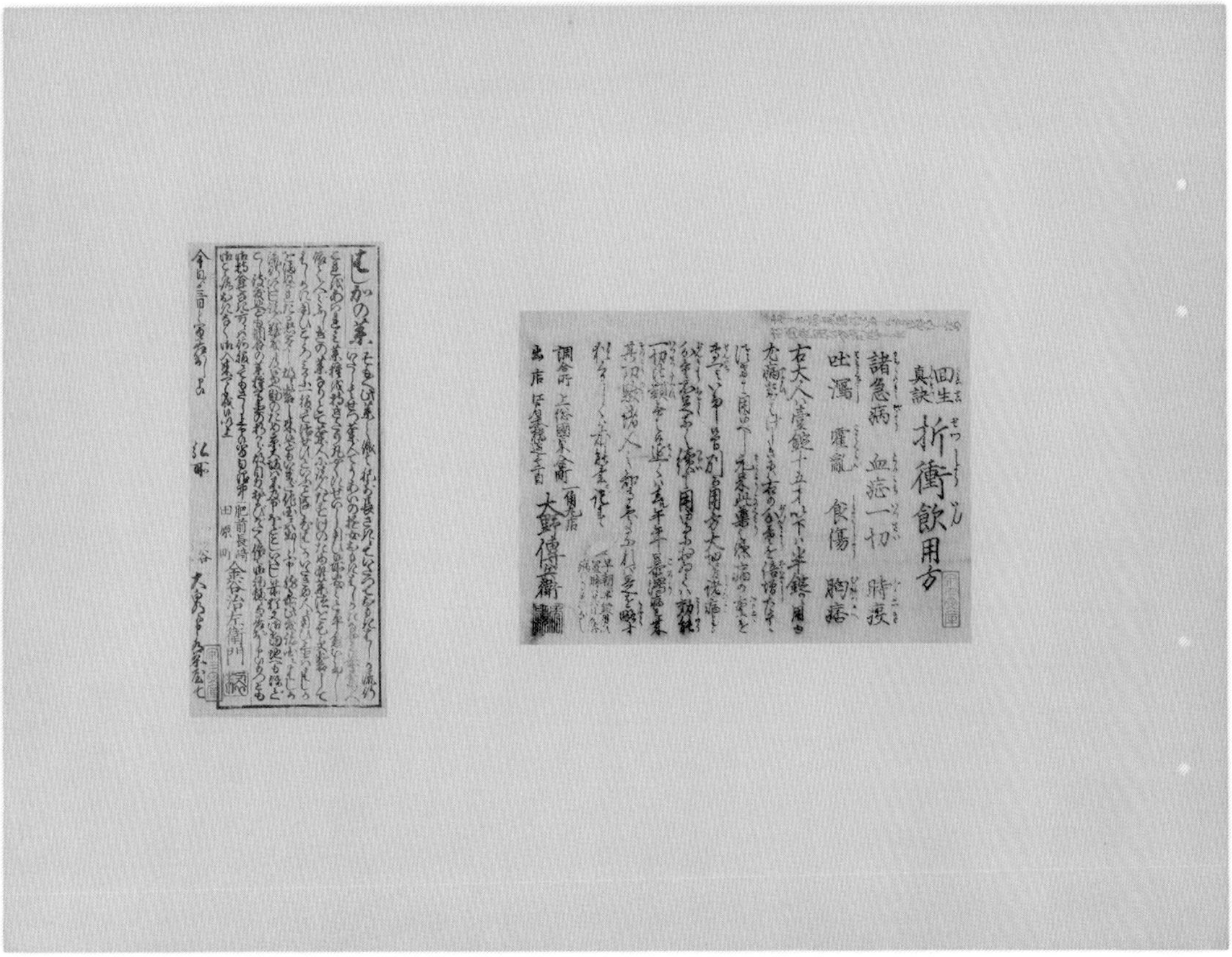

**【安田文庫貼込帖】
はしかの薬能書**

イ110-01346

江戸時代の売薬効能書二種である。右側は、「回生《かいせい》／真《しん》訣《けつ》 折衝飲《せっしょういん》」とある。「諸急病」「吐瀉《はきくだし》」などに効能があると書かれているが、文中に安政五（一八五八）年（午年）のコレラ流行に効能があったなどと書かれており、コレラを前提としている薬品であろう。左側は「はしかの薬」。

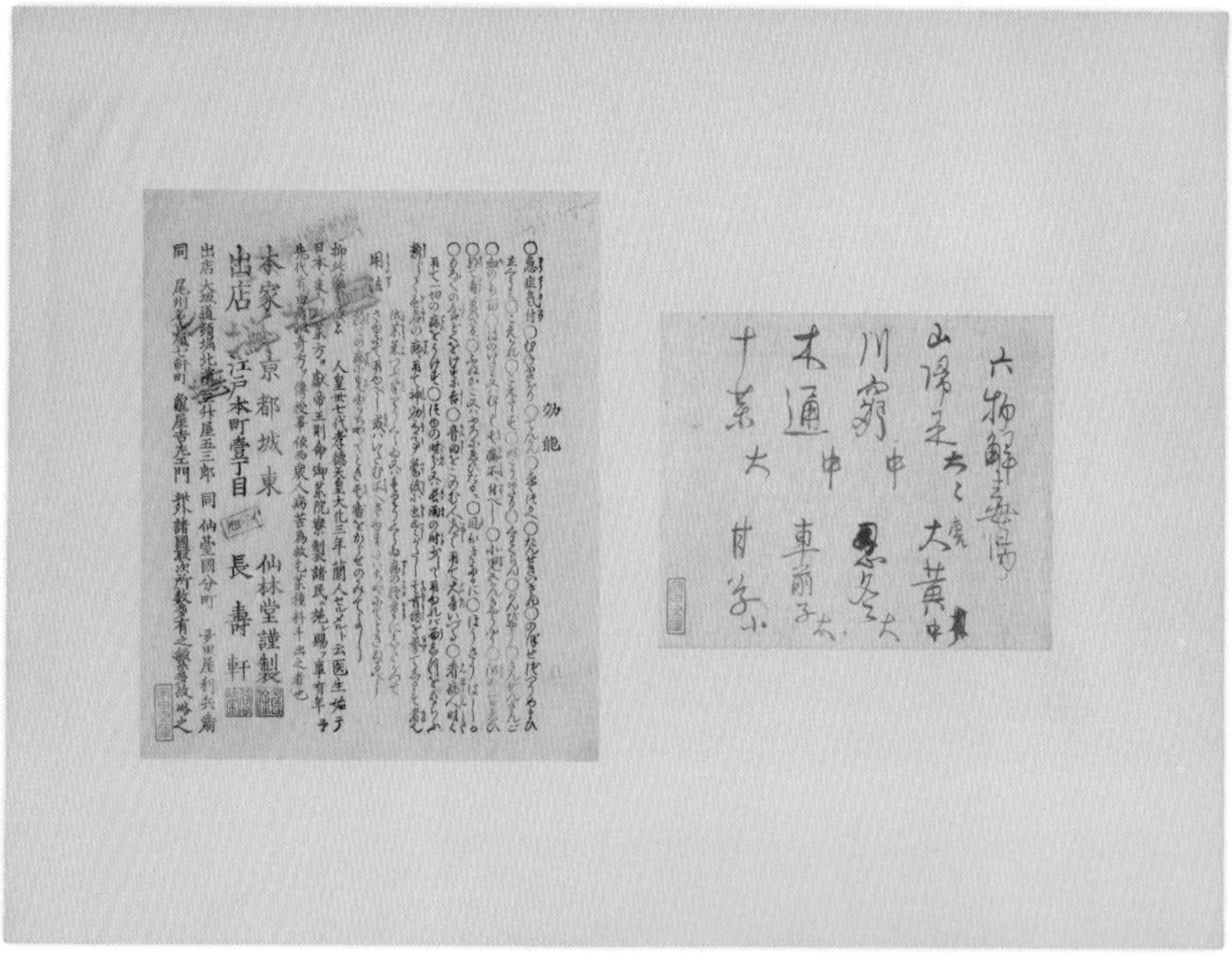

【安田文庫貼込帖】六物解毒湯処方書

ｲ110-01346

薬の処方書と効能書である。右側が、漢方薬「六物解毒湯」の処方箋。山《さん》帰来《きらい》、唐大黄《とうだいおう》、川芎《せんきゅう》、忍冬《にんどう》（スイカズラ）、木通《もくつう》（アケビ）、車前子《しゃぜんし》（オオバコ）、十菜《じゅうやく》（ドクダミ）、甘草《かんぞう》などの生薬の名や配合が書かれている。左側は薬「蘭／方　薄荷円」の薬能書である。急症気付、むねふさがり、てんかんなど多くの薬能が書かれているが、そのなかでも「ほうさうはしか」、つまりは疱瘡、麻疹にも効能があると書かれている。

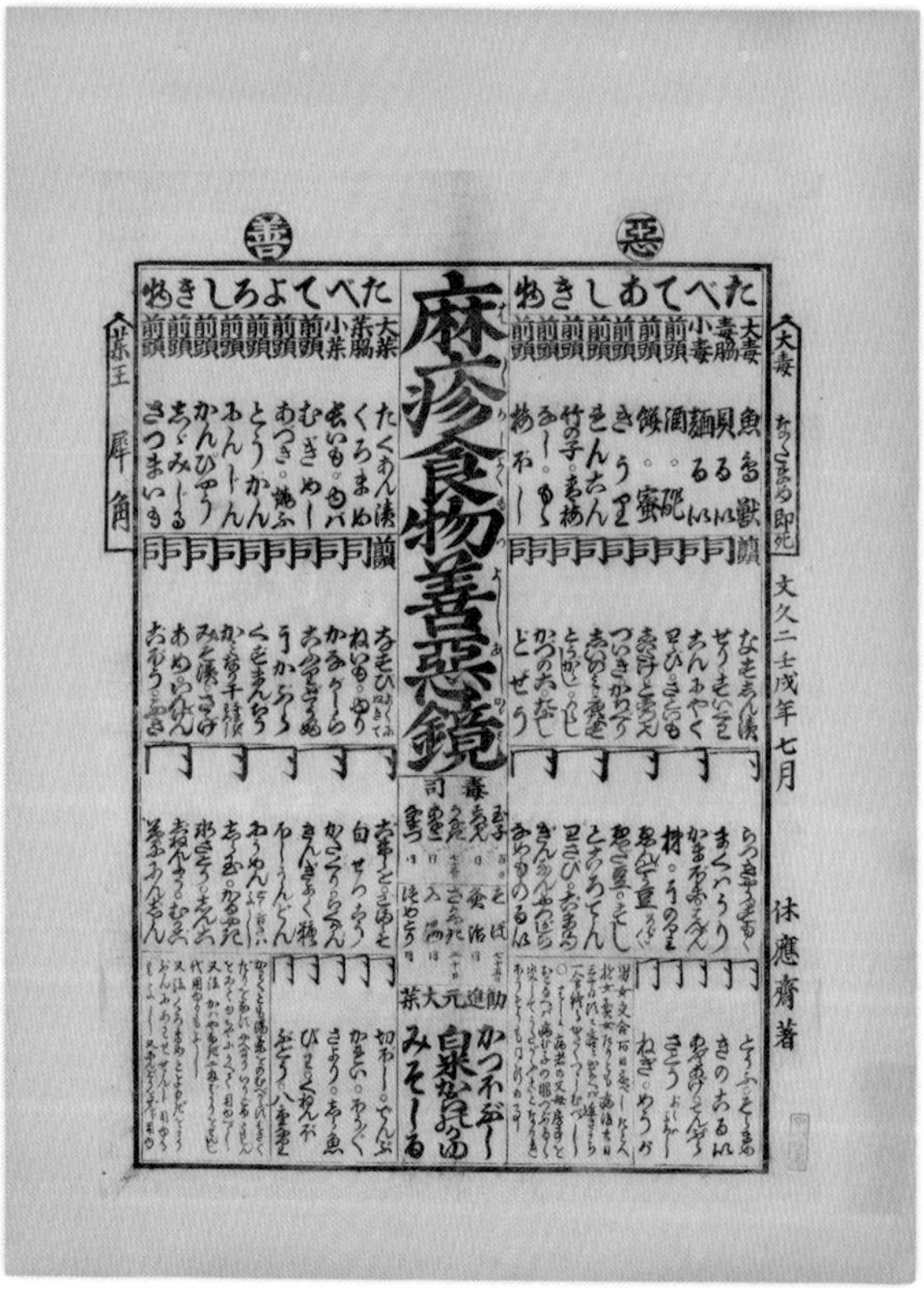

【安田文庫貼込帖】麻疹食物善悪鏡

ｲ110-01346

麻疹に罹患した際に食してよいものと悪いものを、相撲の番付に見立て列記した見立番付。右側が、「悪」の「たべてあしき物」であり、大関ならぬ大毒は、「魚鳥獣」、関脇でなく毒脇は、「貝るい」、小結でなく小毒は、「麺類」、以下前頭に酒や餅に加え、きゅうり、れんこんなどの野菜類もある。また最下段には「男女交合百日忌べし」などの記載もある。対して左側が「善」の「たべてよろしき物」で、大薬が「たくあん漬」、薬脇が「くろまめ」、小薬が「長いも・ゆば」、前頭以下は、麦飯、小豆、冬瓜、にんじんなどが並ぶ。「善」の最下段には、湯茶の代わりに煎り米などを煮たものを服するようにとも書かれている。麻疹に効くとされる薬は販売されていたものの、庶民はこうした食事療法でも疫病に対抗しようとしていた。

【安田文庫貼込帖】当時善悪一対競

イ110-01346

麻疹流行期において、当時の「善悪」を列記したもの。たとえば、「うん　御医しゃ／ふうん　げいしゃ」とあり、患者が多くて繁盛する医者は幸運、対照的に客足が遠退いた芸者は不運だと評する。他にも、「おはしかさまだ　やくしゆや／つまらぬもんだ　役者や」は、麻疹流行で薬種屋が繁盛しているのに対して、劇場は不振であったさまをあらわしており、当時麻疹の養生によいとされた食物（さつまいも、あめなど）と悪いとされた食物（こんにゃく、さかななど）を対照させる項も多い。

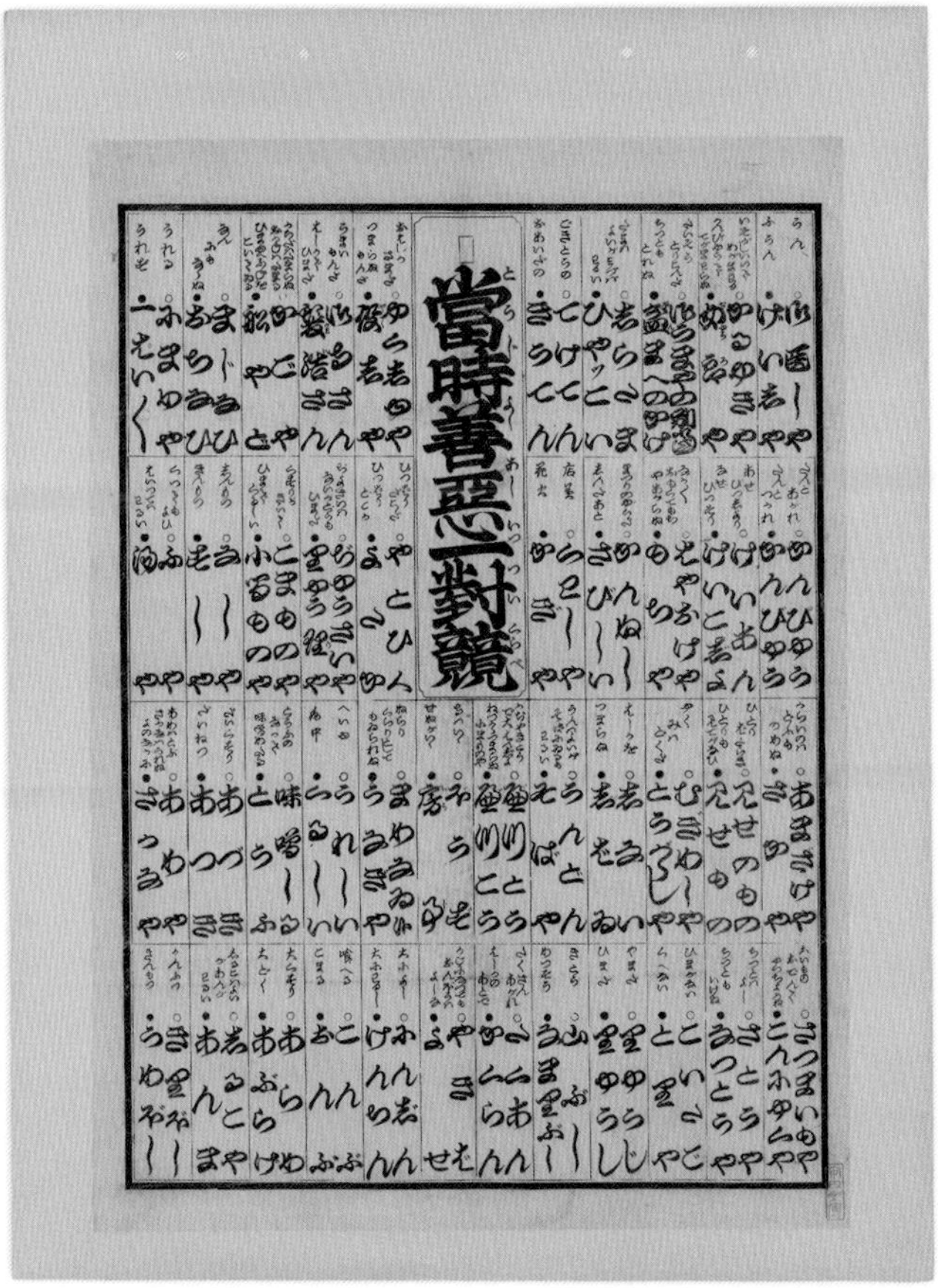

【安田文庫貼込帖】文久二年麻疹死亡人数書上

イ110-01346

死者人数の書き上げ（死人書上）二種を左右に張り付けてある。左側は寺院ごとに確認した人数で、右側は宗派ごとにまとめた人数である。文久二年夏、麻疹が大流行した。麻疹は、江戸時代にはおよそ十数年から二十数年の間隔で流行しており、ことに文久二年の流行に関しては多くの資料からその深甚な被害が伺える。本資料もその一つであり、特に右側は、はやりだした文久二年六月から八月までに江戸の主要な寺院で確認できた死者を詳細にしるす。ただし、「惣〆人数十三万五百七十八人」と記されているが、列記された数字を合算すると二万四二二三人である。左側の宗派毎に算出した死亡人数書き上げも、列記された人数（合計五万五二〇〇余人）と合計数（十二万三八〇〇余人）に相違がある。こうした死人書上の数字に信頼を置くことは難しいが、当時の流行する疫病に対する恐怖心と混乱のあらわれだと考えられるだろう。

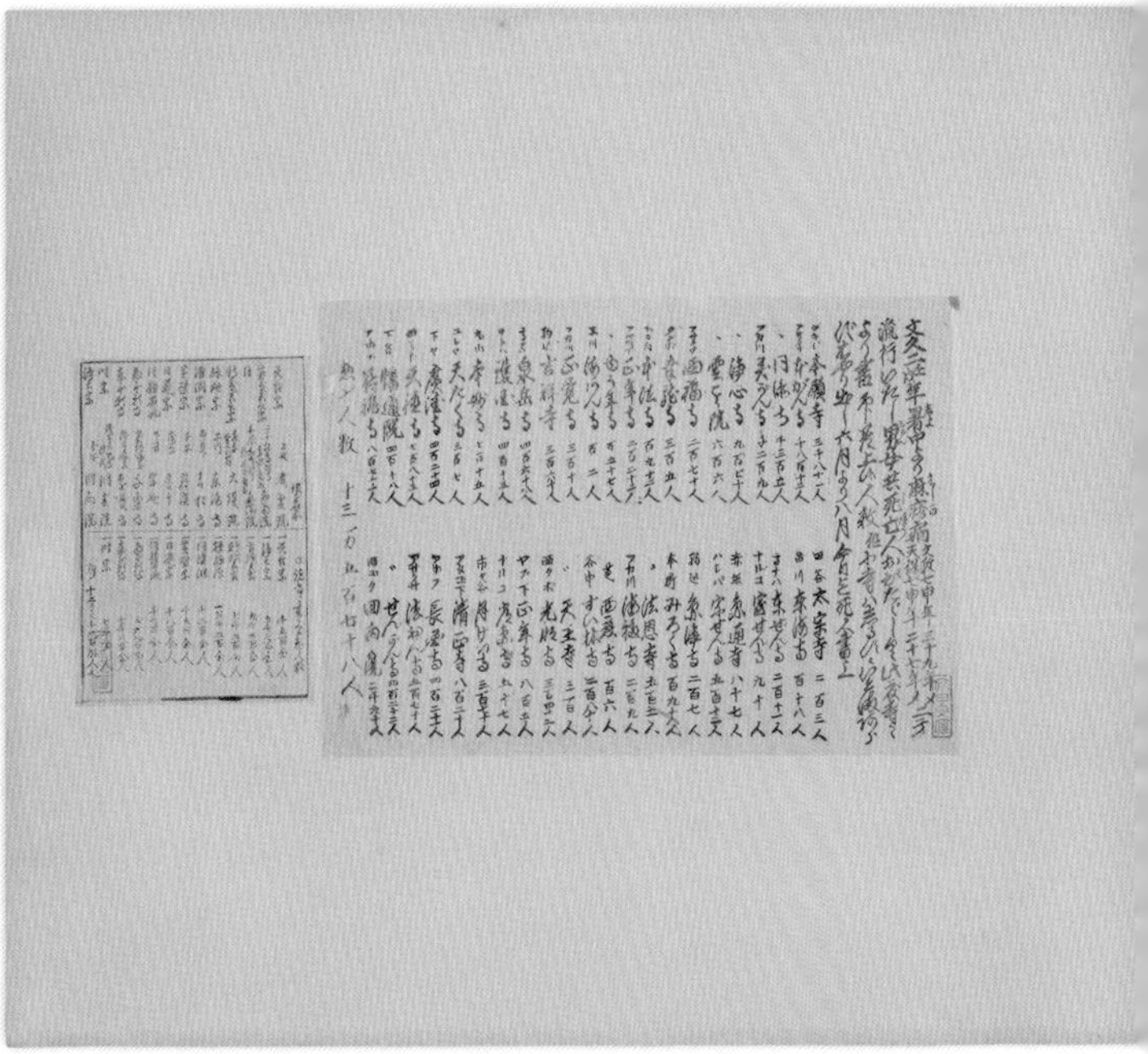

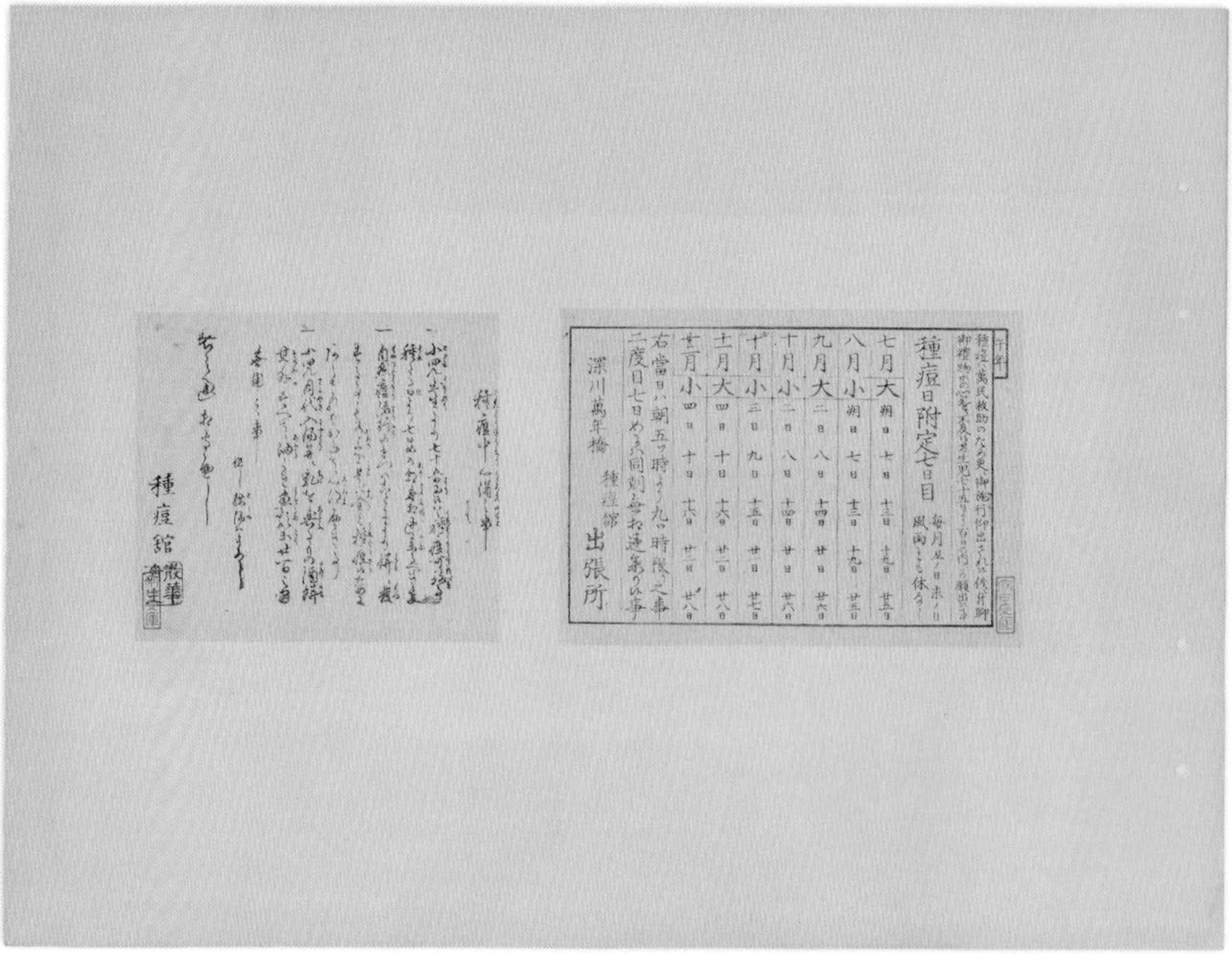

【安田文庫貼込帖】大江戸町々寺院人別書上写

イ110-01346

安政五年のコレラ流行時における死者人数の書き上げである。江戸の町毎に男女別の死者の人数を詳しく記す。これら町人の他に武家などの死者はここに含まれず、総死者は二十万二九三二人とする。「文久二年麻疹死亡人数書上」と同様、こうした死人書上の数字が実際の死者数を的確に反映していたとは考えにくいが、パンデミックがもたらしている被害を可視化し、事態を把握しようとする試みと言えよう。

【安田文庫貼込帖】流行はしか合戦

イ110-01346

病魔と人との戦いを戯作風に記した刷り物。麻疹流行期に出版されたものであろう。「はしか」の幟を背負う「はしかの判官やみつき」に従う「のぼせ」・「せき」「ねつ」などが人体内に攻め入ったところを、「いしやの入道ぶくあん」が「ヶ角丸」などの擬人化された薬たちで迎え撃ち、退治している様である。また、医師・薬軍の後ろには、麻疹流行で不振の「吉原」や「湯屋」、麻疹に悪いとされて忌避された蕎麦や鰻屋も加勢している。一六〇頁所載の「流行病追討戯軍記」と同種の刷り物である。

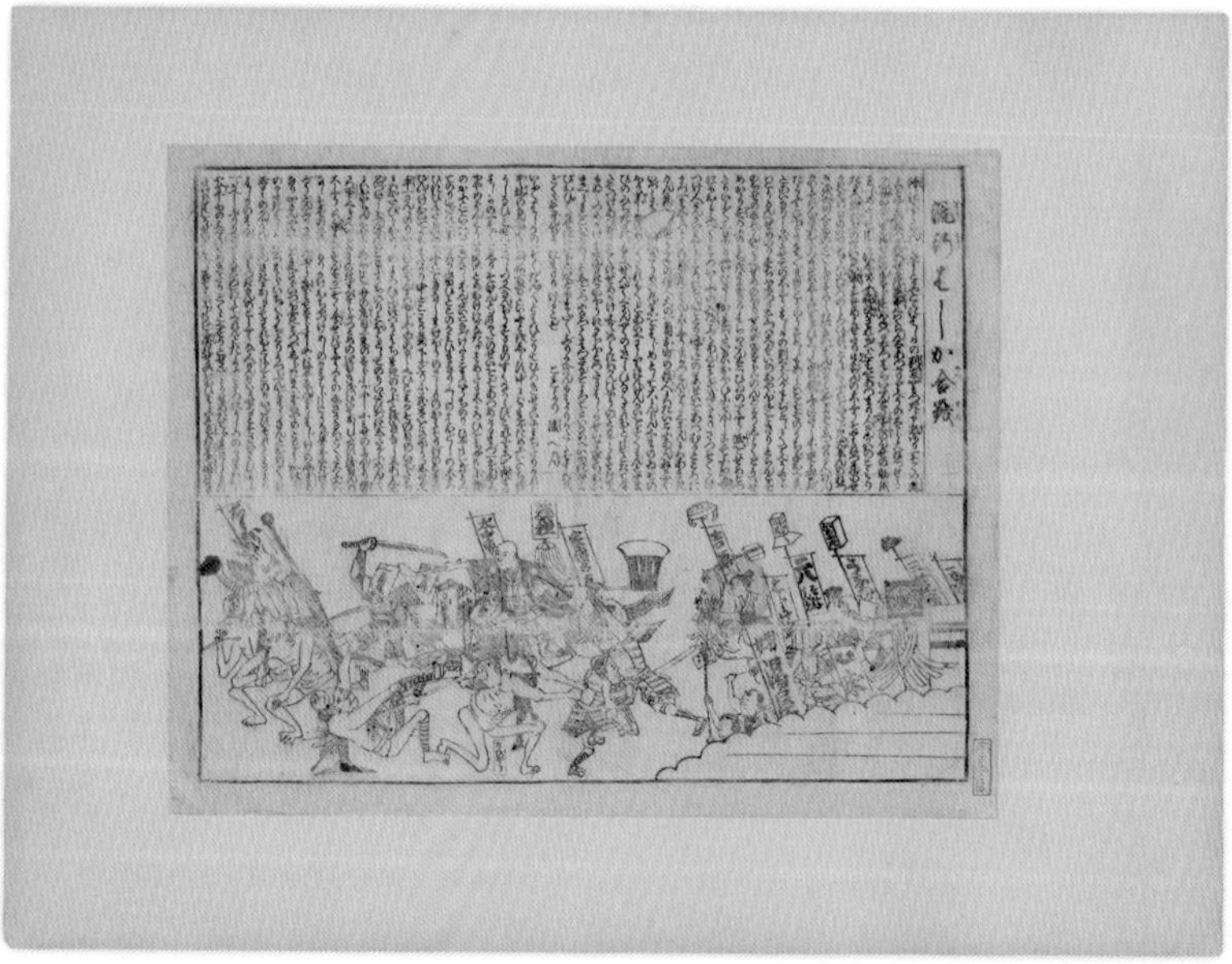

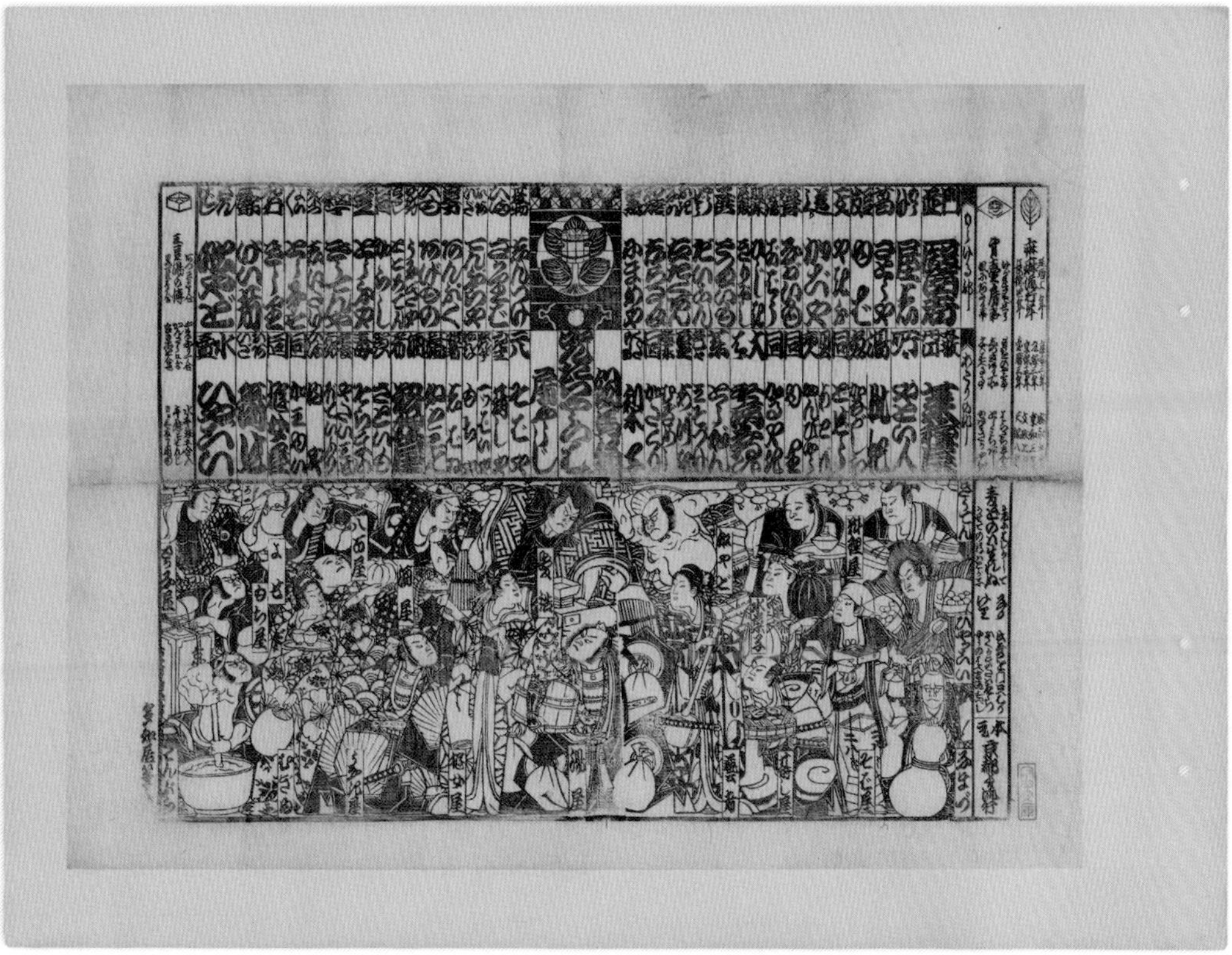

【安田文庫貼込帖】天保八年 麻疹見立顔見世番附

イ110-01346

歌舞伎の顔見世狂言の際に発行される顔見世番付に擬して、麻疹流行に関連する物事を列記した見立番付。上段右側には麻疹流行で繁盛した側である医者や薬種屋などが挙げられ、上段左側には逆に不振となった商売（船宿・芸者など）が列記されている。下段には、上段左側に書かれたような麻疹流行で経営が苦しい商売が（髪結い、芸者、湯屋、遊女屋など）役者絵風に擬人化して描かれている。また、上段右端には、麻疹の流行年が記されている。また、下段右端には、麻疹にかからない、あるいは軽く済むというまじない文句「麦どのは 生れぬ先にはしかして かせての後は わが子なりけり」も書かれている。

【安田文庫貼込帖】擬芝居役者役割番附

イ110-01346

歌舞伎の役割番付に擬して、麻疹流行に関連する物事を列記した見立番付。大名題を「姿競《すがたくらべ》麻疹《はしか》の山揚《やまあげ》」などとし、同じく麻疹関連事項を「愛子快気之介ニ父母恵美十郎」「喜多尾止之丞ニ関痰重病」などと役名と役者名にもじって記している。

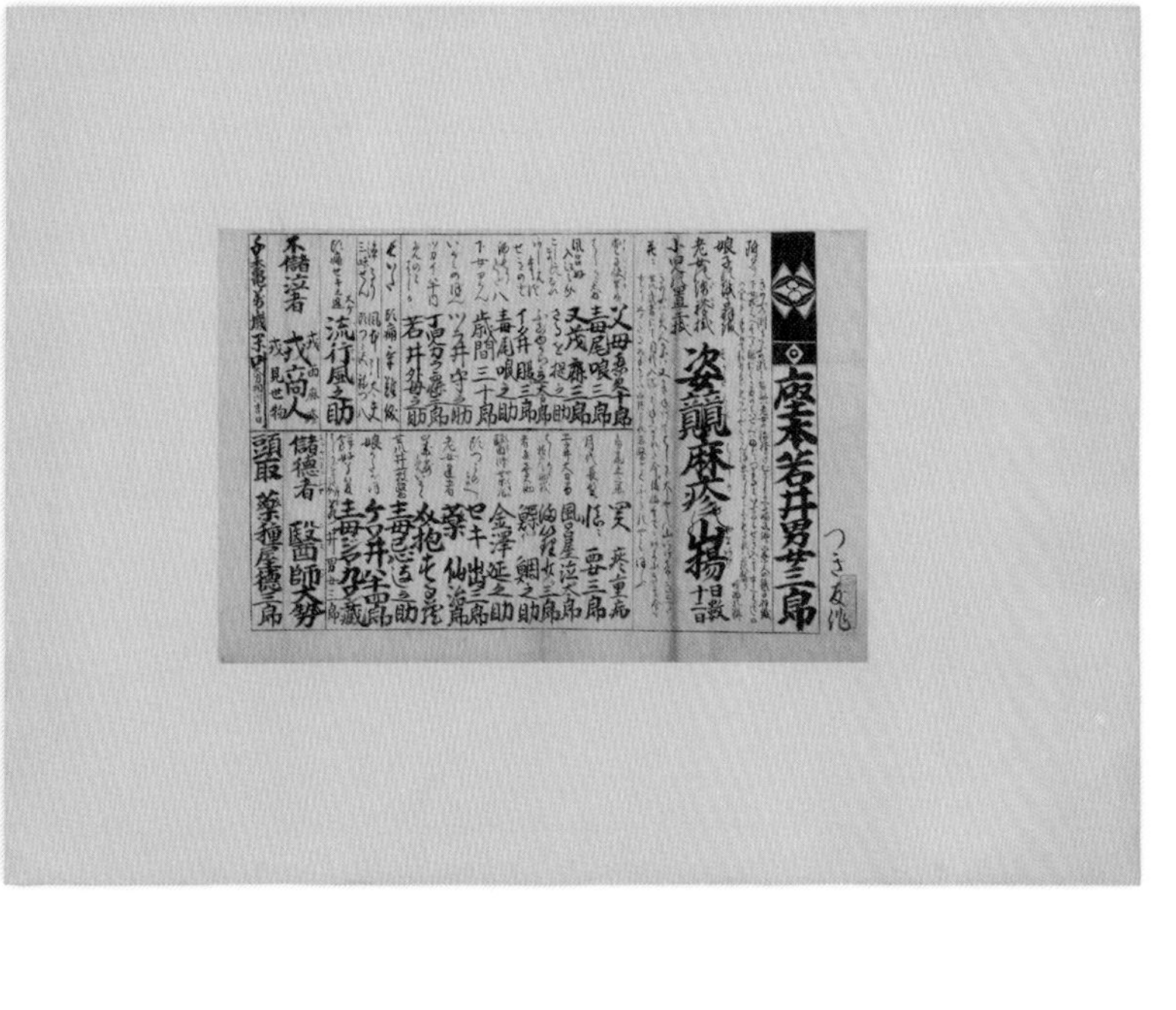

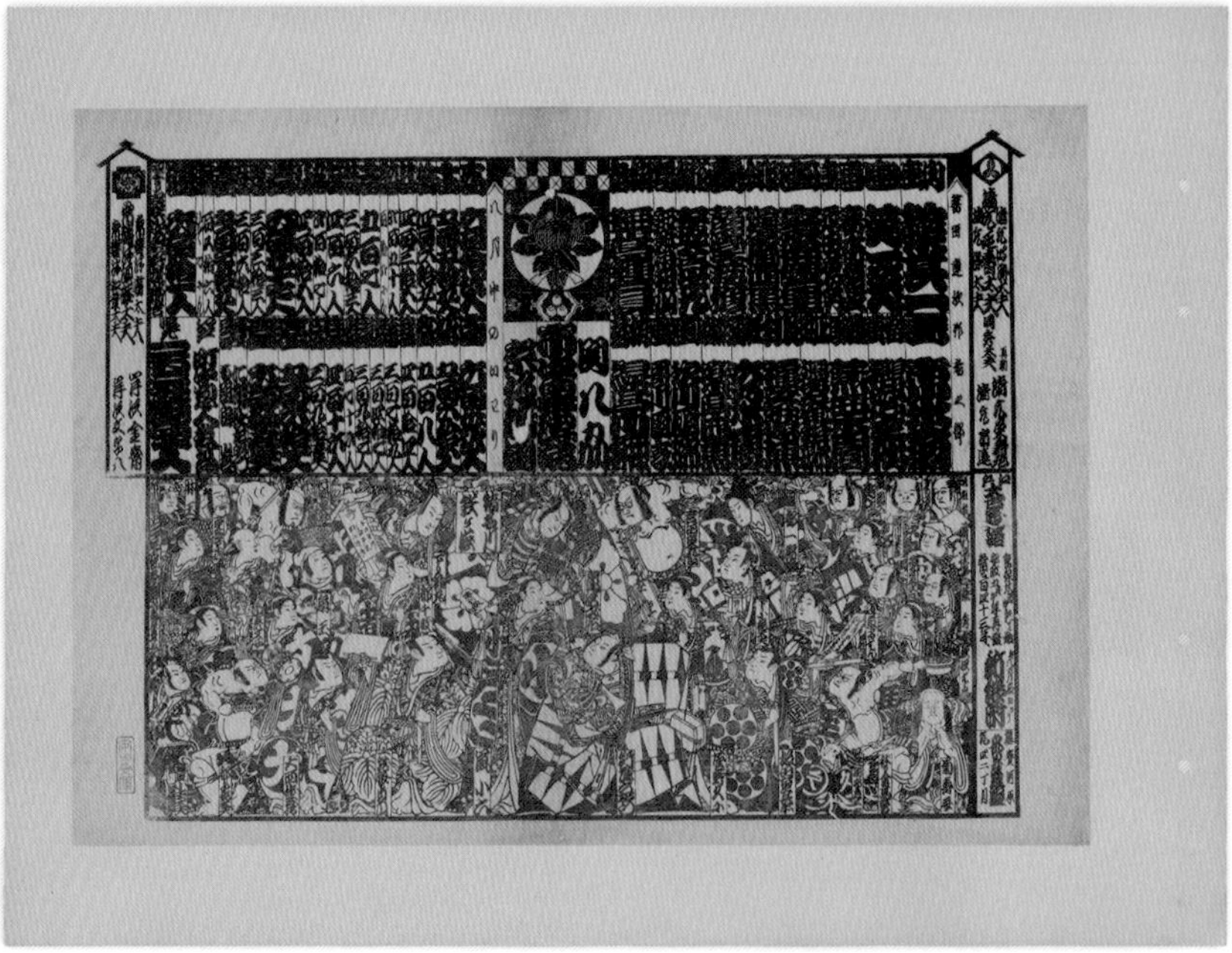

【安田文庫貼込帖】安政五年コロリ流行見立顔見世番附

イ110-01346

歌舞伎の顔見世狂言の際に発行される顔見世番付に擬して、安政五年のコレラ流行における死者名や死者数を列記した見立番付。上段右側には、コレラ亡くなった著名人（鈴木其一や英一笑など）の名が書かれ、上段左側には死者の人数が記されており、死人書上の一面も持つ。下段は上段右側に書かれた著名人の死者が、役者絵風に描かれている。特に劇場関係者(嵐小六、鶴沢才治、杵屋六左衛門など）が目立つ中央に配されていることも注目に値するだろう。

【安田文庫貼込帖】安政四年疫病流行見立顔見世番附

イ110-01346

歌舞伎の顔見世狂言の際に発行される顔見世番付に擬して、疫病流行に関連する物事を列記した見立番付。上段には疫病流行に関する事項が歌舞伎俳優名風などにもじって列記され、下段にもそれらが役者絵風に記されている。目録に記載された資料名には安政四年とあるが、文中には「ころり」などの文字もあり、コレラ被害が甚大であった安政五年以降刊の可能性もある。

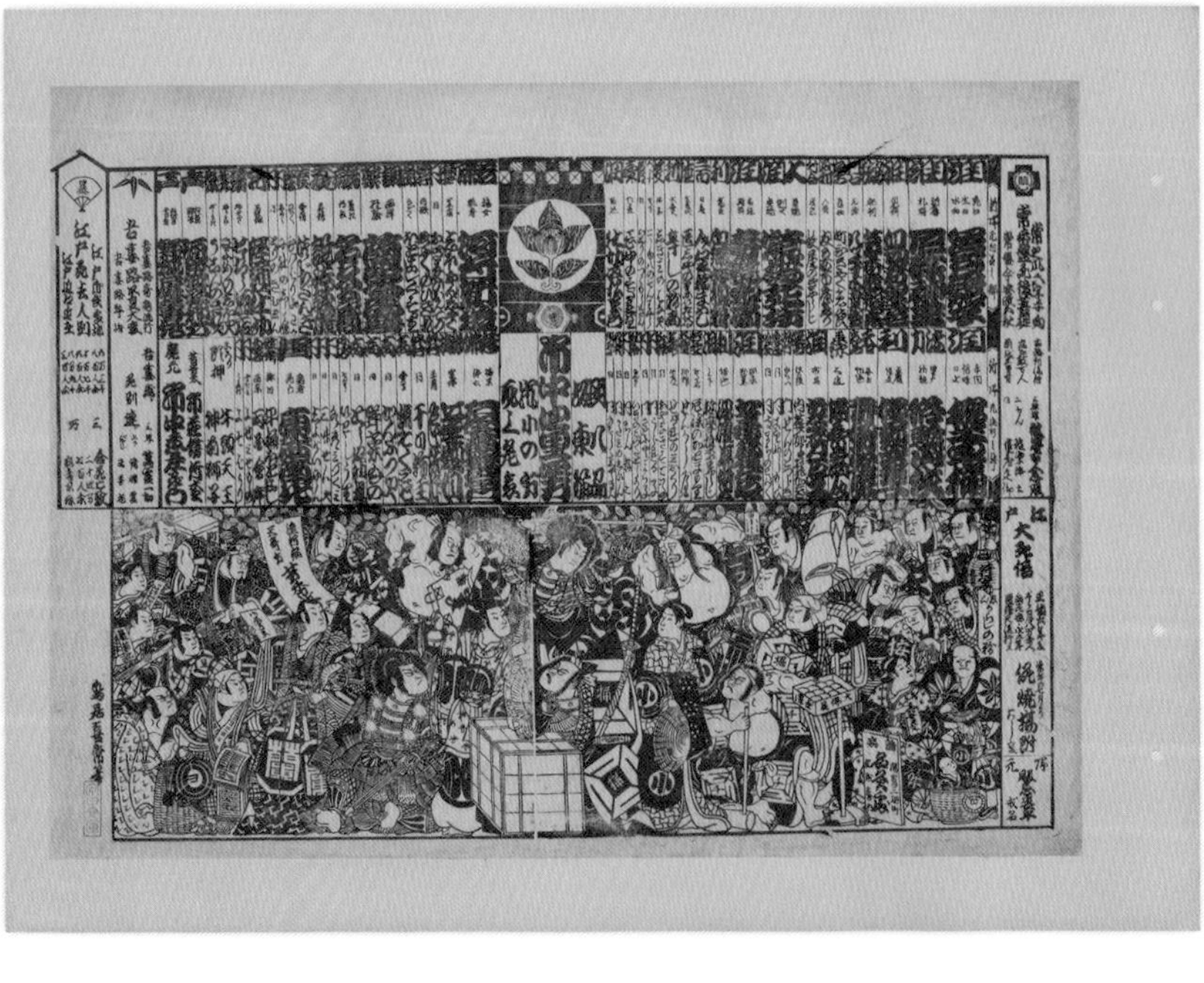

【安田文庫貼込帖】
悪疫流行あの世ばなし

イ110-01346

安政五年のコレラ流行に際して出版された小冊子で、全六丁を二丁づつ、上下に張り付けている。（本書掲載箇所は、表紙を含む一―二丁の抜粋）表紙には、寄席行灯の図があり「阿の世ばなし」「死にかたばなし　鈴々舎馬風」「大はら下り　上方才六」「悪まにひかれぶし　天狗連魚辰　午八月ぶつめつ日より大入あなへ」とあり、下には「しに文句大寄せ　九月節句限」との貼り紙もある。コレラ流行の時勢を寄席興行の番組に擬して風刺しており、内容はコレラによせた小歌端唄の文句などである。

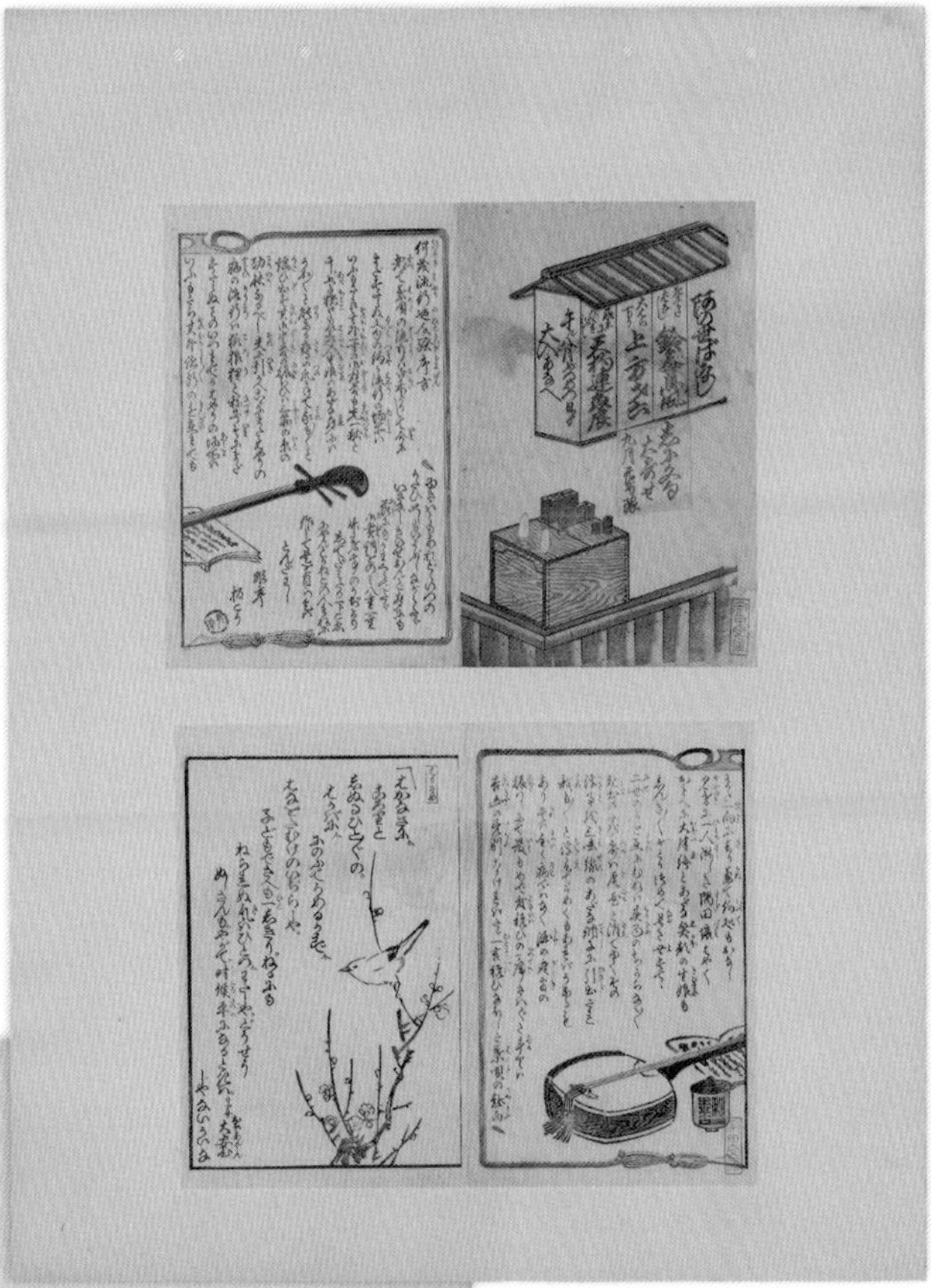

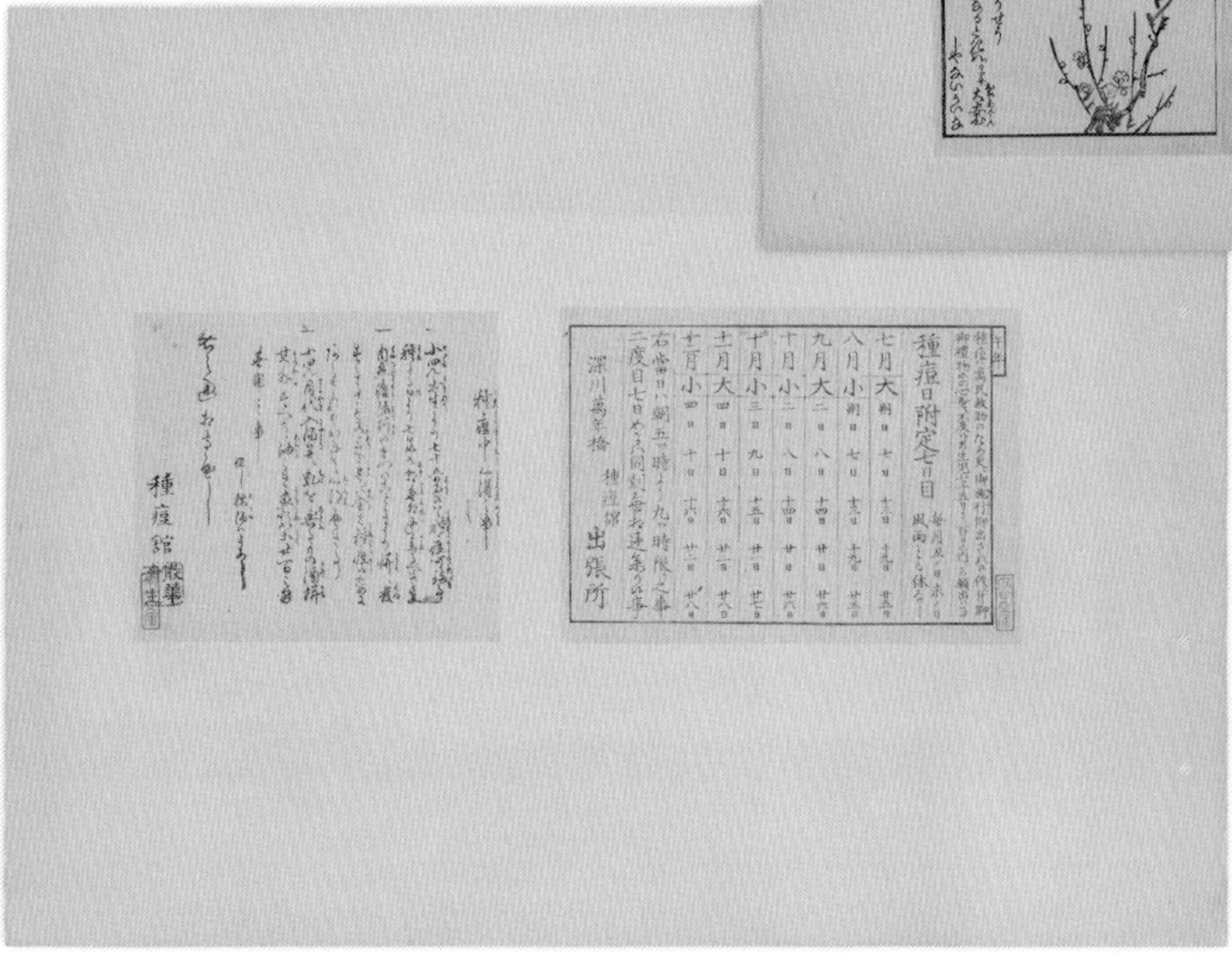

【安田文庫貼込帖】
深川種痘館日附同心得書

イ110-01346

種痘館とは、疱瘡（天然痘）の予防接種・種痘の施術所である。疱瘡（天然痘）は急性発疹性伝染病のひとつであり、予防接種の種痘が発明されるまでは日本で古くから死に至る病として怖れられていた。日本に種痘を持ち込んだのは、ドイツ出身の蘭館医オットー＝モーニケであった。その後日本の蘭方医の尽力で種痘施術所として、種痘所・種痘館が各地に設けられた。江戸には安政五年（午年）に開設。右側の資料には、午年との記載があるため、同安政五年につくられたものと思われる。右側の資料は種痘館ではなく、深川に作られたその出張所でつくられたもので、「種痘は万民救助のため更ニ御施行仰出され候儀ニ付聊御礼物等の心遣ニ不及候間生児七十五日より百日の内ニ可願出候事」とある。（左側資料にも同意の文章あり）それまでの日本では疱瘡には漢方や食事療法、まじないなどで対応していたが、種痘接種によってはじめて疱瘡を予防することが可能になったのである。

茶毘室混雑の図

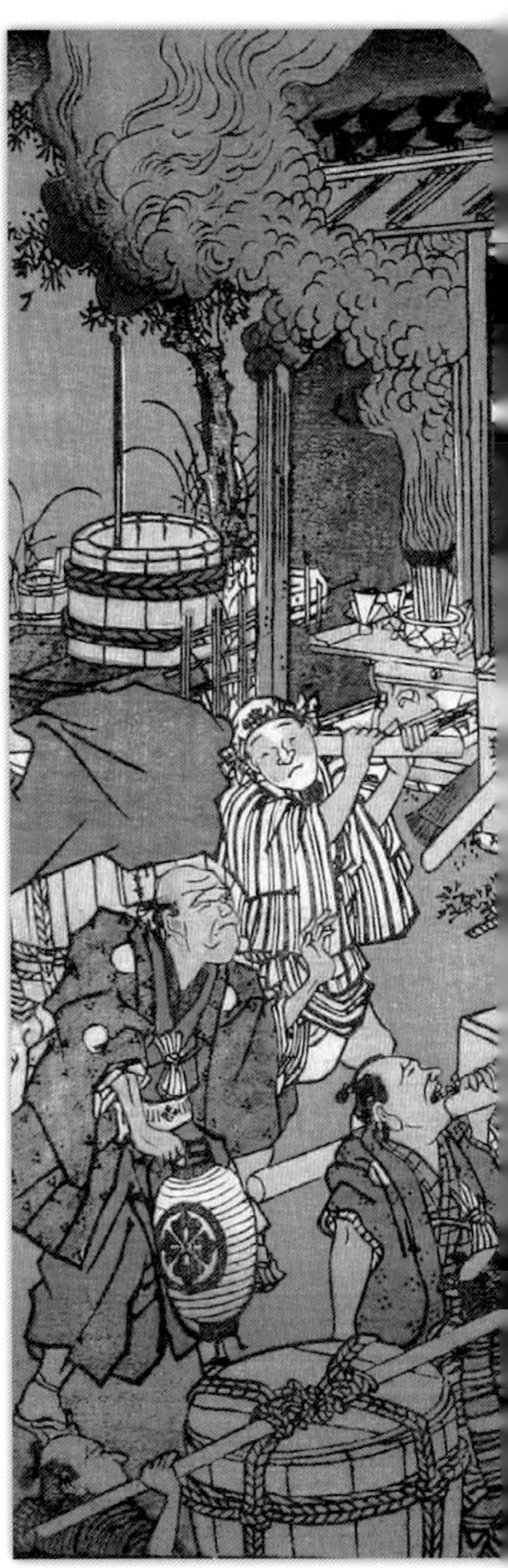

仮名垣魯文著『安政箇労痢流行記』

文庫08 C0383・早稲田大学図書館蔵

安政五（一八五八）年のコレラ流行の世相を詳細に記す。コレラとは、コレラ菌の感染が引き起こす感染症である。嘔吐と激しい下痢を繰り返し、発病後三日ほどでコロリと死亡するものが多かったことから三日コロリ（コロリは、虎狼痢、古呂利、虎狼病、暴瀉病、頃痢などと表記）とも称した。安政五年には、長崎から日本に伝来し、ほぼ全国的に流行して、深甚な被害を引き起こした。

本書はどのようにコレラ流行が始まったのかという概略からはじまり、コレラ流行を鎮めようと江戸町内で祭礼がさかんに行われるなどの混乱している様、そして漢方や食事療法、幕府から救済米が出されたことや、著名な死者の名が記されている。挙げられた名の内で演劇関係者は、歌舞伎俳優の嵐小六・松本虎五郎・尾上橋之助、音曲では清元延寿太夫・清元染太夫・清元鳴海太夫・杵屋六左衛門・岸沢文字八、人形浄瑠璃の鶴沢才治・吉田東九郎、講談の一龍斎貞山、噺家の馬勇など。

図（上・右）は、死者があまりに多いので火葬場が混雑している様を描く。またこの前丁には、小塚原の火葬場までの道が棺桶を担う人々で渋滞しているという絵もある。掲出の箇所では、棺桶に死者の名前ではなく町名や番号などが記されているなど、実態をそのまま写したと思われる生々しい描写も見受けられる。

図（上・左）の最終丁には、「夜毎このゑを枕にそへて臥すときは　凶《あしき》ゆめをみず　もろ〳〵の邪気をさくるなり」として、「神たちが世話をやく病《びょう》このすへは　もうなかとみの　はらひきよめて」という歌と白澤の絵が掲げられている。当時のルポルタージュであり、養生法の指南でもあり、また病魔除けの願いも込められた書籍である。

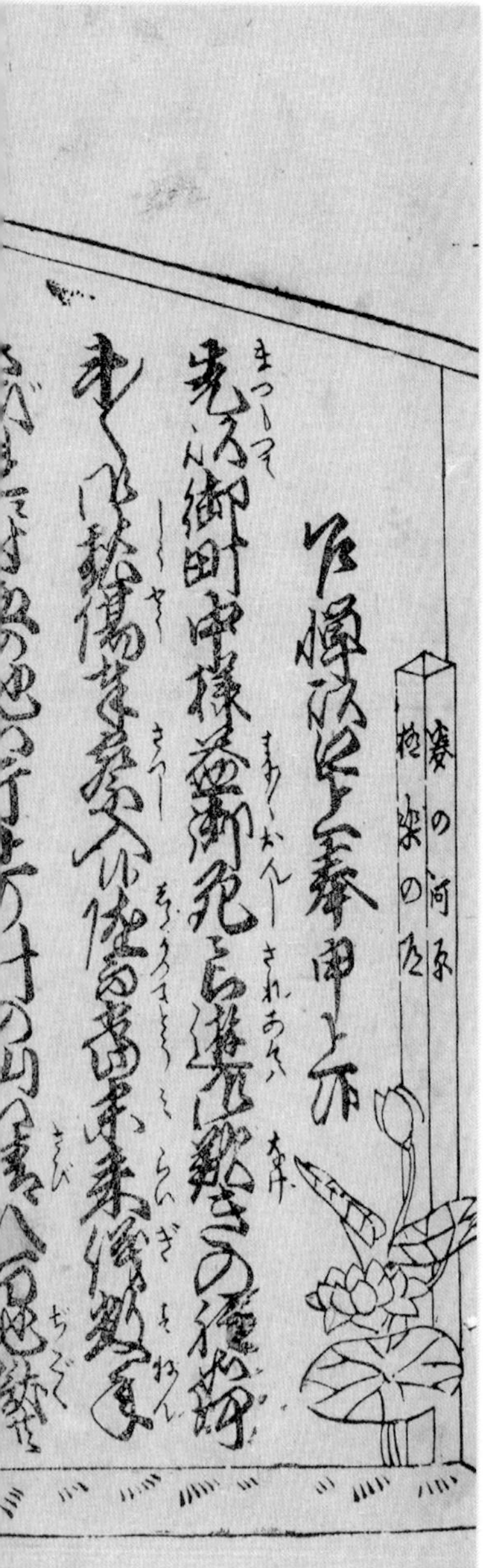

正本
板元
河原町

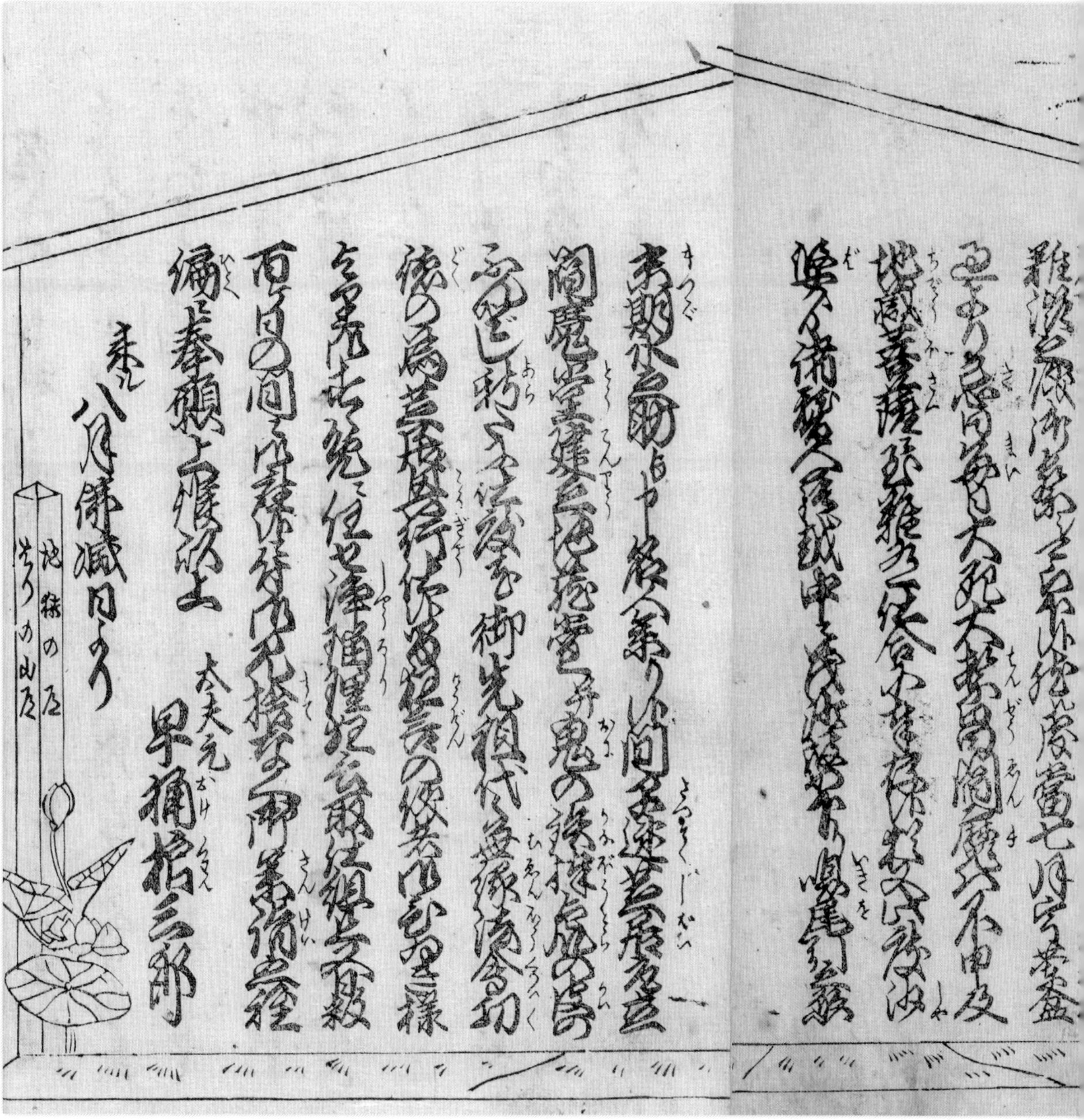

道行未来へころり寝

ト38-00014

コレラ流行時の世相を風刺した出版物である。薄物正本（歌舞伎などの劇中音楽の楽譜）の体裁を擬しており、表紙図（上・右）には「死本変死太夫」など縁起の悪い架空の演者・作者名などが書かれている。中央の男女は左前の死装束で、心中物の道行のように手を取り合って現世から来世へ赴く様子である。内容は、葛飾に住むとある世捨人がまどろむ内に地獄で行われている歌舞伎芝居を見物し、その様を書き留めたという体で書かれている。図（上左）は、その芝居の前に建てられた口上書の看板で、「先以御町中様益御死被遊御歎きの種……」などと書かれている。芝居芝居の内容は、表紙にもかかれたお死ね・青蔵という二人の男女（死者）の道行物である。薄物正本らしく音曲詞章も収録されており、コレラの死者が多く焼き場が混雑した件や、コレラの死者は脱水のため目がくぼんでいた様など、当時の世相やコレラの病態も描写されている。

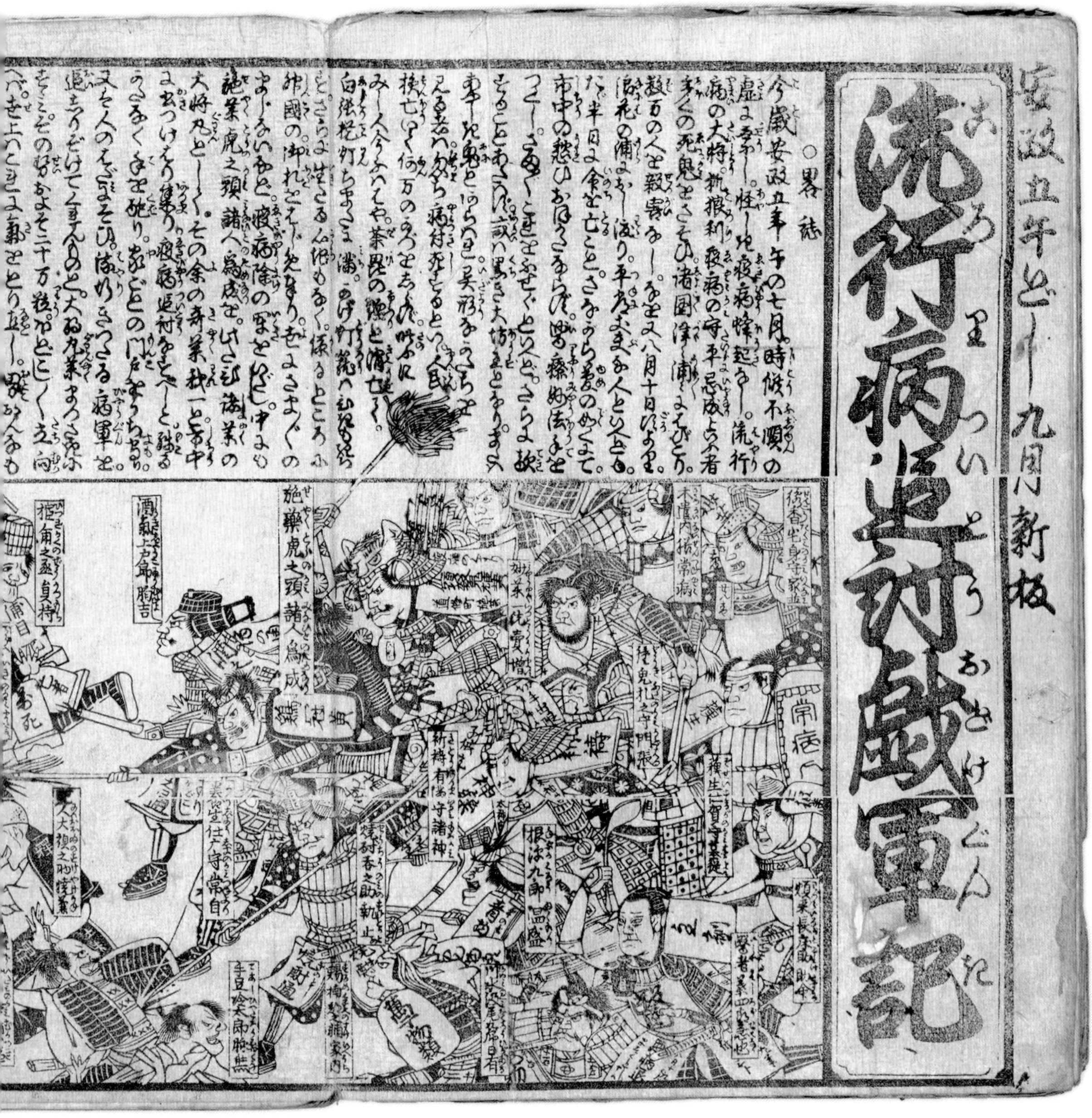

流行病追討戯軍記

□18-00064-019

安政五（一八五八）年夏のコレラ流行がある程度治まった同年九月に大坂で出版されたものである。この年のコレラ流行は、江戸で被害が大きかったことは夙に知られているが、大阪など上方でも猛威をふるった。上部には、擬人化されたコレラ「狐狼利疫病守《ころりえやみのかみ》平忌成《たいらにいやなり》」が、軍勢を連れて浪花（大坂）の浦に押し渡り、何万もの人の命を取ったところ、薬の擬人化「施薬虎之助頭《せやくとらのかみ》 諸人為成《みなひとのためなり》」が他の薬などと立ち向かって疫病を退散させるという筋の戯文が書かれている。下部はその図像化である。

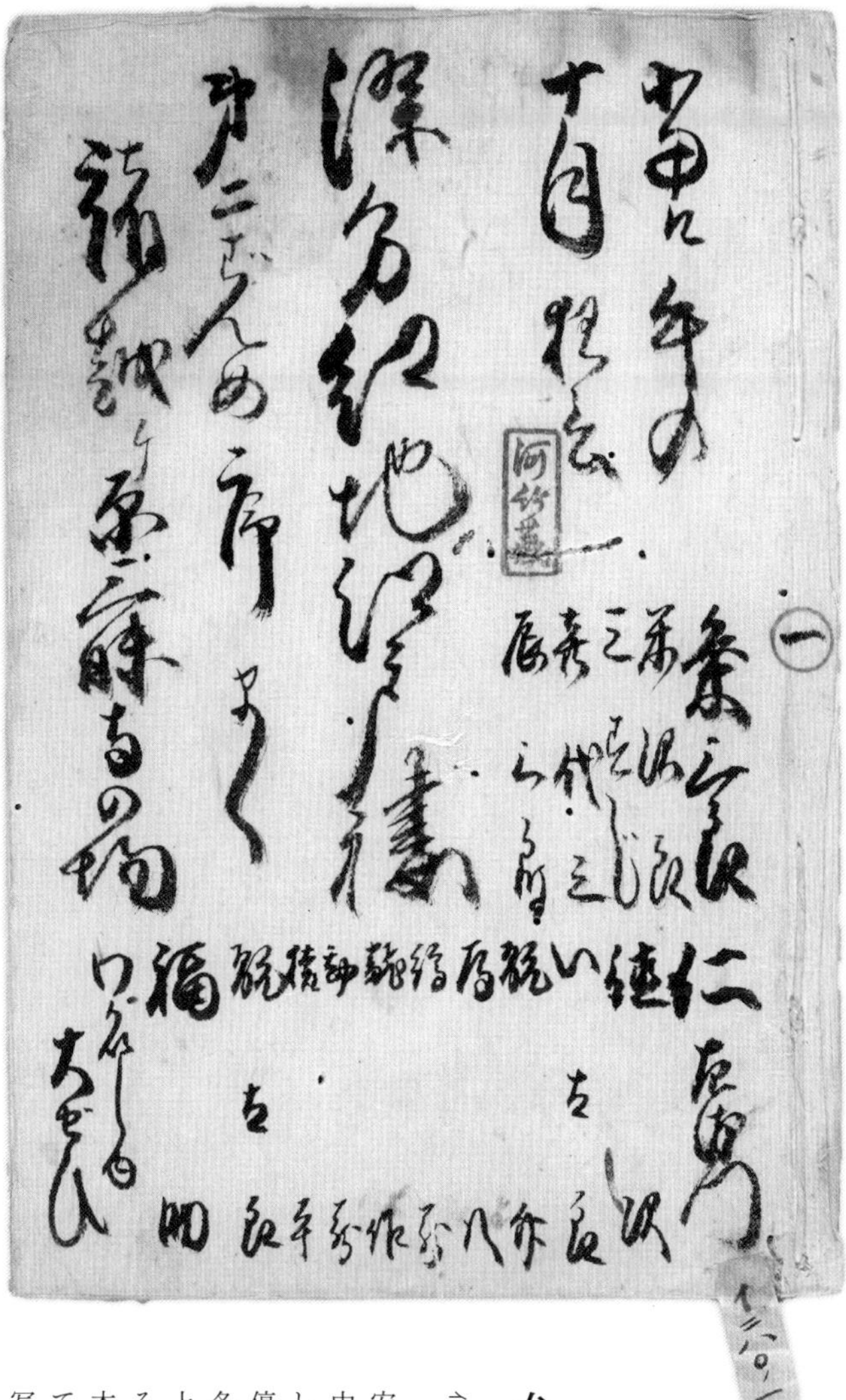

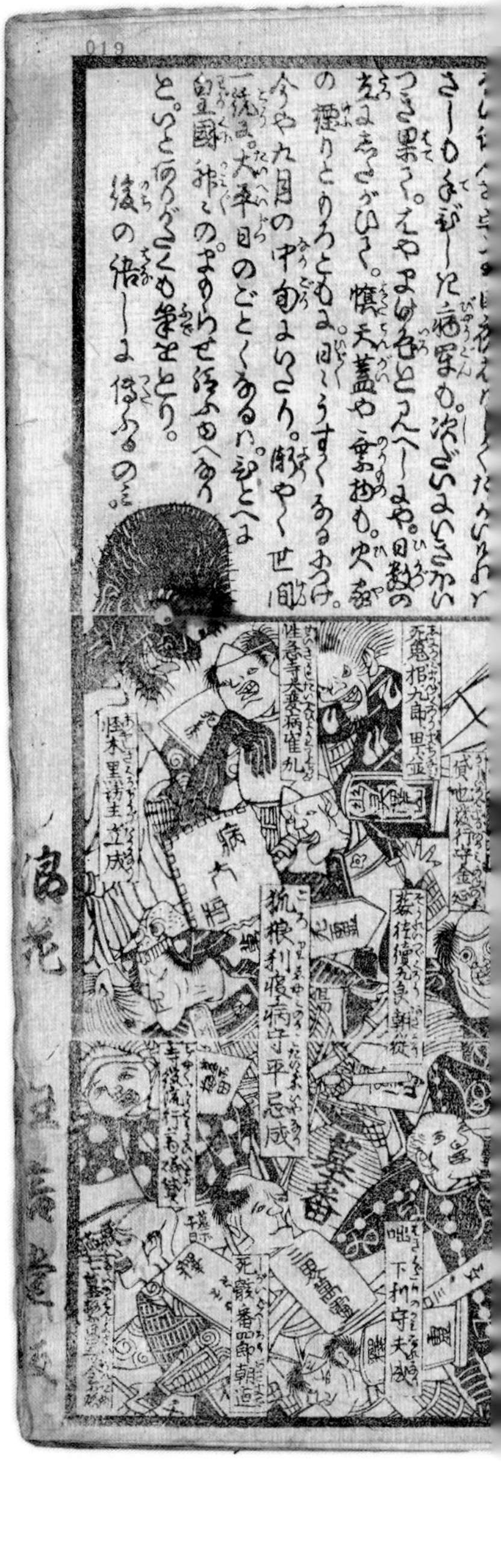

台帳『染分紅地江戸褄』

イ-000280-01

安政五（一八五八）年の夏、コレラが猖獗を極める中も江戸の歌舞伎芝居は興行を続けていた。しかし、八月には将軍・徳川家定の逝去に伴って鳴物停止令が出され、公演は一旦中止されて十月以降に各座は興行を再開した。その再開された中村座で上演された歌舞伎『染分紅地江戸褄』の台帳である。河竹家の蔵書印が表紙に押印されている。また、本作の序幕「諸越ヶ原の場」には当時の状況を当て込み、死者多数で焼き場が混雑している様が描写されている。

提婆の仁三

錦絵「染分紅地江戸褄」

101-0115～0117（上）
101-0118～0120（右下）
101-0121～0123（左下）

歌舞伎『染分紅地江戸褄』（安政五（一八五八）年十月中村座所演）の錦絵である。絵師はすべて三代目歌川豊国。画中には初代中村福助の提婆の仁三、三代目岩井粂三郎の八太夫娘お喜代、八代目片岡仁左衛門の雁金紺屋文七、六代目市川団蔵の雷庄九郎などが描かれている。

錦絵「疱瘡安全　けか楽のつらね」

012-0098

魔除けの色である赤で刷られた疱瘡絵の一種。上部には、歌舞伎『暫』のつらねをもじって、疱瘡除け、疱瘡平癒のセリフが書かれている。画中には、「二男新之助五才にて相つとめ申候」と書き込まれており、七代目市川団十郎の初代市川新之助時代に作成されたものか。七代目団十郎は、寛政六（一七九四）新之助と名のって初舞台を踏み、寛政八（一七九六）十一月に五歳（数え年）で『暫』を演じたことで著名である。

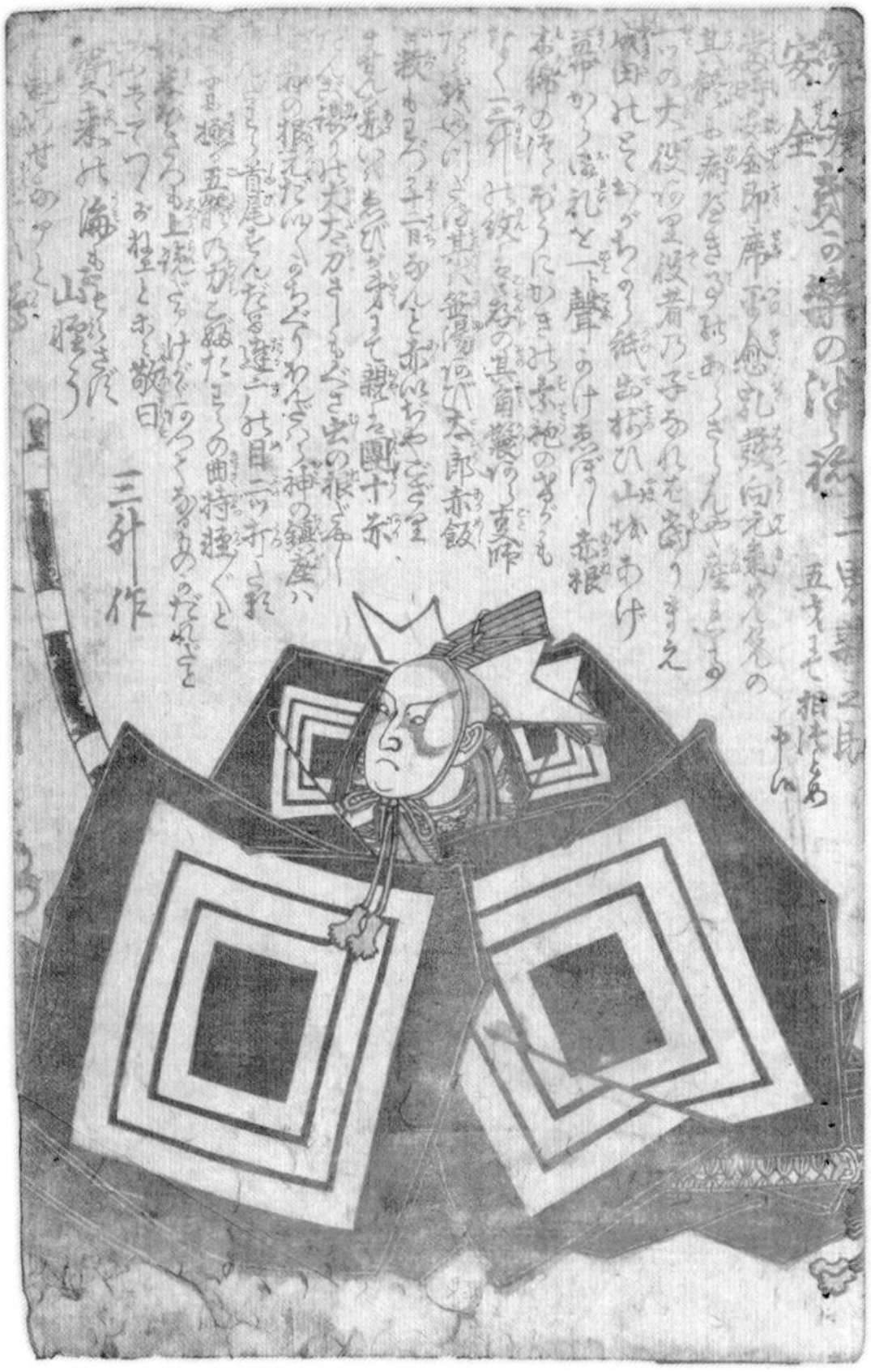

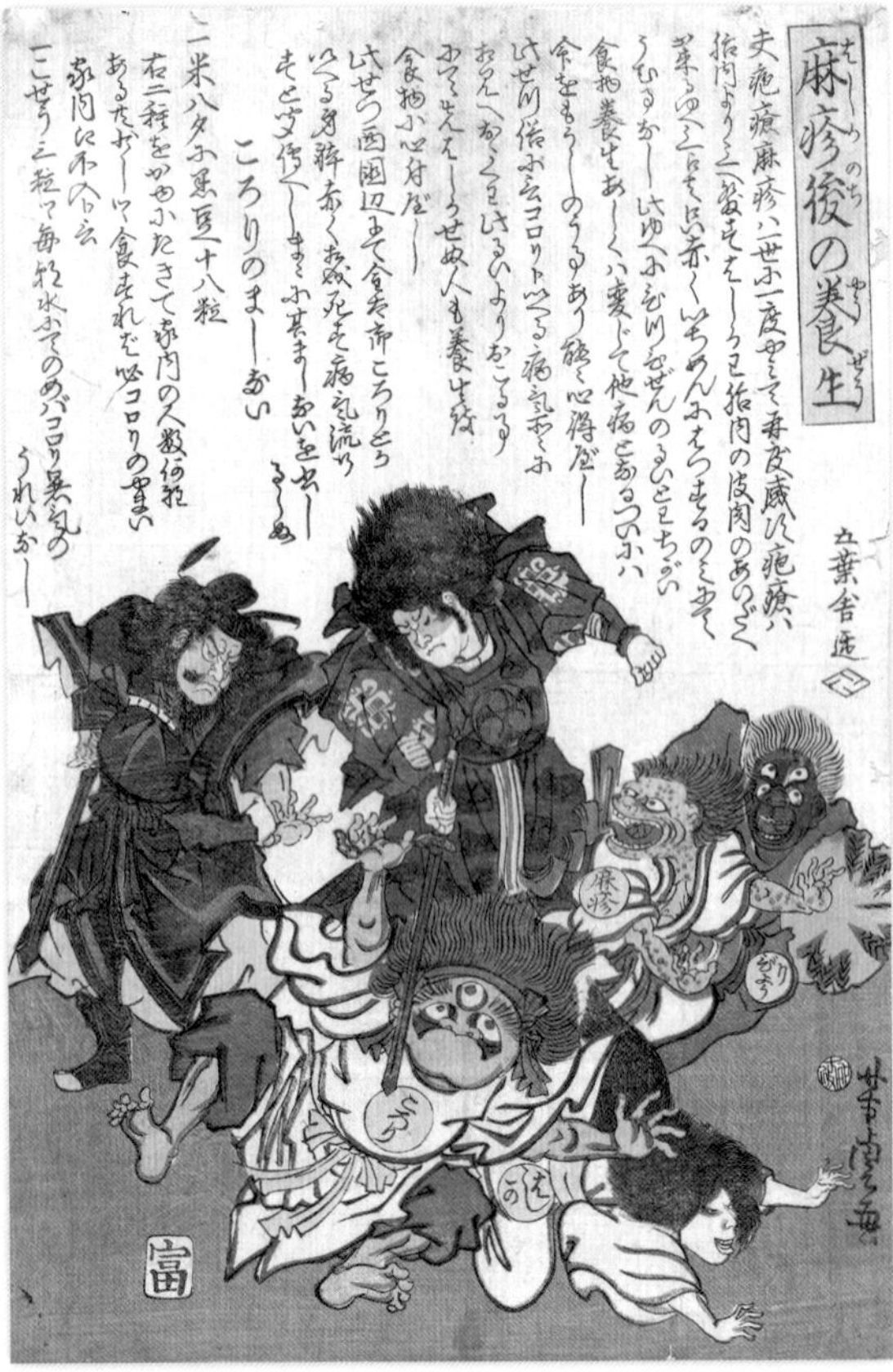

錦絵「麻疹後の養生」

012-1488

麻疹絵の一種。上部には、疱瘡・麻疹に罹患した後の養生などの指南が書かれている。またコレラ除けのまじないも記載されており、コレラが流行した安政五（一八五八）年頃の出版かと思われる。下部には、「ころり」「はしか」「麻疹」「りびょう」らの病魔が、鍾馗などに退治されている様も描かれている。

三代目坂東三津五郎の「四季詠寄三大字」

101-7084（上）
101-7083（右）

半田稲荷の願人坊主の様を活写する舞踊「半田稲荷」（本名題「四季詠寄三大字《しきのながめよせてみつだい》」、文化十（一八一三）年三月中村座）の錦絵である。半田稲荷（葛飾区東金町）の願人坊主は、赤い衣裳を着て、左手に半田稲荷大明神と記した紅の幟、右手に鈴を持ち、「葛西金町半田稲荷の代参り、疱瘡も軽い、麻疹も軽い」と唄い踊った門付け芸人である。歌舞伎舞踊「半田稲荷」でも本業の門付け芸人と同じく赤い衣裳を身につけ、手には「奉納半田稲荷大明神」と書かれた幟と鈴を持ち、首から「半田稲荷大明神」と書かれた箱を下げ、「疱瘡も軽い、麻疹も軽い、祈るは葛西金町の、半田稲荷の幟竿」と唄い踊った。

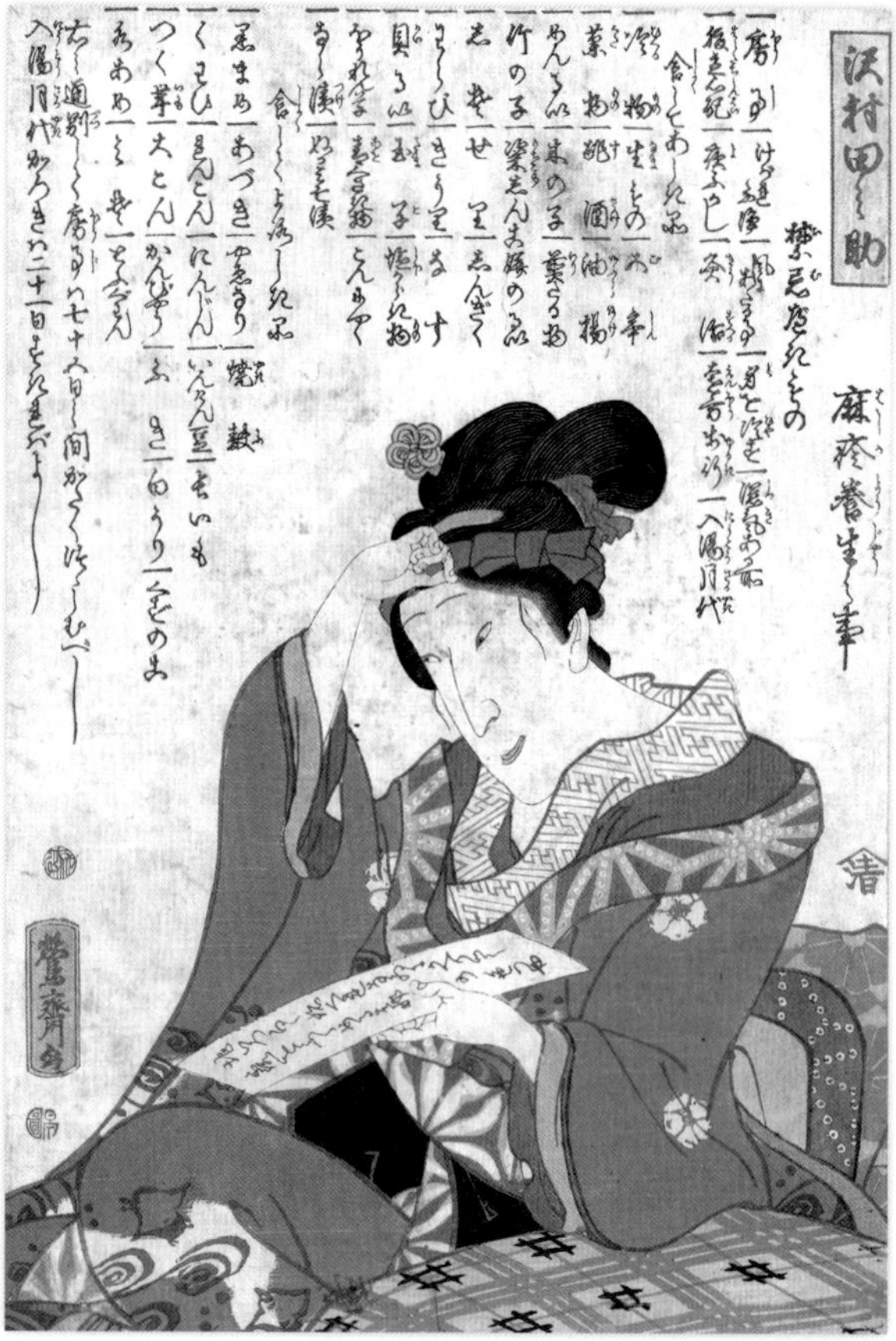

120-0493
錦絵「沢村田之助 麻疹養生之事」

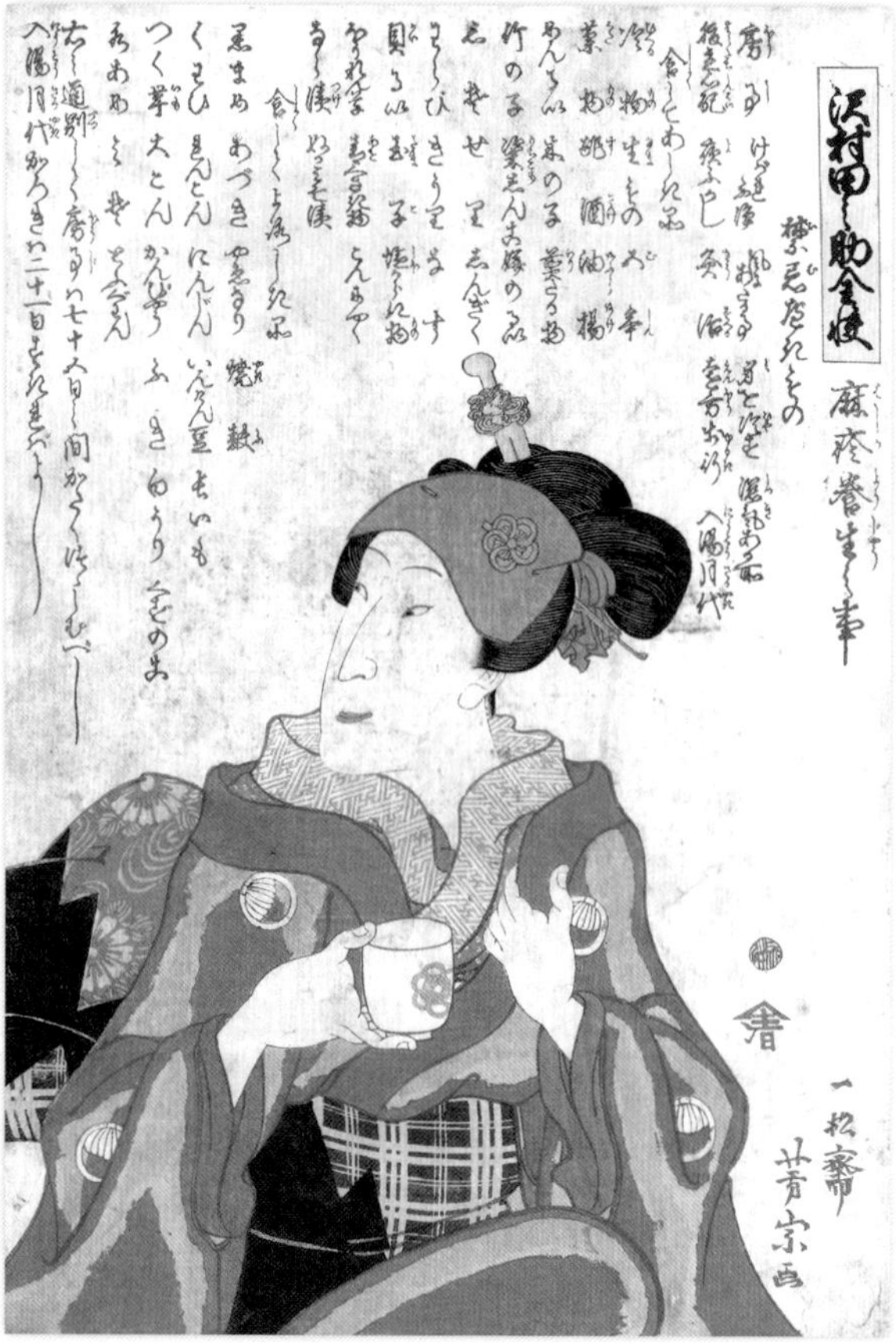

120-0494
錦絵「沢村田之助全快 麻疹養生之事」

錦絵「麻疹本服図」

120-0500～0501

文久二（一八六二）年の麻疹流行の際には、当時人気の若女方・三代目沢村田之助や十三代目市村羽左衛門などが麻疹にかかったが、無事に快復した。これが世に知られて以後、田之助や羽左衛門を描いた麻疹絵が作られるようになる。田之助が描かれた一枚物（右上・右下）の上部には、麻疹養生のために禁忌とされる行為や食物、また逆に食べるべき食物等が記載されている。また、田之助と羽左衛門の両者が描かれた続き物（上）では、向かい合う羽左衛門（右側中央）と田之助（左側右端）が手に持っているのは多羅葉の葉である。多羅葉の葉は傷をつけて文字を書くことができるため、そこへ「麦殿は 生れながらに麻疹して かせたる跡は 我身成けり」と書いておくと麻疹を予防したり軽くしたりできるというまじないがある。この錦絵の余白にも、この呪いの文句が書かれている。

疫病と近世演劇
——東西興行界と安政五年

原田真澄

はじめに

医療事情が現在よりも各段に未成熟であった近世以前、病は人々にとって大いなる恐怖の対象であった。特に密集した都市生活を営んでいた者には、一端流行りだすと野火のように広がって多くの死者を招いた疫病は、現在よりもはるかに致命的な、まさに生死を左右する脅威となる。昨今では特に安政五年（一八五八）年の夏から秋にかけて大流行したコレラ[*1]についての研究が盛んである。[*2]本稿では、疫病と演劇およびその周辺の演劇文化との関わりを示す図録所収資料を紹介しつつ、特に安政五年のコレラ流行によって何が〝失われた〟のかを確認したい。

疫病を可視化する

疫病は、菌やウイルスが人体に入り込むことで感染する。人の目には見えない菌あるいはウイルスを、近世以前の人はどの様に把握して病を克服しようとしたのであろうか。たとえばよく小児が罹患した疱瘡（天然痘）は、疱瘡神という疫神が招く病とも考えられていた。そのために疱瘡神を除ける、或いはもてなして疱瘡が軽く済むように祈願する風習が多くあった。疱瘡神が赤い色を好む、或いは嫌うと考えられたために、患者の周囲に赤い器物を置いて、疱瘡に罹らぬように、また罹ったとしても軽く済むように祈願したのである。その一つが赤一色で刷られた疱瘡絵だ。病魔調伏の意を込めて鍾馗や桃太郎、源為朝がよく描かれたが、演劇博物館には歌舞伎「暫」を題材にした錦絵「疱瘡安全けか楽のつらね」（一六四頁）が所蔵されている。この疱瘡絵の上部には、歌舞伎「暫」のつらねをもじった疱瘡除け、疱瘡平癒のセリフが書きこまれている。特に市川団十郎家には、不動明王を模して病魔を払うとされた「にらみ」の見得の伝統もある。疱瘡絵としても相応しい題材と言えよう。

また、人と疫病との戦いを可視可しようとする戯画・戯文の類いも発行されている。「流行病追討戯軍記《ころりついとうおどけぐんき》」（一六〇頁）は、安政五年九月に大坂で出版されたものである。上部には、擬人化されたコレラ「狐狼利疫病守平忌成《ころりゑやみのかみたいらにいやなり》」が、軍勢を連れて浪花（大坂）の浦に押し渡り、何万もの人の命を奪ったところ、薬の擬人化「施薬虎之助頭《せやくとらのかみ》 諸人為成《みなひとのためなり》」が他の薬などと立ち向かって疫病を退散させるという筋の戯文が書かれている。コレラに限らずこの種の病魔と人との戦いを描く戯画・戯文は多くある。（一五二頁「流行はしか合戦」など）しかし、安政五年の「流行病追討戯軍記」は大坂で出されている点が珍しい。本資料には、

＊1
コレラとは、コレラ菌の感染が引き起こす感染症である。嘔吐と激しい下痢を繰り返し、発病後3日ほどでコロリと死亡するものが多かったことから三日コロリ（コロリは、虎狼痢、古呂利、虎狼病、暴瀉病、頃痢などと表記）とも称した。

＊2
とくに歌舞伎と安政五年コレラ流行については、国立劇場調査養成部編、金子健・日置貴之執筆、未翻刻戯曲集26『染分紅地江戸褄』（独立行政法人日本芸術文化振興会、二〇二〇年三月）や、日置貴之「安政のコレラ流行と歌舞伎」・高橋則子「幕末役者見立絵と感染症」（共にロバート・キャンベル編著、角川ソフィア文庫『日本古典と感染症』（KADOKAWA、二〇二一年三月）所収）に詳しい。

「八月十日頃より。浪花の浦におし渡り。平常丈夫な人といへども。たゞ半日に命を亡こと。さながら夢の如くにて。市中の愁ひおほかたならず。」とある。安政五年のコレラは、江戸だけでなく京・大坂の上方などでも猛威を振るった。同時期、江戸の興行界には第十三代将軍・徳川家定卒去に伴う音曲停止（八月八日から五十日間）の他は、二〇二〇年～二一年のような防疫のための上演規制が、行われていなかったことも知られている[*3]（図1）。そしてこの状況は上方とて同様であった。

安政五年の興行界とコレラ

安政五年（一八五八）正月、東西の興行界はコレラの前に火災によって打撃をうけていた。江戸では正月九日に森田座・市村座が焼け、中村座は類焼を免れたが諸方に遠慮して正月興行を休む。大坂の稲荷社内では人形浄瑠璃の太夫・三代目竹本長登太夫らが「義経千本桜」公演を準備していたが、劇場が火事で焼失し延期。さらに翌二月には道頓堀劇場界の角座から出火があり、道頓堀周辺を焼き尽くす大火となった[*4]。八月には竹田・筑後芝居がそれぞれ歌舞伎興行を行ったが、前述の通り将軍死去に伴う音曲停止命令が出されてしまう。結局同年十月まで大坂興行界では、主要な演者が大坂以外での興行（伊勢・香川・京都など）を強いられるなど、疫病とは関連なく尋常な興行を行うことができなかった。

そこに加えて疫病が、興行界をふくむ市中を襲ったのである。この安政五年のコレラ流行に際して書かれた仮名垣魯文著『安政箇労痢流行記』（一五六～七頁）には、コレラによって亡くなった著名人の名が列記されている。演劇関係者の名前としては、歌舞伎俳優の五代目嵐小六に松本虎五郎、尾上橘之助、嵐岡六、音曲奏者に十代目杵屋六左衛門、三代目清元延寿太夫、清元市造、清元染太夫、清元鳴海太夫、清元秀太夫、人形浄瑠璃では、三味線の鶴沢才治に人形遣いの吉田東九郎などの名がみえる。翌安政六年（一八五九）に出た役者評判記『役者名山尽』は、安政五年七月二十三日に歌舞伎俳優中山南枝が亡くなったことを伝える。評判記に死因は書かれていないが、時期的にコレラ流行との関連も考えられるだろう。

また、当然ながら今も昔も疫病が流行すれば、人々には娯楽のための外出を自粛するようになる。『花江都歌舞妓年代記　続編』には、安政五年に「当七月末よりコロリ（中略）八月に至り追々はげしくなり日毎に人の亡失する事其数相しれず芝居を初め物見遊山吉原など更に行もの稀なり此節繁

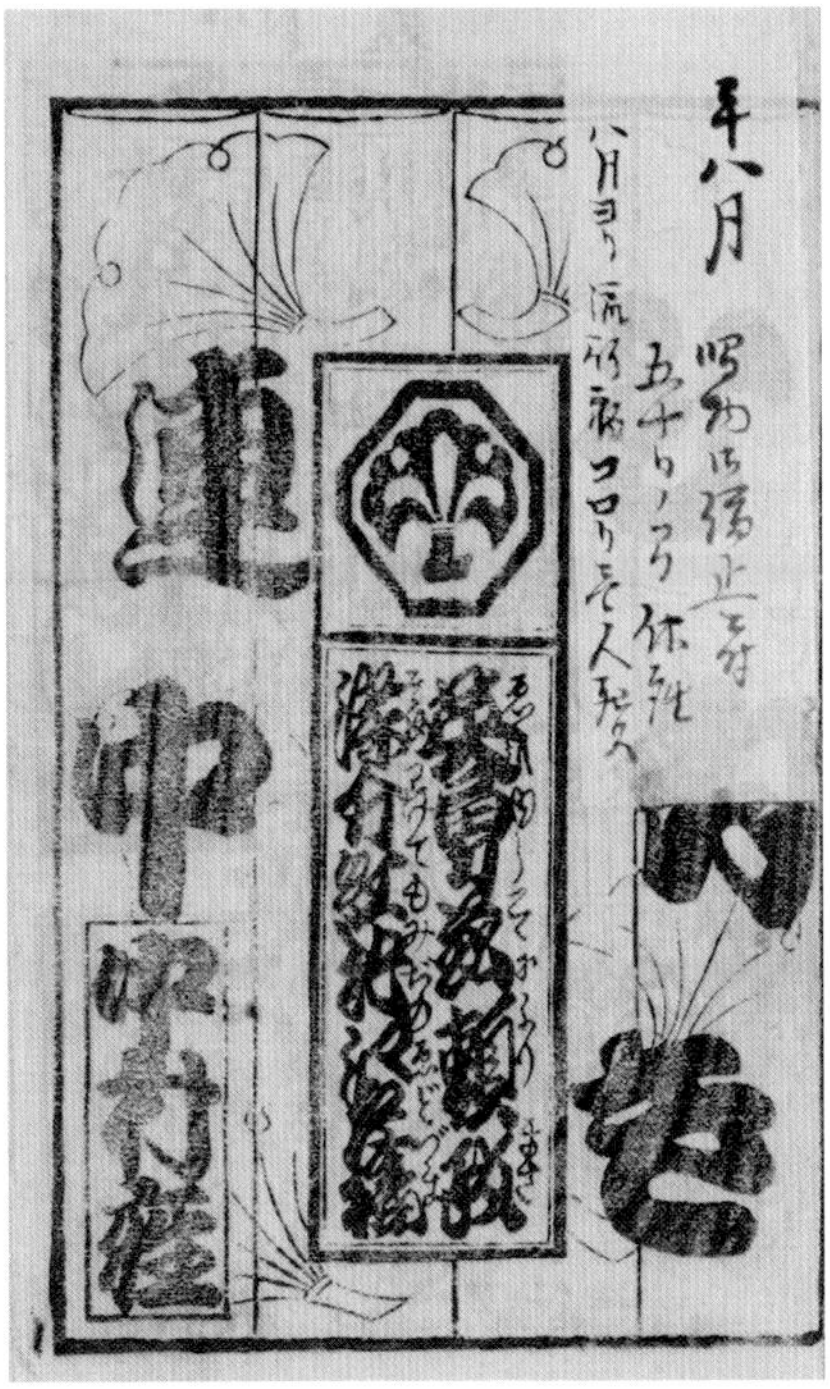

図1　安政5（1858）年10月中村座所演「英勇《えいゆう》茲《ここに》頼《より》政《まさ》・染分《そめわけ》紅地《てもみじの》江戸《えど》褄《づま》」の絵本番付表紙。（演劇博物館所蔵、資料番号：イ13-00295-0005R）添付されている貼紙には、「丑八月　鳴物御停止ニ付　五十日ノ間休座　八月ヨリ流行病コロリニて人死ス」と書かれている。

＊3
前掲注2の参考文献参照。

＊4
新修大阪市史編纂委員会編『新修大阪市史』第4巻（大阪市、一九九〇年）参照。

＊5
引用は、石塚豊芥子編『花江都歌舞妓年代記 続編』（鳳出版、一九七六年）による。以下同様。

＊6
麻疹はウイルスによる発疹性伝染病で、五、六歳までの幼児に多く発症する。江戸時代にも麻疹はたびたび大流行し、天然痘より死亡率が高かったので俗に「疱瘡（天然痘）は見目定め、麻疹は命定め」とも言われた。

昌は薬種や医者のみ」[5]などとある。歌舞伎芝居をはじめとして物見遊山や吉原などに人が出かけず、繁盛するのは薬屋や医者だけだと述べており、興行界が不振であったことが伺える。おそらくは上方も江戸と同じ状況であっただろう。コレラ以外にも、一度疫病が流行れば興行界は不振に陥る。たとえば「当時善悪一対競」（一五一頁）は、[6]麻疹の流行した年に刷られたもので、当時の「善悪」が列記されている。歌舞伎に関しては、「おはしかさまだ　やくしゆや／つまらぬもんだ　役者や」とあり、薬種屋（薬屋）が繁盛で「おはしかさま」と疫病に感謝しているのに対して、劇場は不入りで歌舞伎役者は「つまらぬもんだ」と不平をもらす。興行界にとって安政五年は、火事と病魔とに脅かされた、まさに厄災の年であっただろう。

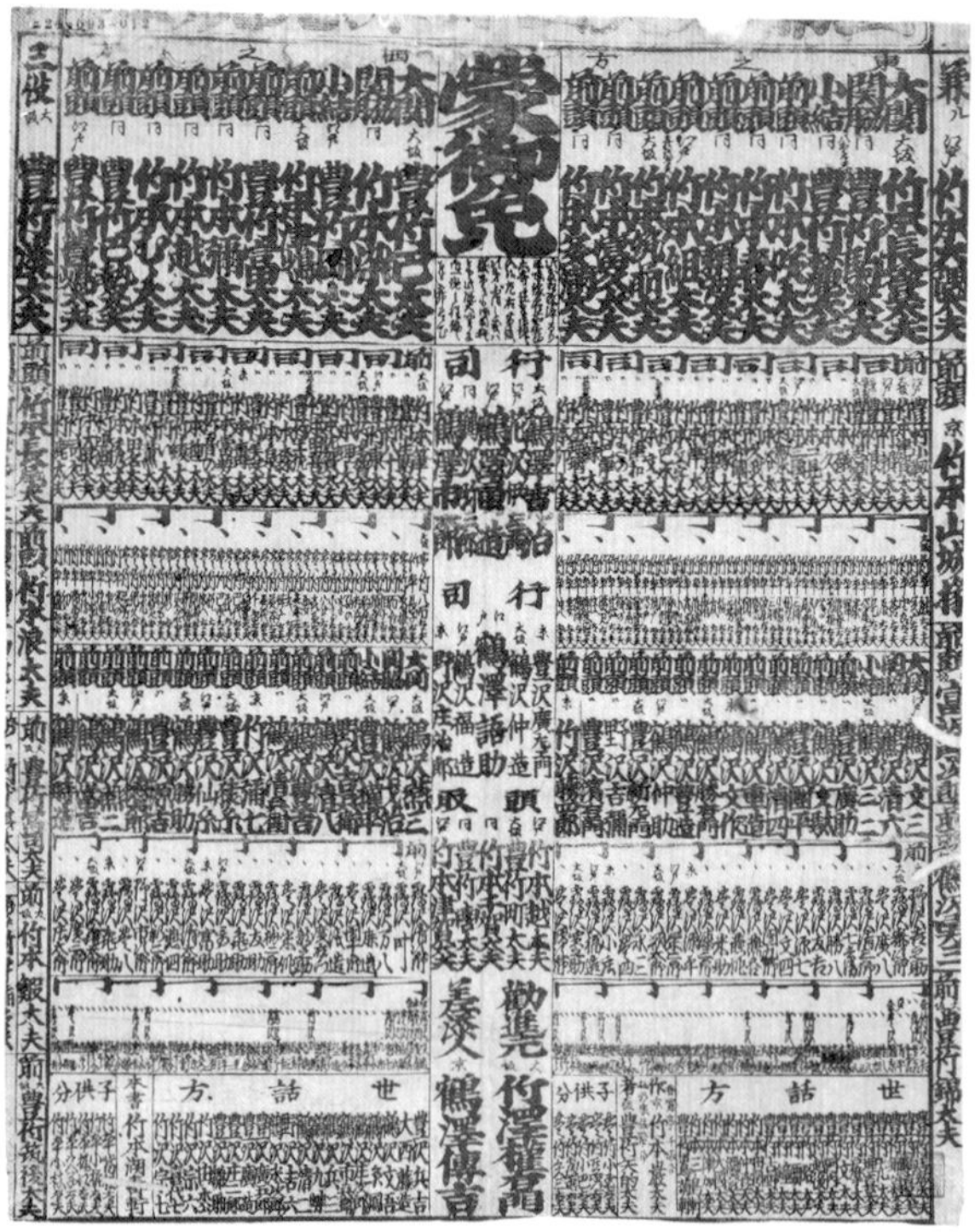

図2　安政4（1857）年版「三都太夫三味線見競鑑」。（演劇博物館所蔵、資料番号：ニ24-00093-012）資料の左側、上から四段目、左から二人目に「関脇　江戸　鶴沢才治」と書かれている。

〝残された〟ものからみえる〝失われた〟もの

『花江都歌舞妓年代記　続編』は、さらに「俳優の内達者は皆此病ひをまぬかれ身を全ふせし事仕合此上なし」と述べる。しかし、『安政箇労痢流行記』などで確認出来るコレラによる死者には、長唄中興の祖といわれる十代目杵屋六左衛門が含まれるなど、人材の点でも興行界が負った痛手は浅くなかった。特に鶴沢才治は、安政六年の「三都太夫三味線操見競鑑」[7]で関脇に配されるほどの三味線の名手として知られていた人物である（図２）。江戸における斯界の第一人者であったと言えよう。元より西より人材が多いとは言えない江戸人形浄瑠璃界で、人形遣いの吉田東九郎と共に鶴沢才治を失ったことは到底「仕合《しあわせ》」とはいえない仕儀であった。

しかし、台帳や番付、評判記、年表類などの通常の興行界の営みの中で〝残された〟資料を確認する限りでは、安政五年に東西の興行界がうけたであろう傷の深さは中々浮かび上がってこない。コレラ関連資料とあわせて見渡すことで、当時の疫病流行の惨状と興行界への影響が読み取れるのである。興行界側は、焼き場が混雑したなどのコレラの惨状を芝居に当て込むようなことはあっても（「染分紅地江戸褄《そめわけてもみじのえどづま》」[8]）、その被害を積極的には発信しなかった模様である。興行界内部の資料、三代目中村仲蔵の日記『手前味噌』や中村座内の記録『中村座日記帳』でも、コレラによる死者や猿若町でも多く死人が出たことには触

＊7　相撲の番付に見立てて人形浄瑠璃の太夫・三味線の位付けを行った番付。鶴沢才治は安政四年から関脇の地位にあり、安政六年版には「関脇故人鶴沢才治」と記された。義太夫年表近世篇刊行会編纂『義太夫年表　近世篇　第３巻下』（八木書店、一九八二年）参照。

＊8　詳細は未翻刻戯曲集26『染分紅地江戸褄』（前掲注２）所収の本文ならびに解説参照。

＊9　詳細は日置貴之「安政のコレラ流行と歌舞伎」（前掲注２）参照。

＊10　演劇博物館特設サイト「オンライン展示「失われた公演――コロナ禍と演劇の記録／記憶」」〈https://www.waseda.jp/prj-ushinawareta/〉（二〇二〇年十月七日より公開、随時更新中）参照。

れられているが、具体的な死者名やそれらが興行に与える影響などには特に触れられていない。[*9] 人気商売であるからは、疫病被害を積極的に喧伝しないのは当然かもしれない。しかし、興行であれ人命であれ、それがなぜ〝失われた〟のかは、証言がなければ後の世からは詳細を把握することは難しい。

　演劇博物館は、二〇二〇年度オンライン展示「失われた公演――コロナ禍と演劇の記録／記憶」[*10] とその実物展示・二〇二一年度企画展「Lost in Pandemic ――失われた演劇と新たな表現の地平」とで、数多の公演が二〇二〇年から二〇二一年にかけての新型コロナウイルス感染症の拡大と、それにともなう日本政府の自粛要請によって〝失われた〟、否、現時点（二〇二二年五月原稿執筆時）でも失われ続けているのを可視可し、証言する。この証言は、演劇学的にも社会学的にも重要な資料となるであろう。さらに今後、この惨禍を生き延びた演劇がコロナ禍で〝失われた〟なにものかを表現し得たときには、ＧＤＰの下落や統計上の死者数では表現できない、個別具体的な体験を後の世にも伝えて共有せしめることもできる。演劇とは、人の営みと生命が持つかけがえのなさを共有しようとする試みでもあるのだから。

　最後に、安政五年に起こった慶事も紹介しよう。医師・緒方洪庵らの研究と働きかけにより大坂の古手町（大阪市中央区道修町）に設立された除痘館が、安政五年四月に官許を得たのである。除痘館（嘉永二年（一八四九）成立）は、疱瘡（天然痘）予防のための種痘（ワクチン接種）のための組織であった。官許を得る前は、種痘が却って児童に害悪になるなどの風聞で困難な活動を強いられていたが、安政五年の官許により、種痘に害のないことが大坂近隣に達せられた。また江戸お玉ヶ池（千代田区岩本町）に同種の種痘所が設立されたのも、安政五年であった。このお玉ヶ池種痘所に官許が出されるのは、大坂に遅れること二年の万延元年（一八六〇）である。以後官許を得た各地の種痘接種所は、積極的に種痘事業を推進していく（参考：一五五頁「深川種痘館日附同心得書」）。それまで食事療法や漢方、まじないで病魔に対抗していた日本社会が、ワクチン接種を推進してくことで、はじめて科学的に効果が明確な疫病の予防法を獲得したのである。そしてこのワクチンという疫病対策への特効薬も、疫病とおなじく異国からもたらされたのであった。

　吉凶禍福は糾える縄の如しとはいうものの、いつの世もその縄を手にしているのは人間なのであろう。

原田真澄（はらだ・ますみ）
早稲田大学にて博士（文学）取得、現在は坪内博士記念演劇博物館・助教。専門は人形浄瑠璃文楽で、主たる業績は「本能寺の変 虚像編」（堀新・井上泰至編『信長徹底解読　ここまでわかった本当の姿』（文学通信社、二〇二〇年）所収）、鳥越文蔵・内山美樹子監修、原田真澄翻刻『義太夫節浄瑠璃未翻刻作品集成（第五期）物ぐさ太郎』（玉川大学出版、二〇一八年）など。

近代

鎖国が解かれ、海外との交流がひらかれていく幕末・明治以降、コレラ、疱瘡（天然痘）、赤痢、チフス、インフルエンザ（流行性感冒）、ペストなど、さまざまな感染症が大流行する。なかでも、最も恐怖をもたらしたコレラは幾度も流行をくり返し、明治年間の総死者数は三十七万余人。これは日清・日露戦争の死者数をはるかにこえる。

明治後期になると、結核（肺病）の時代が到来する。樋口一葉や石川啄木ら多くの作家の身体を蝕み、命を奪ったこの病は、文学や演劇などの題材ともなり、罹患した人物やその環境が、作中の重要な構成要素として描かれた。とくに演劇の領域においては、明治の所産である新派というジャンルが、結核を象徴的なモチーフとする作品を数多く上演。泉鏡花の『婦系図』のお蔦、徳富蘆花の小説『不如帰』の浪子といった悲劇のヒロインの系譜は、後年にいたるまで新派を代表する作品でありつづける。

昨年来のコロナ禍のなかで注目されたパンデミックが、約一世紀前に世界中で猛威を振るったスペイン風邪（スペイン・インフルエンザ）だろう。日本も三度の大きな波に呑みこまれ、多くの演劇人が罹患し、命を落とした。島村抱月の感染によ

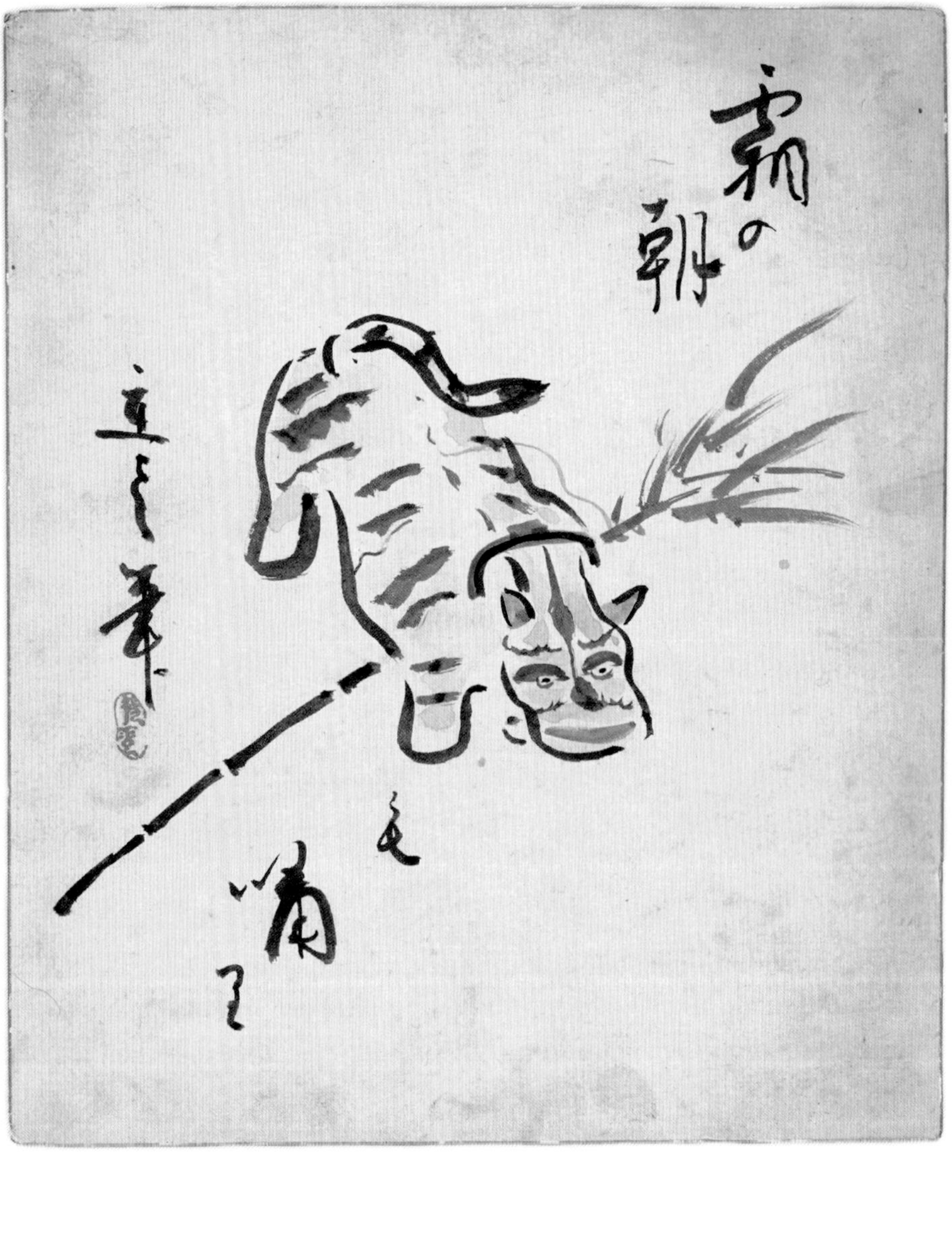

る死は、松井須磨子の自死とともに記憶されてきた。スペイン風邪流行下の劇場が平時と同様、扉を開けつづけていたことに驚かされるのは、私たちが昨年、世界中の劇場が一斉に扉を閉ざした数か月間を体験したからにほかならない。自身を含め、一家全員が感染した与謝野晶子。劇場に限らず、大人数が密集する場所への一時的な休業要請等が行なわれなかったことに対し、政府の無策を難じた彼女の声はいま、どのように響くのか。

スペイン風邪の流行から約十年後、岸田國士はその脅威をこんなふうに綴っている。「かの流行性感冒といふ曲者は、近時、「スペインかぜ」なる怪しくも美しい名を翳《かざ》して文明国の都市を襲ひ、あつと云ふ間に、幾多の母や、夫や、愛人や、子供や、女中の命を奪つて行つた。同じ死神でも虎列刺《これら》や、黒死病《ぺすと》と違ひ、インフルエンザといへば、なんとなく、その手は、細く白く、薄紗を透して幽かな宝石の光りをさへ感ぜしめるではないか」(「風邪一束」『時事新報』一九二九年一月三日)。詩的な筆致が、むしろ得体の知れない感染症の恐怖をあらわしている。

隠喩としての病が、いかにイメージを喚起するものか。実在の病のみならず、作家の想像からうまれた病が舞台上に現れるとき、鋭敏なまなざしでつくられたフィクションは未来を予見する力をもつことを痛感させられる。この、コロナ禍の渦中に身をおいて。

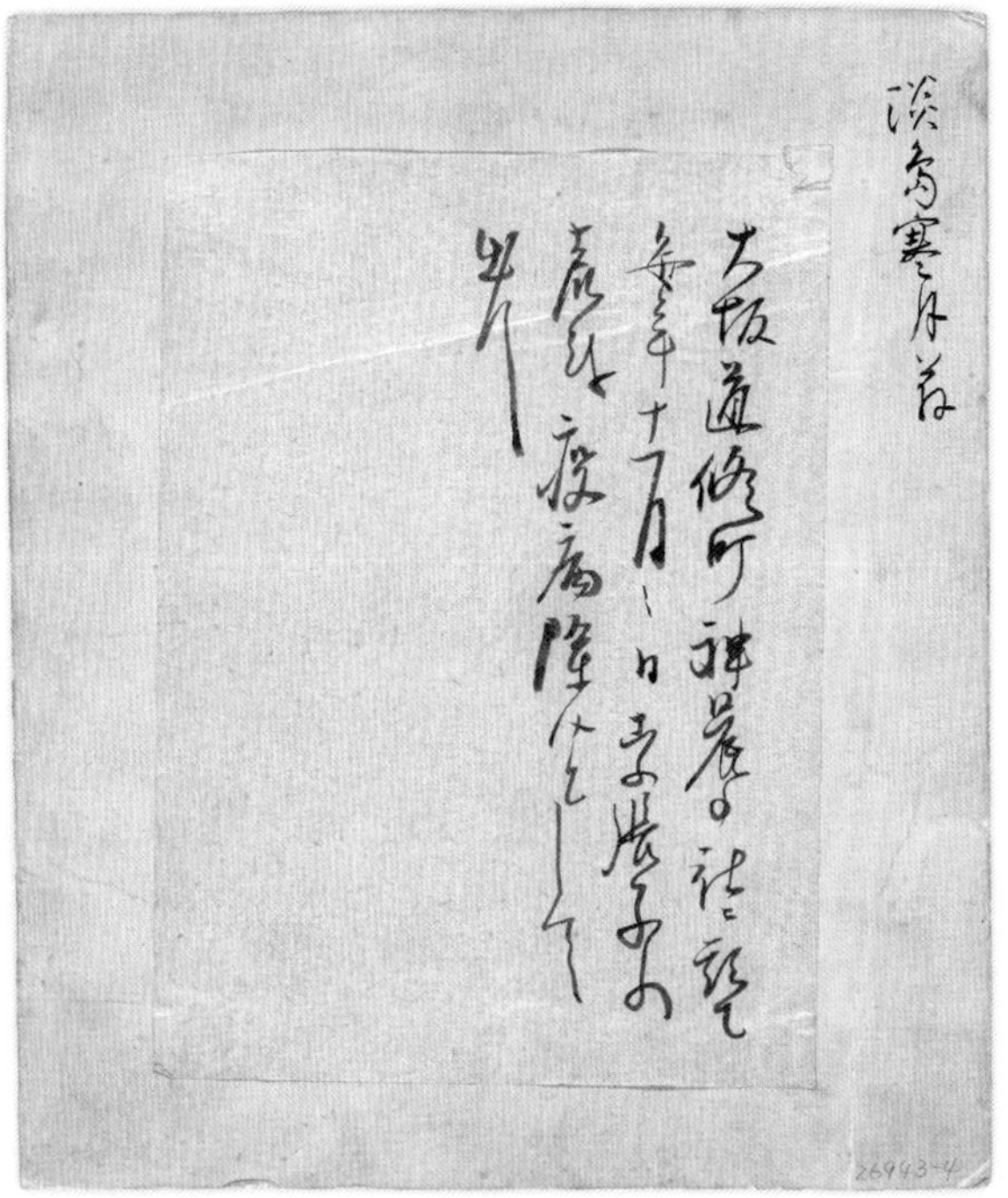

淡島寒月色紙

26943-004
年代未詳

「霜の朝［張り子の虎］も嘯り　梵雲筆［印］」。梵雲庵は、井原西鶴再評価のきっかけをつくり、趣味に生きた文人として知られる、淡島寒月(一八五九〜一九二六)の号。裏面には「大坂道修町神農の社ニ於て毎年十一月ニはこの張子の虎を疫病除けとして出す」と記された紙が貼付。道修町は豊臣時代から薬種業者が集う場所だった。「神農の社」は「神農さん」と親しまれる少彦名神社をさす。寒月は郷土玩具の蒐集と研究でも有名で、気の向くままに絵筆をとったそのおもちゃ絵は世間にひろく流布したという。色紙に描かれた神農さんの張り子の虎も、寒月の手元にあったと思われる(「おもちゃ魂」『大供』第一号、大正七年一月)。なお、寒月の実家は、江戸時代から馬喰町で淡島屋という菓子屋を営んでおり、名物の軽《かる》焼《やき》は「病が軽く済む」と疱瘡見舞いに重宝されていた。

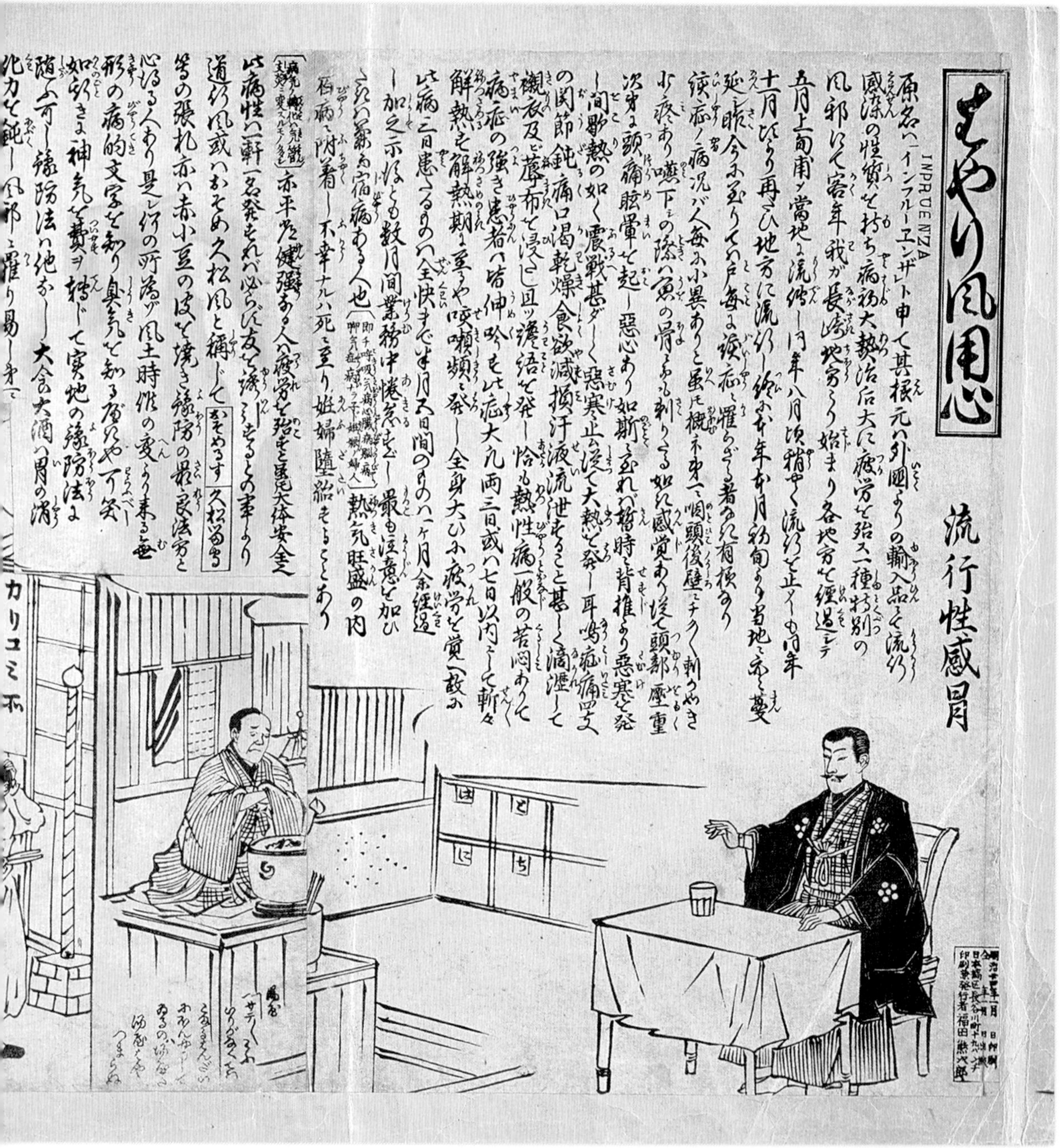

はやり風用心

内藤記念くすり博物館
明治二十三（一八九〇）年

ロシアに端を発し、世界的に流行したインフルエンザ（一八八九〜九一）は、明治二十三年から翌年にかけて日本にも上陸した。このインフルエンザは巷で「お染風」と称され、お染久松の物語から「久松留守」と書いた札を門口に貼るという疫病除けの迷信めいた行為がひろまった。この資料では、医者や薬屋が大繁盛する一方で、銭湯や散髪屋に閑古鳥が鳴く世相を描き、医学的な情報を紹介しながら、当時の迷信を批判する。左端の店の軒先に「お染久松るす」と書かれた札が下がっている。

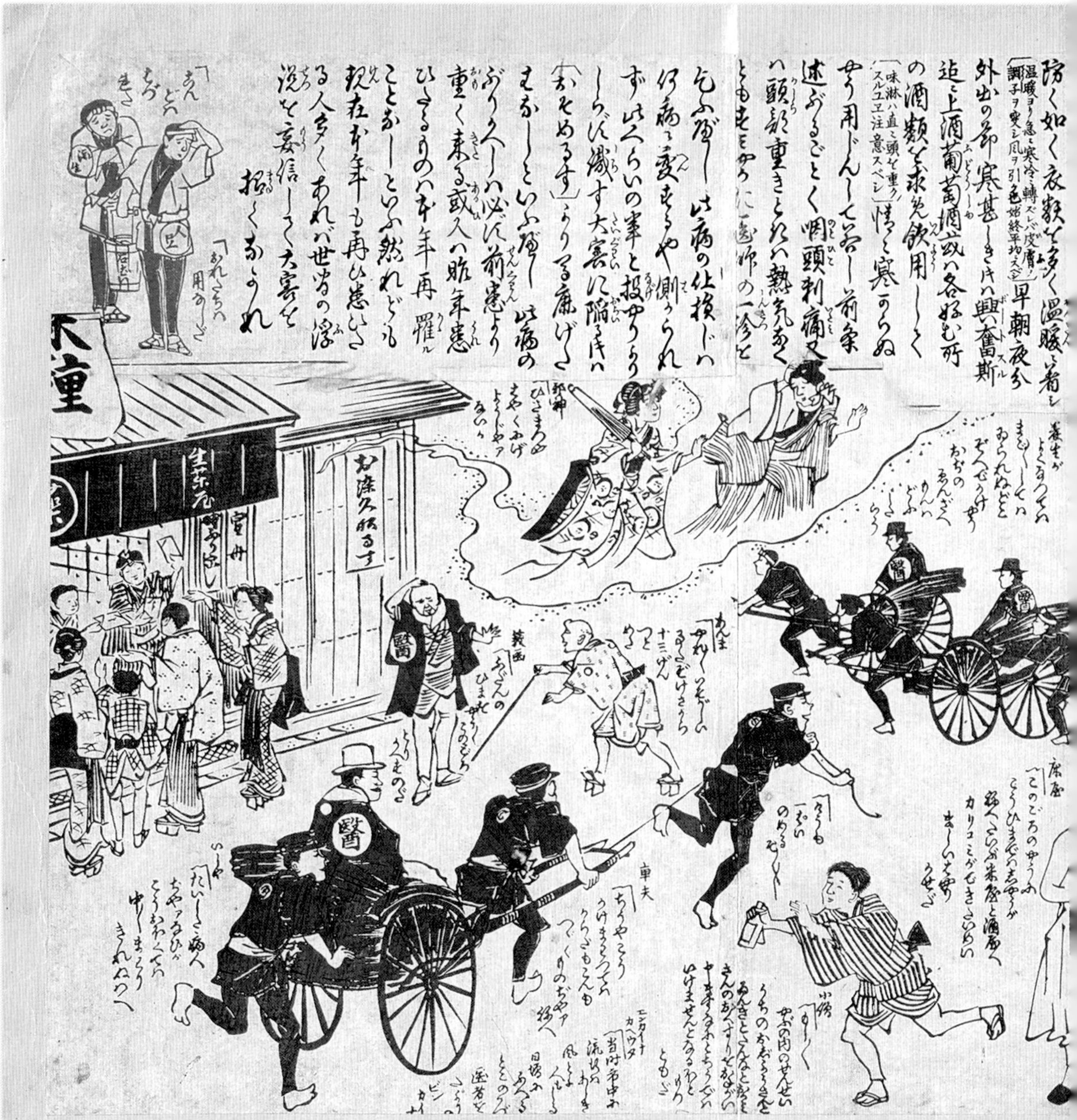

防ぐ如く衣数を多く温暖に着し
〔温暖ヨリ急ニ寒冷ニ転スレバ皮膚ノ調子ヲ変ジ風引色始終平均スベシ〕早朝夜分
外出の節寒甚しき時ハ興奮斯
近ごろ上酒葡萄酒ハ各好む所
の酒類を求め飲用しべく
〔味淋ハ直ニ頭ヲ重クスルユヱ注意スベシ〕情く寒すらぬ
やう用じんして前条
述ぶるごとく咽頭刺痛又
ハ頭顱重きとれハ熱気あく
とも速やかに医師の一診を
乞ふべし 此病の仕様じハ
何病に変ずるや測られ
ず此くらいの事と投げやり
しらん識す大害に陥る時ハ
〔おそめるす〕ふりする病げさ
まかしといふべし 此病の
ぶりくしハ必ず前患より
重く来る或人ハ昨年患
ひたるりのハ本年再羅ル
ことなしといふ然れども
現在本年も再び患ひた
る人多くあれハ世俗の浮
説を妄信して大害を
招くなかれ
お染久松るす
生蕎麦
車夫

『不如帰』番付

明治四十一（一九〇八）年／本郷座

ロ18-00091-0015BS

徳富蘆花の小説『不如帰』は、明治三十三（一九〇〇）年前後に流行した家庭小説を代表する作品。結核を理由に嫁ぎ先から離縁を強いられた川島浪子は、出征中の夫武男への思慕を胸に死んでいく。ヒロインの悲劇が涙を誘うメロドラマとして絶大な人気を博した。新派が劇化し、さまざまな脚色で上演。明治四十一（一九〇八）年四月の本郷座での柳川春葉による脚色が、以降定型として継承されていく。このとき、浪子を喜多村緑郎、武男を伊井蓉峰が演じた。番付に描かれた浪子は、民友社刊『不如帰』の口絵（黒田清輝画）を模したもので、右下に書籍のページが開かれていることからも、小説と演劇が連動しながら人気作としての地位を築いていった様子がうかがえる。

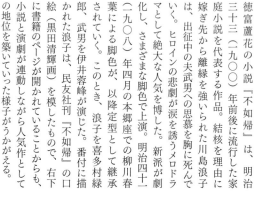

『不如帰』筋書

ロ24-00020-0009
明治三十八（一九〇五）年／本郷座

『不如帰』は、明治三十四（一九〇一）年に大阪・朝日座で初演されて以降、新派を代表する作品となった。その人気に目をつけた五代目中村芝翫が、明治三十七（一九〇四）年に歌舞伎化している。明治三十八（一九〇五）年五月の本郷座では、藤沢浅二郎、高田実、河合武雄らが上演。筋書に「今回不如帰を演ずるに就て」と題した口上が掲げられ、「新派俳優独特の劇題と為さんとの抱負を以て」演じるという気概が記されている。

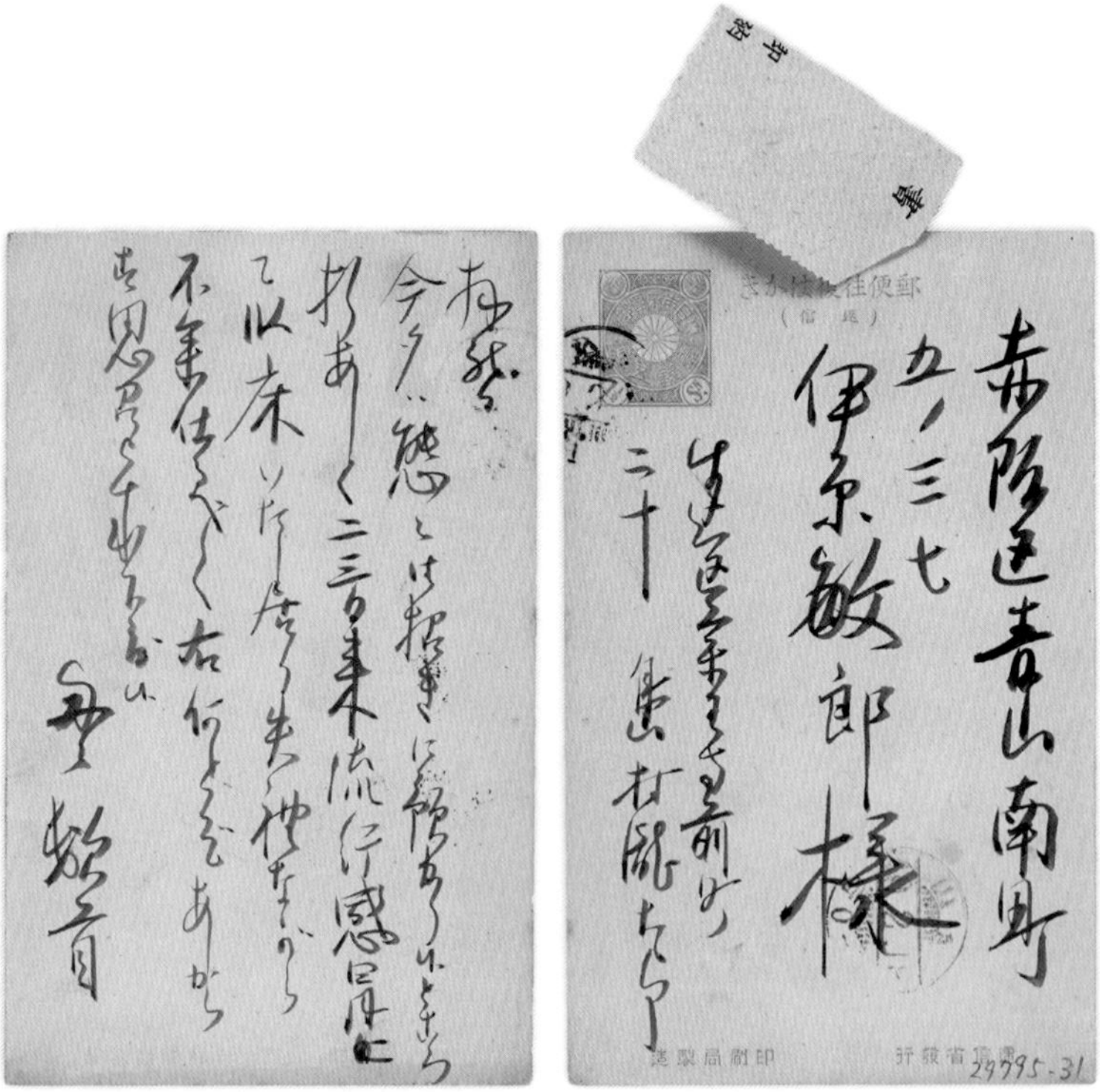

伊原敏郎宛島村抱月葉書

29795-031
明治四十（一九〇七）年

明治四十年二月の消印（日付未詳）。島村抱月（瀧太郎）から伊原敏郎（青々園）に宛てた葉書。「今夕ハ態々御招きに預かり候ところ折あしく二三日来流行感冒にて臥床いたし居り失礼ながら不参仕るべく右何とぞあしからず思召被成下度候　匆々頓首」とあり、二人の交流がうかがえる。

逍遙日記 大正七年

21456
大正七（一九一八）年

一九一八年から一九二二年頃にかけて世界中に蔓延した「スペイン風邪」。このパンデミックで島村抱月が命を落とした。当時同棲していた松井須磨子がまず感染し、看病するうちに抱月も罹患。須磨子は快復したものの、抱月の容態は悪化し、発症から約一週間後の十一月五日未明に息を引きとった。抱月の師、坪内逍遙は、その日の日記に「島村瀧太郎病死す　先月三十一日　すま子の風邪を介抱中発病　昨夜俄ニ心臓麻痺を起して逝けりといふ！」と記している。

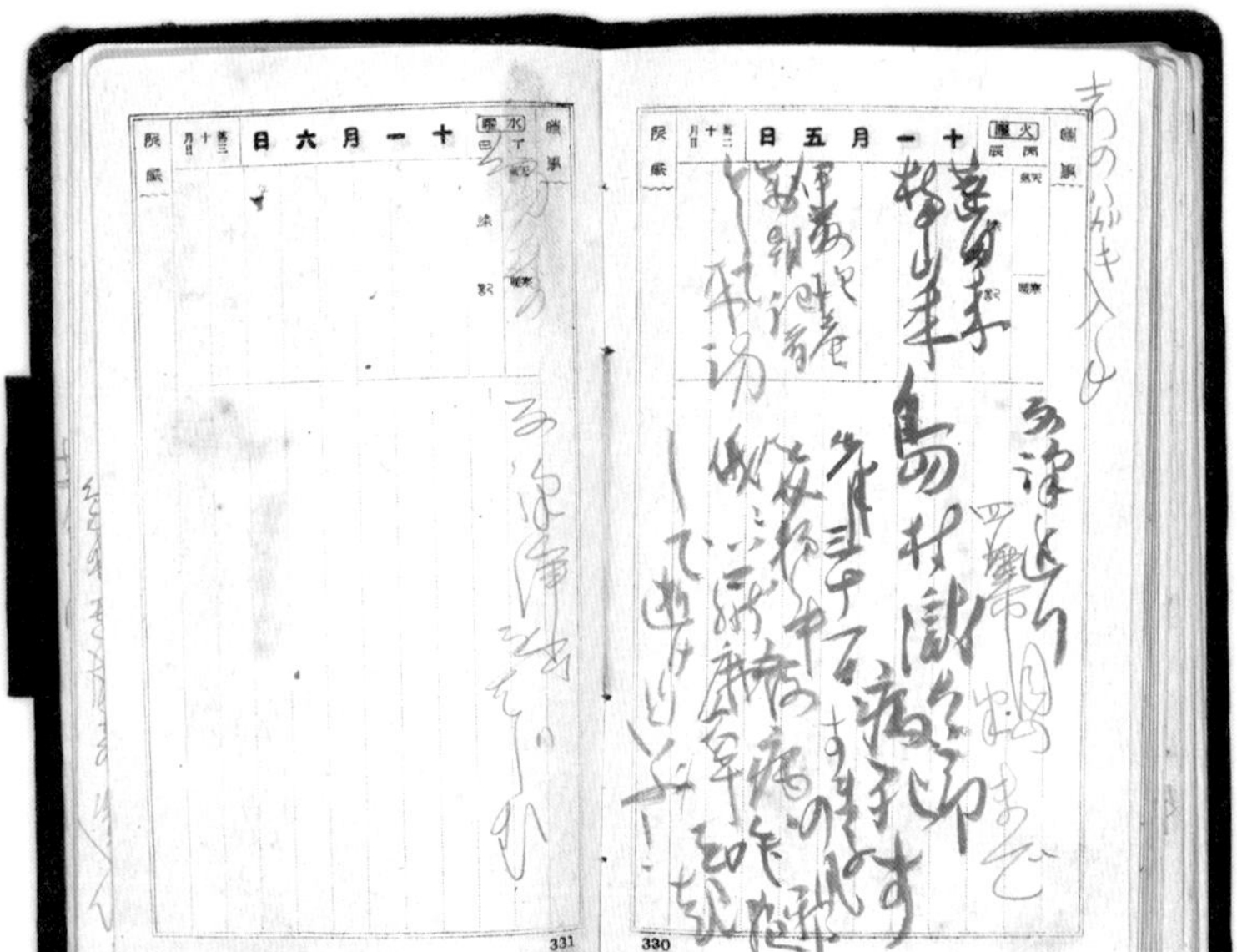

島村抱月告別式写真

日本近代文学館
大正七（一九一八）年

大正七年十一月七日に牛込の芸術倶楽部で執り行われた島村抱月の告別式。中央に白無垢の松井須磨子。他に中村吉蔵、脚本部員、技芸員らが参列した。

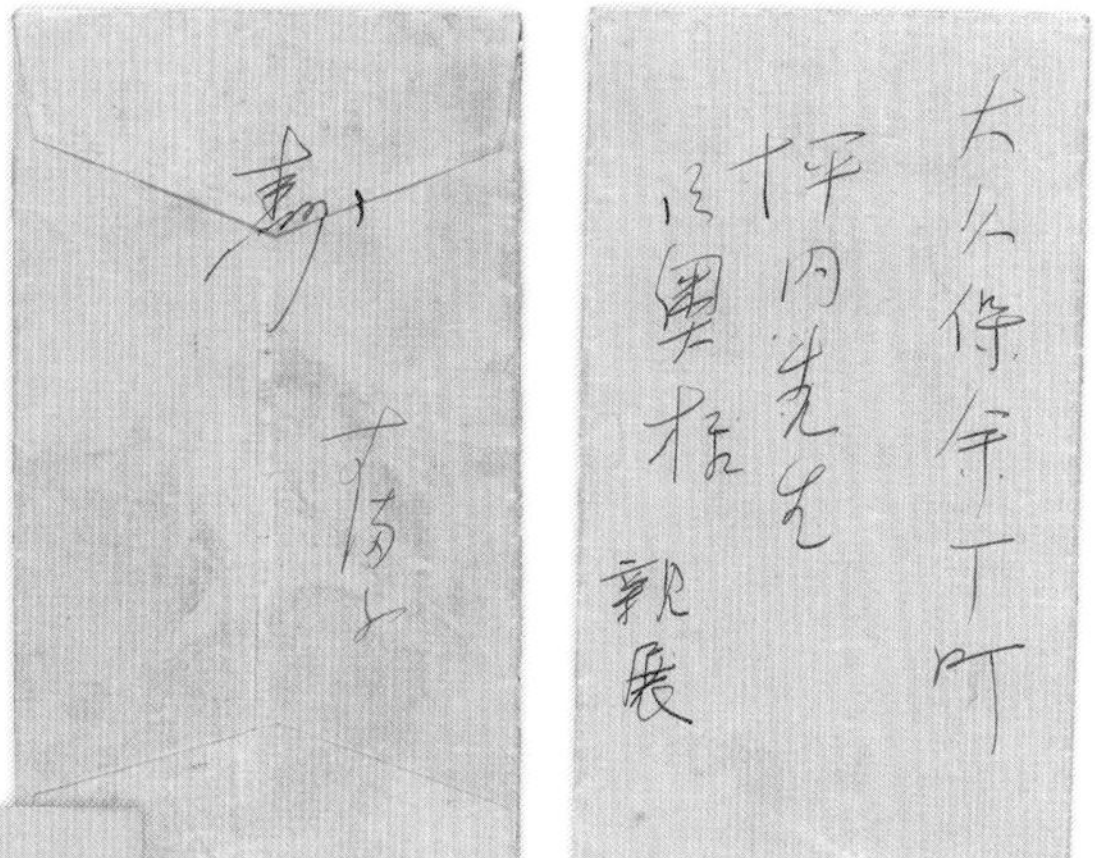

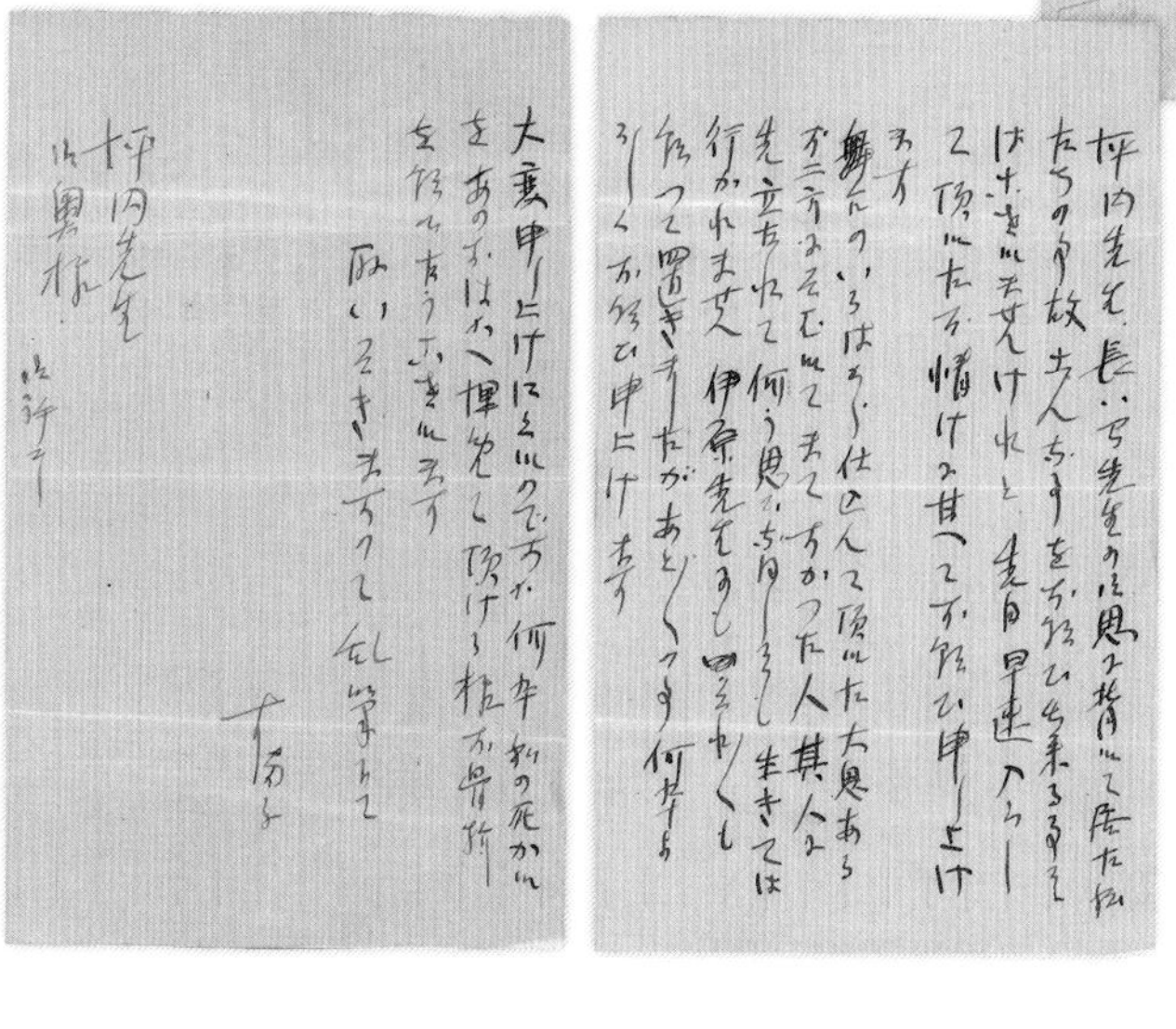

松井須磨子遺書

26857
大正八（一九一九）年

松井須磨子が、坪内逍遙夫妻に宛てた遺書。大正七年十一月に島村抱月がスペイン風邪で急逝し、その二か月後、須磨子はあとを追って縊死した。自殺する直前の年の暮れ、須磨子は余丁町の逍遙邸を訪ね、「先生……どうも……申し訳ございません……」と言ったきり下を向き、逍遙もまた「いやぁ……」と答えたものの、困ったような表情を浮かべたままだったという。

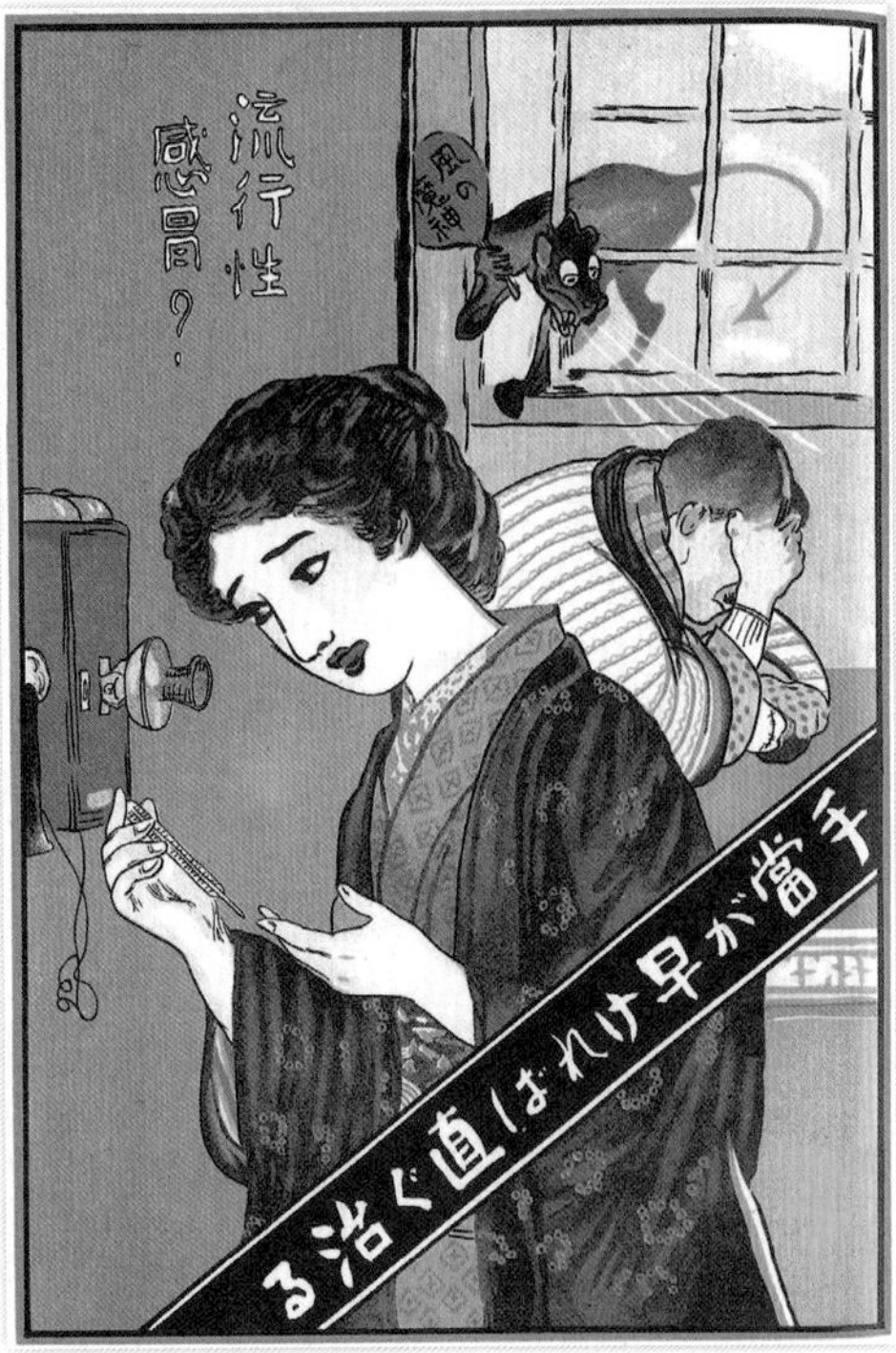
流行性感冒？
風の神
手當が早ければ直ぐ治る

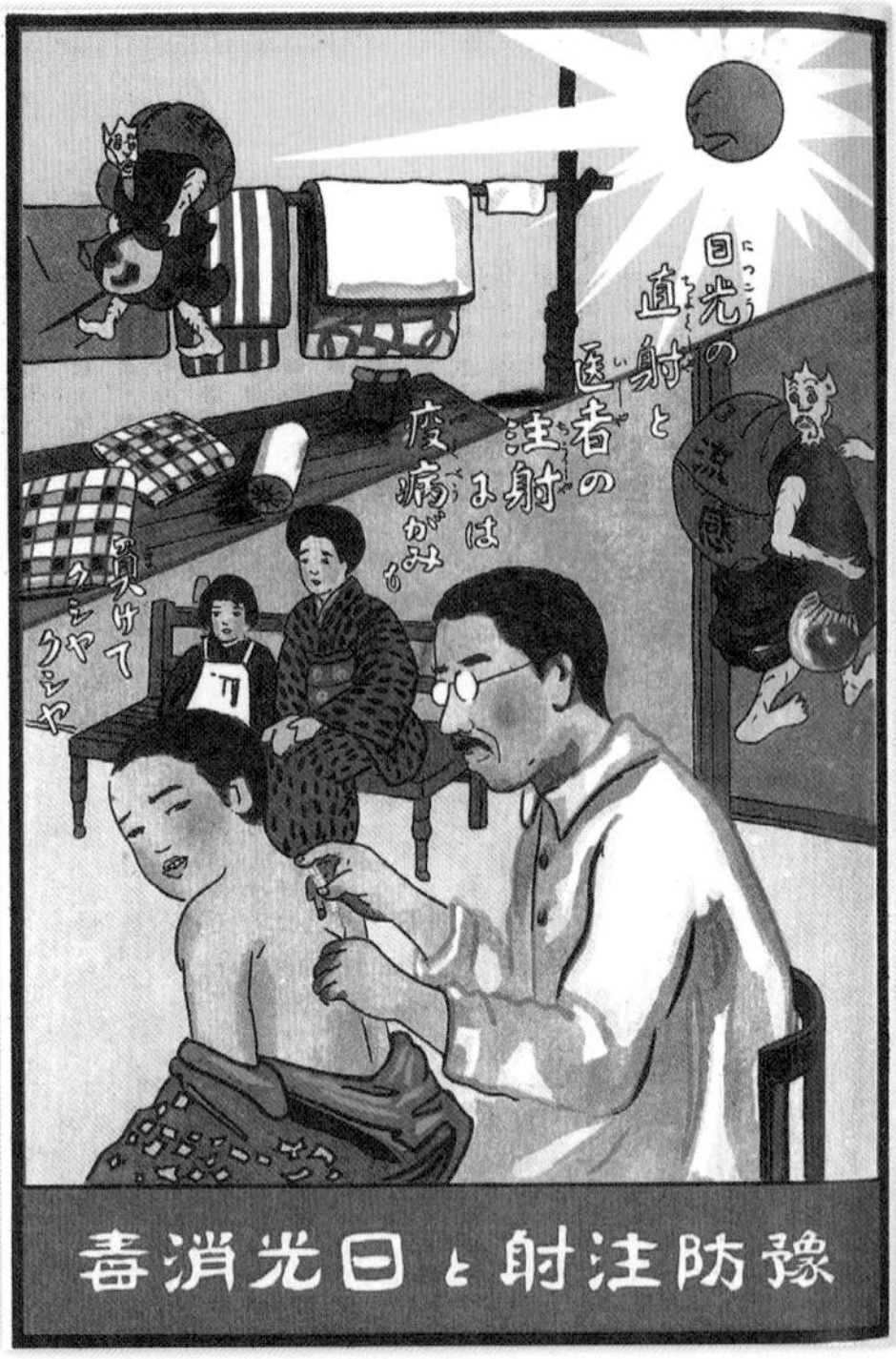
日光《にっこう》の直射と医者《いしゃ》の注射には疫病がみも負けてクシャクシャ
豫防注射と日光消毒

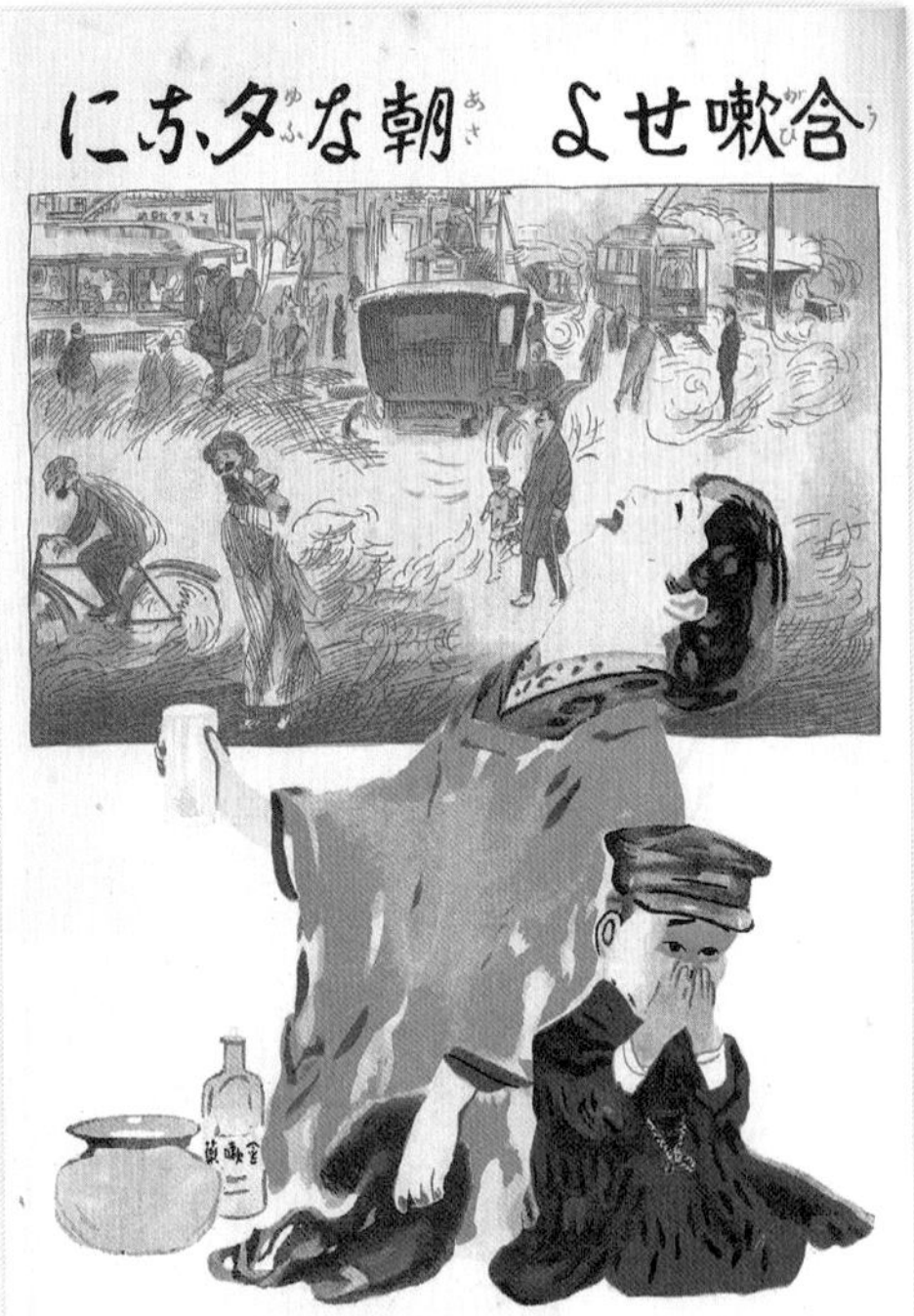
含嗽《うがひ》せよ　朝《あさ》な夕《ゆふ》なに

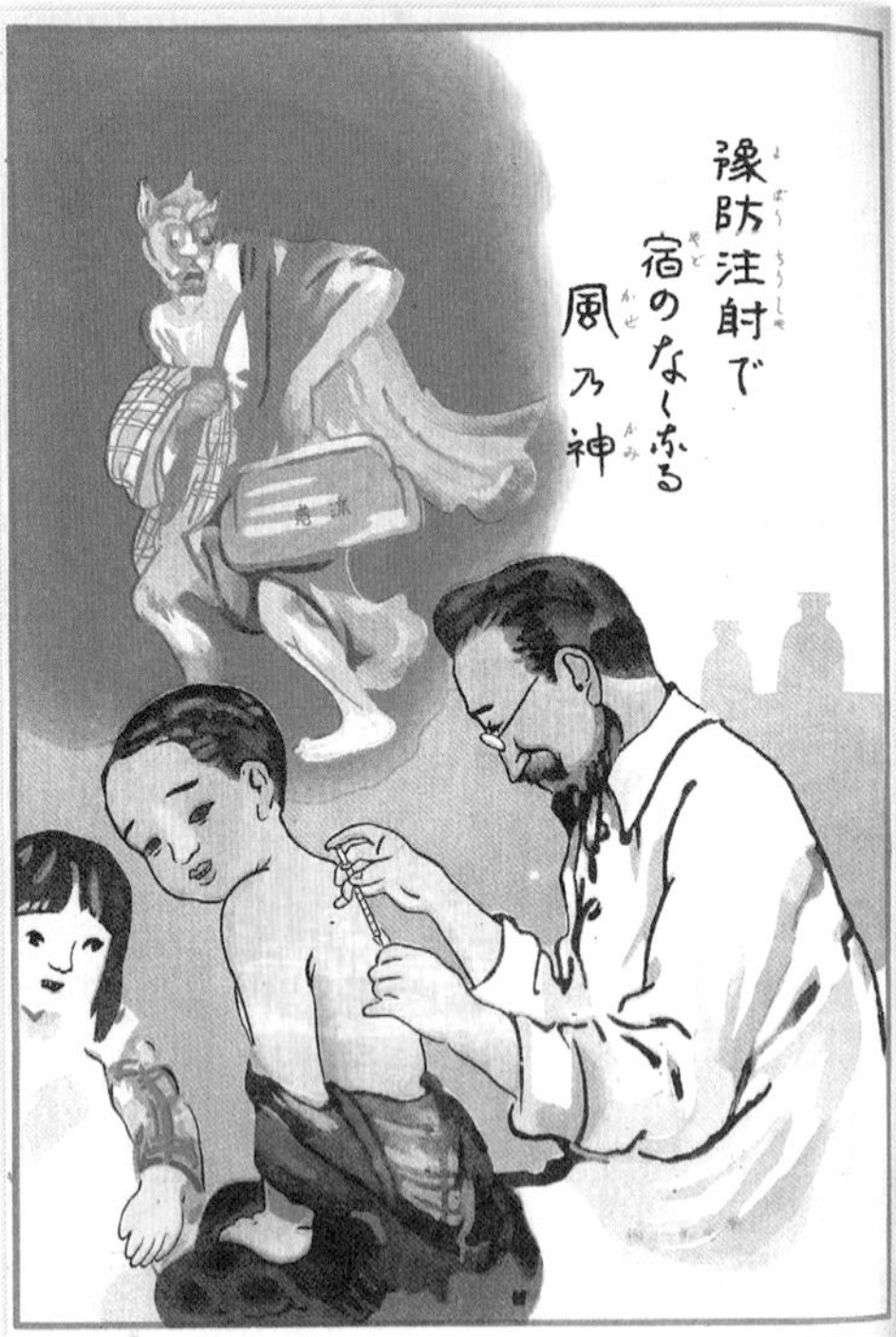
豫防注射で宿《やど》のなくなる風《かぜ》乃神《かみ》

『流行性感冒』感染予防ポスター

国立保健医療科学院図書館

スペイン風邪の流行が収束した大正十一（一九二二）年三月に発行された報告書、内務省衛生局編纂『流行性感冒』掲載の感染予防を呼びかけるポスター。

楳茂都陸平「東京見学旅行記」（『歌劇』第一号、大正七年八月）

ｷ08-1-001
大正七（一九一八）年

大正七年五月下旬の東京見物も兼ねた巡業時、スペイン風邪は宝塚少女歌劇団を襲った。歌劇団を指導していた舞踊家の楳茂都陸平は、東京に着いた日（五月二十二日）から「気味の悪い流行感冒の噂を耳にしてゐた」が、二十九日に「団員の三四名に襲来した、今買物に行くとかいつて衣服を着替へ袴を附けてゐた筑波〔峯子〕君が数分の間に四十度の発熱をやると松山〔浪子〕君がおつきあひをして苦しむ、楽手の二三名が倒れる」と記している。スペイン風邪流行の波をみても、ごく初期の感染事例といえよう。

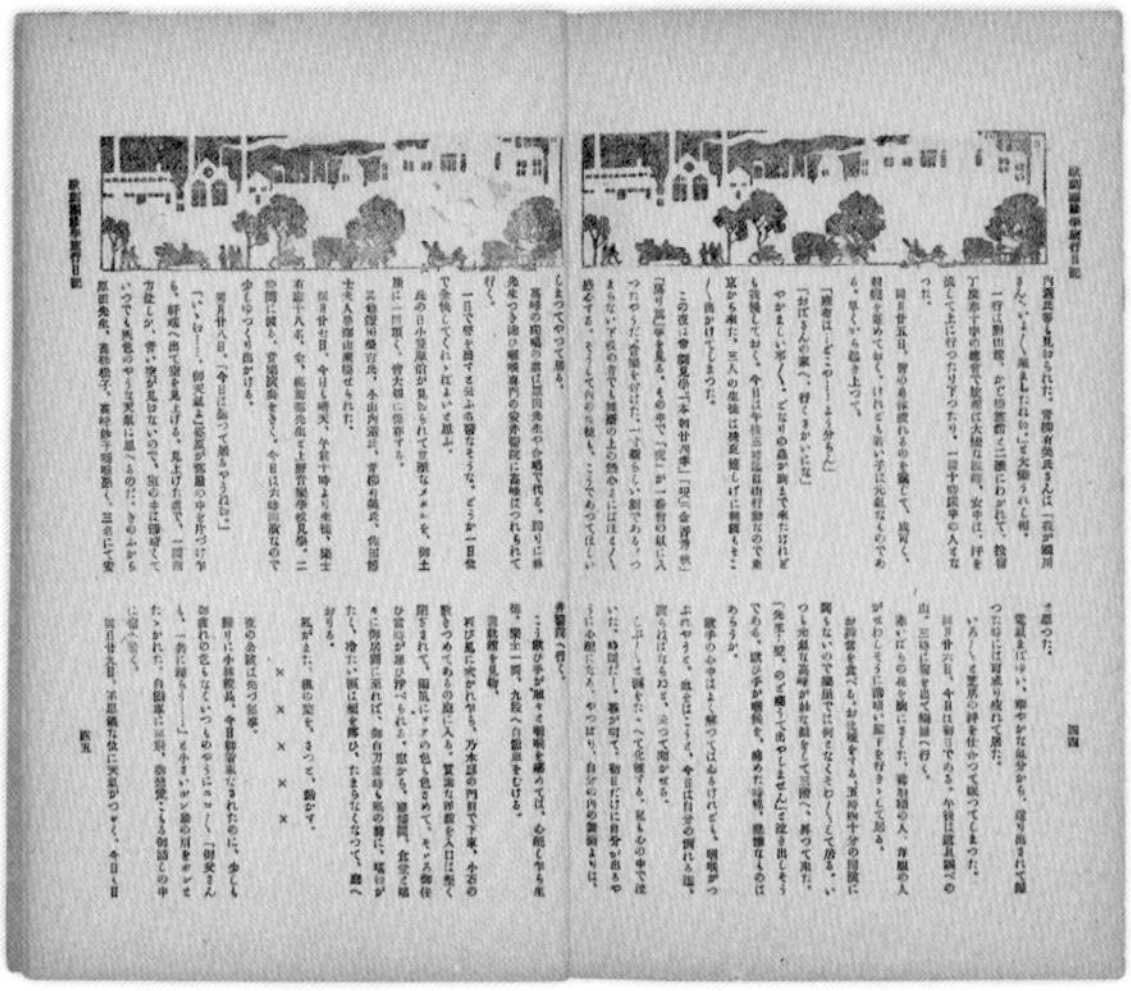

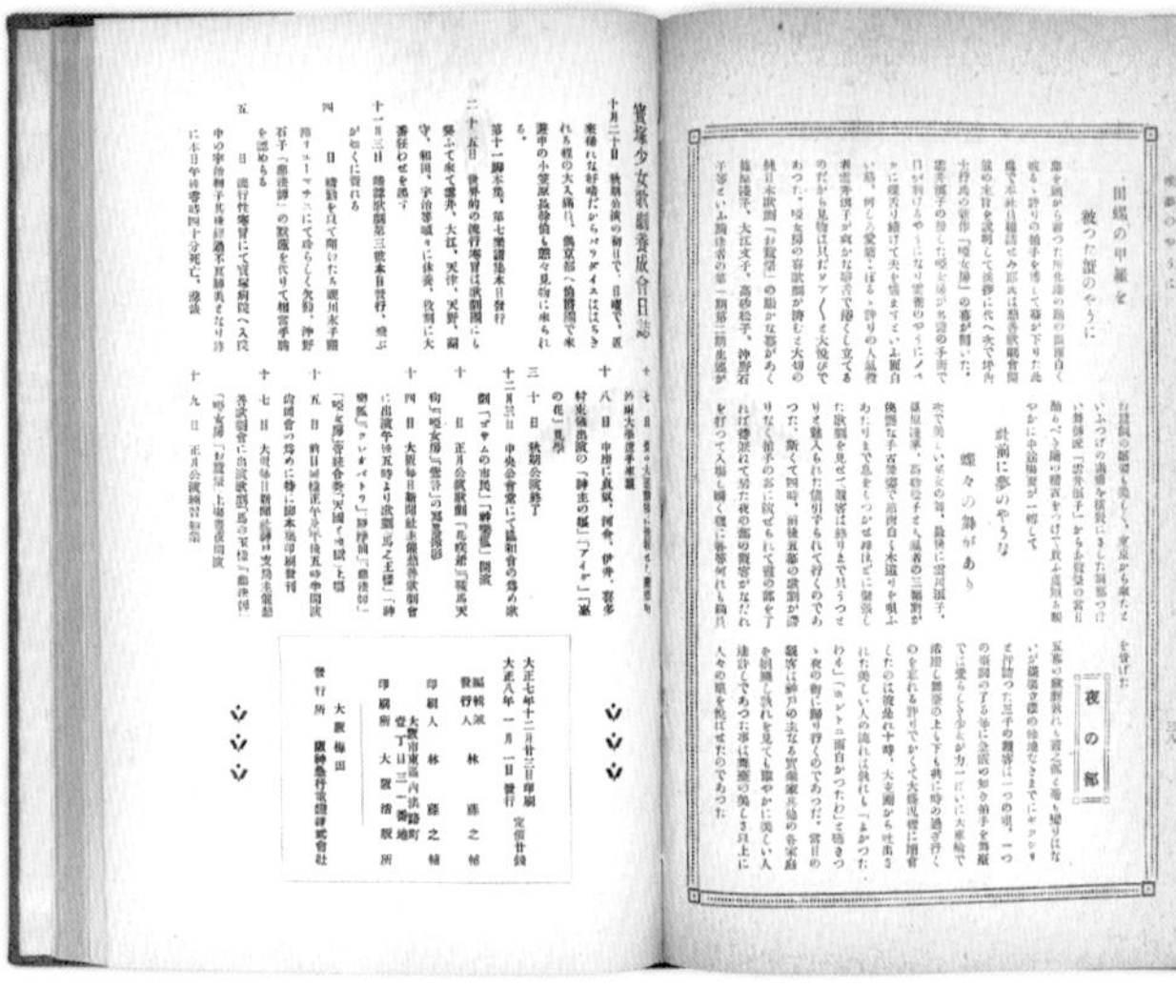

「宝塚少女歌劇養成会日誌」（『歌劇』第三号、大正八年一月）

ｷ08-1-001
大正八（一九一九）年

機関誌『歌劇』巻末に毎号載っている「宝塚少女歌劇養成会日誌」（左頁）をみると、大正七年十月頃から、歌劇団内で感染者が続出した様子が見てとれる。トップクラスの団員が次々に感染し、急遽代役を立てるなどして対応に追われていた。

『演芸画報』第七年二号（大正九年二月）

ｷ01-1-053
大正九（一九二〇）年

大正九年、帝国劇場の脚本主任だった劇作家の右田寅彦が感染ののち肺炎を併発。一月八日に入院したが、十一日に死去した。翌月の『演芸画報』で追悼特集が組まれている。帝国劇場では、大正七年の暮れから、座頭格だった六代目尾上梅幸が罹患し、代役を立てて休演するなど、幕内にたびたび感染者が出ていたようだ。

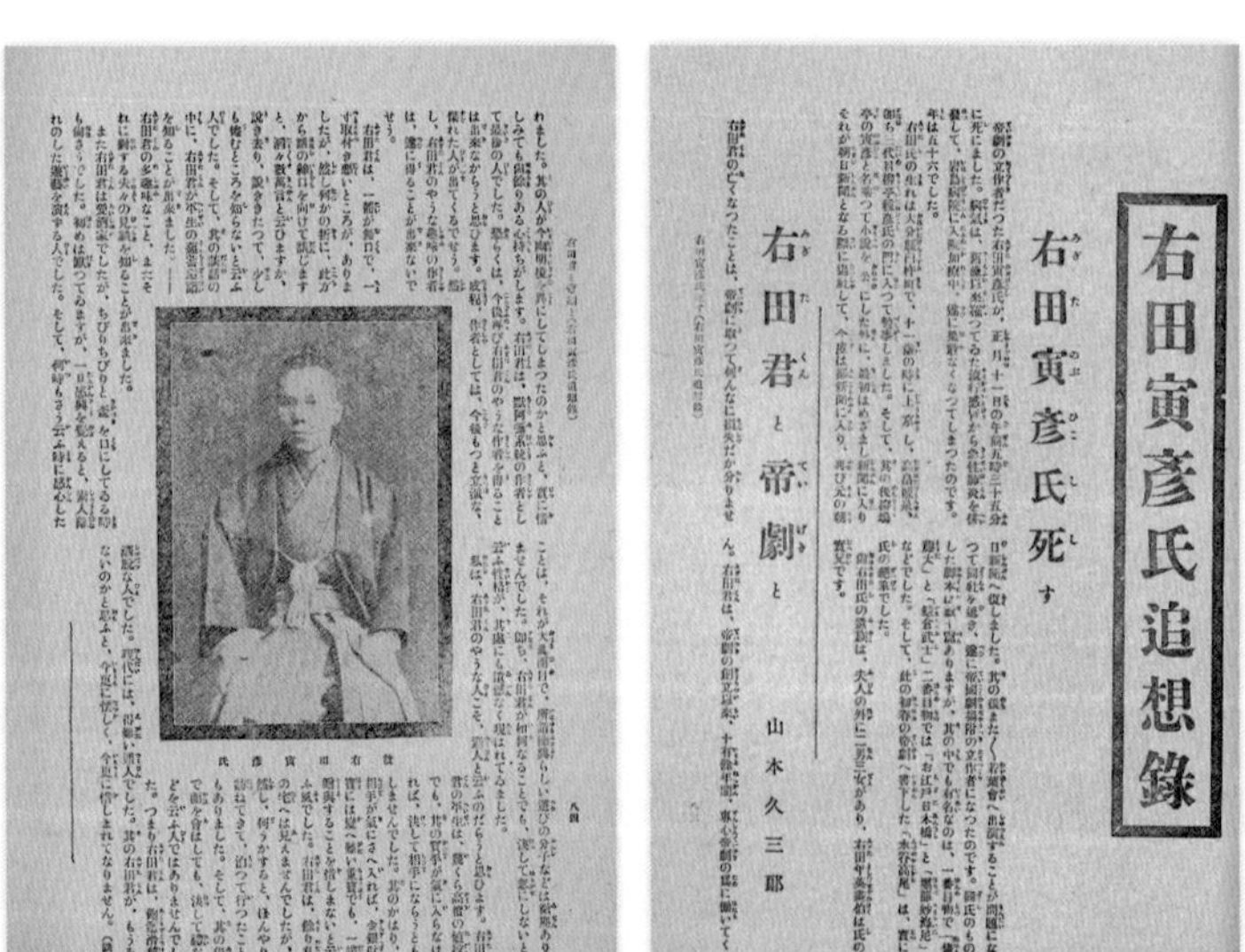

右田寅彦氏追想録

右田寅彦氏死す

右田君と帝劇と　山本久三郎

鈴鳳劇
大江美智子一座 ポスター
POS0007318
一九五七（昭和三十二）年五月／常盤座

明治二十年代の「お染風」流行時に巷間に流布した、「久松留守」と書いた札を門口に貼るというまじないに想を得て、巌谷小波の長男で劇作家の巌谷槙一が『お染風久松留守』を執筆。一九五七年五月、女剣劇の二代目大江美智子一座の鈴鳳劇が、浅草・常盤座の二の替りで初演した。一九六九年九月の中座、藤山寛美率いる松竹新喜劇が再発見し、以降、レパートリーのひとつとして上演されていく。

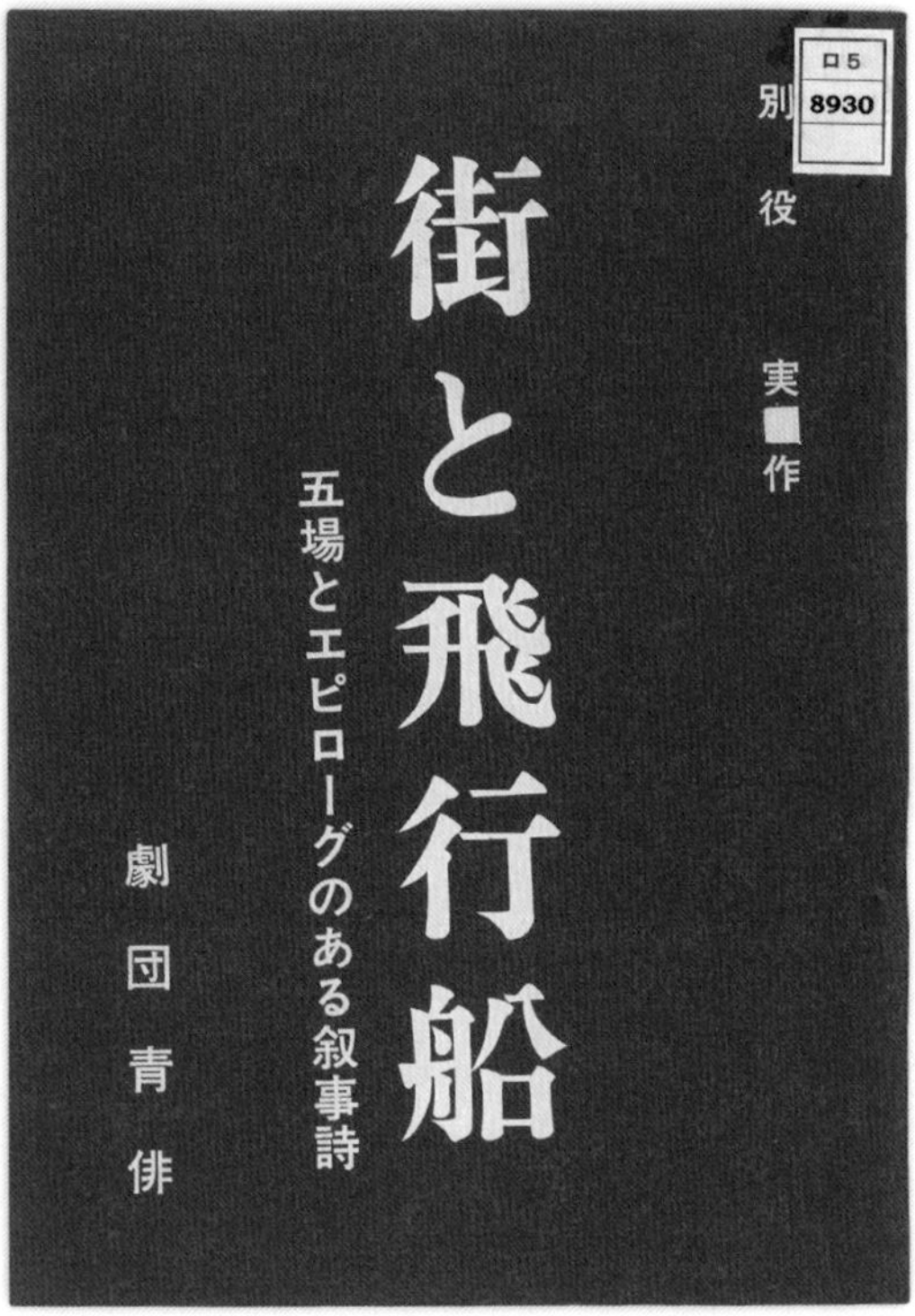

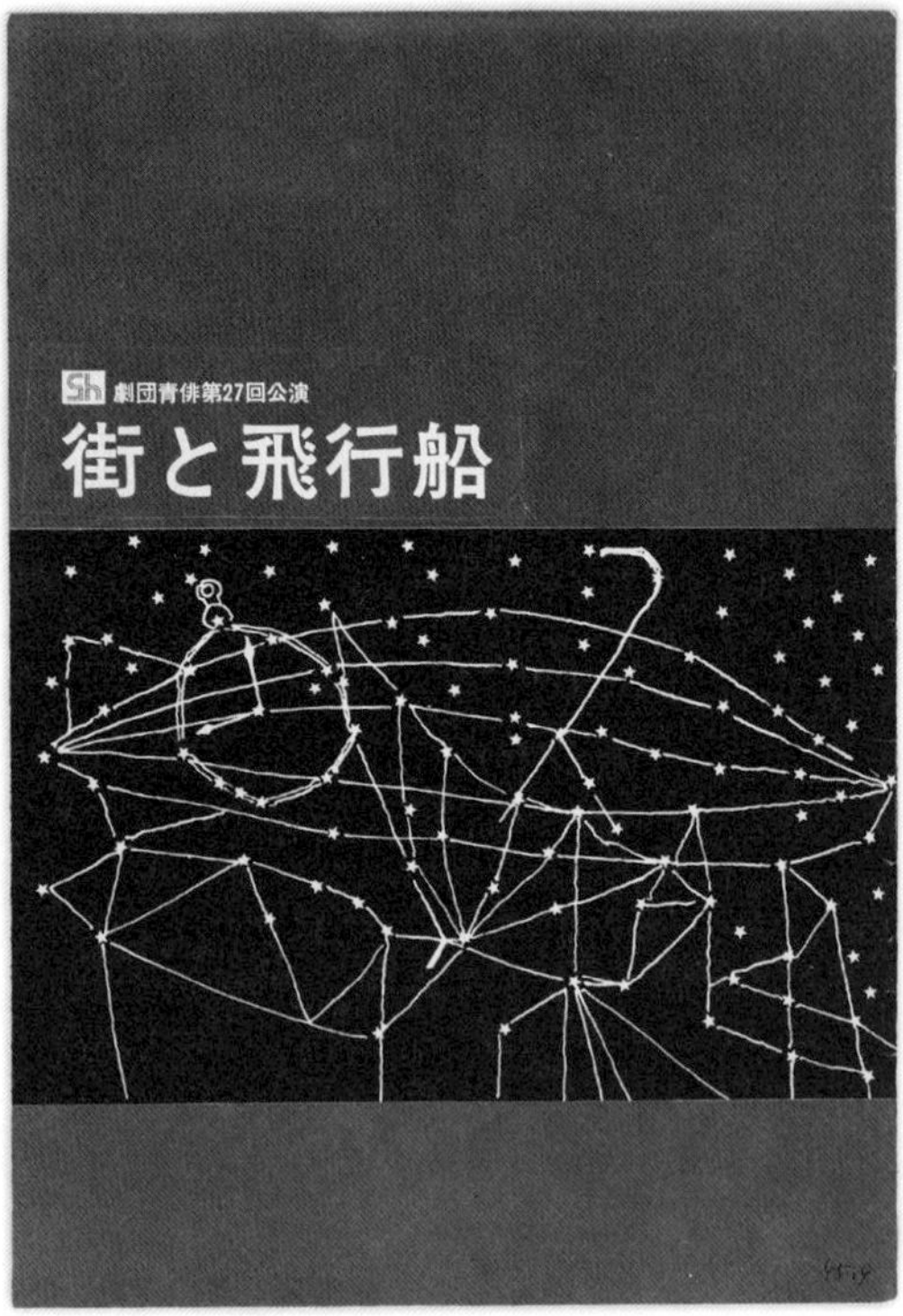

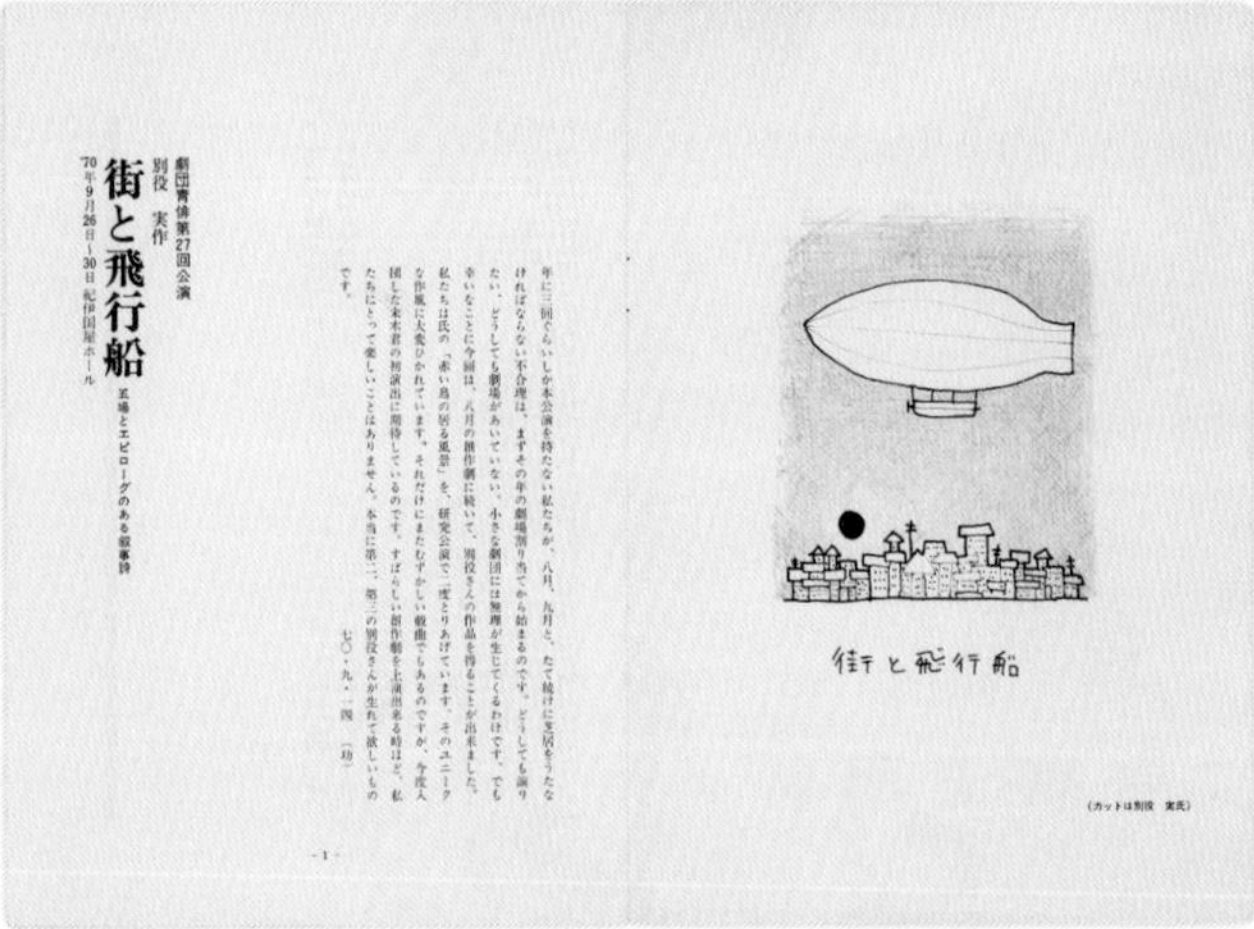

劇団青俳

『街と飛行船 五場とエピローグのある叙事詩』

チラシ／プログラム／台本 03116-01-1970-04／ロ05-8930
一九七〇（昭和四十五）年九月／紀伊國屋ホール
作：別役実／演出：末木利文

伝染病の蔓延による都市封鎖で外界から隔離された街。自分が感染しているのではないかと怯える人びとが、赤の他人同士で疑似家族を形成しながら、平穏な生活を送ろうとしている。その暮らしは、空に浮かぶ飛行船が爆破されることで終止符を打たれる。あたかもコロナ禍の現在を予見するような作品と再評価された。作者の別役実は、その言葉とまなざしが求められるはずだった、二〇二〇年三月三日に泉下の人となった。

天井桟敷
『疫病流行記』ポスター

POS0001245
一九七六（昭和五十一）年三月／渋谷・エピキュラス
作・演出：寺山修司／宣伝美術：小竹信節

『疫病流行記』は、一九七五年六月にアテネ・フランセ文化センターで公開ワークショップとして試演され、十月に渋谷・エピキュラスで初演。その後、ヨーロッパの各都市で巡演した。このポスターは翌年三月に凱旋公演としてエピキュラスで上演されたときのもの。ペスト、コレラ、疱瘡、風疹といった疫病の名前が読み上げられる幕開きから、二十前後の寓話風のエピソードで構成されている。「疫病」という比喩を通して、密室空間で演劇のイメージが伝染していく。

明治大正期のインフルエンザ流行と演劇
――お染風とスペイン風邪

後藤隆基

明治二十年代の「お染風」

ロシアに端を発し、ヨーロッパを中心に世界規模で感染が拡大した十九世紀末のインフルエンザ（一八八九〜九一年）は、初めて現代的な意味で「パンデミック（Pandemic）」という語が用いられた疫禍とされている。[*1] 日本にも一八九〇（明治二十三）年に上陸。このインフルエンザによる東京と神奈川の超過死亡（インフルエンザが直接の死因だけでない感染にともなう諸疾患による死亡）は、一九一八年から世界を襲ったスペイン・インフルエンザ――いわゆる「スペイン風邪」[*2] に匹敵するという報告[*3]がある。

花兄病史「お染風」（『風俗画報』第二十五号、一八九一年二月十日）によれば、このパンデミックは一八九〇年の夏に東京で流行し、家庭内に感染しない者はなく、重症化して命を落とす者も多かった。同時期に発生したコレラの流行が猖獗を極めるなかで一時沈静化したが、コレラが衰退した冬に再燃、横浜から東京に伝播したという。これが日本で最初にインフルエンザと認識された感染症（流行性感冒）であり、巷では「お染風」と呼ばれていた。岡本綺堂は後年、こんなふうに記している。

> 我々は其時初めてインフルエンザといふ病名を知つて、それは仏蘭西の船から横浜に輸入されたものだと云ふ噂を聞いた。併し其当時はインフルエンザと呼ばずに普通はお染風と云つてゐた。何故お染といふ可愛らしい名を冠《かむ》らせたかと詮議すると、江戸時代にも矢張これに能く似た感冒が非常に流行して、その時に誰かゞお染といふ名を付けて了つた。今度の流行性感冒もそれから縁を引いてお染と呼ぶやうになつたのだらうと或老人が説明して呉れた。
>
> （『五色筆』南人社、一九一七年、一五五頁）

お染と久松の悲恋の物語である『新版歌祭文』や『於染久松《おそめひさまつ》色読販《うきなのよみうり》』などからとったものだろうか。綺堂が聞いたという古老の言を借りれば、江戸時代にはすでにその名が用いられていたようだ。しかし、前掲の『風俗画報』には「此度の流行性感冒《インフルエンザ》をばお染風と名附けたるは伝染病の染の字を取りしものなる由」とも記されている。疫病に種々の異名をつけることは江戸時代から屡々みられ、[*4] そうした慣習が引き継がれたのだろう。

そんな中で、ある迷信めいた行為が巷間にひろがっていく。

＊1
逢見憲一「公衆衛生からみたインフルエンザ対策と社会防衛―19世紀末から21世紀初頭にかけてのわが国の経験より―」『保健医療科学』二〇〇九年九月

＊2
本稿では、通称としての「スペイン風邪」という語を用いる。

＊3
前掲注1に同じ。

＊4
無署名「流行感冒《はやりかぜ》の異名」『読売新聞』一八九一年一月二十五日

＊5
「その病がお染と名乗る以上は、これにとりつ愡着かれる患者は久松でなければならない。そこでお染の闖入を防ぐには『久松留守』といふ貼札をするが可いと云ふことになつた。〔略〕それが愈よ一般の迷信を煽つて、明治廿三四年頃の東京には『久松留守』と書いた紙札を軒に貼付けることが流行した。中には露骨に『お染御免』と書いたのもあった」（岡本綺堂『五色筆』南人社、一九一七年、一五六〜一五七頁）

都民痛く恐怖し、お染風と名を称へて医者薬店の外は皆避け慎しむ所より、何人の創意にか一の咒《まじな》ひを考案し、お染風といふ名に因みて、門口に久松留守と書いて粘付《はり》け置けはお染風が入らぬよしにて、市中を見れば往々久松留守と赤き紙へ書いて粘付けたる家多し、中には誤つてお染留守と書いて粘たるもあり〔略〕是等は皆一時の笑柄《わらひぐさ》にて能くお染が承知するや否やは知れねど、亦流行病中の一風俗をなしたり

（花兄病史「お染風」『風俗画報』前出）

当時の新聞にも、こんな記事が載っている。

お染ハ留守と書てあるを見れバ久松風かとも思はれ、久松ハるす不在と貼てあるを見れバお染風かとも思はるゝ例の一名《めい》印振円左衛門《ゝんふるゑんざゑもん》の猖獗ハもはや大体年礼廻りも万遍なく済んだらしいが此ごろ山の手でハ「我名なる門にハ立な風の神名なき門にハ兎にも角にも　久松おそめ」と書いて貼たるが沢山あるよし呆れたものなり（無署名「お染やら久松やら」『東京朝日新聞』一八九〇年一月二十日）

「印振円左衛門」の表現に、インフルエンザを擬人化／戯画化する諧謔の精神も看取できよう。平出鏗二郎『東京風俗志』上巻（冨山房、一八九九年）にも「感冒熱《インフルエンザ》の流行りし折に「久松るす」としるして、門口に貼りしも、俗にお染風の名あればなるべく、恰も主人の不在を称へて、勧化などを追ふに似たり、殆ど滑稽に属す」（一六二〜一六三頁）とあることから、疫病除けの同時代風俗として人口に膾炙していたことがわかる。*5

『お染風久松留守』――女剣劇から松竹新喜劇へ

お染風というパンデミックは、同時代文化にいかなる影響を及ぼしたのか。たとえば、尾崎紅葉が罹患し、当時『読売新聞』に連載中だった小説「夏やせ」（一八九〇年五月一日〜六月七日、全三十回）が一時休載（五月二十三〜三十日）された。*6 演劇界の様子をうかがうと、歌舞伎役者が感染して代役を立てた例がみられ、四代目市川鬼丸（のち四代目浅尾工左衛門）の代わりに七代目沢村訥子*7、四代目中村芝翫の代わりに初代坂東家橘*8が、それぞれ舞台を勤めている。二代目竹本越路太夫*9や市川粂八*10（九女八、守住月華）、三代目市川九蔵*11（のち七代目市川団蔵）、初代市川左団次*12らの感染も報じられた。

同時代紙誌をみるかぎり、諸方面に感染予防の注意喚起はなされるものの、劇場への指示等はない。お染風が劇場経営や興行上の問題としてとりあげられることはなく、役者の感染による代役や初日の延期、休演といった措置にとどまる。この事態を描くような作品も管見ではみつかっていない。明治期の感染症として文学や演劇等の題材となったのは結核（肺病）であろう。*13

流行から半世紀以上が経って、お染風に材を採った戯曲が書かれる。前述の「久松留守」という紙札を門口に貼った一風俗に想を得て、巖谷小波の長男で劇作家の巖谷槇一が『お染風久松留守』と題して執筆。一九五七年五月、女剣劇の二代目大江美智子一座の鈴鳳劇が、浅草・常盤座の二の替りで初演している。*14 この興行の眼目は、大江美智子の代表作『雪之丞変化』（三上於菟吉原作、瀬川如皐脚色・演出）だったためか、『お染風久松留守』はさほど評判にならなかった。

*6
無署名「お断り」『読売新聞』一八九〇年五月二十三日

*7
無署名「中村座」『東京朝日新聞』一八九〇年五月二十九日

*8
無署名「家橘ハ代役多し」『読売新聞』一八九一年一月二十七日

*9
無署名「越路太夫」『東京朝日新聞』一八九〇年五月十四日

*10
無署名「あづま座初日粂八出勤」『東京朝日新聞』一八九〇年六月十一日

*11
無署名「市川九蔵の病気」『東京朝日新聞』一八九一年一月十六日

*12
無署名「俳優の感冒」『読売新聞』一八九一年一月二十六日

*13
藤井淑禎『不如帰の時代』（名古屋大学出版会、一九九〇年）、福田眞人『結核の文化史　近代日本における病のイメージ』（名古屋大学出版会、一九九五年）、野網摩利子「近代小説と感染症――柳浪・漱石・鷗外から」（ロバート・キャンベル編著『日本古典と感染症』角川ソフィア文庫、二〇二一年）を参照。

*14
「巖谷槇一脚本（脚色）初演年表」（巖谷槇一『僕の演劇遍路』青蛙房、一九七六年）

初演時の状況をいま詳らかにしえないのだが、同作は一九六九年九月の大阪・中座、藤山寛美らの松竹新喜劇によって再発見される。曽我潤一郎の脚色が入り、タイトルも『お染風邪久松留守』とごくわずかに改められるものの、基本的な筋は原作どおりだったと思しい。ここでは、実際のお染風流行が虚構化されている。時は文化文政、お染久松の物語に縁ある野崎村で起こった疫病が「お染風邪」と名づけられ、江戸大坂で大流行、多くの犠牲者を出した。その予防のために「久松留守」の札を貼るまじないが流布し、大坂の大工松吉は借金を逃れるべく長屋連中と図り、お染風邪で死んだことにして香典を集めようと目論む――。[*15] この上演時も特段注目されていないようだが、これ以降、同作は松竹新喜劇のレパートリーとして、たびたび上演されていく。コロナ禍の渦中にあるいま、見直されてよい作品のひとつかもしれない。

スペイン風邪――島村抱月の感染と死

お染風からおよそ三十年後に猛威を振るったインフルエンザが、一九一八年から一九二一年頃にかけて地球的規模で蔓延したスペイン風邪である。世界人口の三〜五%にあたる五〇〇〇万人以上が犠牲となり、第一次世界大戦終結の遠因にもなったこのパンデミックは、一九一八（大正七）年以降、日本でも流行し、当時の人口五五〇〇万人のうち約半数が罹患、一%近くが亡くなったという。一九二三（大正十二）年に発生した関東大震災による死者が約十万人だから、その五倍以上の犠牲者を出した勘定になる。

歴史人口学者の速水融の『日本を襲ったスペイン・インフルエンザ　人類とウイルスの第一次世界戦争』（藤原書店、二〇〇六年）によれば、スペイン風邪は大きく分けて三回、日本を襲った。

第一波は一九一八年五月から七月まで。ウイルスの伝播において変異の準備期間とされる。夏を生きのびたウイルスは一変し、秋から冬に第二波が起こった。一九一八年十月から翌年五月頃までの「前流行」と呼ばれる時期で、二十六万六〇〇〇人が犠牲になった。第三波は一九一九（大正八）年十二月から翌年五月頃まで。死者は十八万七〇〇〇人。これを「後流行」と呼ぶ。「前流行」では致死率は低かったものの多数の罹患者が出たため、死者数も多かった。一方「後流行」の罹患者は少なかったが、五%が死亡している。つまり致死率が高かったということになる。

夏には一度落ち着きをみせるも、秋や冬から翌春に復活、というパターンでウイルスは変異し、流行をくり返す。大きな三つの波のあとも収束までは時間を要し、スペイン風邪は長らく日本に居座り続けたのである。

このパンデミックで命を落とした著名人は少なくないが、よく知られているのが、文芸評論家で劇作家、演出家の島村抱月だろう。

第二波の兆しがあらわれはじめた一九一八年十月下旬。抱月率いる芸術座は、十一月の明治座公演を控えて、舞台稽古の真っ最中だった。看板女優の松井須磨子と二代目代市川猿之助との共演による『緑の朝』（ダヌンツィオ作、小山内薫訳）が話題になっていたが、須磨子がスペイン風邪に感染。当時、妻子や社会的地位を捨てて須磨子と同棲していた抱月も、看病生活のなかで感染してしまう。明治座での稽古に立ち会っていた秋田雨雀も

*15 松竹新喜劇プログラム（早稲田大学演劇博物館蔵　01503-02-1969-08）に拠る。

同じタイミングで罹患し、日記に自身の病状や、抱月と須磨子のことを書いている。*16

十月二十三日、雨雀は抱月をはじめ芸術座の座員らと稽古後の盃を共にしており、数日後に発症の記述がある。

「風邪。ひじょうな発熱！　苦しい。身体が痛んでしかたがない」（二十六日）

「風邪。ますますいけない。全身が痛む。発熱。（流行性感冒）」（二十七日）

もしも稽古場や酒席で感染したとすれば、抱月や須磨子も同様の感染経路ではなかったか。この時期、芸術座の俳優もスタッフも続々と罹患していた。

雨雀は軽症だったのだろう。まもなく快癒し、抱月と須磨子を見舞っている。

「すこし心臓が弱いので、島村先生は呼吸困難を感じていられる由だ。医者を呼んで診てもらったそうだ。須磨子はかなりよくなったようだ」（三十日）

翌日も、抱月の病状が「かなり悪いので明治座へはゆかれないようだ」と記している。

徐々に回復した須磨子は舞台稽古に復帰。しかし、抱月は発症から約一週間後の十一月五日、肺炎を併発し、午前二時過ぎ、息をひきとった。舞台稽古が未明までかかったため稽古場に危篤の報が入った。須磨子をはじめ、座員は誰も間に合わず、最期を看取ったのは主治医と看護師だけであった。抱月の師、坪内逍遙は「島村滝太郎病死す　先月三十一日　すま子の風邪を介抱中発病　昨夜俄ニ心臓麻痺を起して逝けりといふ！」*17とその日の日記に書いている。

抱月と同時期に罹患した芥川龍之介は、友人らにスペイン風邪で寝込んでいることを伝えており、薄田泣菫宛ての書簡（十一月九日付）では抱月についてもふれている。

インフルエンザは御用心なさい。なつたらちよいとでも無理をしちや駄目ですよ。忽猛烈にぶり返します。私も起きて一回原稿を書いたんでひどい目にあつたのです。島村さんもさうだらうと思つてゐます。昨日床をあげました。*18

中村星湖は、抱月の追悼文で、

前月二十九日――つひ五六日前の、芸術倶楽部での会議でお逢ひした時、皆の間にスペイン風の話が出ると、『僕の許でも、子供が最初にしよひ込んで来て、それから松井が倒れた、四十度からの熱だが、明治座の初日が迫つてゐるから発汗剤を飲んで稽古には押して出てゐる。今度は僕の番だと見えて、すこし熱がある。今夜は早く失礼して寝ようと思ふ』と先生は仰しやつた。

（「抱月先生を葬るの記」『早稲田文学』一九一八年十二月）

と記し、川村花菱は「此度の御病気も、実は只の御風邪とのみ思つて、しみじみ御見舞も申上げず、今考へれば、恐らく絶筆であつたらう、「松井がなほつたら、此度は自分がやられた、稽古の方も気になるから、暇だつたら明治座の方へ行つて呉れ」と云ふ意味の御はがきを頂きながら」（「芸術座時代」『早稲田文学』同前）も、そのままにしてしまったことを悔やんでいる。誰もが急な事態に驚いていた様子がうかがえる。

主宰者の抱月が逝去したものの、芸術座は予定から一日遅れ

*16
引用は尾崎宏次編『秋田雨雀日記』第一巻（未来社、一九六五年）に拠る。

*17
引用は『芥川龍之介全集』第十八巻（岩波書店、一九九七年）に拠る。

*18
引用は逍遙協会編集・発行『未刊・逍遙資料集　二』（一九九九年）に拠る。

で明治座の初日を開けた。須磨子は以降も舞台に立ち続けたが、翌年一月、有楽座での公演中に抱月のあとを追って縊死を遂げる。この事件が、抱月の死を人びとの記憶にとどめてきた一因でもあったにちがいない。

宝塚少女歌劇団の集団感染

抱月の死から時計の針を戻し、演劇界における早期の感染事例をみてみよう。一九一四（大正三）年に設立された宝塚少女歌劇団（現・宝塚歌劇団）で、それは起こった。

第一波の時期にあたる一九一八年五月下旬から六月初旬、東京見物も兼ねた巡業の折、宝塚少女歌劇団はスペイン風邪に遭遇した。歌劇団の指導にあたっていた舞踊家の楳茂都陸平は、五月二十九日の出来事を、こんなふうに記している。

> 着京当日〔五月二十二日〕から気味の悪い流行感冒の噂を耳にしてゐたが今日になつて団員の三四名に襲来した、今買物に行くとかいつて衣服を着替へ袴を附けてゐた筑波〔峯子〕君が数分の間に四十度の発熱をやると松山〔浪子〕君がおつきあひをして苦しむ、楽手の二三名が倒れる、一時一寸騒いだが幸に医師の往診等手当の早かつた為めか間も無く回復する。
>
> （「東京見学旅行記」『歌劇』第一号、一九一八年八月）

帝国劇場での試演会や各地で興行もあった道中は大過なく終えたが、機関誌『歌劇』巻末に毎号載っている「宝塚少女歌劇養成会日誌」をみると、歌劇団内で感染者が続出していた様子がわかる。たとえば、一九一八年十月二十五日の条。

> 世界的の流行寒冒《ママ》は歌劇団にも襲ふて雲井〔浪子〕、大江〔文子〕、天津〔乙女〕、天野〔香久子〕、関守〔須磨子〕、和田〔久子〕、宇治〔朝子〕等順々に休養、役割に大番狂わせを起す
>
> （『歌劇』第三号、一九一九年一月）

トップクラスの団員が次々に感染し、急遽代役を立てるなど現場は混乱に陥った。そんな中、宝塚病院に入院していた宇治朝子が肺炎となり、十一月五日、母親に看取られて他界してしまう。もともと心臓が弱かったようだが、発症から十日余で十八歳の少女はその未来を奪われたのである。奇しくも島村抱月の死と同じ日だった。この頃、女義太夫の豊竹呂昇も感染している。[*19]

翌年になっても歌劇団内での流行は収まらない。一度罹患した者が再び感染して入院することも屡々で、感染者が出るたびに演目を変更したり、代役を立てたりしながらも公演じたいは続けられた。

五月の帝国劇場公演時にも罹患者が出た。第一期生で男役スター第一号の高峰妙子が喉の痛みで声が出ないと訴える。しかし、作曲家で音楽教師の金光子は「歌手の心中はよく解つてはゐるけれども、咽喉がつぶれやうと、血をはこうと、今日は自分の倒れる迄、演らねばならぬと、云つて聞かせる」。高峰は、涙をこらえて化粧をする。金光子もその様子をみながら「心の中で泣いた」という（金光子「歌劇団修学旅行日誌」『歌劇』第五号、一九一九年八月）。

幕が開く。高峰の独唱の場面を教師の原田潤による独唱や合

＊19 無署名「演芸風聞録」『東京朝日新聞』一九一八年十一月四日

唱に変更して乗りきった。終演後すぐに高峰は病院へ行くが、簡単には快癒せず、原田や他の団員も立て続けに体調を崩す事態に苦慮している（同前）。

以降も『歌劇』の「宝塚少女歌劇養成会日誌」には、スペイン風邪関連の記述が散見するが、一九二〇年に入ると、流行の波が収束に向かうのと歩調を合わせるように姿を消していく。

歌舞伎役者の感染と作家の死

注意すべきは、スペイン風邪の流行下にも劇場は平時と変わらず扉を開いていたという事実である。抱月が斃れた一九一八年秋には「新庁令で各座が空気抜きの煙管の親分見た様なものを屋上へ附着けた」[*20]といい、劇場の換気対策がおこなわれていたと思しい。しかし、宝塚少女歌劇団も舞台に立った帝国劇場では、大道具スタッフの半数以上が風邪で倒れたために幕間が延びたという報道[*21]があり、楽屋裏で感染がひろがっていた可能性も否めない。

帝国劇場の座頭格であった歌舞伎役者の六代目尾上梅幸は、一九一八年の暮れからスペイン風邪に罹り、高熱のため初春興行の稽古に出られない状態が続いた。主治医の勧めもあって梅幸は休演を決断し、出演予定だった演目は代役を立てて急場をしのいだ。[*22]二番目狂言の『蓬萊曾我』で曾我満江を勤めることになった女優の初瀬浪子は自分も感染していたが、梅幸の代役は名誉と、病をおして舞台に立っている。[*23]梅幸はその後も体調がすぐれず、横浜に転地療養するも肺炎を併発し、容体は芳しくない。[*24]歌舞伎座の二月興行に参加を予定していたが断念、本復まで時間がかかった。

一九一九年末には、十一代目片岡仁左衛門が妻とともに高熱の枕を並べ、年明けの歌舞伎座初春興行の初日を延期する羽目になった。[*24]幕を開けてからも仁左衛門の体調は戻らず、四十度近い高熱で舞台に立ちつづけて「舞台を戦場の俳優の鑑」などといわれるが、出番の『堀川』のあばら家の場面では屏風の影に電気ストーブを置いていた。[*26]どうにか興行を打ちあげた仁左衛門は、避寒のため二月の歌舞伎座を休演。予後の経過を案じたのかもしれない。

一九二〇年、帝国劇場の脚本主任だった劇作家の右田寅彦が、感染ののち肺炎を併発、一月八日に入院したが、十一日に命を落とした。[*27]右田家も一家全員が感染しており、一人が罹患すると家庭内にひろがる感染力の強さがうかがえる。翌月の『演芸画報』で追悼特集が組まれ、岡本綺堂は「右田君が亡くなると云ふことは、やがて純黙阿弥式の作者が亡くなると云ふこと」（「右田君の本願」）とその死を悼んだ。また、右田が没した一週間後の十八日、坪内逍遥門下の中谷徳太郎が罹患して死去。逍遥の日記には「中谷徳太郎、流感ニテ死去の電訃来」[*28]とある。六月二日には、初代中村鴈治郎の門弟中村林若が亡くなっている。[*29]

流行の大きな三つの波がひとまず去ったあとも影響は残った。一九二二（大正十一）年一月、罹患した十五代目市村羽左衛門が、高熱とひどい咳をおして新富座に出演したのも一例。医師は休演を勧めたが、縁起のいい初芝居だからと、羽左衛門は舞台に立ちつづけた。[*30]仁左衛門や他の役者たちも然り、病魔におかされても舞台を勤めあげるという気概が強かったのだろう。

＊20
前掲注19に同じ。

＊21
無署名「演芸あさぎ幕」『読売新聞』一九一八年十一月五日

＊22
無署名「梅幸が感冒で休む」『東京朝日新聞』一九一九年一月三日

＊23
無署名「演芸あさぎ幕」『読売新聞』一九一九年一月五日

＊24
無署名「梅幸容体不良」『読売新聞』一九一九年二月十一日

＊25
無署名「片岡仁左衛門　流行感冒に悩む」『読売新聞』一九二〇年一月五日

＊26
「編輯日誌」『新演芸』一九二〇年二月

＊27
無署名「右田寅彦氏感冒で逝く」『東京朝日新聞』一九二〇年一月十二日

＊28
引用は逍遙協会編集・発行『未刊・坪内逍遙資料集　二』（二〇〇〇年）に拠る。谷田辺智子「中谷徳太郎研究――「シバヰ」を中心に――」（『富大比較文学』四号、二〇一一年十二月）も参照した。

＊29
「演芸時報　自五月十一日至六月十日」『新演芸』一九二〇年七月

＊30
無署名「羽左衛門病む」『読売新聞』一九二二年一月八日

結びにかえて

お染風とスペイン風邪。明治大正期に国外から闖入し、パンデミックを引き起こしたふたつのインフルエンザと演劇界の関係について概観してきた。二〇二〇年以来つづく新型コロナウイルス感染症の感染拡大のなかで、しばしば百年前のスペイン風邪が参照例に挙げられてきたが、諸分野でその記録に乏しいことが指摘されている。文芸に関わる領域では、ここまでに挙げた事例の他、第二波流行の渦中にあった一九一八年十一月、雑誌『新演芸』を発行していた玄文社の社員三十名のうち二十七名がスペイン風邪に罹った。職場内の集団感染といえる。しかし、疫禍をまぬかれた主幹の岡村柿紅ら三名が、日比谷公園で「健康祝賀会」を企画したり、感染の病床に就いていた市村座の田村壽二郎（田村成義の息）を見舞って「体温競技会」などを開いたり[*31]、大らかというか楽観的というか、危機感とはいささか遠いところで病に向きあっていた人びとの様子も垣間見える。

一方で、当然ながら疫禍の恐怖におびえる人も多い。菊池寛の短篇小説「マスク」（『改造』一九二〇年七月）が『マスク　スペイン風邪をめぐる小説集』（文春文庫、二〇二〇年）と題されたアンソロジーとして復刊されたが、スペイン風邪流行下に我孫子で暮らしていた志賀直哉も感染の不安にさいなまれていた。雑誌『白樺』一九一九年四月号に発表された「流行感冒」[*32]では、演劇に対する市井の目が描かれている。毎年、近所の旧小学校校庭に小屋掛け芝居が来て興行を打つので、平時は女中たちにも見物に行かせていたが、志賀自身と思しい主人公は、このときばかりは特別にそれを強く禁止した。曰く「見す見す病人をふやすに決った、そんな興行を何故中止しないのだろうと思った」と。女中たちの感染を案じながらも「お前は本統に芝居には行かないね」と、詰問に近い確認をくり返す。しかし、隠れて女中たちは芝居見物に出かけ、主人公はそれをひどく叱責する。野外の小規模な仮設小屋とはいえ、志賀のまなざしは興行に向けられた一般社会の感覚を示していよう。

こうした少なからぬ記録や作家たちが書きのこした言葉から、当時の状況や人びとの心情が炙りだされている。それらに鑑みれば、過去のパンデミック流行下の演劇界の動向に関する一層の調査が必要であり、当世のコロナ禍による影響の記録はその重要性をいや増しに増してくる。数世紀後、未来の演劇が見舞われるかもしれぬ災禍に立ち向かうために。

後藤隆基（ごとう・りゅうき）
早稲田大学坪内博士記念演劇博物館助教。一九八一年、静岡県生まれ。立教大学大学院文学研究科日本文学専攻博士後期課程修了。博士（文学）。専門は近現代日本演劇・文学・文化。著書に『高安月郊研究――明治期京阪演劇の革新者』（晃洋書房）、共著に『演劇とメディアの20世紀』（森話社）、『新聞小説を考える――昭和戦前・戦中期を中心に』（パブリック・ブレイン）、『興行とパトロン』（森話社）、『〈ヤミ市〉文化論』（ひつじ書房）ほか。

＊31
「編輯日誌」『新演芸』一九一八年十二月

＊32
志賀直哉の「流行感冒」は、NHKでドラマ化され、二〇二一年三月二十七日にBS4K（四月十日にBSプレミアム）で放送された（長田育恵脚本、本木雅弘主演）。なお、本稿校正中、嶋田直哉「お前は本統に芝居には行かないね――志賀直哉「流行感冒」と演劇バッシング」（『シアターアーツ』六五、二〇二一年四月）が発表された。同論考も併せて参照されたい。

〔付記〕
本稿のスペイン風邪についての記述は、拙稿「スペインかぜの記録」（『東京人』第四三二号、二〇二〇年十二月）と「100年前のスペインかぜと同時代演劇」（『国際演劇年鑑2021』国際演劇協会日本センター、二〇二一年三月）を改稿したものである。なお、引用文中のルビ・傍点・圏点は適宜略記、［ ］は引用者による注記。通読の便に鑑み、私に句読点を付した箇所もある。

V

コロナ禍の演劇

パンデミックとグローバリゼーション
——コロナ・都市・演劇

吉見俊哉

はじめに

二〇二〇年の年初頭から、一年数か月にわたって、私たちは新型コロナ感染症のパンデミックによって苦しめられ、いまもその渦中にいる。大学の授業やシンポジウム、そして演劇公演の実施等が制限を受ける状態が長く続いている。

このパンデミックは、予見不可能なことだったのか。

二十一世紀に入り、私たちは幾多の衝撃的かつ想定外の出来事に遭遇してきた。二〇〇一年、アメリカでは同時多発テロ〈九・一一〉が起きた。その後も、二〇〇八年のリーマンショック、二〇一一年の東日本大震災と東京電力福島第一原子力発電所事故、二〇一六年のイギリスのEU離脱（ブレグジット）、とアメリカにおけるトランプ政権の誕生――。そして二〇一九年末以降、新型コロナ感染症の世界的流行が猖獗をきわめている。

これらの出来事は、一見、ばらばらのようにみえながら、無関係に、偶然に起きたものではない。形は違えども、ある必然性をもって、二十一世紀初頭に起きたのである。

東日本大震災を別にすれば、他はいずれも、一九八〇年代以降の新自由主義的なグローバリゼーションの加速化に対する反動として生じている。レーガン、サッチャーの時代から、世界は新自由主義と呼ばれる新しいボーダーレスな経済システムに移行し、情報や資本の流通、あるいは人の交流を、世界的規模で高速度に極大化させてきた。それに対して、二十一世紀前半から、さまざまな反動が起きたのである。

アメリカの同時多発テロは、アメリカ中心の新自由主義的な秩序に対する、周縁化された側からの暴力的な介入である。まともに戦っても太刀打ちできない巨大な相手に一矢報いるために、彼らはテロを起こした。リーマンショックは、新自由主義的なグローバリゼーションの構造自体の内部崩壊であり、ブレグジットやトランプ政権の誕生は、新自由主義的な市場化による格差の拡大という矛盾を狡猾に利用した政治である。

そして、コロナパンデミックも、新自由主義的なグローバリゼーションにおける接触や交流、移動が極大化した世界で拡大していった。これほど急速に、これほど徹底的に、世界にウイルスが広がった背景として、現代のグローバリゼーションの高速化を看過してはならない。

パンデミックとグローバリゼーション

歴史を振り返れば、感染症パンデミックとグローバリゼーションは表裏の関係を成してきた。時間を遡行しながら、両者の関係性についてみていこう。

一九一八年から一九一九年にかけて「スペイン風邪」と呼ばれるパンデミックが起きている。第一次世界大戦に参戦したアメリカ兵がヨーロッパに渡り、各国・各地域へ移動した。同時にインフルエンザのウイルスも、アメリカのカンザス州からヨーロッパ大陸に渡り、兵士の移動とともに全世界に広がった。大戦中の兵士の移動がなければ、これほど急速にパンデミックが広がることはなかったとされている。

インフルエンザパンデミックの一〇〇年前には、コレラが世界中に蔓延した。コレラの流行は一八一七年から始まり、十九世紀を通じて各地で断続的に起きている。とくに爆発的な拡大をみせたのは、一八一七年からの流行で、背景には大英帝国の拡張があった。大英帝国が世界に支配を広げていく中で、最も重要な植民地であったインドのベンガル地方からコレラが広がり、帝国のネットワークを通じて全世界に広がった。

日本でコレラが大流行するのは一八五三年、つまり黒船による開港の直後であり、日本の開国とグローバルシステムへの統合とコレラの拡大は表裏を成していることがわかる。

さらに遡れば、十六世紀には天然痘のパンデミックが発生し、南北アメリカ大陸では想像を絶する数の人々が犠牲になった。大航海時代、スペインの航海者たちが大西洋を渡り、南北アメリカ大陸を移動した。そこで、天然痘の病原菌がアメリカ大陸に持ち込まれる。コルテスやスペインのピサロといった征服者たちが、非常に少ない兵力でインカ帝国やアステカ帝国を制圧できたのは、軍事的な力の差という以上に、まったく免疫のない原住民たちのもとに天然痘が持ち込まれたことが大きい。その結果、二つの帝国は滅びたのである。十六世紀の新大陸における天然痘パンデミックもまた、大航海時代という最初のグローバリゼーションの中で起きている。

十四世紀半ばには、ペストパンデミックが起きている。十三世紀のグローバリゼーションの中で、モンゴル帝国はユーラシアをほぼ制覇し、その範域を、通商のために人々が行き来するようになる。中国から東ヨーロッパにいたる通商の拡大が、中国北方の一部にあったペスト菌を全世界にばらまき、ヨーロッパに甚大な被害を与えたのだ。

このように、グローバリゼーションが人々の接触、交流、越境や対話を拡大し、広域化する。そして知識や情報の流通と同時に、病原菌も一挙に世界に広がっていく。そこでパンデミックが発生すると、接触、交流、越境、対話が感染の要因となる。それを防ぐために、監視や隔離、鎖国、遮断といったロックダウンも行なわれてきた。十四世紀から二十一世紀まで、感染症発生と防疫の基本パターンが繰り返されてきたのである。

感染予防と経済再生

日本で感染が拡大する中、感染予防と経済再生の二律背反が語られてきた。答えを見いだせないとよく言われるが、そんなことはない。この答えを出すには「時間軸」をこの二律背反の間に入れる必要がある。一〜二か月という数か月単位、一〜三年という数年単位、五〜十年という単位、二十〜三十年という単位で、それぞれに答えは異なる。

数か月単位の答えは、PCR検査体制とチェック体制を完璧にすることである。数年単位ではワクチンの開発と接種徹底が求められる。五〜十年の単位では、オンラインシステムを社会の中にどのように組み込んでいくのかが肝になるだろう。

このように、タイムスパンが長くなれば長くなるほど、その答えを出せる分野が、公衆衛生や医療から文系に近づいてくる。

二十〜三十年の単位になると、持続可能なグローバリゼーションとは何かという問題になる。つまり、加速化する一方ではないグローバリゼーションの仕組みを設計できない限り、パンデミックに対する解決の糸口は探れないのだ。

この持続可能なグローバリゼーションの中で、都市や文化、演劇はいかに可能なのか。都市や文化、演劇は、根本的に監視、隔離、鎖国、遮断からは生まれない。これらは接触、交流、越境、対話といった「三密」の所産なのだ。人々が接触する、交流する、越境する、対話する——。密接に関わり合うことの中からしか、都市や文化、演劇は生まれない。

根本的に、グローバリゼーションは、感染症パンデミックを生み出すリスクと、文化のパフォーマティブな創造性を生み出す契機の、両方を内在させているのである。

全世界がコロナ禍に陥っている中で、各国でステイホームやソーシャルディスタンシングが求められた。つまり、接触の禁止、距離の確保、移動の自由の禁止である。

その中で、二〇二〇年春、ヨーロッパ全土がロックダウンの最中にあるとき、今なお記憶に鮮明に残っているニュースをみた。イタリアやスペインの都心のアパートメントにいる人々が、バルコニーや道の両側で合唱したり、演奏やコンサートをしたりしていた。家の中に閉じ込められている状態でありながら、道路などの公共空間をコミュニケーションの場に変えてしまう。それらの行為には、音楽や演劇、文化の原型がある。壁を設けて引きこもる一方で、なおそれを越えて接触していく力が、文化には必要なのだ。

オンラインシステムの可能性

二〇二〇年は、全世界でオンラインシステムが普及したという点で、歴史に記録されるだろう。閉塞的状況下でコミュニケーションを維持する方法として、全世界で爆発的に普及したオンラインシステムには、可能性と限界がある。

オンラインシステムは、同時双方向型とオンデマンドの配信型に分けることができる。大学の授業やシンポジウム、オンライン公演などは、主に同時双方向型だ。一方、収録してオンデマンドで配信するコンテンツも世界的に広まった。両者はコミュニケーションを維持する点では変わらないが、その在り方、あるいは効果には大きな違いがある。

同時双方向型のコミュニケーションは、違う場所にいるため空間は共有していないが、時間は共有している。同じ時間を参加者が共有する中でコミュニケーションが成立している。ところが、非同期型のオンデマンド配信は、空間も時間も共有しておらず、共有されるのは情報だけだ。空間は非共有だが時間を共有している状況と、空間も時間も共有されていない状況では、コミュニケーションの成り立ちが異なる。

演劇の場合、空間を共有しなくても、離れた場所に観客と演者がいても、オンラインでつながり、時間が共有できれば、ひとつの演劇をつくりあげることは可能かもしれない。たとえば、オンライン演劇や電話演劇のように、オンラインで作品を共につくる方法である。そのための最低限の条件は、時間を共有していることだと私は思う。

演劇も含めたライブパフォーマンスの根本の条件は、パッケージ型ではないこと、つまり時間を共有していることである。オンラインでつながった人々が、時間を共有することで、どんなパフォーマンスが共有できるのか、それをいま、まさに実験中なのだと思う。

他方、オンデマンド配信型は、MOOCsのようなオンライン科目を含め、電子書籍に近い。パッケージ型の配信メディアの基本は、一九九〇年代末あるいは二〇〇〇年代から広がっていった音楽配信のシステムに従っている。このシステムは、二〇〇〇年代に一挙に広がり、情報の配信という意味で、ある種の商品メカニズム、情報提供のメカニズムとして成立してきた。音楽の世界では、一九九〇年代の終わりにパッケージ型のCDがある限界に達し、その後、配信システムに移行している。結果として、CDの販売数は減少し、オンデマンド配信型システムが、多ジャンルに先行して広がっていったのだ。

しかし、すべてが配信システムに移行するかにみえたとき、ライブの音楽パフォーマンスがもの凄い広がりをもって活発化した。配信型の文化消費とライブイベントは別の文化カテゴリーで、相乗的な関係を形成することができる。

そしてその中間、オンライン上で展開するライブにも、未開拓な一定の可能性がある。時間を共有することで、音楽だけでなく、演劇も、また読書行為のような他分野でも、オンデマンド配信型のシステムをこえて、同時双方向型のシステムによって発展していくのは不可能ではない。

しかしそれでも、演劇の真骨頂は、配信型ではないし、同時双方向型でもない。演劇の根本は対面的なライブ型にある。だからこそ、現在のコロナの状況下では、演劇の復活には限界がある。本当は、野外でのパフォーマンスの可能性がもっと追求されていい。そのような取り組みを活発化させながら、今後、どうやってライブの演劇が、「緊急事態」になっても維持され得るのかを、いまから考えていくことが重要だと思う。

パンデミックはいずれ終わる。遅くとも二〇二二年夏頃までには終わっている。したがって、苦しいのはわかるけれども、その時に向けて、今は準備をする時だと思う。

都市文化とパンデミック

これらは、都市そのものの問題ともつながっている。現在、都市についてのさまざまな情報を、映像やバーチャルリアリティによってオンデマンド配信することは容易になっている。ウェブサイトの中に入ると、いつでも好きなようにパリやウィーンを歩いたり、そこで開かれているイベントにアクセスしたりできるバーチャルツーリズムが、今後発展していくだろう。都市観光がバーチャルでも可能になり、都市がオンデマンド配信型になっていくということである。

しかし、それは本当の都市ではない。都市は、いろいろな種類の人々が出会い、その瞬間に何かが起こる場だ。オンデマンドで配信できるものではなく、少なくとも同じ時間に、違う人々がそこで対話し、共同できなくてはならない。

時間が共有されるライブパフォーマンスや音楽、あるいは都市観光の仕組みが、これからどのように可能になるだろうか。演劇と都市の関係もまた、この問いの延長線上にある。

コロナパンデミックの状況下で、都市と演劇がどのように生きのびていくのか。あるいはその活力を維持し続けていくのかを考えるときに重要なのは、異なるバックグラウンドをもつ人々、多様性に満ちた人々が出会う場を確保することだ。

大学の授業の最もコアな部分は、違うタイプの学生たちと教員がその場で出会うということだ。これは根本的に、オンデマンドでは不可能で、少なくともオンラインで時間が共有される必要がある。むろん、同じ場所に集まることがより望ましい。

ステイホームやソーシャルディスタンシングが強制される状況の中で、ヨーロッパでは街路を挟んで人々が合唱をしたりコンサートをしたりしたように、日本でも都市の中で、街路や公園を舞台空間していくことがなぜできないのか。本来、「三密」回避を徹底するには、室内から野外へ、つまり道路の自動車交通を制限し、その路上を公共空間に変えていく方法がもっと探求されるべきだったのではないか。

日本で屋外での演劇やコンサートが、思ったほどには広がらなかったのはなぜなのか。あるいはオンラインで、人々は演劇や音楽をどこまで共有できるのか。パンデミック対策としては、人と人の間に壁を立てざるを得ない。しかし、そのままでは文化は死んでしまう。その壁を越え、何事かを共有するための仕組みをどう作ることができるのか。

この「共有」のためにもっとも必要なのは「時間」である。同じ時間を生きながら、同じ感覚、同じ雰囲気、同じ気持ちや感情を共有することが、野外やオンラインでどこまで可能なのだろうか。最初は、オンラインでつながることから出発してもいい。そのうえで、オンラインの限界をこえるために屋外の空間共有が必須であり、感染対策をしながら野外劇場で演劇の公演やコンサートを行うという選択を選ぶことになるだろう。

演劇は本来、小さい芝居小屋で、まわりの人の息遣いまで感じられるほどに詰め込まれ、眼前の舞台で役者が唾を飛ばしながら演じるのを観るものだ。しかし、それが禁止されてしまった状況下では、感染対策の線引きをせざるを得ない。

客席と客席の距離、舞台と客席の距離を空ける。換気に注意し、観客はマスク着用が必須となる。これらは、とりもなおさず人と人との間に壁を立てることであり、根本的に「演劇」という存在自体との矛盾をはらんでいる。演劇はその「壁」を壊し、客席と客席の一人一人を分ける「壁」を壊すために行われる営為なのだから。にもかかわらず、パンデミックの下では、感染対策として「壁」を立てざるを得ない。

この二律背反を突破するには、劇場という場そのものの問い返しが必須である。一九六〇年代のアヴァンギャルド的な挑戦という以前に、そもそもの演劇行為が成立する最低限の条件をはっきりさせるために、道路上や公園、あるいはオンラインでの演劇の可能性がもっと戦略的に探求されていいと思う。

野外であれば、換気の問題を相対的にクリアすることができる。これまで室内でやっていた行為を屋外に出す。飲食も演劇も屋外に出て、路上や公園で上演する。そうすることでどのくらいリスクを軽減できるのか。どちらにせよ、マスクを外して近くで大きな声は出せないから、スピーカーや音響機器を用いるならば、そうしたメディアと屋外という場のクリエイティヴな組み合わせ方がもっと追い求められるべきではないか。

演劇における疫病

ところで、演劇の中身の側からいうならば、より先鋭に、パンデミックと演劇の関係を突き詰める方向性もある。それは、パンデミックという状況を逆手に取る方法だ。ある種の『デカメロン』型——ボッカチオ型といえばいいだろうか。

ボッカチオの『デカメロン』は、十四世紀にペストが流行した時代を背景にしている。ペストでステイホームを余儀なくされた男女が退屈しのぎの話をするという物語構造で、ボッカチオが仕組んだのは、ペストで多くの死者が出ている状況を前提に、閉じ込められた人たちがどんな物語を創造できるのかという挑戦だった。この先行例から、イタリアでは『デカメロン2020』というプロジェクトも生まれ、日本でも翻訳書が刊行された。[*1]

翻訳も悪くはないが、日本の現実の中で、パンデミックを逆手に取るような演劇と文化、都市をめぐる実践がもっとなされていくべきだと思う。おそらく、今回の早稲田大学演劇博物館の試みも、そのような目論見をもったものなのだろう。

日本の厳しい法規制や決して寛容とは言えない社会風土の中で、それでもなお外界の非常に厳しい状況を逆手にとる形で、コロナパンデミックを文化的な創造につなげることは可能なのか——。これは、極めて演劇的な問いである。

このような問題提起を、アントナン・アルトーが一九三〇年代に書いた「演劇とペスト」[*2]から読み解くことも可能だ。戦後のアングラ演劇や前衛演劇に決定的な影響を及ぼした「演劇とペスト」で、アルトーは、演劇は「ペストのようなものである」と書いた。いまに置き換えれば、「演劇はコロナウイルスのようなものだ」ということになる。

演劇人は、誰もがコロナウイルスに感染し、自らコロナウイルスとなって、社会にウイルスを蔓延させる。そのような存在として、演劇を考える。「演劇は自らコロナになれ」というようなことをアルトーは書いているのだが、この言葉の含蓄を、改めて考える必要があるだろう。

ペストは感染症で、接触によって広がる。演劇もまた、ペストのように感染していかなければならないと、アルトーは論じた。彼は、ペストによって社会が狂気に陥った瞬間に演劇が生まれると言う。そして、「劇場が設営されるのはそのときである。演劇、すなわち現状に対して無駄で無益な行為に人を駆りたてる即時の無償性が」（三十四頁）と続ける。

> 本質的な演劇がペストのようなものであるとすれば、それは伝染するからではなく、それがペストと同じように啓示であり、前面に押し出すことであり、潜伏する残酷の背景を外部に向かって押しやることであるからだが、その背景によって、精神の邪悪な可能性は個人や民族に極限されるのである。
>
> ペストと同じように、演劇は悪の時間であり、黒い力の勝利であるが、さらにもっと奥深い力が消滅に至るまでそれを補給する。（四十五頁）

ペストには、破壊的な力、狂気のような力が伝染して人々を病に陥らせるところがある。そのような力を演劇も持っている、とアルトーは論じていた。

さらにアルトーは、演劇の形而上学的な力の根源は「亡霊」なのだとも書いている。パリで一九三一年に植民地博覧会が開かれ、インドネシアから来たバリ島の人たちが、バリの多彩な演劇を披露した。それを見たアルトーは衝撃を受けて、残酷演

*1 『デカメロン2020』方丈社、二〇二〇年。

*2 引用は『演劇とその分身』河出文庫版、二〇一九年より。以降、ページ数のみ記す。

劇のイメージを得ている。

もうひとつ、彼に影響を与えたのは、メキシコの美術や演劇だった。メキシコについて書かれた箇所に「亡霊」という言葉が出てくる。アルトーはメキシコにいた時期があり、「メキシコでは、（中略）芸術などなく、事物が仕えている。そして世界は終わりなき熱狂のうちにある」と論じていた。

ふさわしい象形文字が放出するあらゆる魔術的文化と同じように、真の演劇もまたその影たちをもっている。そしてすべての言語とすべての芸術のうちで、演劇は自らの限界化を打ち砕いた影をいまなおもっている唯一のものなのだ。最初から、影たちは限界化を我慢できなかったのだと言うことができる。

演劇についてのわれわれの石化した観念は、影なき文化についてのわれわれの石化した観念と再びひとつになるのだが、そこでは、どちらを振り返ろうとも、われわれの精神はもはや空虚にしか出逢わない、空間は満ちているというのに。

しかし真の演劇は、それが動き、生きた道具を使うからであるが、そこにあっては生が絶えずつまずいてきた影たちを揺さぶり続けている。（十六頁）

アルトーの語りはいつも抽象的だが、実際にメキシコに行くと、この「影」という言葉の意味を理解することができる。

メキシコの街には、骸骨があふれている。ダンス・マカブル——死の舞踏の世界だ。お祭りになると、街は骸骨だらけになり、死者たちが戻ってくる。ここでアルトーが亡霊と言っているのは、メキシコのリアリティから考えれば、メキシコのアーティストたちの描く死者たちで溢れた世界、リアルの中に死者が戻り、生者とともに踊る世界なのだ。

ボッカチオの『デカメロン』は、十四世紀にペストが大流行した際の物語だが、当時のイメージもダンス・マカブルだった。生者が踊る以上に、死者が踊る。死者が街に出てきて、幽霊や骸骨になって踊る。死が日常風景の中に溢れた世界、突然のパンデミックによって死が町中にあふれた状況下に、死者たちが踊るというイメージにはリアリティがある。

メキシコの世界には、彼らの歴史や文化の特殊性がある。街中に骸骨のぬいぐるみや置物が置かれる空間であることをふまえると、アルトーのいう「亡霊」とは死者であり、ここで彼が論じているのは、「死者たちの演劇」についてなのだ。

死者たちが演ずる演劇は、日本の演劇の歴史の中では、きわめて身近なものだろう。たとえば、能におけるシテは、一度死んだ者が現世に呼び戻される存在だ。ワキが死者であるシテを呼び出すのが、能の基本構造である。歌舞伎も、死者たちの鎮魂が主題となる狂言が多い。死者たちは艶めかしかったり、恐ろしい存在として現われ、それが演劇の活力になっている。

アルトーの演劇のイメージには、常に死が近くにある。生と死は離れていないというリアリティを、アルトーは持っていたのだろう。アルトーが、西洋近代演劇に対して批判的なのは、演劇が生者たちだけの世界となり、死の世界を遠ざけてしまったためだ。演劇は生者の世界だけでは成り立たない。病や死、亡霊や幽霊といったものと近いところにある世界なのだ。これらを力にすることで初めて、演劇的なダイナミズムが成り立つと、アルトーは考えていた。それが彼のいう「残酷性」や「演劇はペストだ」と重なるのである。

演劇のなかの怨霊

感染症パンデミックの状況を、演劇はどう取り込むことができるのか。日本の演劇的伝統は、この問題を中世から考え続けてきたのではないか。メキシコやインドネシア、アジアや中南米の演劇も同様の場所で、つまり死と接した場所で演劇的想像力を営んできた。日本の場合、このような演劇的想像力の中心にあるのは「怨霊」である。さまざまな形で表象される恨めしき死者の怨霊が、演劇的想像力を喚起してきた。

いうまでもなく、怨霊は疫病を背負う。つまり、演劇がペストであるのとまったく同じ意味で、演劇は怨霊である。おどろおどろしき怨霊といえる平将門や菅原道真、小栗判官といった死者たちは、スーパーヒーローとして演劇の中に現われる。怨霊がもたらす疫病を鎮めるために、怨霊の力を借りる。それを祀る儀式としての演劇という伝統が日本にはある。この伝統を、コロナ禍の中に蘇らせることは可能なのか。

おそらく戦後日本に登場し、世界を震撼させた、最強の怨霊イメージはゴジラだろう。ゴジラの誕生は一九五四年で、原因は感染症パンデミックではなく、原爆だった。放射能被曝による死の恐怖が、放射能の巨大怨霊としてのゴジラを誕生させた。そのイメージはいまも健在で、庵野秀明監督は、二〇一六年に『シン・ゴジラ』を誕生させている。これらは立派な怨霊映画で、アルトー的な意味でも残酷映画に近いのではないか。

アルトーの「残酷演劇」は、彼がパリで実践したような演劇だけではなく、インドネシアでごく普通に営まれてきた演劇や、メキシコのアート、日本の古典演劇や祭りの世界に近い。そして現代日本であれば、この伝統は演劇そのもの以上に、一九五〇年代の怪獣映画や八〇年代以降の尖鋭なアニメーション作品に引き継がれている。そのようにして演劇というジャンルをはるかに越境して世界で営まれてきたペスト＝怨霊的想像力の系譜を、いまのコロナ禍の中で、演劇の世界がどのように引き受けうるのかが問われているのである。

ポイントはたぶん、私たちの演劇的想像力が、どのように死者たちと付き合えるのか、ということだ。かつて疫病や戦争によって多くの命が失われてきた。無念な死を遂げた人たちの魂に、演劇はどう向き合うことができるのか。それらの魂をどう背負うことができるのかという問いがある。これは、「演劇とは何か」という根本に関わるテーマだと思う。

吉見俊哉（よしみ・しゅんや）
東京大学教授。一九五七年、東京生まれ。社会学・文化研究。集まりの場のドラマ形成を考えるところから近現代日本の大衆文化と文化政治を探究、日本のカルチュラル・スタディーズを先導した。主な著書に、『都市のドラマトゥルギー』『博覧会の政治学』『親米と反米』『ポスト戦後社会』『大学とは何か』『夢の原子力』『アメリカの越え方』『視覚都市の地政学』『平成時代』『アフター・カルチュラル・スタディーズ』『五輪と戦後』『東京裏返し』などがある。

コロナ禍下で待ちながら
――不条理の芸術と人間の尊厳について

岡室美奈子

はじめに

コロナ禍は不条理である。それは人間のコントロールを超えた厄災だからだ。もちろん優れた施策によってある程度封じこめに成功している国もあるし、ワクチンも開発されて光も見えてきた。しかし次々と新たな変異株も現れている。周知のように世界でこれまでに根絶できたウイルスは天然痘のみであり、人類の歴史はペストやスペイン風邪、ＭＥＲＳ、ＳＡＲＳなどさまざまな感染症との闘いの歴史だった。そしてその闘いにおいて人類は負け続けてきたと言える。アルベール・カミュの小説『ペスト』の語り手であり主人公の医師リウーは「このペストがあなたにとって果してどういうものになるか」と尋ねられて「際限なく続く敗北です」と答える。理不尽な死を前に、人は無力さを突きつけられる。今回のコロナ禍もいずれは収束に向かうだろうが、おそらく根絶はできないだろう。

二〇二〇年にフランスのマクロン大統領が「フランスはウイルスとの戦争状態にある」と述べたように、ウイルスとの闘いはもはや戦争であるとも言える。そして私たちに必要なのは、「人類がウイルスに打ち勝った証し」などという幻想ではなく、負けるとわかっている戦争において、いかに人間らしく生きるか、あるいは、いかにしてその戦争に加担しないか、つまり感染を拡げないかを考え実践することだ。そしてそれは、いささか大仰に聞こえるかもしれないが、人間の尊厳にかかわることなのだと、文学や演劇、マンガは教えてくれる。

そのことを改めて考えるために、ここでは不条理な状況を描いた四つの作品を参照したい。はじめのふたつはコロナ禍で新たに脚光を浴びたカミュの小説『ペスト』（一九四七年）と、直後に書かれたサミュエル・ベケットの戯曲『ゴドーを待ちながら』（一九五二年）だ。あとのふたつは、先に挙げたふたつを結びつけて着想されたと思われる作品、別役実の戯曲『街と飛行船』（一九七〇年）と朱戸アオによるマンガ『リウーを待ちながら』（二〇一七〜一八年）である。[*1] 最初に発表された『ペスト』は、他の三作品に影響を与えたと思われる。しかしながら、非日常的な状況において「待つ」ことに関しては、この四作品は一様ではない。本稿では、時代やジャンルを超えたこの四つのテクストが何を待つか／待たないかを明らかにするとともに、これらの作品がコロナ禍の渦中にいる私たちに何を問いかけているのか、そしてそれをつないだ先に何が見えてくるのかを考えてみたい。

＊1　本稿では、下記のテクストを参照する。なお、本文中の（ ）内の数字はKindle版『ペスト』の引用箇所の番号である。アルベール・カミュ『ペスト』（宮崎嶺雄訳、新潮社、二〇一七年、Kindle版）。サミュエル・ベケット『新訳ベケット戯曲全集1　ゴドーを待ちながら／エンドゲーム』（岡室美奈子訳、白水社、二〇一八年）。『別役実第三戯曲集　そよそよ族の叛乱』（三一書房、一九七一年）、『リウーを待ちながら』（全三巻、講談社、二〇一七〜一八年、Kindle版）。

『ペスト』(一九四七年)——待つのを諦めること/諦めないこと

カミュの小説『ペスト』は、ペストによって封鎖されたフランスの植民地アルジェリアのオラン市を舞台に、医師リウーやボランティアで保健隊を志願するタルーらが絶望的な状況下でペストと闘う物語だ。しかし本作では、ペストは単に感染症を意味しない。

一九四七年に発表されたこの小説は第二次世界大戦を色濃く反映している。タルーは「僕は、自分が何千という人間の死に間接に同意していたということ、不可避的にそういう死を引き起すものであった行為や原理を善と認めることによって、その死を挑発さえもしていたということを知った」(4481)と述べ、平和運動と信じて身を投じる者さえ容易に加害者となりうるという現実認識を示し、それこそがペストであると語る。感染症に限らず、意識的にであれ無意識的にであれ人を死に追いやる加害者性がペストなのであり、「誰でもめいめいのうちにペストをもっている」(4523)のである。タルーはそうして自らも加害者=ペストであることを忘れず、かつ、殺す側ではなく殺される側に立ち続けるべく、ペスト患者の救援に身を投じるという困難な道を歩んだと言える。

その一方で『ペスト』には次のような一節がある。「人間は、あんまり待っていると、もう待たなくなるものであるし、全市中のものは全く未来というもののない生活をしていたのである」(4618)リウーによれば、当初オラン市の人びとは「みんな自分のことばかり考えて」おり、人間中心主義で天災をやがて過ぎ去る悪夢だと高を括り、謙虚な心構えを忘れていたという。彼らは取引を続け、旅行の準備をし、自分たちが自由だと信じていたのである。そのような人びとが、自分たちは決して自由ではありえず、ペストの脅威に対してなすすべがないと気づいたとき、絶望に陥るしかない。「待つ」ことが、ペストが終息した未来に希望をつなぐことだとしたら、彼らはそれを諦めたのだ。しかし彼らはそのことによって自暴自棄になるばかりか他者に手を差し伸べる機会をも逸し、結果的に自らのうちに加害者性としてのペストを孕んでいくのである。この状況は、コロナ禍はやがて過ぎ去ると高を括っていた私たちの状況に似てはいないだろうか。

終盤になってようやく収束の兆しが見えたところで、タルーはペストに感染して死んでしまう。献身的にペスト患者の治療にあたってきたリウーは、タルーの死に決定的な敗北感を感じながらも、タルーの思想の継承者として、ペスト禍が収束した祝賀の花火が上がるなかでこの物語を書き綴ることを決意する。ペストがもたらした不条理を記録するだけではなく、「天災のさなかで教えられること、すなわち人間のなかには軽蔑すべきものよりも賛美すべきもののほうが多くあるということ」(5509)を伝えるためだ。そしてそれはヒロイズムなどではなく、誠実さの問題なのだとリウーは言う。『ペスト』は、極限状況における誠実さをめぐる小説なのだ。リウーやタルーが待つことをやめてしまったオラン市の人びとと対比されているとすれば、誠実であることによって希望を繋ぐリウーやタルーは待ち続ける人たちであると言える。死と隣り合わせの非日常的状況において、人はいかに誠実でありうるか、あるいはいかに待ち続けることができるか——この深い問いは、どのように受け継がれていくのだろうか。

『ゴドーを待ちながら』(一九五三年初演)
——待ち続けること

『ペスト』が発表された翌年の一九四八年から四九年にかけて、ベケットは『ゴドーを待ちながら』(以下、『ゴドー』)を書いた。言うまでもなく、ベケットの『ゴドー』は救済者ゴドーを待ち続ける劇だ。二人の浮浪者はゴドーが誰かもわからず、救済が本当にありえるのかどうかもわからぬままに、どん底状態で肩を寄せ合いながら待ち続ける。ゴドーはなかなか現れないが、同じような「今日」を果てしなく繰り返しながら、ウラジミールとエストラゴンは来るべき「明日」へとかすかな希望を繋ぎ続ける。リウーやタルーのように懸命に何かをするわけでもなく、彼らはただ無為に待っているように見える、いわば不要不急の存在である。しかしどんなにひどい目に遭いながらも、その日その日を誰かと共に待ちながら、時には他者に手を差し伸べつつともに生きることで、かすかな希望を持ち続けることができるのである。ベケットが『ゴドー』は「共生」の劇だと語ったという逸話を、このことは改めて想起させる。

ベケットは『ゴドー』執筆の二年ほど前の第二次世界大戦末期、激戦地として知られるノルマンディーのサン・ローにアイルランド赤十字社が建てた野戦病院に勤務し、通訳兼備品係兼運転手として働いた。サン・ローは、その前年に連合軍のノルマンディー上陸作戦の舞台となり、壊滅的な被害を受けた土地だ。ベケットは、終戦直後の一九四六年に「廃墟の都」という文章を書き、その惨状を「二千六百戸の建物のうち二千戸は完璧に消滅。残った六百戸のうち四百戸は大破[*2]」したと記録した。この経験は、おそらく『ゴドー』の下地となっただろう。

こうした成り立ちのせいか、『ゴドー』は世界中の戦争や災害に見舞われた場所で繰り返し上演されてきた。『貧困の芸術——サミュエル・ベケットの浮浪者たちと危機の演劇』の著者ランス・デュアーファードは、『ゴドー』は「修復も治癒も解決も不可能なカタストロフィー本来の性質に呼応し続けている」と指摘する。「戦争や洪水の被害に耐えている観客にとって、『ゴドー』の上演は役人やニュース・メディアの視野から零れ落ちる忘れ去られた状況に光を当てる」と[*3]。また、ポール・チャンは「『ゴドー』は不条理劇ではなく、世界の不条理に対する応答である[*4]」と述べる。その点で、『ゴドー』は『ペスト』と重なり合う。

ジェイムズ・ノウルソンの『ベケット伝』によれば、ベケットは「廃墟の都」を書いた一九四六年にカミュの『異邦人』を読み、「重要な作品だと思う」と友人への手紙に記している[*5]。『ペスト』の出版はその翌年であり、フランスにいたベケットがこの話題作を読んで影響を受けた可能性は大いにあるだろう。実際、『ゴドー』には、『ペスト』と響き合う記述が随所にみられる。たとえば『ゴドー』終盤のウラジミールの台詞「おれは眠っていたのか? ほかのやつらが苦しんでいるときに。今も眠っているのか? 明日、目が覚めたら、いや、目が覚めたと思ったら、今日のことをなんて言うんだろう?[*6]」は、『ペスト』の「彼らは実はすでに眠っていたのであり、そしてこの期間全部が深い眠りにほかならなかったのである」(3226)という記述を想起させる。そこには他者の苦しみに目を瞑ることこそがペストであるというタルーの思想がこだましている。ベケットは「廃墟の都」を、次のように締めくくっている。

サン・ローにいた人びとのうちの幾人かは「アイルラン

*2
"The Capital of the Ruins" in Eoin O'Brien, The Beckett Country: Samuel Beckett's Ireland, The Black Cat Press in association with Faber & Faber, 1986, pp.337.

*3
Lance Duerfahrd, The Work of Poverty: Samuel Beckett's Vagabonds and the Theatre of Crisis, The Ohio State University, 2013, p.3.

*4
Paul Chan, "Waiting for Godot in New Orleans", p.26, qtd. Duerfahrd, p.85.

*5
James Knowlson, Damned to Fame: A Life of Samuel Beckett, Bloomsbury Publishing PLC, 1997, p.358.

*6
サミュエル・ベケット『新訳ベケット戯曲全集1 ゴドーを待ちながら/エンドゲーム』(岡室美奈子訳、白水社、二〇一八年)、一六六頁。

ドに」帰郷する際に、少なくとも彼らが与えただけのものは得たことを、実際には、ほとんど与えることができなかったものをも得たことを、わかってくれているんじゃないかと思う。それは、廃墟のなかで見たり感じたりした、昔ながらの人間らしさである。[*7]

ウラジミールとエストラゴンが非日常的状況においても二人で支え合いながら待つことを諦めないのは、ベケットから『ペスト』への一つの応答であるとも言えるだろう。二人はただ待ち続けることで誠実でありえるのだ。『ペスト』と『ゴドー』をおそらくは踏まえつつも、待つことを放棄するのが『街と飛行船』である。

『街と飛行船』(一九七〇年初演)——待つのを放棄すること

別役実の戯曲『街と飛行船』もまた、外部からの来訪者、牧師、医者、警察官といった登場人物や汽車が来なくなった街という設定が『ペスト』を想起させる。本作は、一人のセールスマンがある街の駅に降り立つところから始まるのだが、そこは「たましいの伝染病」の蔓延により、あらゆる交通機関が停止して外界から隔絶された街だ。街の封鎖によって本当の家族と分断されてしまった人々は、それぞれの家族の想い出を頼りに疑似家族を形成し、家族らしさを演じながら平穏に暮らそうと努めている。その街に到着しないはずの汽車で到来したセールスマンの「男」も、「父」として疑似家族に取り込まれる。しかしこの街の空の上には三か月前から謎の飛行船が浮かんでいる。「男」と市長は、飛行船は救世主で、そのおなかには消毒薬が詰まっていると信じて博物館にあった高射砲を飛行船に向けて発射することを決断する。

飛行船が救世主であると信じる根拠は何もないにもかかわらず、「男」は疑似家族とのつつましい家庭生活を続けていくことに耐えられず、救済を求めて一か八かの賭けに出たのである。結果的に、砲弾を受けた飛行船のおなかがぱっくりと割れると、「白い花粉のようなもの」が大量に降り注ぎ、人々は救われると信じて讃美歌を歌いながら死に絶える。国家による、伝染病が蔓延した街の制圧なのかもしれない。一人残された「男」が立ち尽くして幕となる。

隔絶された非日常的な街で、家族を演じながら折り目正しく日常生活を送ることに、別役は美学を見出していたのではないかと思う。一見それは困難な状況を受動的に受け入れるだけのネガティヴな姿勢に見える。しかし「男」の疑似的な「妻」は言う。「誰でも折り目正しい生活よりも、お祭り騒ぎのほうが好きなんです。そのためにみんながこの、今までかろうじて耐えてきた生活のつつましさから、逃げ出そうとしたらどうします?」(251) このことは、コロナ禍の渦中にいる私たちに当て嵌めてみればよくわかる。私たちはマスクをして我慢しながら粛々と生活することに既に疲れている。しかしそれに耐え抜くことで、私たちはやがて元の生活とは異なる「新しい生活」を手に入れるのではないだろうか。死と隣り合わせの非日常的状況において「折り目正しい生活」を継続していくことは、実は強い決意に支えられていなければならないのであり、そのためには『街と飛行船』の疑似家族のように平穏な生活を「演じる」ことも必要なのかもしれない。

ただ待つだけの日々をいかに人と支え合いながらやり過ごし

*7 "The Capital of the Ruins", p.337

てゆくかは、演劇から祝祭を排除した『ゴドー』のテーマでもあったはずだ。『街と飛行船』の「男」は、いわば待つことを放棄した人物である。そして救済者のようで、その実、死をもたらす飛行船は、到来してしまったゴドーなのかもしれない。[*8]

『リウーを待ちながら』(二〇一七〜一八年)――それでも待ち続けること

最後に朱戸アオのマンガ『リウーを待ちながら』に簡単に触れておきたい。このタイトルは、カミュの『ペスト』の主人公の医師リウーの名と、サミュエル・ベケットの演劇『ゴドーを待ちながら』をかけたものだ。

物語の概略は以下のとおりである。舞台は人口約九万人の日本の架空の街・静岡県横走市だ。ある日、人道支援のために中央アジアに派遣された自衛隊員によってキルギスからペスト菌が持ち込まれ、瞬く間に市中で感染爆発が起こる。県は緊急事態宣言を発出し、横走市は都市封鎖される。主人公の医師・玉木涼穂は横走中央病院で、国立疫病研究所から派遣された感染症の専門家・原神とともに、野戦病院のような特設施設で懸命に感染症患者の治療にあたる。が、死亡率一〇〇%という現実を前になすすべもない。やがて抗体が発見されて横走市のペストは急速に収束に向かう。けれども玉木とともに闘った原神は、まさに『ペスト』のタルーと同様にそのタイミングで感染して死んでしまう。

このように『リウーを待ちながら』は、男性医師リウーが女性の玉木に置きかえられているものの、カミュの『ペスト』を現代日本に置きかえた物語であり、『ペスト』に込められたカミュの思想が決して古びていないことを示している。だからこそ、「今度のことはヒロイズムなどという問題じゃないんです。これは誠実さの問題なんです。こんな考え方はあるいは笑われるかもしれませんが、しかしペストと戦う唯一の方法は、誠実さということです」という、ラジオのパーソナリティが市民に向かって読み上げるリウーの言葉に、ペストを前に医師として無力感に打ちひしがれる玉木は涙を流すのだ。

では、この作品のタイトルはなぜ『リウーを待ちながら』なのだろうか。玉木がリウーならば、待つ必要はないはずだ。なぜ『ペスト』だけではなく、『ゴドーを待ちながら』が呼び込まれる必要があったのか。ゴドーがリウーに置きかえられていることは、いかにリウーが敗北感を抱いているとしても、リウーのような人物こそが救済者だということを意味している。そして『ペスト』において、「人は神によらずして聖者になりうるか――これが、今日僕の知っている唯一の具体的な問題だ」と語ったタルーもまた救済者なのであり、タルーをモデルとしていると思われる感染症専門家の「原神」という名は、神=ゴッドをもじったゴドーを思わせる。しかし彼らが救世主であるとしても、それは単に医者や保健隊や感染症の専門家だからではない。献身的に努力してもペストに負け続ける彼らは決して英雄ではなく、ただ誠実であり続けたのだ。重要なのは、彼らが敗北を重ねながらも諦めないということだろう。リウーもタルーも玉木も原神も、かすかな希望をつないで待ち続ける者たちなのである。そしておかしな言い方かもしれないが、不条理な状況で待ち続ける者こそ、待たれる者にほかならない。

*8
『街と飛行船』に見られるような、非日常的状況で人工的に日常が構築される別役実の劇世界のルーツがベケットやアラバールの不条理劇にあることについては、『悲劇喜劇 追悼別役実 幻の原稿づくし』(二〇二〇年七月号)に寄稿した「コロナ禍における『街と飛行船』――別役実と不条理」を参照されたい。

結び

このように見てくると、四つの作品はどれも感染症など人智が克服できない不条理を描きながら、待つことを放棄してはいけないのだということをそれぞれのかたちで訴えているように思われる。「待つ」とはただ受動的に待つことを意味しない。未来を想像しにくい絶望的な状況の中で、かろうじて明日に希望を繋ぐために、他者とともにある日常を粛々と継続していくことなのであり、そのためには強い意志と他者への想像力が必要なのだ。そしてそれこそが、リウーの言う「人間のなかには軽蔑すべきものよりも賛美すべきもののほうが多くある」ということであり、ベケットの言う「人間らしさ」であろう。

非日常的状況においていかに日常を継続させていくか。これは不条理を扱った作品が繰り返し描いてきたことだ。ゴドーがそうであるように、希望が具体的な像を結ばなくとも待ち続けること——それは人間の尊厳にかかわることなのだと思う。「ペストと戦う唯一の方法は、誠実さということです」というリウーの言葉を、コロナ禍の渦中にいる現在、もう一度噛みしめたいと思う。

岡室美奈子（おかむろ・みなこ）
早稲田大学演劇博物館館長、早稲田大学文学学術院教授、文学博士（UCD）。専門はベケット論、現代演劇論、テレビドラマ論。日本演劇学会理事、放送番組センター理事などを務める。共編著書に『六〇年代演劇再考』、『サミュエル・ベケット！——新しい批評』など、訳書に『新訳ベケット戯曲全集1　ゴドーを待ちながら／エンドゲーム』などがある。毎日新聞夕刊放送面に四週間に一度コラム「私の体はテレビでできている」を連載中。

災禍が生き返らせるもの

内田洋一

同じ時間、同じ場所に集まり、観客と演者が「今、ここ」でおこる劇をともに体験する。そんな時間芸術のありようを根こそぎ否定したのが、新型コロナウイルス感染症だった。密閉、密集、密接の「三密」を避けよ、という社会的要請は演技はもちろん、舞台裏の人的作業を困難にし、観客を劇場に集めることさえ容易でないものにした。

演劇とは何か。実演はいかにして生き延びることができるのか。演劇人にとって、パンデミックは原点を見つめ直す強烈なリセットだったといえるだろう。

二〇二〇年三月一日、東京芸術劇場の芸術監督で現代演劇をリードしてきた野田秀樹は、主宰するNODA・MAPの公式ホームページで意見書を公開した。第一回の緊急事態宣言に一か月あまり先駆ける発信だった。

ひとたび劇場を閉鎖した場合、再開が困難になるおそれがあり、それは『演劇の死』を意味しかねません。

いまだコロナウイルス感染症の実態がわからないなかでの発言だったとはいえ、波紋は大きかった。演劇の死という言葉がSNSで攻撃されたことに私は正直、驚いた。演劇を生かすべきだという意見はあたりまえに感じられたが、実際はそうでなかったのである。平田オリザらの発言もネット上で炎上するに及んで、演劇人を身勝手とみなす空気のあることが明らかになった。大多数は粛正の空気にあおられた扇動的フレーズだったとはいえ、羨望の裏に侮蔑がはりつくこの国の演劇のみなされ方、前近代から根強く残る芸能に対する特殊な感情を思い出させた。災禍は平時に隠れ潜んでいたエモーショナルな劣情を一挙に噴出させる。

が、野田秀樹の言葉は結果として演劇界を強く動かした。災禍は同調圧力ないし同調性向とでもいうべきものを社会に蔓延させる。それは危機の前で共同体が団結する積極的な力となるが、一方ではずれた動きをする者を責めたてる。発信を強めないと存続が危ういとの危機感が一気に高まったのである。野田が世話人ともなった緊急事態舞台芸術ネットワークは劇団、劇場、制作会社、東宝、松竹などが連携する前例のない組織となった。これほど大きな大同団結は史上初めてのことだった。

かねて演劇界では、入場税撤廃運動をはじめとする政府へのロビー活動を日本劇団協議会がになってきた。前身である新劇団協議会の伝統を継ぎ、政府と対峙する姿勢をとっていた。対して今回のネットワークは政府中枢への積極的な働きかけを行い、客席制限の仕方などに演劇界の実情を反映させるよう直接的に訴えた。既成の枠組みを大きく超えるネットワークが、コロナ禍を奇貨として実現したことは特筆に値する。

災禍というものは翻って新しい地平を生みだす契機となるのではないだろうか。戦後経験した二度の大震災を例に考えてみよう。いうまでもなく震災と感染症では危機の位相が異なるが、情報を共有する演劇人の連絡体が垣根をこえて発足するという点で、軌を一にする。

一九九五年一月の阪神大震災では、大阪にかつてあった小劇場の拠点、扇町ミュージアムスクエアに関西演劇人会議阪神大震災連絡センターが開設された。神戸の激震地で被災した私はジャーナリストとして取材するとともに、当事者として発言した。震災に際し、演劇人として何ができるか。被災地で演劇は可能か。武庫川を越えるべきか（被災地に入るか否か）。真摯な議論が扇町で繰り広げられた。その記録は『阪神大震災は演劇を変えるか』[*1]にまとめられている。センターではぐくまれたネットワークはその後、大阪現代舞台芸術協会（ＤＩＶＥ）に生まれ変わって存続した。この組織は劇場不足に悩む関西で、演劇界と行政とをつなぐ触媒の役を果たした。

二〇一一年三月の東日本大震災では、仙台の演劇工房10-ＢＯＸを拠点にArt Revival Connection TOHOKU（アルクト）という連絡組織が生まれた。演劇人の安否確認から始まった経緯も、演劇に何ができるかという自問に直面した点でも、関西演劇人会議阪神大震災連絡センターの状況と酷似していた。アルクトは音楽や美術にまで領域を伸ばし、出前、創作、招聘の三部門を設け、被災地におけるアーティストの活動を支援した。残念ながら人的にも経済的にも運営継続が困難になってしまったが、巨大な破局が既成の枠組みを壊し、未来に向けた本質論を喚起した点で阪神につづく事例となった。大震災は演劇人に話し合いの広場という果実をもたらしたのである。

ふりかえれば、大正の関東大震災のあと、焼け跡に新しい演劇の旗を掲げようと土方与志が私財を投じ築地小劇場を創設した先例がある。新劇に夢をいだく若い世代を結集させ、日本で初めてとなるレパートリー・システムを掲げた。幾つかの演目を日替わりで上演し、長期の興行を可能にする欧州型のシステムはそれまで日本になかった。丸山定夫が鳴らした開場の銅鑼は、演劇青年の胸を躍らせたといわれる。ちなみに第一回の緊急事態宣言でほぼすべての舞台が中止となったあとの二〇二〇年七月、先陣を切って上演を再開した三谷幸喜はＰＡＲＣＯ劇場で『大地』を作・演出するにあたり、銅鑼を鳴らした。近代演劇につらなる演劇人として、震災後に響いた築地小劇場の音を劇場再開の徴としたのである。

危機を乗り越える力は、新しい画期を生みだす。いかにその力を持続可能なものにするか、課題はそこにあるだろう。

現場に求められる支援と行政の枠組みは、往々にしてかみあわない。文化財保護などと異なり、アーティストや芸術団体への支援は日本の官僚文化にそぐわない面があるのだ。前例にのっとる赤字補填、事業助成（団体や個人への直接支援を避ける）の壁は厚く、書類上の厳格さを求めるあまり、審査と支給が遅れる。今回、小劇場エイド基金、#WeNeedCultureなどさまざまなネットワークが生まれた。緊急事態舞台芸術ネットワークなどと連合して、政府と現場との間に立つ恒久的な組織を今こそ構想すべきときだろう。英国でいうアームスレングスの距離をたもつ、自立したアーツカウンシルは日本にまだない。

また演劇制作は高度資本主義社会に順応するため、効率化を推し進めてきた面がある。集客力のある旬のタレントを配役し、

＊1
内田洋一、九鬼葉子、瀬戸宏編『阪神大震災は演劇を変えるか』（晩成書房、一九九五年）

それに合わせた演目（多くは翻訳劇）を選び、短期間に資金を回収する。配役が決まったら、どんな舞台になるかの見通しもないままPRし、切符の前売りを開始する。一九九〇年代以降顕著になったビジネスモデルが、災禍へのもろさを拡大したことが明らかになった。

効率的演劇はいったん興行が中止になるとスケジュール調整が困難となり、再度劇場を借りるのも数年先となって行き詰まる。中止や延期という事態に臨機応変に対応できたのは全国に劇場網をもち、自前の劇団員と交換可能なレパートリーをもつ劇団四季、専属劇団をもつ公共劇場の静岡舞台芸術センター（SPAC）くらいだったのではないだろうか。税を投入する公共劇場は比較的柔軟な対応が可能だったが、資金力に乏しい制作会社、劇団などは経営難に見舞われた。最古の劇団で公演可能なアトリエをもち、知名度抜群の文学座さえ、クラウドファンディングをしないと立ちゆかなくなった。興行力が抜きんでる宝塚歌劇団、不動産や映像の収入で下支えされる東宝、松竹などをのぞき、生き残れる団体がどれほどあるだろうか。

コロナ後の演劇界では、ながらく現代演劇の中軸をになった新劇や一九六〇年代以降に台頭した同人的小集団が衰退すると見込まれる。かねて指摘されるとおり、演劇を経済的に安定させる興行手法はロングラン・システムかレパートリー・システムしかなく、例外的な方策といえる劇場の巨大化（小林一三が宝塚歌劇団で実践した）は現代演劇では難しい。

社会政策的に運営される公共劇場はやはり、ふたつの道のいずれかを目指すべきだろう。芸術性と経済的自立を両立させるためには、劇団ならずともカンパニー制が必要になる。蜷川幸雄がシェイクスピア・シリーズを彩の国さいたま芸術劇場で成功させられたのも、主役のスター俳優をのぞく中核俳優やスタッフの一貫性を重視していたからだ。新劇草創期に島村抱月が唱えた「二元の道」の問題はコロナ後でこそ再考したい。

さて、感染症はこんな問いをも演劇人につきつけた。演劇という営みは、そもそも、どんなところから生まれるのか。

演劇芸術は西洋でいえばギリシャ悲劇、日本でいえば世阿弥が申楽（猿楽）の起源とした神楽以来の伝統をもつ。非業の死者への祈りや共同体を支える祭儀から演劇は分かれ、芸能、ひいては舞台芸術となった。一遍上人の踊り念仏が戦死者や病死者の供養から発生し、猿楽者の世阿弥が大成した死者供養の「能」（技というほどの意味）へと発展したように、災厄は芸能の故郷とさえいえる。戦乱や天災、疫病を乗り越えてきた演劇の強さはそこにある。

二度の大震災で少なくない演劇人が被災地に密着した活動を行い、死者を悼む舞台に反映した。仙台の南にあたる名取市に住んでいた劇作家、石川裕人（二〇一二年死去）は東日本震災の二か月後にキャラバン隊を組織して宮沢賢治の『セロ弾きのゴーシュ』を携え、不安におびえる子供たちのため被災地の小学校などを巡回した。その後、主宰劇団〝OCT／PASS〟で『方丈の海』という自作を仙台で演出、上演した。浜辺で遺体を探しつづける仏壇を背負った男、半魚人という見世物にされた少女などが復興から取り残された漁師町につどう鎮魂の劇であった。阪神大震災では、兵庫県立ピッコロ劇団が避難所の子供たちのため巡回公演を敢行した。亡き如月小春は兵庫県立こどもの館で、子供たちと賢治の『銀河鉄道の夜』をワークショップで創作し、これも鎮魂の劇に仕上げている。

大震災は演劇人に社会的存在としての自らを自覚させ、社会包摂活動を実践させる契機となった。ワークショップで認知症患者や自閉症の子供たちと向き合う演劇活動は今や、公共劇場の重要な使命と考えられている。今日では不登校の問題解決に演劇を役立てることで、将来的な生活保護や失業対策費を減じることができるという分析までなされている。文学座や岐阜県の可児市文化創造センターの近年の取り組みはその代表的な例といえる。戦後の大震災がもしなかったとすれば、起こらなかったことだろう。

ところが、そうした社会包摂活動をも困難にしたのが感染症だった。集まること自体がはばかられる事態だったからである。取り残された高齢者、障害者、子供たちの孤立と孤独が遍在し、女性や青少年の自殺が急増したにもかかわらず、演劇による社会包摂活動は出番を失ってしまったかにみえる。そんななかで一つの回答を示したのは、SPACだった。芸術総監督、宮城聰は自問を重ねて「電話演劇」(でんわde名作劇場)や「電波演劇」「SPAC出張ラジヲ局～電波で演劇とどけます!～」を実践した。

前者は予約した人に電話をかけ、太宰治、宮沢賢治、芥川龍之介らの短編をSPACの俳優がその場で朗読する試みで、二〇二〇年六月から継続的に実施された。三十分以内なら雑談も可能で、演劇の一回性、演者と観客の双方向性がぎりぎり担保される形態とみなされた。『炎 アンサンディ』などで知られるフランスの劇作家ワジディ・ムアワッドが芸術監督を務める国立コリーヌ劇場の電話による詩の朗読に触発されたものだ。オンライン配信が一方通行的なのに対し、電話という声を介したやりとりは「つながりをもたらす」とムアワッドは考えた。宮城によると、電話による応答は孤立感の解消に有効で、相手に感謝されるから俳優も感激するという。後者の出張ラジヲ局は高齢者福祉施設、児童福祉施設に俳優が出かけ、目に見える場所で朗読や演奏を行い、音声についてはFM波で送信するというものだった。二〇二〇年夏に実施された。これもオンライン配信と比べ、実演性に近づける意識が明確な企画だったといえるだろう。

宮城聰はコロナ禍に向き合うにあたって、いささか奇矯なネーミングながらカニカマボコ論を唱えた。カニが提供できないなら、せめてカニカマボコを、というわけだった。カニカマボコはどこまで洗練させてもカニになれない。カニカマボコを追究することで、カニの本質が再認識される。この論法でいえばオンライン演劇祭はカニカマボコであり、電話やFM波を用いるキャラバンは不完全ながらもカニの一種になる。カニカマボコを突きつめても置き換われないもの、それがカニ、すなわち演劇のエッセンスになる。その探求が電話や出張という形態への気づきをもたらしたのである。

私は阪神大震災のあと、いっとき被災者と呼ばれる立場になった。そのとき「普通でない」人々の枠に強制的に送り込まれる感覚を抱いた。地震による日常の破壊について語ると、それが異常な世界にはまった人の「普通でない」言葉として受け取られてしまう。そのことがつらかった。被災者もそうでない人も昨日までは同じ場所に立っていたはずなのに、災禍によって一線が引かれる。被災地と被災地外の間に突如、国境線が引かれたように感じる人は被災地で珍しくなかった。人心の分断とはそのようにして出現するのである。

哲学者の鷲田清一は阪神大震災の避難所での経験から、聴くことの力を見いだし、臨床哲学という領域を開いた。傷ついた人の口からようやく出てきた言葉をただ聴くこと。その人の心の働きに寄り添い、言葉を通して一つになること。鷲田の論になぞらえれば、言葉は発する人と聴く人との間で一つになることによって命を得て、生き返るのである。

　私は震災後の神戸で「ありがとう」「さようなら」といった言葉がまさに生き返る瞬間を何度も体験した。そのことを言葉と身体の探究者、竹内敏晴の著作をもとに論じたことがある(『危機と劇場』[*2])。竹内はメルロ・ポンティの主著『知覚の現象学』[*3]を引き、使い古された情報伝達のための第二次言語に対して「現れつつ意味を形成する」第一次言語、すなわち、まことの言葉の大切さを訴えた。制度化された言語をまことの言葉が突き崩すことで、人は新しく目覚める。まことの言葉で呼びかけることで「あなた」が生まれ、そのとき「わたし」が生まれる。詩人や劇作家があつかうのは、このまことの言葉であろう。まことの言葉を介して語る人と聴く人が一つになる。それは演劇そのものではないだろうか。

　東日本大震災後、原発事故の被災地となった福島県南相馬市に移住し、長く中断していた演劇活動を再開した作家、柳美里の言葉が思い起こされる。大きく棄損された土地こそ「演劇の誕生にふさわしい地」であり「演劇によって、感情の水路を創ることが必要だと思った」という(『悲劇喜劇』二〇二一年三月号)。災禍は人心の分断を生む。が、同時に演劇を誕生させる。言葉と身体を生き返らせる演劇の本質は、こののち災禍がくりかえされても変わることはないだろう。

内田洋一(うちだ・よういち)
文化ジャーナリスト、演劇評論家。一九六〇年生まれ。八三年、早大政経学部卒業後、日本経済新聞社入社。八四年から文化部で舞台芸術を中心に音楽、美術など幅広く取材。二〇〇四年から同社編集委員。阪神大震災の被災体験から、災害とアートの問題に関心をもつ。著書に『阪神大震災は演劇を変えるか』『危機と劇場』『あの日突然遺族になった　阪神大震災の十年』『風の演劇　評伝別役実』『現代演劇の地図』『風の天主堂』がある。

*2
内田洋一『危機と劇場』(晩成書房、二〇一六年)

*3
モーリス・メルロ=ポンティ『知覚の現象学 1』(竹内芳郎、小木貞孝訳、みすず書房、一九六七年)

客席から見たコロナ禍の演劇

山口宏子

三度目の緊急事態宣言が出ている東京で、この原稿を書いている。新型コロナウィルス感染症による演劇界の苦境は現在進行形だ。演劇を取材する記者である私にとって、劇場へ通うことは「日常」だった。それがこの一年余、まるで違うものになってしまった。その始まりである二〇二〇年春から夏にかけての出来事を「客席」から振り返ってみる。（文中敬称略）

戸惑いから混沌、そして空白の四月へ

「うわぁ、マスク、マスク、マスク」。二〇二〇年二月二十八日、帝国ホテルで開かれた読売演劇大賞の贈呈式で、プレゼンターとして登壇した劇作・演出家のケラリーノ・サンドロヴィッチがフロアを指さしながらおどけ、出席者たちを沸かせた。

前々日に安倍首相（当時）が突然「二週間のイベントの自粛」を要請し、動揺が広がり始めた時期だ。贈呈式がどうなるのか心配していたら、主催する読売新聞社から「飲食なし。出席にはマスク着用と検温が必須になりますが、それでもよければご出席を」と連絡があった。いまではすべて「当たり前」になっていることが、この頃は「特別な注意事項」だった。ケラの発言を誰もがジョークと受け止めた。揃ってマスクをしていることを、私たちはまだ、どこかおかしな光景と感じていたのだ。

式に例年の華やかさはなかったが、かなりの人数が出席していた。会場ではあちこちに歓談の輪ができ、連れだって食事に出かけるグループもあった。前日にいくつかの公演中止や三月公演の初日延期が発表されており、関係者の表情は冴えなかったが、それでも多くの人が「二週間の我慢」だと思っていた。

混沌の三月が始まった。予定通り公演するカンパニーも多かったが、大劇場を中心に状況はめまぐるしく変わった。初日の延期、公演の中断、再開、中止……、主催者はその都度、観客への告知やチケット払い戻しなどの対応に追われた。どうすることが適切なのか誰にも分からず、不安だけが広がった。ネットでは、幕を開ければ「感染の危険をどう考えているのか」と非難の言葉が飛び交い、休演にすれば「楽しみにしていたのに」と落胆の声が響いた。

ある劇場の広報担当者が、予定していた公演が数度の変更を経て開幕すると電話で知らせてくれた。「お客様にご迷惑をおかけしていて申し訳ない」と繰り返す彼女に、「無事の開幕を楽しみにしていますね」と伝えると、「その言葉が嬉しい」と嗚咽が返ってきた。現場の人の気持ちはこんなに張り詰めているのかと知り、胸が詰まった。

「これでもう当分、劇場には来られないね」

「まさか⁉」

　劇場スタッフとこう言葉を交わしたのは四月二日の夕方、東京芸術劇場シアターイーストの入り口だった。

　この日、劇団温泉ドラゴンが映像収録のために無観客で上演した『ＳＣＲＡＰ』（シライケイタ脚本・演出）を見学させてもらった。劇団は換気に気を遣いながら稽古を重ね、入手困難で値段の高いマスクを買い集め、消毒薬も用意して公演に備えていた。しかし、一〜五日の公演を断念せざるを得なくなった。

　ごく少数の関係者が息を殺して見守るだけの、がらんとした客席を前に俳優たちは、一九五〇年代の大阪に生きる在日コリアンの哀歓を活力あふれる表現でつづった。その真摯な演技は、目に見えない「何か」に捧げられているように感じられた。

　三月末には緊急事態宣言が現実味を帯び、四月には、ほぼ全ての劇場が扉を閉ざした。四月七日、首都圏と大阪など七都府県に宣言が出された。先の不吉な予言は現実になった。

「配信」が急速に広がった

　劇場の長い空白が始まり、「演劇を配信で」という動きが加速した。

　数多く観た配信の中から印象深いものをいくつか挙げる。

　日本よりも早く感染が広がった英国では四月初旬から、ナショナル・シアター（ＮＴ）の舞台やアンドリュー・ロイド・ウェバー作のミュージカルが次々と無料配信され、自宅で贅沢なラインナップを楽しむことができた。

　国内では、静岡県舞台芸術センター（ＳＰＡＣ）がゴールデンウィークの恒例行事「ふじのくに⇄せかい演劇祭」を「くものうえ⇅せかい演劇祭」として実施した。芸術総監督の宮城聰は「劇場が開けなくても、なんとか演劇の有効成分を届けたい」と考えたという。参加予定だった海外カンパニーとＳＰＡＣの作品や、宮城と海外アーティストの対話など、多彩なコンテンツが配信された。

　三谷幸喜作『12人の優しい日本人』のＺＯＯＭでの生リーディングが行われたのは五月六日だった（冨坂友演出）。一九九〇年の初演メンバーを中心に近藤芳正と吉田羊らが加わり、三谷も出演した。陪審員裁判の様子を描いたこの戯曲は、会議システムであるＺＯＯＭと相性が良く、上演は見応えがあった。リアルタイムで一万五〇〇〇人が楽しんだ。

　ＺＯＯＭは様々に活用された。

　大阪の劇団エイチエムピー・シアターカンパニーは『ブカブカジョーシブカジョーシ』（大竹野正典作、笠井友仁演出）を五月二十二〜二十四日に配信した。俳優たちがそれぞれ自宅で演じている姿を重ね、同じ空間にいるように見せた白黒の映像を、観客はリアルタイムで見る。影絵のようでもある画面は、戯曲のシュールな雰囲気とよく合い、効果を上げていた。企画から、オーディション、稽古、上演まで、俳優、スタッフが一度も会わずに演劇を作る「劇団ノーミーツ」が注目され始めたのもこの頃だった。入学から卒業まで、すべてオンラインで大学生活を送る若者たちを描いた初の長編『門外不出モラトリアム』（小御門優一郎脚本・演出）は娯楽作品の中に不気味なリアリティーがあり、計五回公演で延べ五〇〇〇人が視聴したという。

　配信とほとんど無縁だった歌舞伎界も動いた。トーク番組などが次々企画され、さらに、松本幸四郎を中心に「図夢歌舞伎」と銘打って『忠臣蔵』を五回に分けて配信したのには驚いた（Ｚ

ＯＯＭシステムは使っていないが、画面分割などでそのイメージを踏まえている)。六月二十七日の初回はまだ技術面が未熟で観ていてはらはらしたが、回を追うごとに洗練された。七月十八日に配信した「七段目」では、幸四郎の寺岡平右衛門が、祖父である故・初世白鸚の大星由良之助と〝共演〟するなど、映像ならではの見どころもあった。画面からは三月から休演が続く歌舞伎を「止めない」という幸四郎の気迫が伝わってきた。

ここに挙げた四作はいずれも、俳優がリアルタイムで演じる「生の姿」を配信していた。同じ時間を共有しているということが「演劇を観ている」という感覚につながったと思う。

しかし、やはり、劇場が恋しかった。

五月二十五日に緊急事態宣言が解除された。しかし、すぐに公演再開とはならなかった。稽古も止まっていたからだ。「自粛」が明けた後、私が最初に足を運んだのは、六月八日、東京・下北沢の本多劇場だった。本多劇場は六月一〜七日、無観客で一人芝居を配信するシリーズ『DISTANCE』で活動を再開していた。この日は、その次の段階として、感染対策をしながら観客を入れるための実証実験を行った。

アクリル板越しの受付、検温、消毒など、その後、どの劇場でも「標準」となる過程を経て、客席に座る。椅子と椅子の間にアクリル板、黒い不織布など、様々な仕切りが置かれ、それが上演中、どれくらい気になるのかなど、「観る環境」の問題点を検討する。若手舞台監督のグループによる稽古場や劇場での感染防止のためのレクチャーもあった。いくつもの消毒薬を購入し、その効果と使い勝手、コストなどを調べた結果が報告され、「毎日の床消毒にはＡが向く」「俳優が直接触れる小道具などにはＢがお勧め」「Ｃは除菌効果が高いが、こういう問題点も」「Ｄの薬剤はこういう使い方をするといい」といった、現場に即した対応策が語られた。こと細かな説明を聞きながら、この先、稽古場や劇場ではどれほどの手間を掛けて観客を迎えるのか——それを思うと、ため息が出た。

張り詰めた空気の中で幕が上がった

七月、いよいよ本格的に劇場が開き始めた。

最も早く扉を開けたひとつが、ＰＡＲＣＯ劇場だった。

ビルの建て替えによる三年半の休館を経て二〇二〇年一月に再開場したＰＡＲＣＯ劇場は、三月からオープニング・シリーズとして一四作品を連続上演する予定だった。そのスタートをコロナに直撃された。第一作『ピサロ』は初日を遅らせたうえに、途中で中止が決まり、予定された四十五回のうち十回しか上演できなかった。続く『佐渡島他吉の生涯』(五〜六月)は全公演が中止。ようやく再開したのが、緊急事態の解除を待って稽古を始め、七月一日に開幕した三谷幸喜作・演出『大地』だった。完売だったチケットは全て払い戻され、一席おきに空けた半分を改めて売り直した。出演者同士が近づかないよう台本や演出に手を加え、タイトルも『大地(Social Distancing Version)』に。この変更を三谷は劇場のホームページでこう説明した。

不都合を不都合に終わらせず、より豊かな演劇表現に昇華させる。それがSocial Distancing Versionです。要は、面白さのポイントがひとつ増えたとお考えください。

『ピサロ』を観ることができなかったため、ＰＡＲＣＯ劇場を訪れるのは半年ぶりだった。一月の「こけら落とし」、立川志の輔の落語会の時はお祝いの花があふれていた入り口には誘導テープが張られ、マスク姿の観客が整然と並んでいた。薬液を浸したマットを踏んで靴の底を除菌し、手首で体温を測り、手指に消毒スプレーをかけて入場する。ロビーには消毒液の瓶がそこかしこに置かれ、白衣を着た看護師が常駐、マスクの上からフェイスシールドを着けた案内係たちの表情も硬い。「ここで感染させない」。劇場スタッフの決意が場内にみなぎっていた。

観客もまた、張り詰めていた。皆が会話を控え、開幕前のざわめきはない。トイレでは誰もがせっけんで入念に手を洗い、十分な数の蛇口があるにもかかわらず、「手洗い待ち」の列ができた。さらに手指の消毒をし、除菌マットを踏んで、客席に戻る。ようやく動き始めた演劇にブレーキをかけないために、観客も「感染をしない、させない責任」を果たそうとしているように見えた。

三谷は劇場を再開する思いを、「築地小劇場」の開場に重ね、銅鑼の音で幕を開けた。

『大地』は、東欧を思わせる独裁国家を舞台に、「反政府的」と見なされた俳優たちが集められた収容所の物語だった。ずいぶん前から構想されていたにもかかわらず、登場人物たちが置かれた、外に出られない、芝居ができないという状況は、ここ数か月の現実と重なる。それゆえ、劇中で、俳優たちが「演技」によって反骨を示す場面は、ことのほか胸にしみた。

終演後の力強い拍手は、作品や俳優たちへの賛辞やねぎらいであると同時に、観客たちが、いま劇場で、ともに生きている喜びを、精いっぱい表現しているように感じられた。

同じ舞台で並行して、『三谷幸喜のショーガール』も上演された。川平慈英とシルビア・グラブによるミュージカルショーだ。この作品で三谷は、二人が近づくと警告ランプがつくなど、「ディスタンス」をコミカルな演出に使った。歌い踊る場面では二人の間に透明なパネルを置いた。いまではテレビでも見慣れた光景だ。しかし、舞台では最後に、川平がパネルを突き破ってグラブに歩み寄った。グラブは輝く笑顔でそれを迎える。

この瞬間、客席から爆発的な拍手が起きた。私が観たかったのはこれだ。壁に隔てられた「ニューノーマル」なんかじゃない。激しく手を叩きながら私は、劇場の客席にいることの幸福をかみしめていた。

山口宏子（やまぐち・ひろこ）
朝日新聞記者。一九六〇年、群馬県桐生市生まれ。一九八三年朝日新聞社入社。東京、西部（福岡）、大阪の各本社で、演劇を中心に文化ニュース、批評などを担当。編集委員、文化・メディア担当の論説委員も務めた。演劇専門誌などへの寄稿も多い。武蔵野美術大学・跡見学園女子大学、日本大学非常勤講師。共著に『蜷川幸雄の仕事』（新潮社）がある。

コロナ禍と伝統演劇

児玉竜一

ジャンルごとの事情

コロナ禍の甚大な影響は、能楽、文楽、歌舞伎といった、伝統演劇の世界においても、例外ではない。

ひと月単位で興行をおこなう歌舞伎では、二〇二〇年二月興行までは、まったく通常通りに千穐楽を打ち上げた。しかし、続く三月の興行が、歌舞伎座、国立劇場とも、初日延期を繰り返した末に、三月十八日に全休と決まった。

私は、この三月十八日までの動向を第一弾として、雑誌『演劇界』に「劇界の動向」として、歌舞伎界を中心とした事の推移を日録単位で記録する連載を始めた。もとより個人の目に触れた範囲という限界はあるものの、あとから振り返って鳥瞰的に調べるのではなく、同時代にある者として、リアルタイムで経験する大混乱の様相を、混沌そのままに記載することに目的があった。今の時点から見れば、二〇二〇年四月や五月は、このコロナ禍の序盤であった。専門家の中には長期戦の身構えを説く声もちらほらとあったが、大勢としてはまさかこのような一年以上の閉塞状況が続くとは、その時点では思わなかったであろう。そうした禍中での、手探りで遅々と進む実感を残したいと考えたのである。連載は、二〇二〇年十二月までをいちおうのひと区切りとして切り上げる予定であったが、事態が一向に収束のきざしすら見せないので、五月現在まで継続している。こうなったら、十割の客席が戻るまで続けることになるだろう。

日本の伝統演劇には、それぞれのジャンルで、それぞれの専用劇場がある。能には能舞台、歌舞伎には歌舞伎劇場。能舞台で歌舞伎を演じることはまったく不可能ではないが、十全な形は望めない。それぞれの様式に見合うように、確立された舞台の形式がある。

それと同様に、コロナ禍への対応でも、それぞれのジャンルには、それぞれの事情がある。

たとえば歌舞伎は、三月から七月まで休演ののち、八月の歌舞伎座公演から劇場を再開した。歌舞伎座の定員は千九百六十四人であるが、観客収容率は五割として、一席ずつを空けたいわゆる「千鳥」の形。四部制で、一部は一演目として幕間は設けない。入場時に検温と手指消毒を徹底し、切符の半券はお客が自身で切り取って所定の箱に入れる。退場時には、分散退出を徹底する。場内の売店や自動販売機は、ほぼすべて休止(売店を一軒だけ開けた)として、筋書も販売せず、リーフレット形式のものをお客が自身で取ってゆくというシステムだった。イヤホンガイドの再開は九月から、筋書販売は十一月から、二〇二一年の正月からは三部制として、部分的に隣接する客席を戻し、ロビーに役者の奥方たちが出てくるようにもなった。

このように徐々に緩和を図りつつ、できることはすべてやるという厳格さは、客席側だけでなく、舞台の側にも徹底されて、出演者とスタッフ（衣裳、床山、大道具など）は、すべて各部ごとに切り分けられ、例えば第一部の出演者とスタッフは他の部へは出入り禁止で、楽屋もすべて明け渡す。各部入れ替えの間に、客席と同様に、楽屋も消毒を徹底して、次の部の出演者を迎え入れるという体制を取り続けている。これによって、仮に第一部に感染者等が出ても、第二部や第三部は無傷であるため、第一部を休演する代わり、他の部は開演できることになる。実際、これによって早速、八月五日に第三部の公演を中止（のちに微熱の関係者は陰性と判定された）、しかし第四部は通常通り開演という形で機能することとなった。

人形浄瑠璃文楽では、これができない。文楽は九月公演から再開したが、三人遣いである人形は、番付面に名前を出している出番のほかに、左を遣ったり、足を遣ったりして、他の場面でも重要な仕事がある。各部総入れ替えという体制を取るのは不可能であり、スタッフの方でも、人形担当の裏方は常駐せざるを得ない。「人形から感染者が出たらエラいことです」と危惧する内部の声を聞いたが、実際に十二月公演で、感染者と濃厚接触者（のちに陽性と判定）が出たのは太夫と三味線だった（その後、本稿校正の最終段階で、二〇二一年五月の国立劇場小劇場文楽公演が、人形遣いに感染者が出て、千穐楽まで公演中止となった。危惧は正しかったことを証明してしまったことになる）。

能・狂言では四月三十日に、四十歳の若さの善竹富太郎をコロナ感染症で失うという痛ましい事態を迎えてしまった。公演再開という点では、七月二十七日からの十日間で、そもそもは東京五輪に向けて準備していた「能楽公演2020～新型コロナウイルス終息祈願～」で計三十五番に及ぶ大公演を、徹底した感染対策の下で完遂してみせた。能・狂言は、各流合同の公演であっても、それぞれの舞台はそれぞれの流派に自ずから別れているので、多くの演者が混ざり合う事態は避けやすいといえよう。

このように、事情はそれぞれのジャンルで異なるが、舞台に密集する出演者の数を抑えるよう演目を選定し、上演時間の点も考慮しつつ、場合によっては演出を変更するなどして、薄氷を踏む思いの上演が続いている。

国立劇場の歌舞伎は十月公演から開場したが、九月一日から政府が「Go To キャンペーン」に前のめりであったためか、歌舞伎座ほどの厳格さはなく、一部の食堂や売店も開け、筋書や台本も販売していた。二部興行で、演者がすべて入れ替わるのは歌舞伎座と同様である。国立劇場では、十月に新作舞踊『幸希《さちねがう》芝居遊《しばいごっこ》』を創り上げている。コロナ禍においては稽古のために集まることも難しい。そのことが、今後この事態が長引くようであれば、伝承という面では大いに危惧されるが、再開の月に新作を上演したという勇気と挑戦は特筆されるべきであろう。

感染者が出たために公演が打ち切りとなったのは、国立劇場十一月の歌舞伎公演で、片岡孝太郎が陽性と判定され、共演の片岡仁左衛門と、十二月南座公演の演目を稽古した坂東玉三郎が、濃厚接触者と判定された（のちに、共に陰性とわかる）。十一月公演『彦山権現誓助剣』では、ヒロインのお園を演じていた孝太郎であるが、夏ごろのブログでは、路上で偶然隣合わせたウーバーイーツの配達員が、歌舞伎界の一員のアルバイト姿であったことに衝撃をうけた旨を記したことでも話題となった。誰もが感染の可能性があるといえばそれまでだが、感染によって結果として公演を止めてしまったのが、五十三歳の中堅であり、御曹司であり、重要な役を勤めていた孝太郎クラスなら、誰もが納得する（そのうえ重症化リスクは低い）のでまだしもだったという声も秘かに聞いた。「これがもし、その他大勢の役者や、邦楽演奏者の下から何番目というような若者が公演を止めてしまったのだとしたら、そのことを一生負い目として背負っていかなくてはならないだろう。孝太郎クラスなら、みんな納得する」というのである。一座を統率する立場の責任感の重さ、一座の末端までが薄氷を踏む思いの緊張感、すべてを統括する興行側の判断の重み、どの点を取っても、なんと過酷な状況が続いているものかということを、思い知らされた。

新作と配信、そしてその後

この『幸希芝居遊』は、主演の松本幸四郎主導によるものであるが、幸四郎は劇場再開までの間にも、様々な試みを仕掛けている。六月二十七日から配信された「図夢歌舞伎」では、オンライン会議システムZOOMを用いて、離れた場所にいる演者が、画面上で共演するというものであった。配信初日には、やる側も見る側も不慣れなところから、音声の具合が悪かったり、スタッフの姿が一瞬映ってしまったりといったこともあったが、それも臨場感のひとつというべきであろう。第四弾までの配信で、『仮名手本忠臣蔵』を再構成してほぼ全段を上演してみせたが、回数を追うごとにできることも増えてゆき、市川猿之助が共演に加わってからは、テレビドラマ仕込みのカメラワークの実験や、過去の映像との共演など、ZOOMならではの特性をいかす仕掛けが開陳された。劇場再開後も、新作『弥次喜多』が公開されたように、おそらくこの「図夢歌舞伎」は今後も劇場での上演と並行して、配信専用の作品づくりに応用されてゆくであろう。それは、実はこのコロナ禍に関係なく、可能性としてあり得たものが、今回の事態を奇貨として実現したというべきで、後世、「あれは、実は、コロナ禍の中で始まったもの」とされる幾つかのひとつに数えられることだろう。その際にも、いわばファースト・ペンギンとしての幸四郎の勇気と決断が語り伝えられることだろう。

「図夢歌舞伎」に先立って、YouTubeで何かできないか、ということで日本俳優協会・伝統歌舞伎保存会が開設した「歌舞伎ましょう」という配信が始まったのは五月二十八日で、ここでも第一弾は幸四郎だった。さらに、自身の自主公演のDVDを製作・販売していたために自前の映像コンテンツを有していた尾上右近が「歌舞伎人　尾上右近」を開設して舞台映像を配信したのは五月十五日と早く、すぐに中村壱太郎が五月二十二日に「かずたろう歌舞伎クリエイション」を開設してこれに続いた。壱太郎は、幸四郎とも連携して、「図夢歌舞伎」第一回の出演者ともなるが、尾上右近とも共同で「ART歌舞伎」を創作して、七月十二日から有料配信を行った。

こうした若手の動きに刺激される形で、古典歌舞伎の芯柱である中村吉右衛門も、『一谷嫩軍記』をもとに『須磨浦』を自ら補綴して、観世能楽堂で無観客上演を収めて八月二十九日から配信を行った。

これらの動向は、CS「衛星劇場」で「図夢歌舞伎」が放送され、吉右衛門の『須磨浦』はNHK地上波の「にっぽんの芸能」で放送されるなど、配信以外のところでも利用された。従来、歌舞伎の舞台は映像配信に対して積極的とはいえなかった。シネマ歌舞伎の制作、CS「衛星劇場」での放映、DVDの発売などはあったものの、映像配信は、ニコニコ超会議での歌舞伎公演「ニコニコ超歌舞伎」が先鞭をつけたばかりであった。今回、二〇二〇年三月公演がすべて中止となったところで、歌舞伎座、国立劇場ともに、無観客上演の記録映像を期間限定で無料公開に踏み切ったのも大英断だったといえるだろう。文楽も、これまで上演記録の丸ごと配信は手がけたことがなかったが、文楽劇場から公式に、部分配信から瀬踏みを始め、やがて大阪公演の全演目の有料配信を始めることとなった。松竹でも、八月に再開した歌舞伎座の公演映像の配信を、八月二十六日から始めた。

世界中のあらゆるジャンルが、映像配信に舵を切らざるを得ない状況で、歌舞伎や文楽も公式にその中に加わることができたのは、よかったというべきだろう。

だが、映像配信によって、演劇が代替できるものではないこともまた、いうまでもない。

古来、演劇芸術は、舞台と客席が、同じ空間と同じ時間を共有することによって作り上げられてきた。そのことは、このちも変わることはないだろう。映像配信や、遠隔地にある共演者の存在によって、演劇芸術そのものの本質が揺るがされるという観点もあるかもしれない。しかし私見では、それは、映像や録音という新しい要素が参入してきた百年前の時点で大なり小なり胚胎していたもので、その精度が上がったということはあるにしても、今回の事態に特有の、本質的にまったく新しい、思いもよらなかった変容というものを想定することは難しいと思う。

同じ時間と空間を共有しなければならないのは、上演だけではない。稽古においてもそうである。それも、上演を目前にした舞台稽古だけではなく、日常の研鑽という意味での稽古が、難しくなっている。おそらくこれが、現代演劇よりは伝統演劇に特有の事態であろう。決まっている上演に対するものではなく、役者人生の段階に応じて、いつ訪れるかわからない「いつか」のために、芸の引き出しを肥やすための稽古が、それぞれのジャンルにある。人と人との往来を制限されると、これが難しくなる。

さらには、プロではない、素人弟子相手の稽古が難しくなった。これは、いわばレッスン収入を閉ざすことになるわけであるが、実は能の演者というのは、一日限りの公演の収入によって経済を維持しているのではなく、レッスンプロとしての収入に拠っているので、能の経済的存立の根幹を直撃する事態となっている。

中には冒険的な知恵者もあって、文楽の太夫の中にはＺＯＯＭを利用した稽古を試みている演者もいるようである。一対一での対面稽古に代わって、ＺＯＯＭに複数の弟子を「招待」して、一人への稽古を複数が陪観するらしい。ちょうど、別の人の稽古が済むのを待っている間に、襖の向こうで聞き覚えた、というような昔語りを、現代風にしたものともいえる。もちろん、ＺＯＯＭには音声のずれも発生するので、すべてが代替できるわけではないのだが、語る前に本を素読みして字句や内容の確認をするのには、「なかなかよろしい」という面もあるようだ。もちろん、これが稽古の代わりになることはありえないが、海外ミュージカルのスタッフが来日できない場合なども、同様の手法に頼っているらしいことも考え合わせると、ゼロよりまし、という非常手段だろう。呼吸《いき》を画面越しに伝達するのは難しく、ジャンルによってこうした方法に見向きもしていないのは、無理からぬことでもあろう。

コロナ収束後、という、今の時点では見通しも立たない将来を予測する時、大学の授業からＺＯＯＭその他によるオンラインシステムがなくならないであろうというのと同様に、こうしたＺＯＯＭによる稽古も存続するのであろうか、という問いがありうるだろう。

ZOOM稽古はわからないが、映像配信は間違いなく存続してゆくだろう。演劇の魅力は、ライブであることで、同じ時間と空間を共有することであると、誰もが考えてきただろうが、そこを忌避したい層というものが、すでに一定数現れてきているように思う。他人との接触を嫌い、対面での直接的なコミュニケーションに疲れを感じる層、電話による声のやりとりすら出来れば避けたいという層。デジタルネイティブ、SNSネイティブによって加速されるであろう、そうした層の増大は、演劇の存立そのものを脅かすだろう。そうした層に向けて、映像配信という手段は有効になりうるだろうか。観劇習慣のない人間が、数ある映像コンテンツの中から、わざわざ演劇の映像に辿り着きはしないだろうと考えるならば、逆に、有効となりうる映像配信の手段を考えねばならぬということになり、それはおそらく、元々の演劇のライブ感から、やや別物の映像表現の方向へ離陸してゆくことを示唆しているのかもしれない。

今回のコロナ禍の中で、有名演劇人の勇気ある発言や、団体の声明が、インターネット上で炎上する事態をたびたび見た。それを周到に回避するための、迂遠な声明の方法も模索されているように思えるが、伝統演劇界は概して黙して語らず、言挙げを避けて粛々と耐えてきたという観がある。いずれにしても、これほどまでに演劇というジャンルを憎悪する層が可視化されたことは、これまでになかっただろう。だがそれも、コロナ禍によって初めて生まれた層なのではなく、膨大な無関心層が火を点けられて可視化されたというべきだろう。

そのように考えれば、コロナ禍での様々な事態というものも、新しく出来したというよりも、それ以前から存在して、しかしながら直視することを避けてきた事どもが、否応なく可視化された果てとみるべきだろう。大きくは、人種差別や経済格差、文化芸術をどのように位置づけるか、人と人とのコミュニケーションの変容をどう考えるか、といった大所高所からの問題から、小さくは、需要の縮小による三味線業者最大手の廃業も、歌舞伎座前の有名な幕の内弁当屋の閉店も、実はコロナ以前から種は蒔かれていた。三味線の需要は、昭和四十年代以降、右肩下がりで激減を続けており、コロナ禍は最後の一押しに過ぎない。幕の内弁当に関する数字は報道されていないが、コンビニ乱立で需要が落ちていたであろうことは想像に難くない。昨日今日に始まったことではないのである。

伝統演劇が、どのように社会の中に己の位置を見出し、主張してゆくべきか。どのようにして、必要とされる存在であることを理論武装するか。それは、コロナ以前から持ち越されていた宿題に、今向き合わなければならなくなったということなのであろう。

児玉竜一（こだま・りゅういち）
一九六七年、兵庫県生まれ。早稲田大学大学院博士後期課程単位取得退学。早稲田大学助手、東京国立文化財研究所芸能部研究員、日本女子大学准教授などを経て、二〇一〇年より早稲田大学教授。早稲田大学演劇博物館の展示等にも携わり、二〇一三年より副館長。専門は、歌舞伎研究と評論。二〇〇五年より朝日新聞で歌舞伎評担当。著書に『能楽・文楽・歌舞伎』（教育芸術社）、共編著に『カブキ・ハンドブック』（新書館）、図録『よみがえる帝国劇場展』（早稲田大学演劇博物館）、『映画のなかの古典芸能』（森話社）など。

オンラインと共存し始めた演劇の現場から

伊達なつめ

劇場か画面か、二択時代到来

舞台芸術は、生身の俳優と観客、両者の存在が揃って初めて成立する一期一会の世界。それを映像に収めたものは、まったく別物であり、代替にはなり得ない――。

　コロナ禍で映像による舞台作品の配信が増えるなか、改めて、その肯定派と否定派の議論が活発化しているようだ。といっても、両者は根本的に対立しているわけではなく、「生の舞台に勝るものはない」という点では一致しており、ここに異を唱える舞台関係者には、今のところ会ったことがない。要は、作品の映像化に対して、何らかの可能性を見出そうとするか否かの違いでしかなく、時に無観客上演を強いられる現在の特殊な状況下においては、物理的・経済的に困難な場合を除いて、もはや映像化を否定する選択の余地は無い、と言っていいのではないだろうか。昨夏、最初の緊急事態宣言が解除された直後に取材した際の白井晃氏は、こう言っていた。

> 以前は、生の舞台を映像で観るのは邪道だと思っていたんですが、配信によって舞台に接する人の数が増えれば、少しでも舞台の雰囲気を味わってもらうことで、演劇が市民権を得られるチャンスになるかもしれないと思うようになりました。同じ試合をスタジアムに観に行く人と、テレビ中継で観る人がいるスポーツと同じようになっていくんでしょうね。
>
> （『ＣＲＥＡ』二〇二〇年九・十月合併号）

スタジアムで味わう臨場感に勝るものは無いことは百も承知だけれど、家のテレビやスマホで生中継や録画を観る利便性や楽しさだって、確実に存在する。舞台についても、そんなスポーツのような選択の幅ができる時代に入ったのだという、元・映像化否定派舞台人の現状認識には説得力がある。さらに、公演の中止や延期で損害を受けた団体・個人を支援する助成金の多くが、動画制作および配信を条件にしたり推奨したりしていること、文化庁の文化芸術収益力強化事業として、本格的な日本の舞台映像配信事業「ＥＰＡＤ」が始動したことなども、大きな流れをつくっている。配信のクオリティや収益力など、まだ端緒で課題は多いが、とにかく好むと好まざるとにかかわらず、日本の舞台芸術も、映像およびインターネットという媒介物と共存するフェーズに入ったことは間違いない。

　その土壌は、二〇二〇年二月二十六日に始まる新型コロナウイルス感染対策による、公演中止・延期・再開の繰り返しモードの中で培われた。首相からスポーツ・文化イベントの二週間の自粛要請が出されたこの日以降、自粛要請は二度にわたって延長され、四月七日の緊急事態宣言になだれ込んでいった。

たとえば、国立劇場は三月十七日、松竹は翌十八日に三月の歌舞伎公演の中止を発表。いずれも準備は整いながら一度も幕をあけることなく終わった公演だったが、無観客で上演したものを収録し、緊急事態宣言中の四月に、期間限定で無料配信を行っている。

専用ソフトの制作、配信システムも整えた歌舞伎

その後七月末まで、歌舞伎はライブ上演から遠ざかることになったが、その間に歌舞伎俳優たちは、さまざまな形の映像配信による取り組みに挑み、歌舞伎の灯を消さないよう、発信を続けていた。特に目を引いたのが、松竹の若手社員達と松本幸四郎・市川猿之助らの企画・出演による「図夢歌舞伎」と、中村吉右衛門による能舞台を使ったひとり芝居『須磨浦』だった（九十頁参照）。

「図夢歌舞伎」の第一弾『忠臣蔵』は、コロナ禍で急速に普及したウェブ会議サービスZOOMにあやかり、画面に映し出される出演者はズームアップ状態かつ一画面に一人という、ソーシャルディスタンシング・ルールを活用した、楽しくてユニークな『仮名手本忠臣蔵』だ。先が見えない中、いち早く立ち上がった幸四郎達の行動力と、流行りものは何でも取り入れる、江戸生来の歌舞伎精神の面目躍如ぶりが頼もしく思えた。

一方『須磨浦』は、ストイシズムに貫かれた、シンプルかつ求心的な悲劇だった。無観客の能楽堂。能の囃子方と同じく鏡板の前に大鼓、小鼓、笛。地謡座に竹本の太夫と三味線が座して待ち受ける舞台に、素面に紋付袴姿の吉右衛門扮する熊谷直実が現れる。『一谷嫩軍記』から、熊谷が義経の命を察して平敦盛を討つ（と見せてわが子の首をはねる）までを凝縮させた約三十分のひとり芝居で、竹本葵太夫の語りが、他の全登場人物を兼ねる。

吉右衛門は、自身の扮装のみならず、せりふと詞章、持ち道具や装置に至るまで、徹底的に装飾や余剰物をそぎ落として、熊谷の凄絶で孤独な魂をむき出しにしてみせた。能の設えがその演出意図を際立たせ、歌舞伎の本質と能舞台の魅力、双方が浮き彫りになる、研ぎ澄まされた空間が現出していた。見馴れた歌舞伎狂言の新演出として秀逸であり、竹本のポテンシャルを引き出すひとり芝居のスタイルとしても有効。大御所俳優に一か月二十五回の重労働を課すことなく、その選り抜きの至芸を堪能できるという点でも、実効性が高そうだ。そして何より、このウイズ・コロナ時代にフィットする歌舞伎の新機軸を生み出したのが、若手でも働き盛りでもなく、伝統歌舞伎を背負って立つ大幹部の吉右衛門であるという点に、随喜の涙を禁じ得ない。体調が心配されるところではあるが、回復を待って、ぜひこれをシリーズ化し、歌舞伎のジャンルに育ててほしいと願う。

八月から、座席を五〇％以下にして歌舞伎座が再開すると、松竹は公式有料動画配信サービス「歌舞伎オンデマンド」をスタートさせた。過去作品やオリジナルのトーク番組等のほかに、毎月の歌舞伎座公演終了直後から、期間限定で同月の上演演目の有料ストリーミングをいち早く行う、という注目すべきサービスが登場。半減した客席分の補充や、コロナで外出を控える

観客のニーズにも、ひと役買っているようだ。これまでは、海外の有力オペラハウスやバレエ・カンパニーが、毎シーズン、新作を含む自信作を高画質で収録し、続々と世界に配信してファンを増やしながら、レパートリーのアーカイブ化を進める様子を、羨ましく眺めるばかりだった。やっと日本を代表する歌舞劇である歌舞伎が、ライブに準ずる速さでレパートリーを発信する体制を整えつつあるのは、うれしい限り。舞台芸術の危機的状況下にあって、怪我の功名と言うべき展開と言っていいかもしれない。

観客の想像力をウェブで収集し、創作に活かしたイキウメ

今回取材したイキウメも、上演中止や延期といった厳しい状況下で、映像やインターネットを最大限に活用して、着実な成果を上げている（八十五頁参照）。彼らは二〇二〇年五月二十四日まで続いた最初の緊急事態宣言により稽古ができず、五月二十八日開幕の公演『外の道』の上演を断念した。が、その上演予定期間に劇場スペースを使えることになり、キャストも揃ったため、一年後に延期になった作品について、ワーク・イン・プログレスで創作を続けることを決定。ワークショップを行う傍ら、戯曲の一部やサブテキスト、稽古映像、デモ音源、その他作品に関わるあらゆる資料を、インターネット上に公開して、視聴者の反応を求めた。

各登場人物の視線で撮影された会話シーンの映像や、謎の人物の素性について記された短編小説風テキストなど、提示された各資料には、物語の展開のヒントとなりそうな情報が散りばめられていて、ゲーム感覚でその世界に入り込めてしまうつくり。後に聞いたところでは、舞台は、観客の想像力が加わることで初めて成立するものであり、それをネット上で行うための方策として、ウェブページに素材を公開し、それを見た人の想像力を喚起して、作品創りに加担してもらうことを思いついたそうだ。反響は大きく、イキウメや前川知大についての予備知識や観劇体験のない人々からも、多くの熱心な感想や論考が寄せられたという。

「観客が加わることで初めて演劇は成立する」という彼らのスタンスは、冒頭に掲げた、映像配信による演劇の是非について熟考した末に得られたもの。それを、ウェブで視聴者＝観客と情報を共有して創作を進めることで、実践してみせたというわけだ。

その一方で、今年二月の公演「イキウメの金輪町コレクション」では、これまでに上演された短編等十一作品を一挙に上演し、その映像配信も行った。コロナ禍でたっぷりできた時間を使って、過去作品をまとめて掘り起こし整備して、映像にも収めることで、アーカイブ化まで一気におし進めてみせたのだ。新作は、極力自由な環境で創造し、観客との接点に映像／インターネットを活用。過去作品の上演では、劇団の個性が伝わる馴じみやすい小品を並べ、配信の力も借りて幅広い層に訴え、アーカイブ化も促進する。新型コロナウイルスという、舞台芸術界にとって戦後最大の危機と、それに伴い表面化したライブ／映像問題を、実に柔軟かつ着実、スマートな方法で、クリアしていると言えるだろう。

歌舞伎という大所帯の伝統および商業演劇と、イキウメのような小劇場系のカンパニー。制限された環境の中で、それぞれ

独自の知恵を絞り、映像とインターネットを味方に付けて、サバイバルとクリエイティビティに活かそうとしている姿は、非常に心強い。

とはいえ、コロナ禍もゆうに一年が過ぎ、またほぼ同じ季節に緊急事態宣言が発出される既視感のなか、彼らと彼らを取り巻くあらゆる関係者のモチベーションと生活は、どこまで健全に保たれるのか。観客の立場とて同様であり、不自由さと不安が長引く状況に、ワクチン接種を含めた政治の決断以外の解決策は無いだけに、徒労感と焦燥感が募る。来年の今ごろは劇場が活気づき、配信の質と需要も右肩上がりになっていることを夢想し、祈るしかない。

伊達なつめ（だて・なつめ）
演劇ジャーナリスト。演劇、ダンス、ミュージカル、古典芸能など、国内外のパフォーミングアーツを取材し、雑誌やwebメディアに寄稿。東京芸術劇場企画運営委員。コロナ禍で激変する世界の舞台芸術界の動向をアーカイブ化し、最新情報を発信するwebサイト「世界ステージ・カレンダー with コロナ」(https://stagecalendarcv19.com/) を開設。現在四都市（東京・ソウル・ニューヨーク・ロンドン）の情報を更新中。

消えた新作ラッシュ
――コロナ禍中のミュージカル界

萩尾　瞳

はじめに

これほどまでの長丁場になるなんて、誰も予想しなかっただろう。コロナ禍との闘いだ。二〇二〇年の早春から秋あたりまでは、時空のゆがみの中にいるような、時の流れのエアポケットに落ちたような気分で過ごしてきた。観劇予定、試写予定、それらの評を執筆する予定で組み立てられていた日々の歩みが、骨格から壊れてしまったのだ。その後は少しずつ日常を取り戻しつつあるけれど、いま現在まだ本来の姿からは遠い。

ミュージカルの上演数は、このところ年々増え続け、作品のヴァラエティも広がってきている。公演が多すぎて観るのも大変！　と、嬉しい悲鳴を上げるほどでもあったのだ。ところが、一時期、全くのゼロになってしまった。しかも、二〇二〇年は期待の新作ミュージカルが多く控え、近年稀に見る大豊作の年になるはずでもあった。それが、いきなり消えてしまっただけに、なおさら空虚感は大きかった。

とはいえ、三月に出た政府の自粛要請期限が切れた頃から、ミュージカル界はじわじわと盛り返しを見せてきた。観客席の間引きはもちろん、さまざまな工夫を凝らして劇場の灯を守り続けている。上演本数こそ激減したものの、特筆すべき佳作舞台も生まれている。コロナ禍との闘いはまだ続いているけれど、創りたい人々がいて、観たい人々がいる限り、ミュージカルの花は咲き続ける。

影響は二月から

コロナ禍の影がミュージカル界を襲ったのは、二〇二〇年二月だった。宝塚歌劇団の本拠地、宝塚大劇場での星組公演『眩燿の谷～舞い降りた新星～』『ＲＡＹ―星の光線―』が公演中止に追い込まれたのが、二月中旬。宝塚歌劇では、一本の作品に通常六十人ほどが出演する。「銀橋」と呼ばれる、オーケストラ・ボックスを囲む花道もあり、客席とも近い。もちろん、オケボックスには演奏者がぎっしり。感染リスクを可能な限り避けるべく、歌劇団ではＰＣＲ検査も定期的に行っていた。その検査で出演者に陽性者が見つかったのだ。

ただ、この頃の劇場は緊張感は漂いつつも、まださほど通常からかけ離れてはいなかった。この時期のスケジュール表を見返すと、いまとなってはちょっと驚く。二月は一日の『ウエスト・サイド・ストーリー Season 3』（ＩＨＩステージアラウンド東京）から始めて、『Endless SHOCK 20th Aniversary』（帝国劇場）、『天保十二年のシェイクスピア』（日生劇場）、「梅棒」公演『OFF THE WALL』（スペース・ゼロ）、東京二期会オペラ劇場『椿姫』（東京文化会館）、オフ・ブロードウェイ・ミュージカル『HUNDRED DAYS』（シアター・モリエール）、宝塚月組特別公演『出島小宇宙戦争』（東京建物 Brillia HALL）、また宝塚雪組公演『ONCE UPON A TIME IN AMERICA』などのミュージカルをはじめ、数々のストレート・プレイで連日観劇で埋まっているのだから。

ところが、三月に差しかかる頃、様相は一変する。スケジュール表にびっちり書き込まれた観劇予定が、ことごとく棒線で消されているのだ。公演が次々に中止になったから。公演は、カンパニー内に一人でも陽性者が出ると、アウトだ。公演期間が短い作品は、これだけで全面中止に追い込まれてしまう。公演期間が長ければ、初日が遅れ、さらに遅れ、ついには中止というケースにもなる。

なかには、前述の『ONCE UPON A TIME IN AMERICA』にように、いったん公演中止にしながら三月二十二日の千穐楽のみ公演するというレアなケースもある。検査で陽性者が出ないことは前提だけれど、一気に中止にしてしまわず頑張って千穐楽は守り抜くのが、宝塚らしい、というか。千穐楽はファンにとって最重要な日。チケットが買えないファンのためライヴ映像も公開され、これもまたチケット争奪戦になるという背景もあるからだ。

とはいえ、薄氷を踏む思いで日々を重ねていたのは、どこも同じ。開幕を待ち、幕が開かないまま、あるいは期間中に幕を下ろすという公演が続出した。再びスケジュール表を確認すると、三月の観劇作は極端に少ない。当然、マスクと検温と客席間引きの〝感染予防セット〟の上での観劇である。

こまつ座の『きらめく星座』（紀伊國屋サザンシアター）、ホリプロの『サンセット大通り』（東京国際フォーラムCホール）、梅田芸術劇場の『アナスタシア』（東急シアターオーブ）、東宝の『ホイッスル・ダウン・ザ・ウィンド〜汚れなき瞳〜』（日生劇場）と『リトル・ショップ・オブ・ホラーズ』2ヴァージョン（シアタークリエ）、イッツフォーリーズの『ナミヤ雑貨店の奇蹟』（俳優座劇場）。三月観劇のミュージカルは、これだけ。どれも開幕が遅れ、公演期間が短縮された隙間を縫っての観劇だ。個人的な観劇リストだけれど、三月の主だったミュージカル公演はほぼクリアしていると思う。つまりは、こんなにも公演が減ってしまったということだ。

失われたミュージカル

四月七日、政府の緊急事態宣言が発令される。すでに休演を発表していた劇場も含め、どこも一斉に休演に入り、七、八月までの公演はほぼ中止が発表された。「不要不急」と決めつけられ、「密になる」と非難されるなかで頑張ってきたけれど、やむを得ない。当初五月六日までと緊急事態宣言は期限を切られていたけれど、稽古もできず舞台の建て込みもできなければ再開の目処も立たない。なにより、自粛期限がどこまで延びるのやら見当もつかない。というわけで、大手と中規模の興行会社、劇団は概ね七月までの公演中止を決めた。

そのために消えていった新作は多い。それも、注目の大作ばかり。『ジョセフ・アンド・アメージング・テクニカラー・ドリームコート』『ボディガード』『ニュージーズ』『ヘアスプレー』

といった日本初演の大作ミュージカルは、陽の目を見られなかった。いずれもブロードウェイやロンドンのヒット・ミュージカルの日本初演である。作品そのものもキャスティングも注目されていた舞台だった。

わけても『ヘアスプレー』の中止が、個人的にはいちばん残念。ジョン・ウォーターズ監督の映画がブロードウェイでミュージカル化され、それが再び映画化もされた作品だ。六〇年代のボルティモアで、ぽっちゃり系のヒロインがTVのダンス番組出場を目指すという話。外見も人種もジェンダーも、あらゆる差別を蹴飛ばしてしまう爽快な作品で、ヒロインは渡辺直美、その母親役は山口祐一郎（演出意図として男優が演じることになっている）。いまの日本でこれ以上考えられないほどベスト・キャストだった。

またオリジナル・ミュージカルの新作『チェーザレ　破壊の創造者』と『四月は君の嘘』も消えた。両者とも原作があるとはいえ、オリジナル・ミュージカル作りには時間がかかる。前者は日本のクリエイティヴ・スタッフとキャスト、後者は海外のクリエイティヴ・スタッフと日本のスタッフ・キャストがコラボする、共にピカピカのオリジナル新作である。さらに、前者の作品では、明治座が初めてオーケストラピットを使うことになっていて、それも楽しみだった。

ブロードウェイ・ミュージカルの再演では『モダン・ミリー』『THE BOY FROM OZ』が、東宝の人気大作では『エリザベート』『ミス・サイゴン』も消えた。『エリザベート』と『ミス・サイゴン』は繰り返し上演されてきた作品だが、大幅なキャスト変更が発表されて観客の期待が高まっていたのだった。また、二〇一九年夏からキャスト交替しつつ上演してきたＩＨＩステージアラウンド東京の『ウエスト・サイド・ストーリー　Season 3』も、オフ作品『Forever Plaid』も、大小いくつもの公演が消えてしまった。

劇団四季では、三月二十七日からの休演を二月末にはアナウンス。『アラジン』『キャッツ』『マンマ・ミーア』といった東京のロングラン作をはじめ全国各地での公演が中止になった。当初四月半ば再開の予定が七月半ばになり、それも公演による個別対応をとってきた。『ライオンキング』のように、七月半ばに再会しながら陽性者が出て一時休演するということもあった。

全国公演も多い同劇団は、年間三〇〇〇公演を行ってきたが、二〇二〇年は一〇〇〇公演を失ったという。他の劇団とは比べものにならない大所帯で、公演以外に収入の道はない四季は、ミュージカル界でおそらく最も大きな痛手を負ったのではないかと思われる。

コロナ禍で失われた作品を上げていくとキリがない。なかで、特に胸の痛みを伴い思い出す一本を。三月に東京スタートの『ホイッスル・イン・ザ・ウィンド～汚れなき瞳～』である。約一か月の東京公演とその後約二か月の地方公演予定が、東京だけのわずか八日間だけで終わったのだ。しかも、主演の三浦春馬が数か月後に亡くなってしまう。

三浦は、『キンキーブーツ』日本初演版でドラァグクイーン・ローラを演じて一気に注目を集めた、ミュージカル界期待の人だった。二〇一九年の同作再演を経て、次に挑んだのがこのアンドリュー・ロイド＝ウェバー作品。ローラとは打って変わった脱獄犯役で、静かな演技と涼しい歌声で魅了したのだった。私見ながら、間違いなくミュージカル界のトップランナー。でも、もう見られない。公演中止がなければ、三か月分の喝采をエネルギーにして元気なままだったのかも、と詮ないことも思う。

工夫、配信、そして再開

少しずつ劇場再開が見えてきたのが七月あたり。その流れに水を差す事件が起きる。シアター・モリエールでのクラスター発生だ。当初「ミュージカル公演」と報道され、ミュージカルは世間のひんしゅくをずいぶんと買った。でも、実態はファン・ミーティングに毛の生えたイベントというべきもの。「ミュージカル公演」を誤解させた〝事件〟は、いまも腹立たしい。

ミュージカル公演の先鞭を切ったのは、知る限りだが、博品館劇場の『BLUE RAIN』だった。カラマーゾフの兄弟を原作にした韓国ミュージカルの翻案上演。荻田浩一演出で、舞台をビニール幕で仕切ってある。出演者同士の感染予防策でもあろうが、ビニール幕が登場人物の心の距離を表現するというクレバーな仕かけ。同時期に開幕した『三谷幸喜のショーガール』もまた出演の川平慈英とシルビア・グラブが常に距離を保つ演出。クライマックスでついに二人が向かい合うシーンにはアクリル板が持ち込まれる。ディスタンスのステージングを、すべてシャレにした粋な舞台だった。

同じ七月、帝国劇場では上演予定だった『ジャージー・ボーイズ』をコンサート・ヴァージョンで上演。またシアタークリエは「TOHO MUSICAL LAB」と銘打って、新作ミュージカル二本を無観客上演しライヴ配信した。二本それぞれの作・演出は、ともにミュージカル畑ではなかった若手演劇人の根元宗子と三浦直之。まさに実験室で、劇場の苦境を逆手に取った、というか。カルの発掘に繋げる試み。逆境を逆手に取った、というか。

八月後半には宝塚歌劇団も宙組の『FLYING SAPA —フライイング・サパ—』で東京公演を始め、花組の『はいからさんが通る』も後に続く。九月以降は『ハウ・トゥ・サクシード』『プロデューサーズ』『フラッシュダンス』など大作が続々と開幕していった。もちろん、マスク、検温。客席間引き。

制約付きとはいえ再開機運が高まるなか、気の毒だったのがミュージカル座『ひめゆり』の公演中止だ。同劇団は創立の一九九五年からオリジナル・ミュージカルを作り続け、『ひめゆり』はその財産演目。しかも、満を持しての、彩の国さいたま芸術劇場大ホール進出であった。同劇団もご多分にもれず、三月以来いくつもの公演が中止を余儀なくされてきたが、今回は稽古中に陽性者が出ての中止であった。

感動的だったのが、ホリプロの『ビリー・エリオット～リトル・ダンサー～』の再演である。同社は、八月公演予定の『スクール・オブ・ロック』を公演中止。傍ら、『ビリー・エリオット』の再演は決行する。本来七～九月の東京公演を九月半ばから十月半ばにし、大阪公演もその後にずらしての上演である。

この作品、もともとのハードルがとても高い。子役の出演も多く、主演の子供は演技はもちろん歌唱力、バレエからタップまでのダンス力が求められる。従って主役は四人キャスト。子供たちに保護者、大人の俳優たちと大所帯で、感染リスクも高まる。それを、細心の注意で稽古を進め、上演したのだ。

ものすごい赤字覚悟の上演である。そもそも、この作品は全公演満員でようやく黒字か、というバジェット。間引き上演では大赤字なのは明らかだ。それでも上演したのは、もう作品愛と心意気と言うしかない。

この公演だけはなく、日本のミュージカル界はすごいなとコロナ禍中に何度も思う。ノン・プロフィットでもないのに、いくつもの公演が赤字覚悟で開幕してきている。「観たい」という想いに応える「届けたい」という想い。ミュージカルは、決して「不要不急」のものではない、と意を強くする。

劇団四季のオリジナル・ミュージカル『ロボット・イン・ザ・ガーデン』も、意義深い作品だった。脚本の長田育恵、演出の小山ゆうなど外部からクリエイティヴ・スタッフを入れ、イチから作り上げた作品だ。コロナ禍中でさぞ創作は苦労があったろう。予定より遅れたものの十月に無事開幕した。

劇団四季は、二〇二〇年のもう一本の目玉『アナと雪の女王』が二〇二一年六月まで延期されている。海外作品のレプリカ公演で、海外スタッフ主導の舞台である以上、起こりがちなことだ。対して、自前の劇場とスタッフ・キャストを持つ宝塚は、二〇二〇年二、三月以降の上演予定作を九月以降に順に押して上演している。

二〇二一年になって、ミュージカル公演は、概ね復活したようでもある。もちろん、いまもコロナ不安は続いているし、相変わらず制約は多く、休演や公演中止も突発してはいる。けれど、それでも、劇場は開く。歌やダンスでドラマを紡ぐミュージカルは、観客の没入感と高揚感、劇場全体の一体感が、大きい。コロナ禍で人と人が分断され、孤独でよどんだ気分のときこそ、ミュージカルを見たくなるのだ。というわけで、どんなに傷だらけになっても、ミュージカル・ファンも公演も消えない。そう確信した一年である。

二〇二一年四月中旬記

萩尾瞳（はぎお・ひとみ）
映画・演劇評論家。福岡県生まれ。新聞記者を経て評論活動を始める。キネマ旬報などの映画誌、ミュージカル誌はじめ演劇誌に執筆。朝日新聞にミュージカル評を寄稿している。著書に『永遠なる愛の名作映画』『ミュージカルに連れてって！』、共著に『ブロードウェイ・ミュージカル　トニー賞のすべて』、編・著書に『プロが選んだ　はじめてのミュージカル映画　萩尾瞳ベストセレクション50』ほかがある。五月にブログ『萩尾瞳のSAM Thing』を開設。

コロナ禍と小劇場

徳永京子

新型コロナウイルスが普通の風邪とまったく違うという説の論拠に、後遺症が多岐にわたり、長く続くことがある。個人差は大きいようだが、味覚や嗅覚がなかなか戻らない、肺機能の低下による呼吸苦が続く、頭痛、脳内に霧がかかったような状態になって集中力が出ないなどが多く報告されているという。

地球規模で現在進行形のウィルスがもたらす社会全体への影響は、まだしばらく待たなければ集計も検証もできないだろうが、演劇が受けているダメージが小さなものでないことは容易に実感できる。具体的に理解したければ「コロナ　舞台芸術影響」とググればすぐに、にわかには信じられないほど大きくマイナスに転じた数字が出てくる。

けれども本当の問題はいつでも、すぐ見えるところにはない。演劇で言えば、ぴあ総研が毎年発表する公演数や売上にはほとんど乗ってこない、小劇場の若手団体の未来が、今、非常に危機的な状態にある。見事な果実が太い枝ごと伐採され、立派だった樹木が寂しい姿になってしまうのも問題だが、種が蒔かれなくなるのは、時間が経つほど森全体に深刻な損失をもたらす。種は蒔かれ続けなければならない。樹木と呼べるほど育つのが極めて低い確率だとしても。

だが、小さい種は森の中で目立たず、種自身も自分達の重要性を知らない。一度目の緊急事態宣言が出た二〇〇〇年四月から数か月間、メンバーが二十代から三十代はじめの劇団を多く手伝うフリーの制作者に、コロナ禍の影響について定期的にインタビューしていた。その中でとりわけ印象的だったのは、若い劇団のほとんどが、公演を中止したり企画を延期することを残念がってはいても、だからといってそれを声に出しはしない、ということだった。公演や稽古がなくなった彼らは、自粛要請でアルバイトのシフトを増やすこともままならず、数少ない新たな収入源としてウーバーイーツに登録するが、収入はプラスマイナスゼロで、空いている時間は「みんなひたすら自分の部屋であつ森やってます」と、その制作者は教えてくれた。「あつ森」は「あつまれ どうぶつの森」の略称で、無人島を開拓して少しずつ自分好みにアレンジし、やがて別の島の住人と交流することもできる任天堂のゲームだ。若者達はぽっかり空いた時間を、以前から楽しんでいた「あつ森」に注ぎ、特に持て余すことなく粛々と過ごしていた。

ほぼ同じ時期、〝演劇界の森〟では、著名な劇作家、演出家、プロデューサー、興業会社、公共と民間の劇場などが団結し、あるいは映画や音楽のクリエイターとつながって、不要不急とされた芸術文化のポジションの修正と補償金を獲得するため、慣れないロビー活動に尽力し、SNSで声を上げ続けていた。

その甲斐あって、使いにくいという批判が多くあったが、いくつか助成金が立ち上がった。しかし、あつ森の住民は、助成金の成功体験がないため、それらはしっかりした活動歴と中長期的な計画を持つ劇団を対象にしたもの（実際、そういう設計が大半だった）で自分達には関係がないと、HPの説明を読むことさえしなかったようだ。「劇団を法人化するとか、そんな大それたことをするくらいないなら、一律給付金の十万円を持ち寄ってそれで公演を打とうと考え」るのが今の若手演劇人の大半——たとえばコンクールのような機関や権威ある誰かに認められた経験のない——の、リアルなメンタリティなのだ。それを「作品をつくる人間として甘い」と言うのは簡単だが、「こうすれば助成金の申請は簡単になる」「こうすれば評価の機会を得られる」といった知識や情報を、先輩や他劇団から得られるはずの学校や劇場が長くクローズになっている今、誰が彼らを簡単には責めらるだろう？

　学校施設の閉鎖はかなり深刻な問題だ。新入生の勧誘ができず、さらに校内の施設や教室での稽古や公演ができない。特に後者は、時間的にも経済的にも学生にとって融通が利き、さまざまなトライをして腕を磨く場所がなくなったわけで、近い将来、大きな痛手となって演劇界に広がっていくのではないかと思う。「学校が使えないなら公民館などで」と言っても、それらもまた、コロナ以降は使用が制限されているのだ。

　もともと承認欲求や権利獲得に対する熱量が低い世代が、「コロナだから仕方ない」と外を見る機会を減らされ、アイデアや想像力を発揮して楽しんだり実験したりする場所を奪われた。そしてその中には、気付かれる前に消えてしまう才能がある——。それが、コロナ禍が生んでしまった小劇場の状況だ。

　もちろん小劇場は日本の舞台芸術の人材ファームではない。けれども体系的に演劇を学び、発表できる専門の教育機関がほぼない日本では、若い劇団やユニットで作品を創作する中で実践を学び、劇作家であれ演出家であれ俳優であれ、やがてプロになっていく人が圧倒的に多い。彼や彼女が自分達のやりたいことを形にし、失敗し、ブラッシュアップし、個性を獲得する〝学生とプロの間、アマチュアとプロの中間地点〟を早急に用意できないか。新しい芽が存在しない森は、死の森だ。

　新型コロナウィルスの後遺症は、世界中の科学者や医療関係者の懸命の取り組みで、遠からず治療薬が開発されるだろう。演劇には、それに当てはまる薬は出てくるのだろうか。

徳永京子（とくなが・きょうこ）
演劇ジャーナリスト。朝日新聞首都圏版で劇評執筆。演劇専門誌act guideに『俳優の中』連載中。ローソンチケット『演劇最強論-ing』企画・監修・執筆。公演パンフレットやweb媒体、雑誌などにインタビュー、作品解説、レビュー執筆。東京芸術劇場企画運営委員。パルテノン多摩企画アドバイザー。せんがわ劇場演劇事業外部アドバイザー。読売演劇大賞選考委員。著書に『「演劇の街」をつくった男——本多一夫と下北沢』、『我らに光を』、『演劇最強論』（藤原ちから氏と共著）がある。

大衆演劇は強い

下野 歩

「休演は死」という世界

どんなときでもお客様を入れてきた旅芝居にとって、基本的に「休演は死」と考えていました。[*1]

右は、大衆演劇の劇団と劇場の仲介業・山根演芸社の社長、山根大氏の言葉である。

「死」というほどの切実さではないかもしれないが、私たち観客のこの芸能に対する感覚も概ね同様であろう。なにしろ大衆演劇は、ひとつの公演先で月始め一日〜月末日の前々日まで興行し、千穐楽後の二日間を使って移動、翌月一日からまた別の場所で公演、という興行スタイルが基本であり、「思い立ったら観られる」という点が芸能自体の非常に大きな魅力だからだ。

そうした芸能が、新型コロナウイルスの蔓延によってどのように変容したか、またしていないのか。できるだけ包括的にその状況を記したいが、大衆演劇という芸能の特質上、なかなかそれは難しく、したがって、ここから先の記述も、あくまで東京住まいの筆者の管見に入った限りの情報になることを了承されたい。[*2]

新型コロナウイルスのニュースが頻繁に取り上げられるようになってきた頃、とはいえ大衆演劇に関しては興行側も客席側も、「そう簡単に休演はない」という共有意識があったなか、第一回目の緊急事態宣言発令より一か月前の二〇二〇年三月、大阪の浪速クラブが公演予定の『筑紫桃太郎一座 花の三兄弟』の初日を延期したことは大きなインパクトがあった（結局、二十〜三十日までの公演となった）。これは劇場側の判断であったようだが、ほかにも、三月中に休演が確認できた公演先は、大阪府・羅《ら》い舞《ぶ》座京橋劇場や、愛知県・みかわ温泉海遊亭、滋賀県・あがりゃんせ劇場、山口県・夢 遊湯亭等である。[*3] また、大衆演劇の劇場を併設する温泉施設（温泉センター。以下、センター）を複数抱える大江戸温泉物語グループは、三月四日から、すべての大衆演劇公演を休演とした。[*4] この後、センターにおいては、施設自体は開けているが大衆演劇は休演するという措置が多くとられ、予定興行コースの大半がセンターであった劇団はたいへんな苦境を強いられることになる。一方、都内の浅草木馬館、篠原演芸場、立川けやき座、神奈川県の三吉演芸場、大島劇場などは三月中は通常公演を行っており、三月一日初日にけやき座で観劇していた筆者は、首都圏の劇場に比す場合は案外西のほうが「きちんと」自粛している、という意外な印象を持った。[*5] しかし四月七日、緊急事態宣言が発令されると、各地の主要な劇場も概ね休演となった。

＊1
お萩「戦い続ける大衆演劇の行く先は?〜山根演芸社・山根大社長への七つの質問」『エンタメ特化型情報メディアSPICE』二〇二〇年七月二十三日。(https://spice.eplus.jp/articles/272738)

＊2
大衆演劇界を包括的に論じることの困難さの最大要因は、劇団数および劇場数の多さであろう。たとえば、二〇二二年四月二十七日現在『旅芝居（大衆演劇）専門誌カンゲキの情報サイト　KANGEKI』に記載の全国の劇団数は一六五、劇場数は一六九である。しかし、おそらくここに記載されていない小規模な劇団はいくらもある可能性があり、劇場に関しても、筆者が知る限りでも、ここにカウントされていない施設がある（これは当サイトの不備ではなく、おそらくその施設が常打ちではない、かつ特定の一劇団のみが乗るという特殊性を有しているためである。なにをもってして「大衆演劇の劇場」と定義するのかも、また難しい問題である）。

ハンチョウもなし、送りもなし

第一回目の緊急事態宣言が明けると、五月からは順次公演を再開する劇場が増えた。

では、宣言開けの公演開始から現在（二〇二一年四月）までで、大衆演劇界に見られた主な変化、対応を次に列記する（すべての劇場、劇団には当てはまらない）。

①入場料の値上げ
②公演時間の繰り上げ、短縮
③座席の間引き
④ハンチョウの禁止
⑤休憩時間中の換気
⑥送り出しの取りやめ
⑦映像配信の開始
⑧合同公演の常態化

まず①は、浅草木馬館、篠原演芸場、立川けやき座という都内の三座すべてが、コロナウイルス流行の影響による経営状況悪化を受け一〇〇円値上がりし、一般当日券が一八〇〇円となった。安価であることが大きな魅力のひとつである芸能にとって、一〇〇円は「たかが」ではなく「されど」だろうが、この改定が表立って波紋を呼んでいる様子はひとまず見られない。とはいえ、「年金支給日の翌日は混む」と言われる大衆演劇において、その影響は後々じっくりと表れてくるのかもしれない。

②は、二、三回目の緊急事態宣言以降、政府の要請に伴い二十時までの終演を目指し、昼の部開始時間を三十分程度繰り上げる、また、公演時間自体を短縮するといった対策を取る劇場がある。

③と⑤は、他ジャンルの演劇と同様である。

④、ハンチョウとはすなわち上演中の役者へのかけ声であるが、歌舞伎の大向うと同じく、飛沫防止の観点から原則禁止をかかげる劇場が多い。とはいえ、日によっては思い余った観客の「座長ッ」という声が聞こえることも珍しくなく、客席にそこまで張りつめた雰囲気はない。

また、埼玉県の川越湯遊ランドは、舞台からの飛沫防止という観点からか、一番前の座席のテーブルにはアクリル板が設置された（写真1）。同県・吉川天然温泉ゆあみにも、客席の間に仕切り様のものが置かれている。

コロナ禍でのもっとも大きな変化のひとつと言えるのが、⑥の送り出しの取りやめである。送り出しとは、終演後、一座の役者が劇場出入口に連なって観客を文字どおり「送り出す」行為である。大多数の観客はここで役者と直接握手を交わし、公演の感想を伝える。役者と観客とのあらゆる意味での「近さ」が特徴の大衆演劇の象徴的な慣習であるが、近年、役者と直接話せる、写真が撮れるという行為が目的化した観客の増加が顕著であった。この送り出しの肥大化は劇団側には大きな負担であろうが、裏を返せばひとつの集客ポイントでもあったと言えよう。したがって、休憩時の口上などでは送り出しの一時撤廃に対して憂慮を唱える座長も少なくない。現在多くの劇場では、この送り出しの代わりに、終演後舞台上で一座の集合写真が撮影できる時間を設けている。ユニークなところでは、前述の川越湯遊ランドが、舞台上にいる役者たちの映像が劇場出入口付

＊3
第一回目の緊急事態宣言が発令されたあとの五月公演の状況は、前掲『KANGEKI』の五月二十九日付編集スタッフブログ「新型コロナウィルス感染症拡大に伴う臨時休業・公演予定変更の発表情報まとめ」が非常に詳しい。しかし、三月中の公演状況に関しては網羅している媒体は管見に入っておらず、ここに列記した公演先についても、ツイッター等のウェブ上の情報に基づく。

＊4
同グループの施設で大衆演劇を上演しているのは、ホテルニュー塩原、箕面温泉スパガーデン、片山津温泉 ながやま、芦原温泉 あわらの四施設である。前二施設は三月四日から八月末日まで休演（八月は毎年休演）、その後は再開していたが、箕面温泉スパガーデンは第三回目の緊急事態宣言発令により、二一年四月二十五日～五月十一日まで休演。後二施設も、片山津温泉 ながやまが一端再開したものの、第二、三回目の緊急事態宣言発令の影響により二施設を休演中である。

＊5
とはいえこれはあくまで「印象」であり、そもそも、公演先の数が大阪府と東京都・神奈川県では大幅に違うため、本来は比較にならない（大阪府にある劇場、温泉センターは二〇を超える）。しかし、当時の一観客の素朴な感想として記載した。

近のタブレットに映し出される、「リモート送り出し」を実施していた（二一年三月に観劇した際は確認できなかった）（写真2）。

とはいえ、肥大化する送り出しが一時的にでもなくなり、役者側は体力面・精神面ともに負担が軽くなったのではないかと考えていたが、劇団翔龍《しょうりゅう》の藤川雷矢副座長がツイッター上で、送り出しのない今、芝居の感想が聞けず困っているため、少しでもいいので感想をSNS上にあげてほしいと要望していた[*6]のを見て、上演中、客席のリアクションに役者が反応してアドリブを繰り出すというような末梢的な部分から、どのように演じるか、といった芝居や役柄の在り方に直接的に関わってくる中枢部まで、観客との往還によって作り出される芸能であることを改めて実感した。

合同公演のおもしろさと危うさ

⑦は、さまざまな分野で舞台の映像配信が行われたが、大衆演劇も例に漏れず、「演劇市場」や「ZAIKO」といったサイトで舞台が配信された。とはいえ、ウェブ配信が開始されたのは第一回目の緊急事態宣言中であり[*7]、あくまで特殊状況における措置でもあったが、たとえば東北在住の観客の声として、関東以北には来ない劇団が観られるツールとして貴重であるため今後も続けてほしい、という意見も聞かれる。実際、演劇市場は大衆演劇の舞台配信サイトとして定着しつつあり、『旅芝居（大衆演劇）専門誌カンゲキの情報サイトKANGEKI』でも舞台、ショーの抜粋動画を積極的に掲載している。今後は、観られる劇団が限られる地域に住む観客や、劇場に足を運ぶのが困難になってしまった観客などにとって、ウェブ配信は有効な観劇手段のひとつとなろう。

⑧の合同公演の増加とはつまり、センターの休演や劇場の閉館に伴う公演先の（一時）減少によって、劇団数が供給過多になったため、複数劇団の合同での公演が多くなっているということである。戦後直後は、一座の座員が五十人程度いることは珍しくなかったそうだが、現在そうした規模の劇団はなく（座員数が多い劇団でも二十〜三十人程度）、座長等の「人数が足りないから出せない芝居がある」という言葉を聞くこともままある。今回のコロナ禍において、この事象が、舞台内容にもっとも影

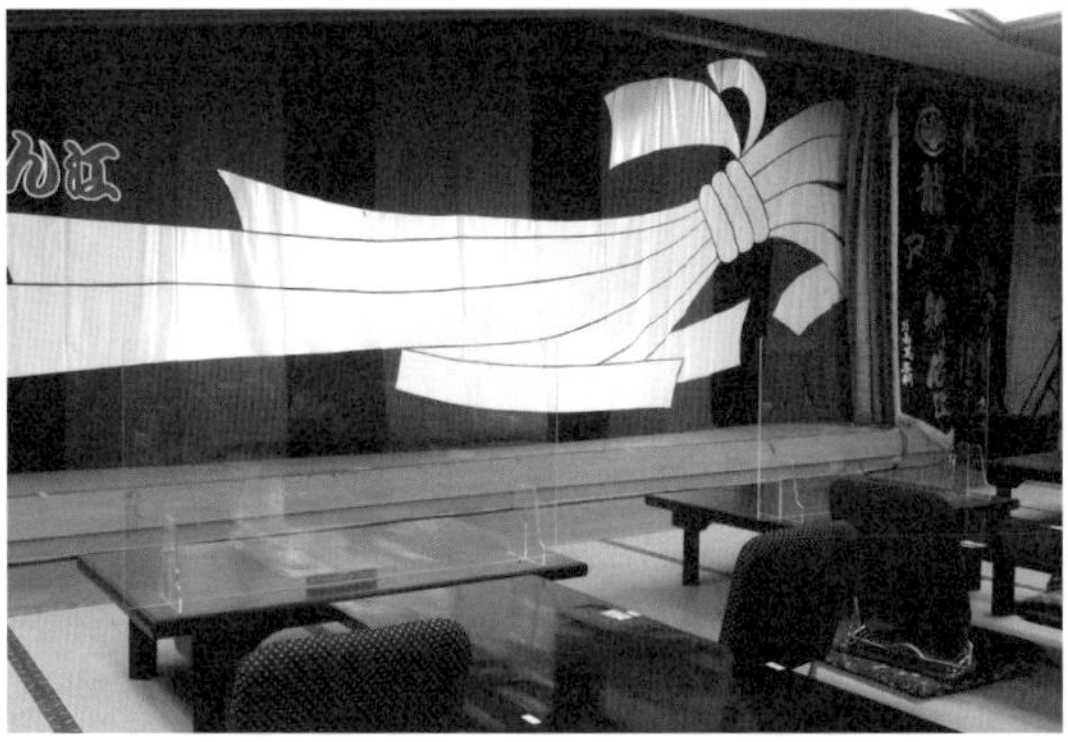

写真1　基本的に温泉センターの舞台は客席との高低差がほぼないため、こうした対応をとっているようだ。

写真2　2020年9月撮影。左側のモニターを通して役者たちが手を振っている。

＊6　藤川雷矢(https://twitter.com/5rikewtaDys YOfl)、二〇二〇年十月十二日。長文であるため、携帯のメモのスクリーンショットの画像を添付する形で投稿されている。

＊7　お萩「恋し、懐かし大衆演劇〜おうちを芝居小屋にするWEB配信／ホーム・シアトリカル・ホーム〜自宅カンゲキ1―2―3［vol.15］〈大衆演劇編〉」、前掲『SPICE』、二〇二〇年五月四日(https://spice.eplus.jp/articles/268863)。第1回目の緊急事態宣言中に掲載されたこの記事は、大衆演劇における舞台配信サイトの良き手引きとなっている。

写真3　2021年1月立川けやき座にて撮影。公演中の劇団美松の松川こ小ゆう祐じ司座長をアマビエに模した幟。

響を与えたと言っていい。

　筆者が観た合同公演は、劇団翔龍と劇団新《あらた》の二座合同、劇団翔龍と劇団美松《みまつ》の二座合同、劇団美鳳《びほう》と劇団新の二座合同、妃《き》咲《さき》劇団・劇団双竜《そうりゅう》・劇団新の三座合同である。

　これまで北関東を中心に公演していたため筆者は未見だった劇団翔龍は、春川ふじお座長の剛柔の切替えも自在のいぶし銀の魅力、前述の雷矢副座長の朗々とした山上げ台詞の気持ちよさなどは、合同公演がなければ出会えなかった「発見」であった。また、妃咲・双竜・新の三座合同も、たとえば劇団新の『現世に現れし片目の石松』[*8]といった、普段他劇団では観られないオリジナル芝居の主要な役に、妃咲、双竜両座の座長がつき合うことで、座員のみの上演とはまた違う、新たな局面を見いだすこともできた。

　とはいえ、いわゆる「劇団ファン」にとっては、合同公演とは、住み慣れた我が家に常に客人がいるような状態であり、贔屓以外の役者が出るということは、すなわち贔屓役者の出番が減ることにつながるため、必ずしも肯定的な意見ばかりではない。また、山根演芸社・山根氏も、「仮に臨時編成の合同公演が人気を博した場合、元の形に戻った時、お客様がそちらに以前同様の支持をくださるかどうかはかなり危ういでしょう」と合同公演はあくまで「非常時」の措置としている。[*9]

　いずれにせよ、いつまでこの状態が続くかは不明であるが、コロナの影響が収まったあとでも、以前よりは合同公演自体が一般化されていく可能性は考えられる。

コロナ禍での挑戦

　二〇二一年一月三十日、高槻の千鳥劇場で一か月の公演を終えた澤村千夜《せんや》座長率いる劇団天華《てんか》が、この日をもって活動を休止した。結成十二年の中堅劇団である。劇団天華の場合、二〇二〇年中のコースの大半がセンターであった影響は非常に大きかったようだ。前述したとおり、センターは大衆演劇公演を完全休演とする施設が多く、そうした動きはセンターが公演先の中心となっていた劇団には大きな打撃を与えた。

　活動休止の報において千夜座長はあくまで、コロナウイルスの流行によって自分の考え方や価値観が大きく変わった、とするのみで、その直接的な影響によっての休止とはしていない。[*10]とはいえ、二〇二〇年十月、高槻・千鳥劇場公演の口上において、度重なる休演による劇団の財政難についても言及しており、やはり今回の活動休止はコロナウイルスの流行が遠因であることは間違いないであろう。

　劇団天華はしかし、休止以前の、その千鳥劇場の公演において史上に残る業績を打ち立てた。同劇団はこれまでも『おりん

＊8　本作は、劇団新・龍新《あらた》座長の作で、大衆演劇ではお馴染みの『森の石松　閻魔堂の最期』の世界を大胆に換骨奪胎した、石松が都鳥三兄弟との決闘前に現代にタイムスリップするという、たいへんユニークかつ生き生きとしたオリジナル作品である。
＊9　前掲「戦い続ける大衆演劇の行く先は?～山根演芸社・山根大社長への七つの質問」。
＊10　劇団天華Official(https://twitter.com/gekidantenka)、「いつも応援してくださる皆様への大切なお知らせ～劇団天華の活動休止とメンバーの移籍について～」二〇二〇年十一月五日。

の赤ん坊』『紅かんざしのおしん』等の良質なオリジナル作品をコンスタントに上演していたが、この公演では、一か月公演で上演する日替わり狂言を、ほぼすべて劇団初演の芝居とし（毎週金曜日のみ観客からのリクエスト狂言を上演）、結果、一か月間に二十二作の初演芝居を上演した。[*11] 大衆演劇において、一劇団のレパートリーは二〇〇とも三〇〇とも言われるが、月のほとんどが初演芝居の公演というのはまず聞いたことがない。

新型コロナウイルスの流行という先の見えない不安が漂うなかで、このような前代未聞の挑戦をした劇団があったことは特筆すべきであろう。

筆者としては将来的に、コロナ（疫病）を主題に扱った新作芝居が観たい。とはいえ、理念を抱いて苦境に立ち向かうというよりは、てらいなく苦境を飲み込むように生き残ってきたこの芸能においては、今回の未曾有の事態さえも、あっさりと「日常化」され始めている気配がある。だが、そのあっけらかんとしたしぶとさがまた、大衆演劇の強さなのだ（写真3）。

追記

本稿を校正中、三回目の緊急事態宣言が東京都、大阪府等に発令された（期間は四月二十五日〜五月十一日までだが、状況次第では延長の可能性もあろう）。東京都は、大型商業施設は無論、規模にかかわらず、劇場や映画館にも休業を要請した。大阪府の劇場は宣言明けまで休演の措置をとるところが多いようである。一方、現時点（四月二十七日）では、浅草木馬館、篠原演芸場、立川けやき座の都内の三座は上演時間を繰り上げ、終演を二十時とし、公演自体は続行している。大衆演劇はこれまで数多の苦境を乗り越えてきたとはいえ、今回の状況は間違いなく非常に大きな苦難である。しかし、それでもなんとか生き延びてほしい、生き延びてくれるはず、そんな祈りと信頼を込めて、本稿のタイトルをこのようにした。

*11
座長 澤村千夜インタビュー「劇団天華1ヶ月丸ごと新作芝居！」、前掲『KANGEKI』二〇二一年二月号。大衆演劇界では、劇団のオリジナル新作も、劇団にとっての初演作品もすべて「新作」と呼称することが多い。しかし、本来的な「新作」の概念に照らし合わせ、本文中では「初演芝居」と記載した。

下野歩（かばた・あゆみ）
一九八三年、東京都生まれ。国立音楽大学音楽学部卒業、早稲田大学大学院文学研究科（演劇映像コース）修士課程修了。歌舞伎専門誌『演劇界』編集部を経て、学術図書出版・春風社勤務。

コロナ禍の児童青少年舞台芸術

長田（吉田）明子

コロナ禍以前、私たちは毎日毎日
幼稚園・保育園、小学校・中学校・高校に出かけ
時にはホールで上演していました
遊戯室や学校の体育館が劇場となり
子どもたちは目を丸くし
そこで繰り広げられる舞台に釘付けになっていました
私たちには日常であり
子どもたちにはトクベツだった日々
そんな日々が一変しました
急変した生活を受け入れざるを得ない子どもたち
一生懸命我慢している子どもたち
社会環境が大きく変わりストレスを抱えている子どもたち
そんな子どもたちに早く舞台を届けたい
早く子どもたちに会いたい
私たちは子どもたちに舞台を届けるために
ここにいるのだから

〜2020年4月　全国一斉休校のなかで〜

児童青少年舞台芸術の現状

二〇二〇年二月末に出されたイベント自粛要請以降、子ども向けの公演も次々と中止となり、はや一年以上が経ちました。当初は、特に幼稚園・保育園・学校などでの集団観劇は六月頃まで皆無と言ってよい状況でした。

日本児童・青少年演劇劇団協同組合（児演協）は、児童劇・人形劇・ミュージカル・影絵・パフォーマンスなどジャンルも様々、対象も幼児から高校生まで幅広く、それぞれの年齢層に特化した作品を作っている劇団や団体が加盟している組織です。

児演協が二〇二〇年七月初めに加盟六十一団体に対して行ったアンケートでは、キャンセル等となった公演数は約三〇〇〇ステージ。損失額は十二・七億円に上りました（回答：四十八団体）。

夏には感染の再拡大もありましたが、その後少しずつ公演の機会は増え、秋以降は回復するかと期待されました。しかし気温の低下と共に感染は再び拡大し、年明けの緊急事態宣言の再発令と共に公演のキャンセルは急増しました。児童青少年舞台芸術の場合、公演が取り消されても補償されない場合がほとんどであり、公演のキャンセルはそのまま収入ゼロに直結します。

加盟団体の昨年一年間の芸術事業収入は前年比六〇％減とな

り、観客数も七〇％減と極めて厳しい状況に置かれています（二〇二一年二月。十五団体の回答の平均）。

我々児童青少年の舞台芸術に携わる団体は、チケットを販売し一般のお客さんに観ていただく公演も行いますが、幼稚園・保育園での公演や小学校・中学校・高校での学校公演、会員制の子ども劇場・おやこ劇場の例会など、閉ざされた空間での限られた観客を対象とした公演が多くを占めています。そのため社会的認知度は高くはありません。しかし、日本中で毎年数多くの公演を行っていました。

筆者が所属する劇団（人形劇団むすび座／名古屋市）は、劇団員三十五名で毎年約一〇〇〇回以上の公演を行い、年間観客数は約十六万人でした。大ホールでの公演も行いますが、その多くは幼稚園・保育園や小学校であり、園児・児童二十〜三十人の小規模園・小規模校での公演もたくさんあります。それらの園や学校を毎日訪れ、行った公演が積み重なった数字です。しかし、コロナ禍によって二〇二〇年度は半数以上の五二五公演がキャンセル（一部延期）となり、芸術事業収入も半減しました。

児演協加盟団体の中には、解散を決めた団体や賦課金（会費）が払えず児演協からの退会を視野に入れている団体も複数あります。現在の状況が改善されない限り、これ以上持ちこたえられない団体は増加し、生活を維持できなくなったスタッフ・アーティストの多くが子どもに舞台を届ける活動をあきらめ、この世界から離れていくでしょう。

また、経済的な困窮だけでなく、子どもたちの前で公演すること、子どもたちに舞台を届けることが日常となっていたアーティストたちの中には、活動の場を失くし自分の価値や使命感を見失い、精神的に追い詰められていく現象もおきています。

危機に瀕する学校公演

子どもの成長発達に舞台芸術は必要不可欠です。欧米など諸外国では幼いころから劇場に出かけ舞台芸術に触れることが日常となっていますが、日本は戦前から今日に至るまでそういった状況にはありません。

しかし、戦後からの長きにわたり、先生方と共に児童演劇を支えてきたいくつもの劇団の地道な努力により、学校の体育館で上演するという日本独自のスタイルである学校公演（舞台芸術鑑賞会）が徐々にひろがっていきました。一九八二年度には小学校での舞台芸術鑑賞会の観客数は五八八万人を記録しています（児演協「都道府県別の観客数の動向調査」より。六十三団体が資料提供）。

ところが、その後の、少子化、学校週五日制の導入、授業時間数確保のための行事の精選等により舞台芸術鑑賞会は減り続け、二〇一九年度の同調査では観客数七十六万人となっています。この調査への資料提供団体は三十五団体と、児演協加盟団体の五七％にとどまっている点を勘案したとしても、激減していると言わざるを得ません。

この状況をなんとか打破しなければならないと、児演協も各団体も懸命な努力を重ねていたところに、二〇二〇年二月末、新型コロナウイルスによる全校一斉休校が実施されることとなりました。

児演協は文化庁の委託を受け、文化芸術収益力強化事業「日本のすべての特別支援学校・小学校での舞台芸術鑑賞教室の実施に向けて」を二〇二一年二〜三月に実施しました。

この事業は日本全国の特別支援学校及び小学校約二万校を対

象に聞き取り調査を行い、舞台芸術鑑賞会の実施状況を把握・分析し、新型コロナウイルスが鑑賞会の実施にどのような影響を与えたかを検証し、子どもたちの鑑賞機会の回復を目指すものです。

その結果、二〇一九年度の実施率六四％、二〇年度二一％、二一年度（実施予定）三五％との数字が出ました。二〇一九年度の実施率六四％に関しては、実際に公演を行なっている多くの団体から、数値の高さに対する驚きの声があがりました。しかし、その中には一学年のみが鑑賞している学校も含まれ、全学年が鑑賞しているのは五三％。そしてアマチュアの公演や音楽など他ジャンルの実施も含まれており、それらを考え合わせると頷ける数値と言えるかもしれません。

二〇年度二一％、二一年度（予定）三五％……。前述したように激減を続ける舞台芸術鑑賞会にとって、この数値は危機的であり、このままでは学校から鑑賞会が無くなってしまうのではないかと、強い危惧をいだいています。

もちろん、コロナ禍にあっても、「なんとか子どもに舞台を観せたい」と懸命に努力して下さっている先生方もたくさんいらっしゃいます。しかし、舞台芸術鑑賞会の危機的状況は進行するばかりです。

設備の整ったホールで時間をかけて仕込んだ舞台芸術を観賞する良さは当然あり、その体験も非常に大事です。しかし、子ども（特に幼い子ども）は自分でチケットを買って舞台を観に行くことができません。我々が学校で実施される舞台芸術鑑賞会を重視するのは、その学校に通っている子どもたち全員が観ることができる、子どもたちが育つ地域・環境・家庭に関わらず等しく文化芸術を享受できる貴重な機会だからです。

二〇一七年に施行された文化芸術基本法は、基本理念として「国民がその年齢、障害の有無、経済的な状況又は居住する地域にかかわらず等しく、文化芸術を鑑賞し、これに参加し、又はこれを創造することができるような環境の整備が図られなければならない（抜粋）」とあり、第二十四条で「国は、芸術家等及び文化芸術団体による学校における文化芸術活動に対する協力への支援その他の必要な施策を講ずるものとする（抜粋）」と定めています。

我々はこの文化芸術基本法を学校現場に浸透させ、舞台芸術鑑賞会の意義と有効性をこれまで以上に子どもを取り巻くおとなたちに伝え、鑑賞会を大幅に復活させなければなりません。

演劇緊急支援プロジェクト

コロナ禍においてこれまでになかった動きも生まれました。かつてない演劇の危機に直面し、「演劇の灯を絶やさないために！」と演劇界の様々な団体・個人が集結し、昨年四月に「演劇緊急支援プロジェクト」が始動しました。

この活動を進める中、映画・音楽の団体とつながりができ、五月にはSAVE the CINEMA（ミニシアター）、Save Our Space（ライブハウス）、そして演劇緊急支援プロジェクトの三者が共同で、#WeNeedCultureというアクションを起こし、ウェブ署名活動を行い、合わせて四十万筆以上の署名を集めました。

このプロジェクトには、日本劇団協議会、日本演出者協会、日本劇作家協会をはじめとして、全国専門人形劇団協議会や日本青少年音楽芸能協会など児演協以外の子ども向け舞台芸術の統括団体も参加。そして俳優の団体、舞台スタッフの団体その他、様々な団体が参加しています。これまでバラバラで一つにまとまることのなかった演劇界が一つにまとまる契機となりました。

前述のように、児童青少年舞台芸術は社会的な認知度が低く、演劇に深く携わっている人々の集まりであるこの演劇緊急支援プロジェクト内でも、今回一緒に動いていく中で初めて我々の活動状況を知った人も数多くいました。そして、このままでは舞台と子どもたちとの距離がどんどん広がり、観客は減る一方であり、舞台芸術の担い手もいなくなると気づき、児童青少年舞台芸術の窮状は必ず解決しなければならない問題であると一致しました。

現在もこれらの活動は継続し、文化芸術に携わる人々の実態調査や文化庁の各種支援策に対する提言・要望など、積極的な活動を行っています。

様々な支援策

文化庁は、コロナ禍により活動自粛を余儀なくされた個人・団体に対し、令和二年度第二次補正予算で五六〇億円の予算を組み、文化芸術活動への継続支援事業と収益力強化事業を創設しました。

前々項で述べた舞台鑑賞会の調査・研究もこの収益力強化事業によるものであり、緊急舞台芸術アーカイブ＋デジタルシアター化支援事業（ＥＰＡＤ）では、児童青少年舞台芸術の一一〇作品以上がアーカイブ映像作品、二十作品以上が有料配信可能化作品となり、各団体に対価が支払われました。

また、第三次補正予算では、コロナ禍における文化芸術活動支援に三七〇億円、子供の文化芸術の鑑賞・体験等総合パッケージに四十億円の予算を組んでいます。文化庁自体の予算が通常年間約一〇〇〇億円の中でこれだけの財源が確保されたのは評価できます。しかしその一方で、給付金ではなく助成金であるため、自己負担金が発生する、この状況において事業（公演）を実施しないと助成金が交付されないなど問題点が数多くあり、せっかくの予算を有効活用できるよう、粘り強く積極的に働きかけていく必要性を強く感じています。

最後に

コロナ禍により我々は非常に厳しい状況に直面しています。しかしそれは、児童青少年舞台芸術に携わる者たちの危機だけではなく、それだけ子どもたちが舞台芸術から遠ざかり、舞台芸術に触れることができていないということを意味します。

一日一日著しく成長発達していく子どもたちにとって、舞台芸術に触れられない一年をおとなの一年と比較することはできません。今、子どもたちは育ちの危機に直面しているのです。

そしてこのままでは、子ども時代に一度も舞台と出会うことが無いまま、おとなになった人々が爆発的に増加します。彼らにとって舞台芸術は馴染みがなく興味の持てないものとなるでしょう。将来的な文化芸術の担い手が不足するばかりでなく、文化芸術を愛する人々が激減していき、我が国の文化芸術は衰退していくでしょう。十年後、二十年後の日本の文化芸術の根幹を揺るがす大変な事態に、今この国は陥っているのだと言えます。

我々はこの状況をどう乗り越え、子どもたちに舞台を届け続けるのか。個人・団体、あらゆるところが一丸となってこの状況を乗り切り、子どもたちに舞台を届けられるよう手を尽くさなければなりません。今を生きている子どもたちのために。そして、これから生まれてくる子どもたちのために。

長田（吉田）明子（ながた（よしだ）あきこ）

一九八四年人形劇団むすび座入団。二〇〇六年より同劇団制作部長。二〇一七年アジア児童青少年舞台芸術フェスティバル 2018 in NAGOYA 実行委員長。二〇一八年第二十七回O夫人賞（児童青少年演劇の創造普及に貢献した女性に贈られる賞）受賞。二〇一九年より日本児童・青少年演劇劇団協同組合（児演協）代表理事。ほか、NPO法人国際人形劇連盟日本センター理事、一般社団法人全国専門人形劇団協議会理事、NPO法人いいだ人形劇センター理事を務めている。

新型コロナウイルスの高校演劇への影響

工藤千夏

二〇一九年度末、波乱の始まり

新型コロナウイルス感染拡大の高校演劇への影響を、二〇二〇年二月から二〇二一年三月まで（二〇一九年度末〜二〇二〇年度末）を時系列で振り返ってみる。高校演劇は学校教育の現場という側面もあり、文科省や各都道府県の高等学校文化連盟から指針が出されるため、商業演劇、小劇場演劇、アマチュア演劇のように、芸術的見地を優先して公演主催者側の判断で上演をすることは難しいという背景がある。

二月、三月は、高校演劇の世界では、自主公演や合同公演の季節である。全国高等学校演劇協議会主催の高校演劇コンクールは、七月〜十月に五月雨式に全国各地の地区大会が行われ、翌一月まで県大会、ブロック大会と続き、そのシーズンの全国大会（全国高等学校演劇大会・全国高等学校総合文化祭演劇部門）が次年度の八月上旬開催となるため、ブロック大会で全国大会出場権を手にいれた演劇部の三年生は全国大会に出場することはできない。それ故、春季全国高等学校演劇研究大会（春フェス／ブロック大会最優秀次点校が推薦され出場）や自主公演は、卒業や引退を控えた演劇部員の最後の花道でもある。

二〇二〇年二月二十七日、安倍晋三首相（当時）は、三月二日から全国すべての小学校、中学校、高校などは、春休みに入るまで一律に臨時休校とするよう要請する考えを唐突に示した。これを受け、二月二十九日、全国高等学校演劇協議会は「第十四回春季全国高等学校演劇研究大会（新潟大会）」（三月二十日〜二十二日、りゅーとぴあ新潟市民芸術文化会館で予定）の中止を発表した。

ちなみに、全国の小中高校の終業式、卒業式も、第九十二回選抜高等学校野球大会、いわゆる春の選抜野球も中止となった。自主公演、合同公演、独自で企画する地域の演劇祭も、全国で軒並み中止となった。年度明けへの公演延期を決めた演劇部も、夏までに実施できなかったケースが多かった。

一般社団法人日本劇作家協会が主催するサイト「震災高校演劇アーカイブ」では、せめて企画があった事実だけでも記録するため、上演がかなわなかった公演のチラシを集めて公開する「チラフェス２０２０」を開催した（https://nabegenhp.wixsite.com/kokoengeki/blank-3)。

緊急事態宣言、そして、こうちウェブ総文

四月七日、東京、神奈川、埼玉、千葉、大阪、兵庫、福岡七都府県に対して、政府は五月六日までの緊急事態宣言を発令した。四月十六日には、緊急事態宣言は全国に拡大され、十三都

道府県が「特定警戒都道府県」に制定された。さらに、五月四日、政府は緊急事態宣言を五月三十一日まで延長した。

そんな中、五月十二日、「第四十四回全国高等学校総合文化祭高知大会（二〇二〇こうち総文）」が、生徒の移動を伴わないWebでの発表・交流とする旨が発表される。特設サイトの「WEB SOUBUNサイト上で公開予定の内容一覧」によると、演劇、合唱、吹奏楽、器楽・管弦楽、日本音楽、吟剣詩舞、郷土芸能、マーチングバンド・バトントワリングの八部門の補足内容に以下の記述がある。「各学校がYouTubeにアップロードした動画を公開。現在の部活動の実情に合わせ、動画内容は高知県で発表する予定だったものに限定せず、過去1年以内に撮影された動画のエントリーも可能。」

七月三十一日〜八月二日に高知県高知市で開催されるはずだった演劇部門は、十二校のうち十一校が映像を提出し、審査は行われなかった。映像の内容は、ブロック大会の記録映像（観客の反応も含む）を、そのまま提出することを選んだ埼玉県立川越高校演劇部、映画として映像作品を新たに制作した徳島市立高校演劇部、県の高文連の新型コロナウィルス感染防止対策ガイドラインにより収録ができず、事情説明とメッセージ映像のみを提出した青森県立青森中央高校演劇部など、その対応は県や学校の事情によって別れた。その他の九校は、地元のホール等で、提出映像収録のため、無観客上演か、関係者のみ観劇できる上演を行った。WEB SOUBUNサイトは、二〇二〇年七月三十一日から十月三十一日まで公開された（https://www.websoubun.com/）。

前述の春フェスは、二〇一八年第十二回大会（横浜大会）から、会場での上演とともに特設チャンネルで映像配信も行われている。他部門に足並みを揃え、参加校がYouTubeにアップした動画リンクという方法を取ったため、映像配信のための洋楽の音楽著作権使用料（配信におけるシンクロ権や原盤権の支払い、手続き）の問題が生じた。洛星高校演劇部、愛知県立津島北高校演劇部、愛知高校演劇部が、音楽使用シーンで音声をミュートするという選択をした。また、北海道富良野高校演劇部は選曲変更を余儀なくされた。全国大会の舞台を踏むことができなかった部員たちが、突然音声が切れるという不完全な形での配信に甘んじなければならなかったのは無念である。

日々の部活動と上演機会の喪失

四月の休校や部活動禁止・自粛で、新入部員を獲得できなかった話も聞こえてくる。そうでなくても生徒数が減少しているなか、もともと部員が少なかった演劇部にとっては廃部の危機だ。また、文化祭・学校祭（夏か秋か時期はさまざま）自体が中止、延期という高校が多く、発表の場を持てない状態が続いた。各都道府県の連盟主催のワークショップは、ほぼすべて中止。校外の会場で行う自主公演は企画すらままならない状態だった。

夏になっても状況は好転しない。八月上旬、「第二十六回高校演劇サマーフェスティバルinシアター1010」中止。八月下旬、平成元年より恒例の国立劇場上演「第三十一回全国高等学校総合文化祭優秀校東京公演」（「全国高総文祭」の演劇・日本音楽・郷土芸能三部門からそれぞれ選ばれた優秀校四校、演劇部門は前年度の東京都大会推薦作品を加えた五校が上演）も、中止。NHK『青春舞台』は、ここ数年、出場校のうち四校の密着取材と最優秀賞に輝いた作品のノーカット放送という形で構成されていたが、二〇二〇年は全国各地への取材もままならず、千葉県立松戸高校一校の密着ドキュメンタリーとなった。

それでも、七月には、和歌山県田辺市の紀南文化会館で二〇二一年八月四～六日に開催予定の全国大会（第六十七回全国高等学校演劇大会）に向けて、地区大会がスタートした。問題は、各地の事情、高文連のガイドラインの違い等により、大会を成立させるためのコロナ対策が大きく異なることだ。「マスクかマウスシールドを装着」「俳優同士の直接の接触を避ける」「舞台上の同時にいる人数の制限」など、演出上の規制も大会ごとに違う。地区大会を中止して県大会のみを実施した地域、地区大会は映像審査のみという地域、近場に集う地区大会は実施するが、宿泊移動を伴う県大会は中止を決めた地域など、方針もさまざまだ。東京都大会は、無観客にしない（一般公開なし、関係者のみ）ために、コンクール規定の上演時間を一時間でなく四十分に短縮したという。

各地の対策にも関わらず、感染状況によって県大会、ブロック大会の開催そのものにも影響が出た。関東大会と全道大会は、映像審査となった。四国大会は年度をまたいだ二〇二一年四月に延期の上、実施された。実施できたブロック大会も、無観客上演か、参加校と届け出た関係者のみ観劇できる一般非公開であった。

映像審査に関しては、二〇二〇年十一月の全道大会で私自身も映像審査の審査員だったのだが、映像であっても審査自体に支障はないと感じた。定点カメラで編集なしのロングの映像の方が舞台全体を見渡せる（俳優の表情はあきらめる）というのは発見だった。ただ、舞台照明、音響の良し悪しは映像では判断できず、スタッフワークに関して言及できないことはどうしようもなかった。拍手も対面での講評も伝えられない状況で、例年のように観客に観てもらうということができない演劇部員たちに、作品をどう受け止めたか審査講評文の重要性を痛感した。

コロナ二度目の年度末、高校演劇の行方

二〇二一年三月二十六～二十八日、北九州芸術劇場（中劇場）において、第十五回春季全国高等学校演劇研究大会福岡（北九州）大会が実施され、二〇二〇年度のブロック大会で選出された十校が、参加校や関係者が観客席で見守る舞台で上演した。この期間に創られた創作が多く、十本のうちの七作品がコロナと対峙した作品だった。わずか一日置いて、三月三十、三十一日の二日間、穂の国とよはし芸術劇場ＰＬＡＴにおいては、第六十六回全国高等学校演劇大会代替上演会が行われ、こうち総文に出場するはずだった十三校のうちの七校が上演を果たした。幕が上がって、幕が下りる。拍手が響く。こんな当たり前のことに涙を流してしまったのは、上演された芝居の良さもさることながら、コロナがなかったら参加するはずだった演劇部員の無念さも、日々の部活動すらできなかった全国の演劇部員たちの想いも劇場に満ちていたからだろう。我慢を重ねた年度の最後の最後に、祈願の上演が成された。

そもそも、無観客上演、もしくは上演自体不可能という状況で、接触を避けつつ、ただ稽古だけ続けるモチベーションを保つのは、簡単なことではない。それは、観客に観てもらえない表現活動は演劇なのか、という根源的な問いかけですらある。大人には、公演を延期して、コロナが終息したときに満を持して発表という可能性もあるだろう。だが、高校演劇には在校期間というタイムリミットがある。しかも、受験勉強のために三年生の途中で引退する場合は、二年ちょっとしか活動期間はない。

一度も舞台に立てなかった演劇部員は、いったいどんな高校演劇の思い出を胸に卒業するのだろうか？　誰にも舞台を観て

もらえなかった高校生は、卒業後も演劇を好きでいてくれるのだろうか？　高校生の生命の安全を保障したい、同時に、高校生の表現活動の場も確保したいというジレンマの中、高校演劇と新型コロナウィルスとの闘いはまだまだ終わりそうもない。

工藤千夏（くどう・ちなつ）
劇作家、演出家。渡辺源四郎商店ドラマターグ。日本劇作家協会高校演劇委員。ニューヨーク市立大学大学院演劇科修士課程修了。一九九二年「青年団」入団、二〇〇三年より演出部に所属し「うさぎ庵」を主宰。『真夜中の太陽』（原案・音楽：谷山浩子）は、二〇一五年から劇団民藝版が全国巡演。代表作『コーラないんですけど』＠ザ・スズナリが、二〇一九年四月、二〇二〇年四月と相次いで、緊急事態宣言のため上演中止となる。

試されているのは誰なのか
――コロナ禍の大学で「演劇を学ぶ」ということ

多和田真太良

二〇二〇年二月末、横浜港に停泊しているグランド・プリンセス号から、新型コロナウイルス感染拡大防止の観点から船内待機を余儀なくされていた全ての乗員、乗客が下船した。

その日、僕は大学のイベントの一環としてその目と鼻の先の横浜赤レンガ倉庫一号館で、寺山修司の『観客席』を四十分バージョンにアレンジして学生たちと上演していた。寺山戯曲の中で幻想劇に分類される『レミング』を基とした一昨年の上演に対し、今年度は実験劇に類する『観客席』を原作として抽出、新たな場面も創作した。舞台空間としてタイトル通り観客席で上演し観客の笑いを誘った。数字の羅列で幕を引く最後の場面で、その日の感染者数を読み上げた。

その直後から新型コロナウィルス感染拡大防止の策として無観客上演が推奨され、是非を巡って様々な議論が沸き起こり、さらには舞台芸術の存在意義が問われ直す時期に際して、偶然にも「観客」について挑発的な問いを発し続ける劇を上演したことは感慨深い。無観客では一切成立しない作品を創っていたことが、コロナ禍の大学での舞台創造を深く思考する指針になった。

大学における上演芸術の学修は本番に至るまでのプロセスが非常に複雑で、多くの時間と労力、そして多分野にわたる人の協力を必要とする。

この時すでに新型コロナウィルス感染拡大防止の観点から、多くの上演芸術が延期や中止に到り、舞台関係者にとっては死活問題になっていたのだが、それを社会に訴えると「事態が収束するまで単純に延期すれば良いだけなのに、舞台関係者は傲慢だ」という見当違いな批判と非難に晒されるという事態になっていた。上演芸術が社会インフラとして機能していない日本の現状を浮き彫りにした今回の新型コロナウィルス関連の事態だが、実は「芸術」として一括りにされる芸術学部の中でさえ、造形芸術と上演芸術に対する互いの認識のズレが浮き彫りになった。問題意識を共有すべくじっくりと話し合う機会を持つ必要性を感じ取り、自分たちの言葉で語りあい、互いを尊重しながら相互理解を進めること。それは国際共同製作や上演芸術の社会貢献を考える上でも極めて重要だ。作品創作を個人で完結することが出来ないということは集団創造が上演芸術の学修には不可欠だということだ。

ところが『観客席』の上演以降感染状況は一気に悪化し、卒業式どころか入学式もなくなった。さらに混乱した状況の中で準備も何もないままにほぼ全ての大学は一斉にオンライン授業となった。

上演芸術は、創造の息吹が芽生え、創作を通して知識を広げ、技能を磨き、やがて作品として客席に届けるに至るまで、「集うこと」がものづくりの大切な要素だ。ビデオ会議アプリなどを駆使して、バーチャル空間で「集うこと」を擬似的に体験することでどれほどの学修が可能なのか、学生・教員共に試行錯誤と混乱が続いた。

特に実技科目は深刻な問題に直面した。もともと「自宅」は学修環境として想定されておらず、演技の授業では、オンラインでは明らかにパフォーマンスの質は急落した。また教員が直接学生の身体の状態を確認する事が出来ないため、これまでの授業方法では、誤った呼吸法や不十分な発声、筋肉や関節の誤った用法に気づかない危険性もある。

演技の授業はビデオ会議アプリの写り具合の中でのみ行うため、相手との関係性や距離感が図れず、ドラマを全身で表現する学修が極めて不十分だった。二人以上の群舞など複数人での身体表現はビデオ会議アプリの特性上音声や画像が遅延する。アプリを駆使して録音録画データを合成し、動きや台詞、歌を合わせた場面を擬似的に生み出すことは可能だが、それは編集技能の修得であり身体的な学修ではない。

僕が上演実習のためにコロナ禍以前に選んだ戯曲は十七世紀のイギリスの劇作家フランシス・ボーモント（Francis Beaumont, 1584-1616）の『ぴかぴかすりこぎ団の騎士』*1（The Knight of the Burning Pestle）である。全編が劇中劇の構造になっており、「観客」の役が終始舞台で行われる劇の進行を妨害するという前代未聞の喜劇である。群衆劇を学ぶために選んだ戯曲なので、主役と周辺の役で出番や台詞量が大いに差がある。そのため、出演者二十四人の配役を入れ替えて四つのプロダクションを撮影することとなり、結果的に通常の上演実習よりも約一か月近く長い実習期間となった。本物の「観客」はパソコンの外で、その反応は一切窺い知れない史上初の状況だった。

四月に入り、オンラインで演劇を創る、という未だ高等教育機関で試みられたことのない実験的な学修が突然始まった。中心となる四年生たちと相談を重ね、ビデオアプリを使った史上初のオンライン稽古が始まった。

二十四人を五つの場面に分けてキャスティングし、合同の稽古は週三回、最初の三十分は四年生中心にシアターゲームやウォーミングアップを行った後に別のルームに再入室してもらい、場面ごとに五つの部屋に分け、自由に稽古をさせた。演出家はそれぞれの部屋を巡回し、コメントやアドバイスをする。金曜日ごとにシーン創作の発表会と講評、フィードバックを行った。それぞれのメンバーで振り返り、次の水曜までにSlackにコメントシートを上げてもらうこととした。

オンラインツールと演技の相性が悪い点として、時間差によるズレが挙げられる。通信環境によって会話は衛星中継のような時差が生じ、会話に不自然な間が生まれてしまう。一回の発話が短文で構成され、言葉のラリーが激しい現代劇の稽古には向かないが、エリザベス朝喜劇では、一方的に喋りまくるので比較的この問題は回避できた。

学生は稽古のない日も自主的にＺＯＯＭやＬＩＮＥで集まって稽古をしていた。夜もサロンを開いて深夜まで語り合っていたそうだ。涙ぐましい努力である。実は三月中旬に大学の稽古場に集まり、チームメイキングのワークショップを行っていたことがのちの創作に功を奏した。経験値の異なる学生たちが集団としての問題や不安を共有し、目指すプロダクション像を摑

＊1　フランシス・ボーモント『ぴかぴかすりこぎ団の騎士』（大井邦雄訳、早稲田大学出版部、一九九〇年）

みかけていた。「集う」ことがいかに大切だったかを思い知る。最終的に二十四人の学生とは一度も直接会うことなく春学期を終えた。

玉川大学の上演実習の特徴は、二～四年生まで合同で一つの作品を創ることだ。またスタッフ専門の学生だけでなく、演者もそれぞれのスタッフ部署に分かれる。舞台美術は、画面の中で「場所」を表現するのは大変に難しい。「美術」班が選んだバーチャル背景用画像を「書き割り」風に加工を施した。パソコンのスペックの問題でうまく設定できないものもいたが、グリーンバック用の画用紙を郵送しあって解決していた。

衣裳も苦労した。当初は抽象的な現代衣裳を考えたが、学生の自前ではいかにも安っぽくなってしまう。試行錯誤を重ねた上で、自宅にある素材を組み合わせ、時代衣裳を「造形」する手法で独自の劇世界を展開することにした。学生たちの創意工夫は止まることを知らず、ついには作曲やダンス、合唱といったオンラインツールでは敬遠しがちな集団演技にも挑戦することとなった。五幕ものの芝居を幕ごとに一発撮りで臨み、サイトをパンフレットに見立てて作成し「上演」した。

率直に言って、混乱した春学期の、最終的な学修到達点は何だったのかは断言できない。だが制約を利用して新たな表現を生み出してきたのが演劇の歴史である。学生たちと新たな芸術を生み出すことが出来るか、やはり不可能なのか。一つの成果として総括してこそ、オンライン授業の恩恵を感じることが出来よう。

しかし忘れてはいけない。探求は必要だが、これは実験ではなく高等教育である。例年同様の「学びの質」が求められる。学生にとっては一度きりの大学生活だ。責任は極めて重い。

秋学期は一部対面授業の実施が認められた。当初から本年度の上演計画はベルトルト・ブレヒト作の音楽劇『三文オペラ』[*2]に取り組み、本格ミュージカルに挑戦することだった。感染症対策として遠隔および対面授業の併用型で実施する、となり運営の抜本的な組み直しを図らざるを得ないことになった。これに加えて重要な学びでもある「上演」自体も感染拡大防止の観点から無観客とし、オンラインライブ配信公演という形態をとった。舞台創造としては異例の事態であったし、今後もその是非は問われることになるだろう。

本番を月末に控えた十二月からようやく連日での対面稽古が可能になった。とはいえ二～四年生まで一三〇名前後の学生とそれを支える教員が毎日のように毎晩稽古やスタッフワークに勤しむこととなる。オンラインライブ配信公演とはいえ、舞台づくり自体はオンラインではない。一人感染者が出れば、一人濃厚接触者の疑いが出れば予定通り公演を行うことはできないし、実習自体の即中止もあり得る。

学生はプロではないし、学年が変われば巣立ってしまう。彼らの人生に対する責任を教員たちはいつも感じているが、今年は特に重圧だった。十一月末の舞踊公演の本番あたりから、実習指導の教員間にはある種の覚悟めいたものがあった。試されているのは誰なのか。

演出家として僕が学生たちと描きたいのはコロナ禍そのものではなく、むしろ「禍」を生み出した社会と「無力」な彼らとの「距離」である。格差の広がる現代社会の鏡として、踏みにじられた「若者」と一括りにされる彼らの嘆きや叫びを徹底して描くことにした。ブレヒトのことばを、大岡淳氏のスピード感あふれる現代語訳を通して、自らのことばに置き換えた。自

*2
ベルトルト・ブレヒト『三文オペラ』（大岡淳訳、共和国、二〇一八年）

分と社会のつながり、その「距離」や「ズレ」について想いを巡らせることの必要性を繰り返し説いた稽古だった。

　歌い始めるとストレートな社会風刺や怒りが溢れ出て涙を流すほど、彼らのエネルギーは鬱積していた。取り組む作品がブレヒトの芝居でありヴァイルの音楽であることに、そして技術的にも高度なミュージカルであることに意味があった。

　「心を震わす」と「気に障る」はおのずから別物だ、あんちゃん。そう、おれが必要としているのは芸術家だ。芸術家だけが、今日なお、人の心を感動させることができるんだ。おまえらだってきちんとこなせば、観客は拍手してくれるに決まってんだ！　少しは頭を使え！

（3景、ジョナサン・ピーチャムの台詞）

　感動させられれば良い、などと単純に考えて感動の押し売りをする「気に障る」舞台作りをするような学生は、もはやこのプロダクションにはいなかった。僕が繰り返し語りかけたスローガンは「思い出に残るのではなく、歴史に残す作品にしよう」というものだ。春学期にオンラインのリモート演劇で苦労を重ねた学生たち、特に四年生の熱量は凄まじかった。それに魅せられて二、三年生も目の色が変わっていった。

　自分たちで検温表をスプレッドシートで作成し、稽古前には再度計り直し、寒い中定期的に換気とその度に手指の消毒を連携して行い、終了後には入念に道具や稽古場を清掃・消毒をして、飲みにも行かずに直帰し、翌朝黙々とオンライン授業を受け、稽古に出てくる。それを一三〇人全員が忠実に守った。並大抵の努力ではない。もちろん怠けたい学生やサボる学生も出てくる。それを野放しにすることが人の命を脅かすことに直結することを周囲が知っていて、さらに当の学生もその重大性には気づいていて、なんとか軌道修正をしようとする姿が見て取れた。

　特別な取り組みがあったわけではない。どこの現場でも実施されていることをやったにすぎない。ただ一つ自信を持って言えることは「どれだけ自分たちの学びに誇りを持つことができるか」だろう。当たり前のことを、当たり前にやりきることが唯一の対応策だった。

　集団において、根性論はハラスメントを生む恐れもある。さらに集団の持つ暴力性や排他主義の持つ危険性は、常に警戒しなければならない。ただ「集団が個を支える」こと、「集う」ことの意味と大切さを一つの「必ず舞台を成功させる」という創り手の「精神」のようなものが、作品の血となり肉となったのだろう。身を削って命がけで芸術を生み出す、それがプロの念持だとしたら、それに近い迫力は確かに持ち合わせていた。

　プロの現場から見ても、他の大学の舞台づくりを見ても突出した大所帯である。誰一人欠けることなく、画面の向こうの「観客」に作品を届けることができたのは、ひとえに学生諸君を支え励まし、彼らを信じて実習に向かうことを許してくれた保護者や、厳しくも暖かい感想をたくさん届けてくださった観客の支援や協力のおかげだ。翻訳者の大岡氏にも、「学生が演じることでこの翻訳本来のテンポ感が生きていた」とのコメントをいただいた。感想を得にくい状況で、大いに励みになった。YouTubeの再生回数は初日の十二月二十三日がのべ一八六八回、千穐楽の二十四日は十二日間のアーカイブ配信を含めてのべ四八八六回の視聴回数となった。感謝してもしきれない。

上演芸術の真の価値は観客の影響下にあり、演劇教育＝人間教育であり、学修の本質は舞台作りそのものにある、そのことを改めて強く感じた実習となった。だからこそ一年を通して「観客の不在」は大きな課題を残した。

プロフェッショナルなら「観客」を「想像」して舞台を「創造」することが必要になるかもしれないが、「観客」から影響を受ける身体感覚を学ぶ段階の学生にとってはそういう意味で「無観客」はマイナスでしかないと考えている。

玉川大学の演劇・舞踊は「上演実習」と呼ばず「公演」と称する。僕はこれには意味があると考えている。

大学の演劇の上演実習というのは世間一般から芸術作品としての価値をほぼ評価されない。そういう意味で個人的に大学での実習はどれだけ心血を注いでも僕自身の演出家としてのキャリアにはならないので、最初から「自分の作品」という気は毛頭なく、とにかく最初から滅私奉公だ。しかし出演する、デザインする、そのほか創造の一翼を担った学生たちにとっては、大学生活の全てを注ぎ込んで生み出す芸術であり、単なる「思い出」で終わらせるべき創造ではないはずだ。だからこそ「観客」を前に自分をさらけ出す。つまり「公に演じる」のだ。

世界に対して自分という存在に責任を持つこと。

演劇の芸術的価値は舞台上にあるのではなく、「観客」の想像力の中にある。個人の精神の中に創り上げたものがその個人の想像力のほどを表す。芸術に親しむことはこの想像力を豊かにすることであり、それが人に痛みや世界の仕組みについて思いを巡らせる思考につながる。ゆえに芸術をないがしろにする国の為政者にも国民にも未来はない。芸術を冷遇することが想像力の欠如を助長する悪循環がやがて国を滅ぼす。試されているのは誰なのか。

舞台芸術とは何か、不要不急か否かという尺度では計り得ないものだという、その存在自体の必要性を産業としての価値も含めて業界自体が説き続けた。しかし次代の担い手を育てるためにも上演芸術の場における「観客」が必要であることはほとんど議論に上らない。高等教育における創造の現場の状況はほとんど変わっていないし、学舎の実践学修における観客の必要性に言及すると同じような批判に晒される。戦っているうちに一年以上が経過した。「不要不急の戦い」は、まだ終わらない。

多和田真太良（たわた・しんたりょう）
玉川大学芸術学部演劇・舞踊学科准教授。日本演劇学会会員。日本演出者協会会員。東京芸術劇場人材育成アドヴァイザー。学習院大学非常勤講師。博士（表象文化学）。東京演劇大学連盟事務局長。演出家、演劇研究者。明治大学文学部演劇学専攻、文学座附属演劇研究所研修科演出部を経て学習院大学大学院身体表象文化学専攻博士後期課程修了。「戯れの会」主宰。最近の主な演出に『出口なし』『R・U・R』『エフェメラル・エレメンツ』『三文オペラ』など。

新型コロナウイルス禍と伝統芸能と保存技術

前原恵美

はじめに

このたびの新型コロナウイルス禍（以下、「コロナ禍」）は、さまざまに変容しながら、今なお私たちの生活全般に影響を与えている。とにかくこのコロナウイルスは、一般的に人を介して飛沫感染および接触感染し、無症状の感染者もいるということが衝撃的であった。このため、実際にどのような状況下で、どれほど感染するリスクがあるのかという検証や、その結果を正確に知る以前に、人が集まって表現したり鑑賞したりする芸能に大きな影響を与え始めた。その影響の拡大は驚くほど速い一方で、縮小は緩徐な傾向がある。私の所属する東京文化財研究所では、令和二（二〇二〇）年四月より、古典芸能を中心とした伝統芸能へのコロナ禍の影響について情報収集を始めた。今も作業は継続中だが、この一年で見えてきたこと、感じていることについて書き記しておきたい。

伝統芸能におけるコロナ禍の影響 コロナ禍と情報収集のスピード競争

伝統芸能の公演情報は、通常であればそのジャンルの専門雑誌・チラシなどの紙媒体や、実演家（ないしその団体）・公演会場・企画制作者等によるウェブ上の情報（ホームページ、Facebook・TwitterなどのSNS、あるいはブログなど）から得られる。しかし今回のコロナ禍の影響を受けて、伝統芸能の公演情報は、紙媒体の情報ではとうてい間に合わないスピードで次々に変更されていった。そのため、伝統芸能へのコロナ禍の影響についての情報は、もっぱらウェブ上から収集することになった。特にコロナ禍の影響が表れ始めた当初は、あちらでもこちらでも公演中止あるいは延期、さらに延期の延期、そして延期を中止、というように目まぐるしく局面が変わるのを目の当たりにし、これは大変なことになったと緊張感が走り、このウェブ上の情報が埋もれて見えなくなる前に拾い集めなければ、という焦燥感に駆られたことを覚えている。

四月から本格的に、ウェブ上の情報を中心に伝統芸能におけるコロナ禍の影響を調べ始めることにしたが、その主な情報源や収集した情報項目については、別途詳述したので、そちらを参照されたい。[*1] 情報収集を始めてまもなく、これだけ大きなコロナ禍の影響であるからには、この状態はある程度長引くのではないかとの観測から、収集した情報の概要だけでも定期的に発信していくことが必要であると考えるようになった。そこで六月三十日以降、「関連事業の延期・中止情報」、「再開関連情報」の概要を中心に、表とグラフにごく簡単な説明を付して当研究

＊1
『無形文化財の保存・継承に関する調査研究プロジェクト報告書「伝統芸能における新型コロナウイルス禍の影響」をめぐる課題』二〇二一年三月、東京文化財研究所。入手などの問い合わせ先は東京文化財研究所 無形文化遺産部（mukei@tobunken.go.jp）。

所のホームページ上で公開し、現在も月に一度程度の更新を続けている。*2

コロナ禍の「表れ始め」

　現段階で確認している、「コロナ禍を理由として明記した」実演中止・延期の最初の例は、令和二（二〇二〇）年二月二十七日の公演だ。中止の発表は前日の二十六日で、実演家自身のFacebookおよび主催者のホームページ上で行われた。チラシを印刷し、チケットを販売し、出演者のスケジュールを調整してリハーサルを重ねた上で、公演前日に中止を判断する苦悩はいかほどであったろうか。しかも、当研究所の調査では、二月二十七日から月末二十九日までの三日間で、確認できているだけでも二十件の公演が、中止・延期を相次いで表明していた。そのジャンルは能楽、邦楽、演芸、琉球舞踊など広範にわたる上、会場も数十人規模の小さな会場から一〇〇〇人を優に超える大劇場まで、規模を問わない。会場所在地についても、東京、埼玉、神奈川、大阪、新潟、福岡、沖縄、石川、島根など、広域にわたっている。コロナ禍の最初の衝撃が、ジャンル、会場規模、開催場所に関わらず、あらゆる伝統芸能の公演を駆け巡ったことは明白だった。

発出、解除、再開、制限

　その後、四月七日の七都府県を対象とした最初の緊急事態宣言発出（四月十六日に全国対象に拡大）から七月の解除まで、有観客の公演としては鳴りを潜めているしかなかった伝統芸能だが、その間、無料配信、追って、より映像ならではの工夫を凝らした有料配信が次々とウェブ上に現れた。もっとも、この配信がどれほどの人々に鑑賞されたかは、現段階のところ第三者には知る術がない。映像の配信はそれぞれに新たな魅力を開拓していったであろうが、本来の形であるリアルの公演はほとんど皆無の日々が続いた。

　緊急事態宣言が全面解除された令和二（二〇二〇）年五月二十五日以降、公演の中止・延期件数は減少し（五月：一〇〇一件→六月四四七件）、対照的に再開件数が徐々に増えていって（五月：〇件→六月一九一件）、当研究所の調査では七月に両者の件数が逆転した。ただし、再開「件数」だけでは見えないのが、コロナ禍の影響である。ほとんどのホールや劇場は座席数を五〇%以下に制限し、様々なコロナ対策を講じた上での再開であるため、満席になっても本来の座席数の五〇%以下。つまり、公演を続ければ続けるほど、本来の収益からすれば減収を重ねる、痛みを伴う再開だった。

　それでも再開件数は徐々に増えていく中、再び陰りが見えたのが令和三（二〇二一）年一月である。一月七日に二度目の緊急事態宣言が発出されると、伝統芸能はこれに敏感に反応し、下げ止まっていた公演中止・延期件数は七倍（十二月：十五件→一月：一一〇件）に急増、再開件数もこれに伴って減少に転じた（一月：七五六件→二月：六三五件→三月：三二〇件）。三月二十一日に宣言は解除されたものの、伝統芸能の公演の反応は現時点（四月末）ではまだ鈍く、これからコロナ禍の推移を見ながら再開が徐々に増えていくものと思われた。

　ところがその矢先の令和三（二〇二一）年四月二十五日に、三度目の緊急事態宣言が四都府県に発出された。前回の宣言は、

*2 https://www.tobunken.go.jp/ich/vscovid19/eikyou-20210430（二〇二一年四月三十日更新）

伝統芸能の実演の場そのものの閉鎖に直結する対応を求めるものではなかった。しかし今回は、劇場、観覧場、演芸場、公会堂、文化会館に関して、施設の床面積にかかわらず、無観客での開催・運営（ただし、社会生活の維持に必要なものを除く）を要請等している。現在七県に適用されている「まん延防止等重点措置」と併せて、今後、影響が顕在化すると思われ、注視が必要である。

「見える化」が難しい保存技術[*3]への影響

こうして公演の中止・延期、再開情報を数値化すると、伝統芸能の公演がコロナ禍に翻弄された一年がより具体的に見えてくる。しかし実は、更に本質的なところに「見えにくいコロナ禍の影響」があることを忘れてはならない。そのことが表面化したのは、令和二（二〇二〇）年六月にもたらされた、国内有数の三味線メーカー「株式会社　東京和楽器」が廃業に直面しているという情報によってであった。伝統芸能などの無形の文化財を支える「保存技術」の危機である。

あたりまえのことのようだが、伝統芸能は実演家だけでは成立しない。実演するための場や、（場合によって）企画制作や、そもそも伝統芸能を四方八方から支える保存技術、例えば、装束や衣装、面や鬘、大小の道具や楽器などを製作・修理する技術が無ければ、ほとんどの伝統芸能は体を成さないのではないか。つまり、伝統芸能を支える技を持つ多くの人々によって、実演家は舞台上で輝くことができるとも言える。この支える技・保存技術がコロナ禍の影響をどれほど受けているかということは、ウェブ上の情報を収集してもそう簡単には数字に表れない。

だからこそ、こうした技術の状況について目配りが必要であったはずが、実際にはそうはなっていなかった。そのために、気づいた時には、東京和楽器のような最大手とも言えるような三味線メーカーが、廃業を視野に入れるほど追い詰められていたのだ。そのことを、実演家も、愛好家も、研究者も、おそらく文化財行政に携わる者も直前まで知らずにいたわけである。私はその後、何度も東京和楽器に調査に伺う機会を得て、独自の技術やメーカーとしての従業員の個々の技術の研鑽とチーム力を肌で感じた。[*4]と同時に、伝統芸能研究の末席に連なる者として、自分が伝統芸能のどこを見ていたのか、大いに考え直す機会になった。なお、東京和楽器の窮状は、その後、新聞やテレビでも取り上げられ、和楽器バンドによる「たる募金プロジェクト」のような支援の輪も生んだことはご存じのとおりである。ただし、このような状況の基底にある伝統芸能の需要低迷は、なにもコロナ禍によって引き起こされたわけではない。以前から愛好者が減少の一途をたどっていたという、根本的で深刻な課題に、保存技術を通して伝統芸能にかかわる人以外が気づけなかった、あるいは運命共同体として、伝統芸能が直面する課題にともに解決にあたってこなかった、ということであろう。そしてこうした状況を生んだ一つの原因として、研究者が客観的に保存技術そのものおよびその継承の状況に充分に目を向けてこなかったことも、率直に認めざるを得ない。

コロナ禍の影響を受けながら、次へ

コロナ禍は、伝統芸能の公演にも、それを支えている保存技術にも、大きなダメージを与えている。しかしこのような厳し

＊3
本稿では、文化財継承のために必要な伝統的製作・修理技術を「保存技術」と呼ぶ。

＊4
『日本の芸能を支える技VI　三味線　東京和楽器』（二〇二〇年十二月、東京文化財研究所）として刊行した。入手などの問い合わせ先は東京文化財研究所無形文化遺産部（mukei@tobunken.go.jp）。

い状況だからこそ見えてきたことがあるのも事実だ。つまりコロナ禍は、実演家にも、会場を運営する人や企画制作に携わる人にも、保存技術を通して支える人にも、愛好者や研究者にも、等しく同時に深刻な影響をもたらした。このことによって、伝統芸能を取り巻くすべての立場の人々が、もしかしたら「初めて」同じ地平に立ったのではないだろうか。

公演ができないということは、実演家が本来の表現の場を失い、会場の運営もしようがなくなり、企画制作も実現できなくなり、伝統芸能を支えるさまざまな技術も発揮の場を失い、愛好家や研究者はその対象をなくすことにつながりかねない。その危機感を、皮肉にも一斉に共有したのが今回のコロナ禍ではないだろうか。そうだとすれば、ここから伝統芸能を取り巻くより大きな枠組で、抱えている課題にともに向き合って進んでいくことこそ、伝統芸能がコロナ禍から立ち直る術であるということも、共有できはしないか。

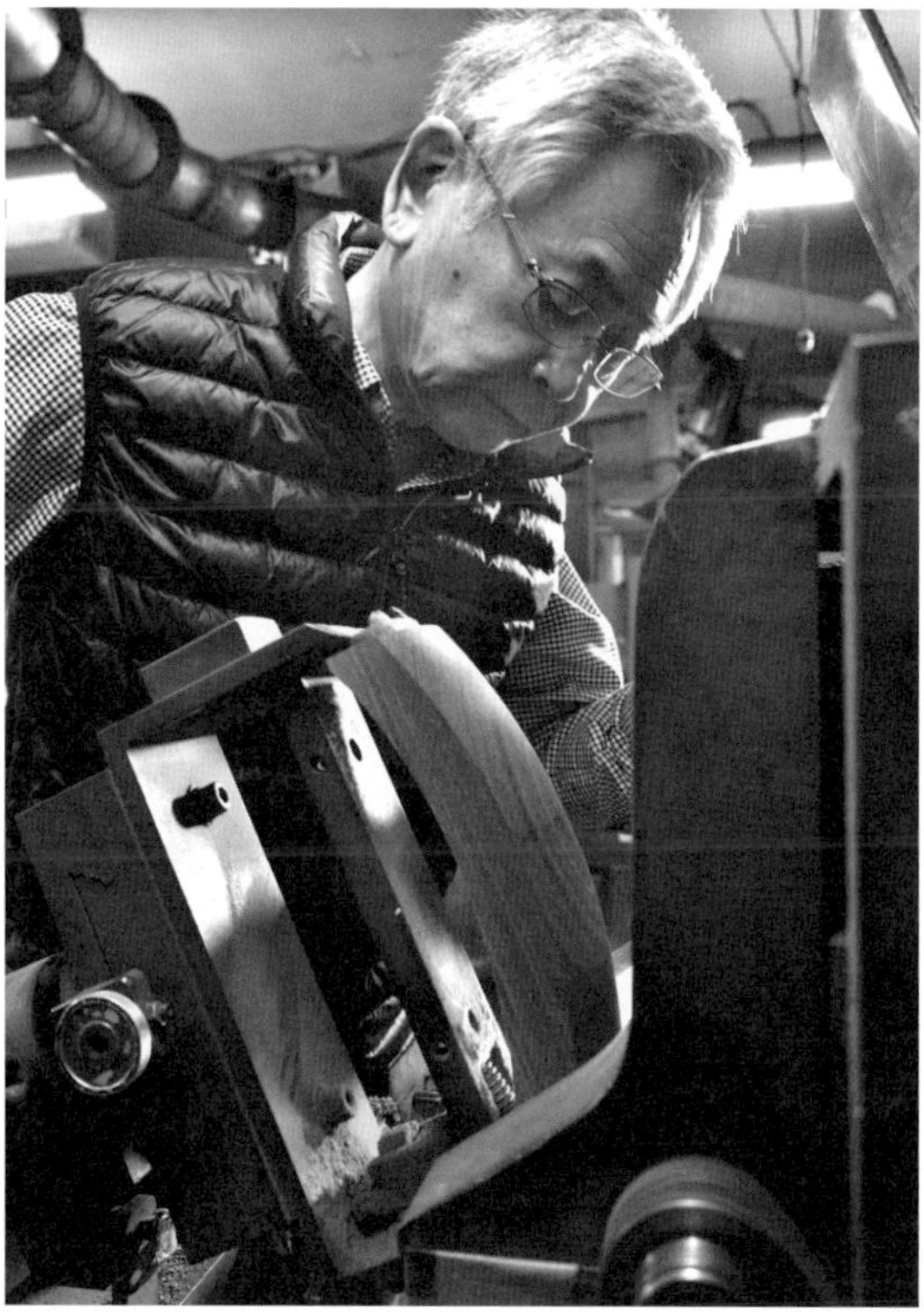
「東京和楽器」の大瀧勝弘代表

新たな回転軸は

コロナ禍の行く末が見通しにくい現在だが、同時に伝統芸能を取り巻く環境を変えるチャンスでもあると捉えるならば、今までとは異なる回転軸が必要になるのかもしれない。そしてその兆候は少しずつ表れているように思う。例えば、さきほどの和楽器バンドのような支援活動がより多くの人の関心を集め、伝統芸能を支える技への注目度が増した。

また一方で、文化庁の新規事業「邦楽普及拡大推進事業」が発表され、新聞等で取り上げられている。単年度事業が多い中で、この事業は高校なら三年間、大学なら四年間の、部活ないしサークル活動を対象とした期間を想定している。文化庁が小売店から新規に購入した楽器を貸与するという方法も、日本においては新鮮だ。伝統芸能を支える技の枠を集めた楽器を使って、思う存分部活やサークルで邦楽に触れられるとなれば、これまでは少し離れたところから関心を持っていた若い層が、伝統芸能をぐっと身近に感じ、深く引き寄せられる好機になるかもしれない。また、楽器を使い続けるにはメンテナンスも必要だ。学校の音楽室のピアノに調律が欠かせないように、伝統楽器にもケアが必要である。そうしたことも含めて、楽器への興味を育み、伝統芸能との距離を縮める機会になるよう、この事業の今後を長い目で見守りたい。

さらに、こうした新たな回転軸は、何も邦楽だけでなく伝統芸能全般に応用可能なように見える。芸能の実演家、会場を運営する側、企画制作する立場、芸能を支える技術者、それぞれが互いに嚙み合って回る回転軸が一つ二つと増えたらどうだろう。小説やアニメ、漫画やゲーム、ロックやポピュラー音楽を通じて、遠巻きながら関心を持っていた人たちを、リアルな伝統芸能の世界に引き込む力が生まれはしないか。そしてそのことがさらに別の新たなアイデアをもたらし、伝統芸能を後押しする大きな回転を生む可能性があるのではないか。そうした新たな動きの連鎖を切実に期待している。

前原恵美（まえはら・めぐみ）
東京藝術大学後期博士課程（音楽学専攻）単位取得満期退学。独立行政法人国立文化財機構東京文化財研究所無形文化遺産部無形文化財研究室長。専門分野は近世芸能、無形文化財および保存技術。単著に『常磐津林中の音楽活動の軌跡——盛岡市先人記念館所蔵林中本を手掛かりに』（武久出版、二〇一三年）、共著に『神田明神論集1』（「江戸祭礼と歌舞伎をめぐる三味線音楽演奏者の動向——常磐津節を中心に」（神田神社、二〇一七年）などがある。

劇場等における感染拡大防止対策としての換気調査と飛沫計測

奥田知明

はじめに

新型コロナウイルス感染症（COVID-19）の影響により、日本および世界各地において、演劇をはじめ多くの文化・芸術・教育活動の機会が失われてきた。この影響はすぐに収束することはなく、今後も感染症への懸念は長期化するものと考えられる。このままこのような文化的活動の機会が失われ続ければ、現在から将来にわたる損失は計り知れないものとなってしまうであろう。種々の活動を再開させてゆくプロセスに際しては、ゼロリスクはあり得ない前提に立ち、可能な限りの科学的根拠に基づいた対策を実施しながら、それぞれの場において許容できるリスクの範囲を見極めていく姿勢が強く求められている。

筆者の専門は環境化学・大気科学・エアロゾル（気中微粒子）工学であり、医療や感染症の専門家ではないが、これまでにCOVID-19に関連する活動として、マスクおよびその素材による粒子捕集効率等の実験結果の公開[*1]や、歌唱や楽器の演奏時に発生するエアロゾルの計測[*2]、さらには劇場や教室などの屋内空間における換気状況の調査等[*3]を行ってきた。その活動の一部はTVや新聞などの多くのメディアにおいて報道されている[*4]。本稿ではこれらの活動について、その概要と調査結果の一部について解説する。

劇場や教室などの屋内空間における換気状況の調査

新型コロナウイルスの感染経路としては接触と飛沫（ここでは放出後速やかに落下するサイズの粒子のことで、一般には粒径五μm以上の粒子を指す）が主要なものであると言われている[*5]。接触感染は感染者と直接的に接触する経路の他に、飛沫落下などによりウイルスが付着したテーブルなどの環境表面を介して間接的に接触移行する経路が考えられる。飛沫感染は、感染者の口から放出されたウイルスを含む飛沫を非感染者が直接吸引するか、その飛沫が直接もしくは間接的に目鼻口などの粘膜に付着する経路である。これらの飛沫感染や接触感染は、環境表面を介する場合を除いて感染者と非感染者が近接した状態（一般に、手を伸ばして相手に届く、または飛沫が直接相手に届くとされる約二メートル以内にお互いがいる状態）で発生することが想定されるため、お互いの距離をとる、いわゆるソーシャルディスタンス

＊1
奥田知明（2020）YouTubeチャンネルhttps:// www.youtube.com/channel/ UC1IKuKpxsEvAclxgJNdKWdA/（2021.4.4アクセス）

＊2
東京都交響楽団（2020）「演奏会再開への行程表と指針（第2版）」https://www.tmso.or.jp/j/news/9064/（2021.4.4アクセス）

＊3
新国立劇場（2021）新国立劇場における換気状況調査 結果報告 https://www.nntt.jac.go.jp/release/detail/23_019281.html（2021.4.4アクセス）

＊4
例えば、TBS報道特集（2020）「演奏による飛沫は？ オーケストラの独自検証に密着」、ほか

＊5
Morawska, L., Milton, D.K.（2020）It is time to address airborne transmission of Coronavirus Disease 2019（COVID-19）, Clinical Infectious Disease 71, 2311-2313, DOI: 10.1093/cid/ciaa939

の重要性が繰り返し指摘されている。

一方で、閉鎖的で換気状態が良くない空間においては、空気中に浮遊するウイルスを吸入することにより感染が成立するいわゆる飛沫核感染（エアロゾル感染）の可能性が否定できないケースが複数報告されている。[*6・7] 演劇の公演等において多くの観覧者が屋内空間にいる場合を想定すると、上記の三つの感染経路のうち、接触感染と飛沫感染については個人がそれぞれ自ら対策を取ることも可能であるが、飛沫核感染については換気状態の問題になるため個人で対処することは難しく、施設側にその管理が委ねられている。さらに換気状態は通常目に見えるものではないため、その場にいる個人が自らの居る空間の換気状態を把握できない、という問題もある。

そのため、特に屋内空間に多人数が同時にいるという状況が頻繁に起こりうる劇場や教室等における実際の換気状況を調査し、必要に応じてその改善策を講じる必要がある。そこで筆者はこれまでに、劇場や大学キャンパス施設など数十箇所において換気状況の調査を実施した。調査の概要としては、空間内でドライアイスまたはガスボンベよりCO_2ガスを放出し、複数地点に設置したCO_2濃度計測装置により空気中のCO_2ガス濃度を計測し、その減少速度より空間内の換気状態を推定した。CO_2センサには非分散型赤外線吸収法（ＮＤＩＲ：Nondispersive Infrared spectroscopy）を用いた。ＮＤＩＲは赤外光源からの赤外線が対象ガス分子により吸収される程度を測定する装置であり、赤外吸収を持つCO_2の測定によく用いられている。また、場所によっては劇場の演出に用いられるスモーク粒子を発生させてトレーサー（追跡子）とし、光散乱式粒子計数器（ＯＰＣ：Optical Particle Counter）により粒子の大きさ別に空間中の粒子個数を測定し、粒子の減少速度より空間内の換気状態を推定した。

調査の一例を以下に示す。[*3] 新国立劇場小劇場（容積五九六二m³）において複数地点にCO_2濃度計とＯＰＣを設置し、CO_2ボンベよりCO_2を空間に散布し、次いで劇場用スモークを焚いて煙粒子を発生させた。劇場内はサーキュレーターで空気を撹拌し、各測定地点でのトレーサー濃度の表示値が概ね安定してから空調装置を稼働させた。CO_2濃度の減衰を指数関数近似した定数（＝換気回数［回／時間］）を計算したところ、一・二回／時間となった。これをガス状物質の半減期（空間内の対象物質濃度が半分になるまでの時間）で表現すると、三十五分となる。一方、粒径〇・三〜〇・五μmの粒子濃度の減衰より換気回数を計算したところ、三・〇〜七・九回／時間となった。これを粒子状物質の半減期で表現すると、五〜十四分となる。これはCO_2をトレーサーとして推測されたガスの換気回数と比較して非常に大きかった。これは、外気の取り入れに加えて、空調設備内に設置されたフィルターにより粒子が除去される効果が大きかったものと考えられる。この他、大劇場や中劇場、リハーサル室でも同様の調査を実施し、さらに実際の公演時のCO_2濃度データを合わせて解析した結果、当該施設における空間の換気状況には特に大きな問題がないことがわかった。

別の事例も紹介する。筆者は所属する大学のキャンパス内において、教室や実験室など合計約二十箇所の換気状況の調査を行った（写真1）。その結果を解析したところ、初回の調査の際には、ある教室において換気設備から予想される換気回数より顕著に小さい値となった。そこで設備担当者に確認したところ、エネルギー効率の観点から、元々の能力よりも抑えた状態で実

＊6
Li Y, Qian H, Hang J, Chen X, Hong L, Liang P, Li J, Xiao S, Wei J, Liu L, Kang M (2020) Evidence for probable aerosol transmission of SARS- CoV-2 in a poorly ventilated restaurant, MedRxiv, doi:10.1101/2020.04.16.2006728

＊7
Hwang, S.E., Chang, J.H., Oh, B., Heo, J. (2021) Possible aerosol transmission of COVID-19 associated with an outbreak in an apartment in Seoul, South Korea, 2020, International Journal of Infectious Diseases 104, 73-76, DOI: 10.1016/j.ijid.2020.12.035

際の換気設備を運用していたことがわかった。そこで換気量重視の設定に変更して再度調査を実施したところ、今度は十分な換気量が得られることがわかった。これまで多くの施設の換気状態を調査してきた筆者の実感として、このようにエネルギー効率重視の観点から、換気能力を低いまま運用している施設は多いものと思われるため、施設管理者はこの機会に換気設備の運用方法を点検・検討することが望ましい。

歌唱時や楽器の演奏時に発生するエアロゾルの計測[*2]

歌唱や楽器により発生する粒子についての理論的考察を簡潔に示す。歌唱よりも放出粒子数が多く、かつ遠くまで到達すると考えられるものがくしゃみである。先行研究[*8]によると、くしゃみによる気流の初速度は十〜二十m／s（三十六〜七十二㎞／h）であり、〇・二秒以内に計測できたほぼ全ての粒子のスピードがゼロになったと報告されている。従って「くしゃみの速さは新幹線並み」という表現は正しくない。また、放出された粒子は、初速度のまま空気中を進むわけではなく（そのようなイメージを想起させる表現をよく見かけるが誤りである）、放出直後から空気の抵抗を受けるため、すぐにブレーキがかかる。この空気抵抗は非常に強く、例えば直径〇・二㎜までの粒子であれば〇・一秒以内に初速度を全て失う。計算過程は省略するが、例えばくしゃみにより放出された直径一㎜の粒子が静止した空気中を通って床に落ちるまでの距離は最大でも五メートル以内と考えられる。また、日常会話であれば粒子が放出される初速度は一〜五m／s程度と考えられ、会話で発生する粒子の多くは話者より一メートル以内に落下するものと考えられる。

管楽器からの粒子の放出を考える際は、そもそも演奏者は楽器の音を鳴らすために息を吹き入れており、意図的に粒子を発生させるような行為をしているわけではないということと、多くの管楽器は管が細く、さらに曲がっていることが重要である。気流が曲げられる時、多くの粒子は管壁に衝突する。流速十L／min（人が静かに呼吸している程度）で管径一㎝の管楽器を吹いた場合（秒速〇・五メートルの風速に相当）、JIS K0302[*9]の式を適用すると、管が九〇度曲がった箇所を一回通るだけで〇・〇二㎜の粒子の約五〇％は管壁に衝突する。粒子が大きくなるほど、また速く吹くほど粒子は管壁に衝突しやすくなる。つまり原理上、管楽器の管が曲がっていればいるほど、そもそも粒子が放出されにくい、と考えることができる。

次に調査の概要を説明する。オーケストラにおける歌唱時や楽器の演奏時に発生する粒子の計測を行った。具体的には、トランペットやフルートなどの十種類の管楽器と男性・女性歌手から放出される粒子を見た。男性歌手の歌唱時には、粒子可視化装置により比較的多くの数および頻度の粒子放出が確認された。ただし歌い方によって粒子の放出挙動は異なり、ドイツ語の曲ではそれほど多くなかった一方、イタリア語で破裂音が多い曲では多くの粒子放出が見えた。大き目の粒子などはほぼ真下に落ちる一方で気流に乗る小さな粒子もあり、顔付近の粒子濃度が増えて行く様子が観察された。なお母音の発声時では、ほとんど飛沫は確認できなかった。女性歌手か

＊8
Nishimura H, Sakata S, Kaga A (2013) A New Methodology for Studying Dynamics of Aerosol Particles in Sneeze and Cough Using a Digital High-Vision, High-Speed Video System and Vector Analyses. PLoS ONE 8 (11): e80244. doi:10.1371/journal.pone.0080244

＊9
JIS K0302:1989 排ガス中のダスト粒径分布の測定方法

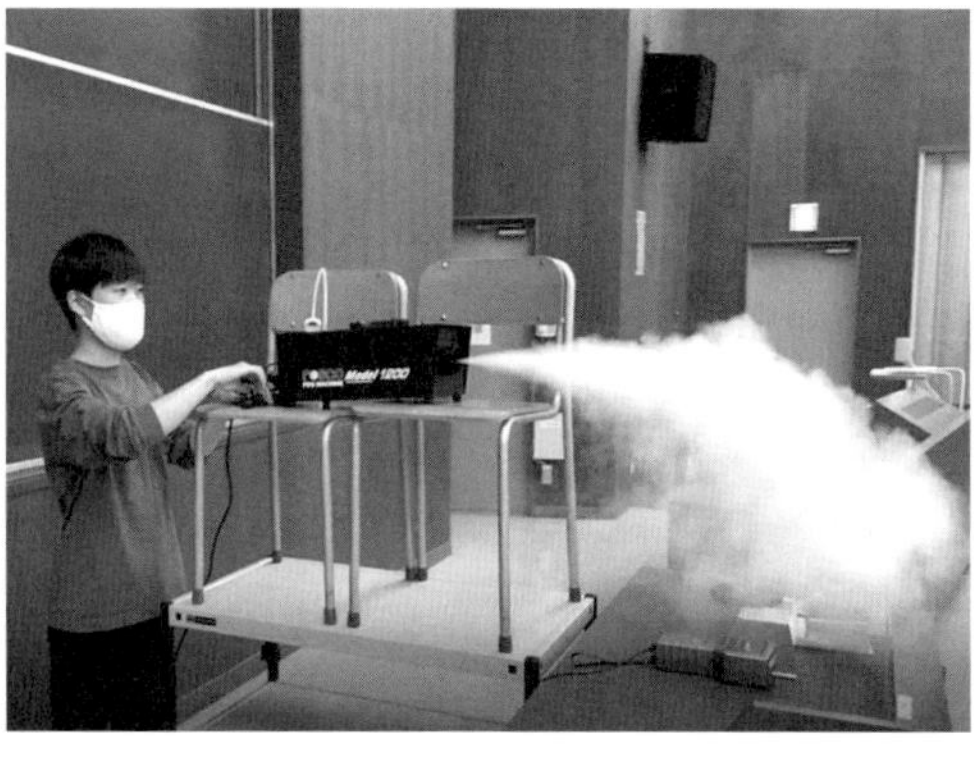

写真1　大学教室における換気調査の様子の一例

らの粒子の放出は、男性歌手と比較して明確に少なかった。十種類の管楽器（測定順に、オーボエ、トランペット、ホルン、テューバ、トロンボーン、フルート、ピッコロ、ファゴット、クラリネット、バスクラリネット）から放出される粒子は、楽器や口元に極めて接近した際にわずかに見られ、またマウスピースのみを吹いた場合には計測可能な量の粒子が発生したが、男性歌手よりも粒子を発生する楽器は一つもなかった。

　総じて、管楽器演奏中（本番中）のリスクは、演奏前後（リハーサル、食事、会話、打ち上げ等、つまり日常生活）より顕著に高いとは考えにくい結果となった。ただし、管楽器演奏時に楽器内にたまる液滴（いわゆる結露水）については、他人にかかることのないように適切に処理する必要があると思われる。また、歌唱や楽器演奏による粒子の発生挙動については、クラシック音楽公演運営推進協議会と日本管打・吹奏楽学会が主催した科学的検証の報告書[*10]にも詳述されており、合わせてご参照いただきたい。

おわりに

　本稿に記した内容は、必ずしも筆者が専門とする調査研究内容ではなく、むしろ素人が自己流で実施したものであり、その妥当性や正確性は担保できない面が多々ある。しかしながら、COVID-19はそれ自体が新規の事象であり、その「専門家」がどこかに元々いたわけではない。今回のような個々の調査結果も重要であるが、一般の人々が把握しづらい換気状態や飛沫の挙動等に対して可能な限り実験的・定量的なアプローチを行って現状を把握し、個々の状況に合わせて合理的な対応を行っていくという姿勢を示すことが極めて重要であると言える。

謝辞

　今回の計測の一部は、慶應義塾大学新川崎先端研究教育連携スクエア・超実践型人間環境化学社会実装プロジェクト、および慶應義塾大学グローバルリサーチインスティテュート・KGRI新型コロナウイルス危機研究：実践的メドテックデザインプロジェクト〜緊急対応からの学びとポストコロナ時代の活動の一環として実施された。また、有志研究チームMARCO（Mass gathering Risk Control and Communication）からは多くのご示唆を得た。ご支援とご協力をいただいた全ての関係者の方々に感謝の意を表します。

奥田知明（おくだ・ともあき）
東京都立大学理学部卒業、同修士課程を経て、東京農工大学大学院連合農学研究科博士課程修了、博士（農学）。慶應義塾大学理工学部応用化学科助手、専任講師、准教授を経て、現在、同教授。米国ウィスコンシン大マディソン校客員講師、日本エアロゾル学会及び大気環境学会常任理事、日本化学会環境安全推進委員会環境小委員会委員長、内閣官房新型コロナウイルス感染症対策推進室とりまとめの専門家会合委員等を歴任。Asian Young Aerosol Scientist Award ほか受賞・TV出演多数。

＊10
クラシック音楽公演運営推進協議会、日本管打・吹奏楽学会（2020）「クラシック音楽演奏・鑑賞にともなう飛沫感染リスク検証実験報告書」、https://www.classic.or.jp/2020/08/blog-post.html（2021.4.4アクセス）

VI 資料

新型コロナウイルスと演劇 年表

本年表は、各テレビ・新聞・雑誌（電子媒体含む）およびニュースサイト、各劇場・劇団・機関・団体等の公式サイトおよびSNS、公演チケットサイト、公演情報サイト等のインターネット、雑誌『演劇界』に連載中の児玉竜一氏による「劇界の動向」を参照し、後藤隆基、三枝英子、塩見香奈、佐久間慧（早稲田大学演劇博物館）が作成にあたった。演劇・劇場等に関わる出来事は○、社会・医療等に関わる出来事は●を付した

2019年

- 12月31日 ● 中国はWHO（世界保健機関）に対し、湖北省武漢市で原因不明の肺炎のクラスター（集団感染）が確認されたと報告

2020年

- 1月1日 ● WHOは原因不明の肺炎の流行への有事対応として、危機対応グループを立ち上げた
- 1月6日 ● 厚生労働省、武漢市からの帰国者でせきや熱などの症状がある場合は速やかに医療機関を受診し、渡航歴を申告するよう注意喚起
- 1月8日 ● WHO、武漢市で相次ぐ原因不明の肺炎患者について、病原体を検査した結果、新型ウイルスの可能性が否定できないと発表
- 1月9日 ● 中国の専門家グループが新型コロナウイルスを検出
- 1月11日 ● 武漢市の保健当局、病原体が特定されていない肺炎の患者が死亡、7人が重症と発表。死者は初めてとみられる
- 1月14日 ● WHO、中国の原因不明の肺炎について新型のコロナウイルスが検出されたことを確認
- 1月16日 ● 新型コロナウイルスを日本で初確認。武漢市に渡航した神奈川県在住の中国籍の30代男性
- 1月18日 ● 都内の個人タクシーの組合支部の新年会が屋形船で開かれ、約100人が参加。熱などの症状を訴える人が出始め、のちに集団感染を確認
- 1月下旬 ● マスクが品薄に、価格高騰
- 1月21日 ● WHO、「ヒトからヒトへの感染が見られる」と発表
- 1月23日 ● 武漢市、感染拡大防止のため、全域で市民の移動を制限する都市封鎖に
- ● WHO、現時点では「国際的に懸念される公衆衛生上の緊急事態」にあたらないと発表
- 1月26日 ● 中国から海外への団体旅行を全面的に中止へ
- 1月28日 ● 政府、中国湖北省武漢市に残された日本人退避のため、民間チャーター機の派遣を開始
- 1月29日 ● 中国本土の感染者は5974人に達し、SARSを上回る。世界への拡大が本格化
- 1月30日 ● WHO、新型コロナウイルス感染症が「国際的に懸念される公衆衛生上の緊急事態」と宣言
- 1月31日 ● 政府、新型コロナウイルスによる感染症を「指定感染症」に
- 2月3日 ● クルーズ船「ダイヤモンド・プリンセス号」が横浜に帰港。1月25日に香港で下船した乗客が30日に発熱し、2月1日に陽性確認。政府は乗員乗客の下船を許可せず、約3700人を対象とした検疫を開始
- 2月11日 ● WHO、新型コロナウイルスが引き起こす病状について「COVID-19」と名づけたと発表
- 2月13日 ● 新型コロナウイルスによる国内初の死者を確認。神奈川県に住む中国への渡航歴がない80代女性、死亡後に陽性反応確認
- 2月19日 ● ダイヤモンド・プリンセス号の検査で陰性結果が出た乗客が下船を開始
- 2月25日 ● 政府、新型コロナウイルス対策の基本方針を公表
- 2月26日 ● 安倍晋三首相、新型コロナウイルス感染症対策本部を開き「多数の観客が集まる全国的なスポーツ・文化イベント等」について2週間の中止・延期・規模縮小の要請
- ○ 国立劇場・国立博物館等は初日の延期、休館等を発表。国立劇場は3月15日まで主催公演を中止
- ○ 劇団☆新感線、『偽義経冥界歌』東京公演の一部休演を発表
- ○ 博多座「市川海老蔵特別公演」が初日を迎えたが、翌日の16時開演の公演から中止に（〜3月1日）
- 2月27日 ○ 歌舞伎座「三月大歌舞伎」、明治座「花形歌舞伎」、南座スーパー歌舞伎Ⅱ『新版オグリ』を3月10日まで休演
- ○ 劇団新派、新派特別公演『八つ墓村』の公演中止を発表
- ○ 東宝、帝国劇場『Endless SHOCK 20th Anniversary』（2月28日〜3月10日）の公演中止を発表（その後、3月19日まで延長）
- ○ 東京芸術劇場、主催公演『カノン』（3月2日〜15日）の公演中止を発表
- ○ 世田谷パブリックシアター、主催公演『お勢、断行』（2月28日〜3月11日）のツアー公演含め全日程の公演中止を発表
- ○ 東京文化会館でパリ・オペラ座バレエ公演が初日。全10回の公演を予定どおり開催
- ● 国立文化財機構、東京国立博物館・京都国立博物館・奈良国立博物館・九州国立博物館・奈良文化財研究所の公開施設の臨時休館を発表（当初は3月15日まで、のちに当面の間の臨時休館延長）
- ○ 「シアターコモンズ '20」、東京都港区エリア各所で開幕（〜3月8日）。感染拡大防止対策のため一部実施形態や内容を変更し、予定どおり実施
- ● 安倍首相、全国すべての小中高校と特別支援学校に3月2日から春休みまでの一斉休校を要請
- 2月28日 ● 北海道の鈴木直道知事、独自に「緊急事態宣言」を発出（2月28日〜3月19日）、週末の外出自粛を要請
- 2月29日 ○ ロームシアター京都、29日上演予定だった文楽公演『木下蔭狭間合戦』などの中止を発表
- ○ 椎名林檎がボーカルを務める東京事変が東京国際フォーラムでコンサートを開催。批判が相次ぎ、3月4日に大阪、仙台、札幌の公演中止を発表（3月25日に福岡公演、3月31日に名古屋NHKホール公演の中止を追加発表）
- 2月下旬 ○ この頃、店頭からトイレットペーパー、ティッシュペーパー、キッチンペーパーなどが消えはじめる
- 3月1日 ○ 野田秀樹が「意見書 公演中止で本当に良いのか」をNODA・MAP公式サイトに公開。ネット上で賛否両論
- 3月1日 ○ 大阪の此花千鳥亭、YouTubeに「此花千鳥亭テレワーク寄席チャンネル」を開設
- 3月2日 ○ 大阪市内のライブハウスでクラスター発生の可能性
- 3月3日 ○ 日本演出者協会主催の「若手演出家コンクール2019最終審査」が、全日程公開審査会の予定を無観客での非公開審査会に変更（〜8日）
- 3月5日 ● 政府、中国人と韓国人に発給したビザの効力を停止し、香港・マカオ・韓国に対するビザ免除措置を停止すると発表
- 3月5日 ○ 日本俳優連合、西田敏行理事長名で政府へ緊急要望書を提出
- 3月6日 ○ 宝塚歌劇、9日からの公演再開を発表
- 3月7日 ○ 日生劇場で三浦春馬主演のミュージカル『ホイッスル・ダウン・ザ・ウィンド 〜汚れなき瞳〜』が18日まで公演中止（19日休演、20日から再開したが、28日〜29日の千穐楽まで再び中止）
- ○ びわ湖ホールプロデュースオペラ『神々の黄昏』が映像配信を実施

3月8日　松竹・明治座・東宝、15日までの公演中止を発表

3月9日　専門家会議、密閉・密集・密接の「3条件」（＝三密）の重なりを避けるよう呼びかけ

宝塚大劇場、東急シアターオーブが公演再開

プロ野球のシーズン開幕延期、Jリーグの公式戦再開延期を決定

3月10日　安倍首相、大型イベント自粛の再要請

政府、感染拡大が続く今回の事態を国や社会として記録を共有すべき「歴史的緊急事態」に初指定

「日本博オープニング・セレモニー記念公演」（14日）の中止を発表

東京宝塚劇場、公演再開

3月11日　WHO、新型コロナウイルスの感染拡大をパンデミック（世界的流行）と認定

宝塚歌劇、12日からの休演を発表

国立劇場、19日まで再度の主催公演初日延期を発表

センバツ高校野球大会、初の中止が決定

3月13日　新型コロナウイルス特措法成立、14日施行。2013年施行の新型インフルエンザ等対策特別措置法の適用対象に、新型コロナウイルス感染症を追加

アメリカのトランプ大統領、新型コロナウイルスの感染拡大への取り組みを強化するため、国家非常事態を宣言

歌舞伎座・明治座・南座、3月19日まで休演延長を発表

東急シアターオーブ、休演を発表

3月16日　日本芸能実演家団体協議会（芸団協）、安倍首相らに支援を求める要望書を提出

3月17日　日本劇団協議会、安倍首相に「新型コロナウイルス感染防止措置に伴う 公演中止等に係る演劇界の要望書」を提出

「新型コロナウイルスからライブ・エンタテイメントを守る超党派議員の会」開催。音楽関連5団体が出席し、要望書を提出

国立劇場、三月公演中止を発表

3月18日　歌舞伎座・明治座・南座、三月公演中止を発表

3月19日　専門家会議、感染拡大のリスクは懸念しつつ、感染状況の確認されていない地域についてはリスクの低いものから文化施設の利用を求めた

3月20日　東宝・東急系の劇場、PARCO劇場、東京国際フォーラムが公演再開

松竹、歌舞伎座「十三代目市川團十郎白猿襲名披露興行」の詳細配役を発表

東宝、帝国劇場『Endless SHOCK 20th Anniversary』3月21日～31日の全公演中止を発表

政府、全国の一斉休校の要請を延長しないという方針を発表

オリンピックの聖火がギリシャから宮城県の航空自衛隊松島基地に到着

任天堂、Nintendo Switchのゲームソフト『あつまれ どうぶつの森』を発売。コロナ禍の巣ごもり需要も相まって世界中で大ヒット

3月22日　帝国劇場『Endless SHOCK』のインスタグラム無料配信を実施。スマートフォンを使用し、堂本光一がフライングしながら撮影するなどの試み

東京宝塚劇場の千穐楽の様子をCSタカラヅカ・スカイ・ステージで生中継

3月23日　東京都の小池百合子知事、記者会見で「都市封鎖（ロックダウン）」に言及

東京都の感染症対策本部会議、4月12日までの大規模イベントの自粛継続を要請

プロ野球、4月10日開幕を24日に再延期

イギリス国内で新型コロナウイルスの感染拡大。ジョンソン首相は3週間の全国的なロックダウンを発表（4月13日にさらに3週間の期間延長）

3月24日　東京オリンピック・パラリンピックの1年程度の延期を正式発表。「東京2020大会」の名称は維持

3月25日　国立劇場、4月12日までの主催公演中止を発表

御園座、四月公演『NARUTO』の全公演中止を発表

ドイツで総額7500億ユーロの経済施策が議会承認。特に文化・芸術分野への支援に注目が集まる。グリュッタース文化相「アーティストは今、生命維持に必要不可欠な存在」

3月26日　政府、特措法に基づく対策本部を設置

東京都の要請を受け、都内各劇場が週末の休館を発表

市川海老蔵出演による「KABUKI×OPERA『光の王』」（4月18日、東京体育館）の中止を発表

3月27日　国内の感染者、1日の人数としては最多の100人超

アーツカウンシル東京主催「東京芸術祭2020特別公演ファンタスティック・サイト」で5月29日～31日に予定していた『Crazy Camel Garden』『Undercurrents』『Tune To A Dead Channel: Departure/Arrival』の公演中止を決定

コミックマーケット98（5月2日～5日）、初の開催中止を決定

3月28日　国内の感染者、1日の人数としては最多の200人超

3月29日　コメディアンの志村けん、新型コロナウイルスによる肺炎のため発熱からわずか10日で死去。70歳

3月30日　シライケイタ、ケラリーノ・サンドロヴィッチ、中津留章仁、瀬戸山美咲ら舞台関係者、内閣府と文化庁に対し適切な損失補填を求める要請書を提出

新橋演舞場、四月大歌舞伎を4月15日まで休演

三笠宮彬子女王、ウェブ版『和樂』に「舞台からの祈り」と題した文章を寄稿

東京オリンピック・パラリンピックの延期日程を2021年7月23日開幕と発表

3月31日　東宝、4月15日までの休演を発表

大人計画、宮藤官九郎の新型コロナウイルス感染を発表（ウーマンリブ vol.14『もうがまんできない』4月7日に東京公演の中止、14日に大阪公演中止を発表）

3月下旬　味覚や嗅覚の異常を訴える感染者が国内外で増加。感染を疑う目安として周知される

4月1日　安部首相、全国すべての世帯を対象に、2枚ずつ布製マスクを配布する方針を表明。マスクの確保と郵送等に必要な経費は総額466億円（のちに約260億円と修正）

政府、全世界からの入国者に2週間の待機要請を決定

日本医師会、一部の地域において病床が不足しつつあるとして「医療危機的状況宣言」を発表

テニスのウィンブルドン選手権が中止を決定。戦争以外の理由で中止になるのは史上初。1945年以来75年ぶり

4月2日　明治座、創業以来初のオーケストラ生演奏によるミュージカル『チェーザレ』は4月13日～15日の公演中止を決定（4月8日に全公演の中止を発表）

4月3日　国内の感染者、1日の人数としては最多の300人超

国立文楽劇場、四月公演『義経千本桜』通し上演の全公演中止を決定

SPAC（静岡県舞台芸術センター）、4月25日～5月6日開催予定の『ふじのくに⇅せかい演劇祭 2020』と、ふじのくに野外芸術フェスタ2020 静岡『アンティゴネ』の公演中止を発表

プロ野球の開幕が無期限延期に

4月5日　打ち合わせ・稽古・本番のすべてZoomを活用するフルリモート劇団「劇団ノーミーツ」発足。5月23・24日には旗揚げ公演『門外不出モラトリアム』の生配信を予定

4月6日　松竹、歌舞伎座「三月大歌舞伎」、南座 スーパー歌舞伎Ⅱ『新版 オグリ』の舞台収録映像および明治座「三月花形歌舞伎」の出演者座談会の収録映像をYouTube松竹チャンネルで、期間限定で無料配信すると発表

国立劇場、『義経千本桜』の記録映像を期間限定で無料配信すると発表

シス・カンパニー、KERA meets CHEKHOV『桜の園』の全公演中止を発表。4月10日に『ケンジトシ』の東京・大阪全公演の延期を発表

4月7日　政府、7都府県（東京・神奈川・千葉・埼玉・大阪・兵庫・福岡）を対象に緊急事態宣言を発出（～5月7日）。不要不急の外出自粛、「三密」の回避、人と人との接触8割削減を呼びかけ

松竹、歌舞伎座「十三代目市川團十郎白猿襲名披露興行」の延期、新橋演舞場の四月公演中止を発表

劇団四季、「新型コロナウイルス感染症対応について」と「全公演の中止期間と今後の再開見通し」を発表

本多劇場グループ、8劇場すべての休館を決定

平田オリザ、J-WAVEの電話インタビューに出演。「演劇界は『貧乏だから支援してほしい』のではない。芸術を失うことが社会的な損失になる」

4月8日　中国湖北省政府、武漢市の封鎖を解除

国内の感染者、1日の人数としては最多の500人超。死者は100人をこえる

文化庁、都道府県・指定都市に向けて「文化財に係る国庫補助事業における新型コロナウイルス感染症に伴

う今後の対応等について」を発表

4月9日 東宝、帝国劇場・シアタークリエ・日生劇場の各公演および全国ツアー公演の中止を発表

4月10日 宝塚歌劇、公演の中止期間延長および今後のスケジュールの見直しを発表

東京都の小池知事、娯楽施設や大学、劇場などに11日から5月6日までの休業を要請。要請に応じた中小の事業者に1店舗50万円の「協力金」を給付する方針

国内の感染者、1日の人数としては最多の600人超

新国立劇場、期間限定で過去の公演記録映像を無料でストリーミング配信する「巣ごもりシアター」を開始

国立劇場、文楽『義経千本桜』通し上演を含む5月末までの主催公演と6・7月の歌舞伎鑑賞教室の中止を発表

中国の木木美術館(M WOODS)が、Nintendo Switchのゲームソフト「あつまれ どうぶつの森」の中に世界初のバーチャル美術館をオープン

4月11日 世界全体の死者が10万人をこえる

国内の感染者、1日の人数としては最多の700人超

4月12日 安倍首相、星野源の楽曲「うちで踊ろう」に合わせて自邸でくつろぐ映像をツイッターに投稿

ホリプロの堀義貴社長のインタビューが「しんぶん赤旗」に掲載

4月13日 上田慎一郎監督、完全リモートで創る短編映画『カメラを止めるな！リモート大作戦！』の制作を発表。5月1日よりYouTubeで本編を公開

4月14日 アメリカのトランプ大統領、WHOへの資金拠出停止を指示

松竹、IHIステージアラウンド東京で初の歌舞伎上演となる『スーパー歌舞伎Ⅱヤマトタケル』(7月28日～9月25日)の公演中止を発表

宮本亞門率いる「上を向いてプロジェクト」、第一弾として「上を向いて～SING FOR HOPE」の動画を配信

OSK日本歌劇団、所属劇団員による「手作りマスク」の無料配布を開始。外出の困難な高齢者や要請があった個人や施設などに配布対象

4月15日 IMF(国際通貨基金)、2020年の世界全体の経済成長率がマイナス3％まで大幅に落ち込むという見通しを発表

ホリプロ、マシュー・ボーンの『赤い靴』来日公演の中止を発表(5月7日に彩の国シェイクスピア・シリーズ『ジョン王』公演中止、5月15日に『ビリー・エリオット～リトル・ダンサー～』開幕延期及び7・8月公演中止、5月27日に『ピーターパン』公演中止、6月18日に『スクールオブロック』公演中止を発表)

4月16日 緊急事態宣言の対象区域を全都道府県に拡大。13都道府県は「特定警戒都道府県」に

安倍首相、すべての国民対象に一律1人あたり10万円を給付する考えを表明

劇団四季、『劇団四季 The Bridge～歌の架け橋～』の全国公演を開幕

日本舞踊岩井流の岩井友見の十一代目岩井半四郎襲名披露(国立劇場、5月2日予定)の延期を発表

人形劇団ひとみ座、ひとみ座YouTubeチャンネル「Hitomiza Theater」で、『みんな元気でつながる動画！』を配信

4月17日 歌舞伎座、三月公演映像の無料配信開始(～4月26日)

医師・医療福祉・まちづくり関係者による若手芸術家支援のクラウドファンディング「コロナ禍から芸術を守りたい"#SaveArts"プロジェクト」始動

落語家の春風亭一之輔、YouTubeチャンネルを開設。4月21日から30日まで毎日落語を生配信すると発表

4月18日 国内の感染者が1万人をこえる

4月19日 三浦直之主宰のロロ、連作通話劇『窓辺』をYouTube Liveで配信開始

4月20日 歌舞伎座前の「木挽町辯松」が閉店

4月21日 シャープ、個人客向けのマスクの販売を開始。申し込みが殺到してサーバーがダウン。27日から抽選販売が再開

クリーク・アンド・リバー社の舞台芸術事業部、「STAGE@HOME ～おうちで楽しむ演劇～」プロジェクト開始を発表

4月22日 大阪府の吉村知事、休止している劇場やライブハウスなどに対して、無観客ライブなどの配信事業の立ち上げを支援する補正予算案を発表

消費者庁などは世界的にマスクの需要が増え、値段が上がっていることを受け、一般消費者向けのマスクを適正な価格で売るよう業界団体に要請

4月23日 東京都の小池知事、4月25日～5月6日を「STAY HOME週間」と位置づけ、都民に外出自粛を強く求めた

国内の死者が300人をこえる

俳優の岡江久美子、新型コロナウイルスによる肺炎のため死去。63歳

俳優・劇作家・演出家の和田周、新型コロナウイルスによる肺炎のため死去。81歳

新国立劇場、「巣ごもりシアター」の演劇部門「おうちで戯曲」を公開

conSept合同会社と杉本事務所、「新型コロナウイルス感染症被害対策：舞台芸術を未来に繋ぐ基金＝Mirai Performing Arts Fund」を設立。28日よりクラウドファンディングを開始

4月24日 国立科学博物館、当面の臨時休館継続を発表

演劇プロデューサーの松田誠が発起人となり、舞台専門プラットフォーム「シアターコンプレックス」を発足。5月1日よりクラウドファンディング開始

日本芸術文化振興会、6月30日までの国立劇場、国立演芸場、伝統芸能情報館、国立能楽堂、国立文楽劇場での全主催公演等の中止を決定

東京都、「アートにエールを！東京プロジェクト」を発表。アーティストから動画作品を募集、専用サイトで配信。出演料相当として1人当たり10万円、1作品につき上限100万円

4月25日 SPAC、「ふじのくに⇄せかい演劇祭2020」をオンラインの「くものうえ⇄せかい演劇祭2020」として開幕(～5月6日)

4月26日 上山竜治が企画したプロジェクト「Shows at Home」の第1弾として、ミュージカル界の若手スター30人による『レ・ミゼラブル』より「民衆の歌」のリモート歌唱動画をYouTubeに投稿

全国高校総体の中止を決定

4月27日 日本銀行、新型コロナウイルスの感染拡大で経済への影響が深刻になっているとして追加の金融緩和を決定

日本演出者協会・日本劇作家協会・日本劇団協議会による要望書「演劇は生きる力です。演劇緊急支援プロジェクト」発足

宝塚歌劇団元男役トップの杜けあき65期生の有志の呼びかけにより、宝塚歌劇団OGによる「すみれプロジェクト」発足

4月28日 国際美術館会議(CIMAM)、新型コロナウイルスが蔓延する状況において、美術館が注意すべき20の項目を公開

4月29日 安倍首相、国会で9月入学を検討する考えを表明

日本演出者協会・日本劇作家協会・日本劇団協議会、「演劇は生きる力です。演劇緊急支援プロジェクト」を立ち上げ

4月29日 国立文楽劇場、2019年上演した『仮名手本忠臣蔵』の第一部から第三部までの映像を公開(～6月1日)

4月30日 大蔵流狂言師の善竹富太郎、新型コロナウイルス感染に伴う敗血症のため死去。40歳

4月30日 劇団四季が俳優310名による「友だちはいいもんだ」のテレワーク歌唱動画をYouTubeに投稿

4月30日 国会で第一次補正予算成立。国民に一律10万円の給付、児童手当の上乗せ、中小、個人事業者への持続化給付金など

4月下旬 この頃、店頭からハンドソープが消え始める

4月下旬 大型連休の前後から、感染者・他県への移動者・営業中の店舗等に対し、SNSや貼紙等で自粛要請や攻撃的な言葉を投げかける「自粛警察」問題が浮上

5月1日 ステージチャンネルの仲瑞枝、サンモールスタジオの佐山泰三ら、全国の小劇場支援を目的としたプロジェクト「小劇場エイド基金」を始動

5月1日 京都・THEATRE E9、既存の舞台芸術の概念にとらわれない作品のプラットフォームを目指す仮想の劇場「THEATRE E9 Air」を立ち上げ

5月2日 国内の死者が500人をこえる

5月3日 国内の感染者が1万5000人をこえる

平田オリザの「私はこう考える 他者に寛容な社会に」がNHK特設サイト「新型コロナウィルス」に掲載。賛否を呼び、8日に青年団ホームページに「NHKにおける私の発言に関して」を発信

●緊急事態宣言を31日まで延期。東京など13の「特定警戒都道府県」には「徹底した感染防止対策」を前提に博物館・美術館・図書館・屋外公園など、一部公共施設の使用制限の解除・緩和を認めた

5月4日 ●政府専門家会議、感染拡大防止と社会経済活動の両立を図るための「新しい生活様式」を提示

5月5日 ○劇団☆新感線、9～10月の公演中止を発表

5月6日 ○三谷幸喜作『12人の優しい日本人』をZoomを使用してリモートで演じる「12人の優しい日本人を読む会」がYouTube Liveで公開。発起人の近藤芳正、本作初出演の吉田羊らが参加

●公益社団法人日本動物園水族館協会は「動物園・水族館における新型コロナウイルス感染対策ガイドライン（暫定版）」を発表

5月7日 ●国内の感染者が96人。1日の人数が100人下回る

●厚生労働省、国内初の新型コロナウイルス感染症の治療薬として、アメリカのギリアド・サイエンシズの抗ウイルス薬「レムデシビル」を特例承認

○こまばアゴラ劇場、6・9・10月、一部公演の中止を発表

5月8日 ●感染拡大が沈静化しつつあった韓国で市中感染が再発生。韓国政府は、ソウルの繁華街・梨泰院のクラブなどからクラスターが確認されたと発表

5月11日 ●世界全体の新型コロナウイルス感染者が410万人、死者が28万人に到達。アメリカのジョンズ・ホプキンス大学システム科学工学センターが発表

●武漢市、約1か月前のロックダウン解除から初となるクラスターの確認を発表。5月13日から1100万人の市民全員を対象とした検査を開始

○KERA×古田新太企画 cube presents『欲望のみ』豊橋・東京・兵庫の全公演中止を発表

5月12日 ○コンサートプロモーターズ協会・関西部会が発起人の大阪ライブ・エンタテイメント連絡協議会、経済的支援を求めて大阪府と大阪市に要望書を提出

○ブロードウェイ、劇場封鎖が9月6日まで延長（14日に『FROZEN』（アナと雪の女王）の終了を決定）

●ICOM（国際博物館会議）、美術館・博物館再開の対策として36項目のガイドラインを提示。対応できないミュージアムは臨時休業すべきと提唱

5月13日 ●厚生労働省、感染の有無を15分程度で簡易診断する「抗原検査」の検査キットを薬事承認（臨床検査薬メーカー富士レビオが4月に申請）

●高田川部屋の三段目力士・勝武士、新型コロナウイルス性肺炎による多臓器不全のため死去。28歳

●日本相撲協会、力士ら協会員の全希望者を対象に抗体検査を実施すると発表。国内のスポーツ団体では、初の大規模な検査実施

5月14日 ●政府、東京・神奈川・千葉・埼玉・大阪・兵庫・京都・北海道を除く39県で緊急事態宣言を解除。病院でのクラスター発生が確認された愛媛でも条件付き解除の方針

○公演の中止延期が相次いだ舞台芸術界の損害額調査を実施。危機的状況をふまえ、劇場や劇団、芸能事務所、制作会社など40を超える関係企業・団体が参加・賛同して「緊急事態舞台芸術ネットワーク」を発足し、ホームページ開設

○全国公立文化施設協会（全国公文協）、劇場等における感染拡大防止のガイドラインを公表

●公益財団法人日本博物館協会、「博物館における新型コロナウイルス感染拡大予防ガイドライン」を発表

5月15日 ●世界全体の死者が30万人をこえる

○「全国小劇場ネットワーク」がホームページを開設。緊急事態宣言後の小劇場再開に向けたクラウドファンディングを開始

○東宝、7月の東京公演と全国ツアーの中止を発表

○世田谷パブリックシアター、芸術監督の野村萬斎のコメント動画と、過去に上演した芸術監督企画の『唐人相撲』『鏡冠者』『髭櫓カケリ入』をYouTubeで順次公開

5月16日 ●39県の緊急事態宣言解除後、残る8都道府県でも人出が増加傾向にあるとして自粛要請を継続

●ダイヤモンド・プリンセス号、横浜港からマレーシアへ向け出港

5月19日 ●東京都、新型コロナウイルスの緊急事態宣言延長に伴う休業要請の追加協力金等を含む5832億円の補正予算案を発表

●京都・神奈川・千葉・埼玉各県の知事はテレビ会議。外出自粛や休業要請の解除について、各都県の感染状況にかかわらず一体となって実施する方針

●WHO加盟国、WHOの新型コロナウイルスのパンデミック対応について、独立した検証委員会を設置することで合意

●自民党文部科学部会、新型コロナウイルス対策で文化・芸能支援に500億円以上の財源が必要との認識を示す

●チームラボ、時間制来館者システム「チームラボチケッティングシステム」の提供を開始。入場者数のコントロールや感染者発覚時の円滑な連絡等に活用できるシステム

5月20日 ○本多劇場グループ総支配人の本多慎一郎が発起人となり、「小劇場協議会（仮称）」準備委員会を発足。劇場間の情報共有や劇場の垣根を越えた社会貢献へ

○本多劇場グループ、6月1日からの劇場再開を発表。6月1日～7日に一人芝居『DISTANCE』を無観客で日替わり上演し、ライブ配信

●夏の甲子園（全国高校野球選手権大会）、戦後初の中止を決定

5月21日 ●東京都、都内の感染者数について保健所からの報告漏れが再び見つかり、感染者数が40人程度増えると発表

●京都・大阪・兵庫の2府1県で緊急事態宣言解除。東京・神奈川・千葉・埼玉・北海道の1都4県は25日の専門家会議で解除の可否を検討

5月22日 ●東京都の小池知事、休業要請緩和のロードマップを発表。現状はステップ0、次のステップ1では博物館・美術館の休業要請を緩和する見通し

●厚生労働省、新型コロナウイルス感染症の患者対応をする医師や看護師ら医療機関の職員に1人当たり最大20万円の慰労金の支給を検討

●国内の死者が800人をこえる

○映画監督の諏訪敦彦、日本劇作家協会会長の渡辺えり、ライブハウス経営者の加藤梅造ら映画・演劇・音楽関係者、経済的な損失の補填などを目的とした「文化芸術復興基金」の創設などを求めて国に要望書を提出

○WOWOWによる演劇プロジェクト「劇場の灯を消すな!」が始動

○劇団四季、公演計画が変更となった演目、各公演の再開見込みを発表

○劇団四季、7月14日開場予定のJR東日本四季劇場［秋］、9月10日に開場予定のJR東日本四季劇場［春］について、開場の延期を発表

5月25日 ●東京・神奈川・千葉・埼玉・北海道の5都道県の緊急事態宣言解除を発表。全国で解除

○エステー株式会社、全国8都市で公演予定のTOURSミュージカル『赤毛のアン』の全公演中止を発表

○日本芸術文化振興会、「文化芸術復興創造基金」と「くろごちゃんファンド（国立劇場基金）」を創設、寄付募集を開始

○歌舞伎座、夜間のブルーライトアップを開始。医療従事者への感謝をこめてライトアップを青色にする全国展開の動きに連動

●プロ野球、6月19日開幕を決定。当面は無観客試合

5月26日 ●国立文化財機構、緊急事態宣言解除を受け、6月2日より東京・京都・奈良・九州の各国立博物館及び研究所公開施設を再開館すると発表

5月27日 ○「J-LODlive 補助金」（コンテンツグローバル需要創出促進事業費補助金）のサイトオープン

●WHO、新型コロナウイルスのパンデミックを抑制する新たな資金源を確保するための財団新設を発表

●大阪府の吉村知事、「大阪コロナ追跡システム」について説明。29日より「緊急事態宣言下で休業要請をお願いした施設」から運用を開始

○こまつ座、クラウドファンディング「劇作家・井上ひさしの遺した言葉を、そして演劇を次世代に繋ぐ」を始動

5月28日 ●アメリカ国内の新型コロナウイルス感染による死者数が10万人、感染者数が170万人に到達。死者数・感染者数ともに世界最多

○日本俳優協会と伝統歌舞伎保存会、YouTubeチャンネル「歌舞伎ましょう」を開設

○あうるすぽっと（としま未来文化財団）、7月1日からの開館を発表

5月29日 ●厚生労働省、感染患者の退院基準を見直し、発症から一定期間が過ぎれば、PCR検査による陰性確認がなくても退院を認める方針

歌舞伎座ギャラリーのトークショー「歌舞伎夜話」の特別編「歌舞伎家話」として、松本幸四郎と尾上松也の対談がStreaming+で有料配信

サッカーJ1、7月4日再開を決定。当面は無観客試合

5月30日　東京都の感染者数が4日連続で前日を上回り、再拡大の兆候が表れた際に都が独自に出す警戒宣言「東京アラート」の目安をこえた

全国興行生活衛生同業組合連合会（全興連）、「演芸場における新型コロナウイルス感染拡大予防ガイドライン」公開

5月31日　政府、外国人の入国制限の緩和について、タイ・ベトナム・オーストラリア・ニュージーランドの4か国を第1弾とする方向で検討を開始

世界の感染者数が600万人に到達

6月1日　本多劇場、一人芝居の無観客ライブ配信『DISTANCE』で再始動。初日は約2000人が観劇

PARCO劇場、「PARCO STAGE@ONLINE」プロジェクトを発表

落語芸術協会・落語協会、寄席興行を一部再開

東京都、休業要請緩和を第2段階へ移行。映画館やスポーツジム、生活必需品以外を扱う商業施設など営業可能に

6月2日　都内で新たに34人の感染が報告、直近1週間の平均感染者数が16・3人に。「東京アラート」発動、都庁とレインボーブリッジが赤くライトアップ

小劇場協議会発足

歌舞伎俳優からのメッセージを掲載した『演劇界』2020年6・7月号が完売、重版決定

6月3日　市川海老蔵、YouTubeチャンネルを開設。7日にはツイッターを始める

6月5日　WHO、新型コロナウイルスの感染防止に向けたマスクに関する指針を改定。電車やバスの車内、店舗、抗議デモの現場など対人距離を取ることが困難な場所では、各国政府は市民に布マスクを身に付けることを推奨すべきと勧告

新国立劇場、「新国立劇場における新型コロナウイルス感染拡大予防ガイドライン」を策定

宝塚音楽学校、延期となっていた108期生40人の入学式を実施

ホリプロ、「ミュージカルクリエイタープロジェクト」を発表。世界で通用するオリジナルミュージカルのクリエイターをプロ・アマ問わず募集

浅草九劇、「オンライン型演劇場」としてリニューアル。第1弾企画として柄本明ひとり芝居『煙草の害について』を無観客オンライン生配信

宝生会、能専門のプラットフォーム「能LIFE Online」を開設

日本芸術文化振興会、伝統芸能情報館・国立演芸場・国立能楽堂・国立文楽劇場の資料展示室を開室

6月6日　秋田県仙北市の劇団わらび座、芸術村わらび劇場でミュージカル『空！　空!!　空!!!』を上演。同県のガイドラインなどに従い、本来710席ある客席を100席に制限。100人規模の観客を入れての公演再開は全国の先駆け

吉本興業、大阪の「よしもと漫才劇場」、東京の「ヨシモト∞ホール」で無観客公演・インターネット配信を開始

柳亭こみち、15日の「落語坐こみち堂Ⅸ　柳亭こみち独演会」をライブ配信すると発表。国立演芸場初の有観客配信公演

6月7日　小池都知事、西村経済再生相らと会談。感染が相次いでいる「夜の街」の従業員を対象に、定期的にPCR検査を受診できる態勢づくり目指す

6月8日　世界の累計感染者数が700万人に到達。死者数は7日に40万人を超え、三大感染症の一つ、マラリアに匹敵する被害

世界銀行、世界全体の経済成長率の見通しを発表。第2次大戦以降最悪の水準

小劇場協議会、東京都内の小劇場が再開するにあたり「感染症対策ガイドライン」を作成・公開。加盟している全ての劇場でガイドラインの徹底を図る

6月9日　日本芸術文化振興会、緊急事態宣言解除にともない、国立能楽堂の主催公演を7月より再開すると発表

NHK、4月1日から収録を休止していた大河ドラマ『麒麟がくる』の撮影を30日から再開すると発表

6月10日　東京芸術劇場、施設の再開に伴い「公益財団法人東京都歴史文化財団　東京芸術劇場における新型コロナウイルス感染拡大予防ガイドライン」を発表

6月11日　東京都、「東京アラート」を解除

東京都、休業要請緩和のステップを6月12日から「3」へ移行と発表。19日には全面解除へ

6月12日　第二次補正予算成立。持続化給付金の拡充、文化芸術への公的支援など

小池百合子東京都知事、無所属での都知事選挙出馬を表明

6月13日　イギリスの製薬会社アストラゼネカ、オックスフォード大と開発中のワクチン候補について、欧州のワクチン同盟に年末から最大4億回分を供給と発表

6月14日　東京都、新たに47人の感染を発表。新宿エリアの夜の繁華街を中心に感染確認、都内で1日の感染者が40人を超えたのは5月5日以来

6月15日　東京都、感染拡大の第2波に備え、休業要請などの目安となる指標の見直しや、検査・医療提供体制の拡充などを検討するワーキングチームを発足

宝塚歌劇、延期となっていた公演を7月17日から宝塚大劇場で再開すると発表。花組公演『はいからさんが通る』

日本映画製作者連盟、映画配給大手12社の5月の興行収入総額が、前年同月比98・9％減の約1億9600万円と発表。2000年以降で最低

6月16日　世界の新型コロナウイルスの累計感染者数が800万人に到達。累計死者数は43万人超

6月17日　大阪府の吉村知事、大阪大学と共同でワクチン開発に取り組む製薬ベンチャー・アンジェスが、30日から治験を開始すると発表

劇団四季、クラウドファンディング「【劇団四季　活動継続のための支援】新型コロナウイルスを乗り越え、再び演劇の感動を全国へ――」を開始

6月18日　西村経済再生相、イベント開催制限緩和を話し合う検討会を立ち上げると発表

早稲田大学演劇博物館、劇団・劇場・関係団体に、新型コロナウイルス感染症対応にともない公演中止や延期となった演劇資料の提供の呼びかけを開始

6月19日　政府、都道府県境をまたぐ移動を全面的に緩和。ライブハウスやナイトクラブなどの休業要請も解除

感染者と濃厚接触した疑いがある場合に通知を受けられるスマートフォン向けのアプリ「COCOA（ココア）」の利用開始

吉本興業、大阪・東京・千葉の5劇場を再開

松竹、八月南座の「坂東玉三郎特別公演」中止発表

SPAC、俳優が高齢者施設や児童福祉施設を訪れ、名作の朗読・トーク・楽器の演奏などを施設の外からFM波で届ける「SPAC出張ラヂヲ局～電波で演劇とどけます！～」を立ち上げ（～8月31日）

プロ野球、無観客試合で開幕

6月20日　シス・カンパニー、9月から公演を再始動すると発表

6月22日　世界の新型コロナウイルスの累計感染者数が900万人、累計死者数が47万人に到達

東宝、帝国劇場とシアタークリエの公演再開を発表。帝国劇場では7月18日～8月5日の『ジャージー・ボーイズ イン コンサート』、シアタークリエでは7月11日の『TOHO MUSICAL LAB.』、7月20日～8月4日の『SHOW-ISMS』の公演を予定

6月23日　ドイツで大規模クラスター発生、再びロックダウンを開始

文化庁、文化芸術に関する各種支援の案内を公開。「文化芸術活動への緊急総合支援パッケージ」募集案内の骨子案など

明治座、4月に公演中止となったミュージカル『チェーザレ』を題材としたコンサートの開催を発表

東京ディズニーリゾート、7月1日からの営業再開を発表

6月24日　東京都、新たな感染者が55人と報告。緊急事態宣言解除後としては最多

西村経済再生相、専門家会議を廃止し、新たな分科会設置を発表

専門家会議、3月2日の見解公表に際し、「無症状の人が感染拡大を後押しする可能性がある」など一部の文言を政府の意向で改変したと認める

TAAC、上演が延期となった劇場を開放する『なにもない劇場』を開催（～30日、下北沢・駅前劇場）

6月26日　演劇制作のトライフルエンターテインメント、クラウドファンディング「舞台を続けたい！トライフルエンターテ

インメント支援プロジェクト」を始動
野木亜紀子脚本のテレビドラマ『MIU404』(TBS)放送開始
6月27日　ビデオ会議システムZoomに着想をえた、松本幸四郎による「図夢歌舞伎『忠臣蔵』」が配信上演開始。史上初のオンライン歌舞伎
6月28日　世界の新型コロナウイルスの累計感染者数が1001万人に到達。死者数は29日に50万人を超える
三味線メーカーの最大手「東京和楽器」が8月15日に廃業と報じられ、邦楽界に衝撃。支援の動き広がる
6月29日　松竹、八月歌舞伎座の日程と演目を発表。四部制で幕間なしという構成。併せて感染拡大防止・予防対策を公表
埼玉県知事が東京都内への不要不急の外出自粛を要請。東京都知事は、感染者数の目安を超えたので指標見直しを検討
6月30日　カナダのサーカス集団シルク・ドゥ・ソレイユ・エンターテイメント・グループ、カナダの破産法に基づき会社更生手続きに入ると発表
7月1日　PARCO劇場、三谷幸喜作・演出『大地(Social Distancing Version)』で再開
東京ディズニーリゾートが再開
7月2日　東京都で107人の感染確認。都内で一日の感染確認が100人以上となるのは大型連休中の5月2日以来
7月5日　東京都知事選挙で小池百合子都知事が再選
7月6日　東京芸術祭実行委員会、豊島区池袋エリアを中心に『東京芸術祭2020』(9月30日〜11月29日)開催を決定
7月8日　『THE★JINRO—イケメン人狼アイドルは誰だ!!—』(6月30日〜7月5日、新宿シアターモリエール)の出演者1名が感染確認。10日までに14名の感染が確認
7月9日　東京都で224人の感染確認。200人超は約3か月ぶり。国内の1日の感染者が300人超える
文化庁、文化芸術収益力強化事業(委託事業)の募集開始
7月10日　文化庁、文化芸術活動の継続支援事業の募集開始
政府は「GoToトラベル」キャンペーンについて、8月上旬開始の予定を前倒しすることを発表
7月11日　シアタークリエから新作オリジナルミュージカルを発信する新プロジェクト「TOHO MUSICAL LAB.」が配信開始
7月12日　世界の感染者が1日で最多の23万370人
大阪府で新たに32人の感染が確認。府独自の「大阪モデル」に基づき通天閣と万博記念公園の太陽の塔を黄色でライトアップ
Bunkamuraシアターコクーン、ライブ配信のための演劇『プレイタイム』公演。岸田國士の「恋愛恐怖病」を軸に、杉原邦生、梅田哲也らが手がけ、森山未來、黒木華が出演
中村壱太郎、尾上右近らによる「ART歌舞伎」が有料配信
7月14日　新宿ゴールデン街劇場、8月末日で閉館を発表
『THE★JINRO—イケメン人狼アイドルは誰だ!!—』の集団感染について、小劇場協議会が、主催者がガイドラインを徹底・遵守していなかったことを明らかに
7月15日　東京都は、都内の感染状況を4段階ある警戒のレベルのうち最も深刻な表現に引き上げ
7月16日　国内の1日の感染者が4月10日以来、600人をこえる
東宝、帝国劇場『ジャージー・ボーイズ イン コンサート』の21日までの公演中止発表。劇場勤務者の感染が判明したため
7月17日　東京で新たに293人の感染が確認
神奈川県、新たな感染者が40人以上確認。「神奈川警戒アラート」を発出
宝塚大劇場で『はいからさんが通る』初日。約4か月ぶりの開場
7月18日　世界全体の死者が60万人をこえる
「中村勘九郎 中村七之助 歌舞伎生配信特別公演」を7月18日・19日に浅草公会堂でライブ配信すると発表
宝塚歌劇、宝塚大劇場での公演を7月17日、東京宝塚劇場での公演を7月31日より再開すると発表
7月19日　TBSドラマ『半沢直樹』の放送開始
7月22日　東京都で新たに238人の感染確認。東京の累計感染者数が1万人を突破
政府の観光需要喚起策「GoToトラベル」キャンペーン始まる。東京発着の旅行は割引対象外
7月23日　NHK、又吉直樹脚本のテレビドラマ『不要不急の銀河』放送
世界全体の感染者が1500万人をこえる
東京都で366人、国内の1日の感染者981人。いずれも過去最多
4連休初日、各地の観光地では「GoToトラベル」を活用して楽しむ人がにぎわいを見せた
7月24日　東京芸術劇場、自主公演を再開。野田秀樹が2018年末に立ち上げた東京演劇道場の道場生による『赤鬼』を上演
7月25日　「図夢歌舞伎『忠臣蔵』」が最終回を迎える
シアタークリエで『SHOW-ISMS』出演者の1名に38度の発熱が見られ、急遽同日12時の公演ならびに同公演のライブ映像配信を中止
7月27日　能楽界のトップスターが一堂に会する特別公演「能楽公演2020〜新型コロナウイルス終息祈願〜」(国立能楽堂)が開幕(8月7日までの10日間を完遂)
『THE★JINRO—イケメン人狼アイドルは誰だ!!—』主催のライズコミュニケーション、「事実経緯報告書」を公開。俳優・スタッフ・関係者・観覧者の計75人の陽性確認
7月28日　NHK『クローズアップ現代+』の「劇団四季 終わりなき苦闘〜密着 再開の舞台裏」放送
国内の死者が1000人こえる
7月29日　東京都で250人、大阪府で221人、愛知県で167人など、一日の感染者が初めて1000人を超えた。岩手県で初めて2人の感染が確認され、全国47の都道府県すべてで感染が確認
7月30日　「営業時間は午後10時まで」と再び東京都が要請
7月31日　東京宝塚劇場、初日を開ける
松竹、8月1日から始まる歌舞伎座「八月花形歌舞伎」の舞台稽古および感染予防対策を公開
8月1日　歌舞伎座「八月花形歌舞伎」が初日。2月公演の千穐楽以来、5か月ぶりの再開
京都・南座で「夏の舞台体験ツアー」開催
8月2日　宝塚大劇場、舞台関係者感染のため4日まで休演(のちに16日までの休止となり、最終的に31日まで中止)
8月3日　東京都、酒類の提供を行う飲食店へ営業時間を22時までとするよう要請
8月5日　「ニコニコネット超会議2020夏」にて、8月16日に超歌舞伎『夏祭版 今昔饗宴千本桜』が全編無料生中継で配信
歌舞伎座の第三部の関係者に微熱の症状が認められたため、急遽第三部を公演中止(翌日陰性が確認)
8月6日　安倍首相、広島市内で記者会見し、感染防止策の徹底を求めた
東京宝塚劇場、出演者感染のため7日から公演中止
アメリカ、全世界への海外渡航の禁止制限緩和を発表
8月7日　首都圏に「熱中症警戒アラート(試行)」が発表
8月8日　歌舞伎座、公演関係者1人に微熱の症状が出たため、5日の「八月花形歌舞伎」の第三部が中止。PCR検査で陰性と判定
8月11日　世界の感染者が2000万人こえる
8月12日　日本芸術文化振興会、文楽での飛沫拡散についての実験結果報告をホームページに公開。太夫が発声した場合、前方1メートルと当人周辺には多数の飛沫が飛散するが、隣の三味線弾きまで到達する飛散は確認できない
京都・南座が再始動。当初予定していた「坂東玉三郎 特別公演」は中止となったが「舞台体験ツアー」を企画
8月14日　NHK『にっぽんの芸能』で、中村壱太郎、尾上右近、松本幸四郎による「紙芝居歌舞伎」を紹介
8月16日　ニコニコ超会議の超歌舞伎『夏祭版 今昔饗宴千本桜』を生配信
8月19日　安倍首相、持病の潰瘍性大腸炎が深刻化しているとの報じられる
松竹、大阪松竹座「十月花形歌舞伎『GOEMON 石川五右衛門』」(10月3日〜27日)の中止を発表
8月20日　松竹、大竹しのぶ主演『女の一生』京都公演(南座、10月17日〜27日)の中止を発表。新橋演舞場公演は初日を延期して11月2日〜26日に上演
7月〜8月の東京公演が中止になっていたミュージカル『ビリー・エリオット〜リトル・ダンサー〜』が9月11

日からプレビュー初日と発表

8月24日

政府、「8月末まで」としてきたイベントの参加人数の5000人制限を9月末まで継続することを決定

国立劇場、松本幸四郎と八嶋智人による歌舞伎の入門コンテンツ「松本幸四郎の歌舞伎を知ろう」配信を告知。国立劇場初の有料動画

8月26日

松竹、歌舞伎公式動画配信サービス「歌舞伎オンデマンド」を開設

8月27日

9月17日・18日、山口祐一郎のトークショー公演『My Story—素敵な仲間たち—』が帝国劇場で開催されることが決定。帝国劇場で本格的なトークショー公演が行われるのは史上初

8月28日

安倍首相、辞任の意向を発表

8月29日

中村吉右衛門が松貫四として『一谷嫩軍記』をもとに書き下ろした配信特別公演『須磨浦』がStreaming+で配信(～9月1日)

東京都心では最高気温が35℃以上の猛暑日に。11日目で、8月としては観測史上最多

8月30日

劇団SCOT、演劇祭「サマーシーズン2020」を富山県利賀村で開催。例年は国際演劇祭だが国内の劇団のみ。観客数も通常の半分に(～9月6日)

NHK大河ドラマ『麒麟がくる』の放送再開。(6月7日放送の第21回以来、約3か月ぶり)

8月31日

東京都練馬区の遊園地「としまえん」閉園

9月1日

歌舞伎座「九月大歌舞伎」が初日。この月からイヤホンガイドが再開

博多座「市川海老蔵特別公演」(11月11日～25日)の情報掲載

文化芸術推進フォーラム、「『文化芸術活動の継続支援事業』改善についての要望書」を全国会議員に配布

9月2日

菅義偉官房長官、岸田文雄政調会長、石破茂元幹事長が自民党総裁選に出馬を表明

9月5日

国立劇場9月文楽公演の舞台関係者1名に微熱の症状が確認されたため、5日の第二部～第四部および6日の第一部～第四部の公演を中止

9月6日

ブロードウェイやウエストエンド、34年ロングラン中の『オペラ座の怪人』、ディズニーアニメのミュージカル版『FROZEN(アナと雪の女王)』の再開断念を発表

9月7日

国立劇場小劇場で「九月文楽公演」開幕。歌舞伎と異なり、太夫も三味線もマスクはつけず、最前列と出語りの床の下のブロック10列分を空席という措置

9月8日

新型コロナウイルスの影響を受けた倒産(法的整理または事業停止、負債1000万円未満・個人事業者含む)が全国で500件に

9月9日

兵庫県豊岡市で、平田オリザがフェスティバルディレクターを務める「豊岡演劇祭2020」開幕(～22日)。公演を自粛せざるを得なかった団体に、優先的にフリンジ枠を割り当てる支援策

9月10日

世界の感染死者数が90万人を突破。最も死者数が多いのが米国の19・1万人で、ブラジル12・7万人、インド7・4万人

松竹、12月の新橋演舞場「藤山寛美歿後三十年 喜劇特別公演」の公演中止を発表

「NHK紅白歌合戦」史上初となる無観客開催を発表

9月11日

熊本県の八千代座で、市川海老蔵主演の巡業『市川海老蔵 古典への誘い』が初日

政府が検討するイベント開催の緩和案として、プロ野球やJリーグなどの大規模イベントは会場定員の50％以内を維持する一方、5000人とした一律の人数制限を撤廃

9月12日

鳥取市、13回目を迎える『鳥の劇場祭13』が開幕。規模を縮小し、野外空間を生かしながら、上演とワークショップを二本柱にして開催(～27日)

黒沢清、『スパイの妻』でベネチア国際映画祭監督賞を受賞

大坂なおみ、テニス全米オープンで2度目の優勝

9月16日

自民党の菅義偉総裁、第99代首相に選出。菅内閣発足

9月18日

松竹、19日からの収容率100％容認を前に、当面は従来の50％の座席使用を維持することを発表

接触確認アプリ「COCOA」の不具合について厚生労働省が検証へ

感染者が世界で3000万人を超えた。アメリカ、インド、ブラジルで人数が多いが、欧州で再び感染が急増

9月19日

イベント人数の規制緩和。入場人員数50％以下の規制が解除され、演劇界の興行は100％の座席使用が可能に

WHO、日常生活がコロナ禍以前に戻るのは早くても2022年になる可能性を示す

9月23日

2・5次元ミュージカル『刀剣乱舞～幕末天狼伝』で公演関係者による感染で東京公演中止が発表

新国立劇場、政府によるイベント収容率の制限緩和を受け、10月以降の主催公演について、間隔を空けるために売り止めていた席を追加販売

ニューヨークのメトロポリタン・オペラが今シーズンの再開を断念、全休を発表

9月25日

政府、「GoToキャンペーン」を10月以降、拡大する方針を決定

9月27日

中村勘九郎、七之助が浅草寺五重塔前の特設舞台から『連獅子』を生配信

9月28日

南座「吉例顔見世興行」の演目が初の三部制で発表

10月1日

日本文化芸術振興会、動画配信特設ページ「国立オンライン劇場 ▼▼つながる伝統芸能▲▲」を開設

「GoToトラベル」の対象に東京発着の旅行が加わる

入国制限措置をめぐり、政府は1日から全世界を対象に制限を緩和、中長期の在留資格を持つ外国人に日本への新規入国を認める

10月2日

アメリカのトランプ米大統領、自身とメラニア夫人がウイルス検査で陽性と判定されたことをツイッターへの投稿で明らかに

東京文化財研究所でフォーラム「伝統芸能と新型コロナウイルス」が開催

日本学術会議の新任候補6名を菅首相が任命拒否、批判相次ぐ

10月3日

劇団四季、新作ミュージカル『ロボット・イン・ザ・ガーデン』を東京・自由劇場で開幕

10月4日

国立劇場大劇場、1月以来となる歌舞伎公演の初日。松本幸四郎主演の新作『幸希芝居遊』など

新国立劇場、『夏の夜の夢』で7か月ぶりにオペラの新シーズンを開幕。日本人アーティストのみで制作

ジャニーズ事務所の滝沢秀明副社長の初監督映画『滝沢歌舞伎ZERO 2020 The Movie』が新橋演舞場で特別上映の初日

10月5日

日本の感染者数は8万5739人となり、中国の8万5470人を上回った

ファッションデザイナーの高田賢三、新型コロナウイルスの合併症で死去。81歳

10月6日

厚生労働省、感染拡大に関連する解雇や雇い止めが、見込みも含めて2日時点で6万3347人と発表。製造業に続いて飲食業で1万人を超える

10月7日

早稲田大学演劇博物館、オンライン展示「失われた公演――コロナ禍と演劇の記録／記憶」を公開開始

浅草公会堂「新春浅草歌舞伎」の2021年1月公演中止を発表

ナイロン100℃、第47回本公演の中止を発表。ケラリーノ・サンドロヴィッチ、今年3公演目の中止

10月9日

劇団四季、電通四季劇場『アラジン』出演者の発熱症状により、10日の公演中止を発表。翌日陽性確認、キャストを全て入れ替えて15日再開

ミュージカル座『ひめゆり』の出演者に陽性者が数名確認。PCR検査で集団感染を確認。13日までに県外を含む72名にまで拡大

ブロードウェイの劇場などでつくる業界団体は、劇場街の閉鎖を2021年5月30日まで延長すると発表

10月14日

演劇・ライブハウス・クラブ・映画の各団体からなる「#WeNeedCulture」による緊急国会要請記者会見が、衆議院第一議員会館の多目的ホールで開催

劇団ノーミーツ、小学生から大学生を対象とした「全国学生オンライン演劇祭」の開催を発表。3月28日の決勝大会を生配信

10月15日

シェイクスピアの原作を野田秀樹が潤色・演出し、1992年に初演された『真夏の夜の夢』をルーマニアのシルヴィウ・プルカレーテが演出。東京芸術劇場プレイハウスで開幕。東京芸術劇場30周年記念公演

松竹、大阪松竹座で『GOEMON抄』を18日までの4日間限定で開幕

10月16日

「フェスティバル／トーキョー20」開催(～11月15日)

アニメ『鬼滅の刃』の「劇場版『鬼滅の刃』無限列車編」が全国で劇場公開

10月19日

演劇等のイベントのチケット代を補助する「GoToイベント」の公募要領公開。キャンペーン期間は10月29日～2021年1月末

10月21日

約9か月ぶりに国立文楽劇場で文楽が再開

悪疫退除のご利益で知られる大阪府豊中市の原田神社に能楽観世流シテ方の山本章弘が『高砂』を奉納

劇団四季が、Yahoo!ネット募金で支援金募集を開始

10月22日

世界全体の感染者は4108・8万人。欧州各国で第2波の勢いが増しており、スペインが100万人を突破

10月24日

東京・竹芝にJR東日本四季劇場［秋］開場。こけら落としとなるミュージカル『オペラ座の怪人』東京公演が

開幕

10月27日 ○ ぴあ総研、2020年のライブ・エンタテイメント市場の推計を発表。ステージ分野は2019年の2058億円から592億円に激減

10月29日 ○ 市川海老蔵の自主公演『古典への誘い』が小田原市民会館で千穐楽。9月11日の熊本・八千代座から始まった全12か所27公演を完走

○ 平田オリザを学長に、演劇を実習で学べる兵庫県立の「芸術文化観光専門職大学」が設置認可を受ける。23日付

10月31日 ● ハロウィーン当日、渋谷区が中心となり来訪自粛を促す。仮装した人や、トラブルはほとんど見受けられず

11月1日 ● 大阪都構想の是非を問う住民投票が行われ、約17000票の僅差で反対多数となった。前回2015年に続く否決

○ 歌舞伎座、筋書の販売を再開

○ 明治神宮、鎮座百年祭を開催

11月3日 ○ 「日本の劇場文化 復活祈願祭」、道頓堀で開催

11月5日 ○ ウィーン・フィルハーモニー管弦楽団、北九州市の北九州ソレイユホールで公演。海外のフル編成のオーケストラによる来日公演は感染拡大以降初

○ 南座で展覧会「鬼滅の刃」×「京都南座 歌舞伎ノ舘」開催

11月7日 ● 北海道、警戒ステージ「3」に。ススキノで営業時間短縮など要請

11月8日 ● 延期されていた秋篠宮殿下の「立皇嗣の礼」が皇居・宮殿で行われた

● アメリカ大統領選挙でジョー・バイデン候補が勝利宣言

11月10日 ● 政府分科会、「急速な感染拡大の可能性高い」と緊急提言

11月11日 ○ 松竹、新橋演舞場の1月公演を「初春海老蔵歌舞伎」とすることを発表

○ 早川書房と公益財団法人早川清文学振興財団、2020年度の第8回ハヤカワ「悲劇喜劇」賞の中止を発表

11月12日 ● 国内の感染確認1661人。1日として過去最多

○ 劇団新派の劇団内ユニット「新派の子」、特別公演『新派な夕べ 劇場で会えなかったあなたのために…』を開催。劇団初のオンライン配信

11月16日 ☆ シアタークリエの『RENT』が午後6時半の回の休演を発表。翌日、出演者1名に陽性反応を確認。18日～23日の公演中止を発表

11月18日 ● 国内感染者数が過去最多の2201人に。東京も過去最多の493人で感染状況を最高の警戒レベルに引き上げ

● ファイザー、開発中のワクチンについて95％の有効性と発表。FDA（食品医薬品局）に緊急使用許可申請へ

11月19日 ● 国内感染者数2388人、東京都534人でともに2日連続で過去最多を更新

● 新型コロナウイルスの感染拡大を受けて第24回鶴屋南北戯曲賞の選考中止を決定

11月20日 ● WHO、日米などで新型コロナウイルスの治療薬として承認されている抗ウイルス薬「レムデシビル」について、新型コロナ患者には使用しないよう勧告

● ファイザー、開発中のワクチンの緊急使用許可をFDAに申請。新型ウイルスワクチンの緊急使用許可申請はアメリカで初めて

11月21日 ● 天皇皇后両陛下、オンラインを使った活動を本格化

● 全国の感染者は2596人と4日連続で最多を更新

11月22日 ○ 国立劇場の第二部に出演中の片岡孝太郎が感染、23日～25日（千穐楽）の第二部中止を発表

○ 篠田千明、山口情報芸術センター「YCAM」でオンライン・パフォーマンス公演『5×5×5本足の椅子』

11月25日 ● 政府分科会、「Go Toキャンペーン」見直しなど政府に求める提言

● 西村経済再生相、「この3週間が勝負」と対策強化の方針示す

○ 歌舞伎座、2021年1月から三部制公演（各部総入れ替え、幕間あり、2演目）とすることを発表

○ オンライン劇場「ZA」がオープン。こけら落とし公演は、劇団ノーミーツ第3回公演『それでも、笑えれば』（12月26・27日、29・30日に配信）

11月28日 ○ 東京都、酒を提供する飲食店などに対し、営業時間を午後10時までに短縮するよう要請。全面的に応じた店には一律40万円の協力金を支給

11月29日 ○ 福岡県糸島市の初潮旅館、半世紀以上続けた大衆演劇の舞台に幕

11月30日 ○ 福岡県飯塚市の国登録有形文化財「嘉穂劇場」を運営する認定NPO法人が経営難のために解散を決定

● 宮崎県日向市で鳥インフルエンザの陽性が確認

● モデルナ、FDAにワクチンの緊急使用の許可を申請したと発表

12月1日 ● 「2020ユーキャン新語・流行語大賞」が発表され、年間大賞に「3密」。トップテンは「愛の不時着」「あつ森（あつまれ どうぶつの森）」「アベノマスク」「アマビエ」「オンライン○○」「鬼滅の刃」「GoToキャンペーン」「3密」「ソロキャンプ」「フワちゃん」

12月2日 ● 政府、「GoToトラベル」で、東京都を発着する旅行の利用自粛の要請を受けたキャンセルを無料に

● イギリス政府、ファイザー開発のワクチン承認と発表

12月3日 ● 世界全体の感染者が6459万6000人

○ 緊急事態舞台芸術ネットワーク、「舞台芸術公演における新型コロナウイルス感染予防対策ガイドライン」を発表

12月4日 ○ 『滝沢歌舞伎 ZERO 2020 The Movie』、全国の松竹系映画館で上映開始

12月5日 ● ロシアの首都モスクワで医療関係者や教師などにワクチンの大規模接種を開始。このワクチンは臨床試験が完了していないもの

12月7日 ● 医療現場の人手不足が深刻化。政府、北海道旭川市と大阪府に自衛隊所属の看護師を派遣へ

○ 国立劇場12月文楽公演 第二部の出演者に陽性反応を確認。上演中止に

○ 文化庁、2021年度に複数校の小中高生が演劇や合唱、茶道といった活動に一緒に取り組む「地域の文化部」づくりを支援する方針を発表

12月8日 ● 豊洲市場で水産仲卸業者を中心に160人の感染が確認

● イギリスで医療従事者と高齢者を対象にワクチン接種開始

12月10日 ○ 横浜赤レンガ倉庫1号館が振付家制度をスタート

12月11日 ○ 京都伝統伎芸振興財団（おおきに財団）は、花街・祇園甲部の芸妓らの感染を受け、ギオンコーナーでの特別公演を中止すると発表

12月14日 ● アメリカでファイザーなどが開発したワクチン接種が開始。医療従事者と介護施設の入居者が優先される方針

☆ 劇団☆新感線の演劇作品が、Netflix、Amazonプライムビデオで配信

● 宮内庁、新年恒例の宮中行事「講書始の儀」「歌会始の儀」を、参列者数を大幅に減らして実施と発表。「新年祝賀の儀」は規模縮小

12月15日 ○ 鎌倉市観光協会、1959年から続く「鎌倉薪能」を初めて無観客によるオンラインで無料配信

12月16日 ● 塩野義製薬、ワクチンを人に投与する治験を始めたと発表。国内の製薬大手によるワクチンの治験は初

○ 国立劇場、KDDI・KDDI総合研究所と共同で「音のVR」を企画。伶楽舎と新日本フィルハーモニー交響楽団の協力で雅楽VR動画を収録し配信（～1月26日）

12月17日 ● 東京都で過去最多となる822人の感染を確認。小池知事は臨時の記者会見を開き「年末年始コロナ特別警報」を発出すると表明

○ 吉本興業、26日から1月11日まで常設劇場での午後7時以降の年末年始特別公演、主催ライブ214公演の開催自粛を発表

12月18日 ● 政府、「GoToキャンペーン」を全国一律で一時停止する方針。「GoToトラベル」の中止期間は28日～2021年1月11日。その後の扱いは未定

● 厚生労働省、接種体制の整備計画の案を提示。2021年2月下旬に一部の医療従事者に先行接種、3月下旬めどに高齢者の接種体制確保の計画

12月18日 ● 東京都より「年末年始コロナ特別警報」と、大晦日の鉄道終夜運転中止の要請

○ TOHOシネマズ、従来の新型コロナウイルス感染症の予防対策に加え、12月16日から全劇場で消毒作業を実施していることを発表

● 文部科学省、新型コロナウイルスの影響で10月までに大学・大学院を退学・休学した学生が少なくとも計5238人いると発表

● WHO、約20億回分のワクチンを確保できる見通しになり、来年3月までに分配を始めると発表

● アメリカのFDA、モデルナが開発したワクチンの緊急使用の許可を出したと発表。2例目

12月19日 スーパーやコンビニエンスストアで年末年始の休業や時短営業の動き

12月20日 厚生労働省、生活困窮者のための「自立相談支援機関」で今年度上半期の新規相談が39万1717件に上ると発表。前年度同期の3倍に

WHO、変異株がイギリスのほか、デンマーク・オランダ・オーストラリアでも確認されたことを発表

岡山県、「医療非常事態宣言」を発表。感染者向けに確保した病床の使用率は50％前後に達していると見られる

12月21日 日本医師会など医療団体が「医療の緊急事態」を宣言

EUの執行機関ヨーロッパ委員会が、ファイザーなどが開発したワクチン使用の販売を許可。EUがワクチンに許可を出すのは初

韓国で死亡者が24人に、新規感染確認も19日に1097人に上り、いずれも過去最多。5人以上の私的会合禁止

12月23日 西村経済再生相、数万人規模のイベントで収容人数50％の制限について、東京を中心に感染拡大地域では一時的に5000人を上限と発表

東京オリンピックの開閉会式総合演出チーム再編。統括の立場にあった野村萬斎が大会組織委員会アドバイザーとなり、クリエイティブディレクター佐々木宏が新たな統括に

12月24日 イギリスからの新規入国拒否を実施

演出家・劇作家・俳優の長塚圭史、2021年4月からKAAT神奈川芸術劇場の新芸術監督に就任することが発表

12月25日 厚生労働省、イギリスから到着した5人から変異種の感染確認を発表。国内で変異種の感染者が確認されたのは初めて

12月26日 全国で3881人の感染発表。1日に発表される人数としては過去最多

政府、全世界からの外国人の新規入国を12月28日～2021年1月末のあいだ停止

東京都、都営地下鉄大江戸線を27日から通常の7割程度で運行すると発表。運転士計15名の感染を確認、濃厚接触者を含め21人が出勤できず

図夢歌舞伎の第二弾『弥次喜多』がAmazonプライムビデオで独占レンタル配信。前川知大『狭き門より入れ』を弥次喜多の世界観で再構成

12月27日 立憲民主党の羽田雄一郎参議院議員、新型コロナウイルス感染症のため死去。53歳

12月28日 PARCO劇場オープニング・シリーズ『レディ・マクベス(仮題)』渡航制限により、海外クリエイティブチームの招聘を断念。来春の上演は中止

12月29日 変異株の感染が拡大しているイギリス、1日あたりの新たな感染者数が5万3135人に

12月30日 東京都、これまでで2番目に多い944人の新規感染確認を発表。入院患者は最多の2384人で、現在確保している病床のおよそ約68％

12月30日 西村経済再生相、自身のツイッターに「感染拡大続けば緊急事態宣言も視野に入る」と投稿

12月31日 東京都、新規感染者が1337人と発表。1日当たりの感染者が1000人を上回るのは初。国内の感染者数は4515人で過去最多

2021年

1月1日 WHO、ファイザーの開発したワクチンの緊急使用承認。WHOが新型コロナウイルスのワクチンを承認するのは初めて

1月2日 東京都の小池知事と神奈川・千葉・埼玉3県の知事は、西村経済再生相に緊急事態宣言の発出を要請。西村氏は「検討する」と応じる一方、営業時間短縮に絡む閉店時間の前倒しなどを4都県に要請

歌舞伎座で「壽初春大歌舞伎」が開幕。1日三部制の興行となり、各部2演目ずつ上演。幕間は15分。全三部の6演目

日本舞踊協会、15日まで映像作品・日本舞踊Neo『地水火風空　そして、踊』をPIA LIVE STREAMで配信。作・演出は尾上菊之丞、ロケの中心は江之浦測候所

東京宝塚劇場、リニューアル20周年を記念して、日比谷シャンテでこれまでに上演された174公演すべてのチラシと舞台写真を展示

1月3日 新春歌舞伎公演『通し狂言 四天王御江戸鏑』で初日

松竹、オンラインで配信する歌舞伎や演劇の作品数を3～5年後をめどに現状の5倍にあたる300作品に拡充すると発表

1月4日 菅首相、東京・埼玉・千葉・神奈川を対象とする緊急事態宣言発出の検討に入ったと表明。政府は劇場や映画館などは入場制限の対象に含めない方向で調整

1月5日 変異株の感染拡大が続くイギリス、2月中旬まで原則外出禁止のロックダウンを発表

1月6日 警察庁、新型コロナウイルスに感染後、医療機関以外の自宅などで体調が悪化して死亡した人が昨年3～12月で計122人に上ると発表

政府、東京・埼玉・千葉・神奈川への緊急事態宣言発出に合わせてイベントの人数制限を再び強化する方針

AKB48、緊急事態宣言の発令が見込まれることを受けて1月6日～15日の劇場公演を休止

EUがモデルナの新型コロナワクチンを販売許可

選挙人投票の集計が行われていたアメリカ連邦議会議事堂に、バイデン氏の当選を認めないトランプ大統領支持者が乱入

1月7日 菅首相、東京・埼玉・千葉・神奈川を対象に緊急事態宣言の発出を発表。期間は8日～2月7日

東京都、2447人の新型コロナウイルス新規感染者を確認

小池知事、イベント関連施設や劇場、映画館などにも午後8時までの営業を要請。イベントの延期や規模縮小、無観客開催の検討も呼び掛け

緊急事態宣言舞台芸術ネットワークが「1都3県を対象とした緊急事態宣言発出を受けて」を発表

1月8日 政府、東京・埼玉・千葉・神奈川の1都3県に二度目の緊急事態宣言発出

Bunkamuraシアターコクーンで上演予定の『フェードル』が1月8日～9日の公演中止を発表

1月9日 国内の死者が累計4000人超。18日間で1000人増

大阪・兵庫・京都の3府県知事が緊急事態宣言発出の検討を要請

歌舞伎座、「二月大歌舞伎」の開演時間を変更すると発表。各部開演時間を繰り上げ、午後8時までに終演

東宝、ミュージカル『IF/THEN』(シアタークリエほか)の全公演中止を発表

1月10日 新国立劇場バレエ団「ニューイヤー・バレエ」が無観客ライブ配信。9日に開幕する予定だったが、関係者1名に陽性反応が認められたため公演中止

1月12日 愛知・岐阜・栃木の3県、緊急事態宣言の発出を要請

日本音楽事業者協会・日本音楽制作者連盟・コンサートプロモーターズ協会・日本音楽出版社協会の4団体、「緊急事態宣言下におけるライブイベント公演の開催に関する共同声明」を発表

ホリプロ、公演関係者の感染が確認されていた、『パレード』(15日開幕予定)の初日延期と一部公演を中止。14日に17日の開幕を発表

1月13日 西村経済再生相、宣言の全国拡大には否定的な見解を示す

大阪・兵庫・京都・愛知・岐阜・福岡・栃木の7府県を対象に緊急事態宣言を発出。2月7日まで

11の国と地域で実施しているビジネス関係者らの往来を停止することを決定。外国人の日本への入国が全面的に停止

演劇緊急支援プロジェクトと#WeNeedCultureが緊急事態宣言を受けた要望書を財務省、文化庁、経産省と与野党議員へ提出

1月14日 10年に1度とも言われる大寒波が襲来し、全国規模で電力の需給が逼迫

1月16日 文化庁、国が文化財保存のため伝承を支援する「選定保存技術」に三味線や箏の製造修理技術の追加を検討。後継者育成などの公的支援へ

初めての大学入学共通テストが全国で一斉に開始

1月17日 イベント開催制限について目安となる「新型コロナウイルス感染症対策の基本的対処方針」が改定

新橋演舞場の「初春海老蔵歌舞伎」千穐楽が歌舞伎の本興行として初めてオンラインで生配信

1月19日 政府、新型コロナウイルス対策の特別措置法と感染症法の改正案の概要をまとめた

人工呼吸器や集中治療室などで治療を受けるなどしている重症者は1001人。16日連続で過去最多を更新、初めて1000人を超えた

経産省、緊急事態宣言に伴うイベント関連の対応措置(J-LODlive補助金)を発表。中止・延期で生じたキャ

ンセル費用を2500万円まで支援。2月22日申請受付開始

動画配信プラットフォーム「THEATRE for ALL」の配信作品発表。新型コロナウイルスで外出困難となった人、障害や疾患がある人、子供、母語が日本語以外の人などに対して「開かれた劇場」を目指す、バリアフリー対応のオンライン型劇場

1月21日 アメリカ民主党のジョー・バイデンが第46代大統領に就任。副大統領には初の女性・アフリカ系・アジア系であるカマラ・ハリスが就いた

1月22日 政府、新型コロナウイルス対策の特別措置法や感染症法などの改正案を閣議決定

大阪・兵庫・京都の3府県で新型コロナウイルスの感染拡大による緊急事態宣言が発令

1月23日 国内の死者が5000人超に。14日間で1000人増のペース

1月25日 政府は3次補正予算案で、コロナ禍の影響を受けた芸術・文化支援を強化。イベント動画の海外配信や感染防止対策を補助する事業など約770億円を盛り込んだ

1月27日 世界全体の感染者が1億人をこえる

1月28日 WHO、イギリスで最初に確認された変異株が、日本を含むアジアや欧米、中東など世界69の国や地域で確認されたと発表

EU、日本での感染拡大を受けて、日本から域内への渡航を再び原則禁止にすることを発表

国会で第3次補正予算が成立。医療機関への支援・雇用調整助成金などに重点

文学座、より先鋭的な表現の場として「オフアトリエ企画」を立ち上げ

1月31日 GEMSTONE×劇団ノーミーツの「#リモートフィルムコンテスト」グランプリ作品『viewers:1』がSNS上で話題

2月1日 2020年2月の公演中止後に無観客で撮影した『Endless SHOCK』全国の映画館上映開始（～2月18日）

シアターコクーン、3日開幕予定の『マシーン日記』の初日延期と一部公演の中止を発表（6日午後6時の回に開幕）

渡辺えり、八嶋智人共演の『喜劇 お染与太郎珍道中』が新橋演舞場で開幕

2月2日 政府、緊急事態宣言を栃木県を除く10都府県で3月7日まで延長

2月3日 全国で新たに54人の死者が確認。累計で6000人を超えた

新型コロナウイルス対策の実効性を高めるため、新たに罰則を導入する改正特別措置法と改正感染症法が成立。即日公布、施行は13日。緊急事態宣言の前段階として「まん延防止等重点措置」を新設

東京オリンピック・パラリンピック組織委員会の森喜朗会長が「女性がたくさん入っている理事会は時間がかかる」と発言、世界中でニュースに

2月4日 WHO調査チーム、「武漢ウイルス研究所」を訪問。調査本格化

2月5日 ジャニーズ事務所、緊急事態宣言の延長（～3月7日）を受けて同日までの主催コンサート中止を発表

接触確認アプリ「COCOA」の接触通知が一部端末に約4か月届いていなかった不具合について、2021年まで実際の端末を使って動作確認をしなかったため発見が遅れた

政府、無形文化財と無形民俗文化財の登録制度を新たに設ける文化財保護法改正案を閣議決定。対象には書道や食文化などが想定、今国会で成立すれば、来年度中に施行される見通し

2月7日 世界のワクチン接種者1億人をこえる

2月9日 WHOの武漢調査チーム、「研究所からウイルス流出した可能性は低い」と発表

第28回読売演劇大賞発表。大賞・最優秀女優賞に鈴木杏。『殺意 ストリップショウ』と『真夏の夜の夢』の演技に対して

2月10日 #WeNeedCulture、内閣総理大臣・財務大臣・経産大臣・文科大臣・文化庁長官あてに公開質問状を提出

「第1回 T Crossroad短編戯曲祭〈2020年の世界〉」が開幕。〝2020年の世界〟をテーマに、参加を希望した劇作家たちの全26作品を上演

2月11日 「シアターコモンズ'21」（2月11日～3月11日）が東京都港区エリア各所で開幕

東京オリンピック・パラリンピック組織委員会長の後任に川淵三郎が内定するも、プロセスが問題視されて白紙に

2月12日 ぴあ総研、国内オンラインライブ市場に関する市場調査を実施。2020年内の有料型オンラインライブの市場規模は推計448億円に上ると公表

国際交流基金がオンライン無料配信「STAGE BEYOND BORDERS」をスタート。国際交流基金の公式YouTubeチャンネルで無料公開

2月13日 新型コロナウイルス対策の改正特別措置法が施行

福島県沖を震源とする地震。宮城県蔵王町、福島県相馬市などで震度6強の揺れを観測

2月14日 ファイザーが開発したワクチンについて、厚生労働省は正式に承認したと発表。新型コロナウイルスのワクチンが国内で承認されたのは初めて

2月15日 国内の死者の累計7000人超に。12日間で1000人増

都内の感染者数838人報告漏れ。過去最多数を記録した2021年1月7日は2447人から2520人に増加修正

2月16日 舞踊家の近藤良平、彩の国さいたま芸術劇場の次期芸術監督就任に決定。就任は2022年4月

2月17日 医療従事者を対象にワクチンの先行接種開始。国立病院などに所属する医師や看護師ら約4万人が対象

2月18日 文学座のクラウドファンディングプロジェクト「Bungakuza must go on!」がスタート

東京オリンピック・パラリンピック組織委員会会長に橋本聖子が就任

2月19日 文化庁の専門家組織、政府が2月末までとする大規模イベントの開催制限に対する見解を公表。コンサートや演劇などについて「観客が大声で声援を出さないことを前提とする公演は早期に収容率を100％以内に緩和することが考えられる」とした

2月20日 市川海老蔵、NPO法人「Earth & Human」の設立記念公演『「Earth & Human」by 1→10』を動画配信サービス「U-NEXT」でライブ配信

2月22日 文化庁設置の感染症対策に関するアドバイザリーボードによる「文化芸術活動の継続・発展に向けた感染症対策の在り方について」公表

2月23日 全国公立文化施設協会、文化庁収益力強化事業の委託を受け、公立の劇場・ホールで実施される舞台芸術公演を配信・記録保存するポータルサイト「公文協シアターアーカイブス」を開設

文化庁収益力強化事業のひとつ、「緊急舞台芸術アーカイブ＋デジタルシアター化支援事業（EPAD）」の一環として、早稲田大学演劇博物館が舞台公演映像の情報検索特設サイト「Japan Digital Theatre Archives（JDTA）」を開設

2月25日 WHO、変異株が100以上の国や地域に拡大と発表

第28回読売演劇大賞贈賞式が帝国ホテルで開催。出席人数を制限し、初のライブ配信も。祝賀パーティーは見合わせ

新型コロナウイルスの変異株が、鹿児島県や大阪府などの海外滞在歴のない男女8人などからも検出され、国内で200例をこえる

弘兼憲史『相談役 島耕作』の主人公島耕作が新型コロナウイルスに感染。25日発売の『モーニング』13号に掲載

2月26日 菅首相、首都圏を除く6府県で緊急事態宣言を2月末に解除する方針を表明

宮崎駿監督によるスタジオジブリのアニメーション映画『千と千尋の神隠し』が、2022年に世界初の舞台化が発表

2月27日 歌舞伎座「四月大歌舞伎」の演目と配役発表。三部構成の第一部『勧進帳』では松本白鸚が本興行では最高齢となる弁慶を勤め、第三部では36年振りとなる片岡仁左衛門と坂東玉三郎の『桜姫東文章』上の巻

2月28日 『act guide』誌の執筆者有志、ウェブサイト「世界ステージ・カレンダー with コロナ」を開設

3月1日 大阪・兵庫・京都・愛知・岐阜・福岡の6府県で、緊急事態宣言解除

3月2日 国内の死者が8000人超。15日間で1000人増

3月3日 菅首相、東京・神奈川・埼玉・千葉の1都3県で緊急事態宣言を2週間程度再延長の方針を発表

3月5日 市川海老蔵、石川県小松市のこまつ芸術劇場うららで巡業公演『古典への誘い』（～24日。14か所18公演）初日。満員の観客を動員

3月7日 千葉県浦安市、緊急事態宣言で延期していた東京ディズニーシーでの成人式を開催

3月8日 1都3県で緊急事態宣言が2週間の再延長。政府は飲食店の午後8時までの時短営業継続や大人数での会食自粛など感染対策の徹底を要請

3月10日 政府、東京五輪・パラリンピックについて、海外からの一般観客の受け入れを断念する方針を固めた

日本舞台芸術振興会と日本経済新聞社、10～11月に予定されていたウィーン国立歌劇場の来日公演見合

わせを発表
早稲田大学演劇博物館、「COVID-19影響下の舞台芸術と文化政策――欧米圏の場合」報告書を公開

3月11日 東日本大震災発生から10年

3月12日 厚生労働省、フィリピンから入国した60歳代男性の検体から、フィリピンで確認された変異株を国内で初検出と発表

皇居前広場で能や狂言などを3日間上演する特別公演「祈りのかたち」始まる。皇居と周辺で能や狂言が大規模に上演されるのは約100年ぶり

3月15日 参議院予算委員会の質疑で、萩生田文科相が文化庁「文化芸術活動の継続支援事業」の約12000件の不交付のうち、6000件が2021年3月5日から1週間の間になされた旨を回答

「万作の会」とNTT西日本、連携協定締結を発表。ICT（情報通信技術）を活用した狂言の普及・活用・伝承を推進

3月17日 東京オリンピックの開閉会式演出の総合統括を担う佐々木宏が、女性タレントの容姿を侮蔑するようなメッセージをチーム内に送っていたと文春オンラインが報じ、謝罪・辞任

3月18日 全国で新たに1499人の感染確認。3日連続で1000人超（首都圏の1都3県で全体の48%）

首都圏4都県で再延長していた緊急事態宣言を21日で解除すると決定。外出自粛や時短要請は継続。外国人新規入国停止は継続（オリンピック関係者らは例外）

3月19日 文化芸術推進フォーラム、公演中止などによる2020年の推定損失額は4989億円と中間報告。文化芸術活動支援の予算総額は約2234億円

3月20日 東京オリンピック・パラリンピック、海外一般客の受け入れを断念

3月22日 1都3県でも緊急事態宣言を全面解除。飲食店に対する時短要請は午後9時までに。外出自粛、外国人新規入国停止は継続（五輪対象者は対象外）

3月25日 福島県をスタートした東京オリンピックの聖火リレーの初日

3月26日 国内の死者が9000人超。24日間で1000人増

歌舞伎座「三月大歌舞伎」第二部、出演者に感染が確認されたため公演を中止（28日から再開）。第一部、第三部は予定通り上演

梅田芸術劇場、ミュージカル『消えちゃう病とタイムバンカー』の公演関係者に感染が確認されたため東京公演初日延期と一部公演中止を発表（4月14日に、全公演と無観客ライブ配信の中止を発表）

3月27日 NHK BS4Kで長田育恵脚本のテレビドラマ『流行感冒』（志賀直哉原作）放送

3月31日 大阪府は「まん延防止等重点措置」の適用を国に要請。全国で初

東京・春・音楽祭実行委員会、イタリア・オペラ界の巨匠、リッカルド・ムーティが予定通り来日し、「イタリア・オペラ・アカデミー in 東京」に関連する公演などを開催すると発表

4月1日 作曲家で元日本音楽著作権協会（JASRAC）会長の都倉俊一が文化庁長官に就任

東京都、芸術文化活動支援事業「アートにエールを！東京プロジェクト」（ステージ型）の追加募集を発表（4月9日～20日）

平田オリザが学長を務める、兵庫県立の芸術文化観光専門職大学（豊岡市）が開学

4月2日 政府分科会の尾身茂会長、衆議院厚生労働委員会で「第4波に入りつつある」と述べた

4月5日 全国で初めて、大阪・兵庫・宮城の3府県に、まん延防止等重点措置適用。期間は4月5日～5月5日

4月6日 北朝鮮、新型コロナウイルスの感染拡大を理由に東京オリンピック不参加の方針を5日付で発表

4月9日 政府、東京・沖縄・京都にまん延防止等重点措置適用を発表。

松竹、業績修正を発表。2021年2月期の連結経常損益を上方修正し。『滝沢歌舞伎 ZERO 2020 The Movie』などのヒットが理由

2020年9月に開幕予定だった最新ディズニーミュージカル『アナと雪の女王』が、JR東日本四季劇場［春］で6月24日開幕決定

4月12日 東京都、まん延防止等重点措置適用開始。5月11日まで

国内のワクチン接種、高齢者も開始。今回は約5万人分

歌舞伎座「四月大歌舞伎」第三部の公演時間を17日から千穐楽（28日）まで15分繰り上げ（17時45分開演、20時までに終演）

自民党有志による「日本舞踊文化振興議員連盟」が参院議員会館で設立総会を開催

ニューヨーク・タイムズやイギリスのガーディアン、東京オリンピック・パラリンピックの中止を訴える報道

4月13日 大阪府の新規感染者、初の1000人超。まん延防止等重点措置を新たに神奈川・千葉・埼玉・愛知の4県で検討

PARCO劇場オープニング・シリーズ『月とシネマ―The Film on the Moon Cinema―』の開幕（4月17日）を延期、28日までの公演中止を発表。出演者の感染確認のため

4月14日 新規感染者数、兵庫県で507人、大阪府で1130人といずれも過去最多。全国では1月28日以来の4000人超

東京オリンピック・パラリンピック開幕まで100日。IOCは断固開催を宣言。各地で不安の声

4月15日 東京都で新たに724人の感染確認。大阪府で1208人の感染確認。まん延防止等重点措置、埼玉・千葉・神奈川・愛知に適用拡大

4月18日 大阪府で最多の1220人感染

イギリスで最初に確認された、感染性が高いとされる「N501Y」変異株の感染者が山形県で初めて確認。全47都道府県で変異株が確認されたことに

4月19日 大阪府、緊急事態宣言の要請を正式決定

愛媛県、まん延防止等重点措置の適用要請を決定

4月20日 東京・大阪・兵庫を対象に緊急事態宣言発出の方針を固める

文化庁、第3次補正予算事業「ARTS for the future!」（コロナ禍を乗り越えるための文化芸術活動の充実支援事業）の募集要項発表

4月21日 京都府、緊急事態宣言の要請を正式決定

国内コロナ感染者数が5000人超。1月22日以来

ワクチン接種後に231人が感染したことが、厚生労働省のまとめで判明

厚生労働省、接触確認アプリ「COCOA」の修正版を公開

TOHOシネマズほか一部劇場、チケット事前販売を一部休止

厚生労働省の専門部会、リウマチ用のバリシチニブをコロナ治療薬とすることを承認。国内では3例目

シルク・ドゥ・ソレイユ、1年以上中止していた公演のうち4公演の再開を発表

4月22日 4都府県（東京・大阪・京都・兵庫）に緊急事態宣言発出の方針。大型商業施設等、酒類やカラオケを提供する飲食店への休業要請、それ以外の店には午後8時までの時短継続を要請。イベントやスポーツ競技場、劇場は無観客とする方向で調整

4月23日 東京都の小池都知事、午後8時以降は街灯を除いて店頭などの照明を消すよう要請。都独自の取り組みとして、床面積にかかわらず、映画館や劇場等に休業要請

4都府県に3度目の緊急事態宣言発出を決定。期間は4月25日～5月11日

吉本興業、緊急事態宣言で該当地域の9劇場1拠点の公演を中止、延期、無観客配信に変更

早稲田大学演劇博物館の岡室美奈子館長と児玉竜一副館長、日本記者クラブで「コロナ危機下の舞台芸術」について現状報告

4月24日 都内各施設（博物館・美術館・図書館等）が軒並み臨時休館。劇場・映画館・コンサートホール等にも休業要請（無観客は除く）

日本芸術文化振興会、4月25日～5月11日の国立劇場、国立演芸場、国立能楽堂、国立文楽劇場での主催公演の中止を発表

国立文楽劇場の千穐楽繰り上げにともない、人形浄瑠璃文楽の人形遣いで人間国宝の吉田簑助が現役最後の公演を務め、引退

新国立劇場、4月25日～5月11日に上演されるオペラ『ルチア』、演劇『斬られの仙太』『東京ゴッドファーザーズ』、バレエ『コッペリア』の中止を発表

松竹、4月25日～5月11日に上演される歌舞伎座「四月大歌舞伎」「五月大歌舞伎」、新橋演舞場『滝沢歌舞伎 ZERO 2021』、シアターコクーン『夏祭浪花鑑』、日生劇場『ゴヤ-GOYA-』などの松竹直営劇場および松竹製作作品の中止を発表

東宝、4月25日～27日の周知期間を設けたうえで、28日～11日の帝国劇場『モーツァルト！』、シアタークリエ

『ジャニーズ銀座2021 TOKYO EXPERIENCE』、日生劇場『ブロードウェイと銃弾』の中止を発表
宝塚歌劇団、4月26日〜5月11日の公演中止を決定。25日は混乱を来すことから上演
劇団四季、4月28日〜5月11日の東京・大阪・京都での各公演の中止を発表
ホリプロ、ミュージカル『スリル・ミー』（東京芸術劇場）の公演中止（4月25日〜5月2日）を発表
丸美屋食品ミュージカル『アニー』（新国立劇場）の東京公演中止（4月25日〜5月10日）を発表。24日の初日2公演のみ上演
梅田芸術劇場、4月25日〜27日の周知期間を設けた上で『エリザベート TAKARAZUKA25周年スペシャル・ガラ・コンサート』（シアターオーブ）公演を中止（4月28日〜5月5日）と発表
千葉県の幕張メッセで、ニコニコネット超会議２０２１超歌舞伎『御伽草紙戀姿絵』を予定通り有観客で開催（〜25日）。ニコニコ生放送でも配信
都内の４軒の寄席、感染対策を維持しつつ25日以降も興行を行うと発表。都の無観客開催の要請文に「社会生活の維持に必要なものを除く」とあることから、寄席は「必要なもの」と判断したとの見解示す
ＴＯＨＯシネマズ・イオンシネマ・１０９シネマズ、東京と近畿４都府県での劇場の営業休止を発表
国立国会図書館、東京本館・関西館・国際子ども図書館ともに４月25日以降も来館サービスを継続と発表
プロ野球、緊急事態宣言対象地域は４月27日から無観客で試合を開催と発表

4月25日

三度目となる緊急事態宣言発出
ハイパープロジェクション演劇「ハイキュー!!」シリーズ最終公演となる演劇『ハイキュー!! 頂の景色・２』東京凱旋公演（４月29日〜５月９日、TOKYO DOME CITY HALL）の公演中止発表。５月９日に大千穐楽の無観客公演の生配信を検討
兵庫県豊岡市長選挙で関貫久仁郎氏が当選。「演劇のまちづくり」を掲げる現市政に異議を唱え、子育て支援に重点を置いた公約で臨んだ
日本料理人の神田川俊郎、新型コロナウイルス感染のため死去。81歳

4月26日

ＷＨＯ、インドの変異株流行に警鐘。インドでは死者数２８１２人、新規感染者数35万２９９１人といずれも過去最多に。厚生労働省は、日本国内でもこれまでに21件の感染が確認されたと発表
国内の死者数が１万人をこえる
パルコ、『月とシネマ―The Film on the Moon Cinema―』（ＰＡＲＣＯ劇場）の全公演中止、『モダンボーイズ』（COOL JAPAN PARK OSAKA WWホール、４月28日〜30日）、『ららら♪クラシックコンサート Vol.10』（東京文化会館 大ホール、５月４日・５日）の中止を発表
国立文楽劇場、４月文楽公演の動画をStreaming+で有料配信
日本相撲協会、５月９日から両国国技館で開催予定の夏場所について、三日間、無観客での開催を発表

4月27日

政府、東京都にワクチンの大規模接種センター設置を発表（大手町合同庁舎３号館）。５月24日に開設し、約３か月間運営する方針。埼玉・千葉・東京・神奈川の高齢者を主な対象
加藤勝信官房長官、寄席の興行について「文化芸術、スポーツの一般イベントは開催延期やオンライン配信を求めている。さまざまな支援策も活用しながら、イベントの無観客化に理解と協力をお願いしていきたい」
新国立劇場バレエ団『コッペリア』無観客公演の様子が、５月２日〜８日に新国立劇場の公式YouTubeチャンネルで無料ライブ配信されると発表

4月28日

三重・岐阜の２県が政府にまん延防止等重点措置の適用を要請
大阪府の新規感染者が過去最多となる１２６０人。東京都でも２度目の宣言解除後で最多の９２５人の感染が確認。東京では３２７人が感染力が強い「N501Y」変異株に感染
東京都の小池都知事、キャンプやバーベキュー等の屋外レジャーの自粛を要請
松竹、藤山直美主演の大阪松竹座公演『おあきと春団治〜お姉ちゃんにまかしとき〜』（５月21日〜６月６日）の公演中止を発表
東京都、落語芸術協会と落語協会に休業を要請。両協会が東京寄席組合と協議の上、都内４軒の寄席は５月１日〜11日の休業を決定。協力金は受けとらないと表明

4月29日

東京の新規感染者が１０２７人に。１月28日以来の１０００人超。大阪では１１７１人感染で、死者は最多の44人
松竹、歌舞伎オンデマンドでシネマ歌舞伎を月１回定期配信すると発表

4月30日

世界全体の感染者が１億５０００万人をこえる
ジャニーズ事務所、Snow Man主演の『滝沢歌舞伎 ZERO 2021』を５月９日午後５時から新橋演舞場で無観客公演の生配信することを発表
インドで新規感染者が40万人超

5月1日

大阪府の新規感染者が１２６２人で過去最多。死者は41人
福岡県、まん延防止等重点措置の適用を政府に要請
松竹、歌舞伎オンデマンドで歌舞伎座四月大歌舞伎の配信を開始

5月2日

国内の感染者が60万人をこえる
西村経済再生相、緊急事態宣言解除の可否判断は時期尚早と見解示す。屋外でマスクをつけていても感染と警戒呼びかけ
ＮＨＫスペシャル「新型コロナ〝第４波〟 変異ウイルスの脅威」に出演した、政府の新型コロナウイルス感染症対策分科会の尾身茂会長が、変異株について「三密」の要因がそろわなくても感染の恐れがあると警鐘

5月3日

上野・鈴本演芸場と浅草演芸ホールがYouTubeチャンネルでの無料生配信を発表。鈴本演芸場は３日、浅草演芸ホールは５日に実施

5月4日

政府、東京・大阪・兵庫・京都への緊急事態宣言を期限延長する方向で調整と発表
徳島県、まん延防止 等重点措置の適用を国に要請

5月5日

全国の１日あたりの４日時点の重症者が過去最多の１１１４人
札幌で東京オリンピックのマラソンテストイベントとして「北海道・札幌マラソンフェスティバル」開催
北海道、札幌市を対象にまん延防止等重点措置の適用を国に要請
日本音楽事業者協会・日本音楽制作者連盟・コンサートプロモーターズ協会・日本音楽出版社協会が「緊急事態宣言の延長に際しての声明文」を発表。「無観客要請」の撤廃を申し入れ
ニューヨーク州のクオモ知事、ブロードウェーの公演を９月14日に全面再開すると発表
アメリカのワシントンポスト、日本政府に対し、オリンピック・パラリンピックの中止決断を促すコラムを掲載。日本に開催を強要しているとしてＩＯＣの姿勢を糾弾、バッハ会長を批判
元日本弁護士連合会会長の宇都宮健児、オンライン上でオリンピック中止を要求する署名を開始（７日午前には約19万３０００人が署名）

5月6日

大阪府、緊急事態宣言延長の要請を正式決定
政府、インドからの入国者に対する水際対策強化の検討に。指定宿泊施設での隔離を６日間に延長
緊急事態舞台芸術ネットワーク、声明「緊急事態宣言 期間延長に際して」を発表
全国興行生活衛生同業組合連合会（全興連）、「緊急事態宣言の延長に伴う映画館・演芸場への休業要請に対して」を発表。感染ゼロの実績無視と人流増加を指摘する声明を発表
#WeNeedCulture、首相官邸前で「サイレントスタンディング」を実施
大阪・新歌舞伎座、５月に予定されていた全公演の中止を発表
任天堂の『どうぶつの森』、アメリカのストロングミュージアムの「世界のビデオゲームの殿堂」に

5月7日

政府、緊急事態宣言の期限を５月末まで延長し、新たに愛知、福岡も加えて対象を６都府県に拡大と発表。商業施設への休業要請、イベントの無観客要請を緩和の方針
東京都、大規模商業施設への休業要請継続。劇場・演芸場・イベント開催等は人数上限５０００人かつ収容率50％、営業時間短縮（〜午後９時）に。一方、映画館や美術館は休業要請維持。線引きに疑問の声
ＩＯＣバッハ会長の来日（17日予定）見送りが濃厚に

5月8日

全国の新規感染者７２４６人に。東京１１２１人、大阪１０２１人。北海道・愛知・福岡など14道県で過去最多を更新
松竹、歌舞伎座「五月大歌舞伎」、コクーン歌舞伎『夏祭浪花鑑』の５月12日からの再開を発表。京都・南座の「舟木一夫シアターコンサート ２０２１ in 南座」と「南座 書家の舞台体験ツアー」は全日程中止
新国立劇場、演劇『東京ゴッドファーザーズ』（12〜30日）、オペラ『ドン・カルロ』（20〜29日）の開催を発表
東宝、帝国劇場『レ・ミゼラブル』（21〜30日）、日生劇場『ブロードウェイと銃弾』（12〜30日）について、すでに入場券を持っている観客に限り実施と発表
宝塚歌劇、12日以降順次、公演再開と発表
都内の寄席４軒、５月12日から営業再開と発表

明治座『魔界転生』12～16日の8公演を休演を発表

ブロードウェイミュージカル『The PROM』（大阪・フェスティバルホール）の大阪全公演中止を発表

パルコステージ『月とシネマ』大阪公演中止

上方落語の定席・天満天神繁昌亭、休館期間を31日まで延長

ロームシアター京都、休館期間を31日まで延長

5月9日

日本芸術文化振興会、国立劇場小劇場、国立演芸場、国立能楽堂の12日以降の主催公演再開を発表

松竹、新橋演舞場『滝沢歌舞伎 ZERO 2021』を12日から再開と発表

劇団四季、大阪以外の公演を12日から再開と発表。大阪四季劇場『リトルマーメイド』は30日まで中止

AKB48、秋葉原のAKB48劇場の劇場公演を12日から再開と発表

5月10日

全国の重症者が過去最多の1177人。11日連続で1000人をこえる

東京国立近代美術館・国立新美術館・国立映画アーカイブ・東京国立博物館・国立科学博物館、12日から再開予定と発表。東京都は休館措置を続けるよう文化庁に要請。緩和方針について政府と都の間で食い違い

吉本興業、なんばグランド花月、よしもと祇園花月、よしもと漫才劇場、森ノ宮吉本漫才劇場の公演を中止または無観客での有料オンライン配信に変更と発表

TOHOシネマズ、東京・大阪で31日まで休業延長、京都・兵庫は一部再開を発表

5月11日

国立の美術館・博物館、東京都の要請を受けて休業継続を発表

都倉俊一文化庁長官、「文化芸術活動に関わるすべての皆様へ」と題したメッセージを文化庁公式サイトに公開。感染拡大のリスク抑制と文化芸術活動の継続は不可能ではないと訴え、支援に全力を尽くすと表明

全国興行生活衛生同業組合連合会、東京都の映画館・プラネタリウムへの休業要請に対し、声明文「映画を愛する皆様へ」を発表

宝島社、日本経済新聞・朝日新聞・読売新聞の朝刊に、戦時中に戦闘訓練を行う子どもたちの写真を背景に「ワクチンもない。クスリもない。タケヤリで戦えというのか。このままじゃ、政治に殺される」という見開き2ページの企業広告掲載

5月12日

緊急事態宣言、東京・京都・大阪・兵庫の4都府県で31日までの延長期間に。愛知・福岡も追加

政府、インド・ネパール・パキスタンからの入国者について、日本人の帰国者除き入国を原則拒否へ

5月13日

北海道、過去最多の712人感染。緊急事態宣言要請へ

Bunkamuraル・シネマ、14日から営業再開

5月14日

政府、北海道・岡山・広島に緊急事態宣言発出（5月16日～31日）、群馬・石川・熊本にまん延防止等重点措置適用（16日～6月13日）を決定

宇都宮健児、東京オリンピック・パラリンピックの開催中止を求めるインターネット署名活動をふまえた要望書をIOC・IPC（国際パラリンピック委員会）・東京都に提出。署名は35万筆をこえた

5月15日

厚生労働省研究班、感染者の20歳未満の子供の半数近くが無症状、9割は治療することなく回復。7割が家庭内感染、その半数が父親経由

宝塚大劇場、公演を再開

5月16日

開幕まで100日となった東京パラリンピックの式典に市川海老蔵が出演、『三番叟』を踊った

5月17日

東京と大阪に設置されるワクチンの大規模接種センターの予約開始。東京23区と大阪市内に住む65歳以上の高齢者対象

沖縄県、緊急事態宣言追加を国へ要請検討

福岡県飯塚市の嘉穂劇場、正式に解散。休館後、公設劇場として再出発の予定

5月18日

WHO、新型コロナウイルスの空気感染の可能性を認める

国立劇場、五月文楽公演で出演者に陽性確認、複数の濃厚接触者が指定され、26日の千穐楽まで上演を中止と発表

落語協会・落語芸術協会、共同でクラウドファンディングを開始

5月19日

本多劇場グループ、松竹芸能新宿角座の運営を継承、8月に新宿シアタートップス（2009年閉館）としてリニューアルオープンを発表

日本芸術文化振興会、緊急事態宣言の延長と大阪府の要請をふまえ、当面の間、国立文楽劇場の主催公演を中止と発表

JASRAC、著作権使用料の徴収額が前年度から約50億円減少して約1126億円、分配額は約1206億円で過去最高を更新と発表

5月20日

厚生労働所の専門部会、アメリカのモデルナとイギリスのアストラゼネカ製のワクチンの承認を了承。21日に正式承認される見通し。ファイザー製を含めて計3製品が使用可能に

超党派の議員連盟「落語を楽しみ、学ぶ国会議員の会」、衆議院会館で役員会を開催。落語協会の柳亭市馬会長、上方落語協会の桂米團治副会長が出席し、落語芸術協会を含む3団体連盟の財政支援の要望書を提出

渋谷のミニシアター「アップリンク」閉館

5月21日

政府、緊急事態宣言の延長を視野に対応を協議する見通し。期間は最大で6月20日までという案も

政府、緊急事態宣言対象地域に沖縄県の追加を決定。期間は23日～6月20日

IOCのジョン・コーツ調整委員長、東京で緊急事態宣言が発令されていても、7月23日から開催予定の東京オリンピックは実施すると発言

落語協会、五街道雲助の感染確認と発表。5月13日に1回目のワクチン後の感染

5月23日

政府、沖縄県を除く9都道府県について、緊急事態宣言の延長方針で調整に

プロ野球巨人の山口寿一オーナー、東京ドームをワクチンの一般接種会場として自治体に無償提供と菅首相に説明。6月末～7月初旬から予約、8月から実施予定

5月24日

アメリカ国務省、日本への渡航警戒を最も厳しいレベル4「渡航中止・退避勧告」に引き上げ

日本映画製作者連盟、「『映画館』再開の要望について」と題した声明文を発表

5月25日

政府、緊急事態宣言の延長について、28日にも正式決定する方向で検討に

大阪府、緊急事態宣言の再延長要請を決定

5月26日

大阪・京都・兵庫の3府県、共同で緊急事態宣言の再延長を政府に要請。大阪は大型商業施設の休業要請を土日に限定し、平日は時短営業を認める緩和の方針。酒類を提供する飲食店は引き続き休業要請。3府県で足並みそろえる

東京都の小池知事、緊急事態宣言の再延長要請の方針を決定

5月27日

政府、北海道・東京・愛知・大阪・兵庫・京都・岡山・広島・福岡の9都道府県の緊急事態宣言を6月20日まで延長する方針を固めた

政府、埼玉・千葉・神奈川・岐阜・三重の5県のまん延防止等重点措置適用を6月20日まで延長する方針を固めた

5月28日

政府、緊急事態宣言の延長を決定

東京都の小池都知事、緊急事態宣言再延長にともない、映画館や美術館・博物館、大型商業施設等への休業要請を時短要請に引き下げ

5月29日

日本芸術文化振興会、6月1日以降の国立劇場・国立文楽劇場の主催公演を一部中止と発表

5月30日

インドで医師約1200人が感染によって死亡したことが判明。早期のワクチン接種などが求められる

劇団四季『アナと雪の女王』の一般発売開始。初日で23・9万枚超を売り上げ、劇団史上最高販売数を記録。これを受けて2022年1月1日～6月30日の延長公演を決定

5月31日

ベトナムで新たな変異株確認。マレーシア、感染急拡大でロックダウンへ

日本映画製作者連盟・全国興行生活衛生同業組合連合会・Save the CINEMAなど、東京と大阪の6大型映画館への休業要請緩和について感謝を伝える声明文を発表

6月1日

東京オリンピック・パラリンピック期間中に東京都がパブリックビューイング会場の設営を予定している代々木公園の工事開始。その日の午後、小池都知事は計画を中止し、ワクチン接種会場に転用すると発表

9都道府県に発出中の緊急事態宣言、延長期間に（～6月20日）。映画館・博物館・美術館・動物園・水族館等の休業要請が一部緩和、営業再開へ。人数上限5000人かつ収容率50％、時短制限等

大阪・なんばグランド花月（NGK）、858席のうち405席を使用して有観客公演を再開

6月3日

早稲田大学演劇博物館2021年度春季企画展「Lost in Pandemic――失われた演劇と新たな表現の地平」初日

（二〇二一年六月三日現在）

コロナ禍による中止・延期公演リスト抄

○本リストは、新型コロナウイルス感染症の感染拡大の影響により、中止・延期になった〈失われた公演〉の一部を調査し、劇場別にリスト化したものである
○本リストでとりあげた劇場は、『演劇年鑑２０２１』（日本演劇協会監修・発行、２０２１年3月）の「資料 系列別主要劇場」に基づき、同一覧未掲載の小劇場等を一部加えている
○上から、主催等、公演名（作品名）、公演予定期間、失われた公演期間の順に記載した。番号は、便宜上の通し番号である
○各劇場・劇団・機関・団体等の公式サイト、公演チケットサイト、公演情報サイト等のインターネット、チラシ、パンフレットを元に調査を行った
○調査を行った期間は、２０２０年2月～12月とした
○公演予定期間に、実際に舞台で上演されなかった期間、公演を記載した。公演予定期間に規模を縮小し、中止せずに公演を行った場合は除外
○公演予定期間と同じ期間に配信で行われた場合は、その旨を記載した。当初予定していた劇場で上演ができなかった公演も掲載した
○本書巻頭「失われた公演」にチラシを掲載したものは公演名の下に＊を付した
○本リストは、後藤隆基、藤谷桂子、三枝英子、三好珠貴、奥田和花、鈴木茉由子、西田詩織（早稲田大学演劇博物館）が作成にあたった

国立劇場 大劇場				
1	読売新聞社／吉本興業	芸歴50周年記念『桂文珍 国立劇場20日間独演会』	２０２０年2月28日(金)～3月24日(火)	3月5日(木)～19日(木)
2	箏道音楽院演奏会実行委員会	砂崎知子開軒50周年記念 箏道音楽院第5回記念『邦楽の祭典 in 東京』	２０２０年3月29日(日)	全公演中止
3	日本三曲協会	令和二年度『春季三曲名流演奏会』	２０２０年5月4日(月)	全公演中止
4	前進座	五月国立劇場公演『操り三番叟』『俊寛』『たが屋の金太』＊	２０２０年5月9日(土)～20日(水)	全公演中止
5	日本芸術文化振興会 国立劇場／アーツカウンシル東京	五月特別企画公演 言葉～ひびく～身体Ⅱ『今を生きる─現前する舞と生─』＊	２０２０年5月23日(土)～24日(日)	全公演中止
6	日本芸術文化振興会 国立劇場	令和二年六月『歌舞伎鑑賞教室』	２０２０年6月2日(火)～21日(日)	全公演中止
7	日本芸術文化振興会 国立劇場	令和二年七月『歌舞伎鑑賞教室』	２０２０年7月3日(金)～27日(月)	全公演中止
8	日本芸術文化振興会 国立劇場	『Discover KABUKI』	２０２０年7月24日(金)～27日(月)	全公演中止
9	オフィスエムズ	市馬落語集 スペシャル公演『～噺競演～』	２０２０年9月16日(水)	全公演中止
10	日本芸術文化振興会 国立劇場	令和二年十一月歌舞伎公演 第一部『平家女護島─俊寛─』第二部『彦山権現誓助剣─毛谷村─』『文売り』『三社祭』	２０２０年11月2日(月)～25日(水)	11月22日(日)～25日(水)第二部のみ
国立劇場 小劇場				
11	日本芸術文化振興会 国立劇場	令和二年三月歌舞伎公演『通し狂言 義経千本桜』＊	２０２０年3月3日(火)～26日(木)	全公演中止
12	邦楽実演家団体連絡会議	『第50回邦楽演奏会』	２０２０年3月29日(日)	全公演中止
13	日本芸術文化振興会 国立劇場	令和二年四月舞踊・邦楽公演『明日をになう新進の舞踊・邦楽鑑賞会』＊	２０２０年4月18日(土)	全公演中止
14	日本芸術文化振興会 国立劇場	令和二年五月文楽公演『通し狂言 義経千本桜』＊	２０２０年5月9日(土)～25日(月)	全公演中止
15	日本芸術文化振興会 国立劇場	令和二年六月邦楽公演『日本音楽の流れⅣ─笛・尺八─』＊	２０２０年6月6日(土)	全公演中止
16	日本舞踊協会	第4回日本舞踊未来座 祭(ＳＡＩ)『夢追う子』＊	２０２０年6月12日(金)～14日(日)	全公演中止
17	日本芸術文化振興会 国立劇場	令和二年六月雅楽公演『管絃 王朝の遊び』＊	２０２０年6月20日(土)	全公演中止
18	日本三曲協会	山田流箏曲協会『第92回定期演奏会』	２０２０年6月21日(日)	全公演中止

19	日本芸術文化振興会 国立劇場	国立劇場文楽既成者研修発表会 第8回文楽若手会『菅原伝授手習鑑』『新版歌祭文』	2020年6月27日(土)～28日(日)	全公演中止
20	日本舞踊協会	『Discover NIHONBUYO ～自然への祈り～』＊	2020年7月28日(火)～29日(水)	全公演中止
21	日本芸術文化振興会 国立劇場	令和二年八月文楽公演 第一部 親子劇場『舌切雀』『文楽へのごあんない』『瓜子姫とあまんじゃく』第二部 Discover BUNRAKU―文楽入門公演―『解説 文楽の魅力』『曾根崎心中』第三部 名作劇場『ひらかな盛衰記』『小鍛冶』	2020年8月3日(月)～9日(日)	全公演中止
22	日本芸術文化振興会 国立劇場	令和二年九月文楽公演 第一部『寿二人三番叟』『嫗山姥』第二部『鑓の権三重帷子』第三部『絵本太功記』第四部 文楽入門～Discover BUNRAKU～ 解説 文楽をはじめよう『壺坂観音霊験記』	2020年9月5日(土)～22日(火)	9月5日(土)(第二部～第四部)、6日(日)(第一部～第四部)
23	日本芸術文化振興会 国立劇場	『民俗芸能公演』	2020年9月26日(土)	全公演中止
24	日本三曲協会	『秋季三曲名流演奏会』	2020年11月3日(火)	全公演中止
25	日本芸術文化振興会 国立劇場	令和二年十二月文楽公演 第一部『仮名手本忠臣蔵』第二部『桂川連理柵』	2020年12月3日(木)～15日(火)	12月7日(月)第二部のみ
国立文楽劇場				
26	日本芸術文化振興会 国立文楽劇場	国立文楽劇場開場35周年記念 三代目天中軒月子襲名披露『浪曲名人会』＊	2020年2月29日(土)	全公演中止
27	日本芸術文化振興会 国立文楽劇場	国立文楽劇場開場35周年記念 国立文楽劇場寄席『第106回上方演芸特選会』＊	2020年3月11日(水)～14日(土)	全公演中止
28	日本芸術文化振興会 国立文楽劇場	令和二年四月文楽公演『通し狂言 義経千本桜』＊	2020年4月4日(土)～26日(日)	全公演中止
29	日本芸術文化振興会 国立文楽劇場	国立文楽劇場寄席『第107回上方演芸特選会』＊	2020年5月13日(水)～16日(土)	全公演中止
30	日本芸術文化振興会 国立文楽劇場	第36回舞踊・邦楽公演『新進と花形による舞踊・邦楽鑑賞会』＊	2020年5月16日(土)	全公演中止
31	日本芸術文化振興会 国立文楽劇場	『第31回浪曲錬声会』＊	2020年5月30日(土)	全公演中止
32	日本芸術文化振興会 国立文楽劇場	第37回文楽鑑賞教室『二人三番叟』『解説 文楽へようこそ』『夏祭浪花鑑』『Discover BUNRAKU「大人のための文楽入門」』＊	2020年6月5日(金)～18日(木)	全公演中止
33	日本芸術文化振興会 国立文楽劇場	三代目天中軒月子襲名記念『浪曲特選会』	2020年6月20日(土)	全公演中止
34	日本芸術文化振興会 国立文楽劇場	国立文楽劇場既成者研修発表会 第20回文楽若手会『菅原伝授手習鑑』『新版歌祭文』	2020年6月20日(土)～21日(日)	全公演中止
35	日本芸術文化振興会 国立文楽劇場	国立文楽劇場寄席『第108回上方演芸特選会』	2020年7月8日(水)～11日(土)	全公演中止
36	日本芸術文化振興会 国立文楽劇場	夏休み文楽特別公演 第一部 親子劇場『舌切雀』『解説 文楽ってなあに?』『瓜子姫とあまんじゃく』第二部 Discover BUNRAKU『曾根崎心中』第三部 名作劇場『ひらかな盛衰記』『小鍛冶』	2020年7月18日(土)～28日(火)	全公演中止
37	日本芸術文化振興会 国立文楽劇場	伝承者養成事業50周年記念 国立文楽劇場歌舞伎俳優既成者研修発表会 上方歌舞伎30回記念 第30回上方歌舞伎会『恋飛脚大和往来』『釣女』	2020年8月7日(金)～8日(土)	全公演中止
38	前進座	大阪公演『東海道四谷怪談』＊	2020年9月4日(金)～10日(木)	全公演中止
国立能楽堂				
39	日本芸術文化振興会 国立能楽堂	令和二年二月 月間特集・近代絵画と能 特別公演 能・喜多流『忠度』／狂言・和泉流『孫聟』／能・金春流『室君』	2020年2月29日(土)	全公演中止
40	日本芸術文化振興会 国立能楽堂	令和二年三月定例公演 狂言・大蔵流『牛馬』／能・金剛流『朝長』＊	2020年3月4日(水)	全公演中止
41	トット基金	手話でも楽しむ能・狂言鑑賞会～東京オリンピック・パラリンピックを寿ぐ～『お話』／手話狂言『簸屑』／手話狂言『太刀奪』／手話狂言『弓矢太郎』	2020年3月6日(金)	手話狂言のみ実施
42	トット基金	手話でも楽しむ能・狂言鑑賞会～東京オリンピック・パラリンピックを寿ぐ～『お話』／手話狂言『太刀奪』能『土蜘蛛』／手話狂言『弓矢太郎』	2020年3月7日(土)	手話狂言のみ実施

43	金春会	金春会定期能 能『雨月』／狂言『居杭』／能『百万』／能『葵上』	2020年3月8日(日)	全公演中止
44	日本芸術文化振興会 国立能楽堂	能楽研修発表会 第21回青翔会 第9期能楽(三役)研修 研修修了発表会 舞囃子・金春流『芦刈』／舞囃子・喜多流『田村』／舞囃子・観世流『羽衣』／狂言・和泉流『隠狸』／狂言語・和泉流『奈須与市語』／半能・宝生流『石橋』	2020年3月10日(火)	全公演中止
45	東京能楽囃子科協議会	東京能楽囃子科協議会定式能 三月昼能 舞囃子『養老』／舞囃子『籐』／舞囃子『吉野天人』／舞囃子『通小町』／舞囃子『春日龍神』／狂言『柿山伏』／能『羽衣』	2020年3月11日(水)	全公演中止
46	久習會	第30回久習會 『翁』／能『弓八幡』／狂言『蛭子大黒』／能『自然居士』	2020年3月12日(木)	全公演中止
47	日本芸術文化振興会 国立能楽堂	令和二年三月普及公演 解説・能楽あんない『三つの世界を流れる生田川』／狂言・和泉流『縄綯』／能・観世流『籐』＊	2020年3月14日(土)	全公演中止
48	山本会	山本則俊喜寿記念 山本会別会 狂言『末広』／狂言『伊呂波』／狂言『釣狐』／素囃子『獅子』／狂言『福部の神 勤入』	2020年3月15日(日)	全公演中止
49	日本芸術文化振興会 国立能楽堂	令和二年三月定例公演 狂言・大蔵流『鬼瓦』／能・観世流『当麻 二段返』＊	2020年3月19日(木)	全公演中止
50	万作の会	狂言ござる乃座 61st 第一日目 狂言『隠狸』／狂言『千切木』／能『屋島 大事・奈須與市語』	2020年3月20日(金)	全公演中止
51	万作の会	狂言ござる乃座 61st 第二日目 小舞『八島』／狂言『千鳥』／語『奈須與市語』／一調『貝尽し』／舞囃子『安宅』／狂言『庵の梅』	2020年3月25日(水)	全公演中止
52	日本芸術文化振興会 国立能楽堂	令和二年 国立能楽堂特別企画公演 能・狂言を再発見する 『おはなし』／狂言『袴裂』／復曲能『岩船』＊	2020年3月27日(金)～28日(土)	全公演中止
53	代々木果迢会	代々木果迢会別会 能『安宅 勧進帳』／狂言『隠狸』／能『道成寺』	2020年3月29日(日)	全公演中止
54	出雲蓉の会	第53回出雲蓉の会 古道成寺を舞う 義太夫『祝言三番叟』／狂言『水汲』／一調一管『祈り』／地唄『古道成寺』	2020年4月4日(土)	全公演中止
55	金春会	金春会定期能 能『西王母』／狂言『秀句傘』／能『井筒』／能『鵜』	2020年4月5日(日)	全公演中止
56	日本芸術文化振興会 国立能楽堂	令和二年四月 月間特集 日本人と自然 春夏秋冬 定例公演 狂言・大蔵流『土筆』／能・観世流『熊野 村雨留』＊	2020年4月8日(水)	全公演中止
57	日本芸術文化振興会 国立能楽堂	令和二年四月 月間特集 日本人と自然 春夏秋冬 普及公演 解説・能楽あんない『闇のうつつ』／狂言・和泉流『水掛聟』／能・金春流『夕顔』＊	2020年4月11日(土)	全公演中止
58	日本芸術文化振興会 国立能楽堂	令和二年四月 月間特集 日本人と自然 春夏秋冬 定例公演 狂言・和泉流『栗焼』／能・宝生流『小督』＊	2020年4月17日(金)	全公演中止
59	『不来子先生』公演実行委員会	不来子先生―たたかわざる者 R・H・ブライスとH・ソロー― 創作能『不来子先生』／狂言『棒縛』／能『羽衣』和合之舞	2020年4月18日(土)	全公演中止
60	萬狂言	萬狂言 ファミリー狂言会 春 『狂言のおはなし』／狂言『盆山』／狂言『棒縛』／『狂言たいそう』	2020年4月19日(日)	全公演中止
61	萬狂言	萬狂言 春公演 狂言『二人袴』／狂言『文蔵』／狂言『髭櫓』	2020年4月19日(日)	全公演中止
62	日本芸術文化振興会 国立能楽堂	令和二年四月 月間特集 日本人と自然 春夏秋冬 企画公演 ◎日本人と自然 『おはなし』／狂言・大蔵流『木六駄』／復曲能『泰山木』＊	2020年4月24日(金)	全公演中止
63	龍風会	寺井久八郎傘寿祝賀 龍風会『能楽発表会』	2020年4月25日(土)	全公演中止
64	観世九皐会	観世九皐会別会 連吟『田村』／能『卒塔婆小町』／狂言『六地蔵』／仕舞『景清』『櫻川』『熊坂』／能『遊行柳』＊	2020年4月26日(日)	全公演中止
65	日本芸術文化振興会 国立能楽堂	令和二年四月 月間特集 日本人と自然 春夏秋冬 企画公演 ◎女性能楽師による 仕舞・宝生流『忠度』／仕舞・宝生流『野宮』／仕舞・観世流『山姥』／能・観世流『葛城』＊	2020年4月29日(水)	全公演中止

66	加藤眞悟 明之會	第22回加藤眞悟 明之會 仕舞『虎送』／独吟『最上川』／仕舞『清経』『花筐』『藤戸』／狂言『六地蔵』／能『木賊』	2020年5月5日(火)	全公演中止
67	日本芸術文化振興会 国立能楽堂	令和二年五月 月間特集 日本人と自然 草木成仏 普通公演 解説・能楽案内『大伴家持の湖遊覧と藤の花』／狂言・和泉流『茸』／能・金春流『藤』＊	2020年5月9日(土)	全公演中止
68	日本芸術文化振興会 国立能楽堂	令和二年五月 月間特集 日本人と自然 草木成仏 定例公演 狂言・大蔵流『蝸牛』／能・観世流『西行桜 素囃子』＊	2020年5月15日(金)	全公演中止
69	潤星会	第2回東京金剛会例会能 能『藤』／狂言『寶の槌』／能『善知鳥』	2020年5月16日(土)	全公演中止
70	テアトル・ノウ事務局	第40回記念テアトル・ノウ東京公演 舞囃子『絵馬』／仕舞『邯鄲』／狂言『鐘の音』／能『道成寺 無躙之崩』	2020年5月17日(日)	全公演中止
71	日本芸術文化振興会 国立能楽堂	令和二年五月 月間特集 日本人と自然 草木成仏 狂言企画公演 狂言・大蔵流『梟』／狂言・和泉流『蝉』／国立能楽堂委嘱作品 新作狂言『鮎』＊	2020年5月22日(金)	全公演中止
72	日本芸術文化振興会 国立能楽堂	令和二年五月 月間特集 日本人と自然 草木成仏 定例公演 狂言・和泉流『横座』／能・喜多流『六浦』＊	2020年5月27日(水)	全公演中止
73	日本芸術文化振興会 国立能楽堂	令和二年五月 月間特集 日本人と自然 草木成仏 特別公演 能・宝生流『半蔀 立花』／狂言・大蔵流『蚊相撲』／能・観世流『鷺』＊	2020年5月30日(土)	全公演中止
74	大藏吉次郎	第21回大藏流狂言 吉次郎狂言会 狂言『二人大名』／語り『那須』／素囃子『男舞』／狂言『祐善』／狂言『三人方輪』	2020年5月31日(日)	全公演中止
75	日本経済新聞社	第14回日経能楽鑑賞会 狂言・和泉流『悪太郎』／能・観世流『綾鼓』	2020年6月2日(火)	全公演中止
76	日本芸術文化振興会 国立能楽堂	令和二年六月 月間特集 日本人と自然 花鳥風月 定例公演 狂言・大蔵流『花盗人』／能・観世流『吉野天人 天人揃』＊	2020年6月3日(水)	全公演中止
77	東京能楽囃子科協議会	東京能楽囃子科協議会別会能 舞囃子『御裳濯』／一管『三重音取』／一調『俊成忠度』／一調一管『江口』／一調『髭櫓』／舞囃子『鵜祭』／狂言『連歌盗人』／能『望月』	2020年6月5日(金)	全公演中止
78	松諷会	『能楽発表会』	2020年6月6日(土)	全公演中止
79	金春会	金春会定期能 能『老松』／狂言『磁石』／能『杜若』／能『鵜飼』	2020年6月7日(日)	全公演中止
80	日本芸術文化振興会 国立能楽堂	能楽研修発表会『第22回青翔会』	2020年6月9日(火)	全公演中止
81	日本経済新聞社	第14回日経能楽鑑賞会 狂言・和泉流『悪太郎』／能・金剛流『綾鼓』	2020年6月11日(木)	全公演中止
82	日本芸術文化振興会 国立能楽堂	令和二年六月 月間特集 日本人と自然 花鳥風月 普及公演 解説・能楽あんない『善知鳥の謎―伝説と祭礼から考える―』／狂言・大蔵流『千鳥』／能・宝生流『善知鳥』＊	2020年6月13日(土)	全公演中止
83	中村昌弘の会	第5回金春流能楽師 中村昌弘の会 仕舞『生田』／仕舞・金剛流『玉之段』／狂言・和泉流『狐塚』／仕舞『遊行柳』／能『角田川』＊	2020年6月14日(日)	全公演中止
84	日本芸術文化振興会 国立能楽堂	令和二年六月 月間特集 日本人と自然 花鳥風月 定例公演 狂言・大蔵流『箕被』／能・喜多流『松風』＊	2020年6月19日(金)	全公演中止
85	潤星会	第32回潤星会 能『田村』／狂言『富士松』／能『葛城 神楽』	2020年6月20日(土)	全公演中止
86	鎌倉能舞台	能を知る会 東京公演 講演『日本書紀編纂1300年 戦う能 争う狂言』／仕舞『三輪』『花筐』／狂言『蚊相撲』／能『土蜘蛛』	2020年6月21日(日)	全公演中止
87	日本芸術文化振興会 国立能楽堂	第37回能楽鑑賞教室 解説『能楽のたのしみ』／狂言・和泉流『寝音曲』／能・宝生流『殺生石』＊	2020年6月22日(月)～26日(金)	全公演中止
88	久習會	第31回久習會 能『邯鄲』／狂言『呂蓮』／能『巴』	2020年6月27日(土)	全公演中止
89	味麻之会	『能楽発表会』	2020年6月28日(日)	全公演中止

90	久習會	第32回久習會 能『邯鄲』／狂言『樋の酒』／能『葵上』	2020年6月29日(月)	全公演中止
国立劇場おきなわ 大劇場				
91	日本芸術文化振興会 国立劇場おきなわ	令和二年二月琉球舞踊公演 男性舞踊家の会 第一部『柳』『高平良万歳』『汀間当』『早口説』『加那よ―』第二部『前の浜』『糸満乙女』『波平大主道行口説』『鳩間節』『浜千鳥』『諸屯』*	2020年2月29日(土)	全公演中止
92	ラジオ沖縄	『春風亭昇太 落語会』	2020年3月15日(日)	全公演中止
93	琉球舞踊 具志幸大 舞夢Mayim 実行委員会／玉城流いずみ会 具志幸大 琉舞道場	琉球舞踊 具志幸大『舞夢Mayim』	2020年3月31日(火)	全公演中止
94	日本芸術文化振興会 国立劇場おきなわ	令和二年四月琉球舞踊公演『琉球舞踊鑑賞会』第一部『柳』『前の浜』『かせかけ』『ぜい』『苧引』『高平良万歳』第二部『むんじゅる』『浜千鳥』『取納奉行』『加那よ―天川』『美童ナークニー』『桃売り姉小』*	2020年4月11日(土)	全公演中止
95	日本芸術文化振興会 国立劇場おきなわ	令和二年四月組踊公演 賢母三遷の巻 第一部 琉球舞踊『若衆踊り』～春風の舞い～第二部 組踊『賢母三遷の巻』*	2020年4月25日(土)	全公演中止
96	伝統組踊保存会	組踊復活公演『巡見官』	2020年5月17日(日)	全公演中止
97	日本芸術文化振興会 国立劇場おきなわ	令和二年五月研究公演 琉狂言 第一部『節口説』『御世治口説』『伊計離節』／琉狂言『墨塗』第二部 琉狂言『武富秀才』／新作琉狂言『ちんなんちんなん』*	2020年5月23日(土)	全公演中止
98	日本芸術文化振興会 国立劇場おきなわ	令和二年六月企画公演 千本ゑんま堂狂言 第一部『いろは』『でんでん虫』第二部『道成寺』	2020年6月7日(日)	全公演中止
99	日本芸術文化振興会 国立劇場おきなわ	令和二年六月琉球舞踊公演 男性舞踊家の会 第一部『柳』『高平良万歳』『汀間当』『早口説』『鳩間節』第二部『巌の松』『前の浜』『波平大主道行口説』『加那よ―』『浜千鳥』『諸屯』*	2020年6月13日(土)	全公演中止
100	日本芸術文化振興会 国立劇場おきなわ	沖縄芝居公演 武士松茂良と平安山次良 第一部 喜歌劇『元の若さ』第二部『武士松茂良と平安山次良』	2020年6月27日(土)～28日(日)	全公演中止
101	日本芸術文化振興会 国立劇場おきなわ	令和二年八月普及公演 琉球舞踊鑑賞教室 第一部『四季口説』『ぜい』『かせかけ』『醜童』第二部『鳩間節』『花風』『谷茶前』『海のちんぼーらー』『戻り駕篭』	2020年8月8日(土)	全公演中止
102	日本芸術文化振興会 国立劇場おきなわ	令和二年八月普及公演 親子のための組踊鑑賞教室 万歳敵討 第一部『組踊の楽しみ方』第二部 組踊『万歳敵討』	2020年8月15日(土)	全公演中止
103	日本芸術文化振興会 国立劇場おきなわ	令和二年八月琉球舞踊公演 琉球舞踊鑑賞会 第一部『作田』『前の浜』『かせかけ』『浜千鳥』『取納奉公』第二部『ぜい』『柳』『高平良万歳』『むんじゅる』『加那よ―』	2020年8月29日(土)	全公演中止
104	日本芸術文化振興会 国立劇場おきなわ	令和二年九月普及公演 沖縄芝居鑑賞教室 第一部『沖縄芝居の楽しみ方』／雑踊『鳩間節』／歌劇『泊阿嘉～泊高橋の場～』／喜劇『亀さんよ』第二部『黒島王物語』	2020年9月19日(土)	全公演中止
国立劇場おきなわ 小劇場				
105	首里伝統芸能文化協会	『首里城再建支援チャリティー公演』	2020年3月3日(火)	全公演中止
106	玉城流玉城敦子琉舞道場	玉城流 玉城敦子琉舞道場開設35周年記念公演 うどぅい福楽10周年記念『黄金風～クガニカジ～』	2020年3月8日(日)	全公演中止
107	渡嘉敷流二代目渡嘉敷守良 第3回リサイタルまことの花実行委員会	渡嘉敷流二代目渡嘉敷守良 第3回リサイタル『まことの花』	2020年3月15日(日)	全公演中止
108	心音天舞後援会事務局	『心音天舞 神話の神々の踊り唄―自主制作映画と踊り―』	2020年3月21日(土)	全公演中止
109	シアター・クリエイト	男性舞踊家公演『蓬莱4～ほうらい～』	2020年4月4日(土)	全公演中止
110	沖縄伝統舞踊保存協会	『第33回定期公演』	2020年4月18日(土)	全公演中止
111	渡嘉敷流二代目渡嘉敷守良 第3回リサイタルまことの花実行委員会	渡嘉敷流二代目渡嘉敷守良 第3回リサイタル『まことの花』	2020年5月2日(土)	全公演中止

112	劇団花園	母の日公演 現代明朗劇『美人の妻 情けの妻』／時代人情劇『ほととぎす』	2020年5月10日(日)	全公演中止
113	沖縄県文化振興会	かりゆし芸能公演 NPO法人尋藝能塾 組踊『花売の縁』	2020年9月18日(金)	全公演中止
114	シアター・クリエイト	男性舞踊家公演『蓬莱4～ほうらい～』	2020年9月22日(火)	全公演中止
115	沖縄県文化振興会	かりゆし芸能公演 琉球舞踊真境名本流教師会 真境名本流教師会発足記念公演『継ぎ繋ぐ』	2020年10月23日(金)	全公演中止
116	沖縄県文化振興会	かりゆし芸能公演 糸満市南山組踊保存会『中秋に唱える』	2020年10月30日(金)	全公演中止
歌舞伎座				
117	松竹	三月大歌舞伎 昼の部『雛祭り』『新薄雪物語』夜の部『梶原平三誉石切』『高坏』『沼津』	2020年3月2日(月)～26日(木)	全公演中止
118	松竹	市川海老蔵改め十三代目市川團十郎白猿襲名披露 五月大歌舞伎 昼の部『祝成田櫓賑』『仮名手本忠臣蔵』『勧進帳』夜の部『寿曽我対面』『十三代目市川團十郎白猿襲名披露 口上』『助六由縁江戸桜』	2020年5月3日(日)～27日(水)	全公演中止
119	松竹	市川海老蔵改め十三代目市川團十郎白猿襲名披露 六月大歌舞伎 八代目市川新之助初舞台 昼の部『二人三番叟』『妹背山婦女庭訓』『十三代目市川團十郎白猿 八代目市川新之助 襲名披露口上』夜の部『暫』『外郎売』『鳴神』『勧進帳』	2020年6月1日(月)～25日(木)	全公演中止
120	松竹	市川海老蔵改め十三代目市川團十郎白猿襲名披露 七月大歌舞伎 八代目市川新之助初舞台 第一部『矢の根』『京鹿子娘二人道成寺』『男伊達花廓』第二部『山姥』『團十郎娘』『景清』第三部『楼門五三桐』『助六由縁江戸桜』	2020年7月1日(水)～20日(月)	全公演中止
121	松竹	八月花形歌舞伎 第一部『連獅子』第二部『棒しばり』第三部『吉野山』第四部『与話情浮名横櫛』	2020年8月1日(土)～26日(水)	8月5日(水)第三部のみ
新橋演舞場				
122	松竹	新派特別公演『八つ墓村』	2020年2月16日(日)～3月3日(火)	2月28日(金)～3月3日(火)
123	演舞場サービス	演舞場発 文化を遊ぶ 第15回『なでしこの踊り・早春 2020』	2020年2月27日(木)～3月11日(水)	2月28日(金)～3月11日(水)
124	松竹	喜劇名作劇場 恋ぶみ屋一葉2020『有頂天作家』	2020年3月13日(金)～28日(土)	全公演中止
125	緑六會／白兎会	緑白会 第1回『朗読 夜叉ヶ池』	2020年3月15日(日)	全公演中止
126	松竹	四月大歌舞伎 昼の部『青砥稿花紅彩画』『身替座禅』夜の部『籠釣瓶花街酔醒』『晒三番叟』『網打』	2020年4月3日(金)～27日(月)	全公演中止
127	松竹	OSK日本歌劇団『レビュー春のおどり』	2020年5月2日(土)～5日(火)	全公演中止
128	松竹	歌芝居2020 石川さゆり『あい—永遠に在り—』	2020年5月9日(土)～19日(火)	全公演中止
129	東京新橋組合	『第96回東をどり』＊	2020年5月23日(土)～26日(火)	全公演中止
130	松竹／アミューズ	新橋演舞場シリーズ第7弾 東京喜劇 熱海五郎一座『Jazzyなさくらは裏切りのハーモニー～日米爆笑保障条約～』	2020年6月2日(火)～30日(火)	全公演中止
131	松竹	『滝沢歌舞伎 ZERO 2020』	2020年7月～8月	全公演中止
132	松竹	舟木一夫特別公演『壬生義士伝』『シアターコンサート』	2020年9月2日(水)～24日(木)	全公演中止
133	松竹	『女の一生』	2020年10月31日(土)～11月26日(木)	10月31日(土)～11月1日(日)
134	松竹	藤山寛美歿後三十年喜劇特別公演『お種と仙太郎』『大阪ぎらい物語』『愚兄愚弟』『はなのお六』	2020年12月1日(火)～25日(金)	全公演中止
明治座				

135	松竹	三月花形歌舞伎 昼の部『菅原伝授手習鑑 車引』『一本刀土俵入』『芝翫奴』『近江のお兼』夜の部『通し狂言 桜姫東文章』	2020年3月2日(月)～26日(木)	全公演中止
136	ミュージカル『薄桜鬼』製作委員会	ミュージカル『薄桜鬼 真改』相馬主計篇	2020年4月2日(木)～5日(日)	全公演中止
137	ミュージカル『チェーザレ 破壊の創造者』製作委員会	ミュージカル『チェーザレ 破壊の創造者』	2020年4月13日(月)～5月11日(月)	全公演中止
138	明治座	『林家木久扇 芸能生活60周年記念公演』	2020年5月13日(水)～14日(木)	全公演中止
139	モンテ・クリスト伯製作委員会	音楽劇『モンテ・クリスト伯～黒き将軍とカトリーヌ～』	2020年5月24日(日)～31日(日)	全公演中止
140	明治座	梅沢富美男劇団特別公演―研ナオコ芸能生活50周年―『大笑い！ 富美男とナオコの花戦、女の意気地』『研ナオコ・梅沢富美男 歌謡オンステージ』『華の舞踊絵巻』	2020年6月5日(金)～27日(土)	全公演中止
141	日本テレビ／明治座	『巌流島』	2020年8月6日(木)～11日(火)	全公演中止
142	オフィスプロペラ	志村けん一座 第15回公演『志村魂』	2020年8月13日(木)～23日(日)	全公演中止
143	モンテ・クリスト伯製作委員会	音楽劇『モンテ・クリスト伯～黒き将軍とカトリーヌ～』	2020年8月16日(日)～23日(日)	8月16日(日)～17日(月)
御園座				
144	御園座／中日新聞社	宝塚歌劇月組公演 ミュージカルロマン『赤と黒』―原作 スタンダール―	2020年2月10日(月)～3月4日(水)	2月29日(土)～3月4日(水)
145	御園座／中日新聞社／テレビ愛知	吉幾三特別公演『松竹新喜劇「帰って来た男」より どたばた遊侠伝～時代おくれの竜』『吉幾三オンステージ2020～ジャンルを超えて…吉幾三 世界の旅唄～』	2020年3月9日(月)～22日(日)	3月10日(火)～11日(水)、16日(月)～18日(水)
146	御園座／中日新聞社／東海テレビ放送	新作歌舞伎『NARUTO―ナルト―』	2020年4月4日(土)～26日(日)	全公演中止
147	御園座／中日新聞社	ミュージカル『モダン・ミリー』	2020年4月29日(水)～5月1日(金)	全公演中止
148	御園座／中日新聞社／東海テレビ放送	タクフェス 春のコメディ祭！『仏の顔も笑うまで』	2020年5月9日(土)～10日(日)	全公演中止
149	御園座／中日新聞社	『ザ・ニュースペーパー特別公演 VOL.2』	2020年5月31日(日)	全公演中止
150	御園座／中日新聞社	ミュージカル『エリザベート』	2020年6月10日(水)～28日(日)	全公演中止
151	御園座	彩の国シェイクスピア・シリーズ第36弾『ジョン王』	2020年7月3日(金)～6日(月)	全公演中止
152	御園座	細川たかし特別公演『あの海の向こうへ～細川たかし誕生物語～』『歌謡ステージ 細川たかしとファミリー達2020』	2020年7月11日(土)～23日(木)	全公演中止
153	御園座／中日新聞社	『アルキメデスの大戦』	2020年7月25日(土)～26日(日)	全公演中止
154	東宝／フジテレビジョン	ミュージカル『四月は君の嘘』	2020年7月31日(金)～8月2日(日)	全公演中止
155	中京テレビ	『巌流島』	2020年8月21日(金)～23日(日)	全公演中止
156	御園座／中日新聞社	ブロードウェイミュージカル『ピーターパン』	2020年8月25日(火)～26日(水)	全公演中止
157	オフィスプロペラ	志村けん一座 第15回公演『志村魂』	2020年8月28日(金)～30日(日)	全公演中止
158	松竹	松竹特別公演『毒薬と老嬢 ARSENIC AND OLD LACE』	2020年10月31日(土)	全公演中止
京都南座				
159	松竹	スーパー歌舞伎II『新版オグリ』	2020年3月4日(水)～26日(木)	全公演中止
160	京都市観光協会／祇園甲部歌舞会	『令和二年 都をどり』	2020年4月1日(水)～27日(月)	全公演中止
161	松竹	『坂東玉三郎 世界のうた 2020』	2020年4月29日(水)～30日(木)	全公演中止

162	松竹	歌芝居2020 石川さゆり『あい―永遠に在り―』	2020年5月22日(金)~24日(日)	全公演中止
163	松竹	六月南座超歌舞伎 本公演『超歌舞伎のみかた』『都染戯場彩』『御伽草子戀姿絵』／リミテッドバージョン『御伽草子戀姿絵』	2020年6月2日(火)~24日(水)	全公演中止
164	京都伝統伎芸振興財団／京都花街組合連合会	第27回京都五花街合同公演『都の賑い』	2020年6月27日(土)~28日(日)	全公演中止
165	松竹	OSK日本歌劇団『OSK SUMMER SPECIAL 2020』	2020年7月4日(土)~12日(日)	全公演中止
166	松竹	『坂東玉三郎 映像×舞踊 南座特別公演』	2020年8月1日(土)~26日(水)	全公演中止
167	松竹	藤山寛美歿後三十年喜劇特別公演『お種と仙太郎』『大阪ぎらい物語』『愚兄愚弟』『はなのお六』	2020年9月1日(火)~26日(土)	全公演中止
168	松竹	『女の一生』	2020年10月17日(土)~27日(火)	全公演中止
169	松竹／KADOKAWA	『虎者―NINJAPAN―』	2020年11月	全公演中止
大阪松竹座				
170	松竹／関西テレビ放送	『僕らAぇ! groupがbrakeしそうですねん?!』	2020年3月4日(水)~29日(日)	全公演中止
171	松竹	喜劇名作劇場 恋ぶみ屋一葉2020『有頂天作家』	2020年4月2日(木)~13日(月)	全公演中止
172	松竹	OSK日本歌劇団『レビュー春のおどり』	2020年4月18日(土)~26日(日)	全公演中止
173	松竹	藤山寛美歿後三十年喜劇特別公演『お種と仙太郎』『大阪ぎらい物語』『愚兄愚弟』『はなのお六』	2020年5月3日(日)~31日(日)	全公演中止
174	松竹	『笑福亭鶴二独演会』	2020年6月7日(日)	全公演中止
175	松竹	新派特別公演『八つ墓村』	2020年6月13日(土)~25日(木)	全公演中止
176	松竹	関西・歌舞伎を愛する会 第29回 七月大歌舞伎 昼の部『女鳴神』『邯鄲園菊蝶』『江戸唄情節』夜の部『鬼一法眼三略巻』『団子売』『巷談宵宮雨』	2020年7月3日(金)~27日(月)	全公演中止
177	ジャニーズ事務所	『関西ジャニーズJr.公演』	2020年8月	全公演中止 生配信にて実施
178	松竹	十月花形歌舞伎『GOEMON 石川五右衛門』	2020年10月3日(土)~27日(火)	全公演中止
179	松竹	『松竹新喜劇』	2020年11月3日(火)~10日(火)	全公演中止
180	松竹	松竹特別公演『毒薬と老嬢 ARSENIC AND OLD LACE』	2020年11月14日(土)~23日(月)	全公演中止
181	松竹	『大阪環状線』	2020年12月	全公演中止
大阪新歌舞伎座				
182	新歌舞伎座	新歌舞伎座開場10周年記念 三月特別企画 前川清×藤山直美『恋の法善寺横丁』『前川清オン・ステージ』	2020年3月1日(日)~28日(土)	全公演中止
183	新歌舞伎座	新歌舞伎座新開場10周年記念 島津亜矢特別公演『おりょう―龍馬の愛した女―』『島津亜矢コンサート 劇場版スペシャル』	2020年4月3日(金)~18日(土)	全公演中止
184	関西テレビ放送／新歌舞伎座	ミュージカル『リトル・ショップ・オブ・ホラーズ』	2020年4月20日(月)~27日(月)	全公演中止
185	梅田芸術劇場	ミュージカル『モダン・ミリー』	2020年5月4日(月)~6日(水)	全公演中止
186	新歌舞伎座	『新陽だまりの樹』	2020年5月8日(金)~10日(日)	全公演中止
187	新歌舞伎座	『ザ・ニュースペーパー 瓦版大阪皐月の陣』	2020年5月27日(水)	全公演中止
188	読売テレビ／サンライズプロモーション大阪	『母を逃がす』	2020年6月6日(土)~7日(日)	全公演中止

189	新歌舞伎座	歌舞伎座新開場10周年記念 山内惠介デビュー20周年特別公演『新三郎母子』『プラチナの品格 山内惠介オンステージ 令和を彩る珠玉の艶歌』	2020年6月12日(金)〜29日(月)	全公演中止
190	MAパブリッシング	音楽朗読劇『レ・ミゼラブル』	2020年7月5日(日)	全公演中止
191	新歌舞伎座	梅沢富美男劇団特別公演―研ナオコ芸能生活50周年―『大笑い！ 富美男とナオコの花戦、女の意気地』『研ナオコ・梅沢富美男 歌謡オンステージ』『華の舞踊絵巻』	2020年7月16日(木)〜29日(水)	全公演中止
192	オフィスプロペラ	志村けん一座 第15回公演『志村魂』	2020年8月1日(土)〜2日(日)	全公演中止
193	新歌舞伎座	新歌舞伎座新開場10周年記念 コロッケ40周年特別公演『太閤記外伝 花のこみち』『コロッケものまねオンステージ40周年スペシャル』	2020年8月7日(金)〜23日(日)	全公演中止
194	東宝	ミュージカル『ジャージー・ボーイズ』	2020年8月26日(水)〜31日(月)	全公演中止
195	新歌舞伎座	Sky presents ミュージカル『スクールオブロック』	2020年9月26日(土)〜10月4日(日)	全公演中止

梅田芸術劇場 メインホール

196	梅田芸術劇場／読売テレビ	『デスノート THE MUSICAL』	2020年2月29日(土)〜3月1日(日)	全公演中止
197	梅田芸術劇場	絢爛豪華 祝祭音楽劇『天保十二年のシェイクスピア』	2020年3月5日(木)〜10日(火)	全公演中止
198	関西テレビ放送／アミューズ／トリックスターエンターテインメント／読売新聞社／梅田芸術劇場	ミュージカル『ボディガード』日本キャスト版	2020年3月19日(木)〜29日(日)	3月19日(木)〜22日(日)、28日(土)〜29日(日)
199	梅田芸術劇場／関西テレビ放送	ミュージカル『アナスタシア』	2020年4月6日(月)〜18日(土)	全公演中止
200	東宝／アミューズ	ミュージカル『ホイッスル・ダウン・ザ・ウィンド〜汚れなき瞳〜』	2020年4月23日(木)〜30日(木)	全公演中止
201	梅田芸術劇場	宝塚歌劇雪組公演 ミュージカル・ロマン『炎のボレロ』／ネオダイナミック・ショー『Music Revolution! —New Spirit—』	2020年5月2日(土)〜4日(月)	全公演中止
202	梅田芸術劇場／関西テレビ放送	ミュージカル『エリザベート』	2020年5月11日(月)〜6月2日(火)	全公演中止
203	梅田芸術劇場	ディズニーミュージカル『ニュージーズ』	2020年6月6日(土)〜13日(土)	全公演中止
204	梅田芸術劇場	宝塚歌劇星組公演 グランステージ『エル・アルコン—鷹—』〜青池保子原作「エル・アルコン—鷹—」「七つの海七つの空」より〜／Show Stars『Ray —星の光線—』	2020年6月30日(火)〜7月1日(水)	全公演中止
205	梅田芸術劇場	ミュージカル『ヘアスプレー』	2020年7月5日(日)〜13日(月)	全公演中止
206	梅田芸術劇場／関西テレビ放送	ミュージカル『ミス・サイゴン』	2020年7月16日(木)〜19日(日)	全公演中止
207	梅田芸術劇場	宝塚歌劇花組公演 ブロードウェイ・ミュージカル『NICE WORK IF YOU CAN GET IT』	2020年7月25日(土)〜8月10日(月)	全公演中止
208	梅田芸術劇場	寺田瀧雄 没後二十年メモリアルコンサート『All His Dreams "愛"』	2020年8月13日(木)	全公演中止
209	梅田芸術劇場／ABCテレビ	ブロードウェイミュージカル『ピーターパン』	2020年8月16日(日)	全公演中止
210	梅田芸術劇場	宝塚歌劇雪組公演 ミュージカル・ロマン『炎のボレロ』／ネオダイナミック・ショー『Music Revolution! —New Spirit—』	2020年8月17日(月)〜25日(火)	全公演中止
211	梅田芸術劇場／関西テレビ放送	ミュージカル『四月は君の嘘』	2020年8月20日(木)〜23日(日)	全公演中止
212	梅田芸術劇場／読売テレビ	『巌流島』	2020年8月28日(金)〜30日(日)	全公演中止
213	梅田芸術劇場	宝塚歌劇月組公演 グランド・ミュージカル『ダル・レークの恋』	2020年9月5日(土)〜7日(月)	全公演中止
214	梅田芸術劇場	宝塚歌劇雪組公演(演目未定)	2020年11月21日(土)〜28日(土)	全公演中止

博多座				
215	松竹	市川海老蔵特別公演『羽衣』『ご挨拶』『歌舞伎十八番の内 勧進帳』	2020年2月26日(水)~3月1日(日)	2月27日(木)16時開演の公演~3月1日(日)
216	博多座	『デスノート THE MUSICAL』	2020年3月6日(金)~8日(日)	全公演中止
217	博多座	博多座落語会『桂米朝一門会』	2020年3月10日(火)	全公演中止
218	博多座	越路吹雪40回忌コンサート『Après Toi ~アプレ・トワ』	2020年3月14日(土)~15日(日)	全公演中止
219	博多座	劇団☆新感線39興行・春公演 いのうえ歌舞伎『偽義経冥界歌』	2020年4月4日(土)~28日(火)	全公演中止
220	博多座	五木ひろし特別公演 坂本冬美特別出演 『沓掛時次郎』『ふたりのビッグショー』	2020年5月4日(月)~28日(木)	全公演中止
221	松竹	六月博多座大歌舞伎 昼の部 『松廼羽衣』『元禄忠臣蔵』『身替座禅』 夜の部 『傾城反魂香』『与話情浮名横櫛』『高坏』	2020年6月2日(火)~26日(金)	全公演中止
222	博多座	『林家木久扇 芸能生活60周年記念公演 in 博多座』	2020年6月28日(日)	全公演中止
223	東宝	ミュージカル『エリザベート』	2020年7月6日(月)~8月3日(月)	全公演中止
224	東宝/フジテレビジョン	ミュージカル『四月は君の嘘』	2020年8月7日(金)~9日(日)	全公演中止
225	東宝	ミュージカル『ジャージー・ボーイズ』	2020年8月13日(木)~17日(月)	全公演中止
226	東宝	ミュージカル『ミス・サイゴン』	2020年8月20日(木)~30日(日)	全公演中止
227	福岡放送/博多座	『巌流島』	2020年9月2日(水)~10日(木)	全公演中止
228	博多座	水谷千重子50周年記念公演 お芝居ステージ『とんち尼将軍 一休ねえさん』/歌のステージ『千重子オンステージ 歌えばコブシの花が咲く』	2020年9月20日(日)~29日(火)	全公演中止
229	博多座	宝塚歌劇宙組公演(演目未定)	2020年10月12日(月)~11月3日(火)	全公演中止
新国立劇場 中劇場				
230	文化庁/新国立劇場	オペラ研修所修了公演『フィガロの結婚』	2020年2月28日(金)~3月1日(日)	全公演中止
231	文化庁/新国立劇場	バレエ研修所修了公演『エトワールへの道程2020』	2020年3月7日(土)~8日(日)	全公演中止
232	フジテレビジョン	『脳内ポイズンベリー』	2020年3月14日(土)~29日(日)	3月14日(土)~20日(金)、26日(木)~29日(日)
233	日本テレビ	丸美屋食品ミュージカル『アニー』	2020年4月25日(土)~5月11日(月)	全公演中止
234	パルコ	パルコ・プロデュース『裏切りの街』	2020年5月31日(日)~6月16日(火)	全公演中止
235	小林紀子バレエ・シアター	第118回公演『バレエ・トリプルビル2020』	2020年6月20日(土)~21日(日)	全公演中止
236	アーリドラーテ歌劇団	第8回公演 オペラ『オテッロ』	2020年7月4日(土)~5日(日)	全公演中止
237	滋賀県立芸術劇場びわ湖ホール/新国立劇場	地域招聘オペラ公演 びわ湖ホール『竹取物語』*	2020年7月11日(土)~12日(日)	全公演中止
238	ガンダムライブエンタテインメント実行委員会	舞台『機動戦士ガンダム00—破壊による覚醒—Re:(in)novation』	2020年7月17日(金)~26日(日)	全公演中止
239	パリ・オデオン劇場	『ガラスの動物園』海外招聘公演	2020年9月11日(金)~14日(月)	全公演中止
240	s**t kingz	『HELLO ROOMIES!!』	2020年9月18日(金)~11月14日(土)	全公演中止

新国立劇場 小劇場				
241	新国立劇場バレエ団	『DANCE to the Future 2020』＊	２０２０年３月27日(金)～29日(日)	全公演中止
242	新国立劇場	『反応工程』＊	２０２０年４月９日(木)～26日(日)	全公演中止
243	K.B.S.Project	絶対青春合唱コメディ『SING!!!～空の青と海の青と僕らの学校～』	２０２０年４月29日(水)～５月３日(日)	全公演中止
244	新国立劇場	『ガールズ＆ボーイズ―Girls & Boys―』＊	２０２０年５月12日(火)～31日(日)	全公演中止
245	劇団TEAM-ODAC	第34回本公演『僕らの深夜高速２０２０』	２０２０年６月３日(水)～７日(日)	全公演中止
246	舞台『あやかし緋扇』製作委員会	舞台『あやかし緋扇』	２０２０年６月11日(木)～16日(火)	全公演中止
247	新国立劇場	小野寺修二 カンパニーデラシネラ『ふしぎの国のアリス』＊	２０２０年６月20日(土)～28日(日)	全公演中止
248	新国立劇場	『願いがかなうぐつぐつカクテル』	２０２０年７月４日(土)～26日(日)	７月４日(土)～５日(日)プレビュー公演、18日(土)・23日(木)・25日(土)18時開演の公演
249	文化庁／新国立劇場	新国立劇場オペラ研修所 オペラ試演会(演目未定)	２０２０年８月上旬	全公演中止
新国立劇場 オペラパレス				
250	新国立劇場バレエ団	バレエ『マノン』	２０２０年２月22日(土)～３月１日(日)	２月29日(土)～３月１日(日)
251	エスト・ミュージック	オペラ『トゥーランドット』	２０２０年３月７日(土)	全公演中止
252	新国立劇場	オペラ『コジ・ファン・トゥッテ』＊	２０２０年３月18日(水)～24日(火)	全公演中止
253	新国立劇場	オペラ『ジュリオ・チェーザレ』＊	２０２０年４月７日(火)～12日(日)	全公演中止
254	新国立劇場	オペラ『ホフマン物語』＊	２０２０年４月19日(日)～25日(土)	全公演中止
255	新国立劇場バレエ団	バレエ『ドン・キホーテ』＊	２０２０年５月２日(土)～10日(日)	全公演中止
256	新国立劇場	オペラ『サロメ』＊	２０２０年５月17日(日)～26日(火)	全公演中止
257	新国立劇場バレエ団	バレエ『不思議の国のアリス』＊	２０２０年６月５日(金)～14日(日)	全公演中止
258	新国立劇場	オペラ夏の祭典2019-20 Japan⇔Tokyo⇔World『ニュルンベルクのマイスタージンガー』＊	２０２０年６月21日(日)～30日(火)	全公演中止
259	新国立劇場	高校生のためのオペラ鑑賞教室 ２０２０『夕鶴』	２０２０年７月９日(木)～15日(水)	全公演中止
260	東京シティ・バレエ団	『白鳥の湖～大いなる愛の讃歌～』＊	２０２０年７月18日(土)～19日(日)	全公演中止
261	新国立劇場バレエ団	世界初演・新作バレエ公演『竜宮 りゅうぐう～亀の姫と季ときの庭～』	２０２０年７月24日(金)～31日(金)	７月30日(木)～31日(金)
262	ＮＢＡバレエ団	『ドラキュラ』	２０２０年８月１日(土)～２日(日)	全公演中止
263	新国立劇場	こどもたちとアンドロイドが創る新しいオペラ『Super Angels スーパーエンジェル』	２０２０年８月22日(土)～23日(日)	全公演中止
264	日本バレエ協会	令和二年度『全国合同バレエの夕べ』	２０２０年８月26日(水)	全公演中止
265	新国立劇場	バレエ・アステラス・スペシャル２０２０『世界バレエ学校フェスティバル＆アステラス・ガラ』	２０２０年９月12日(土)～13日(日)	全公演中止
266	新国立劇場バレエ団	バレエ『白鳥の湖』	２０２０年10月23日(金)～11月１日(日)	全公演中止 ※２０２０年５月に上演予定だった『ドン・キホーテ』に演目変更

東京芸術劇場 プレイハウス				
267	ホリプロ／TOKYO FM	『ねじまき鳥クロニクル』	2020年2月11日(火)～3月1日(日)	2月28日(金)～3月1日(日)
268	KARAS	芸劇dance 勅使川原三郎ダンス公演『三つ折りの夜』	2020年3月6日(金)～8日(日)	全公演中止
269	スターダンサーズ・バレエ団	スターダンサーズ・バレエ団公演 Dance Speaks アンコール公演『ウェスタン・シンフォニー』『緑のテーブル』	2020年3月13日(金)～15日(日)	全公演中止
270	現代舞踊協会	2020都民芸術フェスティバル参加公演 現代舞踊公演『時空をこえる旅―舞台―へようこそ』	2020年3月26日(木)～27日(金)	全公演中止
271	東京都民俗芸能大会実行委員会	2020都民芸術フェスティバル参加公演 第51回東京都民俗芸能大会『令和の安寧を祈って』	2020年3月28日(土)～29日(日)	全公演中止
272	梅田芸術劇場	梅田芸術劇場×チャリングクロス劇場共同プロデュース第1弾 ミュージカル『VIOLET』	2020年4月7日(火)～26日(日)	全公演中止
273	2020年ラドゥ・スタンカ劇場『スカーレット・プリンセス』日本公演実行委員会	Tokyo Tokyo Festival 2020年ラドゥ・スタンカ劇場『スカーレット・プリンセス』	2020年5月3日(日)～5日(火)	全公演中止
274	夢空間	『春風亭一之輔 独演会』	2020年5月7日(木)	全公演中止
275	としま未来文化財団／豊島区	としま区民芸術祭『第33回としま能の会』	2020年5月9日(土)	全公演中止
276	第20回アシテジ世界大会・東京実行委員会	第20回アシテジ世界大会／2020国際子どもと舞台芸術・未来フェスティバル オペラシアターこんにゃく座 オペラ『銀のロバ』＊	2020年5月16日(土)～17日(日)	全公演中止
277	東京芸術劇場・アーツカウンシル東京／東京都	木ノ下歌舞伎『三人吉三』＊	2020年5月30日(土)～6月7日(日)	全公演中止
278	2020年英国ロイヤル・シェイクスピア・カンパニー『じゃじゃ馬ならし』東京公演実行委員会／読売新聞社	Tokyo Tokyo Festival 英国ロイヤル・シェイクスピア・カンパニー『じゃじゃ馬ならし』	2020年6月12日(金)～14日(日)	全公演中止
279	新潟市芸術文化振興財団	Noism0+Noism1+Noism2 実験舞踊Vol.2『春の祭典』+『FratresⅢ』	2020年6月19日(金)～21日(日)	全公演中止
280	東京都立総合芸術高等学校舞台表現科	『第9回定期公演 舞踊専攻』	2020年6月28日(日)	全公演中止
281	マームとジプシー	『cocoon』	2020年7月4日(土)～12日(日)	全公演中止
282	インターナショナル・シアター・アムステルダム	『ローマ悲劇』シェイクスピアのローマ悲劇三部作『コリオレイナス』『ジュリアス・シーザー』『アントニーとクレオパトラ』より	2020年11月6日(金)～8日(日)	全公演中止
東京芸術劇場 シアターイースト				
283	東京芸術劇場	『カノン』＊	2020年3月2日(月)～15日(日)	全公演中止
284	二兎社	二兎社特別企画 ドラマリーディング2『立ち止まる人たち』＊	2020年3月28日(土)～29日(日)	全公演中止
285	温泉ドラゴン	温泉ドラゴン10周年記念公演 日韓三部作第3弾『SCRAP』＊	2020年4月1日(水)～5日(日)	全公演中止
286	範宙遊泳 さんかくのまど	『ディグ・ディグ・フレイミング!』	2020年4月10日(金)～19日(日)	全公演中止
287	悪い芝居	vol.26『トキメキメイクライトアンリアル』	2020年4月22日(水)～26日(日)	全公演中止
288	東京芸術劇場・アーツカウンシル東京／東京都／豊島区	TACT FESTIVAL 2020 ステレオプティック『STELLAIRE～星たちと愛の物語』＊	2020年5月1日(金)～4日(月)	全公演中止
289	東京芸術劇場・アーツカウンシル東京／東京都／豊島区	TACT FESTIVAL 2020 伊藤キム×森下真樹『マキム!・カラダとコエとオンガクと』	2020年5月2日(土)～5日(火)	全公演中止
290	東京都／アーツカウンシル東京	Tokyo Tokyo FESTIVAL スペシャル13「TOKYO REAL UNDERGROUND」尾竹永子『デュエット・プロジェクト』	2020年5月8日(金)	全公演中止
291	アキコ・カンダダンスカンパニー	『白い風へのレクイエム』	2020年5月9日(土)～10日(日)	全公演中止
292	劇団ホチキス	第41回本公演『シカバネアイズ～名探偵 草流鏡治郎の事件簿～』	2020年5月20日(水)～24日(日)	全公演中止

293	エッチビイ	イキウメ『外の道』	2020年5月28日(木)～6月21日(日)	全公演中止
294	ロロ	『ロマンティックコメディ』	2020年6月27日(土)～7月5日(日)	全公演中止
東京芸術劇場 シアターウエスト				
295	アップタウンプロダクション	Tokyo Tokyo Festival 劇団山の手事情社創立35周年記念公演『桜姫東文章』＊	2020年3月14日(土)～17日(火)	全公演中止
296	アイオーン／ぴあ	unrato＃6『冬の時代』	2020年3月20日(金)～29日(日)	3月28日(土)～29日(日)
297	"STRAYDOG"	"STRAYDOG" Produce『路地裏の優しい猫』	2020年4月1日(水)～5日(日)	全公演中止
298	劇団ホチキス	第41回本公演『シカバネアイズ～名探偵 草流鏡治郎の事件簿～』	2020年4月8日(水)～12日(日)	全公演中止
299	たやのりょう一座	第5回公演『飛龍伝』	2020年4月16日(木)～19日(日)	全公演中止
300	RISU PRODUCE	vol. 24『イキザマ3』＊	2020年4月22日(水)～29日(水)	全公演中止
301	いがぐみ	《噺小屋 in 池袋》番外編 皐月の独り看板 神田春陽『河内山宗俊』	2020年5月7日(木)	全公演中止
302	劇団ステージドア	第29回『カフェ・イルマーレの人たち』	2020年5月9日(土)～10日(日)	全公演中止
303	リードワンプロモーション／Nana Produce	まるは食堂創業70周年記念公演『まるは食堂』	2020年5月27日(水)～31日(日)	全公演中止
304	トム・プロジェクト	『たぬきと狸とタヌキ』	2020年6月2日(火)～7日(日)	全公演中止
305	3軒茶屋婦人会	第7回公演『アユタヤの堕天使』	2020年6月11日(木)～21日(日)	全公演中止
306	東京都立総合芸術高等学校舞台表現科	『第9回定期公演 演劇専攻』	2020年6月26日(金)～27日(土)	全公演中止
307	プリエール	『サンセットメン』＊	2020年7月3日(金)～12日(日)	全公演中止
308	演劇企画ユニット劇団山本屋	演劇企画ユニット劇団山本屋20周年記念公演「8号」『ハイイロノクロ』	2020年7月22日(水)～28日(火)	全公演中止
309	宮崎県立芸術劇場	「新 かぼちゃといもがら物語」＃5『神舞の庭』	2020年12月11日(金)～13日(日)	全公演中止
東京建物 Brillia HALL（豊島区立芸術文化劇場）				
310	宝塚歌劇団	宝塚歌劇月組公演 デジタル・マジカル・ミュージカル『出島小宇宙戦争』	2020年2月24日(月)～3月1日(日)	2月29日(土)～3月1日(日)
311	キョードー東京	DAZZLE 新作公演『NORA』	2020年3月5日(木)～8日(日)	全公演中止
312	キョードー東京	来日公演2020 ブロードウェイミュージカル『RENT』	2020年3月12日(木)～29日(日)	全公演中止
313	テレビ東京／読売新聞社／ぴあ／キョードー東京／キョードーファクトリー	『新 陽だまりの樹』	2020年4月3日(金)～19日(日)	全公演中止
314	モボ・モガ	モボ・モガ プロデュース『家族のはなし PART1』	2020年4月24日(金)～5月6日(水)	全公演中止
315	沖縄芸能フェスティバル2020実行委員会	東京2020オリンピック・パラリンピック記念『沖縄芸能フェスティバル』	2020年5月10日(日)	全公演中止
316	地球郷 みつばちブンブン／豊島区	ベートーヴェン交響曲第9番 全楽章オーケストラ演奏による舞台劇『不戦賛歌』	2020年5月16日(土)	全公演中止
317	文化庁／北前船	鼓童×ロベール・ルパージュ『NOVA』	2020年5月23日(土)～31日(日)	全公演中止
318	日本文化創成協会	ファンタジック・オーケストラミュージカル『スサノオと美琴～古事記～』	2020年6月6日(土)～7日(日)	全公演中止
319	東宝	ミュージカル『ヘアスプレー』	2020年6月14日(日)～28日(日)	全公演中止
320	東宝／フジテレビジョン	ミュージカル『四月は君の嘘』	2020年7月5日(日)～26日(日)	全公演中止

321	フジテレビジョン／ホリプロ	ブロードウェイミュージカル『ピーターパン』	2020年8月2日(日)～12日(水)	全公演中止
322	ホリプロ／フジテレビジョン／TOKYO FM／キョードーファクトリー	Sky presents ミュージカル『スクールオブロック』	2020年8月22日(土)～9月20日(日)	全公演中止
323	ヴィレッヂ	劇団☆新感線40周年興行・夏秋公演 いのうえ歌舞伎『神州無頼街』＊	2020年10月	全公演中止
324	宝塚歌劇団	宝塚歌劇雪組公演（演目未定）	2020年12月5日(土)～14日(月)	全公演中止
世田谷パブリックシアター				
325	せたがや文化財団	『お勢、断行』	2020年2月28日(金)～3月11日(水)	全公演中止
326	せたがや文化財団	ピーピング・トム『マザー』	2020年3月19日(木)～21日(土)	全公演中止
327	デンナーシステムズ	『TSURUBE BANASHI 2020』	2020年4月1日(水)～5日(日)	全公演中止
328	インプレッション／テレビ朝日	『ART』	2020年4月9日(木)～26日(日)	全公演中止
329	せたがや文化財団	世田谷クラシックバレエ連盟『フリーステージ2020』	2020年4月29日(水)	全公演中止
330	せたがや文化財団	ダンス部門『フリーステージ2020』	2020年5月4日(月)～6日(水)	全公演中止
331	山海塾	『ARC 薄明・薄暮』『海の賑わい 陸の静寂―めぐり』	2020年5月13日(水)～20日(水)	全公演中止
332	MNS TOKYO	コンセプチュアルアートシアター 印象派NÉO vol.4『The Last of Pinocchio ピノキオの終わり』	2020年6月3日(水)～7日(日)	全公演中止
333	せたがや文化財団	『ある馬の物語』	2020年6月17日(水)～7月12日(日)	全公演中止
334	TBSラジオ	コント集団カジャラ第5回公演『無関心の旅人』	2020年7月17日(金)～26日(日)	全公演中止
335	せたがや文化財団	せたがやこどもプロジェクト2020《ステージ編》フォルモサ・サーカス・アート『悟空～冒険の幕開け～』	2020年8月6日(木)～9日(日)	全公演中止
336	せたがや文化財団	世田谷アートタウン2020関連企画 カンパニー・オクトーブル『Midnight Sun／真夜中の太陽』	2020年10月16日(金)～18日(日)	全公演中止
シアタートラム				
337	アルシュ	庭劇団ペニノ『蛸入道忘却ノ儀』	2020年2月15日(土)～23日(日)	全公演中止
338	せたがや文化財団	地域の物語2020『家族をめぐるささやかな冒険』演劇発表会	2020年3月22日(日)	全公演中止
339	KE corporation LLC	SPINNIN RONIN『SKY RUNNER』	2020年3月26日(木)～29日(日)	全公演中止
340	関西テレビ放送	『体育教師たちの憂鬱』	2020年4月3日(金)～19日(日)	全公演中止
341	日本財団 DIVERSITY IN THE ARTS	True Colors Festival／True Colors SIGN デフ・ウェスト・シアター『オルフェ』	2020年4月24日(金)～26日(日)	全公演中止
342	第20回アシテジ世界大会・東京実行委員会	『第20回アシテジ世界大会／2020国際子どもと舞台芸術・未来フェスティバル』	2020年5月20日(水)～23日(土)	全公演中止
343	ティーファクトリー	T factory『4』	2020年5月29日(金)～6月7日(日)	全公演中止
344	劇団青年座	第242回公演『ズベズダ―荒野より宙へ―』	2020年6月19日(金)～28日(日)	全公演中止
345	Nibroll	『A Sense of Wonder』	2020年7月3日(金)～5日(日)	全公演中止
346	国際演劇協会日本センター／地人会新社	朗読劇『この子たちの夏 1945・ヒロシマ ナガサキ』	2020年8月8日(土)～9日(日)	全公演中止
347	せたがや文化財団	日本・スロバキア交流100周年記念事業 劇団GUnaGU『ウォッカとクロム』	2020年12月25日(金)～27日(日)	全公演中止

彩の国さいたま芸術劇場 大ホール				
348	埼玉県芸術文化振興財団	彩の国シェイクスピア・シリーズ第35弾『ヘンリー八世』＊	2020年2月14日(金)～3月1日(日)	2月28日(金)～3月1日(日)
349	埼玉県芸術文化振興財団	バットシェバ舞踊団／オハッド・ナハリン『Venezuela—ベネズエラ』＊	2020年3月13日(金)～15日(日)	全公演中止
350	Dance Studio Egg	第9回 studio egg 発表会『Crystal』	2020年4月4日(土)	全公演中止
351	Youth Theatre Japan	『Japan Youth Dance Festival 2020』	2020年4月19日(日)	全公演中止
352	ブリガム・ヤング大学ヤング・アンバサダーズ日本公演実行委員会	ブリガム・ヤング大学プレゼンツ『The Young Ambassadors Japan Tour 2020』	2020年5月1日(金)	全公演中止
353	埼玉県芸術文化振興財団	Y2Dプロダクションズ『レオの小さなトランク』	2020年5月6日(水)	全公演中止
354	Tune in DANCE STUDIO	『Tune in Festival Vol.5』	2020年5月10日(日)	全公演中止
355	腰塚なつ子バレエアトリエ	『第47回記念発表会』	2020年5月17日(日)	全公演中止
356	埼玉県芸術文化振興財団	コンドルズ埼玉公演2020新作『Golden Slumbers—ゴールデン・スランバー』＊	2020年5月30日(土)～31日(日)	全公演中止
357	埼玉県芸術文化振興財団	彩の国シェイクスピア・シリーズ第36弾『ジョン王』＊	2020年6月8日(月)～28日(日)	全公演中止
358	埼玉県芸術文化振興財団	ナタリア・オシポワ／メリル・タンカード『Two Feet』	2020年9月10日(木)～13日(日)	全公演中止
359	ミュージカル座	ミュージカル『ひめゆり』	2020年10月20日(火)～25日(日)	全公演中止
360	埼玉県芸術文化振興財団	フランソワ・シェニョー＆ニノ・レネ『不確かなロマンス—もう一人のオーランド—』	2020年12月12日(土)～13日(日)	全公演中止
彩の国さいたま芸術劇場 小ホール				
361	埼玉県芸術文化振興財団	彩の国さいたま寄席 四季彩亭『柳家さん喬と精鋭若手落語会』	2020年4月18日(土)	全公演中止
362	埼玉県芸術文化振興財団	『かがみ まど とびら』＊	2020年5月3日(日)～6日(水)	全公演中止
363	埼玉県芸術文化振興財団	彩の国さいたま寄席 四季彩亭『令和元年度 彩の国落語大賞受賞者の会 三遊亭鬼丸』	2020年7月11日(土)	全公演中止
364	マームとジプシー	『cocoon』	2020年7月18日(土)～27日(月)	全公演中止
365	ミュージカル座	ミュージカル『サイト』	2020年9月26日(土)～30日(水)	全公演中止
ピッコロシアター 大ホール				
366	兵庫県立尼崎青少年創造劇場	ピッコロ寄席『子どもと楽しむ落語会』	2020年3月15日(日)	全公演中止
367	関西二期会オペラ研修所／兵庫県立尼崎青少年創造劇場	関西二期会オペラ研修所第55期生修了オペラ公演『コシ・ファン・トゥッテ～女はすべてこうしたもの～又は恋人たちの学校』	2020年3月28日(土)	全公演中止
368	劇団うりんこ／兵庫県立尼崎青少年創造劇場	ピッコロシアター鑑賞劇場 劇団うりんこ『遍歴の騎士—ドン・キホーテ』＊	2020年4月25日(土)	全公演中止
369	兵庫県立尼崎青少年創造劇場	ピッコロ寄席『桂ざこば一門会』	2020年5月16日(土)	全公演中止
370	兵庫県芸術文化協会／兵庫県立尼崎青少年創造劇場	兵庫県立ピッコロ劇団 第67回公演『スカパンの悪だくみ』	2020年5月22日(金)～31日(日)	全公演中止
371	兵庫県立尼崎青少年創造劇場	兵庫県立ピッコロ劇団 劇団わくわくステージ『スカパンの悪だくみ』	2020年5月23日(土)～6月2日(火)	全公演中止
372	兵庫県立尼崎青少年創造劇場	ピッコロシアター鑑賞劇場 文学座公演『昭和虞美人草』	2020年6月27日(土)～28日(日)	全公演中止
ピッコロシアター 中ホール				
373	兵庫県立尼崎青少年創造劇場	兵庫県立ピッコロ劇団 オフシアター Vol. 36『もういちど、鴨を撃ちに』	2020年4月10日(金)～12日(日)	全公演中止

374	SIMPLE×SAMPLEs	vol. 5『The Homecoming —帰郷—』	2020年4月17日(金)~18日(土)	全公演中止
375	兵庫県立尼崎青少年創造劇場	ピッコロシアター鑑賞劇場 シアタースタート 民族芸能アンサンブル若駒『はるなつあきふゆ あそぼ あそぼ』	2020年5月21日(木)	全公演中止
376	朗読シアター凛々	『第8回定期公演』	2020年6月7日(日)	全公演中止
377	たてびと	特別公演(演目不明)	2020年9月26日(土)~27日(日)	全公演中止

ピッコロシアター 小ホール

378	神戸芝居カーニバル実行委員会	生涯女優河東けいひとり語り『母~多喜二の母~』	2020年9月20日(日)	全公演中止
379	Little Keiプロデュース	『おはなし畑』	2020年9月20日(日)~21日(月)	全公演中止

兵庫県立芸術文化センター 中ホール

380	スタジオモダンミリィ	第26回公演『ONE DAY IN YOUR LIFE』	2020年3月7日(土)~8日(日)	全公演中止
381	神戸女学院大学音楽学部	神戸女学院大学音楽学部音楽学科『舞踊専攻第14回公演』	2020年3月12日(木)~13日(金)	全公演中止
382	スイング西宮♪	スイング西宮♪第8回公演『レ・ミゼラブル in 西宮2020~若者たちの歌が聞こえるか!~』	2020年3月14日(土)~15日(日)	全公演中止
383	兵庫県/兵庫県立芸術文化センター	『お勢、断行』	2020年3月21日(土)~22日(日)	全公演中止
384	チーム銀河鉄道	第3回公演『銀河鉄道の夜』	2020年3月26日(木)	全公演中止
385	藤の妃会	『第8回藤の妃会日本舞踊公演』	2020年3月28日(土)	全公演中止
386	ぐるっぽユーモア	ぐるっぽユーモア風オペレッタ第24回公演『愛の妙薬』	2020年3月29日(日)	全公演中止
387	兵庫県/兵庫県立芸術文化センター	『月亭方正 独演会』	2020年4月4日(土)	全公演中止
388	兵庫県/兵庫県立芸術文化センター	春爛漫 古典と遊ぶ『茂山狂言会』	2020年4月12日(日)	全公演中止
389	兵庫県/兵庫県立芸術文化センター	兵庫県立芸術文化センター開館15周年記念事業 佐渡裕芸術監督プロデュースオペラ2020関連企画 歌劇『ラ・ボエーム』ハイライトコンサート~ええとこどり!	2020年4月15日(水)~16日(木)	全公演中止
390	兵庫県洋舞家協会	『第14回こうべ洋舞トライアルステージ』	2020年4月18日(土)~19日(日)	全公演中止
391	関西学生舞踊連盟	第42回関西学生舞踊連盟発表会『Picture—今を描く 私たちのart—』	2020年4月26日(日)	全公演中止
392	人形劇団クラルテ	第115回公演こどもの劇場『11ぴきのねことへんなねこ』*	2020年4月29日(水)	全公演中止
393	スイング西宮♪	スイング西宮♪第8回公演『レ・ミゼラブル in 西宮2020~若者たちの歌が聞こえるか!~』	2020年5月1日(金)~2日(土)	全公演中止
394	兵庫県/兵庫県立芸術文化センター/キョードー	『立川談春 独演会』	2020年5月3日(日)~4日(月)	全公演中止
395	ジャパンジェイダンスアソシエーション	第38回Jダンスフェスティバル『Bolero』	2020年5月9日(土)	全公演中止
396	関西テレビ放送/兵庫県/兵庫県立芸術文化センター	タクフェス 春のコメディ祭!『仏の顔も笑うまで』	2020年5月20日(水)~24日(日)	全公演中止
397	兵庫県/兵庫県立芸術文化センター	加藤健一事務所 vol. 107 ニール・サイモン追悼公演『サンシャイン・ボーイズ』	2020年5月31日(日)	全公演中止
398	兵庫県/兵庫県立芸術文化センター	トム・プロジェクトプロデュース『たぬきと狸とタヌキ』	2020年6月20日(土)	全公演中止
399	KONDOバレエ教室	『第20回発表会』	2020年6月21日(日)	全公演中止
400	兵庫県/兵庫県立芸術文化センター	兵庫県立芸術文化センター開館15周年記念事業 佐渡裕芸術監督プロデュースオペラ2020関連企画 歌劇『ラ・ボエーム』ハイライトコンサート~ええとこどり!	2020年6月24日(水)~25日(木)	全公演中止

401	劇団民藝／キョードー大阪／兵庫県／兵庫県立芸術文化センター	劇団民藝70周年記念『グレイクリスマス』	2020年6月27日(土)	全公演中止
402	兵庫県／兵庫県立芸術文化センター	『笑福亭松喬 独演会』	2020年6月28日(日)	全公演中止
403	兵庫県／兵庫県立芸術文化センター	『未練の幽霊と怪物 挫波／敦賀』	2020年7月4日(土)～5日(日)	全公演中止
404	兵庫県／兵庫県立芸術文化センター	『月亭方正 独演会』	2020年7月7日(火)	全公演中止
405	関西テレビ放送／兵庫県／兵庫県立芸術文化センター／キューブ	cube presents『欲望のみ』	2020年7月16日(木)～19日(日)	全公演中止
406	兵庫県／兵庫県立芸術文化センター	『柳家喬太郎 独演会～没後百二十年 圓朝トリビュート～』	2020年7月25日(土)	全公演中止
407	江川バレエスクール	『第66回江川バレエスクール発表会』	2020年7月28日(火)	全公演中止
408	兵庫県／兵庫県立芸術文化センター	春爛漫 古典と遊ぶ『茂山狂言会』	2020年8月18日(火)	全公演中止
409	チーム銀河鉄道	第3回公演『銀河鉄道の夜』	2020年8月21日(金)	全公演中止
410	兵庫県／兵庫県立芸術文化センター／キョードー	『立川談春 独演会』	2020年9月1日(火)～2日(水)	全公演中止
411	バウンドプロモーション	『第1回スリーピング・ビューティー プレバレエコンクール in 関西』	2020年9月6日(日)	全公演中止
412	ニッセイ文化振興財団	日生劇場ファミリーフェスティヴァル2020 NHKみんなのうたミュージカル『リトル・ゾンビガール』	2020年9月12日(土)	全公演中止
あうるすぽっと				
413	CHAiroiPLIN／モダンタイムス	『桜の森の満開の下』	2020年3月5日(木)～8日(日)	全公演中止
414	ロックスター	コンドルズ ニューダンス計画2020『フィフス・エレメント～The FIFTH ELEMENT』	2020年3月11日(水)～15日(日)	全公演中止
415	劇団ひまわり	劇団ひまわり×ブルーシャトルプロデュース『Dr.コルチャックと子どもたち』	2020年3月21日(土)～30日(月)	3月28日(土)～29日(日)
416	池袋ミュージカル学院	『池袋ミュージカル学院 2020年春 劇場公演』	2020年4月2日(木)～5日(日)	全公演中止
417	東北ルーツプロジェクト	TOHOKU Roots Project Vol.3 2020年春公演『煙が目にしみる』	2020年4月7日(火)～12日(日)	全公演中止
418	劇団昴	『アルジャーノンに花束を』	2020年4月15日(水)～19日(日)	全公演中止
419	ポリゴンマジック	『RE:CLAIM』	2020年4月23日(木)～29日(水)	全公演中止
420	文民教育協会子どもの文化研究所	大人が楽しめる紙芝居ライブ『もろはしせいこう 超大型紙芝居の世界 vol.2』	2020年4月30日(木)～5月1日(金)	全公演中止
421	豊島区邦楽連盟事務局	『豊島区邦楽連盟 第26回演奏会』	2020年5月2日(土)	全公演中止
422	劇団ムジカフォンテ／NPOムジカフォンテ	劇団ムジカフォンテ公演№50 劇団30周年記念公演 豊島区ミュージカル 第7弾『Life on Stage ～東池袋のキセキ』	2020年5月4日(月)～5日(火)	全公演中止
423	豊島区民踊連盟	『豊島区民踊連盟 第63回舞踊大会』	2020年5月6日(水)	全公演中止
424	ブリティッシュ・カウンシル／としま未来文化財団／豊島区	インクルーシブ・シアタークリエーション・プロジェクト 日・英・バングラデシュ 3か国共同事業『テンペスト～はじめて海を泳ぐには～』＊	2020年5月12日(火)～17日(日)	全公演中止
425	日本女子体育大学ダンス・プロデュース研究部	『ぴちぴちちゃぷちゃぷらんらんらん'20』	2020年5月30日(土)～31日(日)	全公演中止
426	長嶺ヤス子	『Jacob Guerrero y yasko』	2020年6月8日(月)～10日(水)	全公演中止
427	花組芝居	三島由紀夫没後五十年『地獄變』＊	2020年7月3日(金)～12日(日)	全公演中止
428	池袋演劇祭実行委員会	電動夏子安置システム『ベンジャミンの教室』	2020年8月	全公演中止

座・高円寺1				
429	オフィス鹿	OFFICE SHIKA PRODUCE『罪男と罰男』	2020年3月11日(水)～15日(日)	全公演中止
430	とりふね舞踏舎	『燦・月譚―聞こえますか、私はここにいる―』	2020年3月18日(水)～22日(日)	全公演中止
431	アゴラ企画・こまばアゴラ劇場	青年団プロデュース公演 尼崎市第7回「近松賞」受賞作品『馬留徳三郎の一日』	2020年4月4日(土)～12日(日)	全公演中止
432	サードステージ	虚構の劇団第15回公演(活動休止公演)『日本人のへそ』	2020年5月15日(金)～24日(日)	全公演中止
433	JACROW	#28『鶏口牛後』	2020年5月27日(水)～31日(日)	全公演中止
434	劇団チーズtheater	第6回本公演『THE VOICE 2020』	2020年6月10日(水)～14日(日)	全公演中止
435	劇団扉座	第66回公演『お伽の棺2020―三つの棺―』	2020年6月17日(水)～28日(日)	全公演中止
436	劇場創造ネットワーク／座・高円寺	あしたの劇場 世界をみよう！『マラソン』(ガラピア・シルク／フランス)	2020年7月21日(火)～23日(木)	全公演中止
437	Monkey Biz／KAKUTA	KAKUTA 第29回公演『ひとよ』	2020年8月6日(木)～16日(日)	全公演中止
座・高円寺2				
438	トモプロ第6回本公演実行委員会	南相馬&杉並トモダチプロジェクト『みんなのうた～Be Here Now～』	2020年2月23日(日)～24日(月)	全公演中止
439	渡辺高等学院	渡辺高等学院卒業公演『stAy go1d』	2020年3月13日(金)	全公演中止
440	モデル・ランゲージ・スタジオ	英語劇・ミュージカル『青い鳥』	2020年3月15日(日)	全公演中止
441	らくご@座	一之輔・天どん ふたりがかりの会『新作江戸噺十二ヶ月』	2020年3月17日(火)	全公演中止
442	Human b.	Human b. presents 共鳴する音楽と演劇の旋律 vol.1 feat. 西島梢『100万回生きたねこ』	2020年3月26日(木)	全公演中止
443	G-Screw Dance Labo	『スプリング！スプリンター！スタンバイOK!!』	2020年3月28日(土)～29日(日)	全公演中止
444	劇団骸骨ストリッパー	超古代活劇公演『蛇骸王METAL』	2020年4月1日(水)～5日(日)	全公演中止
445	らくご@座	『文蔵・兼好 ぶんぶんけんけんの会・4』	2020年4月9日(木)	全公演中止
446	エヌケープランニング	『朗読と歌とおしゃべりを君と』vol.5	2020年4月12日(日)	全公演中止
447	『Catastrophe』事務局	東出有貴プロデュース『Catastrophe』	2020年4月15日(水)～17日(金)	全公演中止
448	山田企画／テレビマンユニオン	山田雅人かたりの世界『爆笑問題・太田光物語』	2020年5月1日(金)	全公演中止
449	まいまい企画	杉並和太鼓の会『第4回演舞太鼓発表会スペシャル』	2020年5月6日(水)	全公演中止
450	東京イリュージョン	『第5回 Young Magician's Session』	2020年5月8日(金)	全公演中止
451	清水きよしマイムワークス	清水きよし Mask-Mime『KAMEN vol.174』	2020年5月14日(木)	全公演中止
452	花村学園実行委員会	ダンスミュージカル『お私立 花村学園』	2020年5月16日(土)～17日(日)	全公演中止
453	台湾文化部	台湾舞台芸術祭2020 国光劇団 昆劇『繡襦夢』	2020年5月22日(金)～23日(土)	全公演中止
454	オフィス10	『じゃんけん改め 三遊亭好二郎 二ツ目昇進祝の会』	2020年5月25日(月)	全公演中止
455	劇団東京都鈴木区	鈴木区朗読文化協会 第2回講演『朗読劇 BLT～ボーイズ ラブ ツクール～』	2020年5月30日(土)～31日(日)	全公演中止
456	art unit ai+	『平家物語～語りと弦で聴く～文覚と六代』＊	2020年6月3日(水)～4日(木)	全公演中止
457	S.I.P.H Entertainment Japan	『The Spciaregion !! ザ・スペシャリュージョン』	2020年6月20日(土)～21日(日)	全公演中止

KAAT神奈川芸術劇場 ホール				
458	稲森アートプロジェクトグループ	『愛と平和の祈り 東京公演』	2020年8月1日(土)	全公演中止
459	KAAT神奈川芸術劇場	『避難体験 in KAAT《寄席》』	2020年3月1日(日)	全公演中止
460	神奈川県/横浜市/神奈川芸術文化財団	『マンマ・ミーア!』	2020年3月28日(土)~8月10日(月)	3月28日(土)~7月12日(日)、7月21日(火)~22日(水)
461	文化庁/日本芸術文化振興会	鼓童×ロベール・ルパージュ『NOVA』	2020年9月3日(木)~6日(日)	全公演中止
462	宝塚歌劇団	宝塚歌劇雪組公演(演目未定)	2020年11月20日(金)~28日(土)	全公演中止
KAAT神奈川芸術劇場 大スタジオ				
463	神奈川県	マグフェス'20『かながわ短編演劇アワード２０２０』	2020年3月20日(金)~22日(日)	無観客開催
464	天使館	KAAT DANCE SERIES 2020『笠井叡 DUOの會』	2020年3月26日(木)~29日(日)	3月28日(土)~29日(日)
465	KAAT神奈川芸術劇場	『アーリントン〔ラブ・ストーリー〕』	2020年4月11日(土)~5月3日(日)	全公演中止
466	仕立て屋のサーカス	『仕立て屋のサーカス "Circo de Sastre"』	2020年5月8日(金)~10日(日)	全公演中止
467	神奈川県演劇連盟	虹の素10周年公演『夜明け』	2020年5月14日(木)~17日(日)	全公演中止
468	KAAT神奈川芸術劇場	『未練の幽霊と怪物 挫波/敦賀』	2020年6月3日(水)~24日(水)	全公演中止
469	KAAT神奈川芸術劇場	KAATキッズ・プログラム2020『二分間の冒険』	2020年7月17日(金)~21日(火)	全公演中止
470	KAAT神奈川芸術劇場	KAATキッズ・プログラム2020『さいごの1つ前』	2020年8月16日(日)~23日(日)	全公演中止
471	KAAT神奈川芸術劇場	KAAT DANCE SERIES 2020『Knife』	2020年11月21日(土)~29日(日)	全公演中止
KAAT神奈川芸術劇場 中スタジオ				
472	KAAT神奈川芸術劇場	『アーリントン』連動企画 リーディング公演『ポルノグラフィ』	2020年4月25日(土)~29日(水)	全公演中止
シアタークリエ				
473	東宝	プレミア音楽朗読劇 VOICARION Ⅷ『女王がいた客室』	2020年2月27日(木)~3月6日(金)	2月28日(金)~3月6日(金)
474	東宝	ミュージカル『リトル・ショップ・オブ・ホラーズ』	2020年3月13日(金)~4月1日(水)	3月13日(金)~18日(水)、3月28日(土)~4月1日(水)
475	東宝	ミュージカル『モダン・ミリー』	2020年4月7日(火)~26日(日)	全公演中止
476	東宝/ジャニーズ事務所	『ジャニーズ銀座 2020 Tokyo Experience』	2020年5月1日(金)~31日(日)	全公演中止
477	東宝	ふぉ~ゆ~ meets 梅棒『Only 1, not No.1』	2020年6月7日(日)~25日(木)	全公演中止
478	東宝	『アルキメデスの大戦』	2020年6月30日(火)~7月16日(木)	全公演中止
479	東宝	SHOWS-ISMS『DRAMATICA/ROMANTICA』	2020年7月20日(月)~25日(土)	7月25日(土)12時開演の公演
480	東宝	SHOW-ism Ⅸ『マトリョーシカ』	2020年7月21日(火)~8月4日(火)	全公演中止
481	東宝	ミュージカル『RENT』	2020年11月2日(月)~12月6日(日)	全公演中止
三越劇場				
482	アーティストジャパン	ロンドンコメディ『Run For Your Wife』	2020年3月11日(水)~15日(日)	全公演中止

483	ハンプトンジャパン	社会風刺コント集団『ザ・ニュースペーパー in 三越劇場 VOL.3』	2020年3月20日(金)～21日(土)	全公演中止
484	三越劇場	『第614回三越落語会』	2020年3月24日(火)	全公演中止
485	まるる事務局	ひとり文芸ミュージカル『乙姫―おとひめさま―』	2020年3月31日(火)～4月2日(木)	全公演中止
486	舞台『あおざくら 防衛大学校物語』製作委員会	舞台『あおざくら 防衛大学校物語』	2020年4月9日(木)～13日(月)	全公演中止
487	舞台『天下統一恋の乱 Love Ballad』製作委員会	舞台『天下統一恋の乱 Love Ballad～伊達政宗編～』	2020年4月18日(土)～26日(日)	全公演中止
488	三越劇場	『三越薫風寄席～正楽小菊ふたり会～』	2020年5月9日(土)	全公演中止
489	三越劇場	『第615回三越落語会』	2020年5月22日(金)	全公演中止
490	松竹	六月新派公演『東京物語』	2020年6月7日(日)～28日(日)	全公演中止
491	松竹	リーディング新派 朗読劇『鶴八鶴次郎』	2020年6月21日(日)	全公演中止
492	劇団東少	三越夏休みファミリー劇場 ミュージカル『白雪姫』	2020年7月18日(土)～21日(火)	全公演中止
493	De-STYLE	『恋するアンチヒーロー』	2020年8月9日(日)～16日(日)	全公演中止
494	方南ぐみ	方南ぐみ企画公演『平和と戦争 朗読劇三部作＋α』	2020年8月20日(木)～28日(金)	全公演中止
495	TYプロモーション	『リア王&マクベス2020』	2020年8月21日(金)～26日(水)	全公演中止
496	アーティストジャパン	ロンドンコメディ『Run For Your Wife』	2020年9月2日(水)～6日(日)	全公演中止
497	いちまるよん	奥山眞佐子ひとり芝居『一葉日記 そして うもれ木』	2020年9月27日(日)	全公演中止
498	松竹	松竹特別公演『毒薬と老嬢 ARSENIC AND OLD LACE』	2020年10月4日(日)～18日(日)	全公演中止
499	ハンプトンジャパン	『ザ・ニュースペーパー in 三越劇場―コロナに負けない！リベンジ編―』	2020年10月23日(金)～24日(土)	全公演中止
500	劇団民藝／こまつ座	劇団民藝＋こまつ座公演『ある八重子物語』	2020年12月	全公演中止
サンシャイン劇場				
501	無名塾	『ぺてん師 タルチュフ』	2020年3月8日(日)～15日(日)	全公演中止
502	ボイメンステージ『諦めが悪い男たち』製作委員会	ボイメンステージ『諦めが悪い男たち～NEVER SAY NEVER～』	2020年3月20日(金)～29日(日)	3月28日(土)～29日(日)
503	『舞台 逆転裁判』製作委員会	『逆転裁判～逆転のパラレルワールド～』	2020年5月1日(金)～10日(日)	全公演中止
504	『ワケあって火星に住みました～エラバレシ4ニン～』製作委員会	『ワケあって火星に住みました～エラバレシ4ニン～』	2020年5月16日(土)～24日(日)	全公演中止
505	NAPPOS UNITED	『容疑者Xの献身』	2020年5月28日(木)～31日(日)	全公演中止
506	オデッセー	『遙かなる時空の中で3 再縁』	2020年6月4日(木)～14日(日)	全公演中止
シアターコクーン				
507	Bunkamura	シアターコクーン・オンレパートリー2020『泣くロミオと怒るジュリエット』	2020年2月8日(土)～3月4日(水)	2月28日(金)～3月4日(水)
508	『あずみ戦国編』製作委員会	『あずみ～戦国編～』	2020年3月14日(土)～29日(日)	3月14日(土)～19日(木)、28日(土)～29日(日)
509	シス・カンパニー	シス・カンパニー公演 KERA meets CHEKHOV Vol.4/4『桜の園』	2020年4月4日(土)～29日(水)	全公演中止
510	Bunkamura	COCOON PRODUCTION 2020『母を逃がす』	2020年5月7日(木)～25日(月)	全公演中止

511	Bunkamura	COCOON PRODUCTION 2020『パラダイス』	2020年5月31日(日)〜6月29日(月)	全公演中止
512	Bunkamura	EX MACHINA／ROBERT LEPAGE『HIROSHIMA 太田川七つの流れ』	2020年7月10日(金)〜12日(日)	全公演中止
513	ミックスゾーン／テレビ朝日／サンライズプロモーション東京	2019年第73回 トニー賞受賞 マート・クローリー原作『ボーイズ・イン・ザ・バンド〜真夜中のパーティー〜』	2020年7月18日(土)〜28日(火)	7月27日(月)
514	Bunkamura	COCOON PRODUCTION 2020 DISCOVER WORLD THEATRE vol.8『アンナ・カレーニナ』	2020年8月7日(金)〜9月3日(木)	全公演中止
PARCO劇場				
515	パルコ	PARCO劇場オープニング・シリーズ第1弾『ピサロ』	2020年3月13日(金)〜4月30日(木)	3月13日(金)〜19日(木)、4月15日(水)〜30日(木)(3月28日〜29日、4月1日〜13日休演)
516	パルコ	PARCO劇場オープニング・シリーズ 第2弾『佐渡島他吉の生涯』	2020年5月13日(水)〜6月7日(日)	全公演中止
517	パルコ	PARCO劇場オープニング・シリーズ『大地』 ※『大地(Social Distancing Version)』として7月1日より再開	2020年6月20日(土)〜8月8日(土)	6月20日(土)〜30日(火)
518	パルコ	PARCO劇場オープニング・シリーズ PARCO MUSIC STAGE『三谷幸喜のショーガール』 ※『三谷幸喜のショーガール(Social Distancing Version)』として7月27日より再開	2020年7月16日(木)〜8月7日(金)	7月16日(木)〜26日(日)
519	パルコ	PARCO劇場オープニング・シリーズ『チョコレートドーナツ』	2020年12月7日(月)〜30日(水)	12月7日(月)〜19日(土)
天王洲銀河劇場				
520	代々木アニメーション学院	銀河劇場マダムバレエ発表会『The Galaxy Musical Concert vol.2』	2020年3月1日(日)	全公演中止
521	『FINAL FANTASY BRAVE EXVIUS』THE MUSICAL製作委員会	『FINAL FANTASY BRAVE EXVIUS』THE MUSICAL	2020年3月6日(金)〜15日(日)	全公演中止
522	ミュージカル『刀剣乱舞』製作委員会	ミュージカル『刀剣乱舞』〜静かの海のパライソ〜	2020年3月21日(土)〜29日(日)	3月27日(金)〜29日(日)
523	舞台『Jの総て』製作委員会	舞台『Jの総て』	2020年4月9日(木)〜12日(日)	全公演中止
524	MANKAI STAGE『A3!』製作委員会	MANKAI STAGE『A3!』〜WINTER 2020〜	2020年4月24日(金)〜5月10日(日)	全公演中止
525	ミュージカル『刀剣乱舞』製作委員会	【東京凱旋】ミュージカル『刀剣乱舞』〜静かの海のパライソ〜	2020年5月15日(金)〜31日(日)	全公演中止
526	『七つの大罪 The STAGE －裏切りの聖騎士長－』製作委員会	舞台『七つの大罪 The STAGE ―裏切りの聖騎士長―』	2020年6月18日(木)〜28日(日)	全公演中止
527	舞台『弱虫ペダル』製作委員会	舞台『弱虫ペダル SPARE BIKE篇〜Heroes〜』	2020年7月7日(火)〜12日(日)	全公演中止
528	ニトロプラス／マーベラス／東宝／DMM GAMES	舞台『刀剣乱舞』2020年夏新作公演(演目不明)	2020年夏	全公演中止
529	ミュージカル『刀剣乱舞』製作委員会	ミュージカル『刀剣乱舞』〜幕末天狼傳〜	2020年9月20日(日)〜10月10日(土)	9月24日(木)〜10月10日(土)
530	『少女☆歌劇 レヴュースタァライト －The LIVE 青嵐－ BLUE GLITTER』製作委員会	『少女☆歌劇 レヴュースタァライト―The LIVE 青嵐―BLUE GLITTER』	2020年12月18日(金)〜27日(日)	12月18日(金)〜20日(日)
東京グローブ座				
531	東京グローブ座	舞台『○○な人の末路〜僕たちの選んだ××な選択〜』	2020年2月9日(日)〜3月15日(日)	2月28日(金)〜3月15日(日)
532	東京グローブ座	『そこそこ本格ミステリ 照くん、カミってる！〜宇曾月家の一族殺人事件〜』	2020年4月26日(日)〜5月24日(日)	全公演中止
533	東京グローブ座	『染、色』	2020年6月4日(木)〜21日(日)	全公演中止

スペース・ゼロ

534	劇団文化座	２０２０都民芸術フェスティバル 参加公演 劇団文化座公演155『炎の人』	２０２０年2月20日(木)～29日(土)	2月28日(金)～29日(土)
535	現代舞踊協会	全国新人舞踊公演(通算第130回)『DANCE PLAN 2020』	２０２０年3月6日(金)～7日(土)	全公演中止
536	劇団ヘロヘロQカムパニー	こくみん共済 coop〈全労済〉文化フェスティバル２０２０ 第39回公演『立て!マジンガーZ!!』	２０２０年3月20日(金)～28日(土)	全公演中止
537	子ども劇場東京都協議会	こくみん共済 coop〈全労済〉文化フェスティバル２０２０ 劇団かかし座『お囃子・影絵劇場 かぐや姫』	２０２０年3月29日(日)～30日(月)	全公演中止
538	ピュアーマリー	こくみん共済 coop〈全労済〉文化フェスティバル２０２０『エラリー・クイーン ミステリー・オムニバス～観客への挑戦～』	２０２０年4月3日(金)～5日(日)	全公演中止
539	ジグジグ・ストロングシープス・グランドロマン	こくみん共済 coop〈全労済〉文化フェスティバル２０２０ 10th zig(第10回公演)『石を投げる女がいて』	２０２０年4月8日(水)～12日(日)	全公演中止
540	全労済ホール／スペース・ゼロ	『スペース・ゼロB1寄席 Vol. 52』	２０２０年4月16日(木)	全公演中止
541	BS-TBS／オデッセー	演劇女子部『アラビヨーンズナイト』	２０２０年4月17日(金)～26日(日)	全公演中止
542	舞台『Collar×Malice』製作委員会	舞台『Collar×Malice ―榎本峰雄編&笹塚尊編―』	２０２０年5月2日(土)～3日(日)	全公演中止
543	舞台『SSSS.GRIDMAN』製作委員会	舞台『SSSS.GRIDMAN』	２０２０年5月7日(木)～10日(日)	全公演中止
544	クロジ	第19回公演『白い雪と赤い華』	２０２０年5月14日(木)～24日(日)	全公演中止
545	全労済ホール／スペース・ゼロ	『ラフカット２０２０』	２０２０年6月3日(水)～7日(日)	全公演中止
546	ミュージカル『青春鉄道』製作委員会	ミュージカル『青春―AOHARU―鉄道』4～九州遠征異常あり～	２０２０年7月9日(木)～19日(日)	全公演中止
547	日本児童・青少年演劇劇団協同組合／劇団影法師	第48回夏休み 児童・青少年演劇フェスティバル 妖怪影絵劇『ゲゲゲの鬼太郎』	２０２０年7月30日(木)	全公演中止
548	劇団仲間	『わすれものの森』	２０２０年8月1日(土)	全公演中止
549	G-Rockets	20周年公演(演目不明)	２０２０年11月6日(金)～8日(日)	全公演中止
550	Office ENDLESS／DisGOONie	『知り難きこと陰の如く、動くこと雷霆の如し。』	２０２０年12月19日(土)～28日(月)	12月23日(水)

梅田劇場シアター・ドラマシティ

551	梅田芸術劇場／ＡＢＣテレビ	『ねじまき鳥クロニクル』	２０２０年3月7日(土)～8日(日)	全公演中止
552	リバティ・コンサーツ	ミュージカル『SUPERHEROISM』	２０２０年3月14日(土)～15日(日)	全公演中止
553	梅田芸術劇場／ＡＢＣテレビ	彩の国シェイクスピア・シリーズ第35弾『ヘンリー八世』	２０２０年3月19日(木)～22日(日)	全公演中止
554	『僕のヒーローアカデミア』The "Ultra" Stage製作委員会	『僕のヒーローアカデミア』The "Ultra" Stage 本物の英雄	２０２０年3月27日(金)～4月5日(日)	3月28日(土)～4月5日(日)
555	梅田芸術劇場	宝塚歌劇宙組公演 オリエンタル・テイル『壮麗帝』	２０２０年4月11日(土)～19日(日)	全公演中止
556	舞台『Collar×Malice』製作委員会	舞台『Collar×Malice ―榎本峰雄編&笹塚尊編―』	２０２０年5月16日(土)～17日(日)	全公演中止
557	東京グローブ座	『そこそこ本格ミステリ 照くん、カミってる!～宇曾月家の一族殺人事件～』	２０２０年5月31日(日)～6月3日(水)	全公演中止
558	グリークス	『月亭方正 独演会』	２０２０年6月12日(金)	全公演中止
559	M & Oplays／梅田芸術劇場	M & Oplays プロデュース『リムジン』	２０２０年6月18日(木)～19日(金)	全公演中止
560	梅田芸術劇場	宝塚歌劇星組公演 ミュージカル『シラノ・ド・ベルジュラック』	２０２０年6月26日(金)～7月4日(土)	全公演中止
561	梅田芸術劇場／ＡＢＣテレビ	彩の国シェイクスピア・シリーズ第36弾『ジョン王』	２０２０年7月10日(金)～20日(月)	全公演中止

562	読売テレビ	丸美屋食品ミュージカル『アニー』	2020年8月13日(木)～18日(火)	全公演中止
563	梅田芸術劇場	宝塚歌劇雪組公演(演目未定)	2020年12月4日(金)～12日(土)	全公演中止
紀伊國屋ホール				
564	つかこうへい演劇祭実行委員会	ゴーチ・ブラザーズ制作 つかこうへい演劇祭―没後十年に祈る―第二弾『改竄・熱海殺人事件』	2020年3月12日(木)～30日(月)	3月28日(土)～29日(日)
565	日本スタンダップコメディ協会	『素晴らしき四月馬鹿たち!』	2020年4月1日(水)	全公演中止
566	サンライズプロモーション東京	松元ヒロ『ひとり立ち』	2020年4月2日(木)～5日(日)	4月4日(土)～5日(日)
567	2020『たけしの挑戦状 ビヨンド』製作委員会	ニッポン放送開局65周年記念公演『たけしの挑戦状 ビヨンド』	2020年4月9日(木)～19日(日)	全公演中止
568	ラッパ屋	第46回公演『コメンテーターズ』*	2020年4月22日(水)～29日(水)	全公演中止
569	都民劇場	とみん特選小劇場『春風亭一之輔 独演会』	2020年4月30日(木)	全公演中止
570	紀伊國屋書店	『第664回紀伊國屋寄席』	2020年4月30日(木)	全公演中止
571	米朝事務所	桂米朝五年祭『米朝一門会』	2020年5月1日(金)	全公演中止
572	都民劇場	とみん特選小劇場『柳家喬太郎と若手新緑特選会』	2020年5月3日(日)～4日(月)	全公演中止
573	らくご@座	柳家三三『髪結新三』初がたり	2020年5月5日(火)	全公演中止
574	関西テレビ放送／サンライズプロモーション大阪／バール	エン*ゲキ#05『―4D―imetor』	2020年5月8日(金)～18日(月)	全公演中止
575	紀伊國屋書店	『第665回紀伊國屋寄席』	2020年5月19日(火)	全公演中止
576	秋田雨雀・土方与志記念 青年劇場	第123回公演『水曜日、ゆらゆるりん』*	2020年5月22日(金)～31日(日)	全公演中止
577	シス・カンパニー	『ケンジトシ』	2020年6月5日(金)～28日(日)	全公演中止
578	アール・ユー・ピー	つかこうへい演劇祭―没後十年に祈る―第三弾 蒲田行進曲完結編『銀ちゃんが逝く』	2020年7月4日(土)～27日(月)	全公演中止
579	演劇集団ワンダーランド	第48回公演『気骨の判決』*	2020年7月24日(金)～27日(月)	全公演中止
紀伊國屋サザンシアター				
580	こまつ座	第131回公演『きらめく星座』	2020年3月5日(木)～15日(日)	3月5日(木)～8日(日)
581	ニッポン放送／ニッポン放送プロジェクト	『スマホを落としただけなのに』	2020年3月20日(金)～4月5日(日)	3月28日(土)～4月5日(日)
582	劇団民藝	劇団民藝公演 創立70周年記念『どん底－1947・東京－』*	2020年4月9日(木)～19日(日)	全公演中止
583	こまつ座	第132回公演『雪やこんこん』*	2020年4月24日(金)～5月8日(金)	全公演中止
584	茂山千五郎家ファンクラブ クラブSOJA	『お豆腐の和らい 東京公演 新作CLASSICS「賛」～賛辞を受けた新作狂言集第三弾～』	2020年5月9日(土)	全公演中止
585	カクシンハン	第14回本公演『ナツノヨノ夢 A "Mad"summer Night's Dream』	2020年5月14日(木)～17日(日)	全公演中止
586	水木英昭プロデュース	山田邦子芸能生活40周年&還暦記念公演『山田邦子の門 2020～クニリンピック～』	2020年5月23日(土)～31日(日)	全公演中止
587	文学座	『昭和虞美人草』*	2020年6月9日(火)～17日(水)	全公演中止
588	劇団民藝	『想い出のチェーホフ』*	2020年6月20日(土)～7月1日(水)	全公演中止
589	シーエイティプロデュース	『スケリグ』	2020年7月27日(月)～8月16日(日)	7月27日(月)～30日(木)公演中止、8月1日(土)・8日(土)・15日(土)17時開演の公演のみ中止

博品館劇場				
590	グッバイチャーリー制作委員会	ロマンチック ラブ コメディ『グッバイ チャーリー』	2020年3月13日(金)〜22日(日)	3月13日(金)〜18日(水)
591	スターダストプロモーション	『ボクコネ〜ぼくはテクノカットよりコネチカット』	2020年3月26日(木)〜29日(日)	全公演中止
592	いがぐみ	CD同時発売記念落語会『白酒×兼好〜毒を盛って毒を制す!?〜其の四!』	2020年4月7日(火)	全公演中止
593	坂戸エンターテイメント	グランワルツミュージカル『ミュージカルスイーツ』	2020年4月9日(木)・11日(土)	全公演中止
594	坂戸エンターテイメント	グランワルツミュージカル オフブロードウェイミュージカル『Freckleface Strawberry』	2020年4月10日(金)	全公演中止
595	坂戸エンターテインメント	グランワルツミュージカル オフブロードウェイミュージカル『Freckleface Strawberry 〜金光郁子卒寿記念〜』	2020年4月12日(日)	全公演中止
596	ムーンミュージック	『インナー ワールド エボリューション Inner World Evolution 〜内世界の進化V〜』	2020年4月25日(土)〜5月6日(水)	全公演中止
597	あ・うん♡ぐるーぷ	第4回公演『〜近松門左衛門全集より〜梅川・忠兵衛』	2020年5月8日(金)〜10日(日)	全公演中止
598	博品館劇場/M・G・H	DIAMOND ☆ DOGS PRESENTS『SAMBA NIGHT 2020』	2020年5月13日(水)〜20日(水)	全公演中止
599	ニッポン放送	ニッポン放送開局65周年記念公演『ON AIR 〜この音をきみに〜』	2020年5月26日(火)〜6月7日(日)	全公演中止
600	あ・うん♡ぐるーぷ	第4回公演『〜近松門左衛門全集より〜梅川・忠兵衛』	2020年6月12日(金)〜14日(日)	全公演中止
601	坂戸エンターテインメント	グランワルツミュージカル オフブロードウェイミュージカル『Freckleface Strawberry』	2020年6月20日(土)	全公演中止
602	坂戸エンターテインメント	グランワルツミュージカル オフブロードウェイミュージカル『Freckleface Strawberry 〜金光郁子卒寿記念〜』	2020年6月21日(日)	全公演中止
603	TNPカンパニー	『ザ・ニュースペーパー Part 97』	2020年7月14日(火)〜20日(月)	全公演中止
604	ナイスコンプレックス	ナイスコンプレックスプロデュース#5『12人の怒れる男〜東京公演〜』	2020年7月23日(木)〜8月2日(日)	7月28日(火)〜29日(水)
605	浅井企画/クオーレ	カンコンキンシアター34『クドイ!』	2020年8月	全公演中止
俳優座劇場				
606	エイベックスエンタテインメント	『この声をきみに〜もう一つの物語〜』	2020年3月12日(木)〜22日(日)	全公演中止
607	はいすくーる・ドラマ・すぺしゃる実行委員会	第28回『はいすくーるドラマすぺしゃる』	2020年4月1日(水)〜3日(金)	全公演中止
608	東京芸術座	No.106『さまようヒロの声 14歳といじめとオジサン』	2020年4月8日(水)〜12日(日)	全公演中止
609	劇団KOMACHI	劇団KOMACHI 30周年記念公演『源狼記〜JUCHI〜』	2020年4月16日(木)〜19日(日)	全公演中止
610	トム・プロジェクト	トム・プロジェクト プロデュース『Sing a Song シングアソング』	2020年4月29日(水)〜5月3日(日)	全公演中止
611	俳優座劇場	俳優座劇場プロデュース No.110『罠』	2020年5月7日(木)〜10日(日)	全公演中止
612	新劇交流プロジェクト制作委員会	新劇交流プロジェクト『美しきものの伝説』*	2020年6月4日(木)〜16日(火)	全公演中止
613	劇団朋友	第53回公演 音楽劇『山彦ものがたり』	2020年10月23日(金)〜25日(日)	全公演中止 ※ウィズコロナ トライアル公演として上演
614	劇団1980	第72回公演『検察官』	2020年10月28日(水)〜11月1日(日)	全公演中止
両国シアターχ				
615	ミチコ・ヤノ・モダンバレエCo.	第27回瑠璃玉会公演『天国と地獄』	2020年3月28日(土)〜29日(日)	全公演中止

616	名作劇場実行委員会	第49回名作劇場 日本近・現代秀作短編劇シリーズ100本記念公演『鰤』『貧乏神物語』	2020年4月14日(火)～19日(日)	全公演中止
617	KARAS	『KARAS 新作ダンス公演』	2020年4月24日(金)～26日(日)	全公演中止
618	黒田玄事務所	『Dear"中山晋平さん"』	2020年5月1日(金)～2日(土)	全公演中止
619	シアターχ	χレパートリー劇場 土取利行・邦楽番外地 Vol. 8『添田唖蝉坊と宮武外骨の時代』	2020年5月3日(日)	全公演中止
620	シアターχ	シアターχ一人芝居研究会第1回試演会『ダーティ・ドール』	2020年5月12日(火)	全公演中止
621	平石耕一事務所	『自り伝4.5～再び京都編』	2020年5月15日(金)～18日(月)	全公演中止
622	演劇集団円	『光射ス森』＊	2020年5月22日(金)～31日(日)	全公演中止
本多劇場				
623	ワタナベエンターテインメント	『十二夜』	2020年3月6日(金)～22日(日)	3月6日(金)～19日(木)
624	ティルト	春風亭昇太独演会 オレスタイル『滑稽魂』	2020年3月23日(月)～24日(火)	全公演中止
625	VM theater company／ゴツプロ！	VM theater company Musical『最後の夜』	2020年3月27日(金)～29日(日)	全公演中止
626	大人計画／モチロン	ウーマンリブ Vol. 14『もうがまんできない』	2020年4月2日(木)～5月3日(日)	全公演中止
627	加藤健一事務所	加藤健一事務所創立40周年 加藤健一役者人生50周年記念公演第1弾 加藤健一事務所 vol. 107『サンシャイン・ボーイズ』＊	2020年5月6日(水)～17日(日)	全公演中止
628	M & Oplays	M & Oplaysプロデュース『リムジン』	2020年5月23日(土)～6月14日(日)	全公演中止
629	キューブ	cube presents『欲望のみ』	2020年6月18日(木)～7月12日(日)	全公演中止
630	本多劇場	本多劇場プロデュース 志の輔らくご in 下北沢 2020『恒例 牡丹灯籠』	2020年7月21日(火)～26日(日)	全公演中止
ザ・スズナリ				
631	オフィスリバー	オフィスリバープロデュース『掃除屋』	2020年3月31日(火)～4月5日(日)	4月4日(土)～5日(日)
632	玉造小劇店	演劇表現探求型文化交流 芝居×狂言 わ芝居～その弐『サヨウナラバ』	2020年4月7日(火)～12日(日)	全公演中止
633	NICE STALKER	本当のSF『スペキュレイティブ・フィクション！』	2020年4月22日(水)～26日(日)	全公演中止
634	渡辺源四郎商店	渡辺源四郎商店 presents うさぎ庵 Vol. 14『コーラないんですけど』＊	2020年4月28日(火)～5月1日(金)	全公演中止
635	渡辺源四郎商店	第33回公演『大きな鉞の下で』＊	2020年5月3日(日)～6日(水)	全公演中止
636	MCR	『Smells Like Milky Skin』	2020年5月9日(土)～17日(日)	全公演中止
637	HOTSKY×下北澤姉妹社×mudanibizin	HOTSKY×下北澤姉妹社×mudanibizin合同公演『母樹 boju ～ミカンの花が咲く頃に～』	2020年5月20日(水)～24日(日)	全公演中止
638	一糸座	糸あやつり人形一糸座『少女仮面』	2020年5月27日(水)～31日(日)	全公演中止
639	南河内万歳一座	『ラブレター』	2020年6月3日(水)～7日(日)	全公演中止
640	新ロイヤル大衆舎	『富島松五郎伝─無法松の一生』『麺麭屋文六の思案』『遂に「知らん」の文六』	2020年6月	全公演中止
641	大森カンパニープロデュース	『更地16』	2020年6月20日(土)～28日(日)	全公演中止
642	ゆうめい	新作公演(演目不明)	2020年10月	全公演中止
643	キューブ	ナイロン100℃ 47th SESSION(演目不明)	2020年冬	全公演中止

下北沢駅前劇場

644	フォーリン・プレイ・シアター/演劇集団ワンダーランド	フォーリン・プレイ・シアター&演劇集団ワンダーランド提携公演『ちょっとおかしな外国人』	2020年4月1日(水)〜5日(日)	初日のみ無観客公演、2日目以降は中止
645	ガルトステージ	橋沢進一プロデュース ゾルタクスゼイアンの犬 第2回公演『クワイエット・トーク』	2020年4月8日(水)〜12日(日)	全公演中止
646	劇団Turbo	Vol.71『NO LEMON NO MELON』	2020年4月15日(水)〜19日(日)	全公演中止
647	ブラボーカンパニー	ブラボーカンパニープロデュース 天晴お気楽事務所 第45回公演『宇宙の仕事』	2020年4月22日(水)〜29日(水)	全公演中止
648	実弾生活	オムニバスコント「実弾生活」15周年記念公演『実弾生活 THE BEST』	2020年5月1日(金)〜3日(日)	全公演中止
649	劇団水中ランナー	第11回公演『花を灯す』	2020年5月6日(水)〜10日(日)	全公演中止
650	アナログスイッチ	16th situation『みんなの捨てる家。』*	2020年5月13日(水)〜19日(火)	全公演中止
651	なかふら	中野成樹+フランケンズ 全体観測のための公演(2プログラム) Aプログラム『寝台特急"君のいるところ"号』『カミング・スルー・ザ・ライ麦畑』 Bプログラム『牛乳とハチミツ、ゆれて三日月を喰みる』	2020年5月23日(土)〜31日(日)	全公演中止
652	肋骨組	劇団肋骨蜜柑同好会第13回『草苅事件・第二版』	2020年6月3日(水)〜7日(日)	全公演中止
653	激弾BKYU	祝!! 35周年公演『地球のおまけ』	2020年6月12日(金)〜21日(日)	全公演中止
654	TAAC	『世界が消えないように』	2020年6月24日(水)〜30日(火)	全公演中止 ※『何もない劇場』を開催し劇場を開放
655	duobus	劇壇ガルバ第2回公演『砂の国の遠い声』	2020年7月4日(土)〜12日(日)	全公演中止
656	空晴	第19回公演『予定のあと先』	2020年9月10日(木)〜14日(月)	全公演中止
657	ふくふくや	第21回公演(演目不明)	2020年10月	全公演中止

OFF・OFFシアター

658	劇団武蔵野ハンバーグ	第2回思いつき演劇公演『ドリンクバーの向こう側、やさしいキスをして』	2020年3月14日(土)〜15日(日)	全公演中止
659	張ち切れパンダ	15かいめ『今はまだ友でいて』	2020年3月27日(金)〜29日(日)	全公演中止
660	劇団献身	第13回本公演『スケール』	2020年4月3日(金)〜12日(日)	全公演中止
661	GORE GORE GIRLS	Vol. 14『とまらないハミングの中で』	2020年4月14日(火)〜19日(日)	全公演中止
662	URAZARU	URAZARUカムバックシリーズ『さるしばい2020』	2020年4月22日(水)〜27日(月)	全公演中止
663	あお天井一座	第5回あお天井一座本公演『はりぼて』	2020年4月29日(水)〜5月3日(日)	全公演中止
664	マチルダアパルトマン	マチルダアパルトマンのエキスポ2020『この悲しみをたとえるならば、エレファント』	2020年5月5日(火)〜11日(月)	全公演中止
665	マチルダアパルトマン	マチルダアパルトマンのエキスポ2020『世界の端のお布団の上』	2020年5月13日(水)〜17日(日)	全公演中止
6 66	マチルダアパルトマン	マチルダアパルトマンのエキスポ2020『逃したフィッシュ!』	2020年5月16日(土)・24日(日)	全公演中止
667	マチルダアパルトマン	マチルダアパルトマンのエキスポ2020『ファッキン!ペラゴルニス・サンデルシ』	2020年5月17日(日)・23日(土)	全公演中止
668	マチルダアパルトマン	マチルダアパルトマンのエキスポ2020『ダコタのファニング』	2020年5月18日(月)〜24日(日)	全公演中止
669	方南ぐみ×私立だるまセブン	伊賀の花嫁 番外編『ママの里帰り』	2020年5月26日(火)〜28日(木)	全公演中止
670	劇団迷惑なパン	旗揚げ公演『大・不正解』	2020年5月30日(土)〜6月1日(月)	全公演中止

671	ゾノノキカク	vol.1『パンドラの踊り』	2020年6月4日(木)~7日(日)	全公演中止
672	亜細亜象演劇卸売市場	『今夜あなたを借りるだけ』	2020年6月9日(火)~14日(日)	全公演中止
673	山崎千恵子一座	『女優~玉石温の生き様と死に様』	2020年6月19日(金)~21日(日)	全公演中止
674	みそじん	第5回公演『黒星の女』	2020年6月24日(水)~28日(日)	全公演中止
675	劇団道学先生	『おとうふ』	2020年9月27日(日)~10月4日(日)	全公演中止
下北沢『劇』小劇場				
676	文化庁/日本演出者協会	『若手演出家コンクール2019 最終審査会』	2020年3月3日(火)~8日(日)	無観客での非公開審査会
677	文化庁/日本演出者協会	若手演出家コンクール2018年度最優秀賞受賞記念公演『Pancetta 11th performance "Na"』	2020年3月12日(木)~15日(日)	全公演中止
678	青い鳥創業	劇団青い鳥ショートショートシアター『普通の人々』	2020年3月17日(火)~22日(日)	全公演中止
679	Fishstory'S	第9回本公演『時を超えた愛の歌』	2020年4月1日(水)~5日(日)	4月4日(土)19時開演の公演~5日(金)
680	かーんず企画	第11回公演『お茶の間戦争 令和二年度版』	2020年4月8日(水)~12日(日)	全公演中止
681	スワット事務所	劇団S.W.A.T!第61回公演 S.W.A.T!実験劇場『ある超能力者の記録』*	2020年4月16日(木)~26日(日)	全公演中止
682	娯楽百貨	雷門音助・柳家小はぜ二人会『黙々派 #4』/三遊亭遊雀独演会『遊楽座』	2020年4月29日(水)	全公演中止
683	オフィス パラノイア	幕末異聞『武士の影~東海道悪徒理~』	2020年5月2日(土)~6日(水)	全公演中止
684	座キューピーマジック	vol.72『僕と真夜中の僕』	2020年5月20日(水)~24日(日)	全公演中止
685	トツゲキ倶楽部/ロケットフィッシュ・カンパニー	トツゲキ倶楽部『ライライライ!』	2020年5月27日(水)~6月1日(月)	全公演中止
686	劇団前方公演墳	『東京しもきたサンセット』	2020年6月4日(木)~7日(日)	全公演中止
687	T-PROJECT	10周年記念公演『人間狩り』+『改札口』	2020年6月9日(火)~14日(日)	全公演中止
688	芝居屋風雷紡	第14回公演『赤き方舟』	2020年8月12日(水)~16日(日)	全公演中止
689	江古田のガールズ	娯楽の女王 江古田のガールズ『第2章』	2020年8月18日(火)~23日(日)	全公演中止
690	T1project	『ショートストーリーズ vol.9』	2020年9月16日(水)~22日(火)	全公演中止
シアター711				
691	劇団半開き	劇団半開き解散公演『開いた扉は閉めて立ち去れ』	2020年4月1日(水)~5日(日)	全公演中止
692	ぐるっぽ・ちょいす	ぐるっぽ・ちょいすプロデュース公演『楽屋~流れ去るものはやがてなつかしき~』	2020年4月8日(水)~12日(日)	全公演中止
693	LEVELS	ひらさわひさよし&フルタプロジェクト第8弾『芸人温泉』	2020年4月14日(火)~19日(日)	全公演中止
694	poolside	『poolside ―karin―』	2020年4月21日(火)~26日(日)	公演日程を全6回と絞り、全公演をYouTubeより無観客で無料生配信
695	Peachboys	第9回公演『20性器少年~あなるの番です~』	2020年4月28日(火)~5月17日(日)	全公演中止
696	美貴ヲの劇	第7作『トーキョー・エレクト・クラブ』	2020年5月20日(水)~24日(日)	全公演中止
697	こわっぱちゃん家	『余白の色彩』	2020年5月27日(水)~31日(日)	全公演中止

698	オフィスコットーネ	オフィスコットーネプロデュース 大竹野正典没後十年記念公演 第5弾『サヨナフ―ピストル連続射殺魔ノリオの青春』	2020年6月4日(木)～14日(日)	全公演中止
699	青春の会	第1回公演『熱海殺人事件』	2020年6月24日(水)～28日(日)	全公演中止
700	りらっくす	『成仏屋』	2020年7月10日(金)～14日(火)	全公演中止
701	M's企画	CorneliusCockBlue(s)『演目不明』	2020年8月18日(火)～23日(日)	全公演中止
702	ハツビロコウ	#10『ベクター』	2020年8月25日(火)～30日(日)	全公演中止
小劇場B1				
703	りらっくす	vol.10『あのとき見た景色』	2020年3月11日(水)～15日(日)	全公演中止
704	HIGHcolors	第11回戦『さらば、ジブン』	2020年4月8日(水)～15日(水)	全公演中止
705	大森カンパニープロデュース	『更地SELECT～SAKURA Ⅳ』	2020年4月17日(金)～26日(日)	全公演中止
706	相模舞台同盟	相模舞台同盟春興行『エン殺陣西遊記Re』	2020年4月29日(水)～30日(木)	全公演中止
707	男肉 du Soleil	大長編 男肉 du Soleil『オフホワイトメガタワー ～ボクらの七日間ホスピタル戦争～』	2020年5月1日(金)～3日(日)	全公演中止
708	ゴーチ・ブラザーズ	柿喰う客『夜盲症』	2020年5月13日(水)～24日(日)	全公演中止
709	ケダゴロ	第3回公演『ビコーズカズコーズ Because Kazcause』*	2020年5月28日(木)～31日(日)	全公演中止
710	A.R.P	『オプティーマへようこそ!』2020	2020年6月2日(火)～7日(日)	全公演中止
711	Mcompany	第2回公演(演目不明)	2020年6月17日(水)～28日(日)	全公演中止
712	大人の麦茶	(演目不明)	2020年7月	全公演中止
713	喜昇倶楽部/Nana Produce	喜昇倶楽部公演『其の女～渋谷はるか一人芝居～』	2020年8月26日(水)～30日(日)	全公演中止
小劇場楽園				
714	オフィスハニカム	立川志の八落語会『しのはちの巣 in 下北沢 vol.12』	2020年4月2日(木)	全公演中止
715	M's企画	CorneliusCockBlue(s)第4期初陣公演〈第23回公演〉『三面楚歌』	2020年4月8日(水)～12日(日)	全公演中止
716	東京おかわり美女	旗揚げ公演『COBRA&ジュリエット』	2020年4月15日(水)～19日(日)	全公演中止
717	東京エスカルゴ。	『しばし待たれよ!!』	2020年4月23日(木)～26日(日)	全公演中止
718	T1project	『DINIG TALK』	2020年4月28日(火)～10日(日)	全公演中止
719	Monkey Biz	カクタラボ いっかいめ『明後日の方へ』	2020年5月13日(水)～17日(日)	全公演中止
720	オオタスセリ	オオタスセリ企画『スセリ 台本劇場』	2020年5月19日(火)～24日(日)	全公演中止
721	tea for two	『tea for two 第26回公演』	2020年6月10日(水)～14日(日)	全公演中止
722	メロトゲニ	『メロトゲニpage.6(第6回)本公演』	2020年6月17日(水)～21日(日)	全公演中止
723	SPIRAL CHARIOTS	第23回本公演『役者天下一舞闘会Y-1』	2020年7月8日(水)～12日(日)	全公演中止
724	制作『山口ちはる』プロデュース	『ご臨終』	2020年7月15日(水)～19日(日)	全公演中止
725	ネコ脱出	#36『ザ忍者～忍びの心、星に届けぃ～』	2020年8月19日(水)～23日(日)	全公演中止

シアター・モリエール				
726	関西演劇祭実行委員会	関西演劇祭presents「コケコッコー「ほなさいなら」×オパンポン創造社『最後の晩餐』公演～東京で芝居たろか！～」	2020年3月13日(金)～15日(日)	全公演中止
727	劇団東少	ミュージカル『PINO』	2020年3月25日(水)～29日(日)	3月29日(日)
728	LiveUpCapsules	『彼の男 十字路に身を置かんとす』*	2020年4月8日(水)～15日(水)	全公演中止
729	『私を代わりに刑務所に入れてください』舞台製作委員会	『私を代わりに刑務所に入れてください』	2020年4月17日(金)～19日(日)	全公演中止
730	リトル堂	リトル堂プロデュース Vol. 2『2番目でもいいの♡』	2020年4月29日(水)～5月5日(火)	全公演中止
731	オムイズム	vol. 4『バスタ新宿発青森行き夜行バスは殺人ばかり』	2020年5月13日(水)～17日(日)	全公演中止
732	T-works	#4『THE Negotiation:Returns』	2020年5月20日(水)～24日(日)	全公演中止
733	θ records	『TRICKY MOUSE』	2020年5月28日(木)～31日(日)	全公演中止
734	サードステージ	虚構の劇団第15回公演(活動休止公演)『日本人のへそ』	2020年6月11日(木)～21日(日)	全公演中止
735	マセキ芸能社	『Maseki Geinin Collection 2020 夏』	2020年7月20日(月)	全公演中止
736	ナイスコンプレックス	ナイスコンプレックスプロデュース公演第5弾『12人の怒れる男～東京公演～』	2020年7月23日(木)～8月2日(日)	全公演中止
737	驚天動地倶楽部	『闘!!驚天動地倶楽部劇場～仮面舞踏会～』	2020年8月6日(木)～9日(日)	全公演中止
738	TUFF STUFF	『RANPO chronicle 彼岸商店』	2020年8月13日(木)～16日(日)	全公演中止
739	フランス演劇クレアシオン	ラ・フォンテーヌの寓話より『森のいきものたち』Part 3	2020年8月20日(木)～23日(日)	全公演中止
740	劇団アルファー／ALLGLEEN	劇団アルファー創立20周年記念公演第1弾『愛しのバックストリート』	2020年8月25日(火)～30日(日)	全公演中止
741	θ records	『TRICKY MOUSE』	2020年9月24日(木)～27日(日)	全公演中止
シアター・サンモール				
742	吉本興業	劇団エグスプロージョン『ANSWER』	2020年3月4日(水)～8日(日)	全公演中止
743	Entertainment Live Stage『SEPT』	SEPT Vol.9『ReAnimation』	2020年3月11日(水)～23日(月)	全公演中止
744	映像テクノアカデミア	『声優・俳優科修了公演』	2020年3月28日(土)～29日(日)	全公演中止
745	シザーブリッツ	舞台『盾の勇者の成り上がり』	2020年4月2日(木)～12日(日)	全公演中止
746	otonapro／爆走おとな小学生	演劇ユニット【爆走おとな小学生】第30回公演記念授業『タツノオトシゴ』	2020年4月15日(水)～19日(日)	全公演中止
747	劇団暴創族	第11回公演『瑠璃色花火物語』	2020年4月22日(水)～26日(日)	全公演中止
748	マジシャンズ・イン・バトルセンチュリー製作委員会	舞台『マジシャンズ・イン・バトルセンチュリー』	2020年4月29日(水)～5月3日(日)	全公演中止
749	CLIE	『インディゴの夜』	2020年5月9日(土)～17日(日)	全公演中止
750	Tokyo International Players	『CINDERELLA』	2020年5月21日(木)～24日(日)	全公演中止
751	ライブ・ビューイング・ジャパン／ジェイズプロデュース／ビーイング	『紫猫のギリ～十六夜月譚～』	2020年5月27日(水)～6月7日(日)	全公演中止
752	劇団共働き	第1回公演『白からはじまる世界』	2020年6月10日(水)～16日(火)	全公演中止
753	ポップンマッシュルームチキン野郎	魂の二本同時上演『R老人の終末の御予定』『コチラハコブネ、オウトウセヨ』	2020年6月20日(土)～28日(日)	全公演中止

754	スーパーエキセントリックシアター	舞台『蟻地獄』	2020年7月22日(水)～28日(火)	全公演中止
755	Office smc	進戯団 夢命クラシックス#24『ファントム・ライセンス』	2020年9月17日(木)～20日(日)	全公演中止
こまばアゴラ劇場				
756	田上パル	vol.18『Q学』	2020年3月19日(木)～31日(火)	3月28日(土)～29日(日)
757	アゴラ企画／こまばアゴラ劇場	うさぎストライプ『いないかもしれない』	2020年4月3日(金)～13日(月)	全公演中止
758	アゴラ企画／こまばアゴラ劇場	ひなた旅行舎第1回公演『蝶のやうな私の郷愁』	2020年4月17日(金)～21日(火)	全公演中止
759	アゴラ企画／こまばアゴラ劇場	ぱぷりか 第5回公演『柔らかく揺れる』	2020年4月25日(土)～5月5日(火)	全公演中止
760	ぐうたららばい	vol.2『海底歩行者』	2020年5月9日(土)～17日(日)	全公演中止
761	日本のラジオ	『カナリヤ』	2020年5月19日(火)～24日(日)	全公演中止
762	アゴラ企画／こまばアゴラ劇場	青年団 第82回公演『コントロールオフィサー』+『百メートル』	2020年5月27日(水)～6月7日(日)	全公演中止
763	アゴラ企画／こまばアゴラ劇場	グループ・野原 第1回公演『自由の国のイフィゲーニエ』『おねしょ沼の終わらない温かさについて』*	2020年6月12日(金)～16日(火)	全公演中止
764	ホエイ	『犬とかかしと運動会』	2020年6月19日(金)～30日(火)	全公演中止
765	アゴラ企画／こまばアゴラ劇場	Kawai Project vol.6『ウィルを待ちながら～インターナショナル・ヴァージョン』	2020年7月4日(土)～12日(日)	全公演中止
766	幻灯劇場	第9回公演『盲年』	2020年7月30日(木)～8月2日(日)	全公演中止
767	コトリ会議	『晴れがわ』	2020年8月7日(金)～11日(火)	全公演中止
768	トリコ・A	『へそで、嗅ぐ』	2020年8月28日(金)～31日(月)	全公演中止
769	ヌトミック	『JR常磐線上り列車(仮)』	2020年9月4日(金)～14日(月)	全公演中止
770	劇団ジャブジャブサーキット	『桜ゾンビ』	2020年10月15日(木)～18日(日)	全公演中止
771	ももちの世界	『鎖骨に天使が眠っている』	2020年11月26日(木)～30日(月)	全公演中止
772	アゴラ企画／こまばアゴラ劇場	青年団リンク キュイ『ダイレクト／ネグレクト』	2020年12月10日(木)～20日(日)	全公演中止
773	アゴラ企画／こまばアゴラ劇場	青年団リンク キュイ『まだなにもはなしていないのに』	2020年12月10日(木)～20日(日)	全公演中止
774	高校演劇サミット	『高校演劇サミット 2020』	2020年12月25日(金)～27日(日)	全公演中止
シアター風姿花伝				
775	壁なき演劇センター	日本・セルビア演劇交流プロジェクト Vol.5『SKAKAVCI いなごたち』*	2020年3月25日(水)～29日(日)	全公演中止
776	LOGOTyPE	ことのはbox 第13回公演『ジプシー～千の輪の切り株の上の物語～』	2020年4月1日(水)～7日(火)	4月7日(火)
777	ENGISYA THEATER COMPANY	『春の終わりに』*	2020年4月9日(木)～12日(日)	全公演中止
778	うつつのしかく	第2回公演『半神』	2020年4月15日(水)～19日(日)	全公演中止
779	劇団ピエロ	第2回本公演『和心』	2020年4月22日(水)～26日(日)	全公演中止
780	舞台『天満月の猫』制作部	舞台『天満月の猫』	2020年4月29日(水)～5月11日(月)	全公演中止
781	人生旅行	#007『錆色の木馬』	2020年5月14日(木)～17日(日)	全公演中止
782	I's Stage☆	I's Stage☆プロデュース『一華繚乱～五月雨 鳥は夜に啼く～』	2020年5月22日(金)～24日(日)	全公演中止

783	BAKA飲み集団～極～	第3回プロデュース公演『名を残さぬ者達』	2020年5月28日(木)～31日(日)	全公演中止
784	GN. BBS	Dream3『Hallucination』	2020年7月3日(金)～5日(日)	全公演中止
785	劇団しゃれこうべ	第4回本公演『小鳥たちのプロポーズ』	2020年7月30日(木)～8月2日(日)	全公演中止
TBS赤坂ACTシアター				
786	東京グローブ座／ヴィレッヂ	劇団☆新感線39興行・春公演 いのうえ歌舞伎『偽義経冥界歌』	2020年2月15日(土)～3月24日(火)	2月28日(金)～3月17日(火)
787	宝塚歌劇団	宝塚歌劇宙組公演 TBS赤坂ACTシアター公演『FLYING SAPA ―フライング サパ―』	2020年3月30日(月)～4月15日(水)	全公演中止
788	舞台『タンブリング』2020製作委員会	舞台『タンブリング』2020	2020年4月19日(日)～29日(水)	全公演中止
789	TBS／松竹／BS-TBS／TBSラジオ	赤坂大歌舞伎『怪談 牡丹燈籠』	2020年5月5日(火)～24日(日)	全公演中止
790	TBSラジオ	コント集団カジャラ第5回公演『無関心の旅人』	2020年5月30日(土)～6月3日(水)	全公演中止
791	宝塚歌劇団	宝塚歌劇星組公演 ミュージカル『シラノ・ド・ベルジュラック』	2020年6月8日(月)～13日(土)	全公演中止
792	TBS／ホリプロ／梅田芸術劇場／WOWOW	Daiwa House presents ミュージカル『ビリー・エリオット～リトル・ダンサー～』	2020年7月12日(日)～10月17日(土)	7月12日(日)～9月10日(木)
日生劇場				
793	東宝	絢爛豪華 祝祭音楽劇『天保十二年のシェイクスピア』	2020年2月8日(土)～29日(土)	2月28日(金)～29日(土)
794	東宝／アミューズ	ミュージカル『ホイッスル・ダウン・ザ・ウィンド～汚れなき瞳～』	2020年3月7日(土)～29日(日)	3月7日(土)～18日(水)、28日(土)～29日(日)
795	松竹／ぴあ／シーエイティープロデュース	ミュージカル『ジョセフ・アンド・アメージング・テクニカラー・ドリームコート』	2020年4月7日(火)～29日(水)	全公演中止
796	東宝／TBS	ディズニーミュージカル『ニュージーズ』	2020年5月8日(金)～30日(土)	全公演中止
797	ニッセイ文化振興財団	NISSAY OPERA 2020 オペラ『セビリアの理髪師』	2020年6月13日(土)～14日(日)	全公演中止
798	日本オペラ振興会／ニッセイ文化振興財団	藤原歌劇団・NISSAY OPERA 2020 オペラ『フィガロの結婚』	2020年6月27日(土)～28日(日)	全公演中止
799	ニッセイ文化振興財団	NISSAY BALLET 2020 谷桃子バレエ団 バレエ『海賊』	2020年7月5日(日)	全公演中止
800	ニッセイ文化振興財団	日生劇場ファミリーフェスティヴァル 2020 NHKみんなのうたミュージカル『リトル・ゾンビガール』	2020年7月17日(金)～26日(日)	全公演中止
801	ニッセイ文化振興財団	日生劇場ファミリーフェスティヴァル 2020 ダンス×人形劇『ひなたと月の姫』	2020年8月22日(土)～23日(日)	全公演中止
802	ニッセイ文化振興財団	日生劇場ファミリーフェスティヴァル 2020 リラックスパフォーマンス スターダンサーズ・バレエ団『白鳥の湖』(全1幕)&『迷子の青虫さん』	2020年8月29日(土)～30日(日)	全公演中止
帝国劇場				
803	東宝	『Endless SHOCK 20th Anniversary』	2020年2月4日(火)～3月31日(火)	2月28日(金)～3月31日(火)
804	東宝	ミュージカル『エリザベート』	2020年4月9日(木)～5月4日(月)	全公演中止
805	東宝	ミュージカル『ミス・サイゴン』	2020年5月19日(火)～6月28日(日)	全公演中止
806	東宝	ミュージカル『ジャージー・ボーイズ』	2020年7月6日(月)～8月9日(日)	全公演中止
807	東宝	ミュージカル『ジャージー・ボーイズ』インコンサート	2020年7月18日(土)～8月5日(水)	7月18日(土)～21日(火)
宝塚大劇場				
808	宝塚歌劇団	宝塚歌劇星組公演 幻想歌舞録『眩耀の谷～舞い降りた新星～』／Show Stars『Ray―星の光線―』	2020年2月7日(金)～3月9日(月)	2月29日(土)～3月8日(日)

809	宝塚歌劇団	宝塚歌劇花組公演 ミュージカル浪漫『はいからさんが通る』	２０２０年3月13日(金)～4月20日(月)	全公演中止
810	宝塚歌劇団	宝塚歌劇月組公演 JAPAN TRADITIONAL REVUE『WELCOME TO TAKARAZUKA ―雪と月と花と―』／ミュージカル『ピガール狂騒曲』～シェイクスピア原作「十二夜」より～	２０２０年4月24日(金)～6月1日(月)	全公演中止
811	宝塚歌劇団	宝塚歌劇宙組公演 三井住友カード ミュージカル『アナスタシア』	２０２０年6月5日(金)～7月13日(月)	全公演中止
812	宝塚歌劇団	宝塚歌劇雪組公演 かんぽ生命ドリームシアター ミュージカル・シンフォニア『fff ―フォルティッシッシモ―』～歓喜に歌え！／かんぽ生命ドリームシアター レビュー・アラベスク『シルクロード～海賊と宝石～』	２０２０年7月17日(金)～8月17日(月)	全公演中止
813	宝塚歌劇団	宝塚歌劇花組公演 ミュージカル浪漫『はいからさんが通る』	２０２０年7月17日(金)～9月5日(土)	8月2日(日)～9月1日(火)
814	宝塚歌劇団	宝塚歌劇星組公演 三井住友ＶＩＳＡカード ミュージカル『ロミオとジュリエット』	２０２０年8月21日(金)～9月28日(月)	全公演中止
815	宝塚歌劇団	宝塚歌劇花組公演 ドラマ・ヒストリ『アウグストゥス―尊厳ある者―』／パッショネイト・ファンタジー『Cool Beast!!』	２０２０年10月2日(金)～11月9日(月)	全公演中止
816	宝塚歌劇団	宝塚歌劇月組公演 ロマン・トラジック『桜嵐記』／スーパー・ファンタジー『Dream Chaser』	２０２０年11月13日(金)～12月14日(月)	全公演中止
東京宝塚劇場				
817	宝塚歌劇団	宝塚歌劇雪組公演 ミュージカル『ONCE UPON A TIME IN AMERICA』	２０２０年2月21日(金)～3月22日(日)	2月29日(土)～3月8日(日)、3月12日(木)～21日(土)
818	宝塚歌劇団	宝塚歌劇星組公演 幻想歌舞録『眩耀の谷～舞い降りた新星～』／Show Stars『Ray ―星の光線―』	２０２０年3月27日(金)～5月3日(日)	全公演中止
819	宝塚歌劇団	宝塚歌劇花組公演 ミュージカル浪漫『はいからさんが通る』	２０２０年5月8日(金)～6月14日(日)	全公演中止
820	宝塚歌劇団	宝塚歌劇月組公演 JAPAN TRADITIONAL REVUE『WELCOME TO TAKARAZUKA ―雪と月と花と―』／ミュージカル『ピガール狂騒曲』～シェイクスピア原作「十二夜」より～	２０２０年6月19日(金)～7月26日(日)	全公演中止
821	宝塚歌劇団	宝塚歌劇宙組公演 三井住友カード ミュージカル『アナスタシア』	２０２０年7月31日(金)～8月30日(日)	全公演中止
822	宝塚歌劇団	宝塚歌劇星組公演 幻想歌舞録『眩耀の谷～舞い降りた新星～』／Show Stars『Ray ―星の光線―』	２０２０年7月31日(金)～9月20日(日)	8月7日(金)～20日(木)
823	宝塚歌劇団	宝塚歌劇雪組公演 かんぽ生命ドリームシアター ミュージカル・シンフォニア『fff ―フォルティッシッシモ―』～歓喜に歌え！／かんぽ生命ドリームシアター レビュー・アラベスク『シルクロード～海賊と宝石～』	２０２０年9月4日(金)～10月11日(日)	全公演中止
824	宝塚歌劇団	宝塚歌劇星組公演 三井住友ＶＩＳＡカード ミュージカル『ロミオとジュリエット』	２０２０年10月16日(金)～11月22日(日)	全公演中止
825	宝塚歌劇団	宝塚歌劇花組公演 ドラマ・ヒストリ『アウグストゥス―尊厳ある者―』／パッショネイト・ファンタジー『Cool Beast!!』	２０２０年11月27日(金)～12月27日(日)	全公演中止
宝塚バウホール				
826	宝塚歌劇団	宝塚歌劇花組公演 バウ・ミュージカル『PRINCE OF ROSES―王冠に導かれし男―』	２０２０年7月30日(木)～8月10日(月)	全公演中止
827	宝塚歌劇団	宝塚歌劇月組公演 バウ・プレイ『幽霊刑事(デカ)～サヨナラする、その前に～』	２０２０年9月8日(火)～22日(火)	全公演中止
828	宝塚歌劇団	宝塚歌劇宙組公演(演目未定)	２０２０年10月15日(木)～26日(月)	全公演中止
東急シアターオーブ				
829	フジテレビジョン／梅田芸術劇場	ミュージカル『アナスタシア』	２０２０年3月1日(日)～28日(土)	3月1日(日)～8日(日)、13日(金)～19日(木)、28日(土)
830	アミューズ／トリックスターエンターテインメント／読売新聞社／梅田芸術劇場	ミュージカル『ボディガード』日本キャスト版	２０２０年4月3日(金)～26日(日)	全公演中止

831	東京グローブ座	『THE BOY FROM OZ』supported by JACCS	2020年5月2日(土)~17日(日)	全公演中止
832	ホリプロ／TBS／BS-TBS	マシュー・ボーンの『赤い靴』	2020年6月17日(水)~28日(日)	全公演中止
833	Bunkamura／日本テレビ／BS日テレ／TOKYO FM／ぴあ	ブロードウェイ・ミュージカル『天使にラブ・ソングを…(シスター・アクト)』	2020年7月7日(火)~26日(日)	全公演中止
834	TBS／BS-TBS／ぴあ／ホリプロ／TOKYO FM／TSP／パルコ	LION presents ミュージカル『SINGIN' IN THE RAIN～雨に唄えば～』アダム・クーパー特別来日 日本公演	2020年9月26日(土)~10月25日(日)	全公演中止
JR東日本四季劇場［春］				
835	劇団四季	『アナと雪の女王』	2020年9月10日(木)開幕	2021年6月24日(木)開幕に変更
JR東日本四季劇場［秋］				
836	劇団四季	『劇団四季 The Bridge ～歌の架け橋～』	2020年7月14日(火)~8月27日(木)	全公演中止
電通四季劇場［海］				
837	劇団四季	『アラジン』	2015年5月24日(日)~ロングラン上演中	2020年2月27日(木)~3月22日(日)、3月27日(金)~7月12日(日)、10月10日(土)~14日(水)
四季劇場［夏］				
838	劇団四季	『ライオンキング』	2017年7月16日(日)~ロングラン上演中	2020年2月27日(木)~3月22日(日)、3月27日(金)~7月12日(日)、10月9日(金)
キャッツシアター				
839	劇団四季	『キャッツ』	2018年8月11日(土)~ロングラン上演中	2020年2月27日(木)~3月22日(日)、3月27日(金)~7月12日(日)
自由劇場				
840	劇団四季	『コーラスライン』	2020年6月13日(土)~7月29日(水)	全公演中止
841	劇団四季	『ロボット・イン・ザ・ガーデン』	2020年10月3日(土)~11月29日(日)	10月11日(日)~13日(火)、11月28日(土)~29日(日)
大阪四季劇場				
842	劇団四季	『リトルマーメイド』	2018年10月13日(土)~ロングラン上演中	2020年2月27日(木)~3月22日(日)、3月29日(日)~7月12日(日)
キャナルシティ劇場				
843	劇団四季	『ノートルダムの鐘』	2020年2月17日(月)~6月14日(日)	2月27日(木)~3月22日(日)、4月2日(木)~6月14日(日)
844	劇団四季	『パリのアメリカ人』	2020年7月12日(日)~8月30日(日)	全公演中止
名古屋四季劇場				
845	劇団四季	『ライオンキング』	2020年3月26日(木)~ロングラン上演中	4月1日(水)~7月12日(日)
北海道四季劇場				
846	劇団四季	『リトルマーメイド』	2018年12月22日(土)~2020年3月15日(日)	2020年2月27日(木)~3月15日(日)

失われた公演リスト

○本書巻頭「失われた公演」に掲載したチラシのうち、「コロナ禍による中止・延期公演リスト抄」に記載のない公演をまとめた

主催等	公演名（作品名）	公演予定劇場	公演予定期間	失われた公演期間
人形劇団クラルテ	第105回公演こども劇場『11ぴきのねことあほうどり』	堺市立西文化会館1階（ウェスティホール）	2020年2月24日（月）	全公演中止
幻都	『テンダーシング―ロミオとジュリエットより―』	未定	未定	―
SPAC‐静岡県舞台芸術センター	『メナム河の日本人』	静岡芸術劇場	2020年2月15日（土）～3月7日（土）	2月29日（土）～3月7日（日）
観世九皐会	『九皐会 若竹能』	矢来能楽堂	2020年2月29日（土）	全公演中止
かすがい市民文化財団	演劇×自分史 第3弾『春よ恋』	春日井市民会館	2020年2月29日（土）・3月1日（日）	全公演中止
劇団東演	『ワレリー・ベリャコーヴィッチのマクベス』	地方公演	2020年2月1日（土）～4月1日（水）	3月1日（日）～4月1日（水）
前進座	創作歌舞伎『牛若丸』	瑞穂町スカイホール 大ホール	2020年3月1日（日）	全公演中止
国立演芸場	『国立演芸場 3月番組』	国立演芸場	2020年3月1日（日）～20日（金）	全公演中止
国立演芸場	『第490回 花形演芸会』	国立演芸場	2020年3月7日（土）	全公演中止
人形劇団むすび座	新美南吉のふるさと半田 特別公演『てぶくろをかいに』『オレたち大ピ～ンチ!?』	住吉福祉文化会館 末広	2020年3月7日（土）	全公演中止
三重県文化会館／合同会社アルシエ	庭劇団ペニノ『蛸入道忘却ノ儀』	三重県文化会館小ホール	2020年3月7日（土）～8日（日）	全公演中止
東松山文化まちづくり公社	～平成家族物語～舞台芸術によるまちづくりプロジェクト第2弾 演劇『枇杷の家』	東松山市民文化センターホール	2020年3月7日（土）～8日（日）	全公演中止
観世九皐会	はじめての矢来能楽堂special はじめての『夜能―ろうそく能―［葵上古式］』	矢来能楽堂	2020年3月13日（金）	全公演中止
ゲッコーパレード	『リンドバークたちの飛行』	チュラロンコーン大学（タイ）	2020年3月13日（金）～14日（土）	全公演中止
日本芸術文化振興会国立劇場おきなわ	令和二年三月三線音楽公演『つむぎ、つなぐ島唄の響き』	国立劇場おきなわ 小劇場	2020年3月14日（土）	全公演中止
日本製鉄文化財団	バロック・オペラ絵巻『アモーレとプシケ』	紀尾井ホール	2020年3月19日（木）～20日（金）	全公演中止
人形劇団プーク	『わにがまちにやってきた』『りんごかもしれない』	プーク人形劇場	2020年3月14日（土）～29日（日）	3月28日（土）～29日（日）
文学座	文学座3月アトリエの会文学座アトリエ70周年記念公演『歳月／動員挿話』	文学座アトリエ	2020年3月17日（火）～29日（日）	3月28日（土）～29日（日）
ハトノス	『ハトノスの記憶についての短編集』	現代座会館 現代座ホール	2020年3月20日（金）～22日（日）	全公演中止
人形劇団むすび座	『どんどこももんちゃん』『カミナリカレー』	湖南市石部文化ホール	2020年3月21日（土）	全公演中止
国立演芸場	『令和二年第438回 国立名人会』	国立演芸場	2020年3月21日（土）	全公演中止

日本財団／にっぽん文楽プロジェクト	〜1970年大阪万博50周年記念〜『にっぽん文楽 in 万博記念公園』	万博記念公園 太陽の広場	2020年3月21日(土)〜24日(火)	全公演中止
演劇人冒険舎／なごや子どものための巡回劇場実行委員会	『ショウタ一緒にサッカーやろうよ』	中区役所ホール	2020年3月26日(木)	全公演中止
譜面絵画	vol. 10『郷愁という惑星?』	STスポット	2020年3月26日(木)〜29日(日)	全公演中止
演劇人冒険舎／なごや子どものための巡回劇場実行委員会	『ショウタ一緒にサッカーやろうよ』	北文化小劇場	2020年3月27日(金)	全公演中止
深川とっくり座	公演49回目『丹青の柳田格之進』	深川江戸資料館 小劇場	2020年3月27日(金)〜29日(日)	全公演中止
KYOTO STEAM―世界文化交流祭―実行委員会事務局	KYOTO STEAM―世界文化交流祭―2020 ダムタイプ新作パフォーマンス『2020』	ロームシアター京都 メインホール	2020年3月28日(土)〜29日(日)	全公演中止
劇団ぴ〜ひゃらら	第25回定期公演『親の顔が見たい』	会津若松市文化センター	2020年3月28日(土)〜29日(日)	全公演中止
KYOTO STEAM―世界文化交流祭―実行委員会事務局	KYOTO STEAM―世界文化交流祭―2020 古典文学×伝統芸能×新技術『新猿楽記〜cirque de kyoto〜』	ロームシアター京都 メインホール	2020年3月29日(日)	全公演中止
国立演芸場	『国立演芸場 4月番組』	国立演芸場	2020年4月1日(水)〜20日(月)	全公演中止
劇団TremendousCircus	『Hexenprozess, Schneewitchen(魔女裁判、雪白姫より)』	阿佐ヶ谷シアターシャイン	2020年4月1日(水)〜5日(日)	全公演中止
9PROJECT	Vol. 12『二代目はクリスチャン』	d-倉庫	2020年4月8日(水)〜12日(日)	全公演中止
劇団山の手事情社	2019年度研修プログラム修了公演『オドラデク』	大森山王FOREST	2020年4月8日(水)〜12日(日)	全公演中止
劇団うりんこ	『小学校は宇宙ステーション』	うりんこ劇場	2020年4月10日(金)〜12日(日)	全公演中止
劇団五期会	劇団五期会スプリングシアター vol. 7『あゆみ』	SPACE9	2020年4月11日(土)〜12日(日)	全公演中止
人形劇団クラルテ	第115回公演こどもの劇場『11ぴきのねことへんなねこ』	神戸文化ホール(中ホール)	2020年4月12日(日)	全公演中止
人形劇団むすび座	創立50周年記念作品『チト みどりのゆびをもつ少年』	草加市文化会館	2020年4月12日(日)	全公演中止
LiveUpCapsules	『彼の男 十字路に身を置かんとす』	三宮シアター・エートー	2020年4月17日(金)〜19日(日)	全公演中止
RISU PRODUCE	vol. 24『イキザマ3』	四日市市文化会館 第二ホール	2020年4月18日(土)	全公演中止
テアトル・エコー	『ママごと』	恵比寿・エコー劇場	2020年4月18日(土)〜30日(木)	全公演中止
B機関	第5回公演『毛皮のマリー』	中野ザ・ポケット	2020年4月22日(水)〜27日(月)	全公演中止
人形劇団むすび座	創立50周年記念作品『チト みどりのゆびをもつ少年』	鹿児島市民文化ホール	2020年4月24日(金)〜25日(土)	全公演中止
劇団フーダニット	第20回公演『殺人処方箋―刑事コロンボ登場―』	オメガ東京	2020年4月24日(金)〜26日(日)	全公演中止
国立演芸場	『第491回 花形演芸会』	国立演芸場	2020年4月25日(土)	全公演中止
LIVE RALLY	『盲人書簡2020』	スタジオ空洞	2020年4月25日(土)〜26日(日)	全公演中止
SPAC-静岡県舞台芸術センター	ふじのくに⇔せかい演劇祭2020『空を飛べたなら』／『終わらない旅〜われわれのオデッセイ〜』	静岡芸術劇場	2020年4月25日(土)〜26日(日)／2020年4月28日(火)〜29日(水)	全公演中止
人形劇団むすび座	創立50周年記念作品『チト みどりのゆびをもつ少年』	熊本県立劇場	2020年4月26日(日)	全公演中止
国立演芸場	『令和二年第439回 国立名人会』	国立演芸場	2020年4月26日(日)	全公演中止
文学座	文学座4・5月アトリエの会アトリエ70周年記念公演『熱海殺人事件』	文学座アトリエ	2020年4月28日(火)〜5月10日(日)	全公演中止

人形劇団むすび座	創立50周年記念作品『チト みどりのゆびをもつ少年』	諫早文化会館	2020年4月29日(水)	全公演中止
人形劇団プーク	『こやぎと狼』『ヤン助とヤン助とヤン助と』	プーク人形劇場	2020年4月29日(水)~6月7日(日)	全公演中止
ひと組	ひと組プロデュース『時代横町2020』	損保ジャパン人形劇場 ひまわりホール	2020年5月1日(金)~6日(水)	全公演中止
劇団うりんこ	『キッドナップ・ツアー』千秋楽公演	うりんこ劇場	2020年5月2日(土)	全公演中止
大江戸玉すだれ	『玉すだれ博覧会2020~寿ぐ~』	浅草公会堂 大ホール	2020年5月2日(土)	全公演中止
人形劇団むすび座	創立50周年記念作品『チト みどりのゆびをもつ少年』	東かがわ市人形劇場とらまる座	2020年5月2日(土)~3日(日)	全公演中止
SPAC－静岡県舞台芸術センター	ふじのくに野外芸術フェスタ2020 静岡 宮城聰演出SPAC公演『アンティゴネ』	駿府城公園 紅葉山庭園前広場 特設会場	2020年5月2日(土)~5日(火)	全公演中止
劇団ショウダウン	『メビウス&メビウス~永遠のリピカ~』	難波サザンシアター	2020年5月3日(日)~6日(水)	全公演中止
人形劇団むすび座	『ともだちや』	おおぶ文化交流の杜allobu	2020年5月6日(水)	全公演中止
人形劇団むすび座	創立50周年記念作品『チト みどりのゆびをもつ少年』	流山市文化会館	2020年5月6日(水)	全公演中止
人形劇団むすび座	創立50周年記念作品『チト みどりのゆびをもつ少年』	知多市勤労文化会館	2020年5月8日(金)	全公演中止
埼玉県芸術文化振興財団	『かがみ まど とびら』	吉川市民交流センターおあしす 多目的ホール	2020年5月9日(土)~10日(日)	全公演中止
人形劇団むすび座	創立50周年記念作品『チト みどりのゆびをもつ少年』	幸田町民会館	2020年5月10日(日)	全公演中止
第20回アジテジ世界大会・東京実行委員会	第20回アジテジ世界大会／2020国際子どもと舞台芸術・未来フェスティバル オペラシアターこんにゃく座『こんにゃくざのおんがくかい』	としま区民センター小ホール	2020年5月14日(木)~15日(金)	全公演中止
劇団ショウダウン	『メビウス&メビウス~永遠のリピカ~』	シアターシャイン	2020年5月14日(木)~17日(日)	全公演中止
ヨカセイカツ	いっかいめ『余暇生活』	zakura	2020年5月16日(土)~17日(日)	全公演中止
渡辺源四郎商店	第33回公演『大きな鉞の下で』	渡辺源四郎商店しんまち本店2階稽古場	2020年5月16日(日)~20日(水)	全公演中止
日本芸術文化振興会国立劇場おきなわ	令和二年五月三線音楽公演『古典音楽の美』	国立劇場おきなわ 大劇場	2020年5月16日(土)	全公演中止
渡辺源四郎商店	渡辺源四郎商店 presents うさぎ庵『コーラないんですけど』	渡辺源四郎商店しんまち本店2階稽古場	2020年5月22日(金)~24日(日)	全公演中止
国立演芸場	『令和二年第440回 国立名人会』	国立演芸場	2020年5月23日(土)	全公演中止
国立演芸場	『第492回 花形演芸会』	国立演芸場	2020年5月24日(日)	全公演中止
国立演芸場	令和二年六月特別企画公演『花形演芸会スペシャル 受賞者の会』	国立演芸場	2020年5月24日(日)	全公演中止
ぽっくすおふぃす	ぽっくすおふぃすプロデュースVOL.27『ぱ・ど・かとる』	雑遊	2020年5月26日(火)~31日(日)	全公演中止
TBSラジオ	ワハハ本舗全体公演『王と花魁』	なかのZERO 大ホール	2020年5月27日(水)~31日(日)	全公演中止
国立演芸場	落語立川流 真打昇進披露公演『立川流落語会』	国立演芸場	2020年5月29日(金)~31日(日)	全公演中止
人形劇団むすび座	創立50周年記念作品『チト みどりのゆびをもつ少年』	八幡市文化センター	2020年5月30日(土)	全公演中止
秋田雨雀・土方与志記念 青年劇場	『きみはいくさに征ったけれど』	京都市東部文化会館(京都府立東稜高校)	2020年6月5日(金)	全公演中止
『津田梅子を踊る』実行委員会	『津田梅子を踊る』	紀尾井ホール(小)	2020年6月6日(土)	全公演中止
秋田雨雀・土方与志記念 青年劇場	『きみはいくさに征ったけれど』	やまと芸術文化ホール(大和おやこ劇場)	2020年6月7日(日)	全公演中止

秋田雨雀・土方与志記念 青年劇場	『きみはいくさに征ったけれど』	桐蔭学園 シンフォニーホール	2020年6月8日(月)	全公演中止
秋田雨雀・土方与志記念 青年劇場	『きみはいくさに征ったけれど』	神奈川県立青少年センター(川崎総合科学高校)	2020年6月9日(火)	全公演中止
秋田雨雀・土方与志記念 青年劇場	『きみはいくさに征ったけれど』	栃木市栃木文化会館(栃木高校)	2020年6月11日(木)	全公演中止
秋田雨雀・土方与志記念 青年劇場	『きみはいくさに征ったけれど』	山脇学園 講堂	2020年6月13日(土)	全公演中止
劇団櫂人	第6回公演『七人みさき』	武蔵野芸能劇場 小劇場	2020年6月18日(木)~29日(月)	全公演中止
秋田雨雀・土方与志記念 青年劇場	『きみはいくさに征ったけれど』	呉竹文化センター(洛北高校)	2020年6月19日(金)	全公演中止
なかがわ・なかがわ	朗読×音楽 なかがわ・なかがわ5周年記念公演『るりときつね雨のおはなし』	UP-DRAFT	2020年6月19日(金)~21日(日)	全公演中止
東京芸術劇場・アーツカウンシル東京／東京都	木ノ下歌舞伎『三人吉三』	まつもと市民劇場 主ホール	2020年6月20日(土)	全公演中止
新国立劇場バレエ団	バレエ『不思議の国のアリス』	愛知県芸術劇場 大ホール	2020年6月20日(土)~21日(日)	全公演中止
劇団うりんこ	『うりんこっこ 春のシアター』	うりんこ劇場1階ホール・3階	2020年6月25日(木)~27日(土)	全公演中止
新国立劇場バレエ団	バレエ『不思議の国のアリス』	高崎芸術劇場 大劇場	2020年6月27日(土)~28日(日)	全公演中止
新国立劇場	小野寺修二 カンパニーデラシネラ『ふしぎの国のアリス』	いわき芸術文化交流館アリオス	2020年7月4日(土)	全公演中止
秋田雨雀・土方与志記念 青年劇場	『きみはいくさに征ったけれど』	長岡京記念文化会館(北嵯峨高校)	2020年7月8日(水)	全公演中止
秋田雨雀・土方与志記念 青年劇場	『きみはいくさに征ったけれど』	豊川高校 講堂	2020年7月9日(木)	全公演中止
東京シティ・バレエ団	『Triple Bill 2020』	ティアラこうとう大ホール	2020年7月11日(土)~12日(日)	全公演中止
新国立劇場	小野寺修二 カンパニーデラシネラ『ふしぎの国のアリス』	水戸芸術館	2020年7月11日(土)~12日(日)	全公演中止
秋田雨雀・土方与志記念 青年劇場	『きみはいくさに征ったけれど』	練馬文化センター(光丘高校)	2020年7月13日(月)	全公演中止
秋田雨雀・土方与志記念 青年劇場	『きみはいくさに征ったけれど』	板橋区立文化会館(大泉桜高校)	2020年7月16日(木)	全公演中止
はぐはぐ☆カンパニー	『街角の童話 第5章』	損保ジャパン人形劇場 ひまわりホール	2020年7月16日(木)~19日(日)	全公演中止
観世九皐会	『九皐会 若竹能』	矢来能楽堂	2020年7月19日(日)	全公演中止
はぐはぐ☆カンパニー	『らくだ』	損保ジャパン人形劇場 ひまわりホール	2020年8月15日(土)~16日(日)	全公演中止
劇団うりんこ	夏休みこども劇場2020『学校ウサギをつかまえろ』	名東文化小劇場	2020年8月18日(火)~19日(水)	全公演中止
劇団うりんこ	夏休みこども劇場2020『学校ウサギをつかまえろ』	昭和文化小劇場	2020年8月20日(木)	全公演中止
劇団うりんこ	夏休みこども劇場2020『学校ウサギをつかまえろ』	中川文化小劇場	2020年8月25日(火)	全公演中止
ヴィレッヂ	劇団☆新感線40周年興行・夏秋公演 いのうえ歌舞伎『神州無頼街』	フェスティバルホール	2020年9月	全公演中止
ノマ企画	2020夏季『狂言の会』第24回 大分「万作・萬斎の会」	平和市民公園能楽堂	2020年9月12日(土)	全公演中止
ノマ企画	2020夏季『狂言の会』第24回 ふくおか「萬斎の会」	大濠公演能楽堂	2020年9月20日(日)~21日(月)	全公演中止
秋田雨雀・土方与志記念 青年劇場	『きみはいくさに征ったけれど』	やまぎん県民ホール 他	2020年10月1日(木)~28日(水)	全公演中止
秋田雨雀・土方与志記念 青年劇場	『あの夏の絵』	宮城学院 講堂	2020年10月16日(金)	全公演中止
秋田雨雀・土方与志記念 青年劇場	『あの夏の絵』	西都市市立三財小中学校 体育館	2020年11月6日(金)	全公演中止

秋田雨雀・土方与志記念 青年劇場	『きみはいくさに征ったけれど』	熊本中央高校 体育館	2020年11月9日(月)	全公演中止
秋田雨雀・土方与志記念 青年劇場	『きみはいくさに征ったけれど』	長崎商業高校 体育館	2020年11月10日(火)	全公演中止
秋田雨雀・土方与志記念 青年劇場	『きみはいくさに征ったけれど』	昭和学園高校 体育館	2020年11月11日(水)	全公演中止
秋田雨雀・土方与志記念 青年劇場	『きみはいくさに征ったけれど』	玉名市民会館(玉名工業高校)	2020年11月12日(木)	全公演中止
秋田雨雀・土方与志記念 青年劇場	『きみはいくさに征ったけれど』	佐世保実業高校 体育館	2020年11月19日(木)	全公演中止
ノマ企画	2020夏季『狂言の会』第23回 熊本「万作・萬斎の会」	熊本城ホール	2020年11月22日(日)	全公演中止
秋田雨雀・土方与志記念 青年劇場	『きみはいくさに征ったけれど』	栃木県教育会館(作新学院高校)	2020年12月3日(木)	全公演中止
金春円満井会	『第25回 金春五星会 in 鹿児島』	かごしま県民交流センター 県民ホール(能舞台)	2020年12月5日(土)	全公演中止
秋田雨雀・土方与志記念 青年劇場	『きみはいくさに征ったけれど』	川口リリアホール(駒込高校)	2020年12月17日(木)	全公演中止
秋田雨雀・土方与志記念 青年劇場	『あの夏の絵』	神奈川青少年センター(横浜子ども劇場)	2020年12月22日(火)	全公演中止
CEDAR	CEDAR Produce vol. 6『わが友ヒットラー』	シアター風姿花伝	2021年1月16日(土)～24日(日)	全公演中止

出品リスト

○本リストは、「Lost in Pandemic――失われた演劇と新たな表現の地平」の出品物の一覧である
○資料名、所蔵・提供、年代の順に記載。早稲田大学演劇博物館の所蔵資料には資料番号を付した

No.	資料タイトル	所蔵・提供	年代
	企画展示室Ⅰ		
	口上人形（口上太郎）	藤浪小道具	２０２０年
	新型コロナウイルス感染症の流行による中止・延期公演のポスター、チラシ	早稲田大学演劇博物館	２０２０年
	２０２０年の各劇団の会報、演劇雑誌など	早稲田大学演劇博物館	２０２０年
	『Endless SHOCK』インスタライブ　ダイジェスト映像	東宝株式会社、ジャニーズ事務所	２０２０年
	映画『Endless SHOCK』トレイラー	東宝株式会社、ジャニーズ事務所	２０２１年
	東京芸術劇場『赤鬼』ダイジェスト映像	東京都歴史文化財団 東京芸術劇場	２０２０年
	東京芸術劇場『真夏の夜の夢』ダイジェスト映像	東京都歴史文化財団 東京芸術劇場	２０２０年
	東京芸術劇場『真夏の夜の夢』演出シルヴィウ・プルカレーテ氏のコメント動画	東京都歴史文化財団 東京芸術劇場	２０２０年
	ＳＰＡＣ『くものうえ⇅せかい演劇祭２０２０』トーク企画「くものうえでも出会っちゃえ」＃１ ワジディ・ムアワッド×宮城聰	ＳＰＡＣ（静岡県舞台芸術センター）	２０２０年
	ＳＰＡＣ『くものうえ⇅せかい演劇祭２０２０』トーク企画「くものうえでも出会っちゃえ」《くものなかから、これからの演劇を》編	ＳＰＡＣ（静岡県舞台芸術センター）	２０２０年
	本多劇場『DISTANCE』初日公演 ダイジェスト映像	『DISTANCE』製作委員会	２０２０年
	劇団四季『ロボット・イン・ザ・ガーデン』ポスター	劇団四季	２０２０年
	劇団四季『ロボット・イン・ザ・ガーデン』マスクをしての稽古風景 動画	劇団四季	２０２０年
	劇団四季『ロボット・イン・ザ・ガーデン』舞台写真（撮影：阿部章仁）	劇団四季	２０２０年
	劇団四季『オペラ座の怪人』ポスター	劇団四季	２０２０年
	劇団四季『オペラ座の怪人』「変わらない感動を届けるために～新劇場開場と感染症対策～」動画（俳優・佐野正幸、舞台監督・小野裕梨奈インタビュー）	劇団四季	２０２０年
	劇団四季『オペラ座の怪人』シャンデリア制作・新劇場仕込み過程 写真	劇団四季	２０２０年
	劇団四季 オンラインレッスン（ジャズダンス振付）動画	劇団四季	２０２０年
	ＰＡＲＣＯ劇場『大地』オリジナル版 舞台模型（舞台美術：堀尾幸男）	株式会社パルコ、堀尾幸男	２０２０年
	ＰＡＲＣＯ劇場『大地（Social Distancing Version）』舞台模型（舞台美術：堀尾幸男）	株式会社パルコ、堀尾幸男	２０２０年
	ＰＡＲＣＯ劇場『大地（Social Distancing Version）』舞台写真（作・演出：三谷幸喜、撮影：阿部章仁）	株式会社パルコ	２０２０年
	ＰＡＲＣＯ劇場『大地』舞台デザイン案スケッチ（Ａプラン、Ｂプラン）	株式会社パルコ、堀尾幸男	２０２０年

『大地』舞台美術 堀尾幸男氏コメント	株式会社パルコ、堀尾幸男	２０２０年
劇団四季 オリジナルマスク	劇団四季	２０２０年
東宝「観劇 新・三種の神器」（コットンマスク、アルコールスプレー、タオルハンカチ）	東宝株式会社	２０２０年〜
歌舞伎座 座紋入り 冷感マスク	個人蔵	２０２１年
松竹衣裳 オリジナルマスク	松竹衣裳株式会社	２０２１年
小林能装束「ちりめんマスク」	小林能装束	２０２１年
新国立劇場『願いがかなうぐつぐつカクテル』カラスのヤコブ役 フェイスマスク（衣裳：大島広子）	新国立劇場、大島広子	２０２０年
新国立劇場『願いがかなうぐつぐつカクテル』猫のマウリツィオ役 フェイスマスク（衣裳：大島広子）	新国立劇場、大島広子	２０２０年
新国立劇場『願いがかなうぐつぐつカクテル』マーデ役 衣裳（衣裳：大島広子）	新国立劇場、大島広子	２０２０年
新国立劇場『願いがかなうぐつぐつカクテル』ティラニア役 衣裳（衣裳：大島広子）	新国立劇場、大島広子	２０２０年
新国立劇場『願いがかなうぐつぐつカクテル』イルヴィッツァー役 衣裳（衣裳：大島広子）	新国立劇場、大島広子	２０２０年
新国立劇場『願いがかなうぐつぐつカクテル』衣裳デザイン画（衣裳：大島広子）	新国立劇場、大島広子	２０２０年
新国立劇場『願いがかなうぐつぐつカクテル』舞台写真（原作：ミヒャエル・エンデ、演出：小山ゆうな、撮影：引地信彦）	新国立劇場	２０２０年
新国立劇場『願いがかなうぐつぐつカクテル』衣裳 大島広子氏コメント	新国立劇場、大島広子	２０２０年
図夢歌舞伎『忠臣蔵』ダイジェスト映像	松竹株式会社	２０２０年
図夢歌舞伎『弥次喜多』ダイジェスト映像	松竹株式会社	２０２０年
超歌舞伎 Supported by NTT『夏祭版 今昔饗宴千本桜』ダイジェスト映像	松竹株式会社	２０２０年
ティーファクトリー＋雑遊『路上5 東京自粛』ダイジェスト映像	早稲田大学演劇博物館・ＪＤＴＡ [EV0021063]	２０２０年
ミュージカル『刀剣乱舞』〜幕末天狼傳〜 ダイジェスト映像	早稲田大学演劇博物館・ＪＤＴＡ [EV0021235]	２０２０年
株式会社ホリプロ『てにあまる』ダイジェスト映像	早稲田大学演劇博物館・ＪＤＴＡ [EV0021672]	２０２１年
こまつ座『雪やこんこん』舞台美術資料（美術：石井強司、宣伝美術：安野光雅）	早稲田大学演劇博物館・ＪＤＴＡ	２０２０年
紙カンパニー project	紙カンパニー project	２０２０年〜
ゲッコーパレード『無題』（ハガキ作品）	ゲッコーパレード	２０２０年
かもめマシーン『もしもし、わたしじゃないし』上演音声	かもめマシーン	２０２０年
円盤に乗る派『ウォーターフォールを追いかけて』オンライン上演映像	円盤に乗る派	２０２０年
ＡＲ歌舞伎コンテンツ「INTO by Shohchiku Reverse Reality」	松竹株式会社	２０２１年
早稲田大学演劇博物館 演劇映像学連携研究拠点 特別テーマ研究２「COVID-19 影響下の舞台芸術と文化政策——欧米圏の場合」報告パネル	早稲田大学演劇博物館	２０２１年
早稲田大学演劇博物館 演劇映像学連携研究拠点 特別テーマ研究２「COVID-19 影響下の舞台芸術と文化政策——欧米圏の場合」報告冊子	早稲田大学演劇博物館	２０２１年
ローマ国立劇場の無料配信シリーズより『変身——キャバレー』映像	ローマ国立劇場	２０２０年
Minecraft 演劇『桜の園』（原作：Ａ・チェーホフ、演出：Edgar Zakaryan）配信映像	ボリショイドラマ劇場	２０２０年

京マチ子記念 特別展示室

『ART 歌舞伎』（中村壱太郎×尾上右近）ダイジェスト映像	株式会社ＫＳＲ、株式会社ロジ	２０２０年
日本舞踊 Neo『地水火風空 そして、踊』ダイジェスト映像	日本舞踊協会	２０２１年

企画展示室Ⅱ

麻疹コロリ薬能書二種	早稲田大学演劇博物館 安田文庫［イ 11 01346 S71_3618］	江戸末期ヵ
六物解毒湯処方書	早稲田大学演劇博物館 安田文庫［イ 11 01346 S71_3637］	江戸時代
擬芝居役者役割番附	早稲田大学演劇博物館 安田文庫［イ 11-01346-S72_3670］	江戸時代
文久二年麻疹死亡人数書上	早稲田大学演劇博物館 安田文庫［イ 11-01346-S72_3663］	文久２［１８６２］以後
流行はしか合戦	早稲田大学演劇博物館 安田文庫［イ 11-01346-S72_3665］	江戸時代
天保八年麻疹見立顔見世番附	早稲田大学演劇博物館 安田文庫［イ 11-01346-S72_3666］	天保８［１８３０］
麻疹食物善悪鏡	早稲田大学演劇博物館 安田文庫［イ 11-01346-S72_3657］	文久２［１８６２］
安政四年疫病流行見立顔見世番附	早稲田大学演劇博物館 安田文庫［イ 11-01346-S72_3668］	安政頃
はしかの薬能書	早稲田大学演劇博物館 安田文庫［イ 11 01346 S71_3619］	江戸時代
深川種痘館日附同心得書	早稲田大学演劇博物館 安田文庫［イ 11-01346-S72_3678］	
安政五年コロリ流行見立顔見世番附	早稲田大学演劇博物館 安田文庫［イ 11-01346-S72_3692］	安政５［１８５８］
悪疫流行あの世ばなし（抜粋）	早稲田大学演劇博物館 安田文庫［イ 11-01346-S72_3688］	文久２［１８６２］
当時善悪一対競	早稲田大学演劇博物館 安田文庫［イ 11-01346-S72_3661］	江戸時代
大江戸町々寺院人別書上写	早稲田大学演劇博物館 安田文庫［イ 11-01346-S72_3693］	安政５［１８５８］
『道行未来へころり寝』	早稲田大学演劇博物館［ト 38-00014］	安政５［１８５８］
『流行病追討戯軍記』	早稲田大学演劇博物館［ロ 18-00064-019］	安政５［１８５８］
台帳『染分紅地江戸褄』	早稲田大学演劇博物館［イ -00280-01］［イ -00280-02］	安政５［１８５８］
仮名垣魯文著『安政箇労痢流行記』	早稲田大学図書館［文庫 08-C0383］	安政５［１８５８］
錦絵「疱瘡安全 けか楽のつらね」	早稲田大学演劇博物館［012-0098］	寛政以後ヵ
歌川芳虎「麻疹後の養生」	早稲田大学演劇博物館［012-1488］	安政５［１８５８］頃
錦絵「沢村田之助全快 麻疹養生之事」	早稲田大学演劇博物館［120-0494］	文久２［１８６２］
錦絵 三代目坂東三津五郎の「願人坊主」	早稲田大学演劇博物館［101-7084］	文化10［１８１３］
錦絵「沢村田之助 麻疹養生之事」	早稲田大学演劇博物館［120-0493］	文久２［１８６２］
錦絵 三代目坂東三津五郎の「四季詠寄三大字」	早稲田大学演劇博物館［101-7083］	文化10［１８１３］
錦絵「麻疹本服図」	早稲田大学演劇博物館［120-0500～0501］	文久２［１８６２］
錦絵「染分紅地江戸褄」	早稲田大学演劇博物館［101-0121～0123］	安政５［１８５８］
錦絵「染分紅地江戸褄」	早稲田大学演劇博物館［101-0118～0120］	安政５［１８５８］

錦絵「染分紅地江戸棲」	早稲田大学演劇博物館［101-0115～0117］	安政5［1858］
淡島寒月色紙	早稲田大学演劇博物館［26943-004］	年代未詳
「はやり風用心」（パネル）	内藤記念くすり博物館	明治23［1820］
伊原敏郎宛島村抱月書簡	早稲田大学演劇博物館［29795-031］	明治40［1907］
松井須磨子遺書	早稲田大学演劇博物館［26857］	大正8［1919］
島村抱月告別式写真	日本近代文学館	大正7［1918］
島村抱月死去通知電報	早稲田大学演劇博物館［17534］	大正7［1918］
内務省衛生局『流行性感冒』感染予防ポスター（パネル）	国立保健医療科学院図書館	大正11［1922］
逍遙日記 大正七年（大正7年11月5日条）	早稲田大学演劇博物館［21456］	大正7［1918］
逍遙日記 大正九年（大正9年1月18日条）	早稲田大学演劇博物館［21458］	大正9［1920］
「宝塚少女歌劇養成会日誌」（『歌劇』第3号、大正8年1月）	早稲田大学演劇博物館図書室［ネ08-1-001］	大正8［1919］
「右田寅彦追想録」（『演芸画報』第7年2号、大正9年2月）	早稲田大学演劇博物館図書室［ネ01-1-053］	大正9［1920］
『不如帰』番付（明治41年／本郷座）	早稲田大学演劇博物館［ロ18-00091-0015BS］	明治41［1908］
『不如帰』筋書（明治38年／本郷座）	早稲田大学演劇博物館［ロ24-00020-0009］	明治38［1905］
鈴鳳劇 大江美智子一座『お染風久松留守』ポスター	早稲田大学演劇博物館［POS0007318］	昭和32［1957］
松竹新喜劇 九月公演 プログラム（1969年／中座）	早稲田大学演劇博物館［01503-02-1969-08］	昭和44［1969］
松竹新喜劇『お染風邪久松留守』映像（1986年／御園座）	早稲田大学演劇博物館［EV00214630］	昭和61［1986］
映画『復活の日』プログラム	早稲田大学演劇博物館［日本映画-239］	昭和55［1980］
三島由紀夫『癩王のテラス』（1969年／中央公論社）	早稲田大学演劇博物館図書室［ロ05-11776］	昭和44［1969］
松竹『癩王のテラス』プログラム（1974年／日生劇場）	早稲田大学演劇博物館［01997-03-1974-01］	昭和49［1974］
劇団青俳『街と飛行船』チラシ・チケット（1970年／紀伊國屋ホール）	早稲田大学演劇博物館［03116-01-1970-04］	昭和45［1970］
天井桟敷『疫病流行記』ポスター（1976年／エピキュラス、宣伝美術：小竹信節）	早稲田大学演劇博物館［POS0001245］	昭和51［1976］
天井桟敷『疫病流行記』台本、チラシ、VHSブックレット	早稲田大学演劇博物館［49055］［02619-01-1975-01］	昭和49［1974］
天井桟敷『疫病流行記』映像	早稲田大学演劇博物館［EV00210609］	昭和50［1975］
Team 申／パルコ『狭き門より入れ』チラシ、プログラム（2009年9月／PARCO劇場）	早稲田大学演劇博物館［02696-03-2009-22］	平成21［2009］
Team 申／パルコ『狭き門より入れ』映像（2009年9月／PARCO劇場）	早稲田大学演劇博物館［EV00017539］	平成21［2009］

謝辞

本展の開催ならびに本書の制作にあたり、ご協力を賜りました左記の方々、ここにお名前を記すことのできなかったすべての方々に、心よりお礼申し上げます。（50音順・敬称略）

art unit ai+
あうるすぽっと
秋田雨雀・土方与志記念 青年劇場
アナログスイッチ
一般財団法人にっぽん文楽プロジェクト
一般社団法人大江戸玉すだれ
一般社団法人壁なき演劇センター
一般社団法人2・5次元ミュージカル協会
ENGISYA THEATER COMPANY
演劇集団円
演劇集団ワンダーランド
演劇人冒険舎
円盤に乗る派
オペラシアターこんにゃく座
温泉ドラゴン
加藤健一事務所
株式会社ヴィレッヂ
株式会社KSR
株式会社芸宣
株式会社春陽堂書店
株式会社ジャニーズ事務所
株式会社テラヤマ・ワールド
株式会社ノマ企画
株式会社パルコ
株式会社プリエール
株式会社ホリプロ
株式会社ロジ
紙カンパニー project
かもめマシーン
KYOTOSTEAM—世界文化交流祭—実行委員会事務局
グループ・野原
ケダゴロ
劇団うりんこ
劇団櫂人
劇団五期会
劇団ショウダウン
劇団東演
劇団 TremendousCircus
劇団ぴ～ひゃらら
劇団フーダニット
劇団民藝
劇団山の手事情社
ゲッコーパレード
幻都
公益財団法人かすがい市民文化財団
公益財団法人埼玉県芸術文化振興財団
公益財団法人東京歴史文化財団 東京芸術劇場
公益財団法人日本製鉄文化財団
公益財団法人東松山文化まちづくり公社
公益社団法人観世九皐会
公益社団法人金春円満井会
公益財団法人日本近代文学館
公益社団法人日本舞踊協会
国立演芸場
国立劇場
国立劇場おきなわ
国立能楽堂
国立文楽劇場
国立保健医療科学院
小林能装束有限会社
こまつ座
彩の国さいたま芸術劇場
シアター風姿花伝
四季株式会社
松竹衣裳株式会社
松竹株式会社
新劇交流プロジェクト制作委員会
新国立劇場
SPAC（静岡県舞台芸術センター）
スワット事務所
CEDAR
前進座
「津田梅子を踊る」実行委員会
テアトル・エコー
『DISTANCE』製作委員会
東京シティバレエ団
東京新橋組合
東宝株式会社
独立行政法人日本芸術文化振興会
内藤記念くすり博物館
9PROJECT
なかがわ・なかがわ
なべげんわーく合同会社
二兎社
庭劇団ペニノ
人形劇団クラルテ
人形劇団むすび座
人形劇団プーク
はぐはぐ☆カンパニー
ハトノス
花組芝居
B機関
深川とっくり座
藤浪小道具株式会社
譜面絵画
文学座
本多劇場グループ
ぼっくすおふぃす
ボリショイドラマ劇場
ヨカセイカツ
LiveUpCapsules
LIVERALLY
ラッパ屋
RISU PRODUCE
ローマ国立劇場
早稲田大学図書館
ワハハ本舗

伊藤 愉
大島広子
小竹信節
菅 渉宇（スガデザイン）
鈴木英一
中村昌弘
風坂智和（株式会社芸宣）
堀尾幸男
山口宏子

早稲田大学演劇博物館 2021年度春季企画展

Lost in Pandemic —— 失われた演劇と新たな表現の地平

Lost in Pandemic: Theatre Adrift, Expression's New Horizons

会　期　｜　2021.6.3 - 8.6

会　場　｜　早稲田大学坪内博士記念演劇博物館 企画展示室Ⅰ・Ⅱ

主　催　｜　早稲田大学坪内博士記念演劇博物館・演劇映像学連携研究拠点

展覧会スタッフ

企画・構成　｜　後藤隆基（早稲田大学坪内博士記念演劇博物館）

展示・会場デザイン　｜　佐久間 慧、岩淵知恵（早稲田大学坪内博士記念演劇博物館）

展示協力　｜　原田真澄（早稲田大学坪内博士記念演劇博物館）、伊藤 愉（明治大学文学部専任講師）

グラフィックデザイン　｜　菅 渉宇（SUGA DESIGN）

施工　｜　株式会社芸宣

広報　｜　木村あゆみ（早稲田大学坪内博士記念演劇博物館）

書籍スタッフ

監修　｜　早稲田大学坪内博士記念演劇博物館

編集・執筆　｜　後藤隆基（早稲田大学坪内博士記念演劇博物館）

装幀・本文デザイン　｜　菅 渉宇（SUGA DESIGN）

企画協力　｜　山口宏子（朝日新聞社）

執筆・編集協力　｜　原田真澄（早稲田大学坪内博士記念演劇博物館）

編集・制作　｜　堀 郁夫（株式会社春陽堂書店）

編集協力　｜　佐久間 慧、岩淵知恵、藤谷桂子（早稲田大学坪内博士記念演劇博物館）

ロスト・イン・パンデミック

失われた演劇と新たな表現の地平

発行日 ｜ 2021年6月30日　初版第一刷発行

監　修 ｜ 早稲田大学坪内博士記念演劇博物館
編　者 ｜ 後藤隆基

発行者 ｜ 伊藤良則
発行所 ｜ 株式会社春陽堂書店
〒104-0061 東京都中央区銀座3-10-9　KEC銀座ビル9階 902
電話 03-6264-0855

装　幀 ｜ 菅 渉宇（SUGA DESIGN）

印刷・製本 ｜ 恵友印刷株式会社

ISBN 978-4-394-19022-6　C0074

早稲田大学坪内博士記念演劇博物館（エンパク）

演劇博物館は、1928（昭和3）年10月、坪内逍遙が古稀の齢（70歳）とシェークスピア全集の完訳を記念して、各界有志の協賛により設立された。日本国内はもとより、世界各地の演劇・映像の貴重な資料を揃えている。錦絵48,000枚、舞台写真400,000枚、図書270,000冊、チラシ・プログラムなどの演劇上演資料120,000点、衣装・人形・書簡・原稿などの博物資料159,000点、その他貴重書、視聴覚資料など、およそ百万点にもおよぶ膨大なコレクションは、90年以上培われた“演劇の歴史”そのものといえる。建物は、1987年（昭和62年）に新宿区有形文化財にも指定された。演劇人・映画人ばかりでなく、文学・歴史・服飾・建築をはじめ、様々な分野の方々の研究に貢献している。